A book for You
赤本バックナンバーのご案内

赤本バックナンバーを1年単位で印刷製本しお届けします！

弊社発行の「**高校別入試対策シリーズ（赤本）**」の収録から外れた古い年度の過去問を1年単位でご購入いただくことができます。

「**赤本バックナンバー**」はamazon（アマゾン）の***プリント・オン・デマンドサービス**によりご提供いたします。

定評のあるくわしい解答解説はもちろん赤本そのまま，解答用紙も付けてあります。

志望校の受験対策をさらに万全なものにするために，「**赤本バックナンバー**」をぜひご活用ください。

⚠ *プリント・オン・デマンドサービスとは，ご注文に応じて1冊から印刷製本し お客 お届けするサービスです。

ご購入の流れ

① 英俊社のウェブサイト https://book.e

② トップページの「高校受験」 赤本バックナ

③ ご希望の学校・年度をクリックすると，amazo ウェブサイトの該当書籍のページにジャンプ

④ amazon（アマゾン）のウェブサイトでご購入

⚠ 納期や配送，お支払い等，購入に関するお問い合わせは，amazon（アマゾン）のウェブサイトにてご確認ください。

⚠ 書籍の内容についてのお問い合わせは英俊社（06−7712−4373）まで。

国私立高校・高専 バックナンバー

⚠ 表中の×印の学校・年度は，著作権上の事情等により発刊いたしません。
あしからずご了承ください。

（アイウエオ順）

※価格はすべて税込表示

学校名	2019年実施問題	2018年実施問題	2017年実施問題	2016年実施問題	2015年実施問題	2014年実施問題	2013年実施問題	2012年実施問題	2011年実施問題	2010年実施問題	2009年実施問題	2008年実施問題	2007年実施問題	2006年実施問題	2005年実施問題	2004年実施問題	2003年実施問題
大阪教育大附高池田校舎	1,540円 66頁	1,430円 60頁	1,430円 62頁	1,430円 60頁	1,430円 60頁	1,430円 58頁	1,430円 58頁	1,430円 60頁	1,430円 58頁	1,430円 56頁	1,430円 54頁	1,320円 50頁	1,320円 52頁	1,320円 52頁	1,320円 48頁	1,320円 48頁	
大阪星光学院高	1,320円 48頁	1,320円 44頁	1,210円 42頁	1,210円 34頁	×	1,210円 36頁	1,210円 30頁	1,210円 32頁	1,650円 88頁	1,650円 84頁	1,650円 84頁	1,650円 80頁	1,650円 86頁	1,650円 80頁	1,650円 82頁	1,320円 52頁	1,430円 54頁
大阪桐蔭高	1,540円 74頁	1,540円 66頁	1,540円 68頁	1,540円 66頁	1,540円 66頁	1,430円 64頁	1,540円 68頁	1,430円 62頁	1,430円 62頁	1,540円 68頁	1,430円 62頁	1,430円 62頁	1,430円 60頁	1,430円 62頁	1,430円 58頁		
関西大学高	1,430円 56頁	1,430円 56頁	1,430円 58頁	1,430円 54頁	1,320円 52頁	1,320円 52頁	1,430円 54頁	1,320円 50頁	1,320円 52頁	1,320円 50頁							
関西大学第一高	1,540円 66頁	1,430円 64頁	1,430円 64頁	1,430円 56頁	1,430円 62頁	1,430円 54頁	1,320円 48頁	1,430円 56頁	1,430円 56頁	1,430円 56頁	1,430円 56頁	1,320円 52頁	1,320円 52頁	1,320円 50頁	1,320円 46頁	1,320円 52頁	
関西大学北陽高	1,540円 68頁	1,540円 72頁	1,540円 70頁	1,430円 64頁	1,430円 62頁	1,430円 60頁	1,430円 60頁	1,430円 58頁	1,430円 58頁	1,430円 58頁	1,430円 56頁	1,430円 54頁					
関西学院高	1,210円 36頁	1,210円 36頁	1,210円 34頁	1,210円 34頁	1,210円 32頁	1,210円 32頁	1,210円 32頁	1,210円 32頁	1,210円 28頁	1,210円 30頁	1,210円 28頁	1,210円 30頁	×	1,210円 30頁	1,210円 28頁	×	1,210円 26頁
京都女子高	1,540円 66頁	1,430円 62頁	1,430円 60頁	1,430円 60頁	1,430円 60頁	1,430円 54頁	1,430円 56頁	1,430円 56頁	1,430円 56頁	1,430円 56頁	1,430円 56頁	1,430円 54頁	1,430円 54頁	1,320円 50頁	1,320円 50頁	1,320円 48頁	
近畿大学附属高	1,540円 72頁	1,540円 68頁	1,540円 68頁	1,540円 66頁	1,430円 64頁	1,430円 62頁	1,430円 58頁	1,430円 60頁	1,430円 58頁	1,430円 60頁	1,430円 54頁	1,430円 58頁	1,430円 56頁	1,430円 54頁	1,430円 56頁	1,320円 52頁	
久留米大学附設高	1,430円 64頁	1,430円 62頁	1,430円 58頁	1,430円 60頁	1,430円 58頁	1,430円 58頁	1,430円 58頁	1,430円 58頁	1,430円 56頁	1,430円 58頁	1,430円 54頁	×	1,430円 54頁	1,430円 54頁			
四天王寺高	1,540円 74頁	1,430円 62頁	1,430円 64頁	1,540円 66頁	1,210円 40頁	1,210円 40頁	1,430円 64頁	1,430円 64頁	1,430円 58頁	1,430円 62頁	1,430円 60頁	1,430円 60頁	1,430円 64頁	1,430円 58頁	1,430円 62頁	1,430円 58頁	
須磨学園高	1,210円 40頁	1,210円 40頁	1,210円 36頁	1,210円 42頁	1,210円 40頁	1,210円 40頁	1,210円 38頁	1,210円 38頁	1,320円 44頁	1,320円 48頁	1,320円 46頁	1,320円 48頁	1,320円 46頁	1,320円 44頁	1,210円 42頁		
清教学園高	1,540円 66頁	1,540円 66頁	1,430円 64頁	1,430円 56頁	1,320円 52頁	1,320円 50頁	1,320円 52頁	1,320円 48頁	1,320円 52頁	1,320円 50頁	1,320円 50頁	1,320円 46頁					
西南学院高	1,870円 102頁	1,760円 98頁	1,650円 82頁	1,980円 116頁	1,980円 112頁	1,980円 112頁	1,870円 110頁	1,870円 112頁	1,870円 106頁	1,540円 76頁	1,540円 76頁	1,540円 72頁	1,540円 72頁	1,540円 70頁			
清風高	1,430円 58頁	1,430円 54頁	1,430円 60頁	1,430円 60頁	1,430円 60頁	1,430円 60頁	1,430円 60頁	1,430円 60頁	1,430円 56頁	1,430円 58頁	×	1,430円 56頁	1,430円 58頁	1,430円 54頁	1,430円 54頁		

※価格はすべて税込表示

学校名	2019年実施問題	2018年実施問題	2017年実施問題	2016年実施問題	2015年実施問題	2014年実施問題	2013年実施問題	2012年実施問題	2011年実施問題	2010年実施問題	2009年実施問題	2008年実施問題	2007年実施問題	2006年実施問題	2005年実施問題	2004年実施問題	2003年実施問題
清風南海高	1,430円 64頁	1,430円 64頁	1,430円 62頁	1,430円 60頁	1,430円 60頁	1,430円 58頁	1,430円 58頁	1,430円 60頁	1,430円 56頁	1,430円 56頁	1,430円 56頁	1,430円 56頁	1,430円 58頁	1,430円 58頁	1,320円 52頁	1,430円 54頁	
智辯学園和歌山高	1,320円 44頁	1,210円 42頁	1,210円 40頁	1,210円 40頁	1,210円 38頁	1,210円 38頁	1,210円 40頁	1,210円 38頁	1,210円 38頁	1,210円 40頁	1,210円 40頁	1,210円 38頁	1,210円 38頁	1,210円 38頁	1,210円 38頁	1,210円 38頁	
同志社高	1,430円 56頁	1,430円 56頁	1,430円 54頁	1,430円 54頁	1,430円 56頁	1,430円 54頁	1,320円 52頁	1,320円 52頁	1,320円 50頁	1,320円 48頁	1,320円 50頁	1,320円 50頁	1,320円 46頁	1,320円 48頁	1,320円 44頁	1,320円 48頁	1,320円 46頁
灘高	1,320円 52頁	1,320円 46頁	1,320円 48頁	1,320円 46頁	1,320円 46頁	1,320円 48頁	1,210円 42頁	1,320円 44頁	1,320円 50頁	1,320円 48頁	1,320円 46頁	1,320円 48頁	1,320円 48頁	1,320円 46頁	1,320円 44頁	1,320円 46頁	1,320円 46頁
西大和学園高	1,760円 98頁	1,760円 96頁	1,760円 90頁	1,540円 68頁	1,540円 66頁	1,430円 62頁	1,430円 62頁	1,430円 62頁	1,430円 64頁	1,430円 64頁	1,430円 62頁	1,430円 64頁	1,430円 64頁	1,430円 62頁	1,430円 60頁	1,430円 56頁	1,430円 58頁
福岡大学附属大濠高	2,310円 152頁	2,310円 148頁	2,200円 142頁	2,200円 144頁	2,090円 134頁	2,090円 132頁	2,090円 128頁	1,760円 96頁	1,760円 94頁	1,650円 88頁	1,650円 84頁	1,760円 88頁	1,760円 90頁	1,760円 92頁			
明星高	1,540円 76頁	1,540円 74頁	1,540円 68頁	1,430円 62頁	1,430円 62頁	1,430円 64頁	1,430円 64頁	1,430円 60頁	1,430円 58頁	1,430円 56頁	1,430円 56頁	1,430円 54頁	1,430円 54頁	1,430円 54頁	1,320円 52頁	1,320円 52頁	
桃山学院高	1,430円 64頁	1,430円 64頁	1,430円 62頁	1,430円 60頁	1,430円 58頁	1,430円 54頁	1,430円 56頁	1,430円 54頁	1,430円 58頁	1,430円 58頁	1,430円 56頁	1,320円 52頁	1,320円 52頁	1,320円 48頁	1,320円 46頁	1,320円 50頁	1,320円 50頁
洛南高	1,540円 66頁	1,430円 64頁	1,540円 66頁	1,540円 66頁	1,430円 62頁	1,430円 64頁	1,430円 62頁	1,430円 62頁	1,430円 62頁	1,430円 60頁	1,430円 58頁	1,430円 64頁	1,430円 60頁	1,430円 62頁	1,430円 58頁	1,430円 58頁	1,430円 60頁
ラ・サール高	1,540円 70頁	1,540円 66頁	1,430円 60頁	1,430円 62頁	1,430円 60頁	1,430円 58頁	1,430円 60頁	1,430円 60頁	1,430円 58頁	1,430円 54頁	1,430円 60頁	1,430円 54頁	1,430円 56頁	1,320円 50頁			
立命館高	1,760円 96頁	1,760円 94頁	1,870円 100頁	1,760円 96頁	1,870円 104頁	1,870円 102頁	1,870円 100頁	1,760円 92頁	1,650円 88頁	1,760円 94頁	1,650円 88頁	1,650円 86頁	1,320円 48頁	1,650円 80頁	1,430円 54頁		
立命館宇治高	1,430円 62頁	1,430円 60頁	1,430円 58頁	1,430円 58頁	1,430円 56頁	1,430円 54頁	1,430円 54頁	1,320円 52頁	1,320円 52頁	1,430円 54頁	1,430円 56頁	1,320円 52頁					
国立高専	1,650円 78頁	1,540円 74頁	1,540円 66頁	1,430円 64頁	1,430円 62頁	1,430円 62頁	1,430円 62頁	1,540円 68頁	1,540円 70頁	1,430円 64頁	1,430円 62頁	1,430円 62頁	1,430円 60頁	1,430円 58頁	1,430円 60頁	1,430円 56頁	1,430円 60頁

公立高校 バックナンバー

※価格はすべて税込表示

府県名・学校名	2019年実施問題	2018年実施問題	2017年実施問題	2016年実施問題	2015年実施問題	2014年実施問題	2013年実施問題	2012年実施問題	2011年実施問題	2010年実施問題	2009年実施問題	2008年実施問題	2007年実施問題	2006年実施問題	2005年実施問題	2004年実施問題	2003年実施問題
岐阜県公立高	990円 64頁	990円 60頁	990円 60頁	990円 60頁	990円 58頁	990円 56頁	990円 58頁	990円 52頁	990円 54頁	990円 52頁	990円 52頁	990円 48頁	990円 50頁	990円 52頁			
静岡県公立高	990円 62頁	990円 58頁	990円 58頁	990円 60頁	990円 60頁	990円 56頁	990円 58頁	990円 58頁	990円 56頁	990円 54頁	990円 52頁	990円 54頁	990円 52頁	990円 52頁			
愛知県公立高	990円 126頁	990円 120頁	990円 114頁	990円 114頁	990円 114頁	990円 110頁	990円 112頁	990円 108頁	990円 108頁	990円 110頁	990円 102頁	990円 102頁	990円 102頁	990円 100頁	990円 100頁	990円 96頁	990円 96頁
三重県公立高	990円 72頁	990円 66頁	990円 66頁	990円 64頁	990円 66頁	990円 64頁	990円 66頁	990円 64頁	990円 62頁	990円 62頁	990円 58頁	990円 58頁	990円 52頁	990円 54頁			
滋賀県公立高	990円 66頁	990円 62頁	990円 60頁	990円 62頁	990円 62頁	990円 46頁	990円 48頁	990円 46頁	990円 48頁	990円 44頁	990円 44頁	990円 44頁	990円 46頁	990円 44頁	990円 44頁	990円 40頁	990円 42頁
京都府公立高(中期)	990円 60頁	990円 56頁	990円 54頁	990円 54頁	990円 56頁	990円 54頁	990円 56頁	990円 54頁	990円 56頁	990円 54頁	990円 52頁	990円 50頁	990円 50頁	990円 50頁	990円 46頁	990円 46頁	990円 48頁
京都府公立高(前期)	990円 40頁	990円 38頁	990円 40頁	990円 38頁	990円 38頁	990円 36頁											
京都市立堀川高 探究学科群	1,430円 64頁	1,540円 68頁	1,430円 60頁	1,430円 62頁	1,430円 64頁	1,430円 60頁	1,430円 60頁	1,430円 58頁	1,430円 58頁	1,430円 64頁	1,430円 54頁	1,320円 48頁	1,210円 42頁	1,210円 38頁	1,210円 36頁	1,210円 40頁	
京都市立西京高 エンタープライジング科	1,650円 82頁	1,540円 76頁	1,650円 80頁	1,540円 72頁	1,540円 72頁	1,540円 70頁	1,320円 46頁	1,320円 50頁	1,320円 46頁	1,320円 44頁	1,210円 42頁	1,210円 42頁	1,210円 38頁	1,210円 38頁	1,210円 40頁	1,210円 34頁	
京都府立嵯峨野高 京都こすもす科	1,540円 68頁	1,540円 66頁	1,540円 68頁	1,430円 64頁	1,430円 64頁	1,430円 62頁	1,210円 42頁	1,210円 42頁	1,320円 46頁	1,320円 44頁	1,210円 42頁	1,210円 40頁	1,210円 40頁	1,210円 36頁	1,210円 36頁	1,210円 34頁	
京都府立桃山高 自然科学科	1,320円 46頁	1,320円 46頁	1,210円 42頁	1,320円 44頁	1,320円 46頁	1,320円 44頁	1,210円 42頁	1,210円 38頁	1,210円 42頁	1,210円 40頁	1,210円 40頁	1,210円 38頁	1,210円 34頁	1,210円 34頁			

※価格はすべて税込表示

府県名·学校名	2019年実施問題	2018年実施問題	2017年実施問題	2016年実施問題	2015年実施問題	2014年実施問題	2013年実施問題	2012年実施問題	2011年実施問題	2010年実施問題	2009年実施問題	2008年実施問題	2007年実施問題	2006年実施問題	2005年実施問題	2004年実施問題	2003年実施問題
大阪府公立高(一般)	990円 148頁	990円 140頁	990円 140頁	990円 122頁													
大阪府公立高(特別)	990円 78頁	990円 78頁	990円 74頁	990円 72頁													
大阪府公立高(前期)					990円 70頁	990円 68頁	990円 66頁	990円 72頁	990円 70頁	990円 60頁	990円 58頁	990円 56頁	990円 56頁	990円 54頁	990円 52頁	990円 52頁	990円 48頁
大阪府公立高(後期)					990円 82頁	990円 76頁	990円 72頁	990円 64頁	990円 64頁	990円 64頁	990円 62頁	990円 62頁	990円 62頁	990円 58頁	990円 56頁	990円 58頁	990円 56頁
兵庫県公立高	990円 74頁	990円 78頁	990円 74頁	990円 74頁	990円 74頁	990円 68頁	990円 66頁	990円 64頁	990円 60頁	990円 56頁	990円 58頁	990円 56頁	990円 58頁	990円 56頁	990円 56頁	990円 54頁	990円 52頁
奈良県公立高(一般)	990円 62頁	990円 50頁	990円 50頁	990円 52頁	990円 50頁	990円 52頁	990円 50頁	990円 48頁	990円 48頁	990円 48頁	990円 48頁	990円 48頁	×	990円 44頁	990円 46頁	990円 42頁	990円 44頁
奈良県公立高(特色)	990円 30頁	990円 38頁	990円 44頁	990円 46頁	990円 46頁	990円 44頁	990円 40頁	990円 40頁	990円 32頁	990円 32頁	990円 32頁	990円 32頁	990円 28頁	990円 28頁			
和歌山県公立高	990円 76頁	990円 70頁	990円 68頁	990円 64頁	990円 66頁	990円 64頁	990円 64頁	990円 62頁	990円 66頁	990円 62頁	990円 60頁	990円 60頁	990円 58頁	990円 56頁	990円 56頁	990円 56頁	990円 52頁
岡山県公立高(一般)	990円 66頁	990円 60頁	990円 58頁	990円 56頁	990円 58頁	990円 56頁	990円 58頁	990円 60頁	990円 56頁	990円 56頁	990円 52頁	990円 52頁	990円 50頁				
岡山県公立高(特別)	990円 38頁	990円 36頁	990円 34頁	990円 34頁	990円 34頁	990円 32頁											
広島県公立高	990円 68頁	990円 70頁	990円 74頁	990円 68頁	990円 60頁	990円 58頁	990円 54頁	990円 46頁	990円 48頁	990円 46頁	990円 46頁	990円 46頁	990円 44頁	990円 46頁	990円 44頁	990円 44頁	990円 44頁
山口県公立高	990円 86頁	990円 80頁	990円 82頁	990円 84頁	990円 76頁	990円 78頁	990円 76頁	990円 64頁	990円 62頁	990円 58頁	990円 58頁	990円 60頁	990円 56頁				
徳島県公立高	990円 88頁	990円 78頁	990円 86頁	990円 74頁	990円 76頁	990円 80頁	990円 64頁	990円 62頁	990円 60頁	990円 58頁	990円 60頁	990円 54頁	990円 52頁				
香川県公立高	990円 76頁	990円 74頁	990円 72頁	990円 74頁	990円 72頁	990円 68頁	990円 68頁	990円 66頁	990円 66頁	990円 62頁	990円 62頁	990円 60頁	990円 62頁				
愛媛県公立高	990円 72頁	990円 68頁	990円 66頁	990円 64頁	990円 68頁	990円 64頁	990円 62頁	990円 60頁	990円 62頁	990円 56頁	990円 58頁	990円 56頁	990円 54頁				
福岡県公立高	990円 66頁	990円 68頁	990円 68頁	990円 66頁	990円 60頁	990円 56頁	990円 56頁	990円 54頁	990円 56頁	990円 58頁	990円 52頁	990円 54頁	990円 52頁	990円 48頁			
長崎県公立高	990円 90頁	990円 86頁	990円 84頁	990円 84頁	990円 82頁	990円 80頁	990円 80頁	990円 82頁	990円 80頁	990円 80頁	990円 80頁	990円 78頁	990円 76頁				
熊本県公立高	990円 98頁	990円 92頁	990円 92頁	990円 92頁	990円 94頁	990円 74頁	990円 72頁	990円 70頁	990円 70頁	990円 68頁	990円 68頁	990円 64頁	990円 68頁				
大分県公立高	990円 84頁	990円 78頁	990円 80頁	990円 76頁	990円 80頁	990円 66頁	990円 62頁	990円 62頁	990円 62頁	990円 58頁	990円 58頁	990円 56頁	990円 58頁				
鹿児島県公立高	990円 66頁	990円 62頁	990円 60頁	990円 60頁	990円 60頁	990円 60頁	990円 60頁	990円 60頁	990円 60頁	990円 58頁	990円 58頁	990円 54頁	990円 58頁				

英語リスニング音声データのご案内

英語リスニング問題の音声データについて

赤本収録年度の音声データ　弊社発行の**「高校別入試対策シリーズ（赤本）」に収録している年度**の音声データは,以下の一覧の学校分を提供しています。希望の音声データをダウンロードし，赤本に掲載されている問題に取り組んでください。

赤本収録年度より古い年度の音声データ　**「高校別入試対策シリーズ（赤本）」に収録している年度よりも古い年度**の音声データは,6ページの国私立高と公立高を提供しています。赤本バックナンバー（1～3ページに掲載）と音声データの両方をご購入いただき，問題に取り組んでください。

ご購入の流れ

① 英俊社のウェブサイト https://book.eisyun.jp/ にアクセス
② トップページの「高校受験」 リスニング音声データ をクリック
③ ご希望の学校・年度をクリックすると，オーディオブック（audiobook.jp）のウェブサイトの該当ページにジャンプ
④ オーディオブック（audiobook.jp）のウェブサイトでご購入。※初回のみ会員登録（無料）が必要です。

⚠ ダウンロード方法やお支払い等,購入に関するお問い合わせは,オーディオブック（audiobook.jp）のウェブサイトにてご確認ください。

音声データを入手できる学校と年度

赤本収録年度の音声データ

ご希望の年度を1年分ずつ,もしくは赤本に収録している年度をすべてまとめてセットでご購入いただくことができます。セットでご購入いただくと,1年分の単価がお得になります。

⚠ ×印の年度は音声データをご提供しておりません。あしからずご了承ください。

国私立高（アイウエオ順）

※価格は税込表示

学校名	税込価格				
	2020年	2021年	2022年	2023年	2024年
アサンプション国際高	¥550	¥550	¥550	¥550	¥550
5か年セット	¥2,200				
育英西高	¥550	¥550	¥550	¥550	¥550
5か年セット	¥2,200				
大阪教育大附高池田校	¥550	¥550	¥550	¥550	¥550
5か年セット	¥2,200				
大阪薫英女学院高	¥550	¥550	¥550	¥550	×
4か年セット	¥1,760				
大阪国際高	¥550	¥550	¥550	¥550	¥550
5か年セット	¥2,200				
大阪信愛学院高	¥550	¥550	¥550	¥550	¥550
5か年セット	¥2,200				
大阪星光学院高	¥550	¥550	¥550	¥550	¥550
5か年セット	¥2,200				
大阪桐蔭高	¥550	¥550	¥550	¥550	¥550
5か年セット	¥2,200				
大谷高	×	×	×	¥550	¥550
2か年セット	¥880				
関西創価高	¥550	¥550	¥550	¥550	¥550
5か年セット	¥2,200				
京都先端科学大附高(特進・進学)	¥550	¥550	¥550	¥550	¥550
5か年セット	¥2,200				

※価格は税込表示

学校名	税込価格				
	2020年	2021年	2022年	2023年	2024年
京都先端科学大附高(国際)	¥550	¥550	¥550	¥550	¥550
5か年セット	¥2,200				
京都橘高	¥550	×	¥550	¥550	¥550
4か年セット	¥1,760				
京都両洋高	¥550	¥550	¥550	¥550	¥550
5か年セット	¥2,200				
久留米大附設高	×	¥550	¥550	¥550	¥550
4か年セット	¥1,760				
神戸星城高	¥550	¥550	¥550	¥550	¥550
5か年セット	¥2,200				
神戸山手グローバル高	×	×	×	¥550	¥550
2か年セット	¥880				
神戸龍谷高	¥550	¥550	¥550	¥550	¥550
5か年セット	¥2,200				
香里ヌヴェール学院高	¥550	¥550	¥550	¥550	¥550
5か年セット	¥2,200				
三田学園高	¥550	¥550	¥550	¥550	¥550
5か年セット	¥2,200				
滋賀学園高	¥550	¥550	¥550	¥550	¥550
5か年セット	¥2,200				
滋賀短期大学附高	¥550	¥550	¥550	¥550	¥550
5か年セット	¥2,200				

国私立高（アイウエオ順）

※価格は税込表示

学校名	税込価格				
	2020年	2021年	2022年	2023年	2024年
樟蔭高	¥550	¥550	¥550	¥550	¥550
5か年セット	¥2,200				
常翔学園高	¥550	¥550	¥550	¥550	¥550
5か年セット	¥2,200				
清教学園高	¥550	¥550	¥550	¥550	¥550
5か年セット	¥2,200				
西南学院高(専願)	¥550	¥550	¥550	¥550	¥550
5か年セット	¥2,200				
西南学院高(前期)	¥550	¥550	¥550	¥550	¥550
5か年セット	¥2,200				
園田学園高	¥550	¥550	¥550	¥550	¥550
5か年セット	¥2,200				
筑陽学園高(専願)	¥550	¥550	¥550	¥550	¥550
5か年セット	¥2,200				
筑陽学園高(前期)	¥550	¥550	¥550	¥550	¥550
5か年セット	¥2,200				
智辯学園高	¥550	¥550	¥550	¥550	¥550
5か年セット	¥2,200				
帝塚山高	¥550	¥550	¥550	¥550	¥550
5か年セット	¥2,200				
東海大付大阪仰星高	¥550	¥550	¥550	¥550	¥550
5か年セット	¥2,200				
同志社高	¥550	¥550	¥550	¥550	¥550
5か年セット	¥2,200				
中村学園女子高(前期)	×	¥550	¥550	¥550	¥550
4か年セット	¥1,760				
灘高	¥550	¥550	¥550	¥550	¥550
5か年セット	¥2,200				
奈良育英高	¥550	¥550	¥550	¥550	¥550
5か年セット	¥2,200				
奈良学園高	¥550	¥550	¥550	¥550	¥550
5か年セット	¥2,200				
奈良大附高	¥550	¥550	¥550	¥550	¥550
5か年セット	¥2,200				

※価格は税込表示

学校名	税込価格				
	2020年	2021年	2022年	2023年	2024年
西大和学園高	¥550	¥550	¥550	¥550	¥550
5か年セット	¥2,200				
梅花高	¥550	¥550	¥550	¥550	¥550
5か年セット	¥2,200				
白陵高	¥550	¥550	¥550	¥550	¥550
5か年セット	¥2,200				
初芝立命館高	×	×	×	×	¥550
東大谷高	×	×	¥550	¥550	¥550
3か年セット	¥1,320				
東山高	×	×	×	×	¥550
雲雀丘学園高	¥550	¥550	¥550	¥550	¥550
5か年セット	¥2,200				
福岡大附大濠高(専願)	¥550	¥550	¥550	¥550	¥550
5か年セット	¥2,200				
福岡大附大濠高(前期)	¥550	¥550	¥550	¥550	¥550
5か年セット	¥2,200				
福岡大附大濠高(後期)	¥550	¥550	¥550	¥550	¥550
5か年セット	¥2,200				
武庫川女子大附高	×	×	¥550	¥550	¥550
3か年セット	¥1,320				
明星高	¥550	¥550	¥550	¥550	¥550
5か年セット	¥2,200				
和歌山信愛高	¥550	¥550	¥550	¥550	¥550
5か年セット	¥2,200				

公立高

※価格は税込表示

学校名	税込価格				
	2020年	2021年	2022年	2023年	2024年
京都市立西京高（エンタープライジング科）	¥550	¥550	¥550	¥550	¥550
5か年セット	¥2,200				
京都市立堀川高（探究学科群）	¥550	¥550	¥550	¥550	¥550
5か年セット	¥2,200				
京都府立嵯峨野高（京都こすもす科）	¥550	¥550	¥550	¥550	¥550
5か年セット	¥2,200				

赤本収録年度より古い年度の音声データ

以下の音声データは,赤本に収録以前の年度ですので,赤本バックナンバー(P.1～3に掲載)と合わせてご購入ください。
赤本バックナンバーは1年分が1冊の本になっていますので,音声データも1年分ずつの販売となります。

※価格は税込表示

国私立高(アイウエオ順)

学 校 名	税込価格																
	2003年	2004年	2005年	2006年	2007年	2008年	2009年	2010年	2011年	2012年	2013年	2014年	2015年	2016年	2017年	2018年	2019年
大阪教育大附高池田校		¥550	¥550	¥550	¥550	¥550	¥550	¥550	¥550	¥550	¥550	¥550	¥550	¥550	¥550	¥550	¥550
大阪星光学院高(1次)	¥550	¥550	¥550	¥550	¥550	¥550	¥550	¥550	¥550	¥550	×	¥550	×	¥550	¥550	¥550	¥550
大阪星光学院高(1.5次)			¥550	¥550	¥550	¥550	¥550	¥550	×	×	×	×	×	×	×	×	×
大阪桐蔭高						¥550	¥550	¥550	¥550	¥550	¥550	¥550	¥550	¥550	¥550	¥550	¥550
久留米大附設高				¥550	¥550	×	¥550	¥550	¥550	¥550	¥550	¥550	¥550	¥550	¥550	¥550	¥550
清教学園高														¥550	¥550	¥550	¥550
同志社高						¥550	¥550	¥550	¥550	¥550	¥550	¥550	¥550	¥550	¥550	¥550	¥550
灘高																¥550	¥550
西大和学園高				¥550	¥550	¥550	¥550	¥550	¥550	¥550	¥550	¥550	¥550	¥550	¥550	¥550	¥550
福岡大附大濠高(専願)											¥550	¥550	¥550	¥550	¥550	¥550	¥550
福岡大附大濠高(前期)				¥550	¥550	¥550	¥550	¥550	¥550	¥550	¥550	¥550	¥550	¥550	¥550	¥550	¥550
福岡大附大濠高(後期)				¥550	¥550	¥550	¥550	¥550	¥550	¥550	¥550	¥550	¥550	¥550	¥550	¥550	¥550
明星高															¥550	¥550	¥550
立命館高(前期)						¥550	¥550	¥550	¥550	¥550	¥550	¥550	¥550	×	×	×	×
立命館高(後期)						¥550	¥550	¥550	¥550	¥550	¥550	¥550	¥550	×	×	×	×
立命館宇治高										¥550	¥550	¥550	¥550	¥550	¥550	¥550	×

※価格は税込表示

公立高(府県順)

府県名・学校名	税込価格																
	2003年	2004年	2005年	2006年	2007年	2008年	2009年	2010年	2011年	2012年	2013年	2014年	2015年	2016年	2017年	2018年	2019年
岐阜県公立高				¥550	¥550	¥550	¥550	¥550	¥550	¥550	¥550	¥550	¥550	¥550	¥550	¥550	¥550
静岡県公立高				¥550	¥550	¥550	¥550	¥550	¥550	¥550	¥550	¥550	¥550	¥550	¥550	¥550	¥550
愛知県公立高(Aグループ)	¥550	¥550	¥550	¥550	¥550	¥550	¥550	¥550	¥550	¥550	¥550	¥550	¥550	¥550	¥550	¥550	¥550
愛知県公立高(Bグループ)	¥550	¥550	¥550	¥550	¥550	¥550	¥550	¥550	¥550	¥550	¥550	¥550	¥550	¥550	¥550	¥550	¥550
三重県公立高				¥550	¥550	¥550	¥550	¥550	¥550	¥550	¥550	¥550	¥550	¥550	¥550	¥550	¥550
滋賀県公立高	¥550	¥550	¥550	¥550	¥550	¥550	¥550	¥550	¥550	¥550	¥550	¥550	¥550	¥550	¥550	¥550	¥550
京都府公立高(中期選抜)	¥550	¥550	¥550	¥550	¥550	¥550	¥550	¥550	¥550	¥550	¥550	¥550	¥550	¥550	¥550	¥550	¥550
京都府公立高(前期選抜 共通学力検査)												¥550	¥550	¥550	¥550	¥550	¥550
京都市立西京高 (エンタープライジング科)		¥550	¥550	¥550	¥550	¥550	¥550	¥550	¥550	¥550	¥550	¥550	¥550	¥550	¥550	¥550	¥550
京都市立堀川高 (探究学科群)												¥550	¥550	¥550	¥550	¥550	¥550
京都府立嵯峨野高(京都こすもす科)		¥550	¥550	¥550	¥550	¥550	¥550	¥550	¥550	¥550	¥550	¥550	¥550	¥550	¥550	¥550	¥550
大阪府公立高(一般選抜)														¥550	¥550	¥550	¥550
大阪府公立高(特別選抜)														¥550	¥550	¥550	¥550
大阪府公立高(後期選抜)	¥550	¥550	¥550	¥550	¥550	¥550	¥550	¥550	¥550	¥550	¥550	¥550	¥550	×	×	×	×
大阪府公立高(前期選抜)	¥550	¥550	¥550	¥550	¥550	¥550	¥550	¥550	¥550	¥550	¥550	¥550	¥550	×	×	×	×
兵庫県公立高	¥550	¥550	¥550	¥550	¥550	¥550	¥550	¥550	¥550	¥550	¥550	¥550	¥550	¥550	¥550	¥550	¥550
奈良県公立高(一般選抜)	¥550	¥550	¥550	¥550	×	¥550	¥550	¥550	¥550	¥550	¥550	¥550	¥550	¥550	¥550	¥550	¥550
奈良県公立高(特色選抜)				¥550	¥550	¥550	¥550	¥550	¥550	¥550	¥550	¥550	¥550	¥550	¥550	¥550	¥550
和歌山県公立高	¥550	¥550	¥550	¥550	¥550	¥550	¥550	¥550	¥550	¥550	¥550	¥550	¥550	¥550	¥550	¥550	¥550
岡山県公立高(一般選抜)					¥550	¥550	¥550	¥550	¥550	¥550	¥550	¥550	¥550	¥550	¥550	¥550	¥550
岡山県公立高(特別選抜)												¥550	¥550	¥550	¥550	¥550	¥550
広島県公立高	¥550	¥550	¥550	¥550	¥550	¥550	¥550	¥550	¥550	¥550	¥550	¥550	¥550	¥550	¥550	¥550	¥550
山口県公立高					¥550	¥550	¥550	¥550	¥550	¥550	¥550	¥550	¥550	¥550	¥550	¥550	¥550
香川県公立高					¥550	¥550	¥550	¥550	¥550	¥550	¥550	¥550	¥550	¥550	¥550	¥550	¥550
愛媛県公立高					¥550	¥550	¥550	¥550	¥550	¥550	¥550	¥550	¥550	¥550	¥550	¥550	¥550
福岡県公立高				¥550	¥550	¥550	¥550	¥550	¥550	¥550	¥550	¥550	¥550	¥550	¥550	¥550	¥550
長崎県公立高					¥550	¥550	¥550	¥550	¥550	¥550	¥550	¥550	¥550	¥550	¥550	¥550	¥550
熊本県公立高(選択問題A)													¥550	¥550	¥550	¥550	¥550
熊本県公立高(選択問題B)													¥550	¥550	¥550	¥550	¥550
熊本県公立高(共通)					¥550	¥550	¥550	¥550	¥550	¥550	¥550	¥550	×	×	×	×	×
大分県公立高					¥550	¥550	¥550	¥550	¥550	¥550	¥550	¥550	¥550	¥550	¥550	¥550	¥550
鹿児島県公立高					¥550	¥550	¥550	¥550	¥550	¥550	¥550	¥550	¥550	¥550	¥550	¥550	¥550

受験生のみなさんへ

英俊社の高校入試対策問題集

各書籍のくわしい内容はこちら→

近畿の高校入試シリーズ

最新の近畿の入試問題から良問を精選。
私立・公立どちらにも対応できる定評ある問題集です。

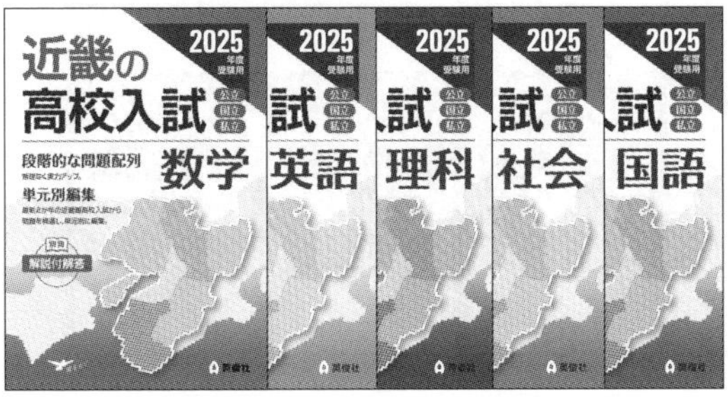

近畿の高校入試シリーズ

中1・2の復習

近畿の入試問題から1・2年生までの範囲で解ける良問を精選。
高校入試の基礎固めに最適な問題集です。

最難関高校シリーズ

最難関高校を志望する受験生諸君におすすめのハイレベル問題集。
灘、洛南、西大和学園、久留米大学附設、ラ・サールの最新7か年入試問題を単元別に分類して収録しています。

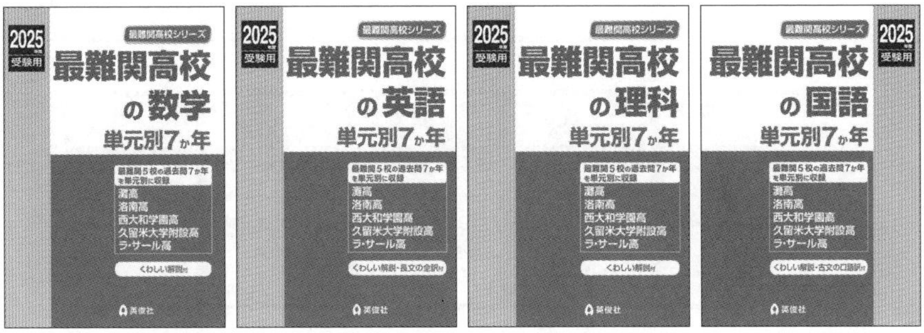

ニューウイングシリーズ　出題率

入試での出題率を徹底分析。出題率の高い単元、問題に集中して効率よく学習できます。

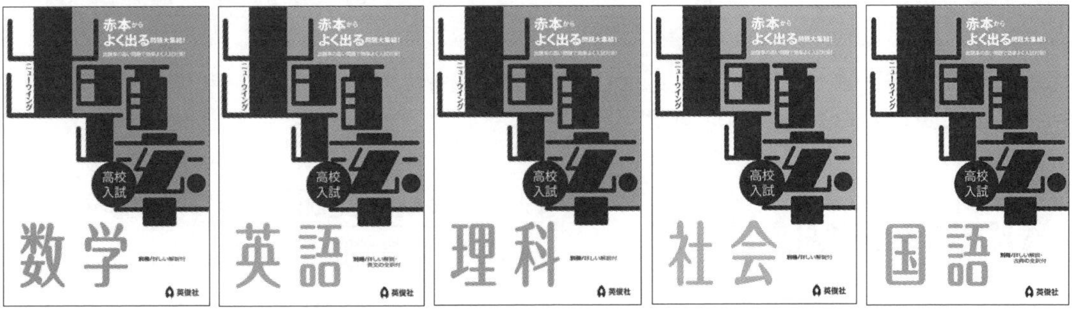

近道問題シリーズ

重要ポイントに絞ったコンパクトな問題集。苦手分野の集中トレーニングに最適です!

数学5分冊

01 式と計算
02 方程式・確率・資料の活用
03 関数とグラフ
04 図形〈1・2年分野〉
05 図形〈3年分野〉

英語6分冊

06 単語・連語・会話表現
07 英文法
08 文の書きかえ・英作文
09 長文基礎
10 長文実践
11 リスニング

理科6分冊

12 物理
13 化学
14 生物・地学
15 理科計算
16 理科記述
17 理科知識

社会4分冊

18 地理
19 歴史
20 公民
21 社会の応用問題 ー資料読解・記述ー

国語5分冊

22 漢字・ことばの知識
23 文法
24 長文読解 ー攻略法の基本ー
25 長文読解 ー攻略法の実践ー
26 古典

学校・塾の指導者の先生方へ

赤本収録の**入試問題データベース**を利用して、**オリジナルプリント教材**を作成していただけるサービスが登場!! 生徒**ひとりひとりに合わせた**教材作りが可能です。

プリント教材作成システム KAWASEMI Lite

くわしくは KAWASEMI Lite 検索 で検索!
まずは**無料体験版**をぜひお試しください。

※指導者の先生方向けの専用サービスです。受験生など個人の方はご利用いただけませんので、ご注意ください。

公立高校入試対策シリーズ 3044

もくじ

●公立入試はこうだ！

●過去５か年の公立高入試問題

〈英語長文の全訳，古文の口語訳を付けてある〉

（注） 著作権の都合により，実際に使用された写真と異なる場合があります。（編集部）

2020～2024年度のリスニング音声（書籍収録分すべて）は
英俊社ウェブサイト「**リスもん**」から再生できます。
https://book.eisyun.jp/products/listening/index/

リスもん
リスニング問題 音声再生ウェブページ

再生の際に必要な入力コード→ **92846753**
（コードの使用期限：2025年７月末日）

スマホはこちら ——→

※音声は英俊社で作成したものです。

❖全日制公立高校の入学者選抜について（前年度参考）

※　以下の内容は2024年度（前年度）の入学者選抜概要です。2025年度の受検に際しては，2025年度選抜実施要項を必ずご確認ください。

1．第一次入学者選抜

①出　　願
(1)　出願は1校(分校は1校とみなす)・1部・1学科に限る。
(2)　推薦入試に合格が内定した者は，一次入試に出願することはできない。
(3)　くくり募集をする学科は，一つの学科とみなして志願すること。
(4)　二つ以上の学科が設置されている高等学校においては，選抜の資料を満たす範囲で第2志望を認める。ただし，爽風館高等学校においては，学科間及びⅠ部，Ⅱ部，Ⅲ部の間で第3志望まで認める。
(5)　**願書等提出期間**…2024年2月13日(火)～2月19日(月)

②志願変更
(1)　志願者は次の期間において，1回に限り，志願先の高等学校，分校，課程，同一校内の学科及び爽風館高等学校においては部を変更することができる。
(2)　**志願変更期間**…2024年2月21日(水)～2月27日(火)

③入学者選抜
(1)　**学力検査**
- 出題教科は国語，社会，数学，理科，外国語(英語)とし，3～5教科の範囲内で学校ごとに定める。(5ページの別表参照)
- 外国語(英語)についてはリスニングテストを含める。
- 各教科とも60点満点とする。

(2)　**面　　接**
必要に応じて面接を行う学校がある。

(3)　**適性検査**
別府翔青高等学校グローバルコミュニケーション科，大分舞鶴高等学校理数科及び芸術緑丘高等学校音楽科・美術科については，適性検査を行うことができる。ただし，2024年度においては，芸術緑丘高等学校音楽科・美術科のみ適性検査を行う。

(4)　**検査日・日程等**
- **学力検査時間割**

開始　～　終了	時間	教　科
9：30 ～ 10：20	50分	理　　科
10：40 ～ 11：30	50分	国　　語
11：50 ～ 12：40	50分	外国語(英語)
13：40 ～ 14：30	50分	社　　会
14：50 ～ 15：40	50分	数　　学

●検査日及び検査内容

2024 年 3 月 5 日(火)…学力検査

2024 年 3 月 6 日(水)…面接・適性検査（実施する学校のみ）

④選抜方法　(1) 調査書の教科学習成績及び学力検査を実施しない教科の換算点の合計点（以下「調査書の合計点」という）並びに学力検査成績の総合計点と調査書のその他の記載事項及び面接，適性検査を実施した場合はその結果を資料として総合的に判定する。

(2) 調査書の合計点と学力検査成績の比率は学校ごとに定める。(5 ページの別表参照)

(3) 5 教科を課す高等学校では，学力検査配点の比重を変える**傾斜配点**を採用する場合がある。その場合の倍率は 2 倍を限度とする。なお，傾斜配点を採用する教科や倍率については，学校ごとに定める。(5 ページの別表参照)

⑤合格発表　推薦入試及び一次入試の合格者を合わせて，2024 年 3 月 8 日(金) 午前 9 時頃に合格者発表専用 Web サイトに合格者の受験番号を掲載する。

2．推薦入学者選抜

推薦入試 A

①実施学科　別府翔青高等学校グローバルコミュニケーション科

大分舞鶴高等学校理数科

芸術緑丘高等学校音楽科・美術科

②募　　集　(1) **募集人員**

当該学科の入学定員の 50 %〜100 %の範囲で，学校ごとに定める。

(2) **推薦要件**

次の各項の全てに該当する者で，詳細は学校ごとに定める。

●当該学科を志願する動機，理由が明白かつ適切である者

●当該学科に対する適性及び興味・関心を有する者

●調査書の各記録が，当該学科を志願するにふさわしい者

③出　　願　(1) 出願は 1 校・1 学科に限る。

(2) **願書等提出期間**…2024 年 1 月 23 日(火)〜1 月 26 日(金)

④入学者選抜　(1) **検査日及び検査内容**

2024 年 2 月 6 日(火)・2 月 7 日(水)…適性検査，面接，小論文

(2) **選　　考**

推薦書，調査書，適性検査，面接及び小論文の結果を資料として行う選抜に基づいて合格内定者を決定する。

⑤選考結果の通知及び合格者の発表

(1) 各高等学校長は，2024 年 2 月 8 日(木)までに中学校長あてに推薦入学者選抜合格内定通知書を発送する。

(2) 合格者の発表は一次入試の合格者発表と同時に行う。

(3) 推薦入試Ａに出願し合格が内定した者は，一次入試に出願不可。

推薦入試 B

①実施学科　推薦入試Ａ実施学科及び爽風館高等学校を除く全ての学科で実施する。

②募　集　(1) 募集人員

普通科・専門学科は入学定員の20％以内，総合学科は入学定員の30％以内でそれぞれ学校ごとに定める。ただし，安心院高等学校普通科については入学定員の20％以内，国東高等学校全学科については入学定員の30％以内，久住高原農業高等学校農業科については，入学定員の50％以内で学校が定める。そのうち，全国募集により県外から志願する者については，安心院高等学校普通科および国東高等学校全学科は入学定員の10％程度，久住高原農業高等学校農業科は入学定員の30％程度とする。

(2) 推薦要件

スポーツ活動，文化活動，その他の活動において成果を収めた者等で，詳細は学校ごとに定める。

③出　願　(1) 出願は１校(分校は１校とみなす)・１学科に限る。

(2) 職業に関する同一大学科内に二つ以上の学科が設置されている高等学校においては，職業に関する同一大学科内における第２志望を認める。

(3) 願書等提出期間…2024年1月23日(火)～1月26日(金)

④入学者選抜　(1) 検査日及び検査内容

2024年2月6日(火)・2月7日(水)…面接，小論文(実施する学校のみ)

(2) 選　考

推薦書，調査書，面接及び必要に応じて実施する小論文の結果を資料として行う選抜に基づいて合格内定者を決定する。

⑤選考結果の通知及び合格者の発表　推薦入試Ａに同じ。

★2025年度入学者選抜の主な日程

●推薦入学者選抜及び連携型中高一貫教育に係る入学者選抜

出願期間…2025年1月21日(火)～1月24日(金)

検査日…2025年2月4日(火)・2月5日(水)

合格内定通知日…2025年2月5日(水)・2月6日(木)

●第一次入学者選抜

出願期間…2025年2月14日(金)～2月20日(木)

志願変更期間…2025年2月25日(火)～2月28日(金)

検査日…2025年3月11日(火)・3月12日(水)

合格者発表日…2025年3月14日(金)

【別表】第一次入学者選抜に係る学校ごとに定める事項（前年度参考）

［全日制］

高等学校	学力検査実施教科					調査書の合計点と学力検査成績の比率	傾斜配点	面接	適性検査
	国語	社会	数学	理科	英語	（調査書）：（学力検査）			
中　津　南	○	○	○	○	○	3：7			
中津南耶馬溪校	○	○	○	○	○	4：6		○	
中　津　北	○	○	○	○	○	3：7			
中　津　東	○	○	○	○	○	3：7			
宇　　　佐	○	○	○	○	○	3：7			
宇佐産業科学	○	○	○	○	○	3：7			
安　心　院	○	○	○	○	○	3：7		○	
高　　　田	○	○	○	○	○	3：7			
国　　　東	○	○	○	○	○	3：7			
杵　　　築	○	○	○	○	○	3：7			
日出総合	○	○	○	○	○	4：6			
別府鶴見丘	○	○	○	○	○	3：7			
別府翔青	○	○	○	○	○	3：7	英語 1.5 倍		
大分上野丘	○	○	○	○	○	3：7			
大分舞鶴	○	○	○	○	○	3：7			
大分雄城台	○	○	○	○	○	3：7			
大　分　南	○	○	○	○	○	3：7			
大分豊府	○	○	○	○	○	3：7			
大分工業	○	○	○	○	○	3：7			
大分商業	○	○	○	○	○	3：7			
芸術緑丘	○	○	○	○	○	4：6			○
大　分　西	○	○	○	○	○	3：7			
大分鶴崎	○	○	○	○	○	3：7			
鶴崎工業	○	○	○	○	○	3：7			
情報科学	○	○	○	○	○	3：7			
大　分　東	○	○	○	○	○	3：7		○	
由　　　布	○	○	○	○	○	3：7		○	
臼　　　杵	○	○	○	○	○	3：7			
海洋科学	○	○	○	○	○	3：7		○	
津　久　見	○	○	○	○	○	3：7		○	
佐伯鶴城	○	○	○	○	○	3：7			
佐伯豊南	○	○	○	○	○	3：7			
三重総合	○	○	○	○	○	3：7			
竹　　　田	○	○	○	○	○	3：7			
久住高原農業	○	○	○	○	○	5：5		○	
玖珠美山	○	○	○	○	○	3：7			
日　　　田	○	○	○	○	○	3：7			
日田三隈	○	○	○	○	○	3：7			
日田林工	○	○	○	○	○	3：7			

（注）○：実施する。　空欄：実施しない。

❖2024年度第一次入学者選抜志願状況（全日制課程）

高等学校	学　科	入学定員	一次入試	
			募集人員	最終志願者数
中津南	普通	200	180	192
中津南耶馬溪校	普通	30	26	25
中津北	普通	200	187	182
中津東	機械	40	32	40
	電気	40	32	28
	土木	40	32	39
	生産システム	40	32	38
	ビジネス会計	35	32	32
	ビジネス情報	35	29	30
	計	230	189	207
宇佐	普通	160	143	124
宇佐産業科学	グリーン環境	35	31	25
	電子機械	35	30	26
	ビジネス管理	35	34	23
	生活デザイン	35	31	15
	計	140	126	89
安心院	普通	80	22	20
高田	普通	140	126	117
国東	普通	100	87	83
	(内ビジネスITコース)		(14)	(10)
	園芸ビジネス	30	29	18
	環境土木	30	26	16
	電子工業	40	35	20
	計	200	177	137
杵築	普通	200	170	189
日出総合	農業経営	40	33	20
	機械電子	40	36	32
	総合学科	70	69	48
	計	150	138	100
別府鶴見丘	普通	240	217	226
別府翔青	普通	80	68	85
	グローバルコミュニケーション	40	11	7
	商業	120	96	138
	計	240	175	230
大分上野丘	普通	320	301	398
大分舞鶴	普通	280	266	318
	理数	40	(くくり募集)	
	計	320	266	318
大分雄城台	普通	240	209	272
大分南	普通	120	97	133
	福祉	80	64	69
	計	200	161	202
大分豊府	普通	240	112	156
大分工業	機械	80	64	51
	電気	40	32	22
	電子	80	66	62
	建築	40	32	47
	土木	80	64	88
	工業化学	40	32	31
	計	360	290	301
大分商業	商業	120	96	114
	国際経済	40	32	37
	情報処理	80	64	67
	計	240	192	218

高等学校	学　科	入学定員	一次入試	
			募集人員	最終志願者数
芸術緑丘	音楽	40	10	1
	美術	40	−	−
	計	80	10	1
大分西	総合学科	240	180	280
大分鶴崎	普通	240	204	266
鶴崎工業	機械	80	64	68
	電気	80	65	80
	建築	40	33	34
	化学工学	40	34	54
	産業デザイン	40	36	48
	計	280	232	284
情報科学	AIテクノロジー	40	32	33
	ビジネスソリューション	80	65	70
	デジタル創造	80	64	80
	計	200	161	183
大分東	普通	60	58	45
	園芸ビジネス	30	25	36
	園芸デザイン	30	30	15
	計	120	113	96
由布	普通	120	65	38
臼杵	普通	175	149	172
海洋科学	海洋	40	32	30
津久見	普通	35	34	14
	生産機械	35	29	12
	電気電子	35	30	14
	地域みらいビジネス	60	50	33
	計	165	143	73
佐伯鶴城	普通	200	170	162
佐伯豊南	食農ビジネス	35	29	17
	工業技術	35	28	14
	福祉	30	28	15
	総合学科	80	73	51
	計	180	158	97
三重総合	普通	70	66	32
	生物環境	40	32	32
	メディア科学	40	34	35
	計	150	132	99
竹田	普通	140	130	95
久住高原農業	農業	40	28	14
玖珠美山	普通	90	77	81
	地域産業	30	28	24
	計	120	105	105
日田	普通	200	180	187
日田三隈	総合学科	140	133	94
日田林工	林業	40	36	22
	機械	40	32	31
	電気	40	32	19
	建築土木	40	32	29
	計	160	132	101

注）安心院（普通），国東（全学科），久住高原農業（農業）の募集人員，最終志願者数には全国募集を含む。

❖傾向と対策〈数学〉

出題傾向

	数と式							方程式						関数					図形								資料の活用	
	数の計算	数の性質	平方根の計算	平方根の性質	文字式の利用	式の計算	式の展開・因数分解	一次方程式の計算	一次方程式の応用	連立方程式の計算	連立方程式の応用	二次方程式の計算	二次方程式の応用	比例・反比例	一次関数	関数 $y=ax^2$	いろいろな事象と関数	関数と図形	図形の性質	平面図形の計量	空間図形の計量	図形の証明	作図	中3単元 相似	中3単元 三平方の定理	中3単元 円周角の定理	場合の数・確率	資料の分析と活用・標本調査
2024年度	○		○			○					○	○				○		○	○	○	○	○	○	○	○		○	○
2023年度	○		○	○		○			○			○				○				○	○	○	○	○	○		○	○
2022年度	○		○			○	○				○	○		○		○	○	○		○	○	○	○	○	○	○	○	○
2021年度	○		○		○	○		○				○				○	○	○		○	○	○	○	○	○	○	○	○
2020年度	○		○			○	○					○				○	○	○		○	○	○	○	○	○	○	○	○

出題分析

★数と式…………正負の数や平方根の計算，式の計算，因数分解，式の値，数や平方根の性質を利用する問題などが小問で出されている。

★方程式…………毎年2次方程式の計算問題が出されているほか，方程式を利用した文章題も出題されることが多い。

★関　数…………放物線と直線を主題にしたものを中心に，比例定数や直線の式，交点の座標，変化の割合などを求める基本的な問題，さらには，座標平面上の図形とからめた面積や面積比に関する問題が出されている。また，点の移動や速さなどを題材にしたいろいろな事象と関数の出題もあり，やや複雑な計算や，場合を分けて解を求める問題も見られる。

★図　形…………平面図形，空間図形について，バランスよく出題されている。平面図形は，円の性質，三平方の定理，合同，相似などを利用したもの，空間図形は，水の深さや最短距離など，題材が多岐にわたっている。作図や証明も毎年出題されている。

★資料の活用……さいころ，カード，球などを利用した場合の数や確率について毎年出題されている。また，度数分布表やヒストグラム，箱ひげ図を利用する問題を中心に，資料の活用と分析の問題も毎年出題されている。

来年度の対策

①基本事項をマスターすること！

出題は広範囲にわたっているので，教科書の全範囲の復習をし，基本をマスターすることが大切である。コンピュータで出題頻度の高い問題を抽出した「**ニューウイング 出題率 数学**」（英俊社）を使って，効率良く全体の総仕上げをしよう。

②関数，図形の計量に強くなること！

平面図形，空間図形の計量に関して，相似を利用した線分比や面積比の扱いには慣れておきたい。また，関数のグラフと図形の融合問題も演習を重ねておこう。**数学の近道問題シリーズ**「**関数とグラフ**」「**図形〈1・2年分野〉**」「**図形〈3年分野〉**」（いずれも英俊社）を，弱点補強に役立ててほしい。解法もくわしいので，強い味方になってくれるだろう。

❖傾向と対策〈英語〉

出題傾向

	放送問題	語い	音声			英文法					英作文			読解		長文問題										
																			設問の内容							
			語の発音	語のアクセント	文の区切り・強勢	語形変化	英文完成	同意文完成	指示による書きかえ	正誤判断	整序作文	和文英訳	その他の英作文	問答・応答	絵や表を見て答える問題	会話文	長文読解	長文総合	音声・語い	文法事項	英文和訳	英作文	内容把握	文の整序・挿入	英問英答	要約
2024 年度	○												○			○		○	○	○		○	○	○	○	○
2023 年度	○												○			○		○	○	○		○	○	○	○	○
2022 年度	○												○			○		○				○	○	○		○
2021 年度	○												○			○		○				○	○	○	○	○
2020 年度	○												○			○		○				○	○	○	○	○

出題分析

★長文問題は標準的な長さのものが複数出題されており，全体としてはまずまずの分量である。内容把握に関する問題を中心に，図や表などを見て解く問題や，文法知識を問う問題も出題されている。作文問題としては条件作文が毎年出題されており，難解ではないが，文脈に合わせて自分の考えを書く必要がある。

来年度の対策

①長文を数多く読んでおくこと！

日頃から長文や会話文に触れ，内容を正確に読み取れるようにしておきたい。その際，単語・連語のチェックや文法知識，会話表現の確認をして，総合的な知識を習得するようにしよう。「**英語の近道問題シリーズ**（全６冊）」（英俊社）で苦手単元の学習をしておくとよい。

②リスニングに慣れておくこと！

リスニングテストは今後も実施されると思われるので，日頃からネイティブスピーカーの話す英語に慣れておこう。

③作文に強くなっておくこと！

毎年，条件作文が大問として出題されている。総合的な英語力と表現力が必要とされるので，さまざまな問題に対応できるようにしておこう。最後に前記シリーズの「**文の書きかえ・英作文**」（英俊社）を仕上げておくとよい。

❖傾向と対策〈社会〉

出題傾向

	地理							歴史							公民										融合問題
	世界地理			日本地理			世界地理・日本地理総合	日本史					世界史	日本史・世界史総合	政治				経済				国際社会	公民総合	
	全域	地域別	地図・時差（単独）	全域	地域別	地形図（単独）		原始・古代	中世	近世	近代・現代	複数の時代			人権・憲法	国会・内閣・裁判所	選挙・地方自治	総合・その他	しくみ・企業	財政・金融	社会保障・労働・人口	総合・その他			
2024年度							○					○												○	○
2023年度							○					○												○	○
2022年度							○							○										○	○
2021年度	○											○												○	○
2020年度							○					○												○	○

出題分析

★出題数と時間　過去5年間の大問数は5～6，小問数は37～47となっている。試験時間は50分なので見直しまでしっかりする時間がとれるだろう。

★出題形式　作図問題は見られないが，短文による説明を求められる問題数が多いので対策が必要。

★出題内容　**①地理的内容について**

世界地理・日本地理ともに地図・グラフ・統計表・写真などを使い，各国の位置や産業などが問われている。気候・雨温図についての問いも多い。日本地理では地形図の読み取りについても注意しておこう。

②歴史的内容について

古代から近・現代まで，時代を限らず問われることが多い。世界史の内容についてもよく出題がある。単に知識を問うだけではなく写真や年表，史料，グラフなどを使って，時代背景などを考えながら解答しなければならない問題も多い。

③公民的内容について

政治・経済・国際社会の単元からかたよりなく，しかも融合された出題となっていることが多い。統計表やグラフ，模式図などが多用されており，他分野同様，単に公民用語を問う問題よりも読解力・思考力が試される問題が含まれているので注意を要する。

★難 易 度　全体的に標準的なレベルだが，統計の読み取りや短文記述など日ごろから練習を積んでおかないと得点できない問題も少なくない。

来年度の対策

①地図・グラフ・統計・地形図・雨温図などを使って学習しておくこと！

地理分野では教科書だけでなく，地図帳・資料集等をうまく活用し，広くていねいな学習を心がけること。

②人物や代表的な事件について年代とともにまとめておくこと！

年代順や時代判断，時代背景を問う問題がよく出ている。問題にも年表が使われることがあるので，自分で年表を作成し，重要事項や関連人物などを整理する学習が有効となる。また，教科書・参考書などの写真や史料にも注意しておきたい。

③時事問題に関心を持とう！

公民分野では単に公民用語を問われるのではなく，グラフや統計表の読解を要する出題が見られる。新聞の解説やニュース番組・インターネットなどを利用して，時事問題に対する理解度も高めておこう。

④標準的な問題に対しては不注意からくるミスをなくすことが重要だ！

教科書を中心に基礎的な事項を整理し，問題集を利用して基本的な知識の確認をしておこう。**社会の近道問題シリーズ**（全４冊）（英俊社）で苦手な分野を集中的に学習し，仕上げに出題率の高い問題が収録された「**ニューウイング 出題率 社会**」（英俊社）を使ってさまざまな問題パターンを知っておこう。

❖傾向と対策〈理科〉

出題傾向

	物理					化学					生物					地学					環境問題
	光	音	力	電流の性質とその利用	運動とエネルギー	物質の性質	物質どうしの化学変化	酸素が関わる化学変化	いろいろな化学変化	酸・アルカリ	植物	動物	ヒトのからだのつくり	細胞・生殖・遺伝	生物のつながり	火山	地震	地層	天気とその変化	地球と宇宙	
2024 年度				○					○	○	○	○							○		
2023 年度					○				○					○			○				
2022 年度				○	○				○	○	○									○	
2021 年度		○							○						○	○		○			
2020 年度					○	○							○							○	

出題分析

★物　理…………音や運動，電流に関する問題が出されており，物体の速さ，電流・電圧の大きさなどについて，計算問題やグラフ作成の問題が出されている。

★化　学…………化学変化や，水溶液・気体の性質についての出題が主となっている。化学反応における質量比について，計算やグラフ作成の問題が出されている。イオンについての出題も増えていることから，今後もイオンをからめた問題が出題されると予想される。

★生　物…………植物のつくりとはたらき，ヒトのからだのはたらき，細胞・生殖・遺伝，食物連鎖などが出題されている。この分野では，短文説明や記述など，とにかく書かせる問題が多い。また，遺伝の割合の計算問題や蒸散量の計算問題が出されていることから，今後も計算問題には注意が必要。

★地　学…………星の動きや太陽の動き，地震や岩石の特徴，天気の変化や湿度などについて出題されている。太陽の高度や湿度，地震波の速さなど，計算問題が出されることが多い。また，短文説明もよく出題されている。

全体的にみると…各分野から１題ずつ出題されている。また，各分野の問題が１題ずつ盛りこまれた総合問題も毎年１題出題されている。

来年度の対策

①多くの問題を解こう！

各分野での出題には難問はなく，基礎的で簡潔な問題が出されている。そのため，いかに教科書の内容を復習し，基礎的な力をつけているかがポイントとなる。基礎的な力をつけるには，**「ニューウイング 出題率 理科」**（英俊社）を活用してほしい。入試でよく出される問題ばかりを集めており，要領よく学習するには最適だろう。

②問題の意図をすばやくつかむこと！

問題文や実験の説明が長く，読むだけでも時間がかかってしまう。そのため，問題の意図，実験内容をできるだけすばやく理解し，問題を解く時間を確保するのが重要なポイントとなる。

③短文説明に慣れておこう！

実験の目的や物質のはたらきなど，短文説明の問題は必ず出される。短文説明では，問題で何についてきかれているかを理解する力と，答えるべき内容を文章にする力が求められる。特に文章にする力は短期間で身につくものではない。日頃から文章で答える問題を解き，書くことに慣れておこう。

❖傾向と対策〈国語〉

出題傾向

	現代文の読解									国語の知識									作文		古文・漢文								
	内容把握	原因・理由	接続語	適語挿入	脱文挿入	段落の働き・論の展開	要旨・主題	心情把握・人物把握	表現把握	漢字の読み書き	漢字・熟語の知識	ことばの知識	慣用句・ことわざ・四字熟語	文法	敬語	文学史	韻文の知識	表現技法	課題作文・条件作文	短文作成・表現力	読解問題	主語・動作主把握	会話文・心中文	要旨・主題	古語の意味・口語訳	仮名遣い	文法・係り結び	返り点・書き下し文	古文・漢文・漢詩の知識
2024年度	○				○	○		○	○	○	○		○	○					○		○							○	
2023年度	○	○				○		○	○	○	○			○	○				○		○	○				○			
2022年度	○	○						○	○	○	○		○						○		○			○		○			
2021年度	○	○		○		○		○	○	○	○								○		○	○				○			
2020年度	○	○	○	○		○			○	○	○	○		○	○			○	○		○							○	

【出典】

2024年度 ②文学的文章　濱野京子「シタマチ・レイクサイド・ロード」
③論理的文章　斉藤　淳「アメリカの大学生が学んでいる本物の教養」・出口治明「なぜ学ぶのか」
④漢文 「太平広記」

2023年度 ②文学的文章　瀧羽麻子「ひこぼしをみあげて」
③論理的文章　伊勢武史「2050年の地球を予測する――科学でわかる環境の未来」・環境省「いのちはつながっている　生物多様性を考えよう」
④古文 「宇治拾遺物語」

2022年度 ②文学的文章　村山由佳「雪のなまえ」
③論理的文章　小林武彦「生物はなぜ死ぬのか」　④古文 「醒睡笑」

2021年度 ②文学的文章　寺地はるな「水を縫う」
③論理的文章　除本理史・佐無田光「きみのまちに未来はあるか？――『根っこ』から地域をつくる」
④古文　井原西鶴「日本永代蔵」

2020年度 ②文学的文章　吉野万理子「部長会議はじまります」
③論理的文章　稲垣栄洋「イネという不思議な植物」
④漢文(書き下し文)「論語」・古文「続古事談」

出題分析

★現代文…………素材文は，文学的文章と論理的文章が1題ずつ。設問内容の特色は，文学的文章では，心情把握，内容把握，理由説明，表現把握などが出題されることである。論理的文章では，内容把握，理由説明などの他に，文章全体の流れに着目する問いもみられる。

★古　文…………設問の内容は，内容把握などの読解が中心。細かい古語の意味よりも，文章の流れから内容を読みとる力が求められている。古文と漢文書き下し文など，2つの出典が出題された年もある。

★漢　字…………国語の知識の大問のなかで，読み書きあわせて5問が出題されている。また，画数や行書体の特徴などといった漢字の知識を問う問題が出題されている。

★作　文…………表や新聞記事などの資料をふまえて自分の考えを書く，120字以内の作文が出題されている。

来年度の対策

①自分の言葉で簡潔にまとめる練習をすること！

記述式の問題は，文学的文章，論理的文章ともに出題されるので，多くの問題にあたり，ポイントをおさえながら文章を読み，まとめる練習をしておこう。また，素材文の内容に関連した資料を読みすすめる形式も多いので，時間配分に注意。**国語の近道問題シリーズ**の「**長文読解―攻略法の基本―**」「**長文読解―攻略法の実践―**」（ともに英俊社）でトレーニングを積んでおこう。

②漢字も手を抜かないこと！

読み書きの他に，画数や行書体の特徴などの問題が出題される。さまざまな問題にあたり，知識を確かなものにしておくこと。知識は覚えるだけで得点につながりやすく，長文でも役に立つことがあるので，上記シリーズの「**漢字・**

ことばの知識」（英俊社）をおすすめしたい。

③古文を読み慣れよう！

古文の問題は，細かい古語の意味を問う出題はなく，現代文の長文問題と同じように内容を把握することが中心となる。文章の流れから内容を把握できるよう，前記シリーズの「**古典**」（英俊社）で古文の解き方などを復習しつつ，たくさんの問題にあたって古文に親しんでほしい。

④作文は簡潔にまとめられるようにしよう！

毎年必出だが，120 字程度と短いので，自分の考えを簡潔な文でまとめる練習をしておきたい。

【写真協力】 ピクスタ株式会社 ／ 大日本図書株式会社 ／ 大分県 HP ／ 東京書籍 ／ 独立行政法人日本スポーツ振興センター

【地形図】 本書に掲載した地形図は，国土地理院発行の地形図・地勢図を使用したものです。

~MEMO~

~MEMO~

大分県公立高等学校

2024年度
入学試験問題

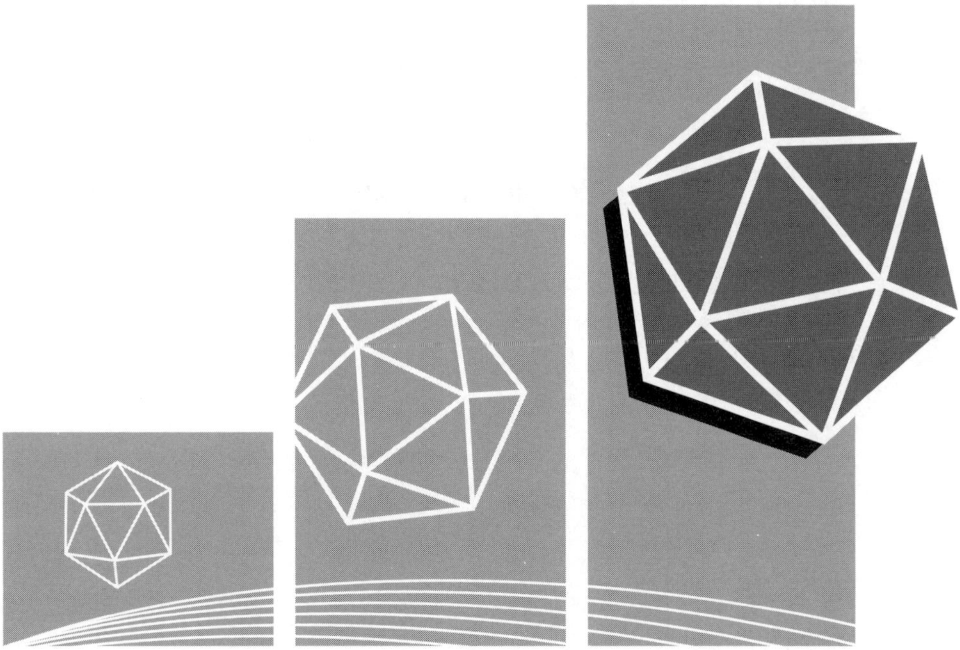

数学

時間　50分　　　　満点　60点

1　次の(1)～(6)の問いに答えなさい。

(1)　次の①～⑤の計算をしなさい。

①　$3-7$　(　　　)

②　$-4^2 \div 8$　(　　　)

③　$4x-7-(4+x)$　(　　　)

④　$\frac{3}{8}x^2y^3 \div \frac{3}{2}xy$　(　　　)

⑤　$2\sqrt{3}+\sqrt{2}\times\frac{6}{\sqrt{6}}$　(　　　)

(2)　2次方程式 $3x^2-5x+1=0$ を解きなさい。(　　　)

(3)　関数 $y=-2x^2$ について，x の変域が $-2 \leqq x \leqq 3$ のときの y の変域を求めなさい。(　　　)

(4)　右の〔図〕において，$\angle x$ の大きさを求めなさい。(　　　)

〔図〕

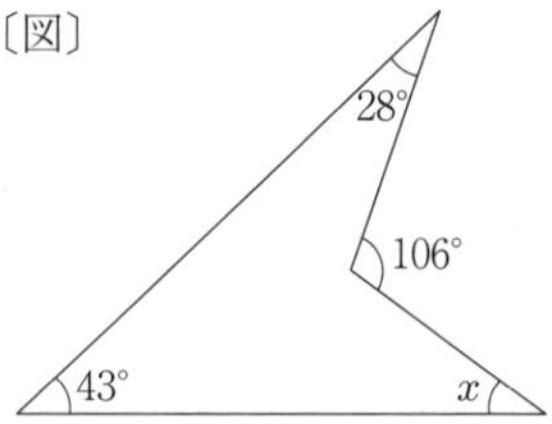

(5)　右の〔図〕のような立方体の展開図がある。

この展開図を組み立ててできる立方体において，辺ABと垂直になる面を，ア～カからすべて選び，記号を書きなさい。(　　　)

〔図〕

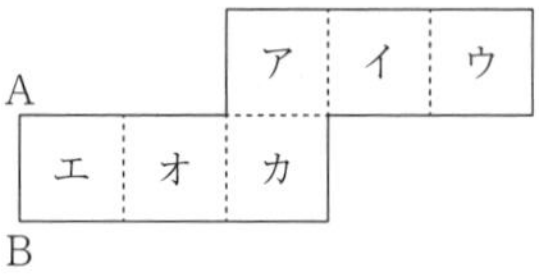

(6)　次の〔図〕のように，点Oを中心として，線分ABを直径とする半円がある。

この半円の$\overset{\frown}{AB}$上に，$\overset{\frown}{AC}:\overset{\frown}{CB}=5:1$ となるような点Cを，作図によって求めなさい。

ただし，作図には定規とコンパスを用い，作図に使った線は消さないこと。

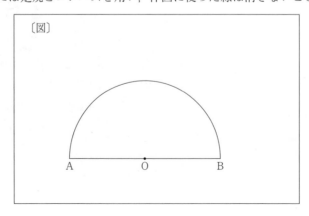

〔図〕

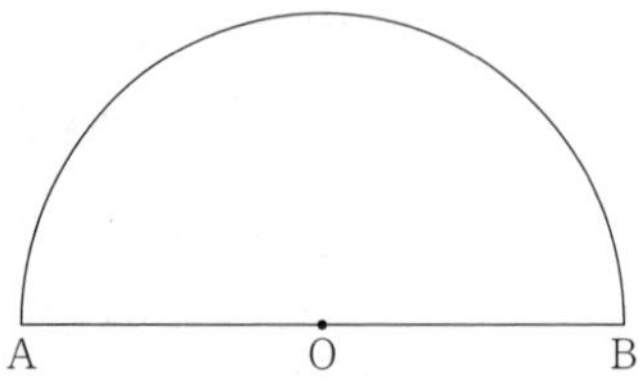

2 下の〔図1〕のように，2つの関数 $y = ax^2$ と $y = \dfrac{8}{x}$ $(x > 0)$ のグラフが，点Aで交わっており，点Aの x 座標は4である。また，関数 $y = \dfrac{8}{x}$ $(x > 0)$ のグラフ上に点Bがあり，点Bの y 座標は4である。

次の(1)〜(3)の問いに答えなさい。

〔図1〕

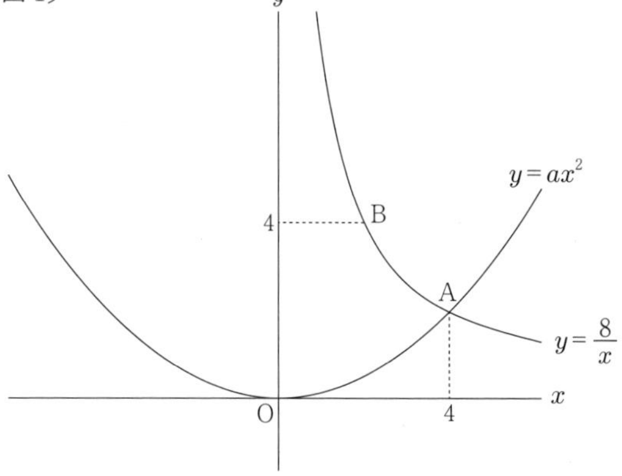

(1) a の値を求めなさい。(　　　)

(2) 直線ABの式を求めなさい。(　　　)

(3) 下の〔図2〕のように，y 軸上に点Pを，線分APと線分BPの長さの和AP + BPがもっとも小さくなるようにとり，△ABPと△APOをつくる。

次の①，②の問いに答えなさい。

〔図2〕

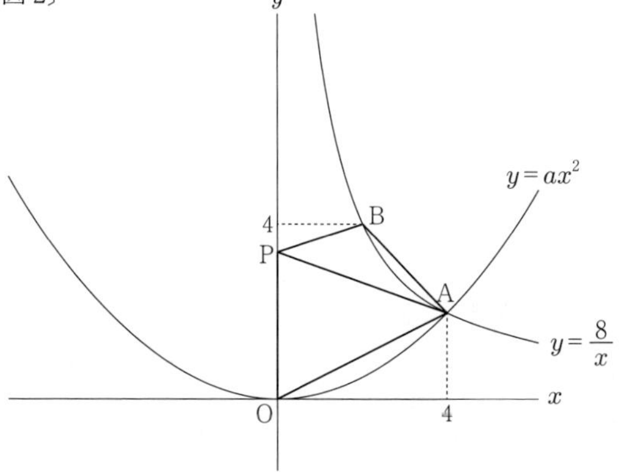

① 点Pの y 座標を求めなさい。(　　　)

② △ABPの面積をS，△APOの面積をTとするとき，S：Tをもっとも簡単な整数の比で表しなさい。(　　　)

3 次の(1), (2)の問いに答えなさい。

(1) 右の〔図1〕のような2つの袋X, Yがある。

〔図1〕

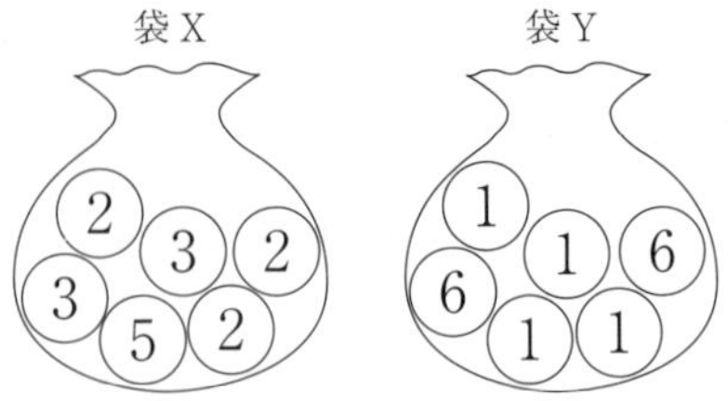

袋Xの中には, 2の数字が書かれた玉が3個と, 3の数字が書かれた玉が2個と, 5の数字が書かれた玉が1個入っている。

袋Yの中には, 1の数字が書かれた玉が4個と, 6の数字が書かれた玉が2個入っている。

太郎さんと花子さんの2人が, それぞれ次のように2回玉を取り出す。

［太郎さんの取り出し方］
・1回目は, 袋Xから玉を1個取り出し, 玉に書かれている数字を確認する。
・取り出した玉を, 袋Xにもどしてよく混ぜる。
・2回目は, ふたたび袋Xから玉を1個取り出し, 玉に書かれている数字を確認する。

［花子さんの取り出し方］
・1回目は, 袋Xから玉を1個取り出し, 玉に書かれている数字を確認する。
・2回目は, 袋Yから玉を1個取り出し, 玉に書かれている数字を確認する。

ただし, 袋Xからどの玉を取り出すことも, 袋Yからどの玉を取り出すことも, それぞれ同様に確からしいものとする。

次の①, ②の問いに答えなさい。

① ［太郎さんの取り出し方］において, 1回目に取り出す玉に書かれている数字が, 2回目に取り出す玉に書かれている数字より大きくなる確率を求めなさい。(　　　)

② 次の(P), (Q)の確率において, 確率が大きい方は(P), (Q)のどちらであるか, 1つ選び, 記号を書きなさい。

また, 選んだ方の確率を求めなさい。記号(　　　)　確率(　　　)

(P) ［太郎さんの取り出し方］において, 1回目に取り出す玉に書かれている数字が, 2回目に取り出す玉に書かれている数字より小さくなる確率

(Q) ［花子さんの取り出し方］において, 1回目に取り出す玉に書かれている数字が, 2回目に取り出す玉に書かれている数字より小さくなる確率

(2)　ある中学校の体育大会では，クラス対抗で大縄を跳ぶ競技が行われる。この競技は，5分間の中で連続して跳んだ回数を競うもので，その回数がもっとも多いクラスが優勝となる。

この中学校3年生の1組から3組までのそれぞれのクラスが，20日間昼休みに練習を行い，5分間の中で連続して跳んだ回数の各日の最高回数を記録した。

右の〔図2〕は，1組から3組までのそれぞれのクラスが，5分間の中で連続して跳んだ回数について，各日の最高回数のデータの分布のようすを箱ひげ図にまとめたものである。

次の①，②の問いに答えなさい。

〔図2〕

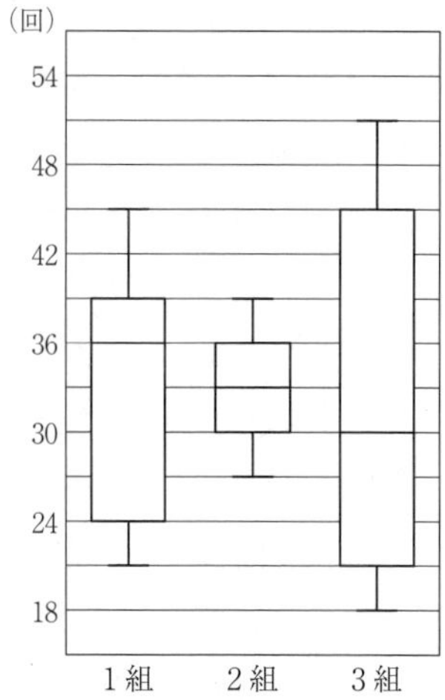

①　〔図2〕の箱ひげ図において，1組のデータの範囲を求めなさい。(　　　　回)

②　〔図2〕の箱ひげ図の特徴をもとに，優勝するクラスを予想する場合，あなたならどのクラスを選ぶか。次の［説明］を，下の［条件］にしたがって完成させなさい。

ア(　　　　)

イ(　　　　　　　　　　　　　　　　　　　　　　　　　　　　)

［説明］

私は，［ア］組が優勝すると予想する。

その理由は，箱ひげ図から，［ア］組は他の2つのクラスと比べて，

［イ］

［条件］

Ⅰ　［ア］には，1，2，3のいずれか1つの数を選んで書くこと。

ただし，1，2，3のどれを選んでもかまわない。

Ⅱ　［イ］には，［説明］の続きを，**最大値**，**最小値**，**中央値**のうち，**いずれか1つの語句**を用い，用いた語句の**数値**を示しながら書くこと。

また，用いた語句が，優勝すると予想した根拠となるように書くこと。

4　太郎さんと花子さんの中学校の修学旅行では，移動には新幹線を利用し，宿泊には旅館を利用することになっている。2人は利用する新幹線と旅館について調べた。

次の(1)，(2)の問いに答えなさい。

(1)　太郎さんと花子さんは，新幹線について調べていくうちに，新幹線の車両は，右の〔図〕のように通路をはさみ，2人席と3人席の両方が設置されていることを知った。

〔図〕

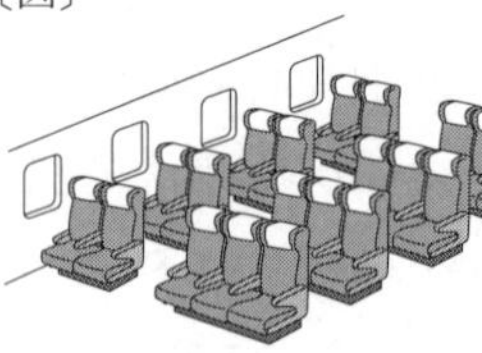

次の会話は，2人が新幹線に設置されている座席について考察しているときのものである。

会話を読んで，下の①，②の問いに答えなさい。

太郎：「新幹線の車両に2人席と3人席の両方が設置されていることにより，2人以上の様々な人数のグループの利用客が，座席を余らせることなく座ることができる」と聞いたけど，これはどんな意味なのかな。

花子：例えば，利用客が25人のグループを考えてみて。

25は，2でわっても，3でわっても1余るよね。だから，2人席のみが設置されている車両や3人席のみが設置されている車両だと1人で座る人が出てしまい，座席を余らせてしまうよね。だけど，2人席と3人席の両方が設置されている車両は，3人席を1列利用すると，残りは22人になるから，2人席を［ア］列利用することで，25人が座席を余らせることなく座ることができるでしょ。

このように，利用客が何人のグループでも，2人席と3人席の両方が設置されていると，座席を余らせることなく座ることができるということだよ。

太郎：なるほど。ということは，これから新幹線の座席を利用するときは，グループの人数を2人組や3人組に分けることができれば，座席を余らせることなく座ることができるということだね。でも，利用客が25人の場合，2人組の数が［ア］，3人組の数が1以外の組み合わせもありそうだよ。

すべての組み合わせを求めるには，どう考えればいいのかな。

花子：方程式をつくってみようよ。2人組の数をx，3人組の数をyとすると，グループの人数が25人だから，2つの文字x，yをふくむ方程式［イ］ができるね。

太郎：そうすると，この場合のxとyは，ともに0以上の整数だから，［イ］を成り立たせるxとyの値の組は，$x=$［ア］，$y=1$をふくめて全部で［ウ］組あるね。

①　会話中の［ア］には適する数を，［イ］には方程式を，それぞれ書きなさい。

ア(　　　)　イ(　　　　　)

②　会話中の［ウ］に適する数を求めなさい。(　　　)

(2)　さらに，太郎さんと花子さんは，宿泊する旅館について調べたところ，この旅館の客室の数と定員は，次のようになっていた。

ただし，客室とは利用客が宿泊する部屋をいい，定員とは1つの客室に宿泊できる人数をいう。

Ⅰ 客室は，1階から4階までにあり，定員が4名の客室と定員が6名の客室の2種類のみである。

Ⅱ 1階から4階までのそれぞれの階にある客室の総数は，どの階も同じである。

Ⅲ 1階から4階までのどの階も，定員が4名の客室の数は，定員が6名の客室の数の3倍である。

Ⅳ 1階から4階までのすべての客室の定員の合計は，432名である。

上のⅠ～Ⅳをもとに，この旅館の1つの階にある定員が4名の客室と定員が6名の客室の数を，それぞれ求めなさい。定員が4名の客室の数(　　　部屋)　定員が6名の客室の数(　　　部屋)

5 右の〔図1〕のような正四角錐(せいしかくすい)OABCDがある。底面ABCDは1辺の長さが6cmの正方形で，高さOHは12cmである。

また，OE = 8cmとなるように，線分OH上に点Eをとる。

次の(1)，(2)の問いに答えなさい。

(1) 正四角錐OABCDの体積を求めなさい。(　　　cm^3)

〔図1〕

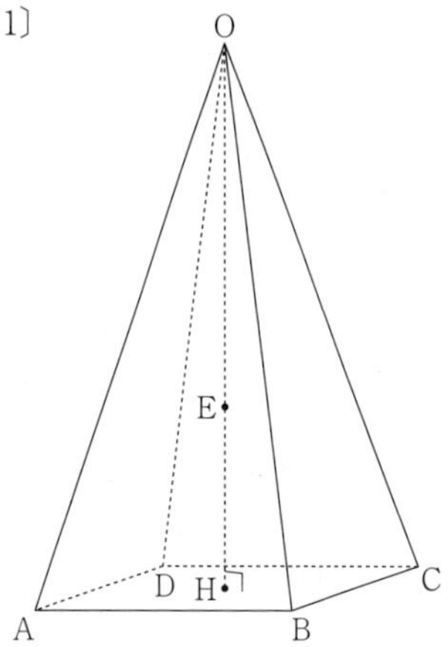

(2) 右の〔図2〕のように，〔図1〕の正四角錐を，点Eを通り，底面ABCDに平行な平面で2つの立体に分ける。

このとき，頂点Oをふくむ方の立体を［立体X］，底面ABCDをふくむ方の立体を［立体Y］とする。

次の①，②の問いに答えなさい。

① ［立体X］の体積を求めなさい。(　　　cm^3)

〔図2〕

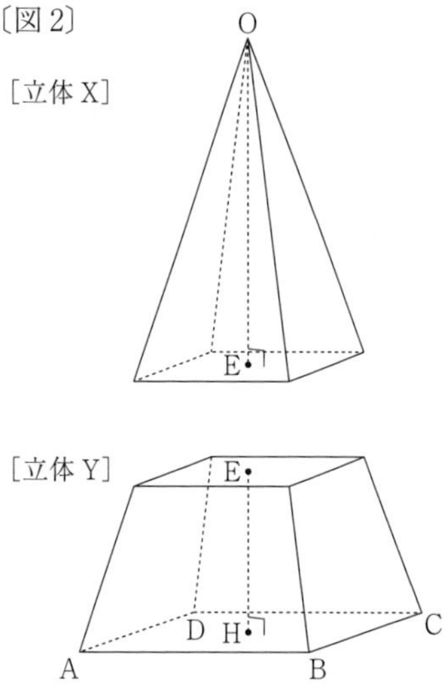

② 〔図2〕の［立体Y］において，右の〔図3〕のように，点Eを通り，底面ABCDに平行な面である正方形の頂点をP, Q, R, Sとし，線分EH上に点Fをとる。

また，点Fと点A, B, C, D, P, Q, R, Sをそれぞれ結ぶ。

正四角錐FABCDの体積と正四角錐FPQRSの体積の和が，①で求めた［立体X］の体積と等しくなるときの線分FHの長さを求めなさい。

〔図3〕

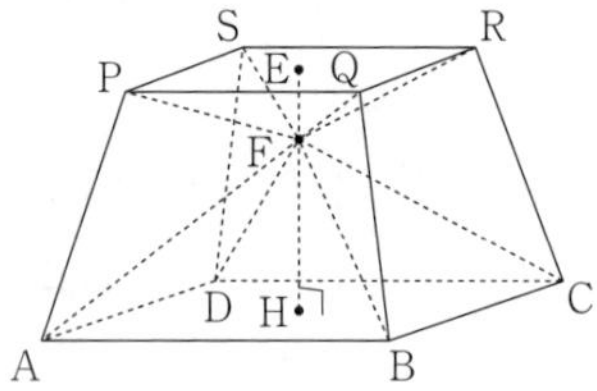

(　　　cm)

6 右の〔図1〕のような△ABCがあり，AB ＝ 8 cm, BC ＝ 7 cm, CA ＝ 3 cm である。

右下の〔図2〕の△ADEは，〔図1〕の△ABCを，点Aを回転の中心として，反時計まわりに60°回転移動させたものである。このとき，辺ADの一部は辺ACと重なっている。

また，線分BCを延長した直線と線分DEとの交点をFとする。

次の(1)～(3)の問いに答えなさい。

〔図1〕

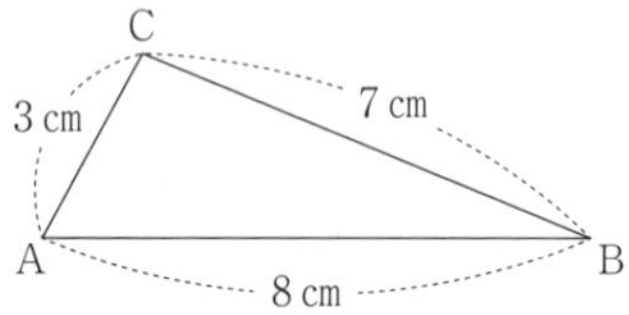

〔図2〕

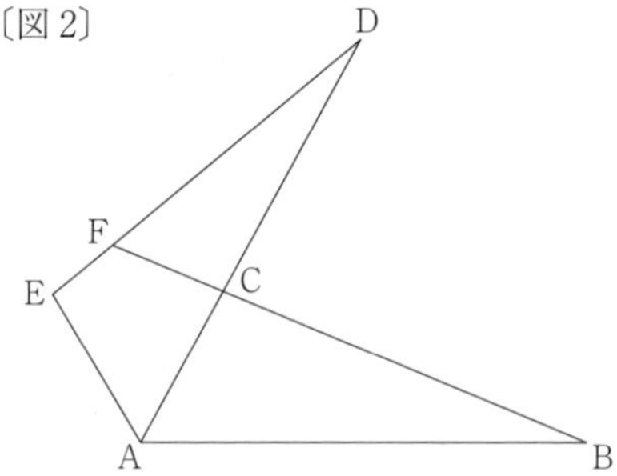

(1) △ABC ∽ △FDC であることを証明しなさい。

(　　　　　　　　　　　　　　　　　　　　)

(2) 線分EFの長さを求めなさい。(　　　cm)

(3) 四角形ACFEの面積を求めなさい。(　　　cm^2)

英語

時間 50分　　満点 60点

（編集部注） 放送問題の放送原稿は英語の末尾に掲載しています。
音声の再生についてはもくじをご覧ください。

1 放送を聞いて答える問題

A 1番，2番の対話を聞いて，それぞれの質問の答えとして最も適当なものを，ア～エから1つずつ選び，記号を書きなさい。1番(　　) 2番(　　)

1番 ア

イ

ウ

エ

2番 ア

イ

ウ

エ

B あなたはALTのJulia先生へインタビューを行い，学校新聞の記事にするために情報をまとめます。インタビューを聞いて，それに続く1番～3番の質問の答えとして最も適当なものを，ア～エから1つずつ選び，記号を書きなさい。1番(　　) 2番(　　) 3番(　　)

1番 ア She visited Japan.　イ She sang Japanese songs.
ウ She read Japanese *manga*.　エ She learned how to write *manga*.

2番 ア He likes to play a Japanese instrument.　イ He likes to eat Japanese food.
ウ He likes to read books in Japanese.　エ He likes to cook Japanese food.

3番

ア

Name：Julia
From：Australia
Interested in：Japanese *manga*
How she studies Japanese：
・write letters
・read books
・speak with Japanese friends

イ

Name：Julia
From：America
Interested in：Japanese *manga*
How she studies Japanese：
・write letters
・read books
・speak with Japanese friends

ウ

Name：Julia
From：America
Interested in：Cooking
How she studies Japanese：
・write letters
・read books
・speak with Japanese friends

エ

Name：Julia
From：America
Interested in：Japanese *manga*
How she studies Japanese：
・write letters
・read books
・listen to Japanese songs

C Tom と Miki の対話を聞いて，それに続く1番～3番の質問の答えとして最も適当なものを，ア～エから1つずつ選び，記号を書きなさい。1番（　　） 2番（　　） 3番（　　）

1番 ア Enjoying sports is important.　イ Playing basketball is hard.
ウ Doing our best is important.　エ Watching sports is fun.

2番 ア The Japanese team won the basketball game.
イ The Japanese soccer team was popular.
ウ Miki became the leader of a soccer team.
エ One woman played soccer on a man's team.

3番 ア People should play soccer more than basketball.
イ People should try the things they want to do.
ウ People should enjoy soccer on the professional teams.
エ People should change their jobs in the future.

2 次の A，B の各問いに答えなさい。

A 次の英文は，中学生の Mika と Masaru が，海外のある中学校に通う Chen と Michael に，オンライン上で自分たちの学校をスライド（Slide）を用いて紹介している場面のものです。スライドおよび英文をもとにして，(1)～(4)の問いに答えなさい。

Slide

Bungo Junior High School

School Life

8:20 a.m.	school starts
12:30 p.m.	*kyushoku*
3:20 p.m.	clean the school
4:00 p.m.	school ends
after school	club activities

Mika : Please look at this slide. Our school starts at 8:20 a.m. We have six classes every day.

Chen : Our school starts at 8:20 a.m., too. And our school ends at 4:30 p.m. because we have seven classes every day.

Masaru : We have *club activities after school. For example, I belong to the soccer club and practice five days a week after school.

Chen : That's interesting. We don't have club activities.

Mika : In our school, we have school uniforms.

Michael : Oh, we have our own school uniforms, too. I have one question. What is *kyushoku*?

Mika : It means school (①). We have it between 4th *period and 5th period every day. We can enjoy many kinds of food.

Michael : We don't have *kyushoku*. I (②) I had *kyushoku* in our school.

Chen : That's true. It is difficult for me to decide what to bring for (①) every day.

Masaru : At 3:20 p.m., we clean our school every day.

Michael : We have never done this.

Masaru : There are ③ some different things between your school and our school.

Chen : Learning about other school lives is interesting.

Mika : I agree. It is easy to ④ do this by talking *online. But, in the future, I would like to visit your school.

（注） *club activities 部活動 *period （授業の）～時間目 *online オンライン上で

(1) (①) に入る最も適当な英語 1 語を書きなさい。( )

(2) (②) に入る最も適当なものを，ア～エから 1 つ選び，記号を書きなさい。( )

ア think イ remember ウ wish エ understand

(3) 下線部③が表す内容として**適当でないもの**を，ア～エから 1 つ選び，記号を書きなさい。

( )

ア wearing school uniforms イ the number of classes ウ having club activities

エ having time to clean the school

(4) 下線部④が表す内容になるように，[   ] に入る最も適当な**英語 5 語**を，**英文中の表現を**使って書きなさい。( )

It is easy to [   ] by talking online.

B　次の英文は，中学生の Hana と Jessy が，ポスターを見ながら，話をしている場面のものです。ポスターおよび英文をもとにして，(1)，(2)の問いに答えなさい。

Poster

Welcome to Mejiron *Astronomical Observatory

*Telescope	*Space Food	Space *Rocket	*Planetarium
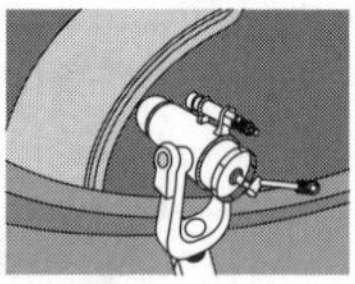			
•Watch stars with a big telescope.	•Eat some space food.	•Make a *model space rocket.	•Enjoy watching a lot of stars.
•5：00 p.m. - 6：00 p.m.	•2：00 p.m. - 3：00 p.m.	•2：00 p.m. - 3：00 p.m.	•3：30 p.m. - 4：30 p.m.

☆**How to *Apply for the events**
- Send an email to us.（mejiron ●●●@△△△）
- Write your name, *age, and phone number.
- People *under 16 years old also have to write the name and the phone number of your parent.

☆**Please Check!!**
- People under 16 years old have to join each event with their parent.
- After you apply for the events, you will get an email.
- Show the *password on the email to the staff when you join the events.

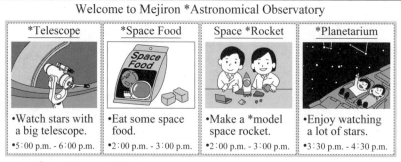

（注）*astronomical observatory　天文台　　*telescope　望遠鏡　　*space　宇宙
*rocket　ロケット　　*model　模型の　　*planetarium　プラネタリウム
*apply for ～　～に申し込む　　*age　年齢　　*under　～未満の　　*password　パスワード

Hana：　Hi, Jessy. Shall we go there this Sunday?
Jessy：　Sure. Which event do you want to join?
Hana：　Well, I want to watch the stars. There are two events. How about this one?
Jessy：　I like stars, but I need to leave there at 5:00 p.m.
Hana：　OK, then let's enjoy the other one. Why don't we join one more event? Do you have any ideas?
Jessy：　Well, I'm interested in making things, so this event gets my attention.
Hana：　That's nice. Let's enjoy these events on Sunday.

(1)　2人が参加することに決めたイベントの組み合わせとして最も適当なものを，ア～カから1つ選び，記号を書きなさい。(　　　)

組み合わせ
ア　A, B　　イ　A, C　　ウ　A, D　　エ　B, C
オ　B, D　　カ　C, D

イベント

A	Telescope
B	Space Food
C	Space Rocket
D	Planetarium

(2)　15歳である Hana が，**イベントに申し込む時**にしなければならないこととして最も適当なものを，ア～エから1つ選び，記号を書きなさい。(　　　)
ア　Hana has to go to the astronomical observatory with her parent.
イ　Hana has to write some information about both Hana and her parent.
ウ　Hana has to ask her parent to call the staff.
エ　Hana has to show the email sent by the staff.

3 次の A，B の各問いに答えなさい。

A 次の英文は，中学生の Miki と Tom が話をしている場面のものです。英文中の［ ① ］には Tom になったつもりで，**主語と動詞を含む 4 語以上の英語**を書きなさい。また，［ ② ］には Miki になったつもりで，**主語と動詞を含む 6 語以上の英語**を書きなさい。

ただし，短縮形（I'm など）は 1 語として数えることとし，コンマなどの符号は語数に含めない。

①(　　　　　　　　　　　　　　　　　　　　　　　　　　　　)

②(　　　　　　　　　　　　　　　　　　　　　　　　　　　　)

Miki： What are you doing, Tom?

Tom： Hello, Miki. ［ ① ］.

Miki： What is the title of the book?

Tom： It is "*My Trips*". I bought it yesterday. The character visits many prefectures in Japan by himself. The trips look very fun.

Miki： Sounds interesting! ［ ② ］?

Tom： Sure. Please wait until I finish reading it.

Miki： Thank you. I'm looking forward to reading that book.

B あなたのタブレット端末（Tablet）に，ALT の Daniel 先生から右のような課題が送られてきました。次の条件に従って，先生の課題に対するあなたの答えを英語で書きなさい。

(　　　　　　　　　　　　　　　　　　　　　　　　　　　　)

条件

1 **主語と動詞を含む 15 語以上の英語**で書くこと。

2 英文の数はいくつでもよい。

3 短縮形（I'm など）は 1 語として数えることとし，ピリオド，コンマなどの符号は語数に含めないこと。

Tablet

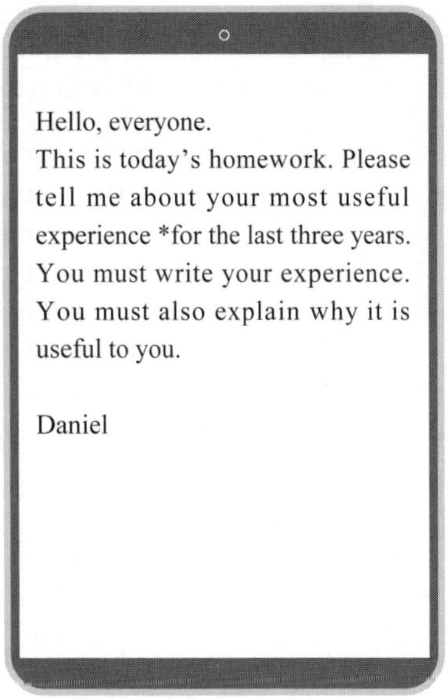

Hello, everyone.
This is today's homework. Please tell me about your most useful experience *for the last three years. You must write your experience. You must also explain why it is useful to you.
Daniel

（注） *for the last three years　ここ 3 年間

4　次の(1)〜(4)の問いに答えなさい。

次の英文は，Daniel 先生の英語の授業で，グループ A の Aya，Yuto，Emi が自分たちが調べたことを発表している場面のものです。

Daniel : We are studying about *environmental problems now. Today, group A is going to tell their ideas. First, Aya, please.

Aya

Do you know the word "*upcycle"? When we upcycle things, we make new *products from the products we don't use anymore. For example, one company changes old *tires into *slippers. Another company changes old chairs from schools into *hangers. I hope more companies will try to stop throwing away things by upcycling in the future.

Daniel : Thank you. You showed us [①]. Next, Yuto, please.

Yuto

Do you know the word "*SAF"? It is a kind of *fuel. Using SAF is good for the environment. For example, one of the fuels is made from plants. Plants can *absorb *CO_2. So *airplanes using this fuel will not increase CO_2. In Japan, some companies are trying to make factories to get more fuel like this for airplanes.

Daniel : Good presentation, Yuto. You showed us [②]. Emi, it's your turn, please.

Emi

Do you know how much food we throw away? Actually, we throw away a lot of food in our daily lives. To solve this problem, some restaurants give us some bags and we can bring home the food we cannot eat. I think we can do something good, too. I will try to buy only food that I need. Let's think about what to do by ourselves.

Daniel : Thank you, Emi. You showed us [③]. Today, both Aya and Emi talked about [④]. Yuto introduced the new fuel to us. In the next class, we will have presentations from group B. Look at your own *tablet. Please write these four things in your presentations. I'm looking forward to your presentations.

Tablet

1　What is happening?
2　Why is this happening?
3　Why is this a problem?
4　How can we solve the problem?

（注）*environmental　環境の　*upcycle　〜をアップサイクルする　*products　製品
*tires　タイヤ　*slippers　スリッパ　*hangers　ハンガー　*SAF　持続可能な航空燃料
*fuel　燃料　*absorb　〜を吸収する　*CO_2　二酸化炭素　*airplanes　飛行機
*tablet　タブレット端末

(1)　英文中の [①] 〜 [③] に入る最も適当なものを，ア〜カから１つずつ選び，記号を書きなさい。①(　　　)　②(　　　)　③(　　　)

ア　the way to make factories that use the new fuel

イ　the way to make new things from things that cannot be used

ウ　the way to choose the restaurants that give us delicious food

エ　the way to make fuel eco-friendly

オ　the way to stop leaving food in restaurants

カ　the way to buy the new things soon

(2)　英文中の [④] に入る最も適当なものを，ア〜エから１つ選び，記号を書きなさい。(　　　)

ア　how to reduce garbage　　イ　how to study about companies
ウ　how to recycle something at home　　エ　how to create new things

Daniel 先生の指示を受けて，グループ B のあなたは課題に取り組んでいます。次はその発表原稿とスライド（Slide）です。

発表原稿

> What is happening to animals? According to the *Red Data Book, it is more difficult to find some kinds of animals, In the future, we cannot find these animals anymore.
>
> Why is this situation happening? First, people sometimes bring animals that don't usually live in the places. Those strange animals begin to live there. Second, people change the *habitats of animals by making *roads or houses.
>
> Why is this situation a problem? When these things happen, the animals have to leave their own places. If such animals *disappear, the animals that eat them cannot find their food. So the *ecosystem will be changed.
>
> How can we solve the problem? First of all, it is important to improve the lives of those animals. We have to make better habitats for animals, such as forests, rivers or seas.

（注）　*Red Data Book　レッドデータブック　　*habitats　生息地　　*roads　道路
*disappear　消える　　*ecosystem　生態系

Slide 1

> What is happening?
> • [⑤].

Slide 2

> Why is this happening?
> • Strange animals are brought to other places.
> • [⑥].

Slide 3

> Why is this a problem?
> • [⑦].

Slide 4

> How can we solve the problem?
> • We should make the places for animals better.
> • For example, [⑧].

(3)　発表原稿に従って，スライド中の [⑤] ～ [⑦] に入る最も適当なものを，ア～カから１つずつ選び，記号を書きなさい。⑤(　　　)　⑥(　　　)　⑦(　　　)

ア　It is difficult to grow many different plants
イ　Many animals lose their homes and things to eat
ウ　People have lived with many kinds of animals
エ　It is getting hotter because of CO_2 in the world
オ　The number of animals is getting smaller
カ　The places for animals are changed by people

(4)　スライド中の ⑧ について，次の条件に従って，あなたの考えを英語で書きなさい。

(　　　　　　　　　　　　　　　　　　　　　　　　　　　　　　　　　　　　)

条件

1　**主語と動詞を含む 8 語以上の英語**で書くこと。ただし，forests，rivers，seas の**いずれか 1 語を含める**こと。

2　グループ A の Aya，Yuto，Emi の発表や，グループ B のあなたの発表原稿の英文中で**述べられていない内容**を書くこと。

3　短縮形（I'm など）は 1 語として数えることとし，コンマなどの符号は語数に含めないこと。

5 次の英文は，中学生のAkiraが書いたエッセイです。英文を読み，(1)～(6)の問いに答えなさい。

One day, my English teacher said, "In the next class, you are going to talk about the good points of your town." I tried to find them, but I had no idea. ①<u>I asked myself many times, "Are there any good points in my town?"</u> I gave up finding the answer.

I have lived in this area for fifteen years. But there are no exciting things such as movie theaters or *shopping malls. So, I always look forward to going to the big city near my town. I think [②].

After school, I met Tatsuru. He came to my town from a big city last year. Tatsuru once said, "My parents wanted me to live in nature, and we decided to move to this area. My family spends our time well and enjoys our life here." So I asked him, "Hey, Tatsuru, do you think our town has any good points?" Tatsuru got surprised and said, "Akira, in our town, there are ③<u>good points you cannot see</u>." "What do you mean?", I asked him. Tatsuru said, "There are many places to play in nature. I often enjoy going fishing and climbing mountains. My parents grow local vegetables near our house. They are fresh and delicious, so my family feels happy. Also, people in this town often talk to us, and we help each other when we are in trouble. I didn't have those experiences in the big city."

I was surprised to hear his story. He looked at this town in a different way. And now, by talking with Tatsuru, I learn there are many things which my town doesn't have, but my town has valuable things that the [④].

(注) *shopping malls ショッピングモール

(1) 下線部①のAkiraの心情を表すものとして最も適当なものを，ア～エから1つ選び，記号を書きなさい。(　　)

ア Akira was surprised to find good points about his town.
イ Akira thought it was difficult to answer this question.
ウ Akira thought it was fun to live in his town.
エ Akira felt happy because he found the answer.

(2) 英文中の[②]に入る最も適当なものを，ア～エから1つ選び，記号を書きなさい。(　　)

ア the big city needs more exciting things
イ my town is as interesting as the big city
ウ the big city has some exciting things I want
エ my town is the most beautiful around here

(3) 次の問いに対する答えを，**英文中の表現を使って**，完成させなさい。

(　　　　　　　　　　)

Why did Tatsuru come to this town?
Because his parents [　　　].

(4) 下線部③が表す内容として**適当でないもの**を，ア～エから1つ選び，記号を書きなさい。

(　　)

ア growing local vegetables　イ helping each other　ウ living in a large house
エ enjoying nature

(5) 英文中の ④ に入る最も適当な**英語4語**を，英文の内容を踏まえ書きなさい。
(　　　　　　　　　)

(6) 次は，Akiraが書いたエッセイを読んだYukoと，Akiraが話をしている場面のものです。対話中の ⑤ ， ⑥ に入る語句の組み合わせとして最も適当なものを，ア～エから1つ選び，記号を書きなさい。(　　　)

Yuko： Thank you, Akira. I also find that our town is *attractive.

Akira： Yes. I think students can do something special to make our town more attractive. What do you think, Yuko?

Yuko： There is one high school in our town. The students *raise cows and grow fruits. It is very special. Our town is famous for *agriculture. So I think the students in the school can ⑤ .

Akira： Great! They can even sell them on the Internet around Japan.

Yuko： It sounds good. I want to go to that high school in the future. It is important to join the *community and use the things we have learned at school.

Akira： I agree. Finding the good points of our town is interesting. At first, I thought of only the bad points of our town, but now I find that we ⑥ .

(注) *attractive 魅力的な　*raise ～を育てる　*agriculture 農業
*community 地域社会

	⑤	⑥
ア	use the Internet to attract many people	shouldn't look for things we have lost
イ	study agriculture to think of new ideas	should have everything we want
ウ	make new food and drinks with local people	shouldn't see things from only one side
エ	ask teachers to join our community	should read newspapers and have questions

〈放送原稿〉

(チャイム)

これから，2024年度大分県公立高等学校入学試験英語リスニングテストを行います。問題用紙の問題[1]を見なさい。問題はA，B，Cの3つあります。放送中にメモをとってもかまいません。

検査問題A

それでは，Aの問題から始めます。

1番，2番の対話を聞いて，それぞれの質問の答えとして最も適当なものを，ア～エから1つずつ選び，記号を書きなさい。なお，対話と質問は通して2回繰り返します。それでは，始めます。

1番　Maki： Tom, look at this poster. Are you going to join this event?

Tom： Yes, Maki. I want to clean the park.

Maki： Good idea.

Question：Which poster are they looking at?

もう1度繰り返します。(対話と質問の繰り返し)

2番　Maki： Dad, I drew a picture of my three pets at school today.

Father： What picture did you draw, Maki?

Maki： One of the cats is sitting on the chair, and the other is sleeping on the table. And the dog is sleeping under the table.

Father： That's great.

Question：Which picture did Maki draw?

もう1度繰り返します。(対話と質問の繰り返し)

検査問題B

次はBの問題です。あなたはALTのJulia先生へインタビューを行い，学校新聞の記事にするために情報をまとめます。インタビューを聞いて，それに続く1番～3番の質問の答えとして最も適当なものを，ア～エから1つずつ選び，記号を書きなさい。なお，英文と質問は通して2回繰り返します。それでは，始めます。

I'm Julia. I'm from America. This is my first time to come to Japan. I am interested in Japanese *manga*. At my high school, I read Japanese *manga*. Since then, I have been studying Japanese. For example, I often write letters, read books and speak with Japanese friends in Japanese. My brother likes to play a Japanese instrument. My sister sometimes tries to cook Japanese food for me. I want to enjoy living in Japan.

それでは，質問を1回ずつ読みます。

1番　What did Julia do at high school?

2番　What does Julia's brother like?

3番　Which information is the best for the school newspaper?

もう1度繰り返します。(英文と質問の繰り返し)

検査問題C

次はCの問題です。TomとMikiの対話を聞いて，それに続く1番～3番の質問の答えとして最も適当なものを，ア～エから１つずつ選び，記号を書きなさい。なお，対話と質問は通して２回繰り返します。それでは，始めます。

Tom： Hi, Miki. Yesterday I watched the basketball game on TV. I enjoyed watching the athletes. They played very hard. I learned one thing. We should do our best.

Miki： That's true, Tom. To me, one soccer game was special.

Tom： What was special?

Miki： One woman joined the soccer game on a man's professional team. She said, "I want to tell people that I can play on a man's soccer team."

Tom： That's amazing. I have never heard about a woman like her.

Miki： She will be a hope for girls who want to play in situations like this. If we have something we want to do, we can do it.

Tom： I agree with you.

それでは，質問を１回ずつ読みます。

１番 What did Tom learn by watching the basketball game?

２番 What was special to Miki?

３番 What does Miki want to tell Tom?

もう１度繰り返します。（対話と質問の繰り返し）

以上で，リスニングテストを終わります。ひき続いてあとの問題に移りなさい。

社会

時間 50分　　満点 60点

1 太郎さんと花子さんは，地理的分野の学習の中で様々な振り返りをしてきた。(1)，(2)の問いに答えなさい。

(1) 資料1，2は学習した内容を太郎さんが振り返ったものであり，資料3は北極点を中心とした地図である。①～④の問いに答えなさい。

資料1

地図上では，北極点から南極点を結ぶ経度0度の線を a 本初子午線として，東経と西経に分かれていることを学びました。また，気候の学習では，b 雨温図を活用し，気候の違いを読み取れるようになりました。

資料2

様々な視点で，c 世界の州を比較してみると，それぞれの州の特徴が明確になりました。アジア州では，多様な自然環境がみられることや d 気候を生かした農業が行われていることがわかりました。

資料3

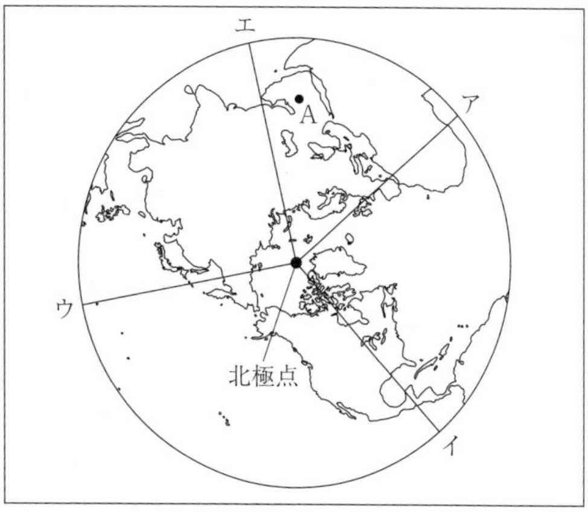

① 下線部aに関連して，資料3中のア～エは経線を示している。本初子午線として最も適当なものを，ア～エから1つ選び，記号を書きなさい。(　　)

② 下線部bに関連して，資料3中のAの地点の雨温図として最も適当なものを，ア～エから1つ選び，記号を書きなさい。(　　)

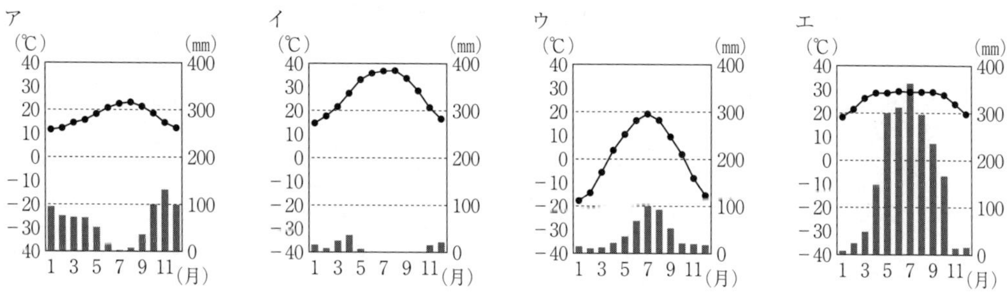

(「気象庁ホームページ」より作成)

③ 下線部cに関連して，資料4は2021年の世界の4つの州の面積，人口，国内総生産について示したものであり，ア～エはアジア州，北アメリカ州，南アメリカ州，オセアニア州のいずれかである。北アメリカ州のものとして最も適当なものを，ア～エから1つ選び，記号を書きなさい。(　　)

資料4

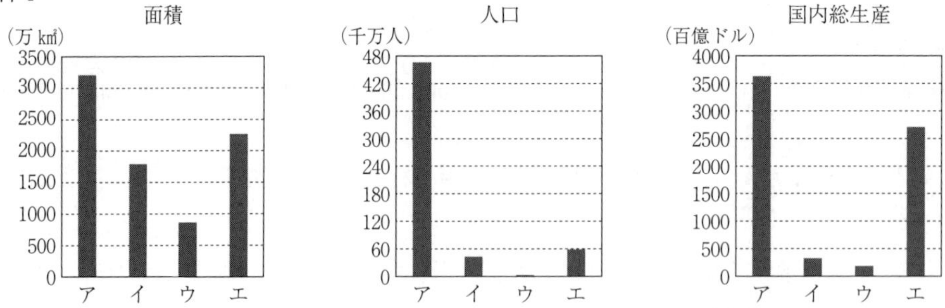

(「世界国勢図会 2023／24」他より作成)

④　下線部dに関連して，東南アジアでは，1年を通して高い気温や季節風（モンスーン）による豊富な降水量，かんがい施設を利用して，二期作を行う地域がある。二期作とはどのような栽培方法か書きなさい。

（　　　　　　　　　　　　　　　　　　　　　　　　　　　　　　　　　　　　　）

(2)　資料5は学習した内容を花子さんが振り返ったものである。①～④の問いに答えなさい。

資料5

> 日本の地域ごとに$_e$自然環境や$_f$農業の特色，工業の特色について学習しました。その中で，工業については，地域によって$_g$中心となる工業製品が異なることや変化してきたことを地図やグラフで確認しました。そして，$_h$様々な産業の変化には，人口や貿易が影響することを学びました。

①　下線部eに関連して，次は日本の山地の特色について述べた文である。文中の（　　）に当てはまる語句を，**カタカナ**で書きなさい。（　　　　）

日本アルプスの東側には（　　）があり，山地や山脈は，そこを境にして，東側ではほぼ南北方向に連なり，西側ではほぼ東西方向に連なっている。

②　下線部fに関連して，資料6中のア～エは九州地方，近畿地方，関東地方，東北地方のいずれかの農業産出額に占める品目別割合（2021年）を示したものである。近畿地方のものとして最も適当なものを，ア～エから1つ選び，記号を書きなさい。（　　　　）

資料6

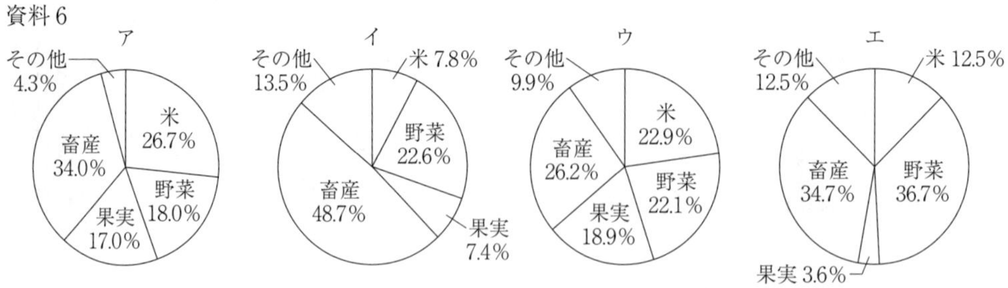

(「生産農業所得統計」より作成)

③　下線部gに関連して，資料7中のB～Dの■は繊維，自動車（二輪自動車を含む），集積回路のいずれかの製造品の出荷額上位5府県（2019年）を示したものである。B～Dと製造品の組み合わせとして最も適当なものを，ア～カから1つ選び，記号を書きなさい。（　　　　）

資料7

B

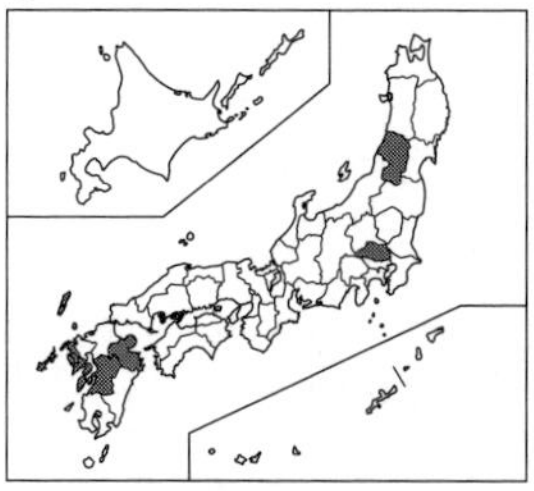

C

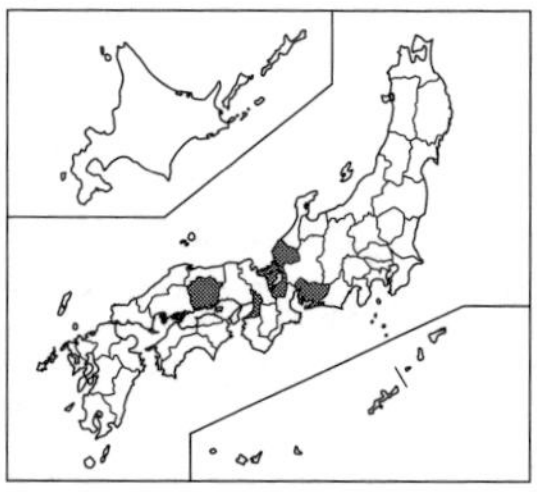

D

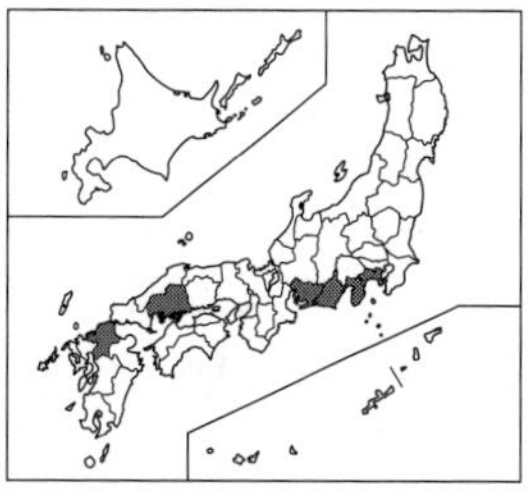

(「工業統計調査」より作成)

	ア	イ	ウ	エ	オ	カ
B	繊維	繊維	自動車	自動車	集積回路	集積回路
C	自動車	集積回路	繊維	集積回路	繊維	自動車
D	集積回路	自動車	集積回路	繊維	自動車	繊維

④ 下線部hに関連して，現在の日本の産業について述べた文として**適当でないもの**を，ア～エから1つ選び，記号を書きなさい。(　　　)

ア　テレビ局や新聞社などの報道機関や出版社は，人や情報が集まる大都市に集中する傾向にある。

イ　海外からの安い農産物に対して，日本の農家は品質がよく，安全な農産物の生産に力を入れている。

ウ　地域活性化のために，各地で伝統的な町並みや景観を保存して観光客を増やす取り組みが見られる。

エ　産業別人口の割合は，医療・福祉サービス業や金融業など，第3次産業の割合が最も低くなっている。

2　太郎さんのグループでは，歴史的分野の学習のまとめとして「海を渡った人々」について調べ学習を行い，資料1を作成した。(1)～(8)の問いに答えなさい。

資料1

日本の時代	関連することがら
原始 古代	・a 縄文時代の遺跡から海や川で利用された丸木舟(まるきぶね)が発見された。 ・7世紀に倭は百済を支援するために大軍を送り，b 唐・新羅の連合軍と戦ったが大敗した。
中世	・イタリア人のマルコ・ポーロはc フビライ・ハンに仕えた後，海路で帰国した。 ・15世紀に成立したd 琉球王国は独自の交易活動を行った。
近世	・e オランダは江戸幕府から商館のある出島に滞在することが許された。 ・f ロシアの使節が漂流民をともなって根室に来航し，通商を求めた。
近代	・g 伊藤博文らはヨーロッパへ渡り，ドイツやオーストリアなどの憲法を調査した。 ・新渡戸稲造がh 国際連盟の設立時の事務次長に就任し，ジュネーブに滞在した。

(1)　下線部aに関連して，海に近い集落などにできた，食べ終わった後の魚の骨などを捨てたごみ捨て場のことを何というか，**漢字2字**で書きなさい。(　　　)

(2)　下線部bに関連して，①，②の問いに答えなさい。

①　この戦いの名称を書きなさい。(　　　)

②　この戦い以前に倭で行われた政策について述べた文として最も適当なものを，ア～エから1つ選び，記号を書きなさい。(　　　)

ア　東大寺に大仏を造り，仏教の力で国家を守ろうとした。

イ　初めて全国の戸籍を作り，天皇に権力を集中させようとした。

ウ　坂上田村麻呂を征夷大将軍に任じて，勢力範囲を拡大しようとした。

エ　小野妹子らを中国に送り，中国の進んだ制度や文化を取り入れようとした。

(3)　下線部cに関連して，資料2はフビライ・ハンが日本に送った国書の部分要約であり，資料3は鎌倉時代のできごとをまとめた年表である。資料2の国書が日本へ送られたのは，資料3中のどの時期であるか，最も適当なものを，ア～エから1つ選び，記号を書きなさい。(　　　)

資料2

> 大モンゴル国の皇帝が，日本国王に書を送る。…日本は高麗に接しており，開国以来，ときには中国とも通交してきた。ところが，私が皇帝となってからは，使者を送って通交しようとはしてこない。…そこで特に使者を派遣して，皇帝である私の意思を伝える。今後は通交し合うとしよう。…兵を用いるような事態になることはどちらにとっても，好ましいことではあるまい。…

(「東大寺尊勝院文書」より作成)

資料3

年	できごと
1185	守護・地頭を設置する
	↕ア
1221	六波羅探題を設置する
	↕イ
1232	御成敗式目を制定する
	↕ウ
1297	永仁の徳政令を出す
	↕エ
1333	鎌倉幕府が滅びる

(4)　下線部dに関連して，資料4は15世紀に琉球王国の国王が造らせた鐘とその銘文(めいぶん)の部分要約

であり，資料５は琉球王国を中心とする交易を示したものである。琉球王国が資料４中の「**万国のかけ橋**」と自ら名乗っている理由を，資料５を参考にして，「**貿易**」の語句を用いて，**15字以内**で書きなさい。［　　　　　　　　　　　　　　　］

資料４

琉球国は南海の景勝の地にあり，…中国や日本とは親密な関係にある。この二つの国の間にあってわき出る理想の島である。船をもって**万国のかけ橋**となり，外国の産物や宝物が至る所に満ちている。

資料５

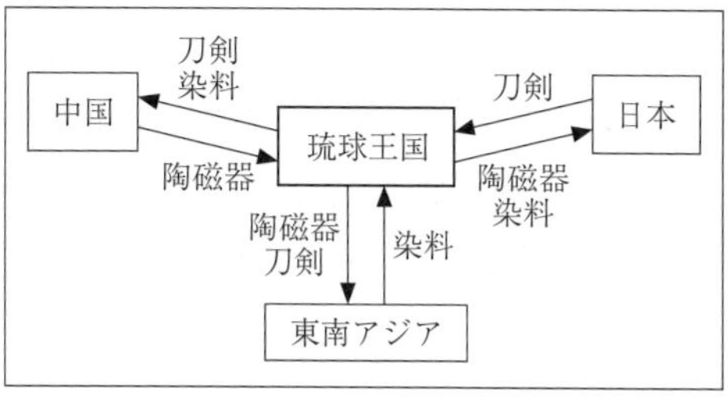

（「日本史辞典」他より作成）

(5)　下線部ｅに関連して，資料６はある人物がオランダ語で書かれた書物のことを回想して記したものの部分要約であり，資料７はその書物を日本語に翻訳し，出版した書物に描かれた挿絵である。資料６，７を参考にして，日本語に翻訳し，出版した書物名を，**漢字**で書きなさい。（　　　）

資料６

その時，私はこう語りました。

「なんとしても，この『ターヘル・アナトミア』の一部でも，たとえ一からでも翻訳すれば，身体の内と外のことが明らかになり，今後の治療のうえで大きく役立つはずだ。なんとかして*通詞たちの手を借りず，読み解きたいものだ。」

これに対して，良沢は私たちに提案をもちかけてきました。

「私はずっとオランダ書を読みたいという宿願（しゅくがん）（以前からの強い願い）を抱いていましたが，（中略）みなさんがぜひ読みたいと強く望まれるなら，自分は先年長崎へも行き，オランダ語を多少は知っているので，それを基礎として，いっしょになんとか読もうではありませんか。」

（注）*通詞（つうじ）…オランダとの貿易・外交にあたった通訳

（「蘭学事始　現代語訳と写真でひも解く」より作成）

資料７

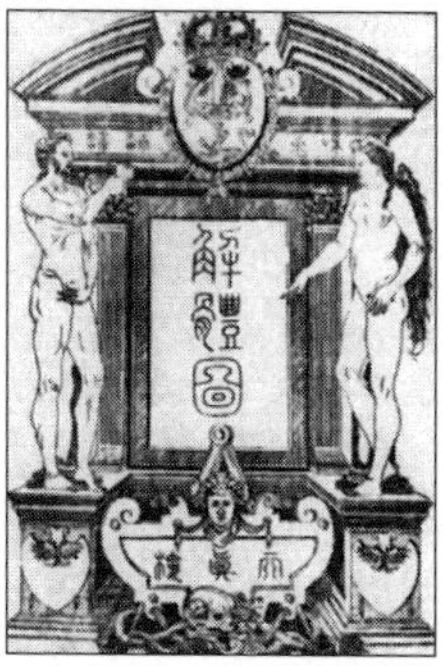

(6)　下線部ｆに関連して，ロシアの使節の来航以後，日本に近づくようになった外国船をめぐり江戸幕府が行ったことについて述べた文Ａ，Ｂの正誤の組み合わせとして最も適当なものを，ア～エから１つ選び，記号を書きなさい。（　　　）

	A	B
ア	正	正
イ	正	誤
ウ	誤	正
エ	誤	誤

Ａ　薩英戦争が起こると，異国船打払令を出して，日本に近づく外国船を撃退するよう命じた。

Ｂ　間宮林蔵らに蝦夷地の調査を行わせ，蝦夷地を幕府の直接の支配地にして，ロシアの動きに備えた。

(7)　下線部ｇに関連して，帰国した伊藤博文が行ったことについて述べた文として**適当でないもの**を，ア～エから１つ選び，記号を書きなさい。（　　　）

ア　民撰議院設立建白書を政府に提出し，議会の開設を要求した。

イ　憲法の草案を作成し，枢密院で審議した。

ウ　後に政権を担う存在となる立憲政友会を結成した。

エ　内閣制度を作り，初代の内閣総理大臣に就任した。

(8)　下線部 h に関連して，次のア～ウは国際連盟設立以降の出来事について述べた文である。ア～ウを年代の古いものから順に並べて，記号を書きなさい。(　　→　　→　　)

ア　フランス領インドシナ南部へ進出した日本を，アメリカなどが経済的に孤立させようとした。

イ　アメリカで開かれたワシントン会議に日本も参加し，海軍の軍備を制限する条約を締結した。

ウ　国際連盟はリットン調査団の報告を基に満州国を認めず，日本軍に撤兵を求める勧告を採択した。

3 公民的分野について，(1)～(5)の問いに答えなさい。

(1) 次は日本国憲法に関する太郎さんたちの会話文である。①～④の問いに答えなさい。

太郎：日本国憲法は a人権の保障と国の政治の仕組みの二つの部分から構成されていましたよね。

花子：三つの基本原理が掲げられていることや普通選挙の原則が保障されていること，国の政治の仕組みについては，国の権力を b立法権，行政権，c司法権の三つに分ける三権分立という考え方を採用していることなどを勉強しましたね。

太郎：日本国憲法は世界の現行憲法の中でも，改正されずに存続した期間が最も長いという記事を読んだことがあります。

花子：1947年に施行されてから70年以上も変わっていませんが，改正ができないわけではないんですよね。

先生：国の最高法規であるため，d改正については慎重な手続きが定められています。

太郎：民主主義を守っていくためにも，今後ますます憲法に対する意識を高めたいと思います。

① 下線部aに関連して，資料1は日本国憲法第12条であり，資料2は資料1中の（　　）に当てはまる語句に関して述べた文である。（　　）に当てはまる語句を，**5字**で書きなさい。

（　　　）

資料1

この憲法が国民に保障する自由及び権利は，国民の不断の努力によつて，これを保持しなければならない。又，国民は，これを濫用してはならないのであつて，常に（　　）のためにこれを利用する責任を負ふ。

資料2

人権は個人に保障されるもので，個人権とも言われるが，個人は社会との関係を無視して生存することはできないので，人権もとくに他人の人権との関係で制約されることがあるのは，当然である。

（「衆議院憲法調査会事務局資料」より作成）

② 下線部bに関連して，国会におけるいくつかの議決では，衆議院が参議院より優先される衆議院の優越が認められているが，これは衆議院の方が参議院より，国民の意思をより強く反映しているからである。なぜそういえるのか，その理由を「参議院に比べて衆議院は，」の書き出しに続けて書きなさい。

（参議院に比べて衆議院は，　　　　　　　　　　　　　　　　　　　　）

③ 下線部cに関連して，裁判について述べた文として**適当でないもの**を，ア～エから1つ選び，記号を書きなさい。（　　　）

ア 刑事裁判では，盗みなどの犯罪があったかどうかを判断し，あった場合はそれに対し刑罰を下す。

イ 民事裁判では，訴えた人が原告，訴えられた人が被告となり，それぞれが自分の考えを主張する。

ウ 民事裁判のうち，国民が国を相手にした裁判を，行政裁判とよぶ。

エ 第一審の裁判所の判決が不服な場合は，第二審の裁判所に上告することができる。

④ 下線部dに関連して，資料3は憲法が改正されるまでの流れを示したものである。資料3中の［ A ］，［ B ］に当てはまる内容として最も適当なものを，それぞれの選択肢のア～エか

ら1つずつ選び，記号を書きなさい。A（　　　）　B（　　　）

資料3

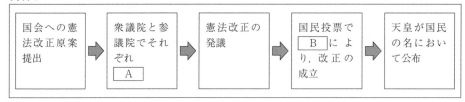

国会への憲法改正原案提出 ➡ 衆議院と参議院でそれぞれ［　A　］ ➡ 憲法改正の発議 ➡ 国民投票で［　B　］により，改正の成立 ➡ 天皇が国民の名において公布

〈［　A　］の選択肢〉

ア　総議員の3分の2以上の賛成　　イ　総議員の過半数の賛成

ウ　出席議員の3分の2以上の賛成　　エ　出席議員の過半数の賛成

〈［　B　］の選択肢〉

ア　有権者の3分の2以上の賛成　　イ　有権者の過半数の賛成

ウ　有効投票の3分の2以上の賛成　　エ　有効投票の過半数の賛成

(2)　消費者の支援について述べた文C，Dの正誤の組み合わせとして最も適当なものを，ア～エから1つ選び，記号を書きなさい。（　　　）

C　訪問販売などによって商品を購入した場合に，一定期間内であれば消費者側から契約解除できる制度をクーリング・オフ制度という。

D　欠陥商品によって消費者が被害を受けた場合に，損害賠償を受けられることを定めた法律を製造物責任法（PL法）という。

	C	D
ア	正	正
イ	正	誤
ウ	誤	正
エ	誤	誤

(3)　資料4は市場経済における，ある商品の価格と需要量・供給量の関係を示したものであり，曲線E，曲線F，曲線F′は，需要曲線，供給曲線のいずれかである。資料4のように曲線Fが曲線F′に移動したときの説明として最も適当なものを，ア～エから1つ選び，記号を書きなさい。（　　　）

資料4

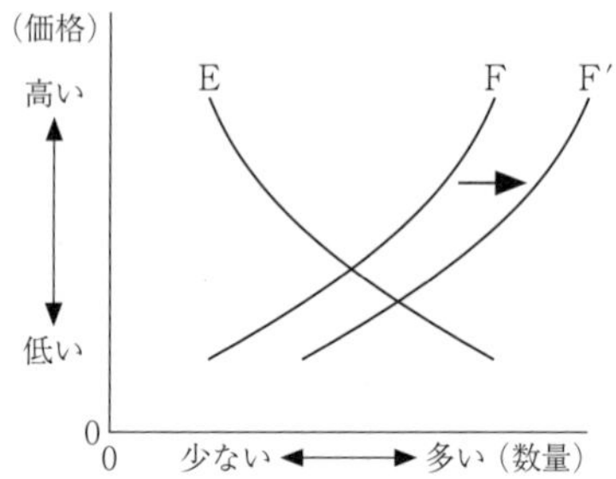

ア　この商品はテレビで取り上げられたことにより注目が集まり，需要量が増えた。

イ　この商品は生産技術の改良により大量生産が可能になり，供給量が増えた。

ウ　この商品は高性能の他製品の発売により人気が落ち，需要量が減った。

エ　この商品は生産工場でのストライキにより生産停止になり，供給量が減った。

(4)　租税に関連して，①，②の問いに答えなさい。

①　次は所得税に適用される累進課税制度について述べた文である。文中の［　　　］に当てはまる内容を書きなさい。（　　　）

所得が高い人ほど所得に占める税金の割合が高いという制度であり，税金を納めた後の［　　　］を減らす役割を果たしている。

②　次は消費税について述べた文である。文中の（　　）に当てはまる語句を，**漢字3字**で書きなさい。（　　　）

所得の多い人も少ない人も同じ税率で課税されるため，所得が低い人ほど所得に占める税金の割合が高くなる，（　　）という問題が生じやすくなる。

(5) 日本の領域に関連して述べた文として**適当でないもの**を，ア～エから１つ選び，記号を書きなさい。（　　　）

ア　国家は領域，国民，主権の三つの要素から成り立っている。

イ　領域は領土，領海，領空の三つから構成される。

ウ　領海とは領土の周辺12海里までの海域である。

エ　領空とは領土の上空であり，領海の上空は含まない。

4　次は3年間の社会科の学習を終えた後の花子さんたちの会話文である。(1)〜(6)の問いに答えなさい。

先生：みなさん，3年間の社会科の学習を振り返って印象に残っていることは何ですか。

花子：私は現代世界の課題について自分のこととしてとらえることができました。特に a 貧困問題に関心があります。

太郎：私は世界の平和について関心を持ちました。日本は第二次世界大戦後，80年間弱比較的平和が保たれていると考えますが，世界では b 第四次中東戦争など多くの戦争や地域紛争が起きています。今後，ますます c 国際連合などを中心とした国際協力が必要だと考えます。

次郎：私も歴史上の様々な戦争に関心がありますが，その d 原因にも着目する必要があると思います。

三郎：私は同じことがらに対する国々の対応の違いに興味があります。例えば，e ヨーロッパの国々のエネルギー政策の違いです。

先生：他にも，f 国同士の関係性についても時期によって違いがあることを学習しましたね。これからもぜひそれぞれが興味を持ったことを勉強していきましょう。

(1)　下線部aに関連して，資料1はあるサービスについて述べた文である。このサービスの名称として最も適当なものを，ア〜エから1つ選び，記号を書きなさい。(　　　)

資料1

一般的に，民間銀行等から融資対象として不適格と見なされる途上国の貧困層（特に女性）に対し，生産手段の確保・拡充，所得向上のために少額の融資を行うサービスのこと。

（「外務省ホームページ」他より作成）

ア　フェアトレード　　イ　マイクロクレジット　　ウ　インフレーション　　エ　リデュース

(2)　下線部bに関連して，資料2は日本の実質経済成長率の推移を示したものである。資料2中のAの期間は第四次中東戦争の影響が特に見られる部分であり，資料3はこの部分について述べた文である。資料3中の（ B ），（ C ）に当てはまる語句の組み合わせとして最も適当なものを，ア〜エから1つ選び，記号を書きなさい。(　　　)

	B	C
ア	石油危機	高度経済成長
イ	石油危機	バブル経済
ウ	世界金融危機	高度経済成長
エ	世界金融危機	バブル経済

資料2

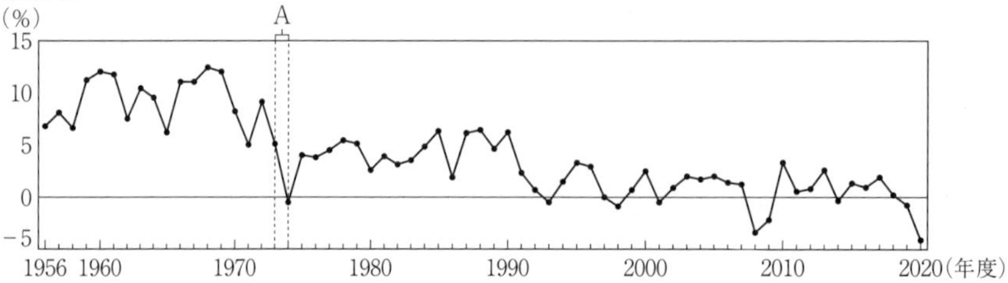

（「数字でみる日本の100年」他より作成）

資料3

第四次中東戦争を原因とする（ B ）により，（ C ）が終わった。

(3)　下線部cに関連して，国際連合について述べた文として**適当でないもの**を，ア〜エから1つ選

び，記号を書きなさい。(　　　)

ア　人権に関する条約として，女子差別撤廃条約や子ども（児童）の権利条約などを採択した。

イ　安全保障理事会の常任理事国は，イギリス・フランス・イタリア・日本である。

ウ　集団安全保障の考え方により，平和を脅かした国に対して制裁を加えることができる。

エ　国連教育科学文化機関（UNESCO）や世界保健機関（WHO）などの専門機関が置かれている。

(4)　下線部ｄに関連して，資料４は次郎さんが18世紀と19世紀前半のイギリス・インド・清の貿易の変化について作成した図とそれぞれについてまとめたものである。資料４中の（ D ），（ E ）に当てはまる語句を書きなさい。D（　　　）　E（　　　）

資料４

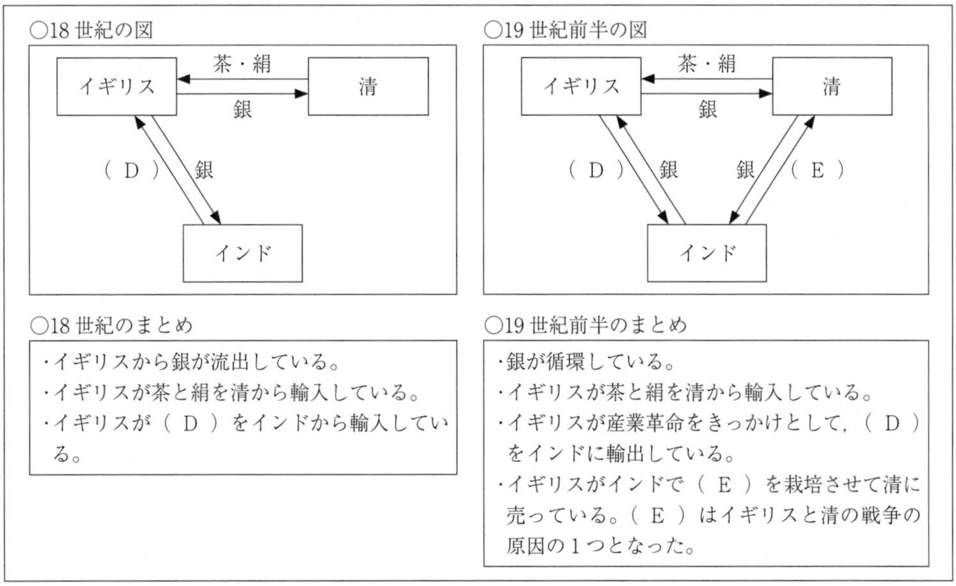

(5)　下線部ｅに関連して，資料５中のア～エはデンマーク，ノルウェー，ドイツ，フランス（モナコを含む）のいずれかの発電量の発電方法別割合（2020年）を示したものである。デンマークのものとして最も適当なものを，ア～エから１つ選び，記号を書きなさい。(　　　)

資料５

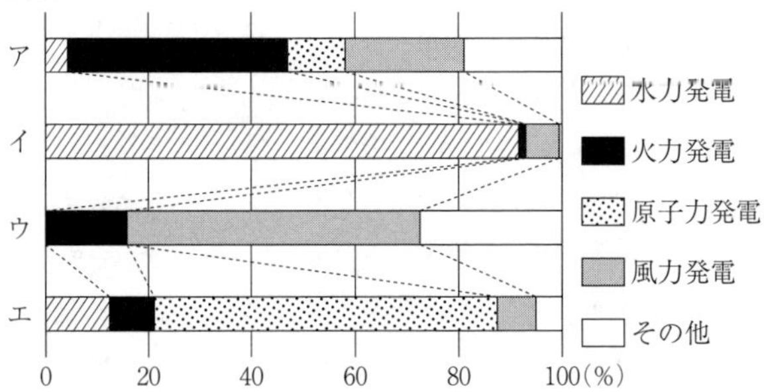

（「データブック　オブ・ザ・ワールド2023」より作成）

(6)　下線部ｆに関連して，資料６中のア～ウは日本とアメリカの間に結ばれた条約の部分要約である。ア～ウを年代の古いものから順に並べて，記号を書きなさい。(　　→　　→　　)

資料６

ア

第４条　日本に対して輸出入する商品は別に定めるとおり，日本政府へ関税を納めること。 第６条　日本人に対して法を犯したアメリカ人は，アメリカ領事裁判所において取り調べのうえ，アメリカの法律によって罰すること。

イ

第６条　日本国の安全に寄与し，並びに極東における国際の平和及び安全の維持に寄与するため，アメリカ合衆国は，その陸軍，空軍及び海軍が日本国において施設及び区域を使用することを許される。

ウ

第２条　伊豆の下田，松前の函館の両港は，アメリカ船が薪(まき)や水，食料，石炭など不足している品を日本で調達するときに限って渡来することを，日本政府は許可する。 第９条　日本政府は，現在アメリカ人に許可していないことを他の外国人に許可するときは，アメリカ人にも同様に許可する。

5　次は太郎さんと花子さんが「グローバル化の進展」について調べ学習を行っている際の先生との会話文である。(1)～(4)の問いに答えなさい。

太郎：近年，ますますグローバル化が進んでいますね。

花子：グローバル化といえば，歴史の授業では a 大航海時代を勉強しましたね。

先生：そうですね。その頃と比べると，現在は歴史上かつてないほどにグローバル化が進展し，b 人の移動だけでなく，c 物やお金，情報などが国境を越えて地球規模に広がっています。

太郎：グローバル化が進展するなかで，d 地域の複数の国々がまとまり，経済や政治などの分野で協力関係を強めようとする動きが，世界各地で加速していることもわかりました。

先生：よく調べましたね。では，その状況についても調べてみてはどうでしょうか。

太郎：はい。調べてみたいと思います。

(1)　下線部 a に関連して，ポルトガルとスペインが新航路の開拓を行った宗教上の目的を，**宗教の名称**を含めて書きなさい。(　　　　　　　　　　　　　　　　　　　　　　　　　　)

(2)　下線部 b に関連して，資料１は現在多くの日本人が外国で暮らしていることを知った花子さんが，ブラジルに住む日系人についてまとめたものである。①，②の問いに答えなさい。

資料１

日本からブラジルへの移住は 1908 年に始まり，移住者の多くは，（　A　）を生産する農園で，住み込みの労働者として働いた。右図は，2020 年の（　A　）の生産量の国別割合を示しており，ブラジルが約３分の１を占めている。その後，自分の土地を所有して農業を始める人，都市へ移り住んで飲食店を始める人などが現れ，現在では約 190 万人の日系人が暮らしているといわれる。

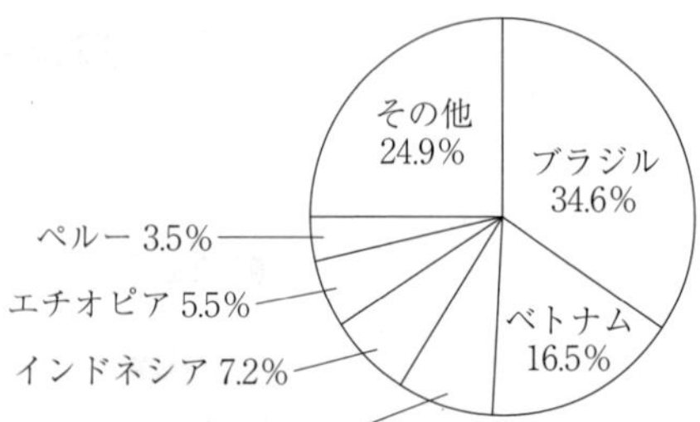

(「データブック　オブ・ザ・ワールド 2023」より作成)

①　資料１中の（　A　）に当てはまる農産物として最も適当なものを，ア～エから１つ選び，記号を書きなさい。(　　　　)

ア　さとうきび　　イ　コーヒー豆　　ウ　とうもろこし　　エ　大豆

② ブラジルへの移住が始まった1908年ごろの，日本で起きた出来事について述べた文として最も適当なものを，ア～エから１つ選び，記号を書きなさい。(　　　)

ア　地租の税率を地価の３％とし，土地の所有者が現金で納めるなどの地租改正が行われたが，税の負担はほとんど変わらず，各地で地租改正反対一揆が起きた。

イ　戦局が悪化すると，勤労動員の対象として中学生・女学生や未婚の女性も軍需工場などで働くようになった。

ウ　戦争による増税に苦しむ国民のなかには，ロシアから賠償金が得られないことが分かると，日比谷焼き打ち事件を起こす者もいた。

エ　世界恐慌が日本にもおよび，都市では企業が数多く倒産し，失業者が増大する昭和恐慌とよばれる深刻な不況が発生した。

(3) 下線部ｃに関連して，資料２は1960年と2010年のオーストラリアの輸出額の国別割合上位６か国を示したものである。資料２について述べた文Ｂ，Ｃの正誤の組み合わせとして最も適当なものを，ア～エから１つ選び，記号を書きなさい。(　　　)

	B	C
ア	正	正
イ	正	誤
ウ	誤	正
エ	誤	誤

資料２

○1960年

順位	輸出相手国	%
1	イギリス	26.4
2	日本	14.4
3	アメリカ	8.1
4	フランス	6.4
5	ニュージーランド	5.8
6	イタリア	5.0

○2010年

順位	輸出相手国	%
1	中国	25.3
2	日本	18.9
3	韓国	8.9
4	インド	7.1
5	アメリカ	4.0
6	イギリス	3.6

(「国際連合貿易統計年鑑1961」他より作成)

Ｂ　1960年の最大の輸出相手国がイギリスであったのは，オーストラリアがイギリスの植民地であったことと関係がある。

Ｃ　2010年の輸出相手国にアジア州の国々が多かったのは，オーストラリアが白豪主義の政策を始めたことと関係がある。

(4) 下線部ｄに関連して，①，②の問いに答えなさい。

① 資料３はある地域機構について述べた文である。この地域機構の加盟国を□で示したものとして最も適当なものを，ア～ウから１つ選び，記号を書きなさい。なお，それぞれの地図の図法・縮尺は異なり，一部島々を除いている。(　　　)

資料３

> 1967年に地域の安定と発展を目指して発足し，経済や政治などの分野で協力を進めている。現在，加盟国の半数以上の国がモノカルチャー経済から脱却し，工業製品の輸出を拡大している。

ア

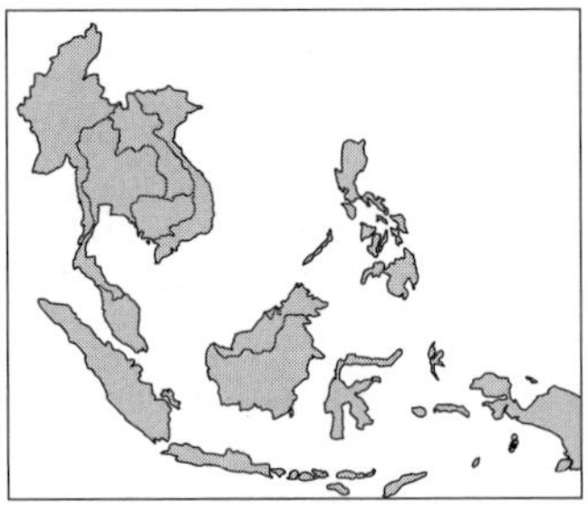

イ

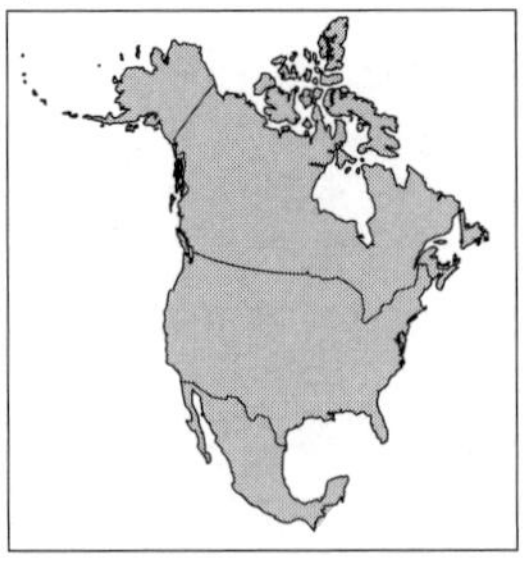

ウ

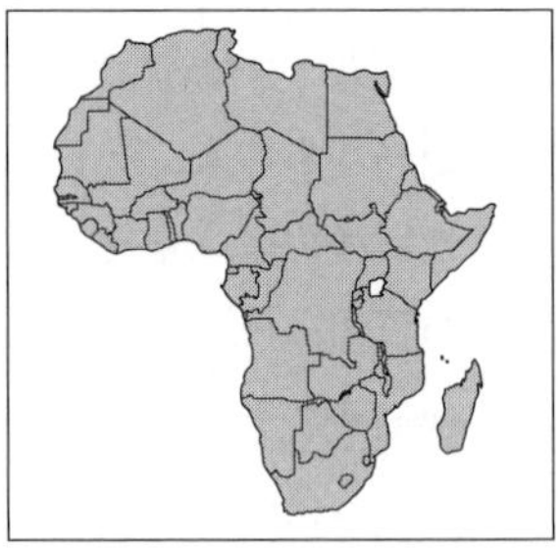

②　太郎さんはヨーロッパ連合（EU）内の人の移動が経済に与える影響に着目し，資料４を作成した。資料４中の［　　　］に当てはまる内容を，**10字以内**で書きなさい。

資料４

【ＥＵのルール】
・多くの加盟国間で国境を越えて自由に移動できる。

→

【ＥＵ内の人の移動が経済に与える影響】

・より賃金の高い西ヨーロッパの国々へ働きに出る人々が増えている。

→

・東ヨーロッパの国々の中には，［　　　］により，経済発展が妨げられるという課題を抱える国が出ている。

理科

時間　50分　　　　満点　60点

1　次の(1)～(4)の問いに答えなさい。

(1)　[図1] は，ある地域の地形を等高線で表したものであり，数値は標高を示す。[図2] は，[図1] の地点A，B，Dにおけるボーリング調査をもとに作成した地層の重なり方を示した柱状図である。また，ビカリアの化石が [図2] の地点DのH層からのみ見つかった。①～③の問いに答えなさい。

[図1]

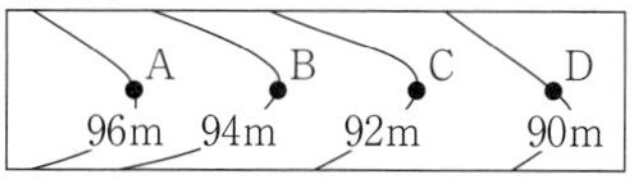

[図2]

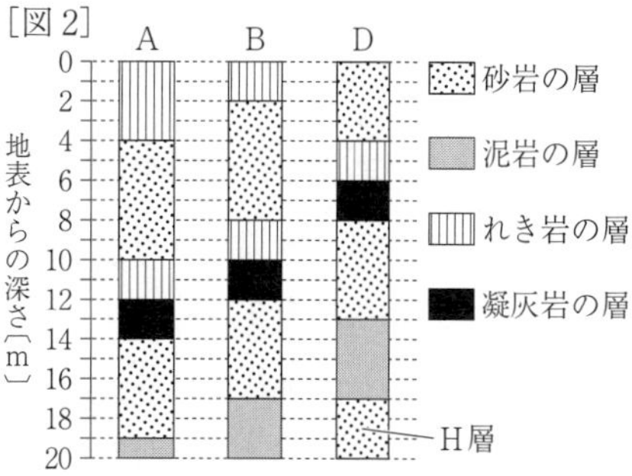

①　下線部の化石のように，限られた時代の地層にしか見られない，その年代を示す目印となるような化石を何というか，書きなさい。(　　　)

②　この地域の地層には，凝灰岩の層がふくまれている。次の文は，凝灰岩の層が堆積した当時のようすを述べたものである。(a) に当てはまる語句を書きなさい。(　　　　)

凝灰岩の層があることから，この層が堆積した当時，(a) が起こったことを示している。

③　[図1] の地点Cにおいて，同様にボーリング調査をしたとき，凝灰岩の層は地表からどれくらいの深さの位置にあるか。最も適当なものを，ア～エから1つ選び，記号を書きなさい。ただし，この地域の地層は，断層やしゅう曲は見られず，各層はそれぞれ同じ厚さで水平に積み重なっており，上下の入れかわりはなく，凝灰岩の層は1つであるものとする。(　　　)

ア　4m～6m　　イ　6m～8m　　ウ　8m～10m　　エ　10m～12m

(2)　発電方法について，それぞれの発電のしくみとエネルギーの移り変わりを [表1] のようにまとめた。①～③の問いに答えなさい。

[表1]

発電方法	発電のしくみとエネルギーの移り変わり
火力発電	石油，天然ガス，石炭などを燃やして，高温の水蒸気をつくり，発電機を回して発電する。 化学エネルギー → (X)エネルギー → 電気エネルギー
水力発電	ダムにたまった水の (Y) エネルギーを利用して，発電機を回して発電する。 (Y) エネルギー → 電気エネルギー
地熱発電	地下深くの熱によって蒸気を発生させ，発電機を回して発電する。 (X) エネルギー → 電気エネルギー
(b) 発電	(b) とよばれる植物・廃材・生ゴミ・下水・動物の排泄物(はいせつぶつ)などの有機資源を燃やすことで，火力発電と同様に発電を行う。 化学エネルギー → (X) エネルギー → 電気エネルギー

① ［表1］の（ X ），（ Y ）に当てはまるエネルギーの組み合わせとして最も適当なものを，ア～エから１つ選び，記号を書きなさい。(　　　)

	ア	イ	ウ	エ
X	位置	核	熱	運動
Y	熱	位置	位置	熱

② 火力発電の長所として最も適当なものを，ア～エから１つ選び，記号を書きなさい。(　　　)

ア　燃料を必要としない。　　　　イ　出力のコントロールをしやすい。

ウ　二酸化炭素を排出しない。　　エ　少量の燃料で大きなエネルギーがとり出せる。

③ ［表1］の（ b ）に当てはまる語句を書きなさい。(　　　)

(3) 銅を加熱したときの質量の変化について次の実験を行った。①～③の問いに答えなさい。

1　銅の粉末，同じ質量のステンレス皿５枚，電子てんびんを用意した。

2　ステンレス皿の質量をはかった。

3　銅の粉末を1.00gはかりとった。

4　はかりとった銅の粉末をステンレス皿全体にうすく広げ，全体の色が変化するまで，［図3］のようにガスバーナーで加熱した。加熱をやめ，ステンレス皿が冷えてから皿全体の質量をはかった。加熱後の皿全体の質量の変化がなくなるまで，この操作を繰り返し行った。

［図3］

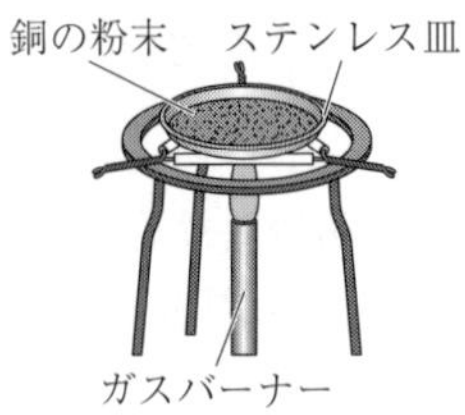

5　4の後，皿全体の質量からステンレス皿の質量をひき，酸化銅の質量を求めた。

6　はかりとる銅の粉末の質量を2.00g，3.00g，4.00g，5.00gと変えて，4，5の操作を同様に行った。［表2］は，はかりとった銅の質量と反応後に生成した酸化銅の質量をまとめたものである。ただし，この実験において，ステンレス皿の質量は加熱の前後で変化せず，ステンレス皿は銅と化学反応しないものとする。

［表2］

銅の質量〔g〕	1.00	2.00	3.00	4.00	5.00
生成した酸化銅の質量〔g〕	1.25	2.50	3.75	5.00	6.25

① この実験において，銅を加熱したときに起こる化学変化を，**化学反応式**で書きなさい。ただし，このときに生成する酸化銅の化学式はCuOであるものとする。(　　　　　　　　)

② ［表2］をもとにして，銅の質量と反応した酸素の質量の関係を，解答欄のグラフに表しなさい。ただし，縦軸のすべての（　　）内に**適当な数値**を書くこと。

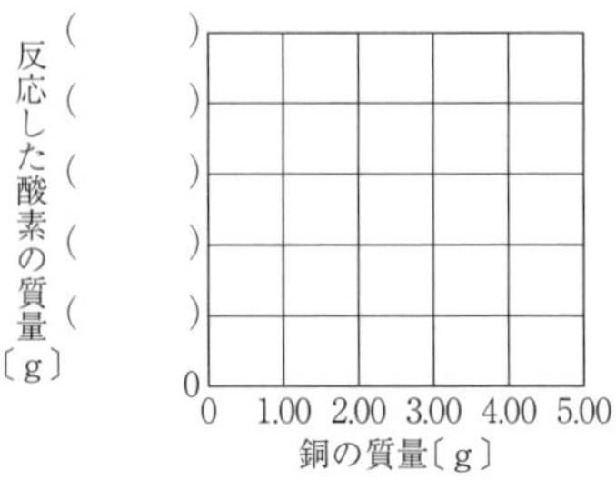

③ この実験と同様の操作で，6.50gの銅の粉末を加熱するとき，生成する酸化銅の質量は何gか，［表2］をもとにして，四捨五入して**小数第二位**まで求めなさい。ただし，生成する酸化銅は銅が酸素と完全に反応して生じるものとする。(　　　g)

(4) ［図 4］は生態系における炭素の流れを矢印で模式的に表した図である。［図 4］中の⟶は無機物としての炭素の流れを，⇨は有機物としての炭素の流れを示している。また，［図 4］の生物 P，Q，R は，ネズミ，イネ，タカのいずれかである。①～③の問いに答えなさい。

［図 4］

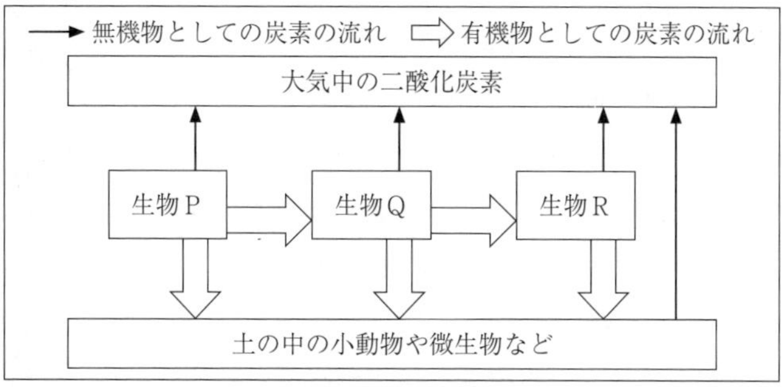

① ［図 4］中の生物 P，Q，R の関係のように，食べる生物と食べられる生物に着目して，1 対 1 の関係で順番に結んだものを何というか，書きなさい。(　　　)

② 生物 R は，ネズミ，イネ，タカのどれか，書きなさい。(　　　)

③ ［図 4］中には，無機物としての炭素の流れを示す矢印が 1 本欠けている。欠けている 1 本の矢印を，解答欄の図に表しなさい。ただし，無機物としての炭素の流れは⟶で書くこと。

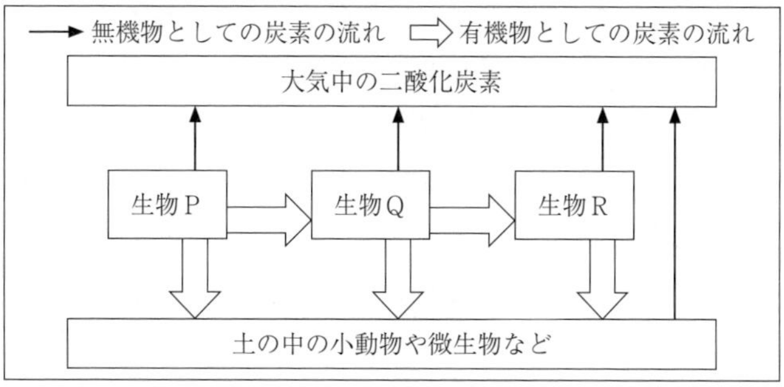

2　次の(1)～(7)の問いに答えなさい。

Ⅰ　いろいろな水溶液に電流が流れるかを調べた。

1　ショ糖，塩化ナトリウム，エタノール，塩化銅をそれぞれ別の試験管で精製水に溶かし，水溶液をつくった。

2　［図1］のように電極，電流計，豆電球，電源装置をつないで装置を組み立てた。1でつくった水溶液が入った試験管に電極を入れ，電圧を加えてそれぞれの水溶液に電流が流れるか調べた。なお，水溶液の入った試験管をかえる際には，電極を精製水でよく洗った。

3　2の結果，塩化ナトリウム水溶液と塩化銅水溶液に電流が流れ，豆電球が光った。

［図1］

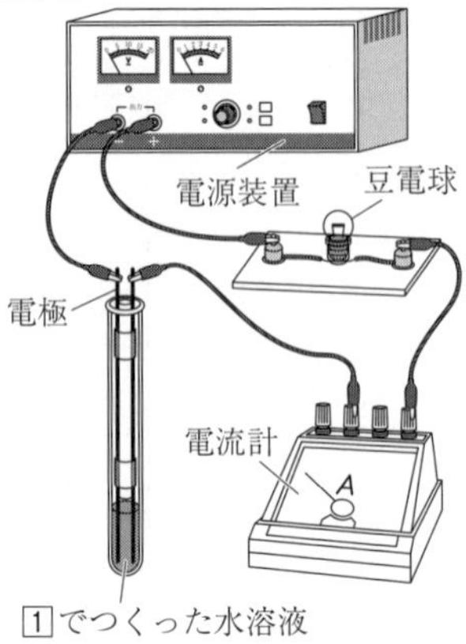

(1)　塩化ナトリウムや塩化銅のように，水に溶かしたとき，水溶液に電流が流れる物質を何というか，書きなさい。(　　　)

(2)　塩化ナトリウム水溶液に電流が流れるのは，水溶液中にナトリウムイオンと塩化物イオンが生じているためである。このナトリウムイオンがナトリウム原子からできるとき，そのでき方として最も適当なものを，ア～エから１つ選び，記号を書きなさい。(　　　)

ア　ナトリウム原子が電子を１個受けとって，＋の電気を帯びたナトリウムイオンができる。
イ　ナトリウム原子が電子を１個受けとって，－の電気を帯びたナトリウムイオンができる。
ウ　ナトリウム原子が電子を１個放出して，＋の電気を帯びたナトリウムイオンができる。
エ　ナトリウム原子が電子を１個放出して，－の電気を帯びたナトリウムイオンができる。

Ⅱ　うすい塩酸の性質について調べた。

4　［図2］のように，スライドガラスの上に食塩水をしみこませたろ紙を置き，さらにその上に食塩水をしみこませた青色リトマス紙と赤色リトマス紙を置き，電源装置につないだ。

5　電圧を加える前に，［図2］のそれぞれのリトマス紙の中央に引いた線上に，竹串を使ってうすい塩酸をつけると，青色リトマス紙に赤色のしみができ，赤色リトマス紙は色の変化がなかった。次に電圧を加えたところ，青色リトマス紙の中央部分にできた赤色のしみが陰極側に移動した。

［図2］

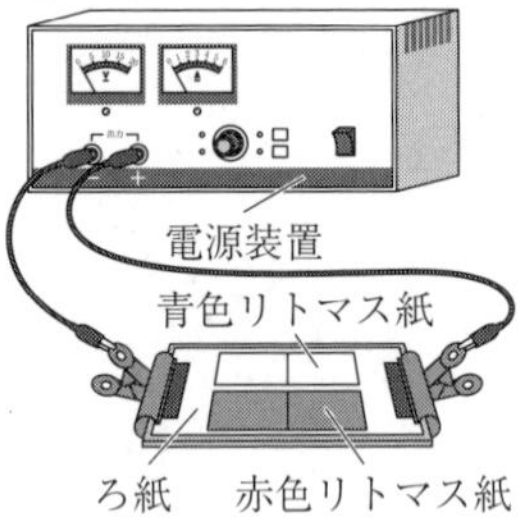

(3)　次の文は4，5の結果についてまとめたものである。（ａ），（ｂ）に当てはまる語句の組み合わせとして最も適当なものを，ア～エから１つ選び，記号を書きなさい。(　　　)

うすい塩酸をそれぞれのリトマス紙につけると，青色リトマス紙に赤色のしみができたため，うすい塩酸は（ａ）性である。また，電圧を加えたところ，赤色のしみが陰極側に移動したため，(a) 性を示す原因の物質は (b) の電気を帯びている。

	ア	イ	ウ	エ
a	酸	酸	アルカリ	アルカリ
b	＋	－	＋	－

(4) Ⅱの実験において，うすい塩酸をうすい水酸化ナトリウム水溶液に変えて実験を行ったとき，起こる変化として最も適当なものを，ア～エから１つ選び，記号を書きなさい。( )

ア 赤色リトマス紙の中央部分に青色のしみができ，そのしみが陽極側に移動する。
イ 赤色リトマス紙の中央部分に青色のしみができ，そのしみが陰極側に移動する。
ウ 青色リトマス紙の中央部分に赤色のしみができ，そのしみが陽極側に移動する。
エ 青色リトマス紙の中央部分に赤色のしみができ，そのしみが陰極側に移動する。

Ⅲ 塩酸と水酸化ナトリウム水溶液の反応について調べた。

6 塩酸 10mL を入れたビーカーを用意し，BTB 液を加えたところ，ビーカー内の水溶液は黄色になった。

7 [図３] のように，6の水溶液に，こまごめピペットで水酸化ナトリウム水溶液を 2mL ずつよくかき混ぜながら加え，そのたびに水溶液の色を観察し，加える水酸化ナトリウム水溶液の体積の合計が 16mL になるまで続けた。

[図３]

[表１] は，その結果をまとめたものである。

[図４] は，塩酸 10mL に水酸化ナトリウム水溶液 2mL を加えたときの中和のようすを模式的に表した図である。

[表１]

加えた水酸化ナトリウム水溶液の体積〔mL〕	2	4	6	8	10	12	14	16
ビーカー内の水溶液の色	黄	黄	黄	緑	青	青	青	青

[図４]

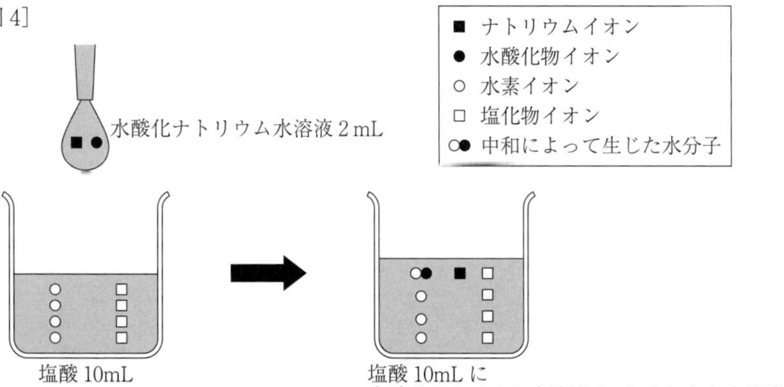

(5) 塩酸に水酸化ナトリウム水溶液を加えたときの化学変化を，**化学反応式**で書きなさい。

( )

(6)　7において，加えた水酸化ナトリウム水溶液が 8mL のとき，［図 4］を参考にして，加えた後の水溶液のようすを模式的に表した図として最も適当なものを，ア～エから 1 つ選び，記号を書きなさい。(　　　)

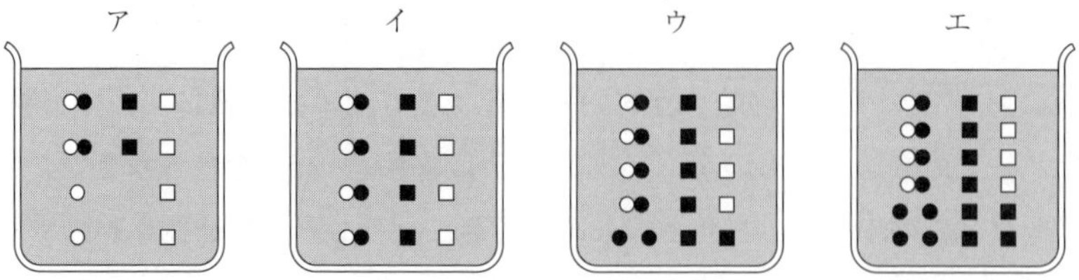

(7)　7において，加えた水酸化ナトリウム水溶液が 16mL のとき，加えた後の水溶液の中に最も多くふくまれるイオンとして最も適当なものを，ア～エから 1 つ選び，記号を書きなさい。

(　　　)

ア　水素イオン　　イ　ナトリウムイオン　　ウ　水酸化物イオン　　エ　塩化物イオン

3　次の(1)～(7)の問いに答えなさい。

Ⅰ　太郎さんと花子さんは，学校の敷地内に生えている植物について，生えている場所の環境のちがいによって植物の種類が変わるのかを調べた。

1　植物の体のつくりなど，細かい部分はルーペを用いて観察した。

2　敷地内を歩いて見つけた植物は，タブレット端末で写真を撮り，記録に残した。

3　2で見つけた植物の種類と見つけた場所を，学校の地図上に記号で記入した。

4　日当たりのよさと人の立ち入りやすさを調べ，3で作成した地図上にかき加えた。［メモ1］は2で見つけた植物の一覧であり，［図1］は3，4の結果をまとめたものである。

［メモ1］

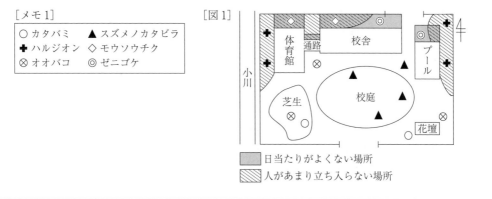

○ カタバミ	▲ スズメノカタビラ
✚ ハルジオン	◇ モウソウチク
⊗ オオバコ	◎ ゼニゴケ

［図1］

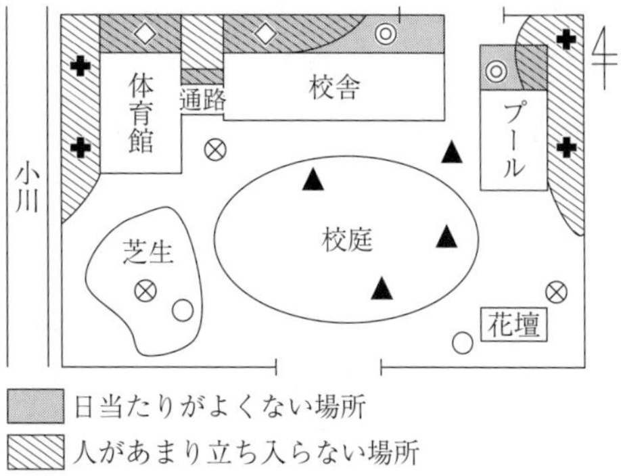

(1)　次の文は，ルーペの使い方について説明したものである。(a)，(b)に当てはまる語句の組み合わせとして最も適当なものを，ア～エから1つ選び，記号を書きなさい。(　　　)

	ア	イ	ウ	エ
a	観察物	観察物	目	目
b	顔	ルーペ	顔	ルーペ

・ルーペは（ a ）に近づけて持ち，観察物を前後に動かして，よく見える位置を探す。

・観察物が動かせないときは，ルーペを（ a ）に近づけたまま，（ b ）を前後に動かして，よく見える位置を探す。

(2)　3，4で，学校の敷地内に生えている植物には，いろいろな種類があることがわかった。カタバミやスズメノカタビラなどの草たけの低い植物と，ハルジオンやモウソウチクなどの草たけの高い植物の生えている場所の環境のちがいについて，［図1］の植物の分布をもとに説明した文として最も適当なものを，ア～エから1つ選び，記号を書きなさい。(　　　)

ア　草たけの低い植物が生えている場所は人がよく立ち入る場所であり，草たけの高い植物が生えている場所は人があまり立ち入らない場所である。

イ　草たけの低い植物が生えている場所は人があまり立ち入らない場所であり，草たけの高い植物が生えている場所は人がよく立ち入る場所である。

ウ　草たけの低い植物が生えている場所は日当たりがよい場所であり，草たけの高い植物が生えている場所は日当たりがよくない場所である。

エ　草たけの低い植物が生えている場所は日当たりがよくない場所であり，草たけの高い植物が生えている場所は日当たりがよい場所である。

Ⅱ　次に太郎さんと花子さんは，学校周辺に生息している動物について調べた。

5　学校周辺を調べて見つけた動物は，タブレット端末で写真を撮り，名前を［メモ2］に記録した。

6　動物のもつ特徴に注目し，見つけた動物を分類する方法を考えた。

［メモ2］

・スズメ	・カエル
・メダカ	・ヘビ
・ミミズ	・カラス
・ネコ	・ダンゴムシ

(3)　次の文は，6で考えた方法を用いて実際に分類を行ったときの太郎さんと花子さんと先生の会話である。会話中の［P］，［Q］に当てはまる語句の組み合わせとして最も適当なものを，ア～エから1つ選び，記号を書きなさい。(　　　)

太郎：学校周辺で見つけた動物について，［P］という観点で分類すると，［表1］のAとBのグループに分けることができました。

先生：本当にそうでしょうか。［P］という観点で分類すると，ヘビはBグループにあてはまりますね。

太郎：確かにそうですね。ヘビはBグループに分類し直します。

花子：そのBグループの動物を，さらに［Q］という観点で分類すると，［表2］のCとDのグループに分けることができますね。

先生：そうですね。［Q］という観点で分類すると，妥当な分け方だといえます。

太郎：今回実際に分類してみて，複数の観点を使うことで細かく分類できることが分かりました。

花子：いろいろな観点で分類すると分類結果も変わって面白そうですね。

［表1］

Aグループ	Bグループ
スズメ	ダンゴムシ
ネコ	メダカ
カラス	カエル
ヘビ	ミミズ

［表2］

Cグループ	Dグループ
カエル	ヘビ
ダンゴムシ	メダカ
	ミミズ

	ア	イ	ウ	エ
P	体の表面が毛（または羽毛）で覆われているかいないか	体の表面が毛（または羽毛）で覆われているかいないか	翼があるかないか	翼があるかないか
Q	あしがあるかないか	主な生活場所が陸上か水中か	あしがあるかないか	主な生活場所が陸上か水中か

Ⅲ　太郎さんと花子さんは，学校周辺の生物の観察を終えた後，単元の学習を進め，動物の分類の方法を学んだ。

7　5で見つけた［メモ2］の動物を，脊椎動物と無脊椎動物の2つのグループに分類した。

8　脊椎動物をさらに5つのグループに分類し，それぞれの特徴を［表3］のようにまとめた。

［表3］

グループ	両生類	W	X	Y	Z
呼吸のしかた	子のときは［R］と皮ふで呼吸し，成長すると肺と皮ふで呼吸する。	肺で呼吸する。	［R］で呼吸する。	肺で呼吸する。	肺で呼吸する。
体の表面のようす	皮ふは湿っており，乾燥に弱い。	羽毛で覆われている。	うろこで覆われている。	やわらかい毛で覆われている。	かたいうろこで覆われている。
子の生まれ方	卵生	卵生	卵生	胎生	卵生

(4) ［7］で行った分類において，［メモ2］の動物のうち，無脊椎動物に分類される動物をすべて選び，動物名を書きなさい。(　　　　　)

(5) ［表3］中の［R］に当てはまる語句を書きなさい。(　　　　)

(6) ［表3］で，哺乳(ほにゅう)類はどのグループか，最も適当なものを，W～Zから1つ選び，記号を書きなさい。(　　　)

(7) ［Ⅰ］～［Ⅲ］を通して太郎さんと花子さんが行った学習活動において，2人が学んだ生物を分類するための方法として適当なものを，ア～エからすべて選び，記号を書きなさい。(　　　)

ア　生物の生息している環境のちがいは考えず，体の大きさだけを比較して分類する。

イ　いろいろな生物の特徴を比較して見つけた共通点や相違点をもとに分類する。

ウ　生物の名前をもとにして，似たような名前の生物を同じグループに分類する。

エ　大きく分ける観点を先に設定し，その後で細かいちがいを比較して分類する。

4　次の(1)～(7)の問いに答えなさい。

Ⅰ　花子さんと太郎さんは，モーターやスピーカーなどが磁石とコイルを組み合わせてつくられていることを知り，電流が流れているコイルが磁界から受ける力について調べた。

1　電源装置とコイル，磁石，木の棒，電熱線，電流計，電圧計を用いて，［図1］のような装置を組み立てた。

2　［図1］の回路に電流を流したところ，コイルが矢印の方向へ動いた。

3　2のとき，電圧計の数値は3.0Vを示し，電流計の数値は200mAを示した。ただし，電熱線に流れる電流の大きさは，電流計が示した値と同じ大きさであるものとする。

［図1］

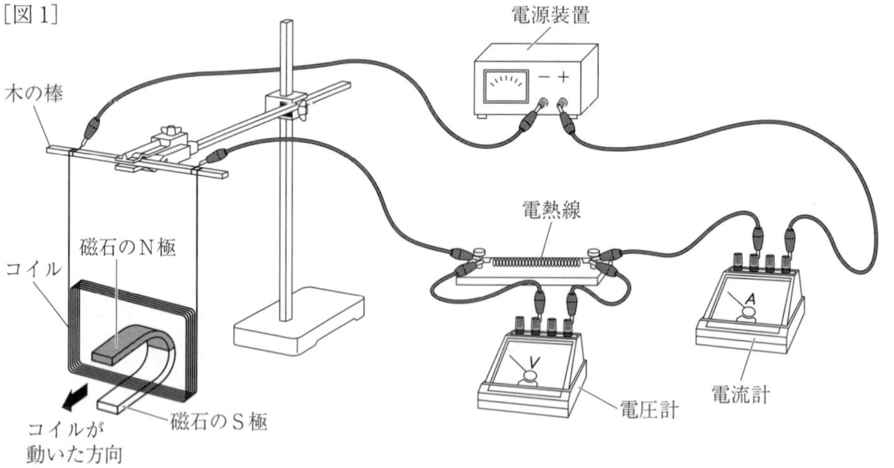

(1)　3で，電熱線の抵抗は何Ωか，求めなさい。(　　　Ω)

(2)　3で，電熱線の消費電力は何Wか，求めなさい。(　　　W)

(3)　3で，電熱線に200mAの電流が20秒間流れたとき，電熱線で消費された電力量は何Jか，求めなさい。(　　　J)

(4)　［図1］の装置において，［図2］のように磁石のN極とS極を入れかえ，回路に電流を流したとき，コイルが動く方向として最も適当なものを，ア～エから1つ選び，記号を書きなさい。

(　　　)

［図2］

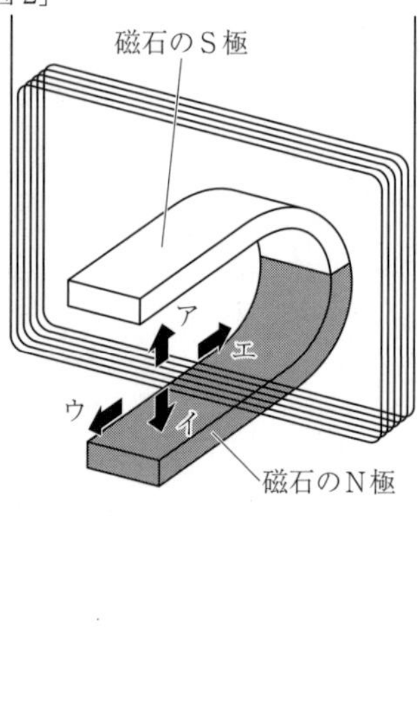

Ⅱ 次に花子さんと太郎さんは，コイルが回転する仕組みについて調べた。

4 コイル（導線ABCD），磁石，ブラシ，整流子を用いて，［図3］のような装置をつくった。

5 4でつくった装置に電流を流し，コイルの回転する方向を調べたところ，［図3］の矢印の方向に力がはたらき，コイルは回転軸を中心に整流子側から見て時計回りに回転した。

6 5の後，コイルが180°回転し，［図4］の状態になった。

［図3］

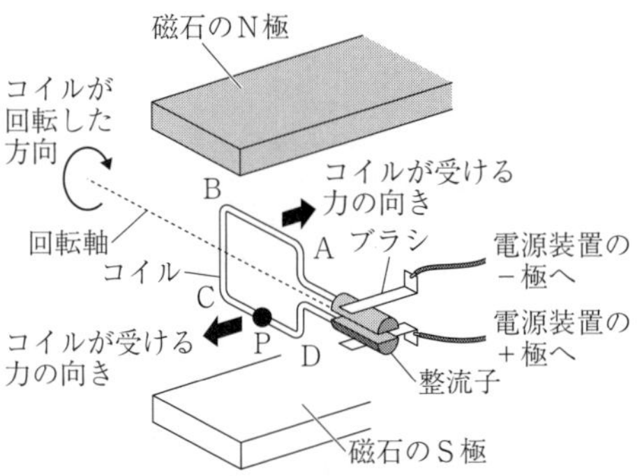

［図4］

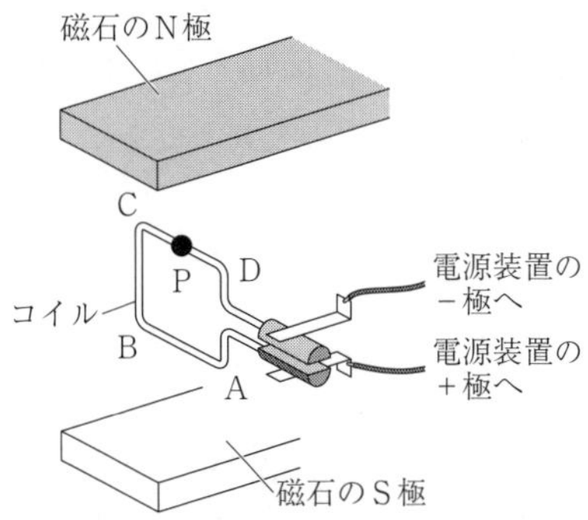

(5) 6で，［図4］のコイル上のP点が受ける力の向きとして最も適当なものを，［図5］のア～エから1つ選び，記号を書きなさい。（　　）

［図5］

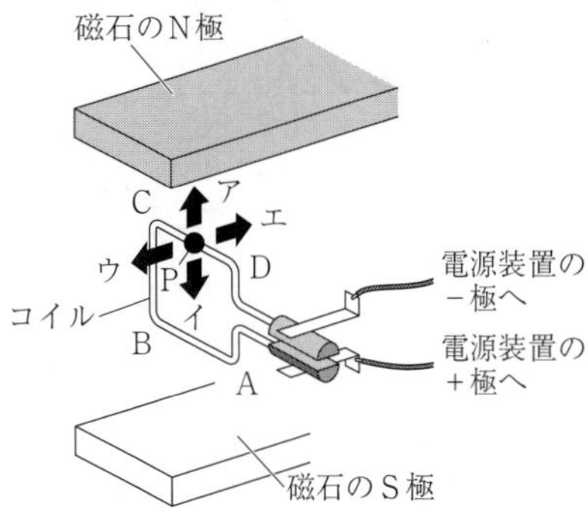

(6) 次の文は，Ⅱの実験における整流子のはたらきについて述べたものである。［ a ］に当てはまる語句を書きなさい。（　　　　　　）

整流子は，コイルを同じ向きに連続して回転させるために，［ a ］はたらきがある。

(7) コイルの回転する速さについて，花子さんと太郎さんは先生と次の会話をした。［ b ］に当てはまる語句を書きなさい。

（　　　　　　）

先生：コイルの回転を速くするためには，どのようにすればよいでしょうか。

花子：コイルが受ける力を大きくすればよいのではないでしょうか。

先生：なるほど。それでは，コイルや磁石を変えずに，コイルが受ける力を大きくするためには，どのようにすればよいでしょうか。

太郎：［ b ］すればよいと思います。

先生：そのとおりですね。では，次の時間に実験で確かめてみましょう。

5　次の(1)～(6)の問いに答えなさい。

花子さんと太郎さんは，気象について観測と調査を行った。

1　花子さんは，ある日の午前9時に，大分市のX中学校において，空のようすを観察して雲量を調べた。さらに，風向計と風力計を用いて，風向と風力を調べた。

［表1］は，その結果である。

［表1］

雲量	9
風向	南南西
風力	2

2　太郎さんは，1と同じ日の午前9時の天気図を気象庁のウェブサイトで調べた。

［図1］は，その天気図である。

また，1と同じ日の大分市の観測点Yにおける気温と湿度，風向を気象庁のウェブサイトで調べた。

［図2］，［表2］は，その結果である。

［図1］

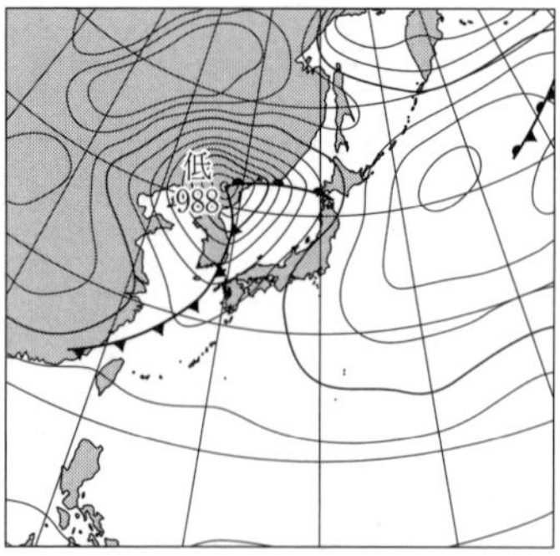

［図2］

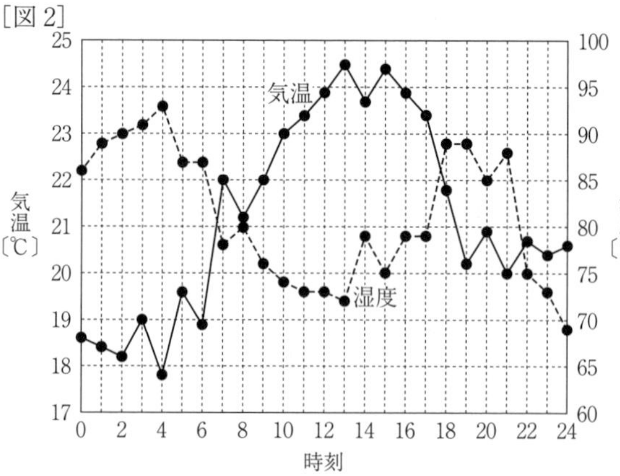

［表2］

時刻	0	1	2	3	4	5	6	7	8	9	10	11	12	13	14	15	16	17	18	19	20	21	22	23	24
風向	南南東	南	南南東	南	南南東	南南東	南	南南東	南	南南西	西	北西	南西	南南東	南南西	南	南南東	南南東	北	北	北東	南	西北西	北西	西

(1)［表1］をもとに，風向，風力，天気を，天気図記号を用いて書きなさい。ただし，天気は，快晴，晴れ，くもりのいずれかを，雲量によって判断すること。

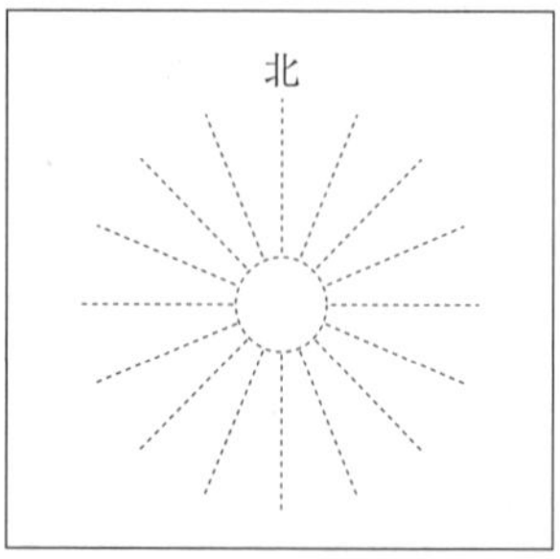

(2)［図1］で，低気圧の中心から，東側へのびている前線の特徴として最も適当なものを，ア～エから1つ選び，記号を書きなさい。

（　　）

ア　寒気が暖気の上にはい上がっていくため，雲ができる範囲が広く，雨は広い範囲に長く降り続く。

イ　暖気が寒気を激しくもち上げるため，上にのびる雲が発達し，狭い範囲に強い雨が短い時間降る。

ウ　暖気が寒気の上にはい上がっていくため，雲ができる範囲が広く，雨は広い範囲に長く降り続く。

エ　寒気が暖気を激しくもち上げるため，上にのびる雲が発達し，狭い範囲に強い雨が短い時間降る。

(3)　[図2]，[表2] をもとに，寒冷前線が観測点Yを通過したと考えられる時間として最も適当なものを，ア～エから1つ選び，記号を書きなさい。(　　　)

ア　13時～14時頃　　イ　17時～18時頃　　ウ　20時～21時頃　　エ　22時～23時頃

(4)　[表3] は気温と飽和水蒸気量の関係を示したものである。[図2] において，午前10時の気温は23℃，湿度は74％である。[表3] を用いて，午前10時の観測点Yにおける空気の露点として最も適当なものを，ア～エから1つ選び，記号を書きなさい。(　　　)

[表3]

気温〔℃〕	15	16	17	18	19	20	21	22	23
飽和水蒸気量〔g/m^3〕	12.8	13.6	14.5	15.4	16.3	17.3	18.3	19.4	20.6

ア　16℃以上17℃未満　　イ　17℃以上18℃未満　　ウ　18℃以上19℃未満

エ　19℃以上20℃未満

(5)　1の1日後，2日後の午前9時における天気図をそれぞれ調べたところ，[図3]，[図4] のとおりであり，前線が移動したことがわかった。このような前線の移動に影響を与える上空に吹いている風を何というか，書きなさい。(　　　)

[図3]

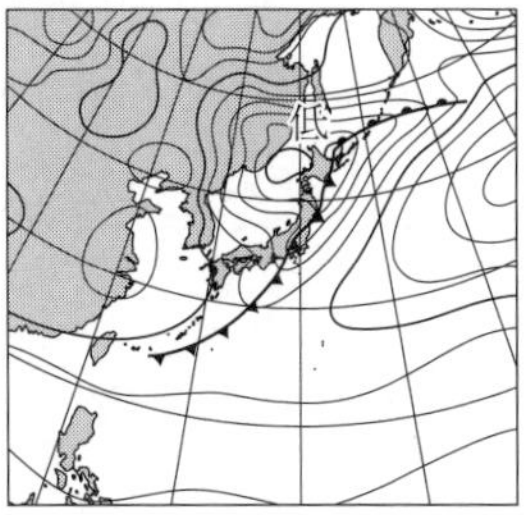

[図4]

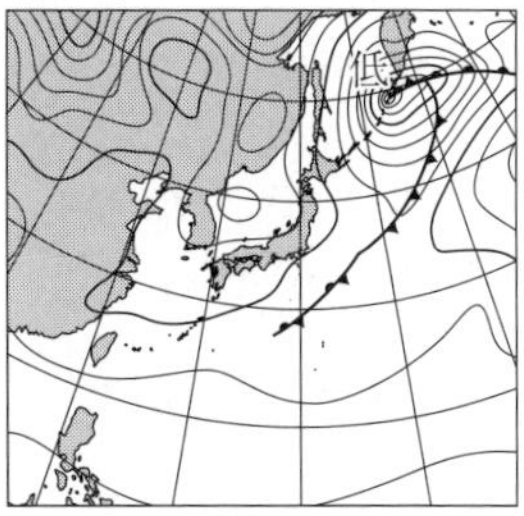

(6)　1の観測をした年の10月，日本に台風Z号が接近し，[図5] の矢印のように移動した。①，②の問いに答えなさい。

[図5]

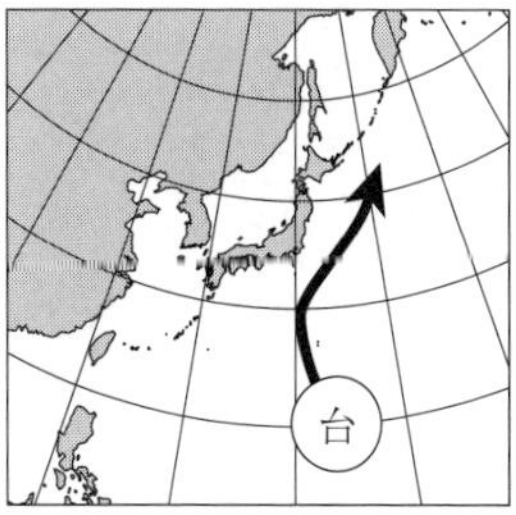

①　台風について，中心部の地表付近における空気の流れを模式的に表した図として最も適当なものを，ア～エから1つ選び，記号を書きなさい。ただし，ア～エ中の黒矢印（⟶）は地上付近の風を，白矢印（⇨）は上昇気流または下降気流を表している。(　　　)

ア　イ　ウ　エ

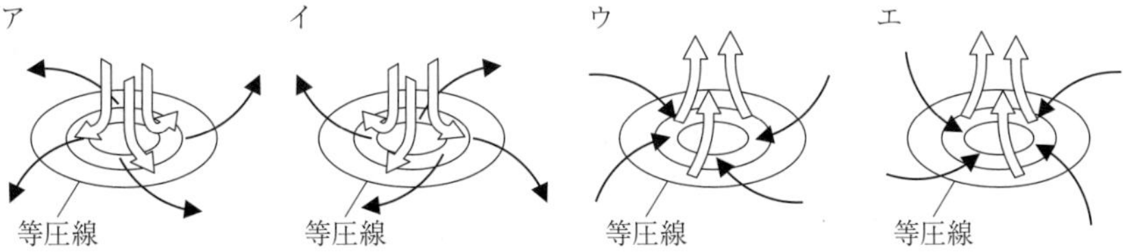

②　台風Ｚ号は日本の東の海上を北へ移動し，しだいに勢力が衰えていった。台風の勢力が衰えたことについて，花子さんと太郎さんは先生と次の会話をした。［　　］に当てはまる語句を簡潔に書きなさい。ただし，「**海面の水温**」という語句を用いて書くこと。

(　　　　　　　　　　　　　　　　　　　　　　)

花子：なぜ，台風Ｚ号は日本の東の海上を北へ移動したあと，勢力が衰えたのでしょうか。

先生：台風Ｚ号が北へ移動したときの，海面の水温をもとに考えてみるとどうですか。

太郎：台風Ｚ号が北へ移動すると，［　　］ために，台風の目のまわりをとりまいている積乱雲が少なくなったからではないでしょうか。

先生：そのとおりです。

ように改善するか。《気をつけること》の中から改善すべきと考える文を①～③の番号で一つ挙げ、着目した「やさしい日本語」のポイントと、どのように書き直すかを具体的に示した上で、それによってどのようにわかりやすくなるかを、次の条件に従って書きなさい。

条件

・自分で書き直した文は「　」でくくること。なお、ふりがなをつけたり文字の間を空けたりはしないこと。
・**敬体**（「です・ます」）で、**八十字以上百二十字以内**で書くこと。
・一行目の一マス目から書き始め、**行は改めない**こと。

【チケット案】

M中学校　文化祭

文化祭テーマ

翔ぼう、みんなで！

《日と 時間》
11月2日（木曜日）
午前9：00から 午前11：30まで

《内容》
○文化部の 発表
午前9：00から 午前10：00まで

○合唱コンクール
午前10：00から 午前11：30まで

※合唱コンクールは
1年生から 始まります。

《場所》
M中学校の体育館

《気をつけること》
① 体育館の 入り口で このチケットを見せてもらうので，必ず持ってくるのを 忘れないでください。
② 体育館の 中は 土足禁止 です。
③ 自分の 車で 学校に 来るのは ひかえてください。

問一　【リーフレット】中の「やさしい日本語」の特徴として最も適当なものを、次のア～エのうちから一つ選び、その記号を書きなさい。（　　）

ア　同じ言葉でも相手に与える印象が日本人と外国人とで異なるため、相手の表情を見ながら身振りや手振りでその内容を補うものである。

イ　日本語特有の表現やあいまいな表現を避けることによって、外国人だけでなく様々な立場の人々に対しても有用なものとなっている。

ウ　他の言語に比べて複雑な日本語はやさしいとは言い難いため、外国人が日本語を段階的に学ぶことのできるものとして役立っている。

エ　感覚的な言葉を用いてわかりやすくなる工夫をすることで、外国人と積極的にコミュニケーションが図れるよう配慮がなされている。

問二　【チケット案】の表現の工夫と効果について説明したものとして**適当でないもの**を、次のア～エのうちから一つ選び、その記号を書きなさい。（　　）

ア　イラストと情報を組み合わせて視覚的なわかりやすさを狙っている。

イ　直喩を用いないことで、読み手が必要な情報を正確に伝えている。

ウ　テーマに擬人法を用いて文化祭に対しての強い思いを表現している。

エ　文字と文字の間に適宜余白を入れることで理解しやすくしている。

問三　作成した【チケット案】に対して他の生徒会役員から「《気をつけること》の文がわかりにくいので、【リーフレット】の中にある「やさしい日本語」のポイントのいずれかを踏まえて改善したほうが良い」という指摘があった。あなたは、《気をつけること》の文をどの

5　M中学校では文化祭を保護者や地域住民の方にも一般公開している。M中学校の生徒会は「やさしい日本語」を用いた入場チケットを作成することにした。次は「やさしい日本語」について説明している【リーフレット】と作成した【チケット案】である。これらを読んで、後の問一～問三に答えなさい。なお、答えに字数制限がある場合は、句読点や「　」などの記号も一字と数えなさい。

【リーフレット】

■「やさしい日本語」とは？

普通の　日本語よりも　簡単で，外国人にも　わかり　やすい　日本語の　こと　です。

日本には，いろいろな　国から　来た　外国人が　暮らして　います。その　人たちの　母語も　いろいろ　です。英語の　わからない　人や，漢字を　知らない　アジア系の人も　たくさん　います。すべての　国の　言葉に　対応する　ことは　難しいです。でも，「簡単な　日本語なら　わかる。」という　人も　多いので，「やさしい日本語」が　役に　立ちます。

だれでも　使えます。子どもや　高齢者，障がいのある人　にも「やさしい日本語」は　わかりやすい　です。

■なぜ「やさしい日本語」を使う必要があるのですか？

○日本人と外国人とのコミュニケーションに役立てるためです。

「やさしい日本語」は，万能ではありません。どうしても通訳・翻訳しなければ，分からないことも，たくさんあります。でも，その場で，すぐに，伝えなければならないことや，聞きたいことがある時に，また，相手との関係づくりのために，まず「やりとりをしようとする」ことが大切です。そんな時，「やさしい日本語」は役立ちます。

■なぜ「やさしい日本語」を学ぶ必要があるのですか？

○日本人と外国人の「感じ方の違い」に気づくためです。

日本人は，はっきり言うと相手に失礼ではないかと思いますが，外国人は，はっきり言われてもあまり気にしません。また，失敗したときに，日本人は「言い訳をせずに，まず謝る方がよい。」と思いますが，外国人は「まず，きちんと理由を話すべきだ。」と思います。「やさしい日本語」を使うと，この違いに気づくことができます。

○日本人には感覚的にわかるけれど，外国人にはわかりにくい言葉があるからです。

例「もっとはっきり返事をしてください。」
→「もっと　大きな　声で　返事を　して　ください。」
「あぶないから手を出さないでください。」
→「あぶない　です。　さわらないで　ください。」
「はっきり」「手を出す」などは，外国人には，わかりにくい日本語です。

■「やさしい日本語」のポイント

○外国人にとってわかりにくい日本語表現を使わないようにします。
○あいまいな表現を使わないようにします。
○何を一番伝えたいかを考え，余計な情報を削ります。

(大分県立図書館「『やさしい日本語』リーフレット」等を基に作成)

【漢文】

　魯ニ有リ下執リテ二長竿ヲ一入ラントスル二①城門ニ一者上。初メ竪ニシテ執ルニレ之ヲ、不レ可カラレ入ル、横ニシテ執ルモレ之ヲ、亦タ不レ可カラレ入ル、計ノ無シ所出ヅル。俄カニ有リテ二老父ノ至ル一曰ハク、吾ハ非ズ二聖人ニ一、但ダ見ルコトレ事ヲ多シ矣。何ゾ不ルト二以テレ鋸ヲ中截シテ而入ラ一。遂ニ依リテ而截ルレ之ヲ。

（「太平広記」より。一部表記を改めている。）

（注）＊魯――地名。

＊鋸――のこぎり。

＊截――「切」と同じ。

問一　――線①の漢字の総画数と、次の行書で書かれた漢字を楷書で書いた場合の総画数が同じになるものを、ア～エのうちから一つ選び、その記号を書きなさい。（　　）

ア 級　イ 造　ウ 耕　エ 閑

問二　～～線について、書き下し文の読み方になるように、返り点をつけなさい。

計ノ無シ所出ヅル。

問三　Aさんの班では、本文を読んだ感想について次のように意見を交わした。これを読んで、後の(1)～(4)に答えなさい。

Aさん―この文章はどんな話だと感じましたか。

Bさん―城門に入ろうとして、結果的に［Ⅰ］を切ったことで、［Ⅱ］しまったことに対する笑い話だと私は感じました。

Cさん―確かにそこが面白い点ですね。私はそれに加えて、老父が「但だ事を見ること多し」と言っている点に着目しました。この話と同じように、物事をよくわかっていそうな人を［Ⅲ］ことが、私自身にもあります。そんな自分の行いを考えさせられる教訓話のようにも感じました。

Aさん―なるほど。この話を、私たちも自分自身の行動を振り返るきっかけにしたいですね。つまり［Ⅳ］とすべきですね。

(1)　［Ⅰ］に当てはまる言葉として最も適当なものを、【書き下し文】中から抜き出して書きなさい。（　　）

(2)　［Ⅱ］に当てはまる言葉を、**五字以上十字以内の現代語**で書きなさい。

(3)　［Ⅲ］に当てはまる言葉を、**五字以上十字以内の現代語**で書きなさい。

(4)　［Ⅳ］に当てはまる言葉として最も適当なものを、次のア～エのうちから一つ選び、その記号を書きなさい。（　　）

ア　他山の石　　イ　対岸の火事

ウ　竹馬の友　　エ　情けは人のためならず

Cさん—なるほど。こうしてみると両方の文章に共通するものが見えてきますね。

Aさん—こうして改めて考えてみると、今まで自分が教養について感じていたイメージとずいぶん違いますね。教養は教えられることで身につくものだと感じていました。

Bさん—これからの自分の学ぶ姿勢について考えさせられましたね。

Cさん—そうですね。今後はこの【文章一】や【文章二】から学んだことを生かした行動を心がけていきたいと思います。

(1)　Ⅰ　に当てはまる言葉として最も適当なものを、【文章一】中から**十六字**で抜き出して書きなさい。

(2)　Ⅱ　に当てはまる言葉として最も適当なものを、次のア～エのうちから一つ選び、その記号を書きなさい。（　）

ア　実務と教養の違いを明確に示した上で筆者の主張を述べ、教養が思いがけないところで助けとなる具体例を挙げた

イ　筆者自身の経験や科学者のエピソードを具体例として挙げ、読書を通して教養を身につけることの大切さを述べた

ウ　読書と教養の関連性について具体例を挙げながら、読者の質問に対して筆者が対話的に答える形式でまとめられた

エ　わかりやすい具体例を元に筆者の意見を繰り返し述べ、科学的な学力を高めるために教養が必要であると主張した

(3)　Ⅲ　に当てはまる言葉を、【文章二】中の言葉を使って、**三十五字以上四十字以内**で書きなさい。

(4)　会話中の～～線について、【文章一】や【文章二】から学んだことを生かした行動として最も適当なものを、次のア～エのうちから一つ選び、その記号を書きなさい。（　）

ア　数多くの文化・芸術活動の中から自分が興味を持ったものを選び取り、その道を極めるために主体的に努力を積み重ねていく。

イ　世界の複雑性・多様性に対応していくために、大学や大学院への進学も視野に入れながら専門的な知識をより多く学んでいく。

ウ　不確実な社会において知識を更新していくために、一見自分にとって必要がなさそうな活動だとしても積極的に参加していく。

エ　現在の社会をより良い状態にするために、図書館でたくさんの本を読んで今後必要になりそうな知識を幅広く身につけていく。

4　次の【書き下し文】と【漢文】を読んで、後の問一～問三に答えなさい。なお、答えに字数制限がある場合は、句読点や「　」などの記号も一字と数えなさい。

【書き下し文】

＊魯(ろ)に長竿(ちょうかん)を執(と)りて（長いさおを持って）城門に入らんとする者有り。初め竪(たて)にして之(これ)を執るに、入るべからず（入ることができない）、横にして之を執るも、亦(ま)た入るべからず、計の出(い)づる所無し。俄(にわ)かに（そこへ）老父の至る有りて曰はく、吾(われ)は聖人に非(あら)ず、但(た)だ事を見ること多し。何ぞ（どうして）＊鋸(きょ)を以(もっ)て中截(ちゅうせつ)＊して入らざると。遂(つい)に依(よ)りて之を截(き)る。

チョウは困って、ほかの種類のチョウがすでに卵を産みつけているキャベツを選んで卵を産みます。するとキャベツはそれぞれ異なる化学物質を出さなければならなくなって、結果としてハチが寄ってこなくなる……。その本には、そんなことが書かれていました。

　このことを知ったからといって、僕の生活に役立てることはきっとないと思います。でも、キャベツや青虫もサバイバルのために賢く進化しているんだなということがわかります。これまでキャベツ畑の近くをなんとなく通り過ぎていましたが、こんなところにも生物の攻防があるんだなと思うと、それだけで楽しい気持ちになります。

　「教養」のための本というのは、そういうものだと思います。すぐには役に立たないかもしれませんが、知っていることで人生の楽しみが増えますし、思いがけないところで何かの助けになるものです。

　物理学者の湯川秀樹は中間子の発見によってノーベル賞を受賞しましたが、一説によれば、この発見は、紀元前3世紀に活躍した中国の思想家、荘子に影響を受けているのではないかと言われています。物理学には役に立たないからといって、思想や哲学の本を読まなかったら、もしかしたらこの大発見はできなかったのかもしれません。

　教養を身につけることは、世界を見る目を養うことです。自分の中に蓄積された知識や視点が組み合わさって、思わぬところで役に立つことがあるのです。

（出口治明（でぐちはるあき）「なぜ学ぶのか」より。一部表記を改めている。）

問一　——線①について、「自分の中心」とは具体的にどのようなものか。【文章二】中から十二字で抜き出して書きなさい。

□□□□□□□□□□□□

問二　【文章一】の構成について、その説明として最も適当なものを、次のア～エのうちから一つ選び、その記号を書きなさい。（　　）

ア　最初と最後に筆者の意見を述べ、間に簡潔な具体例を示すことで、理解しやすい構成になっている。

イ　段落ごとに質問と回答を繰り返すことで読者の疑問を解決するとともに、筆者の主張を明確に示している。

ウ　本文の初めに筆者の意見を示すことで読者の関心を引き付けるとともに、その後の展開を明確に示している。

エ　読者に対して問いかけた上で筆者の考えを示し、段階的にその内容を深めていく構成になっている。

問三　Aさんたちの班は、【文章一】と【文章二】を読んで次のように意見を交わした。これを読んで、後の(1)～(4)に答えなさい。

Aさん—【文章一】は「教養のある人」についての内容でした。「教養のある人」を本文中の言葉を使って簡単に説明すると、［Ⅰ］と言えます。【文章二】はどのような内容でしたか。

Bさん—はい。【文章二】も「教養」が話題の中心になっています。［Ⅱ］ものでした。

Cさん—【文章二】に書かれている「『教養』のための本」を読み重ねていくと、【文章一】で述べられている「教養のある人」になれるのでしょうか。【文章二】の表現の中で、「教養のある人」の特徴を示しているところはないでしょうか。

Aさん—【文章二】には明確にそう書いてあるところがないので難しいですね。

Bさん—でも、「教養」についての記述をおさえていくと、【文章二】における「教養のある人」の特徴は、「［Ⅲ］人」とまとめられるのではないでしょうか。

学べば学ぶほど、知れば知るほど、この世界は複雑かつ多様で、唯一無二の正解など存在しない事柄がほとんどであり、深く考えれば考えるほど新たな矛盾を発見してしまったりすることも多いのです。

そのなかで「自分の中心」に常に立ち返り、「自分にとっての正解」を導き出すようになります。それはあくまでも「現時点での正解」ですから、学ぶことには終わりがありません。

また、この世界の複雑性・多様性を認識するにつれて、どの角度から見るかによって「正解」が変わることを痛いほど思い知るため、「自分にとっての正解」は「誰かにとっての不正解」である可能性がある、という前提意識が芽生えます。

したがって「自分にとっての正解」を押し付けることは決してせず、「誰かにとっての正解」を押し付けられることにも、強い反発を感じるようになるでしょう。

そして、そのなかでも社会をその一員として成り立たせていくために、議論し、批判的に検討し、「何が相対的に正しい可能性が高いのか」ということを合意形成しながら、他者と共に学んでいきます。

何が正解かわからないことが多いなかでは、こうした知的態度、もっといえば知的謙虚さをもって学びつづける人を「教養のある人」と呼ぶのです。

そして、このような知的態度を持ち合わせている人ほど、巷(ちまた)の言説に惑わされないものです。一方的に示される正解に懐疑的になるからです。

世の中には、まるで90％の事実に10％の虚偽を混ぜて世論を誘導するかのような恣意的な言説がはびこっています。教養を身につけることで、そういう気味の悪い情報を批判的に受け止め、どのあたりに虚偽が混ざっているか、その論理や根拠の弱点は何かを突くことができるスキルを獲得できるのです。

もう一度いいますが、学ぶことには終わりがありません。

今、述べたような「教養のある人」になり、そうありつづけるには、絶えず「①<u>自分の中心</u>」を振り返りつつ、知識（学識のみならず、実体験によって得られる見識なども含めて）をアップデートしつづける必要があります。

（斉藤(さいとう)　淳(じゅん)「アメリカの大学生が学んでいる本物の教養」より。一部表記を改めている。）

【文章二】

「役に立つ本を教えてください」と質問されることがあります。

本を読む目的は、大きく2種類あるのではないでしょうか。実務を知ることと、教養を身につけることです。

実務というのは、生きていくために必要な知識や技術です。教養は、より良く生きるための糧となる知識や情報です。たとえなくても毎日の生活に困るものではありませんが、知ることで世界の見方が広がったり、深い洞察ができるものです。

僕はこれまで一万冊以上の本を読んできましたが、そのほとんどは「教養」のための本だったと思います。つまり、すぐに何かの役に立つ本というわけではありません。

あるとき、キャベツと青虫について書かれた本を読みました。

キャベツは青虫に葉を食べられてしまいますよね。でも食べられ続けられるばかりでは、キャベツは滅びてしまいます。そこでキャベツは、青虫に対抗するために、ハチを引き寄せる化学物質を出し、やってきたハチは青虫に卵を産みつけて殺してしまいます。青虫の親であるモンシロに伝えようとしている。

イ　「希和子」の言葉を引用して締めくくることで、聞き手に余韻を残そうとしている。

ウ　語句や言い回しを工夫することで、聞き手の興味や関心を喚起しようとしている。

エ　双括型を用いることで、Sさんがこの本を勧める理由を重ねて伝えようとしている。

問四　本文中の表現の効果について説明したものとして**適当でないもの**を、次のア～エのうちから一つ選び、その記号を書きなさい。（　　）

ア　「佳緒」の言葉や「希和子」の心情に擬態語を用いることにより、言葉や気持ちの印象をわかりやすく読み手に示している。

イ　文芸部員とのやり取りを細やかに描写することにより、「希和子」が次第に自分の内面を掘り下げていく様子を印象づけている。

ウ　本文の語り手とは異なる人物が書いているエッセイを挿入することにより、「希和子」の心情の変化について多角的に示している。

エ　場面における登場人物の動きや表情を、短い文を重ねて丁寧に表現することにより、生き生きとした登場人物の心情を印象づけている。

3　次の【文章一】と【文章二】を読んで、後の問一～問三に答えなさい。なお、答えに字数制限がある場合は、句読点や「　」などの記号も一字と数えなさい。

【文章一】

「教養」とは何か？　それは、自分の外側にある膨大な知識体系のことでしょうか。

本をたくさん読むなどして、その膨大な知識体系を人より多く身につけている人を、「教養人」と呼ぶのでしょうか。

「教養」とは何か？　それは、「学歴」とイコールなのでしょうか。

中学・高校で学業を終えた人よりも大学で学位号をとった人、大学で学位号をとった人よりも大学院で修士号をとった人、修士号をとった人よりも博士号をとった人のほうが、「教養のある人」ということなのでしょうか。

「教養」とは何か？　それは「触れるとおもしろい」ものでしょうか。

おもしろくはないけれど「参考になるもの」「学ぶ点があること」は、「教養」とは呼ばないのでしょうか。音楽なら音楽、美術なら美術と、自分が「おもしろい」と思ったことをずっと追究している人を「教養のある人」と呼ぶのでしょうか。

私が考える教養とは、これらのいずれでもありません。

教養とは、本質的には「自分の中心」を構成する何か――人生哲学や守りたい価値観を形成する栄養となるものです。教養を身につける過程で、そういう「自分の中心」が構成された人は、思慮深く、尊厳があり、また他者に対する敬意と想像力を兼ね備えるでしょう。

教養とはまた、そんな「自分の中心」を構成する何か――人生哲学や守りたい価値観を守るための知的バックボーンとなるものです。

＊谷中、根津、千駄木――東京都文京区から台東区一帯の地域。
＊界隈――周辺地域のこと。

問一　――線①について、このときの「希和子」の気持ちを説明したものとして最も適当なものを、次のア～エのうちから一つ選び、その記号を書きなさい。（　）

ア　コート上で躍動する「菜月」の姿から部活に対する強い熱意を感じ、あまり思い入れのない自分と比べてしまい心が落ち着かないでいる。

イ　自分が何をしたいのかわからず、自分は小さな希望すら持っていないのではないかと思い、前向きな「菜月」の様子にあこがれている。

ウ　周囲にポジションへの適性を認めさせようとして、セッターでありながら攻撃的なプレーを続ける「菜月」の様子に胸騒ぎを覚えている。

エ　しなやかな動きで強烈なスパイクを打ちこむアタッカーに絶妙なトスを上げる、チームの司令塔である「菜月」の姿を見て興奮している。

問二　「絵茉」と「梨津」の発言の内容について、次のようにまとめた。［　］に当てはまる言葉を、〈場面X〉中の言葉を使って、**五字以上十字以内**で書きなさい。［　　　　　　　　　　］

「絵茉」と「梨津」は、「希和子」に対して、それぞれの言い方で［　］ということを主張している。

問三　Sさんは、この物語をブックトークに使う一冊として紹介するために、「希和子」の心情の変化を中心にまとめようと考え、次のように【構成メモ】を作成した。これを読んで、後の(1)～(3)に答えなさい。

【構成メモ】

○私（S）の思い
・私と同様に，「自分らしさ」に悩んでいる人に読んでほしい

○かつての「希和子」
・［　Ⅰ　］を欲している
・物語を書くときに何も思い浮かばない
・去年はエッセイを書くことに充実感を感じられなかった

○現在の「希和子」
・自分らしさを大事にしたい
・今回書いたエッセイを通して，［　Ⅱ　］であると自信をもてるようになった
・楽しむことが充実感につながっている

○印象に残った言葉
・私の悩みを改善するヒントになった言葉をいくつか紹介する

○私（S）の思い
・今，「自分らしさ」に悩んでいる人にこそ，読んでもらいたいおすすめの1冊である

(1)　［　Ⅰ　］に当てはまる言葉として最も適当なものを、〈場面X〉中から**十字**で抜き出して書きなさい。［　　　　　　　　　　］

(2)　［　Ⅱ　］に当てはまる言葉を、〈場面Y〉中の言葉を使って、**三十五字以上四十字以内**で書きなさい。
［　　　　　　　　　　　　　　　　　　　　］
［　　　　　　　　　　　　　　　　　　　　］

(3)　Sさんは、聞き手に対して効果的になるよう、【構成メモ】の通りに上から順に話をしようと考えている。その意図として最も適当なものを、次のア～エのうちから一つ選び、その記号を書きなさい。（　）

ア　Sさんの気持ちを時系列にまとめることで、その変化を正確

「書ければいいんだけど、思い浮かぶものもないし。」
「物語のタネなんて、どこにだって転がってるじゃないですか。あたし、ストーリーは、いくらでも思いつくんですよね。」
　絵茉の口調はあくまで屈託がなかった。根っから物語ることが好きなのか、自信がみなぎっていて、やっぱりうらやましいと思ってしまう。
「すごいね。」
と笑う。たぶん、中途半端な笑顔だろうと、自分でも感じるような、曖昧な笑み。
「っていうか、物語の一つや二つ、だれでも作れますよ。あたしたちだって、けっこうフィクションの中を生きているから。」
　今度は梨津が、顔も向けずに言った。
「フィクションの中を?」
「うそつきってことですよ。人間らしいでしょ。」
　どこか人を食ったような言い方だけれど、いつもペアのように見ていた絵茉と梨津も、それぞれ個性があるのだと、あたりまえのことに思い至る。
　こんなふうに、つい人間を観察してしまう。けれどそこから、物語が生まれる、という飛躍はない。そういう人間なのだと思うしかない。凡庸な、想像力に欠けた人間……。

〈場面Y〉

　某書店で手に取った文庫本の恋愛小説を読んでいると「谷根千(やねせん)」と呼ばれるタウン誌のことが出てきた。谷根千とはすなわち、＊谷中(やなか)、根津(ねづ)、千駄木(せんだぎ)＊界隈(かいわい)。とすれば我が池端(いけはた)高校も、そのエリアにふくまれるわけだが、そのタウン誌はすでに終刊になっている。なので、池端高校の生徒も、ほとんどその存在を知らないだろうと思う。かくいう私も、文庫本を買った店で、ひっそりと置かれていたのを知ってはじめて目にしたのだった。
　谷根千を舞台とする文学作品は、いくつもある。古くは、幸田露伴(こうだろはん)の『五重塔』。——白状するなら、文学史の中でしか知らない名だ——の
……………
　書物を読んで知る。見慣れた景色がちがって見える。名の知れた名所旧跡でなくとも、そこに歴史がある。人びとの暮らしがある。
　本をめぐる旅をしてみたい。まずは、我が街を歩いてみよう。この地をめぐる物語に、どんなものがあるだろう。そういえば、件(くだん)の恋愛小説にも、上野公園や根津神社や谷中ぎんざが登場している。その人のように、私も歩いてみようか。ここからほど近い道を。

わたしが、『いけはた文芸』に載せることにしたのは、本をめぐるエッセイだった。根津や上野界隈を舞台とする本について何冊か取り上げて、そこに自分が知る風景を重ねた。前から好きだったへび道。アメ横、東大構内、湯島天神……。見聞きしたものを、言葉にしていくことが楽しかった。言葉を選んで捨てまた選んで、文章を練る。去年のエッセイでは感じることがなかった充実感が、たしかにあった。無から作りだす物語とはちがっていても、これが、己にとっての表現なのだと、今なら、堂々と口にできそうな気がした。

（濱野京子(はまのきょうこ)「シタマチ・レイクサイド・ロード」より。一部表記を改めている。）

（注）
＊プロット——小説、劇などの筋書きや構成のこと。

スをそそった。①なぜか胸の中がざわついた。
　バレーボールで、身長の低い選手は、守備要員のリベロを務めることが多い。菜月の話では、頭脳もセンスも必要とのことだが、守備専門だから、サーブもスパイクもできない。どうやら、菜月は暗に打診されたことがあるようだが、本人は攻撃も可能なポジションにこだわり、適性はセッターと自認していて、それを周囲にも認めさせて今がある。
　バレーボールについて語る菜月からは、心の中に熱い塊があると感じる。部活への意気ごみでは、わたしなどとは雲泥の差だ。
　ぽんと肩をたたかれて、ふりかえると、佳緒さんが立っていた。
「いらしてたんですか？」
「うん。あのセッターが、希和子の友だち？」
「そうです。」
「なるほど、背がほしいかぁ。」
　ぼそっと佳緒さんがつぶやく。
「今年の一年、背が高い子が多いってぼやいてました。でも、自分のポジションはゆずらないって。打ちこんでいる、って感じで、ちょっとうらやましいです。」
「ああ、心がただ一すじに打ちこめる、そんな時代は、再び来ないものか？」
　小さいが明瞭な滑舌で佳緒さんが言った。
「なんですか、今の。」
「ふと、浮かんだだけで。バレーと関係ないけどね。アルチュール・ランボーの『いちばん高い塔の歌』の一節。」
「ランボーって、フランスの詩人ですよね。若くして死んだんでしたっけ。」
「若い時代に詩人として注目された人と言う方が正確かな。たしかに三十代で死んだから、長生きはしてない。いろんな人が訳してるけど、今のは、詩人の金子光晴（かねこみつはる）の訳。」
　そう解説しながら、佳緒さんは、小さな声でワンフレーズを誦（しょう）した。
　わたしの脳に、最初に佳緒さんが口にした言葉が残った。

　ああ、心がただ一すじに打ちこめる、そんな時代は、再び来ないものか？

　一筋に打ちこめるものなんて、わたしには無縁だった。だから、再び、ではない。一度だって、そんな思いを味わったことがない。これまでの人生で。
　わたしは何をしたいのだろう。将来の目的などという大きなことでなく、もっとささやかな希望すら自分は持ちあわせていない気がしてくる。それにくらべれば、菜月も、そして今となりに立つ佳緒さんも、何かを持っている。なぜか口の中が苦くなる。何かにはげしくこがれること。何かをなしたいと望むこと、何かになりたいと願うこと、自分には覚えがない。己がひどくつまらない人間のように思えてくる。情熱もない。欲もない。狂おしいほどの思いなどなくてもいいけれど、せめてこれがわたしのやることなのだと、実感できるものがあったなら……。
　部室に行くと、一年の女子コンビが、プロット*作りにはげんでいた。ふと、目が合った絵茉に問われた。
「湯浅先輩は、なんで小説書かないんですか？」
　以前なら聞き流せたはずの言葉なのに、ずきっと胸が痛む。それでも、あえて気のないそぶりで答える。

のア～エのうちから一つ選び、その記号を書きなさい。（　　）

ア　しばらくお待ちください。
イ　動きが印象的なダンス。
ウ　この傘は、雨をよくはじく。
エ　寒ければ、暖房を入れましょう。

(2)　Aさんの発言として、［　　］に入る最も適当なものを、次のア～エのうちから一つ選び、その記号を書きなさい。（　　）

ア　確かに、インパクトのあるスローガンをもう一度考えてみましょうか。
イ　今回は全体的なレイアウトの話し合いなので、話を元に戻しませんか。
ウ　Cさんから新しい話題の提示がありました。Bさんはどう思いますか。
エ　スローガンが英単語ならば、他でも英単語を積極的に使いたいですね。

(3)　話し合いの様子について説明したものとして**適当でないもの**を、次のア～エのうちから一つ選び、その記号を書きなさい。（　　）

ア　進行役の生徒は、理由を確認しながら意見を聞くように心がけている。
イ　他の生徒が発言した意見の内容を踏まえ、建設的な提案をしている。
ウ　進行役の生徒が、話し合いで提案された二人の意見を総括している。
エ　昨年度のアンケート結果を根拠として、新たな改善策を示している。

2　高校二年生の「湯浅希和子（ゆあさきわこ）」は、友人に誘われて文芸部に所属しており、三年生の「佳緒（かお）」や他の部員とともに、文集『いけはた文芸』の制作に取り組んでいる。〈場面X〉は、「希和子」が友人の「菜月（なつき）」が所属するバレーボール部の練習試合を、小説を書くための取材にきた「佳緒」と一緒に見ている場面と、後輩の部員「絵茉（えま）」と「梨津（りつ）」とやりとりをする場面である。〈場面Y〉は、「希和子」が『いけはた文芸』に載せるために書いたエッセイの一部分と、エッセイに対する「希和子」の思いを説明した部分である。次の文章を読んで、後の問一～問四に答えなさい。なお、答えに字数制限がある場合は、句読点や「　」などの記号も一字と数えなさい。

〈場面X〉

体育館に近づくと、ボールを打ちあう音が聞こえた。もう始まっているようだ。放課後に近隣の高校と練習試合をするという話を、昼休みに菜月から聞いて、こうして体育館に足を運んできた。

中に足をふみいれたとたんに、むうっとした空気に包まれる。独特の熱気と湿気、それに臭気がまじりあった空気だ。

アタッカーがジャンプしながら腕をふりあげ、上がったボールを思い切りネットの向こうに打ちこむ。弓なりに反った身体全体から力を受けたボールが床をつきさす。思わず見とれた。なんてしなやかに人の身体は動くのだろう。またボールが上がる。トスをしているのは菜月だった。笛が鳴って選手がコート内を移動する。こうして見ると、たしかに菜月は小さい。

それでも、相手側の動きを瞬時にとらえながらボールを上げるセッターは、チームの司令塔だ。その菜月がトスと見せかけて、自ら打った。けっして力強いスパイクではなかったが、巧みなコースをついて、相手のミ

国語

時間　五〇分
満点　六〇点

1　次の問一、問二に答えなさい。

問一　次の(1)～(5)の――線について、カタカナの部分を漢字に書きなおし、漢字の部分の読みをひらがなで書きなさい。

(1)　国の貿易シュウシが黒字になる。（　　　）
(2)　倉庫に食料をチョゾウする。（　　　）
(3)　ライバル校をシリゾけて、県大会優勝を果たした。（　　　けて）
(4)　政治・経済に関する知識に乏しい。（　　　しい）
(5)　公務員を罷免することは、国民固有の権利である。（　　　）

問二　H中学校の生徒会では、生徒や保護者に向けて体育大会のポスターを作成している。ポスター担当の三名の生徒は、掲載する内容について次のように話し合いを行った。これを読んで、後の(1)～(3)に答えなさい。

Aさん―ポスターに載せる内容は三つとなります。日時、スローガン、プログラムです。今日は、全体的なレイアウトについて、意見をもらいます。何か意見はありますか。

Bさん―特にスローガンは大きく示す方がよいと思います。

Aさん―なぜそう思いましたか。

Bさん―全校生徒が何を意識してこれまでの練習に取り組み、どのような姿で当日の競技や観戦に臨むのかを示すものだからです。

Aさん―私もそう思います。レイアウトに関して、他に意見はありますか。

Cさん―昨年度のポスターについて、保護者の方へのアンケート結果の中に「競技名だけのプログラムでは、実際に何をするのかわからない。」との意見があったと聞きました。競技内容についても、あわせて示しませんか。

Aさん―その意見は私も気になっていました。Bさん、どう思いますか。

Bさん―私も賛成です。プログラムには、競技名に加えてその簡単な説明も記載しましょう。また、そのスペースの確保のために、スローガンの大きさはそのままで、代わりに字体を目立つものに変更しましょう。

Cさん―目立つといえば、今年のスローガンの最終候補に残っていた英単語の方がよかったかもしれませんね。

Aさん―［　　　　］

Bさん―私もそう思います。

Cさん―わかりました。それでは、競技内容を目立たせるために、吹き出しを使って生徒会キャラクターが話をしているように見せるのはどうですか。見やすさはもちろん、視線や興味も引けると思います。

Aさん―そうですね。今回、Bさんがレイアウト作業の中心として動いてもらうことになりますが、工夫してもらえますか。

Bさん―わかりました。頑張ってみます。

Aさん―お願いします。Cさんと私も手伝いますので、何かあれば教えてください。では、さっそく作業に入りましょう。

(1)　～～線について、これと同じ品詞として最も適当なものを、次

2024年度／解答

数　学

1 【解き方】(1) ① 与式 $= -(7-3) = -4$　② 与式 $= -16 \div 8 = -2$　③ 与式 $= 4x - 7 - 4 - x = 3x - 11$

④ 与式 $= \dfrac{3x^2y^3}{8} \times \dfrac{2}{3xy} = \dfrac{xy^2}{4}$　⑤ 与式 $= 2\sqrt{3} + \sqrt{2} \times \sqrt{6} = 2\sqrt{3} + 2\sqrt{3} = 4\sqrt{3}$

(2) 解の公式より，$x = \dfrac{-(-5) \pm \sqrt{(-5)^2 - 4 \times 3 \times 1}}{2 \times 3} = \dfrac{5 \pm \sqrt{13}}{6}$

(3) $x = 0$ のとき y の値は最大で，$y = 0$　$x = 3$ のとき y の値は最小で，$y = -2 \times 3^2 = -18$　よって，$-18 \leqq y \leqq 0$

(4) 右図のように各点 A～E をとる。△ABE において内角と外角の関係より，∠DEC $= 43° + 28° = 71°$　よって，△DEC において，$\angle x = 106° - 71° = 35°$

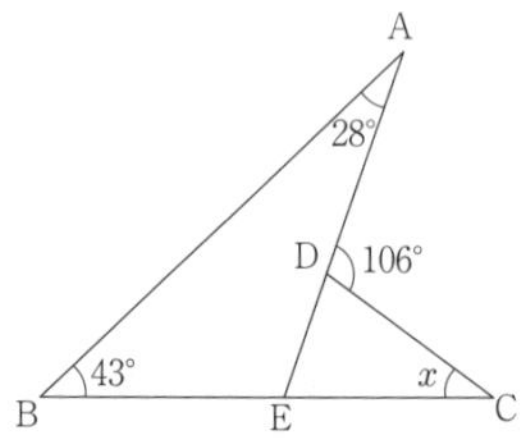

(5) 組み立てると右図のようになるから，アとウ。

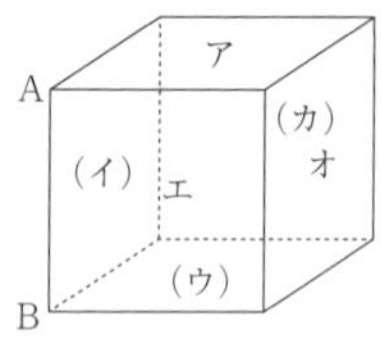

(6) ∠COB $= 180° \times \dfrac{1}{5+1} = 30°$　したがって，右図のように，△DOB が正三角形となるような点 D を $\overset{\frown}{AB}$ 上にとり，∠DOB の二等分線と $\overset{\frown}{AB}$ との交点を C とすると，∠COB $= 30°$ となる。

(例)

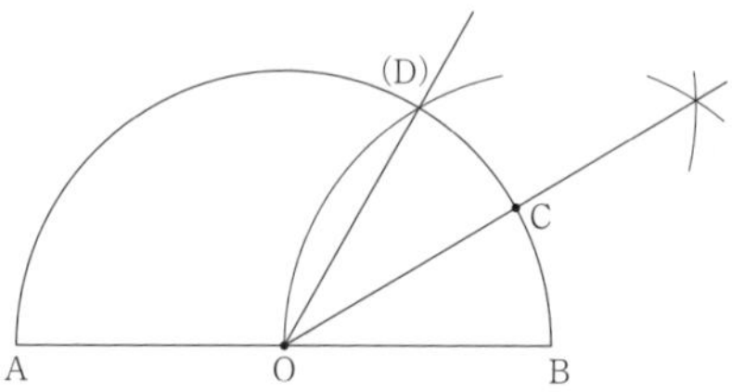

【答】(1) ① -4　② -2　③ $3x - 11$　④ $\dfrac{xy^2}{4}$　⑤ $4\sqrt{3}$

(2) $x = \dfrac{5 \pm \sqrt{13}}{6}$　(3) $-18 \leqq y \leqq 0$　(4) 35°　(5) ア，ウ

(6) (右図)

2 【解き方】(1) $y = \dfrac{8}{x}$ に $x = 4$ を代入して，$y = \dfrac{8}{4} = 2$ より，A (4, 2)　$y = ax^2$ に $x = 4$，$y = 2$ を代入して，$2 = a \times 4^2$ より，$a = \dfrac{1}{8}$

(2) $y = \dfrac{8}{x}$ に $y = 4$ を代入して，$4 = \dfrac{8}{x}$ より，$x = 2$　よって，B (2, 4)　直線 AB の式は，傾きが $\dfrac{2-4}{4-2} = -1$ より，$y = -x + b$ とおき，$x = 2$，$y = 4$ を代入して，$4 = -2 + b$ から，$b = 6$　よって，$y = -x + 6$

(3) ① 右図のように，点Bと y 軸について対称な点を $B'(-2,\ 4)$ とおくと，点Pが直線 AB' 上にあるとき，$AP + BP$ はもっとも小さくなる。直線 AB' の傾きは，$\dfrac{2-4}{4-(-2)} = -\dfrac{1}{3}$ だから，$P(0,\ p)$ とおくと式は，$y = -\dfrac{1}{3}x + p$ となるから，$x = -2$，$y = 4$ を代入して，$4 = -\dfrac{1}{3} \times (-2) + p$ より，$p = \dfrac{10}{3}$ ② 右図のように，点Bを通り，直線PAに平行な直線と y 軸の交点を $Q(0,\ q)$ とおくと，$\triangle ABP = \triangle AQP$ 直線BQの式は，$y = -\dfrac{1}{3}x + q$ となるから，$x = 2$，$y = 4$ を代入して，$4 = -\dfrac{1}{3} \times 2 + q$ より，$q = \dfrac{14}{3}$ よって，$S : T = QP : PO = \left(\dfrac{14}{3} - \dfrac{10}{3}\right) : \left(\dfrac{10}{3} - 0\right) = 2 : 5$

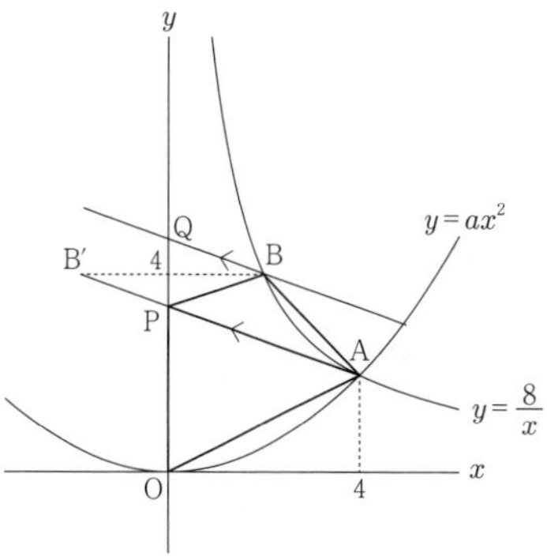

【答】(1) $\dfrac{1}{8}$ (2) $y = -x + 6$ (3) ① $\dfrac{10}{3}$ ② $2:5$

③【解き方】(1) ① 袋Xに入っている2の玉を，$2a$，$2b$，$2c$，3の玉を $3a$，$3b$ とおく。玉の取り出し方は，1回目が6通り，そのそれぞれに対して2回目が6通りだから，$6 \times 6 = 36$ (通り) 1回目に取り出す玉の数字が2回目に取り出す玉の数字より大きいのは，(1回目，2回目)＝($3a$，$2a$)，($3a$，$2b$)，($3a$，$2c$)，($3b$，$2a$)，($3b$，$2b$)，($3b$，$2c$)，(5，$2a$)，(5，$2b$)，(5，$2c$)，(5，$3a$)，(5，$3b$)の11通りだから，求める確率は，$\dfrac{11}{36}$。② (P)は，①で，1回目と2回目に取り出す玉を入れかえた場合だから，確率は，$\dfrac{11}{36}$。(Q)は，袋Yに入っている1の玉を $1a$，$1b$，$1c$，$1d$，6の玉を $6a$，$6b$ とおくと，玉の取り出し方は，1回目が6通り，そのそれぞれに対して2回目が6通りだから，$6 \times 6 = 36$ (通り) 1回目に取り出す玉の数字が2回目に取り出す玉の数字より小さくなるのは，(1回目，2回目)＝($2a$，$6a$)，($2a$，$6b$)，($2b$，$6a$)，($2b$，$6b$)，($2c$，$6a$)，($2c$，$6b$)，($3a$，$6a$)，($3a$，$6b$)，($3b$，$6a$)，($3b$，$6b$)，(5，$6a$)，(5，$6b$)の12通りだから，確率は，$\dfrac{12}{36} = \dfrac{1}{3}$ よって，確率が大きい方は，(Q)で，$\dfrac{1}{3}$。

(2) ① 最大値は45回，最小値は21回だから，範囲は，$45 - 21 = 24$ (回) ② 1組は中央値が最も大きく，2組は最小値が最も大きく，3組は最大値が最も大きい。

【答】(1) ① $\dfrac{11}{36}$ ② (記号) (Q) (確率) $\dfrac{1}{3}$

(2) ① 24 (回) ② ア．1 (または2，または3) イ．［アで1を選んだ場合］中央値が36回で，2組の中央値33回，3組の中央値30回より大きいから。［アで2を選んだ場合］最小値が27回で，1組の最小値21回，3組の最小値18回より大きいから。［アで3を選んだ場合］最大値が51回で，1組の最大値45回，2組の最大値39回より大きいから。

④【解き方】(1) ① ア．$22 \div 2 = 11$ ② $2x = 25 - 3y$ より，$25 - 3y$ は偶数になるから，$3y$ が奇数すなわち y が奇数になればよい。$25 - 3y > 0$ より，$y = 1,\ 3,\ 5,\ 7$ だから，$(x,\ y) = (2,\ 7)$，$(5,\ 5)$，$(8,\ 3)$，$(11,\ 1)$ の4組。

(2) 1つの階にある定員が4名の客室を x 室，6名の客室を y 室とすると，Ⅲから，$x = 3y$……① Ⅱから，定員が4名の客室は全部で $4x$ 室，6名の客室は $4y$ 室だから，Ⅳから，$4 \times 4x + 6 \times 4y = 432$……② ①，②を連立方程式として解いて，$x = 18$，$y = 6$

【答】(1) ① ア．11 イ．$2x + 3y = 25$ ② 4

(2) (定員が4名の客室の数) 18 (部屋)　(定員が6名の客室の数) 6 (部屋)

5 【解き方】(1) $\frac{1}{3} \times 6^2 \times 12 = 144$ (cm^3)

(2) ① OE : OH = 8 : 12 = 2 : 3 より，立体 X と正四角錐 OABCD の体積の比は，$2^3 : 3^3 = 8 : 27$　よって立体 X の体積は，$144 \times \frac{8}{27} = \frac{128}{3}$ (cm^3)　② 正方形 ABCD $= 6^2 = 36$ (cm^2)　AB : PQ = OH : OE = 3 : 2 より，PQ $= \frac{2}{3}$AB $= 4$ (cm)　よって，正方形 PQRS $= 4^2 = 16$ (cm^2)　FH $= x$ cm とおくと，正四角錐 FABCD の体積は，$\frac{1}{3} \times 36 \times x = 12x$ (cm^3) で，正四角錐 FPQRS の体積は，$\frac{1}{3} \times 16 \times (4 - x) = \frac{16}{3}(4 - x)$ だから，$12x + \frac{16}{3}(4 - x) = \frac{128}{3}$ より，$x = \frac{16}{5}$

【答】(1) 144 (cm^3)　(2) ① $\frac{128}{3}$ (cm^3)　② $\frac{16}{5}$ (cm)

6 【解き方】(2) CD = AD − AC = 8 − 3 = 5 (cm)　△ABC ∽ △FDC より，AB : FD = CB : CD = 7 : 5 となるから，FD $= \frac{5}{7}$AB $= \frac{40}{7}$ (cm)　したがって，EF $= 7 - \frac{40}{7} = \frac{9}{7}$ (cm)

(3) 点 C から AB に垂線をひいて交点を H とおく。△CAH は 30°，60° の直角三角形だから，CH $= \frac{\sqrt{3}}{2}$CA $= \frac{3\sqrt{3}}{2}$ (cm)　したがって，△ABC $= \frac{1}{2} \times 8 \times \frac{3\sqrt{3}}{2} = 6\sqrt{3}$ (cm^2)　△ABC ∽ △FDC で，CB : CD = 7 : 5 だから，△ABC : △FDC $= 7^2 : 5^2 = 49 : 25$　よって，△FDC $= \frac{25}{49}$△ABC $= \frac{150\sqrt{3}}{49}$ (cm^2)　よって，四角形 ACFE $= 6\sqrt{3} - \frac{150\sqrt{3}}{49} = \frac{144\sqrt{3}}{49}$ (cm^2)

【答】(1) △ABC と△FDC において，対頂角は等しいので，∠ACB = ∠FCD……①　また，△ABC ≡ △ADE より，対応する角の大きさは等しいので，∠ABC = ∠FDC……②　①，②より，2 組の角がそれぞれ等しいので，△ABC ∽ △FDC

(2) $\frac{9}{7}$ (cm)　(3) $\frac{144\sqrt{3}}{49}$ (cm^2)

英　語

1 【解き方】A. 1番. トムは「公園を掃除したい」と言っている。2番. マキは「猫の1匹はイスの上に座っていて，もう1匹はテーブルの上で眠っている。そして犬はテーブルの下で眠っている」と言っている。

B. 1番.「日本のマンガを読んだ」と言っている。2番.「兄は日本の楽器を演奏するのが好きだ」と言っている。3番. ジュリアは「アメリカ出身」で,「日本のマンガ」に興味があり,「手紙を書いたり，本を読んだり，日本人の友だちと話す」ことをして日本語を勉強する。

C. 1番. トムは「1つのことを学んだよ。僕たちは最善を尽くすべきだ」と言っている。ウの「最善を尽くすことが大切だ」が適切。2番. トムの「何が特別だったの？」に対し，ミキは「1人の女性が男性のプロチームでサッカーの試合に参加した」と言っている。3番. ミキは「もし私たちが何かしたいことがあるなら，私たちはそれをすることができる」と言っている。イの「人々はしたいことに挑戦すべきだ」が適切。

【答】A. 1番. イ　2番. ウ　B. 1番. ウ　2番. ア　3番. イ　C. 1番. ウ　2番. エ　3番. イ

◀全訳▶　A.

1番.

マキ：トム，このポスターを見て。あなたはこの行事に参加するつもりですか？

トム：そうです，マキ。僕は公園を掃除したいです。

マキ：良い考えですね。

質問：彼らはどのポスターを見ていますか？

2番.

マキ：お父さん，私は今日学校で私の3匹のペットの絵を描いたの。

父親：君はどんな絵を描いたの，マキ？

マキ：猫の1匹はイスの上に座っていて，もう1匹はテーブルの上で眠っているの。そして犬はテーブルの下で眠っているのよ。

父親：それはとても良いね。

質問：マキはどの絵を描きましたか？

B. 私はジュリアです。私はアメリカ出身です。私が日本へ来るのはこれが初めてです。私は日本のマンガに興味があります。高校で，私は日本のマンガを読みました。それ以来，私は日本語を勉強しています。例えば，私はよく日本語で手紙を書いたり，本を読んだり，日本人の友だちと話したりします。私の兄は日本の楽器を演奏することが好きです。私の姉はときどき私のために日本食を作ろうとしてくれます。私は日本で暮らすことを楽しみたいです。

1番. ジュリアは高校で何をしましたか？

2番. ジュリアの兄は何が好きですか？

3番. どの情報が学校新聞に最も良いですか？

C.

トム：やあ，ミキ。昨日僕はテレビでバスケットボールの試合を見たんだ。僕は選手たちを見るのを楽しんだよ。彼らはとても一生懸命プレーしていたんだ。僕は1つのことを学んだよ。僕たちは最善を尽くすべきだ。

ミキ：それは本当だわ，トム。私にとっては，1つのサッカーの試合が特別だったわ。

トム：何が特別だったの？

ミキ：1人の女性が男性のプロチームでサッカーの試合に参加したの。彼女は「私は人々に私が男性のサッカーチームでプレーできるということを伝えたい」と言ったの。

トム：それは素晴らしいね。僕は彼女のような女性について今までに聞いたことがないよ。

ミキ：彼女はこのような状況でプレーしたいと思っている女の子たちにとって希望になるでしょう。もし私たちが何かしたいことがあるなら，私たちはそれをすることができるの。

トム：僕は君に賛成だよ。

1番．トムはバスケットボールの試合を見ることによって何を学びましたか？

2番．何がミキにとって特別でしたか？

3番．ミキはトムに何を伝えたいのですか？

2 **【解き方】** A. (1)「給食とは何ですか？」に対する返答。「お昼ごはん，昼食」= lunch。(2)「僕たちの学校に給食があったらいいのになと思う」という文。事実と異なることへの願望を表すときには仮定法を使う。〈I wish＋主語＋動詞の過去形〉=「～だったらいいのに」。(3) 下線部は「あなた（マイケル）の学校と僕たち（マサルとミカ）の学校との間にあるいくつかの違うこと」という意味。マイケルは最初のせりふで「僕たちも自分たちの学校の制服がある」と言っている。アの「学校の制服を着ること」は適当でない。(4) 直前のチェンのせりふの「他の学校生活について知ること」を指している。直前に to があるので，動詞の原形から始める。

B. (1) ハナは星を見たいと言っている。望遠鏡とプラネタリウムがあるが，ジェシーは午後5時には天文台を出る必要があるので，望遠鏡のイベントには参加できない。また，ジェシーは物作りに興味があると言っているので，模型の宇宙ロケット作りが当てはまる。C の「宇宙ロケット」と D の「プラネタリウム」が適切。(2) ポスターのイベントへの申し込み方法には「あなたの氏名，年齢，電話番号書いてください」，「16歳未満の人は親の氏名と電話番号も書かなければなりません」とある。イの「ハナはハナと彼女の親の両方についての情報を書かなければなりません」が適切。

【答】 A. (1) lunch　(2) ウ　(3) ア　(4) (例) learn about other school lives　B. (1) カ　(2) イ

◀全訳▶ A.

ミカ　　：このスライドを見てください。私たちの学校は午前8時20分に始まります。私たちは毎日6つの授業があります。

チェン　：僕たちの学校も午前8時20分に始まります。そして僕たちは毎日7つの授業があるので，僕たちの学校は午後4時30分に終わります。

マサル　：僕たちは放課後に部活動があります。例えば，僕はサッカー部に所属していて放課後に週5日練習をします。

チェン　：それはおもしろいですね。僕たちは部活動がありません。

ミカ　　：私たちの学校では，学校の制服があります。

マイケル：ああ，僕たちも自分たちの学校の制服があります。僕は1つ質問があります。給食とは何ですか？

ミカ　　：それは学校のお昼ごはんを意味します。私たちは毎日4時間目と5時間目の間にそれを食べます。私たちはたくさんの種類の食べ物を楽しむことができます。

マイケル：僕たちは給食がありません。僕たちの学校に給食があったらいいのになと思います。

チェン　：それは本当です。僕にとって毎日お昼ごはんに何を持って行くか決めることは難しいのです。

マサル　：午後3時20分に，僕たちは毎日学校を掃除します。

マイケル：僕たちは一度もこれをしたことがありません。

マサル　：あなたの学校と僕たちの学校の間にはいくつか違うことがありますね。

チェン　：他の学校生活について知ることはおもしろいです。

ミカ　　：そう思います。オンライン上で話すことによってこれをすることは簡単です。でも，将来，私はあなたたちの学校を訪問したいです。

B.

ポスター

メジロン天文台へようこそ

望遠鏡	宇宙食	宇宙ロケット	プラネタリウム
・大きな望遠鏡で星を見る。 ・午後5時～午後6時	・宇宙食を食べる。 ・午後2時～午後3時	・模型の宇宙ロケットを作る。 ・午後2時～午後3時	・たくさんの星を見て楽しむ。 ・午後3時30分～午後4時30分

☆イベントへの申し込み方法

・私たちにメールを送ってください。(mejiron ●●●@△△△)

・あなたの氏名，年齢，電話番号を書いてください。

・16歳未満の人はあなたの親の氏名と電話番号も書かなければなりません。

☆確認してください!!

・16歳未満の人は自分の親と一緒にそれぞれのイベントに参加しなければなりません。

・イベントへ申し込んだあとに，あなたはメールを受け取ります。

・イベントに参加するとき，そのメールにあるパスワードをスタッフに見せてください。

ハナ　　：こんにちは，ジェシー。今度の日曜日にそこに行きませんか？

ジェシー：もちろん。君はどのイベントに参加したいの？

ハナ　　：そうね，私は星が見たいわ。2つイベントがあるの。こちらのものはどう？

ジェシー：僕は星は好きだけど，午後5時にはそこを出る必要があるんだ。

ハナ　　：わかったわ，それではもう1つのものを楽しみましょう。もう1つイベントに参加しない？　あなたは何か考えがある？

ジェシー：そうだな，僕はものを作ることに興味があるから，このイベントが僕の関心を引いてるんだ。

ハナ　　：それは素敵ね。日曜日にはこれらのイベントを楽しみましょう。

3 **【解き方】** A. ①「あなたは何をしていますか？」に対する返答であり，直後にミキが「その本のタイトルは何ですか？」と言っている。解答例は「私は本を読んでいます」。② 直後にトムが「私がそれを読み終えるまで待ってください」と言っている。解答例は「私にその本を貸してくれますか？」。「～してくれますか？」＝Will you ～?。

B. ここ3年間で最も有益だった経験について理由とともに説明する。解答例は「それは私の部活動です。私はよくテニスを練習します。それは私の健康にとって良いです」。

【答】（例）A. ① I'm reading a book　② Will you lend me the book

B. It is my club activity. I often practice tennis. It is good for my health.（15語）

◀全訳▶ A.

ミキ：何をしているの，トム？

トム：こんにちは，ミキ。僕は本を読んでいるんだ。

ミキ：その本のタイトルは何？

トム：それは「私の旅」だよ。僕は昨日それを買ったんだ。登場人物が1人で日本のたくさんの県を訪問するんだ。その旅はとても楽しそうだよ。

ミキ：おもしろそうね！　私にその本を貸してくれる？

トム：もちろんだよ。僕がそれを読み終わるまで待ってね。

ミキ：ありがとう。私はその本を読むことを楽しみにしているわ。

4 【解き方】(1) ① アヤは使わなくなった製品から新しい製品を作る「アップサイクル」について話している。イの「使うことのできない物から新しい物を作る方法」が適切。② ユウトは植物から作る燃料について話している。エの「環境に優しい燃料を作る方法」が適切。③ エミはレストランでの食べ残しを持ち帰ることについて話している。オの「レストランで食べ物を残すことを止める方法」が適切。

(2) アヤとエミの発表に共通しているのは「ゴミを減らす方法」。

(3) ⑤ スライド1は「何が起きているのか」を示す。第1段落に「いくつかの種類の動物を見つけることがより難しくなっている」とある。オの「動物たちの数が少なくなっている」が適切。⑥ スライド2は「なぜこのことが起きているのか」を示す。第2段落に「人々は道路や家を作ることによって動物の生息地を変える」とある。カの「動物たちのための場所が人々によって変えられている」が適切。⑦ スライド3は「なぜこのことが問題なのか」を示す。第3段落の前半に住む場所を去らなければならない動物がいること，後半にその結果食べ物を見つけられない動物がいることが述べられている。イの「多くの動物たちは住む場所や食べる物を失っている」が適切。

(4) 動物にとってより良い場所を作るためにできることを考える。「私たちは森に木を育てたい」，「川のゴミを拾うべきだ」などと書けばよい。

【答】(1) ① イ　② エ　③ オ　(2) ア　(3) ⑤ オ　⑥ カ　⑦ イ

(4) (例1) we want to grow trees in the forests　(例2) we should pick up trash in the rivers　(例3) we shouldn't catch many fish in the seas

◀全訳▶

ダニエル：私たちは今，環境問題について勉強しています。今日は，グループAが彼らの考えを話す予定です。最初に，アヤ，どうぞ。

アヤ　：あなたは「アップサイクル」という言葉を知っていますか？　私たちが物をアップサイクルするとき，私たちはもう使わない製品から新しい製品を作ります。例えば，ある会社は古いタイヤをスリッパに変えています。別の会社は学校の古いイスをハンガーに変えています。私は将来，アップサイクルすることによって，もっと多くの会社が物を捨てるのを止めようとすることを望みます。

ダニエル：ありがとう。あなたは私たちに使うことのできない物から新しい物を作る方法を示してくれましたね。次に，ユウト，どうぞ。

ユウト　：あなたは「SAF」という言葉を知っていますか？　それは燃料の一種です。SAFを使うことは環境に良いです。例えば，その燃料の1つは植物から作られます。植物は二酸化炭素を吸収することができます。だからこの燃料を使っている飛行機は二酸化炭素を増やさないでしょう。日本では，いくつかの会社が飛行機のためのこのような燃料をもっとたくさん得るために工場を作ろうとしています。

ダニエル：良い発表ですね，ユウト。あなたは私たちに環境に優しい燃料を作る方法を示してくれました。エミ，あなたの番です，どうぞ。

エミ　：あなたは私たちがどのくらいの量の食べ物を捨てるか知っていますか？　実は，私たちは日常生活でたくさんの食べ物を捨てています。この問題を解決するために，私たちに袋をくれるレストランもあり，私たちは食べられない食べ物を家に持ち帰ることができます。私は私たちも何か良いことができると思います。私は必要な食べ物だけを買うようにするつもりです。私たち自身で何をするべきかについて考えましょう。

ダニエル：ありがとう，エミ。あなたは私たちにレストランで食べ物を残すことを止める方法について示してくれました。今日，アヤとエミはゴミを減らす方法について話してくれました。ユウトは私たちに新しい燃料を紹介してくれました。次の授業では，グループBから発表があるでしょう。あなたたち自身のタブレット端末を見てください。あなたの発表にこれら4つのことを書いてください。私はあなたの発表を楽しみにしています。

発表原稿

> 何が動物に起きていますか？ レッドデータブックによると，いくつかの種類の動物を見つけることがより難しくなっています。将来，私たちはこれらの動物をもう見つけることはできないのです。
> この状況はなぜ起きているのでしょうか？ 第1に，人々はときどきその場所に普通は生息しない動物を持ち込みます。それらの未知の動物たちがそこに住み始めます。第2に，人々は道路や家を作ることによって動物の生息地を変えます。
> この状況はなぜ問題なのでしょうか？ これらのことが起こると，動物たちは自分自身の場所を去らなければなりません。もしそのような動物たちが消えたら，それらを食べる動物たちは食べ物を見つけることができません。したがって生態系が変えられるでしょう。
> 私たちはどのようにその問題を解決できるでしょうか？ まず初めに，それらの動物の生活を改善することが重要です。私たちは森や川や海のような，動物たちにとってより良い生息地を作らなければなりません。

5 **【解き方】** (1) アキラは自分の町の良い点が見つけられず，何度も自分自身に問いかけている。イの「アキラはこの質問に答えることは難しいと思った」が適切。

(2) 同じ段落で，アキラの町にはわくわくするものがなく，「いつも近くの大都市に行くことを楽しみにしている」と述べられている。ウの「大都市には僕が望むわくわくするものがある」が適切。

(3) 問いは「なぜタツルはこの町に来たのですか？」。第3段落の前半を見る。「彼の両親が彼に自然の中で暮らしてほしいと思ったから」となる。

(4) 下線部は「君には見えない良い点」という意味。第3段落の後半を見る。ウの「大きな家に住むこと」については述べられていない。

(5)「僕の町が持っていないたくさんのものがあるけれど，僕の町は大都市が持っていない価値のあるものを持っている」とする。関係代名詞 that 以下が後ろから valuable things を修飾する。

(6) ⑤ 直前でユウコは「生徒が牛を育てたり，果物を栽培したりしている」，「私たちの町は農業で有名である」と説明している。また，アキラは直後に「彼らはそれらをインターネットで日本中に売ることさえできる」と述べている。「地元の人たちと一緒に新しい食べ物や飲み物を作る」が適切。⑥ 直前の「最初は，僕たちの町の悪い点だけを考えていたが」に続くものを選ぶ。「物事を一面からだけ見るべきではない」が適切。

【答】 (1) イ (2) ウ (3) wanted him to live in nature (4) ウ (5) (例) big city doesn't have (6) ウ

◀全訳▶ ある日，僕の英語の先生が「次の授業で，あなたたちは自分たちの町の良い点について話す予定です」と言いました。僕はそれらを見つけようとしましたが，考えが浮かびませんでした。僕は何度も「僕の町には何か良い点はあるのか？」と自分自身に聞きました。僕は答えを見つけることをあきらめました。

僕は15年間この地域に住んでいます。しかし映画館やショッピングモールのようなわくわくするものはありません。だから，僕はいつも僕の町の近くの大都市に行くことを楽しみにしています。僕は大都市には僕が望むわくわくするものがあると思っています。

放課後，僕はタツルに会いました。彼は去年大都市から僕の町に来ました。タツルは以前「僕の両親は僕に自然の中で暮らしてほしいと思って，僕たちはこの地域に引っ越すことに決めたんだ。僕の家族はうまく時間を過ごしてここでの生活を楽しんでいるよ」と言いました。そこで僕は彼に「ねえ，タツル，君は僕たちの町は何か良い点があると思う？」と聞きました。タツルは驚いて，「アキラ，僕たちの町には，君には見えない良い点があるよ」と言いました。「どういう意味？」と僕は彼に聞きました。タツルは「自然の中で遊ぶ場所がたくさんあるよ。僕はよく釣りに行ったり山登りに行ったりして楽しむんだ。僕の両親は家の近くで地元の野菜を育てているよ。それらは新鮮でおいしいから，僕の家族は幸せに感じているよ。それに，この町の人々はよく僕たちに話しかけてくれて，僕たちは困ったときにはお互いに助け合うんだ。僕は大都市ではそれらの経験をしなかったよ」と言いました。

僕は彼の話を聞いて驚きました。彼はこの町を別の方法で見ていました。そして今，タツルと話すことによって，僕の町が持っていないたくさんのものがあるけれど，僕の町は大都市が持っていない価値のあるものを持っていると僕はわかっています。

(6)

ユウコ：ありがとう，アキラ。私も私たちの町が魅力的だということがわかるわ。

アキラ：うん。生徒たちが僕たちの町をもっと魅力的にするために何か特別なことができると思うんだ。君はどう思う，ユウコ？

ユウコ：私たちの町には高校が１つあるよね。生徒たちは牛を育てたり果物を栽培したりしているの。それはとても特別よ。私たちの町は農業で有名だわ。だから私はその学校の生徒たちが地元の人たちと一緒に新しい食べ物や飲み物を作ることができると思うの。

アキラ：すごいね！　彼らはそれらをインターネットで日本中に売ることさえできるよ。

ユウコ：それは良さそうね。私は将来その高校に行きたいわ。地域社会に参加して私たちが学校で学んできたことを利用することは大切だわ。

アキラ：僕もそう思うよ。僕たちの町の良い点を見つけることはおもしろいね。最初，僕は僕たちの町の悪い点だけを考えていたけど，今では僕たちは物事を一面からだけ見るべきではないとわかるよ。

社 会

1 【解き方】(1) ① 本初子午線はイギリスの首都ロンドンなどを通る経線。② A 地点があるサウジアラビアは国土の大部分に砂漠が広がり，一年を通して降水量がほとんどない。③ 最も面積と人口が大きいアはアジア州。最も面積と人口が小さいウがオセアニア州。北アメリカ州と南アメリカ州を比べると，国内総生産が北アメリカ州の方が大きいのでエ，残るイが南アメリカ州となる。④ かつては，日本の高知平野などでも米の二期作がよく行われていたが，現在は米が余るようになり行われなくなった。

(2) ① 大地溝帯ともいう。② 米の割合が最も高いアが東北地方。鹿児島県・宮崎県では豚や肉用若鶏・肉牛の飼育頭羽数が多いので，畜産の割合が最も高いイが九州地方。近郊農業がさかんで野菜の割合が最も高いエが関東地方。③ B. 九州が「シリコンアイランド」と呼ばれることに注目。D. 中京工業地帯や東海工業地域では，自動車工業がさかん。④ 現在の日本では，産業別人口の割合は第 3 次産業の割合が最も高くなっている。

【答】(1) ① ア ② イ ③ エ ④ 同じ土地で，年 2 回，同じ作物を栽培する方法。(同意可)

(2) ① フォッサマグナ ② ウ ③ オ ④ エ

2 【解き方】(1) 明治時代に，東京都の大森貝塚をアメリカ人のモースが発見した。

(2) ① 白村江の戦いは 663 年のできごと。② 遣隋使は 7 世紀の初めに派遣された。

(3) 元寇が起こったのは 1274 年・1281 年。元寇後に生活に困窮した御家人を救うために永仁の徳政令が出されたことからも判断できる。

(4) 中継貿易とは外国から輸入した品をそのまま他の国へ輸出する貿易の形式。

(5) 化政文化期に著された書物。

(6) A. 異国船打払令が出されたのは 1825 年で，薩英戦争が起こったのはそれよりも後の 1863 年。

(7) アは板垣退助らが行ったこと。

(8) アは 1941 年，イは 1922 年，ウは 1933 年の出来事。

【答】(1) 貝塚 (2) ① 白村江の戦い ② エ (3) ウ (4) 中継貿易を行っていたから。(13 字) (同意可)

(5) 解体新書 (6) ウ (7) ア (8) イ→ウ→ア

3 【解き方】(1) ① 社会全体の利益のこと。② 予算の議決・条約の承認・内閣総理大臣の指名では，両院協議会を開いても意見が一致しない場合，衆議院の議決が国会の議決となる。③「上告」ではなく，控訴が正しい。「上告」は，第二審の判決に不服な場合に，第三審の裁判所に訴えること。④ これまでに日本国憲法の改正が発議されたことは一度もない。

(3) 曲線 E が需要曲線，曲線 F が供給曲線。曲線 F が右に移動するのは供給量が増えることを意味し，価格は下落する。

(4) ① 累進課税制度で経済的に豊かな人から徴収した税金を，さまざまな社会保障制度に使い，所得の格差を縮める「所得の再分配」が行われている。② 2024 年 7 月現在の消費税率は 10 % (一部品目は軽減税率の 8 %)。

(5) 領空とは領土と領海の上空のこと。

【答】(1) ① 公共の福祉 ② (参議院に比べて衆議院は，) 任期が短く，解散もあるため。(同意可) ③ エ ④ A. ア B. エ

(2) ア (3) イ (4) ① 所得の格差 (同意可) ② 逆進性 (5) エ

4 【解き方】(1) マイクロクレジットは貧困層の自立支援対策として始まった。アは発展途上国の原料や製品を適正な価格で購入すること。ウは物価が上昇し，貨幣の価値が下落すること。エはごみの量を少なくすること。

(2)「世界金融危機」の影響を世界が受けたのは 2008 年。「バブル経済」は 1990 年代初頭に崩壊した。

(3) イギリス・フランス・イタリア・日本は国際連盟の常任理事国だった。

(4) イギリスは中国との貿易の支払いで失った大量の銀を取り戻すため，インド産のアヘンを中国へ，中国の茶

をイギリスへ，イギリスの綿織物をインドへという三角貿易を行った。

(5) デンマークは風力発電が半分以上を占めており，自然エネルギーでの 100 %の供給を目指している。アはドイツ，イはノルウェー，エはフランス。

(6) アは 1858 年に結ばれた日米修好通商条約，イは 1951 年に結ばれた日米安全保障条約，ウは 1854 年に結ばれた日米和親条約の内容。

【答】 (1) イ　(2) ア　(3) イ　(4) D. 綿織物　E. アヘン　(5) ウ　(6) ウ→ア→イ

5 **【解き方】** (1) フランシスコ＝ザビエルは，新航路を使ってキリスト教を海外へ布教するために来日した。

(2) ① かつてのブラジルは，コーヒー豆を輸出の中心とするモノカルチャー経済の国だった。② アの地租改正は 1873 年に行われた。イの中学生や女性が勤労動員の対象となったのは 1943 年。ウの日比谷焼き打ち事件が起こったのは 1905 年。エの世界恐慌が起こったのは 1929 年。昭和恐慌は 1930 年の出来事。

(3) C. 白人以外の移民を制限する白豪主義は 1970 年代には廃止された。

(4) ① 1967 年に東南アジア諸国連合（ASEAN）が発足し，現在は 10 か国が加盟している。② 東ヨーロッパの労働者の平均月給はフランスやドイツの半分にも満たないため，東ヨーロッパから西ヨーロッパへの人口流出が続いている。

【答】 (1) キリスト教を広めること。(同意可)　(2) ① イ　② ウ　(3) イ　(4) ① ア　② 労働力の不足（同意可）

理　科

1 **【解き方】** (1) ③ 図1と図2より，地表の標高が96mの地点Aの凝灰岩の層の上部は地表から12mの深さのところにあるので，凝灰岩の層の上部の標高は，96 (m) − 12 (m) = 84 (m)　地表の標高が90mの地点Dの凝灰岩の層の上部は地表から6mの深さのところにあるので，凝灰岩の層の上部の標高は，90 (m) − 6 (m) = 84 (m)　よって，この地域の凝灰岩の層の上部の標高は84mと考えられるので，地表の標高が92mの地点Cでの凝灰岩の層の上部は地表から，92 (m) − 84 (m) = 8 (m)の深さになる。

(2) ① 火力発電では，石油や天然ガスなどがもつ化学エネルギーを，燃やすことにより熱エネルギーに変換して高温の水蒸気をつくり，発電機を回す。水力発電ではダムにたまった水を高所から落とすことによって発電機を回すので，水がもつ位置エネルギーを電気エネルギーに変換している。② 火力発電は燃料である石油や天然ガスを燃やすので，二酸化炭素が発生する。少量の燃料で大きなエネルギーがとり出せるのは原子力発電。

(3) ② 表2より，銅の質量が1.00g，2.00g，3.00g，4.00g，5.00gのとき，反応する酸素の質量は，1.25 (g) − 1.00 (g) = 0.25 (g)，2.50 (g) − 2.00 (g) = 0.50 (g)，3.75 (g) − 3.00 (g) = 0.75 (g)，5.00 (g) − 4.00 (g) = 1.00 (g)，6.25 (g) − 5.00 (g) = 1.25 (g)　③ 表2より，1.00gの銅から生成する酸化銅の質量は1.25gなので，6.50gの銅から生成する酸化銅の質量は，$1.25\,(\text{g}) \times \dfrac{6.50\,(\text{g})}{1.00\,(\text{g})} \fallingdotseq 8.13\,(\text{g})$

(4) ② イネをネズミが食べ，ネズミをタカが食べるので，生物Pはイネ，生物Qはネズミ。③ 生産者である生物Pは光合成を行うので，大気中の二酸化炭素を吸収する。

【答】 (1) ① 示準化石　② 火山の噴火 (同意可)　③ ウ　(2) ① ウ　② イ　③ バイオマス

(3) ① $2Cu + O_2 \rightarrow 2CuO$　② (次図ア)　③ 8.13 (g)　(4) ① 食物連鎖　② タカ　③ (次図イ)

図ア

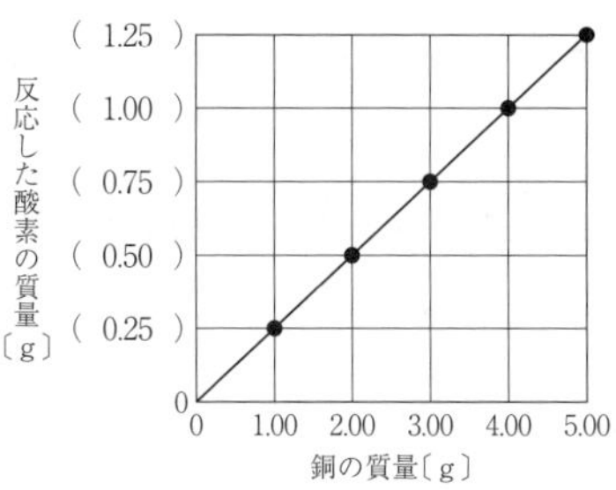

図イ

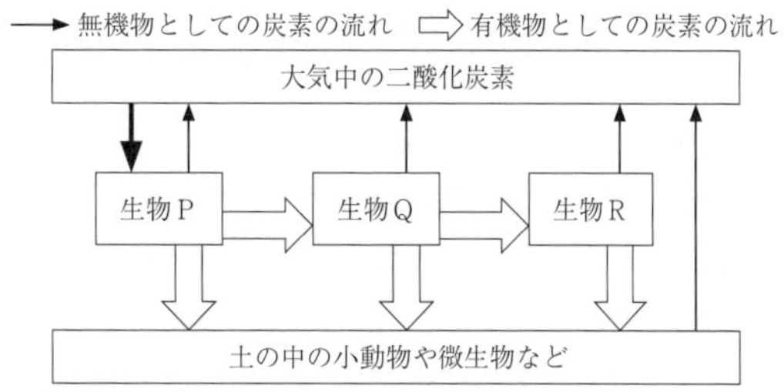

2 **【解き方】** (4) 水酸化ナトリウム水溶液はアルカリ性の水溶液で，アルカリ性を示す水酸化物イオンは−の電気を帯びたイオン。

(6) 表1より，加えた水酸化ナトリウム水溶液が8mLのとき，BTB液の色が緑色になっているので，塩酸と水酸化ナトリウム水溶液は過不足なく反応していると分かる。よって，ビーカー内には，中和によってできた水・ナトリウムイオン・塩化物イオンが存在し，水素イオンや水酸化物イオンは存在しない。

(7) (6)より，加えた水酸化ナトリウム水溶液が8mLのとき，水溶液の中に水素イオンや水酸化物イオンは存在せず，ナトリウムイオンと塩化物イオンが存在する。この状態から，さらに水酸化ナトリウム水溶液を加えると，ナトリウムイオンと水酸化物イオンが増えていく。よって，加えた水酸化ナトリウム水溶液が16mLのとき，最も多くふくまれるイオンはナトリウムイオン。

【答】 (1) 電解質　(2) ウ　(3) ア　(4) ア　(5) $HCl + NaOH \rightarrow NaCl + H_2O$　(6) イ　(7) イ

3 **【解き方】** (2) 図1より，草たけの低いカタバミやスズメノカタビラは校庭や芝生などの人がよく立ち入る場所に生え，草たけの高いハルジオンやモウソウチクは体育館の裏などの人があまり立ち入らない場所に生えている。

(3) スズメとカラスは体の表面が羽毛で覆われ，ネコは毛で覆われている。

(6) 子の生まれ方が胎生のグループYが哺乳類。体の表面が羽毛で覆われているグループWは鳥類，体の表面がうろこで覆われていて肺で呼吸するグループZはハ虫類なので，グループXは魚類。

【答】 (1) ウ (2) ア (3) ア (4) ミミズ・ダンゴムシ (5) えら (6) Y (7) イ・エ

4 **【解き方】** (1) 200mA = 0.2Aなので，オームの法則より，$\frac{3.0\,(\mathrm{V})}{0.2\,(\mathrm{A})} = 15\,(\Omega)$

(2) 3.0 (V) × 0.2 (A) = 0.6 (W)

(3) (2)より，0.6 (W) × 20 (秒) = 12 (J)

(4) 電流が流れる向きは変わらず，磁石のN極とS極の向きが逆になっているので，コイルが動く向きは逆になる。

(5) 図3の状態のときはコイルのCD間に流れる電流はDからCの向きに，図4の状態のときはCからDの向きになるので，図3のときにコイルが受ける力の向きとは逆になる。

(7) コイルが受ける力を大きくするには，コイルに流れる電流を大きくしたり，コイルの巻き数を増やしたり，磁力の強い磁石を使用したりする方法がある。コイルや磁石を変えずにする方法なので，コイルに流れる電流を大きくする。

【答】 (1) 15 (Ω) (2) 0.6 (W) (3) 12 (J) (4) エ (5) エ (6) コイルを流れる電流の向きを切りかえる（同意可）
(7) コイルを流れる電流を大きく（同意可）

5 **【解き方】** (1) 雲量が0～1は快晴，2～8は晴れ，9～10はくもりになる。

(2) 低気圧の中心から東側にのびている前線は温暖前線。

(3) 寒冷前線が通過するときは気温が急に下がり，南寄りの風から北寄りの風に変わる。

(4) 表3より，気温23℃のときの飽和水蒸気量は20.6g/m^{3}なので，午前10時のときの空気にふくまれる水蒸気量は，$20.6\,(\mathrm{g/m^3}) \times \frac{74}{100} \fallingdotseq 15.2\,(\mathrm{g/m^3})$ 気温が17℃の飽和水蒸気量が14.5g/m^3，18℃の飽和水蒸気量が15.4g/m^{3}なので，露点は17℃以上18℃未満と考えられる。

(6) ① 台風は（熱帯）低気圧が発達したものなので，台風の中心に向かってまわりから風が吹き込んで上昇気流が起こる。北半球では反時計回りに風が吹き込む。

【答】 (1) (右図) (2) ウ (3) イ (4) イ (5) 偏西風
(6) ① エ ② 海面の水温が下がり，蒸発する水蒸気量が少なくなる（同意可）

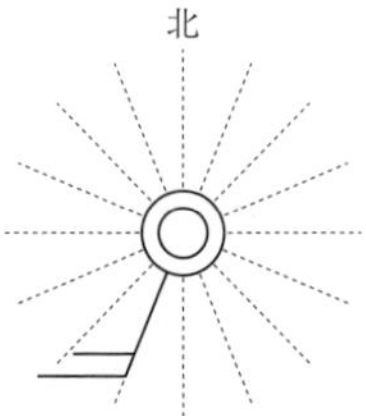

国　語

1 【解き方】問二. (1)「大きく」とエは，活用のある自立語で，言い切りの形が「〜い」となる形容詞である。アは，活用のない自立語で，用言を修飾する副詞。イは，活用のある自立語で，言い切りの形が「〜だ」となる形容動詞。ウは，活用のある自立語で，言い切りの形が「ウ段」の音で終わる動詞。(2) A さんの「今日は，全体的なレイアウトについて，意見をもらいます」という発言に沿って話が進んでいたところに，C さんが「最終候補に残っていた」スローガンの方がよかったと言っている。その後，A さんと B さんの反応を受けて，C さんがレイアウトの話をしていることから考える。(3) 進行役の A さんは，B さんや C さんに意見の理由を聞いたり，自分の意見を言ったりしているが，二人の意見を一つにまとめることはしていない。

【答】 問一. (1) 収支　(2) 貯蔵　(3) 退(けて)　(4) とぼ(しい)　(5) ひめん　問二. (1) エ　(2) イ　(3) ウ

2 【解き方】問一. 身長が低くてもセッターというポジションにこだわり，「周囲にも認めさせて今がある」菜月に対し，「心の中に熱い塊がある」と感じていて，「部活への意気ごみ」という面で，自分と「雲泥の差」があると思っている。

問二.「湯浅先輩は，なんで小説書かないんですか？」と尋ねた「絵茉」の，「物語のタネなんて，どこにだって転がってるじゃないですか」という発言や，「梨津」の「物語の一つや二つ，だれでも作れますよ」という発言から考える。

問三. (1)「佳緒」が言った「ああ，心がただ一すじに…再び来ないものか？」というランボーの言葉を聞いて，「わたしには無縁だった」「己がひどくつまらない人間のように思えてくる」と思っていることに着目する。(2)「根津や上野界隈を舞台とする本について…自分が知る風景を重ねた」エッセイを書きながら，「見聞きしたものを，言葉にしていくことが楽しかった」と感じ，「言葉を選んで捨てて…文章を練る」ことにたしかな「充実感」を得たことで，「これが，己にとっての表現なのだ」と「堂々と」言えそうな気がしていることをおさえる。(3) 最初と最後に「私（S）の思い」を語ることで，「自分らしさ」に悩む人に「読んでほしい」「読んでもらいたいおすすめの 1 冊である」という気持ちを強調している。

問四. 本文の語り手は「希和子」であり，〈場面 Y〉で挿入されているエッセイは「希和子」の作品である。

【答】 問一. ア　問二. 物語は簡単に作れる（同意可）

問三. (1) 一筋に打ちこめるもの　(2) 取り上げた本の舞台に自分が知る風景を重ね，自分の文章を練ることが己にとっての表現（40 字）（同意可）　(3) エ

問四. ウ

3 【解き方】問一. 筆者の考える「教養」を，「『自分の中心』を構成する何か」と表現した後で，「人生哲学や…を形成する栄養となるもの」と言い換えている。

問二.「『教養』とは何か？」「それは…でしょうか」という問答を繰り返した後で，「私が考える教養とは…いずれでもありません」と否定し，教養とは「『自分の中心』を構成する何か」であるという考えを示している。そして，筆者の考える「教養のある人」の知的態度について順を追って説明したうえで，「知的謙虚さをもって学びつづける人を『教養のある人』と呼ぶ」「学ぶことには終わりがありません」と結論付けていることをおさえる。

問三. (1)「この世界は複雑かつ多様で，唯一無二の正解など存在しない事柄がほとんど」だとしたうえで，学ぶことにおける姿勢を説明し，「何が正解かわからないことが多いなかでは，こうした知的態度…をもって学びつづける人を『教養のある人』と呼ぶ」とまとめている。(2) 本を読む目的の一つである「教養を身につけること」について，筆者がキャベツと青虫について書かれた本を読んだ例や，中間子を発見した湯川秀樹の例を取り上げて説明し，教養によって「人生の楽しみが増え」たり，教養が「思わぬところで役に立」ったりすることがあると述べている。(3)「教養を身につけること」は「世界を見る目を養うこと」であると述べ，さらに「自分の中に蓄積された知識や視点が…役に立つことがある」と説明していることに着目する。(4)【文章

一】では，「教養」があることは，「『学歴』とイコール」や「『おもしろい』と思ったことをずっと追究している」ことではないとして，「何が正解かわからないことが多い」という状況で「知識…実体験によって得られる見識なども含めて）をアップデートしつづける」ことが大切だと述べている。【文章二】では，「教養」について，「すぐには役に立たないかもしれませんが，知っていることで…何かの助けになるもの」と説明していることに着目する。

【答】問一．人生哲学や守りたい価値観　問二．エ

問三．(1) 知的謙虚さをもって学びつづける人　(2) イ　(3) 自分の中に蓄積された知識や視点が組み合わさって，世界を見る目を養うことができる（39字）（同意可）　(4) ウ

4 【解き方】問一．「城」は九画である。アは「級」で九画，イは「造」で十画，ウは「耕」で十画，エは「閉」で十一画。

問二．一字戻って読む場合には「レ点」を用いる。

計ノ無レシ所レ出ヅル。

問三．(1) 縦に持っても横に持っても城門を通ることができない物である。(2)「中截」したため，短くなってしまったことから考える。(3) いろいろなことを今までに見たと話す「老父」の提案にそのまま従ってしまっている。(4)「自分の行いを考えさせられる教訓話」と読み，「自分自身の行動を振り返るきっかけにしたい」と話しているので，他人の言動を自分の成長に役立てることを意味する言葉が入る。

【答】問一．ア　問二．（右図）

問三．(1) 長竿　(2) 使えない状態にして（同意可）　(3) 疑わずに信じてしまう（同意可）　(4) ア

◀口語訳▶　魯の国に長いさおを持って城門に入ろうとする者がいた。初めは縦にしてこれを持ったが，入ることができない，横にしてこれを持っても，やはり入ることができず，何もよい考えが浮かばない。そこへ老いた男がやってきて言う，私は聖人ではないが，ただ多くのことを見てきた。どうしてのこぎりで中央を切って入らないのだと。結局言われたとおりに長いさおを切ったのである。

5 【解き方】問一．【リーフレット】には，「やさしい日本語」は「簡単で，外国人にもわかりやすい日本語」なので，外国人だけでなく，「子どもや　高齢者，障がいのある人」にもわかりやすいとある。また「わかりにくい日本語表現」や「あいまいな表現」を使わないようにするというポイントも書かれている。

問二．「テーマ」である「翔ぼう，みんなで！」は倒置法を用いているが，擬人法は用いていない。

【答】問一．イ　問二．ウ

問三．（例）私は②の「土足禁止」という言葉が外国人にとってわかりにくい日本語表現だと思います。「体育館に入る時には，くつをぬいでください。」と書きかえることで，外国人の方にも体育館の中では靴を脱がなければいけないことがきちんと伝わると思います。（116字）

大分県公立高等学校

2023年度
入学試験問題

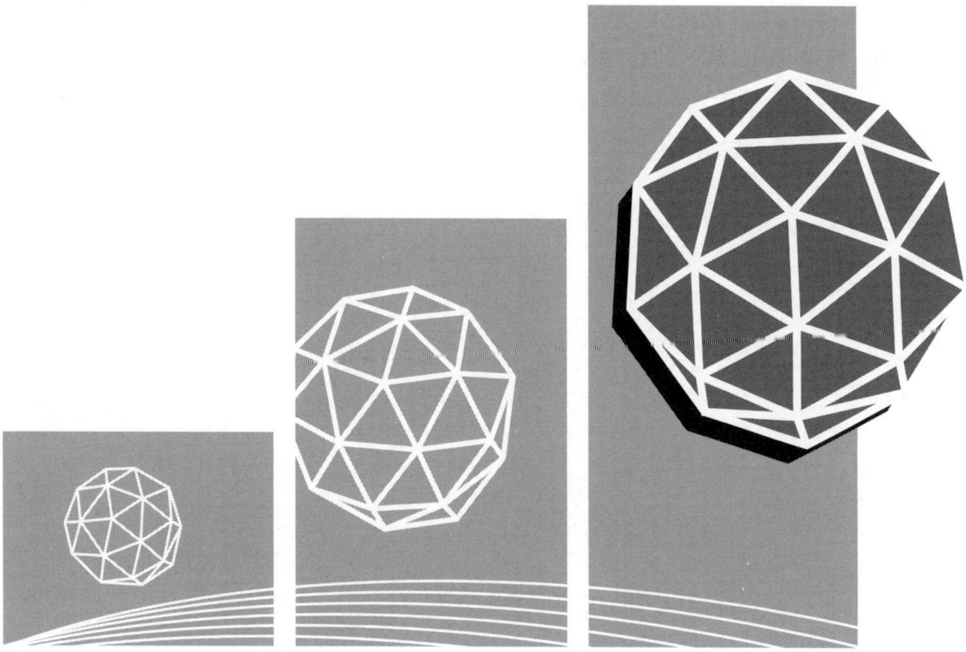

数学

時間　50分　　　　満点　60点

1　次の(1)～(6)の問いに答えなさい。

(1)　次の①～⑤の計算をしなさい。

①　$-5+8$　(　　　)

②　$6-(-3)^2\times 2$　(　　　)

③　$\dfrac{x+5y}{8}+\dfrac{x-y}{2}$　(　　　)

④　$(4x^2y+xy^3)\div xy$　(　　　)

⑤　$\sqrt{6}\times\sqrt{2}+\dfrac{3}{\sqrt{3}}$　(　　　)

(2)　2次方程式 $x^2-6x-16=0$ を解きなさい。(　　　)

(3)　$\sqrt{6a}$ が5より大きく7より小さくなるような自然数 a の値をすべて求めなさい。(　　　)

(4)　関数 $y=-x^2$ について，x の変域が $-2\leqq x\leqq a$ のとき，y の変域は $-16\leqq y\leqq b$ である。このとき，a，b の値をそれぞれ求めなさい。$a=$(　　　)　$b=$(　　　)

(5)　右の〔図〕のように，半径が5cm，中心角が144°のおうぎ形がある。このおうぎ形の面積を求めなさい。(　　　cm^2)

〔図〕

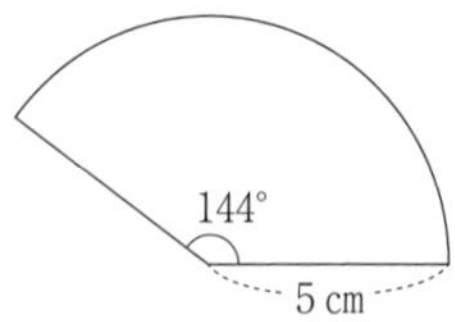

(6)　下の〔図〕のように，直線 ℓ と2点A，Bがある。直線 ℓ 上の点Aで接し，点Bを通る円の中心Oを，作図によって求めなさい。

ただし，作図には定規とコンパスを用い，作図に使った線は消さないこと。

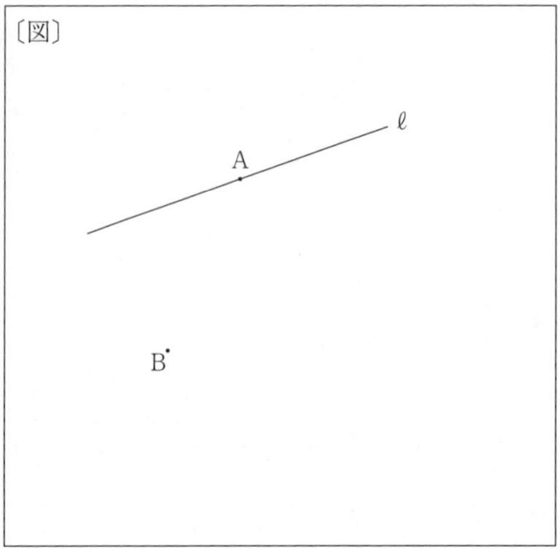

2 右の〔図1〕のように，関数 $y = ax^2$ のグラフ上に2点A，Bがあり，点Aの座標は(－4，4)，点Bの x 座標は2である。

次の(1)～(3)の問いに答えなさい。

(1) a の値を求めなさい。(　　　)

(2) 直線ABの式を求めなさい。(　　　)

〔図1〕

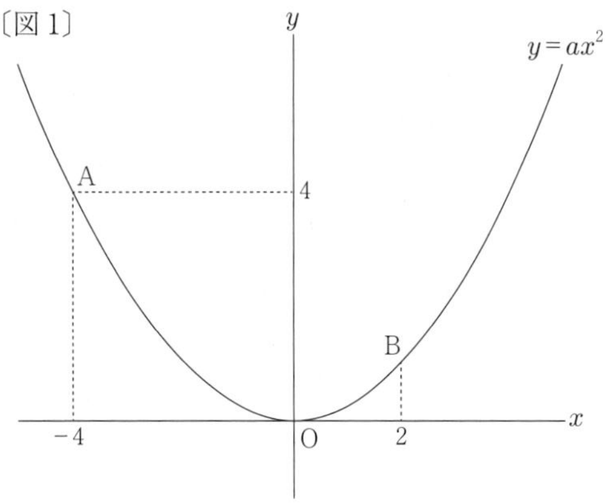

(3) 右の〔図2〕のように，関数 $y = ax^2$ のグラフと直線ABで囲まれた図形をDとする。この図形Dに含まれる点のうち，x 座標，y 座標がともに整数である点について考える。ただし，図形Dは関数 $y = ax^2$ のグラフ上および直線AB上の点もすべて含む。

次の①，②の問いに答えなさい。

① 図形Dに含まれる点のうち，x 座標が－2で，y 座標が整数である点の個数を求めなさい。

(　　　個)

〔図2〕

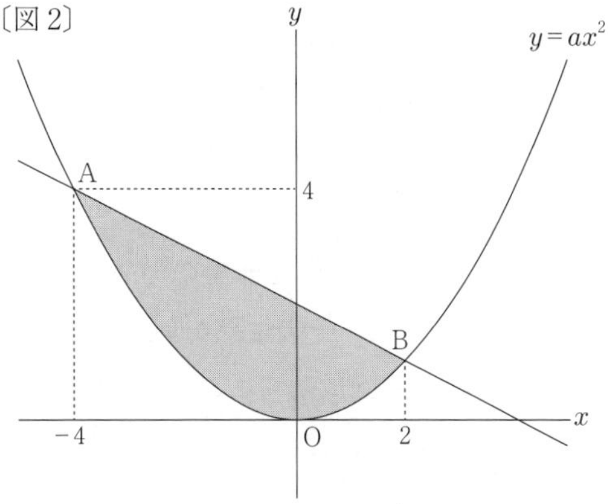

② 直線 $y = \frac{9}{2}x + b$ で，図形Dを2つの図形に分ける場合について考える。ただし，b は整数とする。このとき，分けた2つの図形それぞれに含まれる x 座標，y 座標がともに整数である点の個数が等しくなるような b の値を求めなさい。

ただし，直線 $y = \frac{9}{2}x + b$ は，図形Dに含まれる x 座標，y 座標がともに整数である点を通らないものとする。(　　　)

3　次の(1), (2)の問いに答えなさい。

(1)　右の〔図1〕のように, A, B, C, D, Eのアルファベットが1つずつ書かれた5枚のカードが, 上からA, B, C, D, Eの順に重なっている。

〔図1〕

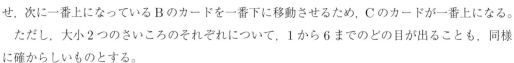

大小2つのさいころを同時に投げ, 出た目の数の和と同じ回数だけ, 一番上のカードを1枚ずつ一番下に移動させる。

例えば, 出た目の数の和が2のとき, 最初にAのカードを一番下に移動させ, 次に一番上になっているBのカードを一番下に移動させるため, Cのカードが一番上になる。

ただし, 大小2つのさいころのそれぞれについて, 1から6までのどの目が出ることも, 同様に確からしいものとする。

次の①, ②の問いに答えなさい。

①　出た目の数の和が6のとき, 6回カードを移動させた後, 一番上になるカードのアルファベットを答えなさい。(　　　)

②　出た目の数の和と同じ回数だけカードを移動させた後, Cのカードが一番上になる確率を求めなさい。(　　　)

(2)　ある中学校の1, 2年生のバスケットボール部員40人が, 9月にフリースローを1人あたり20本ずつ行った。その結果から, 半年後の3月までに部員40人が, フリースローを1人あたり20本中15本以上成功することを目標に掲げた。3月になり部員40人が, フリースローを1人あたり20本ずつ行った。

下の〔図2〕は, この中学校のバスケットボール部員40人の9月と3月のフリースローが成功した本数のデータの分布のようすを箱ひげ図にまとめたものである。

次の①, ②の問いに答えなさい。

〔図2〕

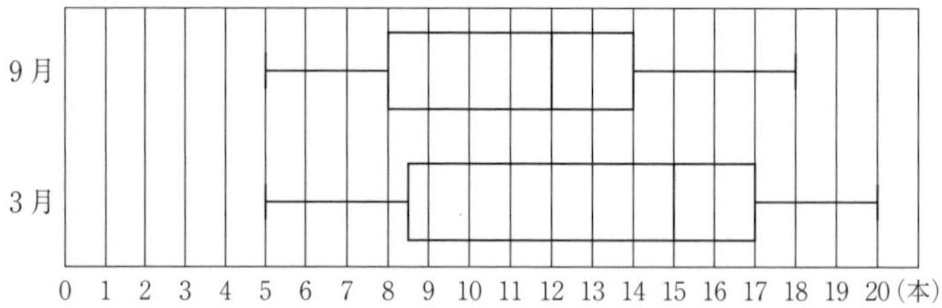

①　〔図2〕の9月のデータの四分位範囲を求めなさい。(　　　本)

②　太郎さんは, 上の〔図2〕の箱ひげ図をもとに, 9月に比べ3月は目標を達成した部員の割合が増えたと判断した。

次の〔説明〕は, 太郎さんが, 目標である15本以上成功した部員の**割合が増えた**と判断した理由を説明したものである。[ア] には適する数を, [イ] には〔説明〕の続きを「**中央値**」の語句を用いて書きなさい。

ア(　　　)

イ(　　　　　　　　　　　　　　　　　　　　　　　　　　　　)

〔説明〕

9月の第3四分位数は ア 本であるため，15本以上成功した部員の割合は25％以下である。

イ

ゆえに，9月に比べ3月は目標を達成した部員の割合が増えたと判断できる。

4　ある学校の吹奏楽部が，市民ホールのコンサート会場で，14時30分から定期演奏会を行った。定期演奏会では，事前にチケットを購入した人のみがコンサート会場に入場することができた。コンサート会場の入り口には3つのゲートがあり，ゲートの前に並んだ人は，誘導係の指示でゲートを通過して入場した。

最初は1つのゲートから入場させていたが，ゲートの前に並んでいる人数が増えていったため，途中から誘導係が，通過できるゲートを増やして対応した。

吹奏楽部員の花子さんと太郎さんは，次回の定期演奏会で入場時の混雑をできるだけ解消するには，どうすればよいかを考えるために，当日の入場の様子を参考に，下の〔仮定〕を設定した。

〔仮定〕

1　定期演奏会の開始時刻は14時30分とする。

2　入場開始時刻は13時15分とする。ゲートの前には入場開始時点で45人が1列で並んでいるものとする。

3　13時15分から14時15分までの60分間は，ゲートの前に並んでいる人の列に新たに加わる人数は，1分間あたり12人とする。それより後は，列に新たに人は並ばないものとする。

4　13時15分から13時45分までの30分間は，通過できるゲートを1つとし，13時45分からゲートの前に並ぶ全員の入場が完了するまでは，通過できるゲートを3つとする。

5　通過できるゲートが1つの場合でも3つの場合でも，いずれのゲートも通過する人数は1分間あたり5人とする。

下の〔図1〕は13時15分から13時45分までの30分間，〔図2〕は13時45分からゲートの前に並ぶ全員の入場が完了するまでの，ゲート付近の様子を模式的に表したものである。

〔図1〕13時15分から13時45分までの30分間の様子

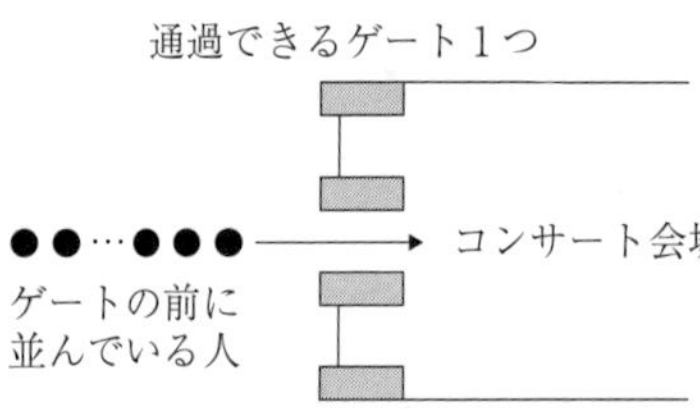

〔図2〕13時45分からゲートの前に並ぶ全員の入場が完了するまでの様子

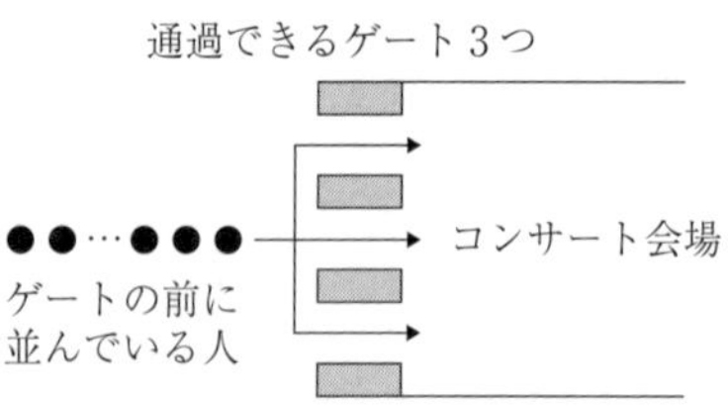

下の会話は，花子さんと太郎さんと吹奏楽部の顧問の先生が，定期演奏会を振り返り，次回に向けて話しているときのものである。

会話を読んで，次の(1)，(2)の問いに答えなさい。

太郎：この〔仮定〕のもとで，入場が完了する時刻をどう考えればよいですか。

花子：通過できるゲートが1つの場合と3つの場合に分けて考えてはどうですか。

太郎：13時45分までは通過できるゲートが1つなので，13時15分から13時45分までの30分間にゲートを通過する人数は［ア］人です。13時45分以降は通過できるゲートが3つになるので，ゲートを通過する人数は1分間あたり15人になります。それによって，13時45分以降，時間の経過とともにゲートの前に並んでいる人数は減り，入場が完了します。

先生：そうですね。では，入場が完了するのは，何時何分ですか。

花子：まず，入場を開始してから完了するまでのゲートを通過する人数について考えます。入場開始時刻の13時15分には45人が並んでいて，13時15分から14時15分までの60分間は1分間あたり12人が並びます。だから，入場を開始してから完了するまでのゲートを通過する人数は［イ］人となります。

太郎：そうすると，通過できるゲートが3つになってから入場が完了するまでに，ゲートを通過する人数は［ウ］人と計算できます。したがって，入場が完了する時刻は［エ］になります。

先生：その通りですね。

花子：ですが，次回の定期演奏会では，もう少し早く入場を完了させたいですね。

(1)　会話の中の［ア］～［ウ］には適する数を，［エ］には適する時刻を，それぞれ求めなさい。

ア(　　　)　イ(　　　)　ウ(　　　)　エ(　　　時　　　分)

(2)　次回の定期演奏会では，開演10分前の14時20分ちょうどに入場を完了させたい。〔仮定〕の［4］の通過できるゲートを1つから3つにする時刻である13時45分を，何時何分に変更すればよいか，求めなさい。

ただし，〔仮定〕の［4］の条件以外は変更しないものとする。(　　　時　　　分)

5　右の〔図1〕のように，底面の半径が4cm，高さが10cmの円柱の形をした容器Xがあり，容器Xを水平な台の上に置いた。

次の(1)，(2)の問いに答えなさい。

ただし，容器Xの厚さは考えないものとする。

〔図1〕

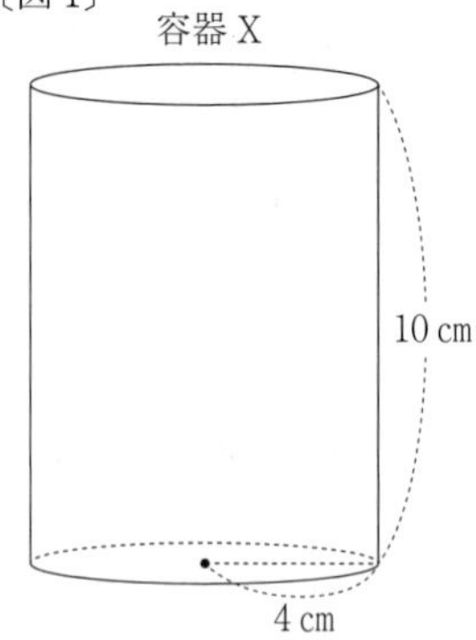

(1)　容器Xの体積を求めなさい。(　　　cm^3)

(2)　右の〔図2〕のように，容器Xの中に，半径2cmの鉄球を1個入れ，鉄球の上端と水面が同じ高さになるまで水を入れた。

このとき，半径2cmの鉄球は容器Xの底面に接している。

次の①，②の問いに答えなさい。

〔図2〕

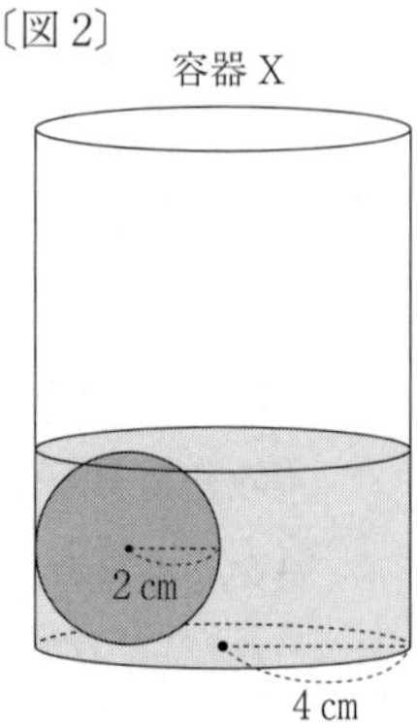

①　容器Xに入れた水の体積を求めなさい。(　　　cm^3)

②　右の〔図3〕のように，〔図2〕の容器Xの中に，半径3cmの鉄球を1個入れ，半径3cmの鉄球の上端と水面が同じ高さになるまで水を追加した。2個の鉄球は，互いに接し，いずれも容器Xの側面に接している。

このとき，容器Xの底面から水面までの高さを求めなさい。

また，追加した水の体積を求めなさい。

高さ(　　　cm)　体積(　　　cm^3)

〔図3〕

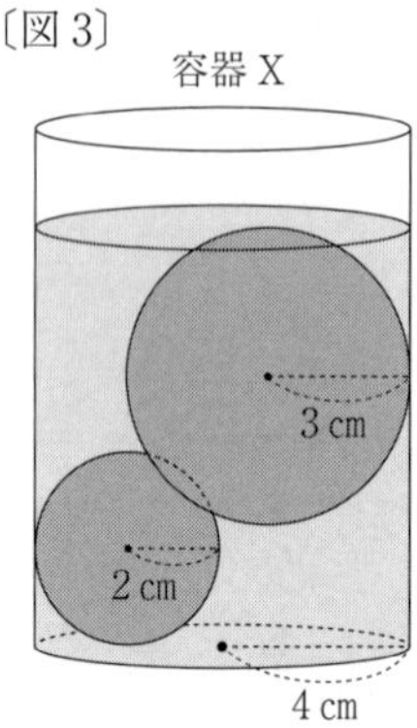

6 右の〔図1〕のように，正三角形 ABC がある。

右下の〔図2〕のように，辺 AB，AC 上に点 D，E をそれぞれとり，正三角形 ABC を線分 DE を折り目として折り返し，頂点 A が移った点を F とする。また，辺 BC と線分 DF，EF との交点をそれぞれ G，H とする。

次の(1)，(2)の問いに答えなさい。

(1) △GFH ∽△ECH であることを証明しなさい。

[　　　　　　　　　　]

(2) 正三角形 ABC の 1 辺の長さを 16cm とし，CH = 8 cm，EH = 7 cm，HF = 4 cm とする。

次の①，②の問いに答えなさい。

① 線分 FG の長さを求めなさい。(　　　cm)

② 線分 DB と線分 DF の長さの比 DB：DF を最も簡単な整数の比で表しなさい。(　　　)

〔図1〕

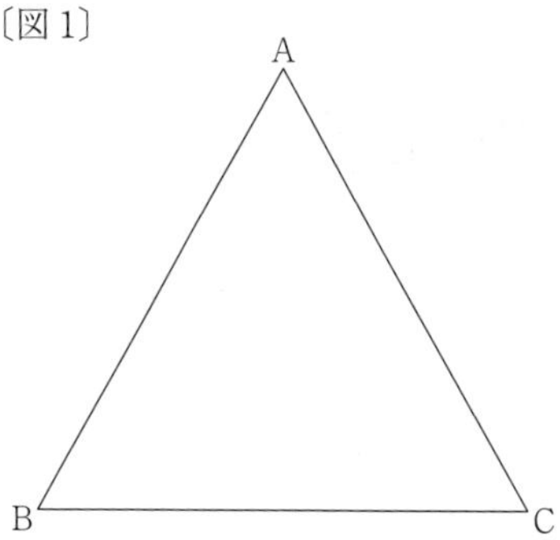

〔図2〕

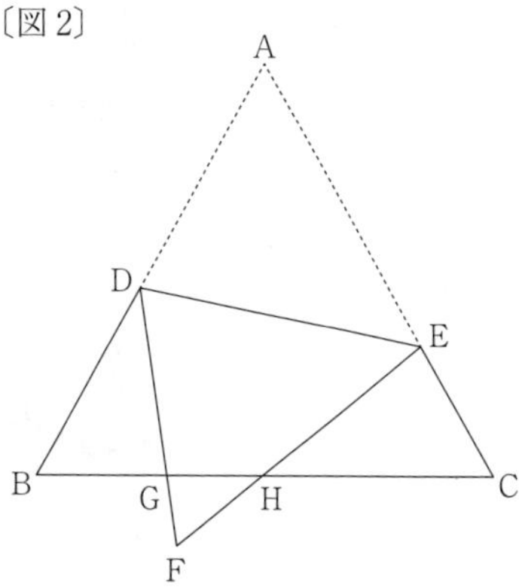

英語

時間　50分　　　　満点　60点

（編集部注）放送問題の放送原稿は英語の末尾に掲載しています。
音声の再生についてはもくじをご覧ください。

1　放送を聞いて答える問題

A　1番，2番の対話を聞いて，それぞれの質問の答えとして最も適当なものを，ア～エから1つずつ選び，記号を書きなさい。1番(　　　)　2番(　　　)

1番　ア

イ

ウ

エ

2番

ア　400 yen.　　イ　500 yen.　　ウ　600 yen.　　エ　700 yen.

B　留守番電話に残されたJohnのメッセージを聞いて，それに続く1番～3番の質問の答えとして最も適当なものを，ア～エから1つずつ選び，記号を書きなさい。

1番(　　　)　2番(　　　)　3番(　　　)

1番　ア　Because he must stay at home in the afternoon.
イ　Because he must go shopping with his parents.

ウ　Because he must take the train to go to the movie theater.

エ　Because he must practice longer at the club activity.

2番　ア　11:00.　イ　12:00.　ウ　13:00.　エ　14:00.

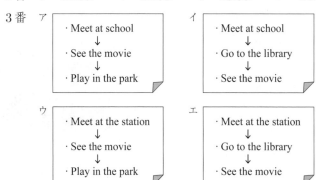

3番

ア
・Meet at school
↓
・See the movie
↓
・Play in the park

イ
・Meet at school
↓
・Go to the library
↓
・See the movie

ウ
・Meet at the station
↓
・See the movie
↓
・Play in the park

エ
・Meet at the station
↓
・Go to the library
↓
・See the movie

C　Hanako と Taro の対話を聞いて，それに続く1番～3番の質問の答えとして最も適当なものを，ア～エから1つずつ選び，記号を書きなさい。1番(　　　)　2番(　　　)　3番(　　　)

1番　ア　Taro thinks he should have only one pet.

イ　Taro thinks his pet is good for his health.

ウ　Taro thinks he doesn't have any ways to save his pet.

エ　Taro thinks giving food to his pet every day is hard.

2番　ア　Some people stop keeping their pets for some reasons.

イ　Some people think that pets are members of their family.

ウ　Some people understand that pets are important for people's minds.

エ　Some people take their pets to the hospital when they are sick.

3番　ア　They hope everyone will walk alone every day.

イ　They hope everyone will keep at least two cats.

ウ　They hope everyone will have many kinds of pets.

エ　They hope everyone will be kind to their pets.

2 次の A，B の各問いに答えなさい。

A 次の英文は，中学生の Mika と Jiro が，英語の授業で，ホーバークラフト（空気の力で浮かび，地面でも水の上でも移動することができる乗り物）について，タブレット端末を使いながら話をしている場面のものです。英文を読み，(1)〜(4)の問いに答えなさい。

Picture A

（「大分県ホームページ」より引用）

Picture B

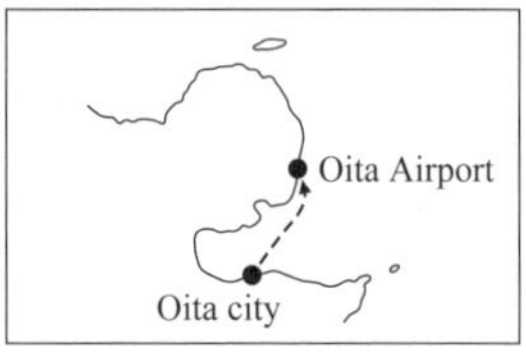

Mika ： Look at Picture A on my *tablet.

Jiro ： Is it a ship?

Mika ： It is a *hovercraft. Its shape looks（ ① ）a ship, but it can go through both the sea and the *land. Look at Picture B. The hovercrafts in Oita stopped working in 2009, but they will work again. They will go from Oita city to Oita Airport.

Jiro ： Really? I didn't know that.

Mika ： You can go to Oita Airport in about 30 minutes.

Jiro ： I think it's very useful.

Mika ： If you go to Oita Airport by car, it takes about an hour. If you use a hovercraft, you can get to Oita Airport faster. So the hovercraft doesn't need a lot of（ ② ）.

Jiro ： Well, we can arrive at Oita Airport from the land and the sea.

Mika ： Jiro, there is ③ <u>another important thing about Oita Airport</u>.

Jiro ： What's that?

Mika ： The way to space.

Jiro ： Oh, yes. In the future, Oita Airport will become a *gateway to space.

Mika ： That's right.

Jiro ： One day, I want to travel to space from Oita Airport.

Mika ： Sounds fun.

Jiro ： Yes, it is exciting.

Mika ： I think your dream is nice. I hope you can ④ <u>do it</u> in the future.

（注） *tablet タブレット端末 *hovercraft ホーバークラフト *land 陸，陸地
*gateway 玄関口

(1) （ ① ）に入る最も適当なものを，ア〜エから1つ選び，記号を書きなさい。（　　）

ア like　イ at　ウ for　エ around

(2) （ ② ）に入る最も適当なものを，ア〜エから1つ選び，記号を書きなさい。（　　）

ア food　イ light　ウ time　エ water

(3) 下線部③が表す内容として最も適当なものを，ア〜エから1つ選び，記号を書きなさい。
（　　）

ア It will take about 30 minutes by hovercraft to Oita Airport.

イ We can arrive at Oita Airport from the land and the sea.

ウ　The hovercrafts in Oita will go from Oita city to Oita Airport.

エ　Oita Airport will be used as the airport to space.

(4)　下線部④が表す内容になるように，[　　　]に入る最も適当な連続する**英語6語**を，英文中から抜き出して書きなさい。(　　　　　　　　　　　　　)

I hope you can [　　　] in the future.

B　次の英文は，中学生の Tom と Hana が，VR（ゴーグルを装着して，仮想的な空間で，まるで現実のようにその世界を体験できる技術）を使ったイベントについて，ポスターを見ながら，話をしている場面のものです。ポスターおよび英文をもとにして，[①]～[④]に入る最も適当なものを，ア～キから1つずつ選び，記号を書きなさい。

①(　　　)　②(　　　)　③(　　　)　④(　　　)

Poster

VR Festival 2023 ～ Feel and Enjoy the New World ～

Date：May 3
(Wednesday・Holiday)
Place：Mejiron Building
Time：13:00 ~15:00

13:00 ~ 14:00
*Lecture：What is VR?
14:10 ~ 15:00
Special Experience
- Travel Experience
- Sports Experience

Special Experience
○ Enjoy the new world!
・ Travel Experience
You can visit many *sightseeing places.
・ Sports Experience
You can practice tennis with famous players.

☆If you want to join, please send an e-mail to us. (mejiron ●●●@△△△)

(注)　*lecture　講義　　*sightseeing　観光

Tom ：　Look at this poster, Hana. Have you ever heard about VR?

Hana：　Yes, but I don't know much about VR. Can you tell me more?

Tom ：　Well, it is hard for me to explain it. [①] It's interesting to learn about what VR is.

Hana：　Yes, let's.

Tom ：　After that, we can join a "Special Experience". There are two experiences. Which one are you interested in?

Hana：　[②] It'll be fun to practice tennis with famous players. How about you?

Tom ：　I will choose the "Travel Experience". [③]

Hana：　How interesting! What should we do to join this event?

Tom ：　[④]

Hana：　Let's do it soon. I'm looking forward to this event.

ア　How can we get to Mejiron Building?

イ　I want to join the “Sports Experience”.

ウ　We must call to the office to buy tickets.

エ　Shall we join this lecture together?

オ　On May 3, I’ll be free in the morning.

カ　We have to send an e-mail.

キ　I want to visit famous places in the world.

[3]　次のA，Bの各問いに答えなさい。

A　外国の文化を学ぶことのよさについて，次の条件にしたがって，あなたの考えを英語で書きなさい。

(　　　　　　　　　　　　　　　　　　　　　　　　　　　　　　)

条件

[1]　**主語と動詞を含む10語以上の英語**で書くこと。

[2]　英文の数はいくつでもよい。

[3]　短縮形（I’mなど）は1語として数えることとし，ピリオド，コンマなどの符号は語数に含めないこと。

B　あなたのタブレット端末に，英語の先生から右のような課題が送られてきました。次の条件にしたがって，先生の課題に対するあなたの答えを英語で書きなさい。

(　　　　　　　　　　　　　　　　　　　　　　)

条件

[1]　**主語と動詞を含む15語以上の英語**で書くこと。

[2]　英文の数はいくつでもよい。

[3]　短縮形（I’mなど）は1語として数えることとし，ピリオド，コンマなどの符号は語数に含めないこと。

Hello, everyone.
I want you to do something good for your town. You will have two hours to do it. What will you do? And why will you do it? Please write your idea.

4 次の英文は，中学３年生の Takashi，Aya，Emi，Yuta の班が英語の授業で，自分たちが調べたことを発表している場面のものです。英文を読み，(1)～(6)の問いに答えなさい。

Takashi : What is important to you when you choose a job? To study this topic, we interviewed a man making bamboo *products in Oita. First, please watch our movie.

(*The students in the class are watching the movie.*)

Aya : Thank you for giving us a chance to interview you today, Mr. Smith.

Mr. Smith : My pleasure. Thank you for coming to my *workplace today.

Emi : Your place is really nice. ① Why did you decide to do this job?

Mr. Smith : When I was a college student, I came to Japan *for the first time as an *exchange student and spent three months. While I was in Japan, I visited Kyushu and found one product there. It was made of bamboo. It was beautiful and unique. I was excited. Then I found that the product was made in Oita.

a bamboo product

Aya : What did you do after that?

Mr. Smith : After I returned to America, I really wanted to make bamboo products in the future. So when I *graduated from college, I decided to go to Oita. I learned how to make bamboo products from the people working with me. Since then, I [②] bamboo products. I am lucky that I can do the things I really want to do.

Emi : Oh, I see. What do you think of working in Japan?

Mr. Smith : In fact, it was very hard at first. To communicate with Japanese people was a serious problem for me. So I started to study Japanese and tried to understand people around me.

Aya : I am really interested in your story. Do you have any new plans for the future?

Mr. Smith : Yes. I think Oita has a lot of traditional things such as bamboo products. I want to introduce them to people around the world.

Emi : Your story gave us a good chance to think about jobs. Thank you very much for today.

Mr. Smith : You're welcome. See you again.

(*After watching the movie*)

Yuta : Everyone has their own reason when they choose their jobs. In the movie, Mr. Smith said, "I am lucky that I can do the things I really want to do." It means that "[③]" is important. Look at ④ this *graph. It shows what is important for young people in Japan when they choose their jobs. How about you? ⑤ What is important to you when you choose a job?

(注) *products 製品　*workplace 職場　*for the first time 初めて
*exchange student 交換留学生　*graduated from ～を卒業した　*graph グラフ

(1)　下線部①について，ア～エを Mr. Smith が経験した順番に並べかえ，記号を書きなさい。

(　　→　　→　　→　　)

ア　Mr. Smith learned how to make bamboo products.

イ　Mr. Smith came to Japan to study in college.

ウ　Mr. Smith found the bamboo product in Kyushu.

エ　Mr. Smith returned to America.

(2)　英文中の[②]に，「～をずっと作り続けています」という意味になるように，**英語 3 語**を書きなさい。(　　　　　　　)

(3)　英文の内容と一致するものを，ア～エから 1 つ選び，記号を書きなさい。(　　　)

ア　Mr. Smith made bamboo products in the way he invented by himself.

イ　Mr. Smith wants to show traditional things in Oita to the world.

ウ　Mr. Smith taught Aya and Emi how to make bamboo products.

エ　Mr. Smith found it was easy to communicate with people in Japan.

(4)　英文中の[③]に入る最も適当なものを，ア～エから 1 つ選び，記号を書きなさい。(　　　)

ア　To do the things I like　　イ　To help people　　ウ　To get a lot of money

エ　To have a lot of free time

(5)　下線部④が示す次のグラフの内容として最も適当なものを，ア～エから 1 つ選び，記号を書きなさい。(　　　)

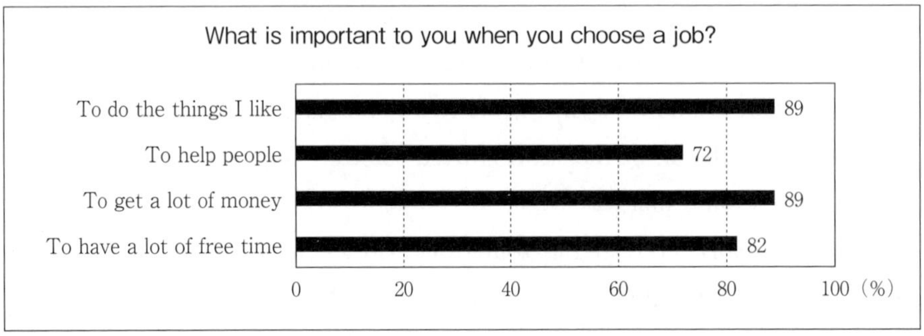

(内閣府「就労等に関する若者の意識」を参考に作成)

ア　"To help people" is the highest of the four answers.

イ　"To have a lot of free time" is higher than "To get a lot of money".

ウ　"To do the things I like" is as high as "To get a lot of money".

エ　"To get a lot of money" is not as high as "To help people".

(6)　下線部⑤について，次の条件にしたがって，あなたの考えを英語で書きなさい。

I think "(　　　)" is important because

(　　　　　　　　　　　　　　　　　　　　　　　　　　)

条件

[1]　解答欄の 1 行目の書き出しの (　　) に入るあなたの考えを，ア～エから 1 つ選び，記号を書くこと。

ア To do the things I like　イ To help people　ウ To get a lot of money
エ To have a lot of free time

②　解答欄の１行目の書き出しに続けて，あなたが①で選んだ内容について，**その理由を主語と動詞を含む 10 語以上の英語**で書くこと。

③　英文の数はいくつでもよい。

④　短縮形（I'm など）は１語として数えることとし，ピリオド，コンマなどの符号は語数に含めないこと。

5 次の英文は，中学3年生のTaroが英語弁論大会で行ったスピーチの原稿です。英文を読み，(1)～(4)の問いに答えなさい。

Hello, everyone. Today, I will talk about one experience that I will never forget in my school life. This summer I visited the *community center in our town with my grandfather and found some old pictures of a festival. In the pictures, many people were dancing and looked happy. My grandfather said to me, "These are the pictures of the traditional dance in the festival of our town. The dance was very popular and important for the local people in the past. But the dance has not been performed for a long time." When he finished talking about the festival, he looked sad. Then I wanted to perform the dance to make him happy.

A few days later, I talked about this story to my teacher. She was interested in it and suggested to me that our class should perform the dance in the school event. I was (ⓐ) that some of the classmates would not like this idea, but everyone agreed with this idea.

At first, I was very (ⓑ) because the other students in my class didn't know how to perform the dance. So I asked my grandfather to teach us the dance. We practiced dancing at the gym with him after school every day. And we were (ⓒ) that *gradually some old people who knew about the dance came to see our *practice. Some of them danced together with us, and others played the Japanese drum or the Japanese flute to make our performance better.

Finally, the date of the school event came. Many people came to our school to see the dance. Our performance was successful because of our practice with the old people. Everyone around us smiled. When l saw them, I felt (ⓓ).

The next morning, our performance was *reported in the newspaper. And after the school event, one elementary school asked us to perform our dance. All the children there enjoyed watching our dance. Then I wanted to teach it to all the elementary school students in my town.

I am glad that we could practice together with the people in our town. They helped us with a lot of things. When we started practicing the dance, we couldn't imagine that we could do it well. We could not finish it only by ourselves. But we did it by [①]. At first, the *purpose of this action was just to make my grandfather happy. But at the same time, it made many people in our town happy.

(注) *community center 公民館 *gradually 次第に *practice 練習
*reported 掲載された *purpose 目的

(1) (ⓐ)～(ⓓ)に入るTaroの心情を表す語句の組み合わせとして最も適当なものを，ア～エから1つ選び，記号を書きなさい。(　　　)

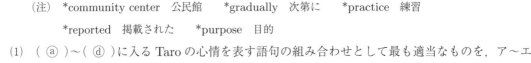

	ⓐ	ⓑ	ⓒ	ⓓ
ア	nervous	happy	worried	surprised
イ	worried	nervous	surprised	happy

ウ　happy　surprised　worried　nervous

エ　surprised　nervous　happy　worried

(2) 英文中の [①] に入る最も適当なものを，ア～エから1つ選び，記号を書きなさい。(　　)

ア　telling our idea to the newspaper　イ　being kind to old people

ウ　taking photos of the festival　エ　getting help from others

(3) 次の問いに対する答えを，本文の内容を踏まえ，[　　] に**英語4語**を入れて，完成させなさい。

(　　　　　　　　　　)

What did Taro do to make his grandfather happy?

He [　　] with his classmates.

(4) 次は，Taroがスピーチをするために，自分で整理したメモの一部です。メモ内の [②] ～ [⑤] に入る最も適当なものを，ア～クから**2**つずつ選び，記号を書きなさい。

②(　　)(　　)　③(　　)(　　)　④(　　)(　　)　⑤(　　)(　　)

At the community center
② (　　) (　　)

At the gym
③ (　　) (　　)

At the school event
④ (　　) (　　)

At the elementary school
⑤ (　　) (　　)

ア　I found some old pictures of the festival of our town.

イ　We were able to show the result of our practice in front of many people who came to our school.

ウ　I thought it was important to share our experience with the children in my town.

エ　My grandfather looked sad when I talked with him.

オ　The other old people helped us by dancing and playing music.

カ　My grandfather taught us how to dance well every day.

キ　We showed our dance to the children of one school.

ク　A lot of people who came to our school smiled when they saw our dance.

〈放送原稿〉

(チャイム)

これから，2023 年度大分県公立高等学校入学試験英語リスニングテストを行います。問題用紙の問題1を見なさい。問題は A，B，C の 3 つあります。放送中にメモをとってもかまいません。

検査問題 A

それでは，A の問題から始めます。

1 番，2 番の対話を聞いて，それぞれの質問の答えとして最も適当なものを，ア～エから 1 つずつ選び，記号を書きなさい。なお，対話と質問は通して 2 回繰り返します。それでは，始めます。

1 番 Father： Thank you for giving me a birthday present, Meg.
Meg ： You are welcome, Dad.
Father： Why did you choose this?
Meg ： You are interested in music, so I want you to use it when you listen to music.
Question：What did Meg buy for her father?
もう 1 度繰り返します。(対話と質問の繰り返し)

2 番 Man： May I help you?
Girl ： I'd like to buy a hamburger.
Man： Sure. If you buy a hamburger, you don't have to pay for a drink.
Girl ： Oh, really? Orange juice, please.
Man： OK. Anything else?
Girl ： French fries, please. That's all.
Question：How much will this girl pay?
もう 1 度繰り返します。(対話と質問の繰り返し)

検査問題 B

次は B の問題です。留守番電話に残された John のメッセージを聞いて，それに続く 1 番～3 番の質問の答えとして最も適当なものを，ア～エから 1 つずつ選び，記号を書きなさい。なお，英文と質問は通して 2 回繰り返します。それでは，始めます。

Hello. This is John speaking. I'm sorry, but I want to change tomorrow's plan. My club activity is going to be long, so I can't meet you at the station at 12 o'clock. Is it OK to meet you at school one hour later and see the movie at 2 o'clock in the afternoon? We cannot go to the library before the movie. But let's play soccer in the park after the movie.

それでは，質問を 1 回ずつ読みます。

1 番 Why does John want to change the time to meet?
2 番 What time does John want to meet in his message?
3 番 Which is John's new plan in his message?
もう 1 度繰り返します。(英文と質問の繰り返し)

検査問題 C

次は C の問題です。花子と太郎の対話を聞いて，それに続く 1 番～3 番の質問の答えとして最も適当なものを，ア～エから１つずつ選び，記号を書きなさい。なお，対話と質問は通して２回繰り返します。それでは，始めます。

Hanako： I have two cats. They're so cute. I enjoy living with them. They always make me happy. Living with pets is good for people's minds.

Taro ： I take a walk with my dog every day and play in the park. Living with pets is good for our health.

Hanako： I heard some sad news about having pets. Some people give up keeping their pets.

Taro ： I'm sorry to hear that. I think pets are members of our family. We should give food to them and take them to the hospital when they are sick.

Hanako： You are right. We should try to do the things our pets need when we live together.

Taro ： I think so, too.

それでは，質問を１回ずつ読みます。

１番 What does Taro think about his pet?

２番 What news did Hanako hear?

３番 What do Hanako and Taro hope?

もう１度繰り返します。（対話と質問の繰り返し）

以上で，リスニングテストを終わります。ひき続いてあとの問題に移りなさい。

社会

時間　50分　　　　満点　60点

1　花子さんと太郎さんは，それぞれ関心を持った課題を題材に，関連する語句をつなげた図を作成した。(1)，(2)の問いに答えなさい。

(1)　資料1は花子さんが「日本と世界の人口問題」を題材に作成した図である。①～④の問いに答えなさい。

資料1

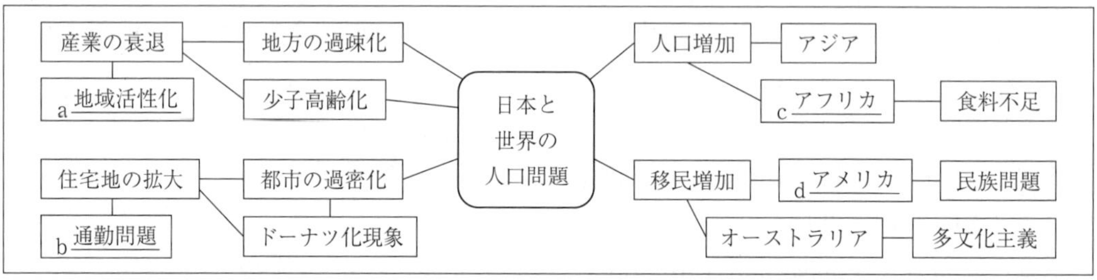

①　下線部aに関連して，地域活性化の取り組みについて述べた文として**適当でないもの**を，ア～エから1つ選び，記号を書きなさい。(　　　)

ア　北海道地方では，雪が多いという自然環境の特色を生かして，季節が逆になるオーストラリアなど外国からのスキー客を増やす取り組みを行っている。

イ　東北地方では，青森ねぶた祭や仙台七夕まつり，秋田竿燈(かんとう)まつりなどの伝統行事を生かして，観光客の誘致を進めている。

ウ　北陸地方では，雪に閉ざされる長い冬の期間の副業として発達してきた小千谷ちぢみなどの工芸品を生かして，地場産業の活性化を進めている。

エ　四国地方では，香川県，愛媛県，高知県と本州の間に開通した3つの本州四国連絡橋により輸送の利便性が向上したことを生かして，企業の誘致を行っている。

②　下線部bに関連して，資料2中のア～エは，埼玉県，愛知県，大阪府，大分県のいずれかの2015年の昼夜間人口比率（夜間人口100人当たりの昼間人口の割合）を示したものである。大分県のものとして最も適当なものを，ア～エから1つ選び，記号を書きなさい。(　　　)

資料2

	昼夜間人口比率
ア	104.6
イ	99.9
ウ	101.4
エ	87.4

(「総務省統計局ホームページ」より作成)

③　下線部cに関連して，次はアフリカの人口増加について述べた文である。文中の［ A ］に当てはまる内容を書きなさい。

(　　　　　　　　　　　　　　　　　　　　)

アフリカでは1960年代以降，［　　A　　］によって死亡率が大幅に低下した。しかし，出生率は高いままであったため，人口が著しく増加することとなった。

④ 下線部dに関連して，アメリカにおける2020年の州別に見た人口構成について，資料3中のB～Dはヒスパニックの人々が20％以上の州，アジア系の人々が7％以上の州，アフリカ系の人々が20％以上の州のいずれかを示したものである。B～Dの語句の組み合わせとして最も適当なものを，ア～カから1つ選び，記号を書きなさい。(　　　)

資料3

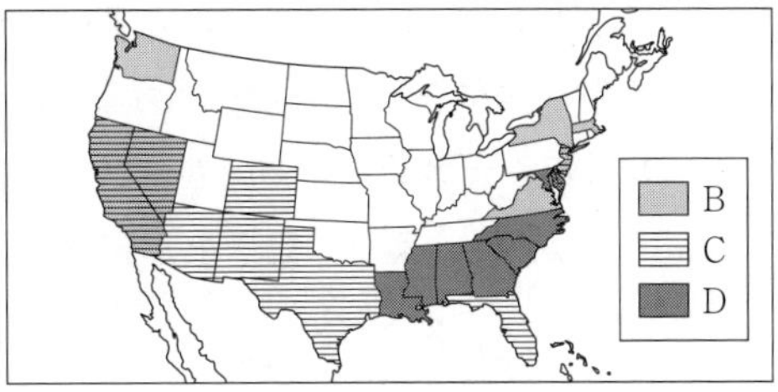

(注) アラスカ州とハワイ州は除く。

(「データブック　オブ・ザ・ワールド2022」より作成)

	B	C	D
ア	ヒスパニック	アジア系	アフリカ系
イ	ヒスパニック	アフリカ系	アジア系
ウ	アジア系	ヒスパニック	アフリカ系
エ	アジア系	アフリカ系	ヒスパニック
オ	アフリカ系	ヒスパニック	アジア系
カ	アフリカ系	アジア系	ヒスパニック

(2) 資料4は太郎さんが「日本の貿易問題」を題材に作成した図である。①～④の問いに答えなさい。

資料4

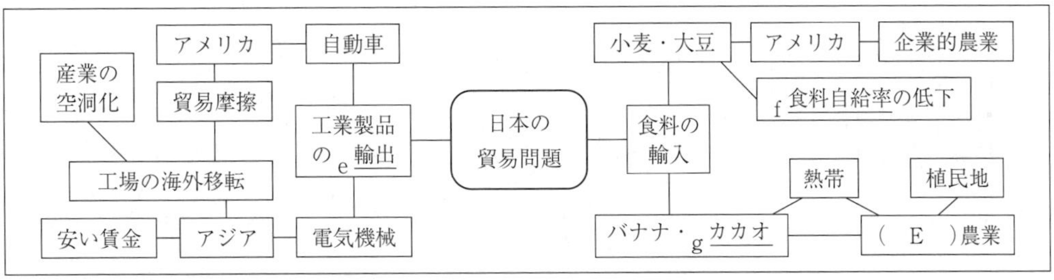

① 資料4中の(　E　)に当てはまる語句を，**カタカナ**で書きなさい。(　　　)

② 下線部eに関連して，資料5中のア～エは千葉港，東京港，名古屋港，成田国際空港のいずれかの輸出額の品目別割合上位3品目（2020年）を示したものである。東京港のものとして最も適当なものを，ア～エから1つ選び，記号を書きなさい。(　　　)

資料5

	ア		イ		ウ		エ	
	品目	%	品目	%	品目	%	品目	%
1位	自動車部品	5.8	自動車	24.6	半導体等製造装置	8.4	石油製品	20.8
2位	半導体等製造装置	5.2	自動車部品	16.6	金（非貨幣用）	7.6	鉄鋼	20.7
3位	コンピュータ部品	5.1	内燃機関	4.1	科学光学機器	5.5	有機化合物	18.4

(「日本国勢図会 2022／23」より作成)

③ 下線部fに関連して，資料6中のF～Hは日本の小麦，野菜，果実のいずれかの食料自給率の推移を示したものである。F～Hの語句の組み合わせとして最も適当なものを，ア～カから1つ選び，記号を書きなさい。

(　　　)

資料6

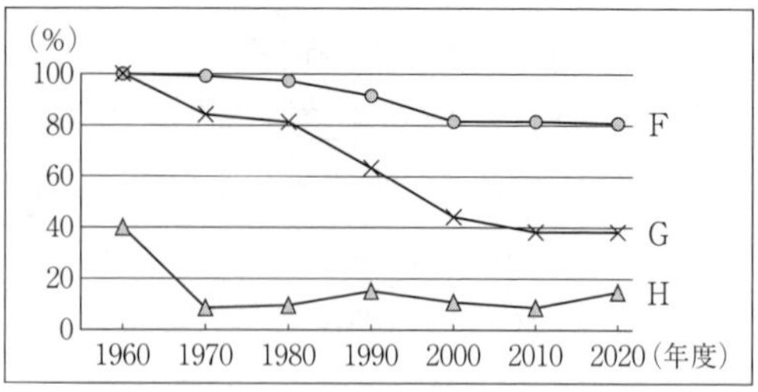

(「データブック　オブ・ザ・ワールド2022」他より作成)

	F	G	H
ア	小麦	野菜	果実
イ	小麦	果実	野菜
ウ	野菜	小麦	果実
エ	野菜	果実	小麦
オ	果実	小麦	野菜
カ	果実	野菜	小麦

④ 下線部gに関連して，資料7はチョコレートの原料生産から製品販売までの過程を，資料8はチョコレートの店頭販売価格における利益の内訳を示したものである。原料生産国における問題点を，資料7，資料8を参考にして書きなさい。

(　　　　　　　　　　　　　　　　　　　　　　　　　　　　　　　　　　　　)

資料7

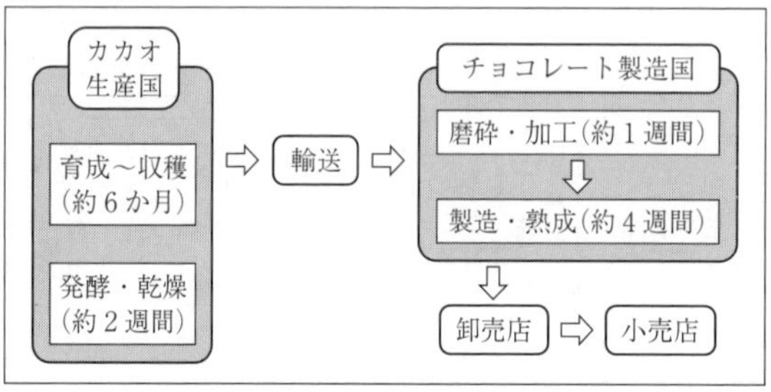

(「日本チョコレート・ココア協会ホームページ」他より作成)

資料8

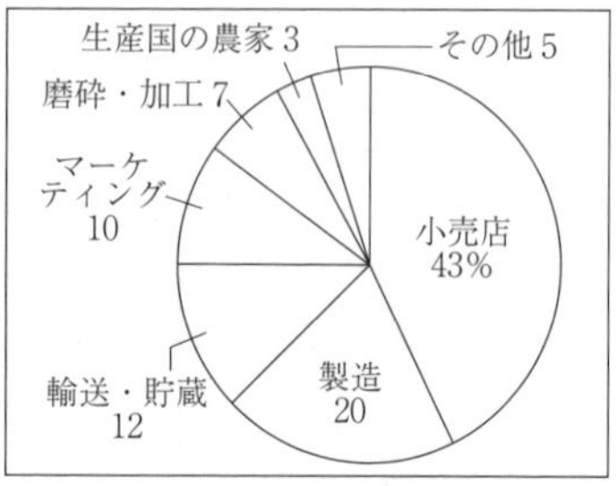

(「CNNホームページ」より作成)

2 太郎さんは，2022年が日中国交正常化50周年であることを知り，日本と中国との歴史上の関わりを資料1にまとめた。(1)～(11)の問いに答えなさい。

資料1

日本の時代	関連することがら
古代	・a倭からたびたび中国に使いを送る ・菅原道真の提案によりb遣唐使の派遣を停止する
c中世	・d元寇が起きる ・明がe倭寇の取り締まりを要求する
近世	・f豊臣秀吉が明の征服を目指して朝鮮に軍を派遣する ・g鎖国体制の中で長崎に唐人屋敷を置く
i近代	・h日清戦争が起きる ・j満州事変が起きる
現代	・k日中国交正常化が実現する

(1) 下線部aに関連して，資料2中のア～ウは中国で書かれた歴史書の部分要約である。ア～ウを，年代の古いものから順に並べて，記号を書きなさい。(　→　→　)

資料2

ア

倭の奴国が後漢に朝貢したので，光武帝は印綬(いんじゅ)をおくった。桓帝と霊帝のころ，倭は大いに乱れ，長い間代表者が定まらなかった。

イ

楽浪郡の海のかなたに倭人がいて，100以上の国をつくっており，なかには定期的に漢に朝貢する国もある。

ウ

もともと男性の王が治めていたが，倭国が乱れ，何年も争い合うようになると，女性の卑弥呼を王とした。卑弥呼はまじないによって人々をうまく従えた。

(2) 下線部bに関連して，遣唐使の派遣を停止した理由の1つに「往復が危険であるから」ということが挙げられる。それ以外の理由を，**10字以内**で書きなさい。[　　　　　　　　　　]

(3) 下線部cに関連して，中世に起きた戦乱の1つである承久の乱について述べた文として最も適当なものを，ア～エから1つ選び，記号を書きなさい。(　)

ア 全国の武士が北朝と南朝の勢力に分かれて争っていたが，足利氏が南北朝を統一して収束した。

イ 将軍の後継ぎ問題をめぐって有力な守護大名が対立し，戦乱により幕府の影響力は弱まった。

ウ 上皇の政権内で勢力争いが起こり，平氏が源氏を破って勢力を拡大した。

エ 上皇が幕府を倒そうと兵を挙げたが，幕府は大軍を送って上皇の軍を破った。

(4) 下線部dに関連して，元寇に対処した幕府の執権の人物名を，**漢字**で書きなさい。(　)

(5) 下線部eに関連して，倭寇対策に関する資料として最も適当なものを，ア～エから1つ選び，記号を書きなさい。(　)

ア
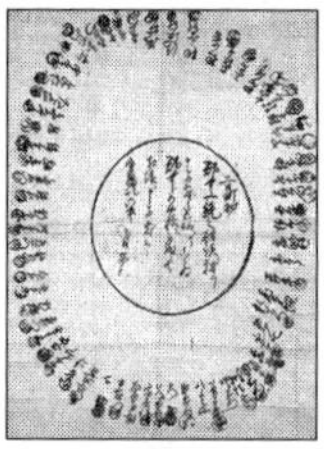
イ
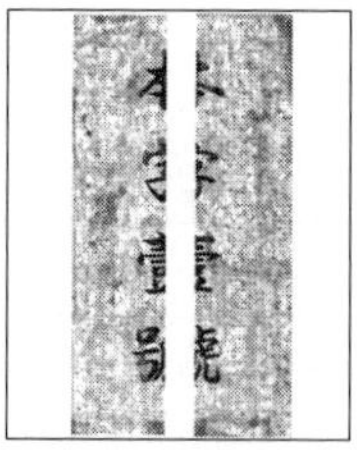
ウ

エ
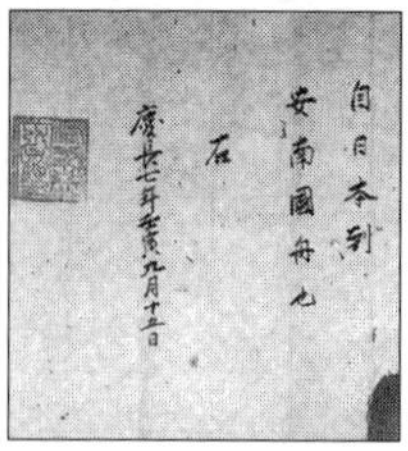

(6)　下線部 f に関連して，豊臣秀吉の政策について述べた文として**適当でないもの**を，ア～エから 1 つ選び，記号を書きなさい。(　　　)

ア　権力の大きさを示すため，雄大な天守を持つ大阪城を築いた。

イ　一揆を防ぐため，百姓が刀などの武器を持つことを禁止した。

ウ　キリスト教を禁止するため，南蛮貿易を停止し宣教師を国外に追放した。

エ　年貢を確実に集めるため，地域によって異なっていたものさしやますを統一した。

(7)　下線部 g に関連して，資料 3 は鎖国体制の中で起きたある出来事についての狂歌である。どのような出来事を詠んだものか，**人物名**を含めて書きなさい。

(　　　　　　　　　　　　　　　　　　　　　　　　)

資料 3

泰平の　眠気をさます　上喜撰（じょうきせん）　たった四杯（しはい）で　夜も寝られず

(8)　下線部 h に関連して，下関条約の内容及び条約締結後の出来事について述べた文 A，B の正誤の組み合わせとして最も適当なものを，ア～エから 1 つ選び，記号を書きなさい。(　　　)

A　下関条約によって，清が朝鮮の独立を認め，日本に賠償金を支払うことなどが決められた。

B　下関条約が結ばれた直後，ロシアはドイツやフランスとともに山東半島の返還を日本に求めた。

	A	B
ア	正	正
イ	正	誤
ウ	誤	正
エ	誤	誤

(9)　下線部 i に関連して，資料 4 は 1917 年に兵器工場で働くイギリス人女性の写真であり，資料 5 はイギリス，ドイツ，アメリカの女性の選挙権が認められた年を示したものである。資料 5 中の国々で女性の選挙権が認められた理由を，資料 4，資料 5 を参考にして書きなさい。

(　　　　　　　　　　　　　　　　　　　　　　　　　　　　　　　　　　)

資料 4

資料 5

国名	年
イギリス	1918
ドイツ	1919
アメリカ	1920

⑽ 下線部 j に関連して，満州事変のきっかけとなった事件が起きた場所として最も適当なものを，略地図中のア～エから１つ選び，記号を書きなさい。(　　　)

略地図

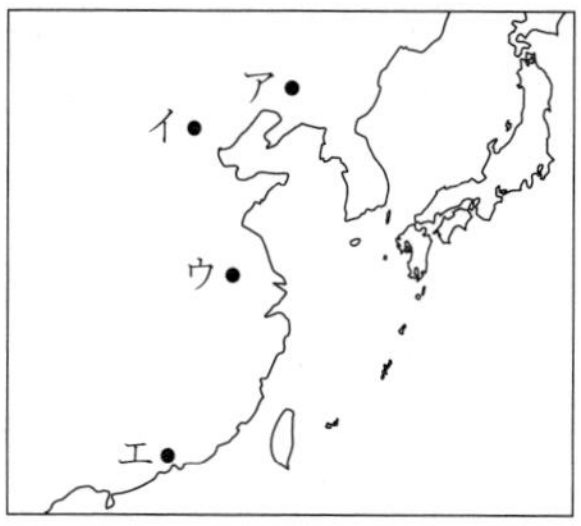

⑾ 下線部 k に関連して，次は日中国交正常化について述べた文である。文中の（ C ）に当てはまる語句を，**漢字**で書きなさい。

(　　　)

日本は田中角栄内閣の時に（ C ）を調印し，中華人民共和国が中国の唯一の合法政府であることを認めて，国交を正常化した。

③　公民的分野について，(1)～(7)の問いに答えなさい。

(1)　資料1は参議院議員選挙制度の変遷をまとめたものである。①～③の問いに答えなさい。

資料1

年	主な内容
1946	日本国憲法を公布し，参議院議員の任期を6年と定める
1947	参議院議員選挙法を制定し，議員定数を250人と定める
1970	2年後の［A］に向けて，議員定数を2人増員し252人とする
2000	一票の格差是正などを理由として，議員定数を10人減員し242人とする
2018	一票の格差是正などを理由として，議員定数を6人増員し248人とする

(「参議院ホームページ」より作成)

①　資料1中の下線部に関連して，日本国憲法は立憲主義に基づいている。立憲主義とはどのような考え方か，「**権力**」と「**権利**」の2つの語句を用いて書きなさい。

(　　　　　　　　　　　　　　　　　　　　　　　　　　　　　　　　　　　)

②　資料1中の［A］に当てはまる内容を書きなさい。(　　　　)

③　次は現在の参議院議員選挙制度について述べた文である。文中の（ B ）に当てはまる語句を，**漢字**で書きなさい。(　　　　)

現在の参議院議員選挙制度は，1つまたは2つの都道府県を単位とする選挙区制と，全国を1つの選挙区とする（ B ）制を組み合わせており，3年ごとに議員定数の半分を改選する。

(2)　資料2は障害者差別解消法について述べた文である。資料2中の（ C ）に当てはまる語句を書きなさい。(　　　　)

資料2

障害者差別解消法は，障がいのある人への不当な差別的取扱いの禁止と（ C ）の提供を目指すものである。（ C ）とは，右のイラストのように障がいのある人の求めに応じて，公的機関や企業が可能な範囲で対応することをいう。

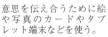

意思を伝え合うために絵や写真のカードやタブレット端末などを使う。

段差がある場合に，スロープなどを使って補助する。

(「内閣府広報用リーフレット」他より作成)

(3)　資料3は全国，東京都，大分県の歳入の内訳（2019年度）を示したものである。資料3中のD～Fの語句の組み合わせとして最も適当なものを，ア～カから1つ選び，記号を書きなさい。(　　　　)

	D	E	F
ア	地方交付税	国庫支出金	地方税
イ	地方交付税	地方税	国庫支出金
ウ	国庫支出金	地方交付税	地方税
エ	国庫支出金	地方税	地方交付税
オ	地方税	地方交付税	国庫支出金
カ	地方税	国庫支出金	地方交付税

資料３

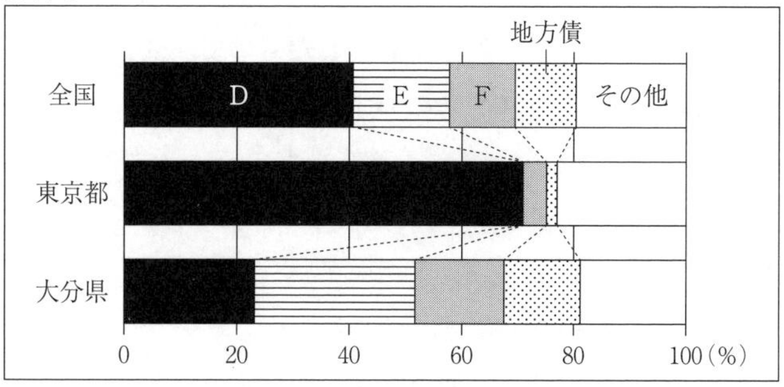

（「データでみる県勢 2022」より作成）

(4) 株式会社について述べた文G，Hの正誤の組み合わせとして最も適当なものを，ア～エから１つ選び，記号を書きなさい。（　　　）

G　株式会社は，発行した株式を売却する間接金融によって，多くの人から必要な資金を集めることができる。

H　株主は，株主総会に参加して経営方針に意見を述べることや，利潤の一部を配当として受け取ることができる。

	G	H
ア	正	正
イ	正	誤
ウ	誤	正
エ	誤	誤

(5) 資料４は円とドルの為替レート（為替相場）の推移（2020年１月～2022年９月）を示したものである。これに関する太郎さんと花子さんの会話文を読み，［　Ｉ　］に当てはまる内容として適当なものを，ア～エから**２つ**選び，記号を書きなさい。（　　　・　　　）

資料４

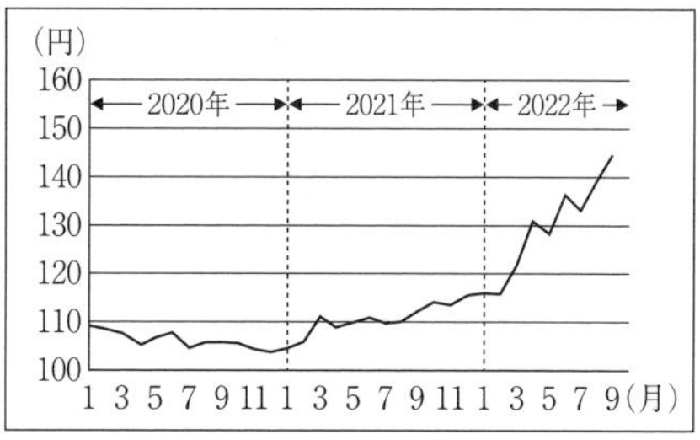

（「日本銀行ホームページ」より作成）

太郎：資料４のように，2022年以降は急激に円安が進んでおり，消費者が困っているというニュースを見ました。早く円高になってほしいですね。

花子：そうですね。ただ，円高が進むと［　Ｉ　］ため，円安の時に比べて不利になると考えられます。

太郎：なるほど。立場によっては円高が不利になる場合もあるのですね。

ア　外国へ輸出する日本の企業にとっては，外国での販売価格が上昇する

イ　外国から輸入する日本の企業にとっては，国内での販売価格が上昇する

ウ　外国へ旅行する日本人にとっては，現地での購入価格が高くなる

エ　日本を訪れる外国人にとっては，日本での購入価格が高くなる

(6) 資料５は景気の変動を示したものである。資料５中のＪの期間に行う金融政策について述べた文として最も適当なものを，ア～エから１つ選び，記号を書きなさい。（　　　）

資料５

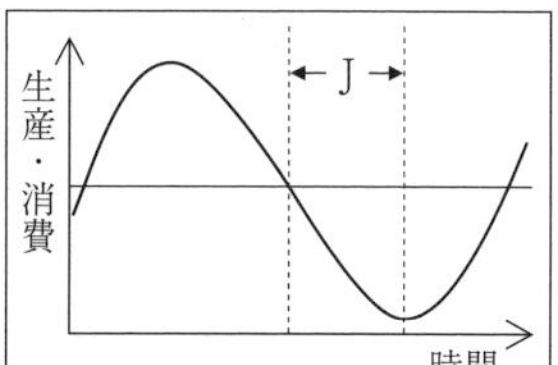

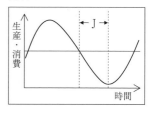

ア　銀行などの金融機関に国債を売却することで，通貨量を減らす。

イ　銀行などの金融機関に国債を売却することで，通貨量を増やす。

ウ　銀行などの金融機関から国債を購入することで，通貨量を減らす。

エ　銀行などの金融機関から国債を購入することで，通貨量を増やす。

(7)　資料６は大きな政府と小さな政府の特徴を整理したものである。資料６中のＫ～Ｎには，次のア～エのいずれかが当てはまる。ＬとＭに当てはまる内容として最も適当なものを，ア～エから１つずつ選び，記号を書きなさい。

資料６

	プラス面	マイナス面
大きな政府	Ｋ	Ｌ
小さな政府	Ｍ	Ｎ

Ｌ(　　　)　Ｍ(　　　)

ア　社会保障や公共サービスを削減することがある。

イ　規制の強化により，経済の自由な活動が妨げられることがある。

ウ　充実した社会保障や公共サービスを提供することができる。

エ　規制緩和が進み，経済が活性化することが期待される。

4　次はアジアハイウェイ１号線に関する花子さんと太郎さんの会話文である。(1)～(6)の問いに答えなさい。

花子：東京に行った際，a日本橋で「アジアハイウェイ１号線（AH1）」の標識を見つけました。調べてみると，資料１のように東京からbトルコまでつながっているようです。

太郎：それは知りませんでした。c福岡から韓国の間もつながっているのですか。

花子：ええ，その区間は船の航路でつながっています。dシルクロードのように，現代においてもアジアは道でつながっているのだと思い，感動しました。

太郎：道路の整備にはお金がかかると思うのですが，各国とも自費でしょうか。

花子：e政府開発援助（ODA）を通じて，資金の援助などを受けている国もあるようです。

太郎：なるほど。いつかはユーラシア大陸を旅してみたいですね。

資料１

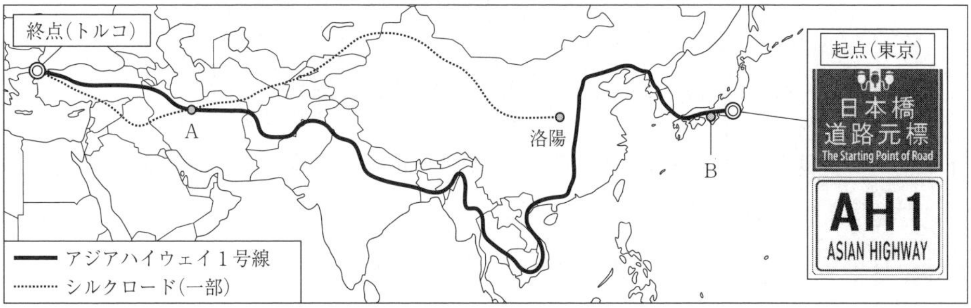

（「国土交通省ホームページ」他より作成）

(1)　資料１中のアジアハイウェイ１号線が通過している国として**適当でないもの**を，ア～エから１つ選び，記号を書きなさい。(　　　)

ア　ベトナム　　イ　インド　　ウ　イラク　　エ　タイ

(2)　下線部aに関連して，江戸時代には日本橋を起点とする東海道を通って朝鮮通信使が来訪した。この時に朝鮮との交渉の窓口をつとめた藩名を，**漢字**で書きなさい。(　　　藩)

(3)　下線部bに関連して，トルコについて述べた文C，Dの正誤の組み合わせとして最も適当なものを，ア～エから１つ選び，記号を書きなさい。(　　　)

C　EU加盟国の１つであり，国民の大半はキリスト教を信仰している。

D　北緯50度より北に位置し，アルプス・ヒマラヤ造山帯に属している。

	C	D
ア	正	正
イ	正	誤
ウ	誤	正
エ	誤	誤

(4)　下線部cに関連して，資料２は福岡市の地形図である。地形図を読み取った内容として最も適当なものを，ア～エから１つ選び，記号を書きなさい。(　　　)

ア　博多駅から北東にまっすぐ進むと，フェリー乗り場に到着する。

イ　博多駅から店屋町までは地形図上の距離が約4cmであるため，実際の距離は約1kmである。

ウ　中呉服町の郵便局の周辺には，複数の神社が集まっている。

エ　博多駅前（一）と中洲（五）の標高差は，10m以上である。

資料２

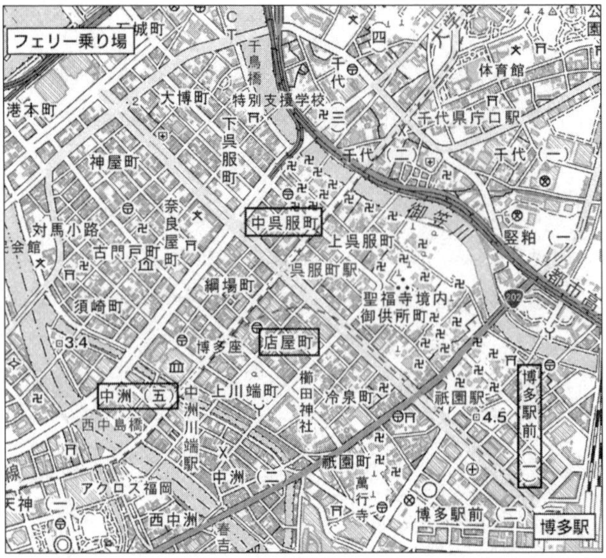

（「国土地理院発行２万５千分の１地形図」より作成）

(5)　下線部ｄに関連して，資料３は資料１中のＡの都市周辺で発見されたガラス製の容器であり，資料４は資料１中のＢの都市の正倉院で保管されているガラス製の容器である。シルクロードが果たした役割を，資料３，資料４を参考にして書きなさい。

（　　　　　　　　　　　　　　　　　　　　　　　　　　　　　　　　　　　）

資料３

資料４

(6)　下線部ｅに関連して，資料５中のＥ～Ｇは資料６中の３か国のいずれかに対する日本の政府開発援助（ODA）の開発協力方針の一部を示したものである。Ｅ～Ｇの語句の組み合わせとして最も適当なものを，ア～カから１つ選び，記号を書きなさい。（　　　）

資料５

E	F	G
・食料安全保障の改善に向けた支援を行う。 ・干ばつや砂漠化などが深刻化していることから，環境や気候変動対策にも配慮する。	・経済の発展に伴い格差が拡大していることから，国内産業強化の支援を行う。 ・地震を中心とした災害への対策能力強化の協力を行う。	・豊かな森林を有しているが，森林減少率が高いため森林保全が急務である。 ・感染症対策を含む保健システム強化の支援を行う。

（「外務省ホームページ」より作成）

資料6

	E	F	G
ア	メキシコ	チャド	コンゴ民主共和国
イ	メキシコ	コンゴ民主共和国	チャド
ウ	チャド	メキシコ	コンゴ民主共和国
エ	チャド	コンゴ民主共和国	メキシコ
オ	コンゴ民主共和国	メキシコ	チャド
カ	コンゴ民主共和国	チャド	メキシコ

5　次は資源・エネルギー問題に関する花子さんたちの会話文である。(1)〜(4)の問いに答えなさい。

花子：資源・エネルギー問題は，ニュースでもよく見かけますね。私たちは，いつから多くの資源・エネルギーを使うようになったのでしょうか。

太郎：a産業革命によって石炭を大量に使うようになったことが，大きな転換期だと思います。

先生：そうですね。では，現在の資源・エネルギー問題を挙げるとすれば，どのようなことが思いつきますか。

花子：はい。b産出地がかたよっていることや，価格が変動しやすいことが挙げられます。

太郎：他にも，化石燃料の燃焼がc地球環境問題につながっていることも重要だと思います。

先生：その通りですね。私たちの生活において，資源・エネルギーは不可欠です。d安全に持続可能な方法で利用していくにはどうすればよいか考えていきましょう。

(1)　下線部aに関連して，イギリスの産業革命について述べた文として**適当でないもの**を，ア〜エから1つ選び，記号を書きなさい。(　　　)

ア　イギリスの産業革命が起きた主な要因は，インド産の絹織物が人気となったことである。

イ　イギリスでは18世紀後半になると，工場で蒸気機関を用いた機械による生産が行われた。

ウ　イギリスは19世紀には，「世界の工場」と呼ばれるようになった。

エ　イギリスの工業の盛んな都市では，住宅不足など生活環境が悪化した。

(2)　下線部bに関連して，資料1中のA〜Cは石炭，石油，天然ガスのいずれかの産出量の国別割合（2019年）を示したものである。A〜Cの語句の組み合わせとして最も適当なものを，ア〜カから1つ選び，記号を書きなさい。(　　　)

資料1

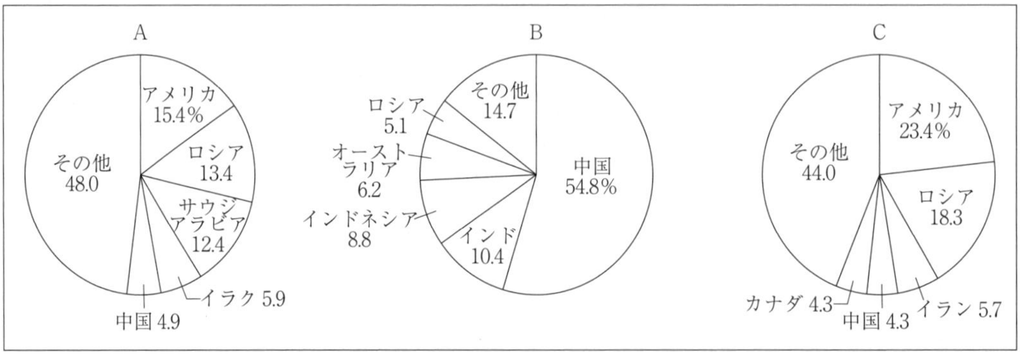

（「データブック　オブ・ザ・ワールド 2022」他より作成）

	A	B	C
ア	石炭	石油	天然ガス
イ	石炭	天然ガス	石油
ウ	石油	石炭	天然ガス
エ	石油	天然ガス	石炭
オ	天然ガス	石炭	石油
カ	天然ガス	石油	石炭

(3)　下線部cに関連して，資料2は国際社会で採択されたある取り決めの主な内容を示したもので

ある。この取り決めの名称を書きなさい。(　　　)

資料 2

・産業革命以前と比較して，世界全体の平均気温の上昇を 2℃未満に抑える目標を設定する。
・発展途上国を含む各国，地域がそれぞれ立てた温室効果ガスの削減目標に取り組む。

(4)　下線部 d に関連して，資料 3 は日本の 1990 年度，2000 年度，2010 年度，2020 年度の発電量の発電方法別割合を示したものであり，資料 4 は資源エネルギー庁が試算した 2020 年の発電コスト等を示したものである。①，②の問いに答えなさい。

資料 3

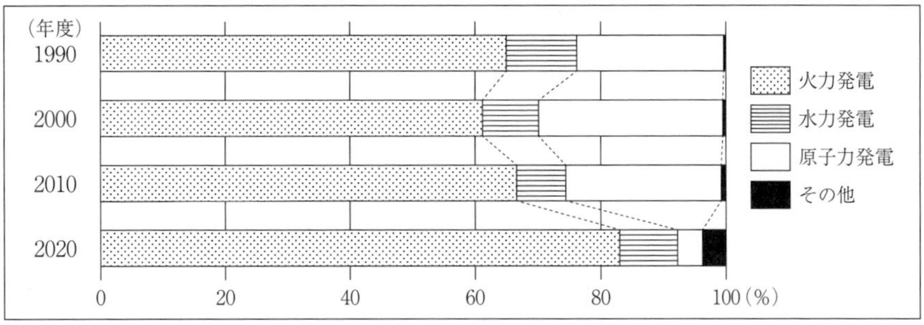

(「日本国勢図会 2022／23」より作成)

資料 4

発電方法		火力(石炭)	水力(大規模)	原子力	風力(陸上)	太陽光(大規模)	地熱	平均
発電コスト(円/kWh)	資本費	2.0	5.7	4.2	10.0	8.8	5.8	6.1
	燃料費	4.3	0	1.7	0	0	0	1.0
	その他費用	6.2	5.3	5.6	9.9	4.1	10.9	7.0
設備利用率(%)		70.0	60.0	70.0	25.4	17.2	83.0	54.3
稼働年数(年)		40	40	40	25	25	40	35.0

(注)　設備利用率：発電設備の最大出力値に対する，実際に発電した発電量の比率

(「資源エネルギー庁ホームページ」より作成)

①　資料 3，資料 4 について述べた文 D～G のうち，正しいものの組み合わせとして最も適当なものを，ア～エから 1 つ選び，記号を書きなさい。(　　　)

D　2000 年度の発電量の発電方法別割合が 1990 年度と異なるのは，その間に起きたイラク戦争の影響が大きい。

E　2020 年度の発電量の発電方法別割合が 2010 年度と異なるのは，その間に起きた東日本大震災の影響が大きい。

F　各発電方法のうち最も発電コストが低いのは，水力（大規模）発電である。

G　すべての再生可能エネルギーは，設備利用率と稼働年数が平均より低い。

ア　D と F　　イ　D と G　　ウ　E と F　　エ　E と G

②　太郎さんは，日本の資源・エネルギー問題とその解決策について資料 5 にまとめた。資料 5 中の［ H ］に当てはまる内容を 1 つ書きなさい。ただし，**資料 5 中に示されている解決策と**

同じ内容は書かないこと。

(　　　　　　　　　　　　　　　　　　　　　　　　　　　　　　　　　　　　　)

資料５

【日本の現状】
・火力発電の割合が高い。

【問題点１】
・火力発電は温室効果ガスを排出するため，地球温暖化につながる。

【問題点１の解決策】
・再生可能エネルギーの割合を高める。
・省エネを推進する。

【問題点２】
・日本は資源を輸入に頼っているため，輸入相手国の状況によっては，安定した輸入が難しくなるおそれがある。

【問題点２の解決策】
・エネルギー自給率を高める。
・　H　

理科

時間　50分　　　　満点　60点

1　次の(1)～(4)の問いに答えなさい。

(1)　花子さんと太郎さんは，刺激に対するヒトの反応時間について調べるために，次の実験を行った。①～③の問いに答えなさい。

1　［図1］のように，花子さんはものさしの上端をつかみ，太郎さんはものさしの0の目盛りのところに親指と人差し指をそえて，いつでもつかめるようにし，目を閉じた。

2　花子さんは「はい」と声を出し，同時にものさしから手をはなした。

3　［図2］のように，「はい」の声を聞いたら，太郎さんは落ちるものさしをつかみ，ものさしの0の目盛りからどれくらいの距離でつかめたかを調べた。

4　1～3を5回くり返した。

［表1］は，調べた結果をまとめたものである。

［図1］

［図2］

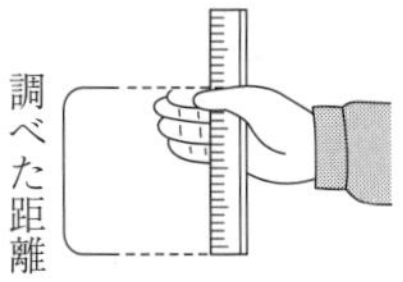

［表1］

	1回目	2回目	3回目	4回目	5回目
距離〔cm〕	14.7	15.5	17.8	16.5	15.5

①　3で，太郎さんが「はい」の声を聞いてから落ちるものさしをつかむまでの，刺激の信号と命令の信号が伝わる経路として最も適当なものを，ア～オから1つ選び，記号を書きなさい。（　　）

ア　耳→手　　イ　耳→脳→手　　ウ　耳→脳→脊髄→手　　エ　耳→脊髄→脳→手

オ　耳→脊髄→手

②　［図3］はものさしが落ちる距離とものさしが落ちるのに要する時間の対応目盛りの一部である。［図3］を用いて，［表1］の調べた距離の平均から，「はい」の声を聞いてから落ちるものさしをつかむまでの，およその反応時間として最も適当なものを，ア～エから1つ選び，記号を書きなさい。（　　）

ア　0.17秒　　イ　0.18秒　　ウ　0.19秒　　エ　0.20秒

［図3］

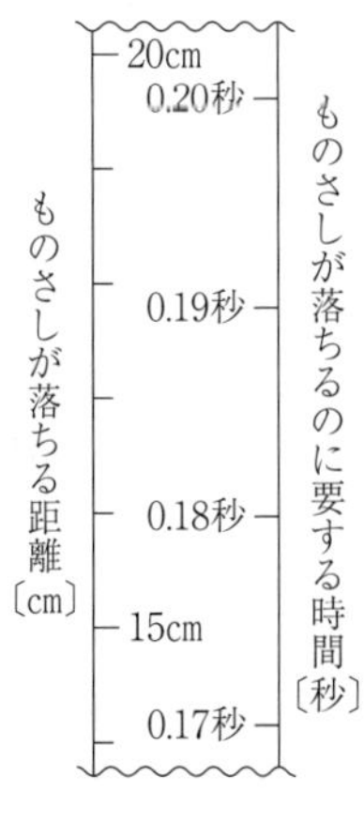

③　刺激に対するヒトの反応について調べたところ，今回の実験での反応とは別に，反射という反応があることがわかった。反射の例として適当なものを，ア～オからすべて選び，記号を書きなさい。（　　）

ア　名前を呼ばれたので，返事をした。

イ　暗いところから明るいところに出たので，目のひとみが小さくなった。

ウ　地震の揺れを感じたので，机の下に隠れた。

エ　寒かったので，手に息を吹きかけた。

オ　おにぎりを口に入れたので，だ液が出た。

(2)　月の動きについて調べた。①～③の問いに答えなさい。

> [1]　ある年の2月11日に，大分県のある場所で月が真南に見えた時刻を調べると，20時21分であった。
>
> [2]　次の日の2月12日に，同じ場所で20時21分の月の位置を観察したところ，真南に見えなかった。

①　[図4] は月の写真である。月には海と呼ばれる黒い部分があり，この部分は玄武岩などの黒い岩石でできている。玄武岩の説明として最も適当なものを，ア～エから1つ選び，記号を書きなさい。(　　　)

[図4]

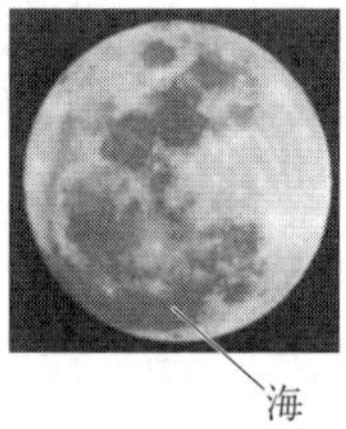

ア　深成岩で，斑状組織が見られる。

イ　深成岩で，等粒状組織が見られる。

ウ　火山岩で，斑状組織が見られる。

エ　火山岩で，等粒状組織が見られる。

②　[図5] は，地球の北極側から見た地球の自転のようす，地球の公転軌道とそのようす，月の公転軌道を模式的に表したものである。また，[図6] は，日本のある場所で観察された皆既月食における月の見え方の変化を，デジタルカメラで同じ位置から撮影し，並べたものである。地球の自転の向き，地球の公転の向き，皆既月食における月の見え方の変化の向きの組み合わせとして最も適当なものを，ア～クから1つ選び，記号を書きなさい。(　　　)

[図5]

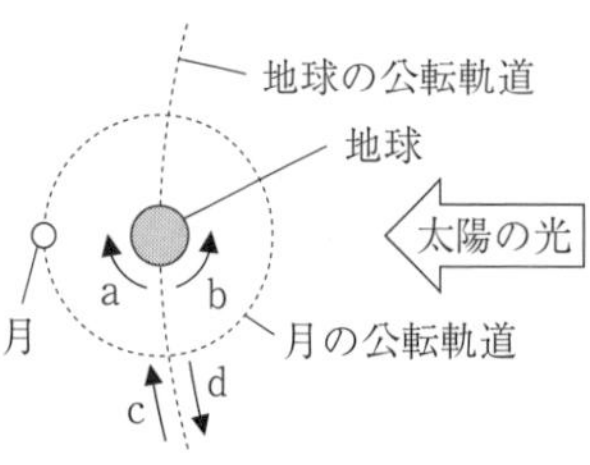

[図6]

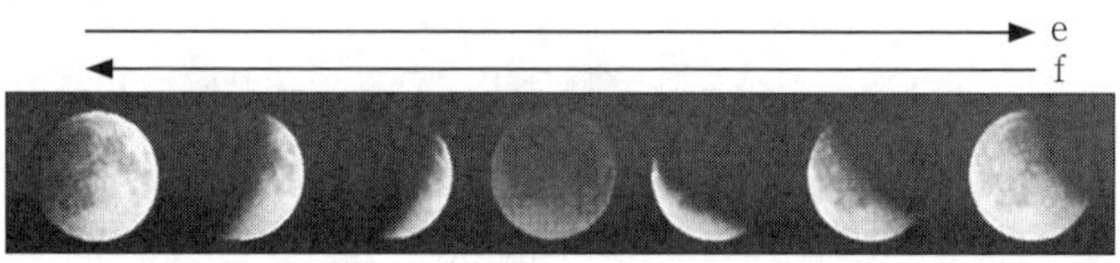

	ア	イ	ウ	エ	オ	カ	キ	ク
地球の自転の向き	a	a	a	a	b	b	b	b
地球の公転の向き	c	c	d	d	c	c	d	d
皆既月食における月の見え方の変化の向き	e	f	e	f	e	f	e	f

③　[2]で，2月12日に観察すると，20時21分に見える月は真南から東に12°の位置に見えた。2月12日に月が真南に見える時刻を求めなさい。ただし，地球は自転により1時間当たりでは15°回転するものとする。また，2月12日の20時21分から月が真南に見える時刻までの間は，月の公転の影響は考えないものとする。(　　時　　分)

(3)　花子さんは，「どれくらいの食塩水の濃さで，生卵が浮くだろうか」という疑問を持ち，次の実験を行った。①～③の問いに答えなさい。

[1] ビーカーを用意し，20℃の水を200g入れ，生卵を入れたところ，［図7］のように，生卵はビーカーの底に沈んだ。

[2] [1]のビーカーに食塩を2g入れ，ガラス棒でよくかき混ぜたところ，食塩はすべて溶け，生卵はビーカーの底に沈んだままだった。

[3] [2]の操作を，生卵がビーカーの食塩水に浮かぶまで繰り返した。その結果，溶けた食塩が28gになったとき，生卵がビーカーの食塩水に浮かんだ。

［図7］

① 食塩の主成分は塩化ナトリウムである。塩化ナトリウムは水に溶けると電離する。食塩水中での塩化ナトリウムの電離のようすを**化学反応式**で表しなさい。(　　　　　　　　　　)

② [3]で，食塩が28g溶けたとき，ビーカーの食塩水の質量パーセント濃度は何％か，四捨五入して**小数第一位まで求めなさい**。(　　　　％)

③ [3]の実験が終わった後，花子さんは先生と次の会話をした。(g)に当てはまる語句として最も適当なものを，ア～エから1つ選び，記号を書きなさい。(　　　)

花子：今回の実験で，沈んでいた生卵が浮かんだ理由は，食塩水の密度が，食塩水中の生卵の(g)なったためですね。

先生：そのとおりです。

ア 質量より大きく　　イ 質量より小さく　　ウ 密度より大きく　　エ 密度より小さく

(4) 回路に流れる電流について調べた。①～③の問いに答えなさい。

[1] ［図8］の回路のように，電熱線P，Qを並列につなぎ，6Vの電源につなぎ，点X，Yの位置で電流の大きさI_X，I_Yをそれぞれ測定した。

［表2］は，その結果をまとめたものである。

［表2］

	I_X	I_Y
電流〔mA〕	800	600

[2] ［図9］の回路のように，[1]と同じ電熱線P，Qを直列につなぎ，6Vの電源につないだ。

［図8］

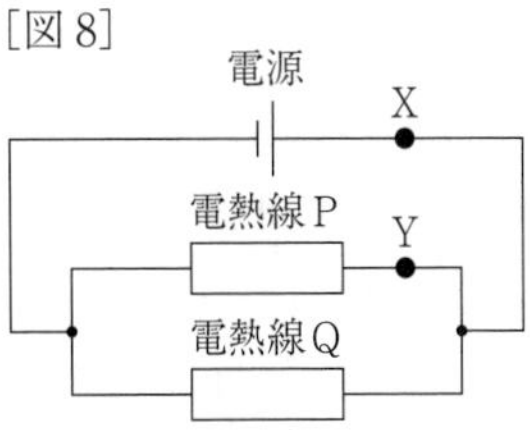

［図9］

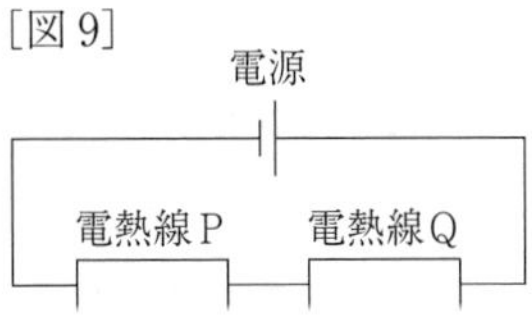

① [1]で，回路全体の抵抗の大きさは何Ωか，求めなさい。(　　　Ω)

② 次の文は[1]，[2]についてまとめたものである。(h)，(i)に当てはまる語句の組み合わせとして最も適当なものを，ア～エから1つ選び，記号を書きなさい。また，(j)に当てはまる数値を求めなさい。記号(　　　)　消費電力(　　　)

	ア	イ	ウ	エ
h	P	P	Q	Q
i	P	Q	P	Q

[1]の回路で消費電力が大きいのは電熱線(h)であり，[2]の回路で消費電力が大きいのは電熱線(i)である。[2]の回路で電熱線Qの消費電力は(j)Wとなる。

③　2で，3分間6Vの電源につないだとき，回路全体で消費された電力量は何Jか，求めなさい。
(　　　J)

2　太郎さんは，津久見市が石灰石の生産量日本一であるということを知り，石灰石に興味をもち，次の実験を行った。(1)～(5)の問いに答えなさい。

I　石灰石と塩酸の反応について調べた。

1　[図1] のように，塩酸50mLを入れたビーカーを用意し，ビーカー全体の質量をはかったところ，103.98gであった。

[図1]

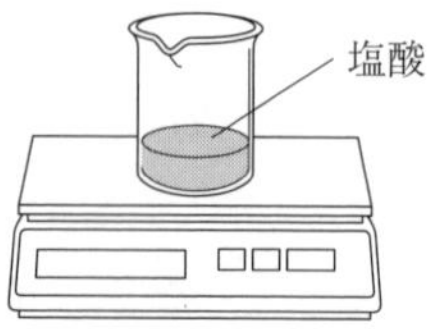

2　1のビーカーに石灰石0.50gを加えたところ，気体が発生した。

3　気体の発生が止まった後，ビーカー全体の質量をはかった。

4　3のビーカーに，さらに石灰石0.50gを加え，気体の発生が止まった後，ビーカー全体の質量をはかった。

5　4の操作を，加えた石灰石の質量の合計が2.50gになるまで繰り返した。
[表1] は，2～5の結果をまとめたものである。

[表1]

加えた石灰石の質量の合計〔g〕	0.50	1.00	1.50	2.00	2.50
反応後のビーカー全体の質量〔g〕	104.28	104.58	104.88	105.18	105.68

(1)　石灰岩は，生物の死がいなどが海底に堆積してできるが，津久見市にある石灰石の鉱山は，海より高い場所にある。海底に堆積した地層を陸上で観察することができる理由を簡潔に書きなさい。(　　　　　　)

(2)　Iの結果から，加えた石灰石の質量の合計と発生した気体の質量の合計の関係を，グラフに表しなさい。

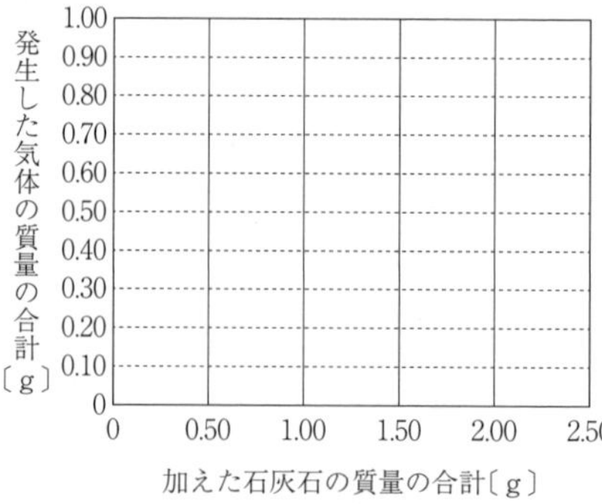

(3)　Iの後，太郎さんは先生と次の会話をした。①，②の問いに答えなさい。

太郎：気体が発生したのは，石灰石の主成分である炭酸カルシウムが，塩酸の溶質である塩化水素と反応したためですね。

先生：そうですね。しかし，石灰石には炭酸カルシウム以外も含まれていますね。石灰石の中に含まれている炭酸カルシウムの質量を調べるためには，どのような実験が考えられますか。

太郎：純粋な炭酸カルシウムを用いて，Iと同様に塩酸と反応させる実験を行い，石灰石の場合と結果を比較することで調べることができると思います。

先生：そうですね。では，実験を行うとき，炭酸カルシウムも2.50g必要ですか。

太郎：いいえ。石灰石2.50gに含まれている炭酸カルシウムと実験で用いた塩酸50mLの反応では（ a ）ため，準備する炭酸カルシウムは2.50g必要ありません。

先生：そうですね。では，実験を行いましょう。

① (a) に当てはまる語句として最も適当なものを，ア～ウから１つ選び，記号を書きなさい。
( )

ア 炭酸カルシウムはすべて反応するが，反応しなかった塩化水素は残っている

イ 塩化水素はすべて反応するが，反応しなかった炭酸カルシウムは残っている

ウ 炭酸カルシウムと塩化水素が互いに過不足なく反応し，炭酸カルシウムも塩化水素も残らない

② 次の化学反応式は，炭酸カルシウムと塩酸の反応を表したものである。(b) に当てはまる**数字**と，(c) に当てはまる**化学式**を書きなさい。b( ) c( )

$CaCO_3$ +(b) HCl → $CaCl_2$ + H_2O +(c)

Ⅱ 炭酸カルシウムと塩酸の反応について調べた。

6 新たにビーカーを用意し，1と同じ濃さの塩酸を 50mL 入れ，ビーカー全体の質量をはかったところ，103.98g であった。

7 6のビーカーに炭酸カルシウム 0.50g を加えたところ，気体が発生した。

8 気体の発生が止まった後，ビーカー全体の質量をはかった。

9 8のビーカーに，さらに炭酸カルシウム 0.50g を加え，気体の発生が止まった後，ビーカー全体の質量をはかった。

［表 2］は，7～9の結果をまとめたものである。

［表 2］

加えた炭酸カルシウムの質量の合計〔g〕	0.50	1.00
反応後のビーカー全体の質量〔g〕	104.26	104.54

(4) Ⅰ，Ⅱの結果から，Ⅰの石灰石 1.00g に含まれている炭酸カルシウムは何 g か，四捨五入して**小数第二位まで**求めなさい。ただし，石灰石に含まれる炭酸カルシウムはすべて塩酸と反応するものとし，石灰石に含まれる物質で塩酸と反応する物質は炭酸カルシウムのみとする。(g)

(5) 化学変化のときの原子の組み合わせや性質について述べたものとして最も適当なものを，ア～エから１つ選び，記号を書きなさい。( )

ア 化学変化の前後で，物質をつくる原子の組み合わせは変化しても，原子が新しくできたりなくなったりしない。

イ 化学変化の前後で，原子が新しくできたりなくなったりすることで，物質をつくる原子の組み合わせも変化する。

ウ 化学変化の前後で，物質をつくる原子の組み合わせは変化しないが，原子は新しくできたりなくなったりする。

エ 化学変化の前後で，原子が新しくできるがなくなりはせず，物質をつくる原子の組み合わせも変化しない。

3 花子さんと太郎さんは，タマネギの根の成長のようすを調べるために，次の観察を行った。(1)〜(8)の問いに答えなさい。

1 タマネギの根を先端から約5mmの位置で切り取った。

2 切り取った部分をうすい塩酸と酢酸カーミン液の混合液に入れ，しばらくおいた。

3 2で混合液に入れた根をスライドガラスにのせ，カバーガラスをかぶせた。

4 カバーガラスの上にろ紙をのせ，ずらさないように指の腹で垂直に押しつぶし，プレパラートを作成した。

5 作成したプレパラートを顕微鏡で観察した。

［図1］は，そのとき観察された視野の一部をデジタルカメラで撮影したものである。

6 5で観察した細胞のうち，特徴的ないくつかの細胞をスケッチした。

［図2］のA〜Fは，そのとき観察した，体細胞分裂の過程における各時期の細胞のスケッチである。

［図1］

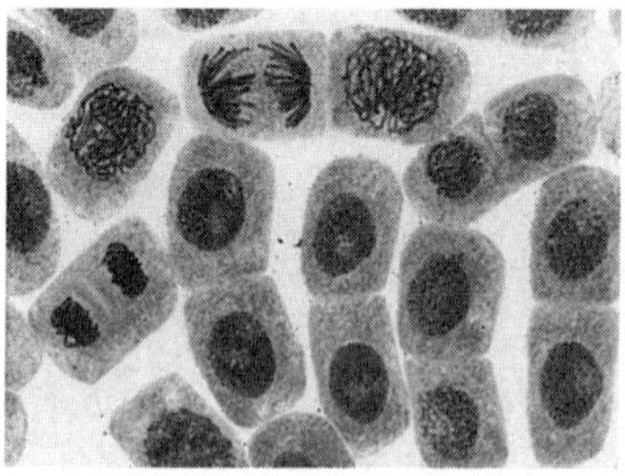

［図2］

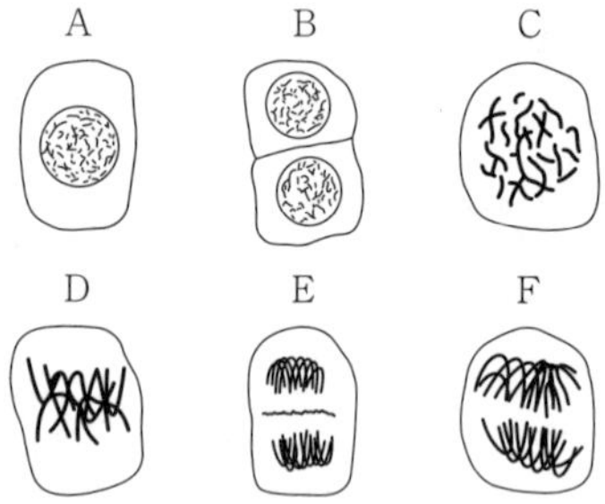

(1) タマネギは，ひげ根をもつ単子葉類である。単子葉類に分類されるものとして適当なものを，ア〜オからすべて選び，記号を書きなさい。（　　　）

ア ユリ　イ エンドウ　ウ ソテツ　エ アブラナ　オ ツユクサ

(2) 2で酢酸カーミン液を使う理由として最も適当なものを，ア〜エから1つ選び，記号を書きなさい。（　　　）

ア 体細胞分裂を促進するため。　イ 細胞と細胞をはなれやすくするため。

ウ 細胞に栄養を与えるため。　エ 核や染色体を染色するため。

(3) ［図2］のA〜Fを体細胞分裂の進む順に並べるとどうなるか，Aを体細胞分裂のはじまり，Bを終わりとし，C〜Fを体細胞分裂が進む順に並べて，記号を書きなさい。

（A →　　→　　→　　→　　→ B）

(4) タマネギの体細胞分裂直後の1つの細胞にある染色体数は16本である。［図2］のFの状態にある1つの細胞にふくまれる染色体の本数は何本か，書きなさい。（　　　本）

(5) 観察が終わった後，花子さんは先生と次の会話をした。（ a ），（ b ）に当てはまる語句の組み合わせとして最も適当なものを，ア〜エから1つ選び，記号を書きなさい。（　　　）

花子：体細胞分裂によって細胞の数が増えることで，タマネギの根は成長するのですね。

先生：そうですね。でも，それだけでしょうか。体細胞分裂を終えた直後の細胞の大きさに注目するとどのようなことがわかりますか。

花子：体細胞分裂によって2つに分かれた細胞は，もとの細胞より小さいです。体細胞分裂した後に細胞が（ a ）ことでタマネギの根は成長するのだと思います。

先生：そうですね。では，それを確かめるためには，次にどのような観察を行えばよいでしょうか。

花子：タマネギの根の先端から離れた部分の細胞と比べて，根の先端に近い部分の細胞は（ b ）が多いことを確認すればよいと思います。

先生：そうですね。その観察を行えば，体細胞分裂した後の細胞が（ a ）ことで，タマネギの根が成長することがわかりますね。

	ア	イ	ウ	エ
a	大きくなる	大きくなる	根の先端に移動する	根の先端に移動する
b	小さいもの	大きいもの	小さいもの	大きいもの

(6) 体細胞分裂によって新しい個体をつくる生殖を無性生殖という。無性生殖に関連した文として最も適当なものを，ア～エから1つ選び，記号を書きなさい。(　　　)

ア　無性生殖でできた新しい個体は，もとの個体とは異なる形質をもつ。

イ　無性生殖で，ジャガイモのように体の一部から新しい個体をつくるものを栄養生殖という。

ウ　無性生殖では卵細胞の核と精細胞の核が合体し，新しい1つの細胞として受精卵ができる。

エ　無性生殖では体細胞分裂によって生殖細胞がつくられる。

(7) 受精卵の細胞分裂について，太郎さんは先生と次の会話をした。（ c ）に当てはまる語句を**漢字**で書きなさい。また，（ d ）に当てはまる**整数**を書きなさい。ただし，各細胞はすべて同時に分裂するものとする。c(　　　) d(　　　)

太郎：受精卵が分裂を繰り返して親と同じような形へ成長する過程を（ c ）といいますね。

先生：そうですね。1個の受精卵が1回分裂すると細胞は2個になります。2回分裂すると4個，3回分裂すると8個になるというように分裂の回数を数えると，細胞の数がはじめて50個をこえるのは受精卵が何回分裂を行ったときになりますか。

太郎：（ d ）回分裂したときです。

先生：そうですね。そのとき，細胞の数がはじめて50個をこえます。多細胞生物は多くの細胞が集まって構成されているので，受精卵は成長するときに何回も細胞分裂することになりますね。

(8) 染色体に含まれる，遺伝子の本体である物質は何か，書きなさい。(　　　)

4　振り子の動きやエネルギーについて調べるために，次の実験を行った。(1)〜(6)の問いに答えなさい。ただし，糸の重さや空気の抵抗は無視できるものとし，糸は伸び縮みしないものとする。

Ⅰ　糸でつるした小球の運動について調べた。

1　［図1］のように，300gの小球に糸をつけて天井からつるし，小球を糸がたるまないようにして点Aまで持ち上げ静止させた。

2　［図2］のように，小球から静かに手をはなして運動を観察したところ，小球は最下点Bを通過した後，点Cを通過し，点Aと同じ高さの点Dまで上がった。

［図1］

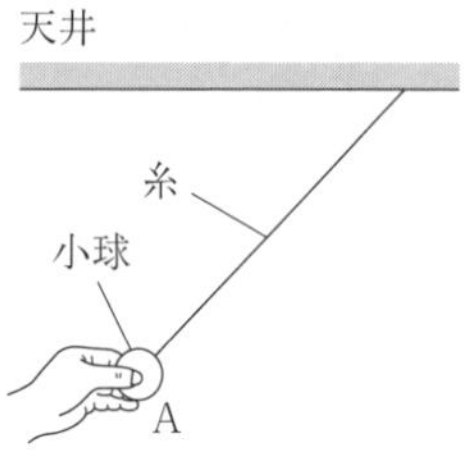

［図2］

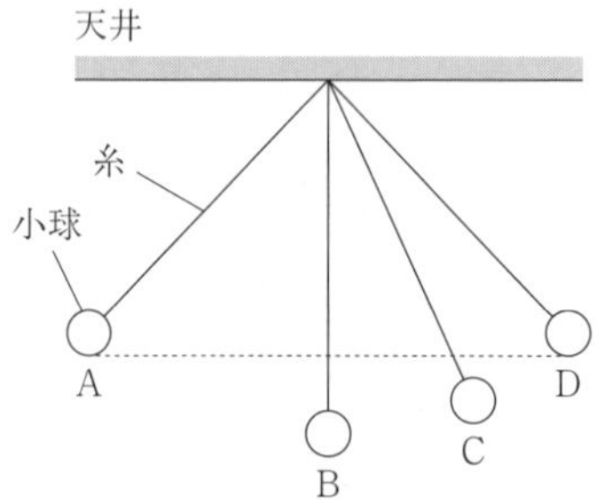

(1)　点Aで手をはなした直後の小球にはたらく重力を，力の矢印で解答欄の図に作図しなさい。ただし，100gの物体にはたらく重力を1Nとし，方眼紙の1目盛りは1Nとする。

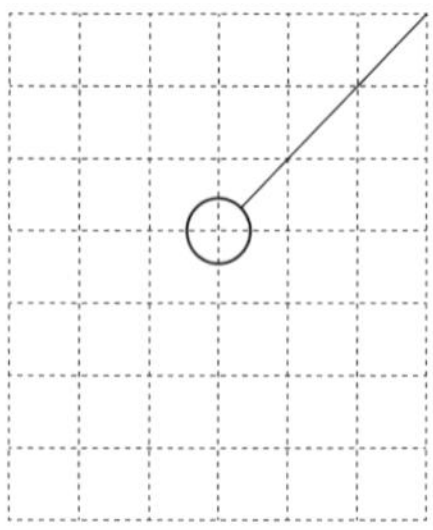

(2)　［図2］で，点Aでの位置エネルギーは点Cでの位置エネルギーの3倍であった。小球が点Bを通過するときの運動エネルギーは点Cを通過するときの運動エネルギーの何倍か，求めなさい。ただし，小球が点Bにあるときの位置エネルギーの大きさを0とする。(　　　倍)

(3)　小球が［図2］の点Dに達した瞬間に糸を切ると，小球はどの向きに運動するか。小球が運動する向きとして最も適当なものを，［図3］のア〜エから1つ選び，記号を書きなさい。(　　　)

［図3］

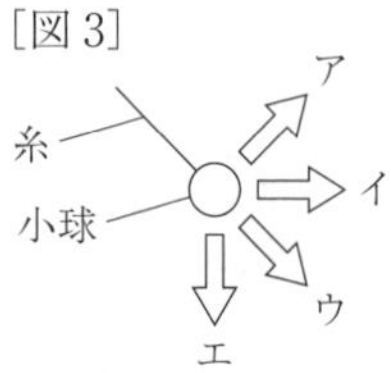

Ⅱ　糸の長さや小球の質量を変えたときのエネルギーについて，次の実験を行った。

3　［図4］のように，小球に糸をつけ，糸の一端をスタンドの点Oに結び，振り子を作成した。

4　糸の長さが25cmで，小球の質量が100g，200gの振り子が1往復する時間をそれぞれ調べた。

5　［図5］のように，摩擦力のはたらく床の上に60gの木片を置き，4の振り子の小球を糸がたるまないようにして床から10cmの高さに持ち上げ静止させた。小球から静かに手をはなし，小球が最下点になる位置で木片に衝突させ，木片の動いた距離をそれぞれ調べた。

6 4, 5の実験を振り子の糸の長さを50cm, 100cmと変えて同様にそれぞれ行った。

［表］は, 4～6の結果をまとめたものである。

［図4］

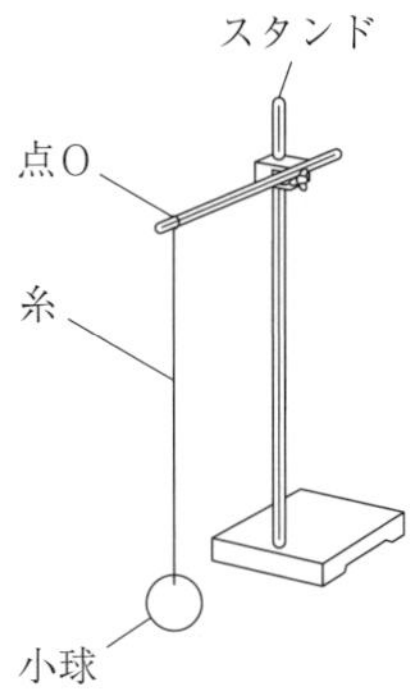

［図5］

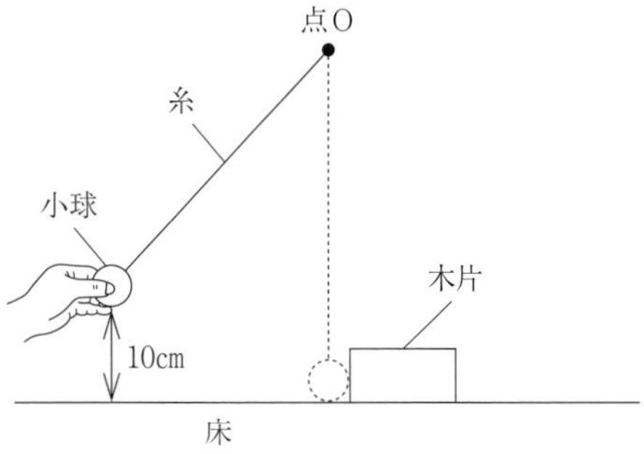

［表］

糸の長さ〔cm〕	25	25	50	50	100	100
小球の質量〔g〕	100	200	100	200	100	200
1往復する時間〔秒〕	1.0	1.0	1.4	1.4	2.0	2.0
木片の動いた距離〔cm〕	5	10	5	10	5	10

(4) 5の実験で, 200gの小球によって木片が動いた運動について考えた。実験で用いた木片を手で押して, 摩擦力に逆らってゆっくりと10cm移動させたとき, 手がした仕事の大きさは何Jか, 求めなさい。ただし, 木片には常に床から2Nの摩擦力がはたらくものとする。(　　　J)

(5) 次の文は, Ⅱの実験についてまとめたものである。(a)～(c)に当てはまる語句の組み合わせとして最も適当なものを, ア～エから1つ選び, 記号を書きなさい。(　　　)

(a)が同じなら, (b)を変えても振り子の1往復する時間は変わらない。よって, 振り子の1往復する時間は(a)で決まる。また, 同じ高さから手をはなすと, 最下点での運動エネルギーは(b)によって(c)。

	ア	イ	ウ	エ
a	糸の長さ	糸の長さ	小球の質量	小球の質量
b	小球の質量	小球の質量	糸の長さ	糸の長さ
c	変わる	変わらない	変わる	変わらない

Ⅲ 振り子にエネルギーを与えたときの運動について調べた。

7 ［図6］のように, 小球に糸をつけて天井からつるし, 小球を糸がたるまないようにして点Eまで持ち上げ静止させた。

8 ［図7］のように, 糸がたるまないようにしながら, 小球を指で矢印の方向にはじいたところ, 小球は最下点Fを通過し, 点Eの高さより高い点Gまで上がった。

［図6］

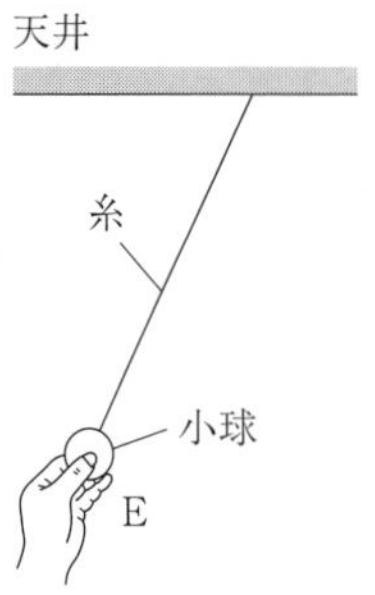

［図7］

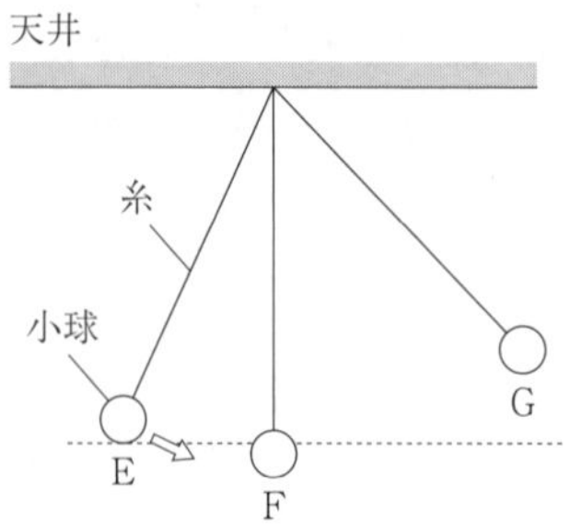

(6)　［図8］の破線（-----）は，指ではじいた直後の小球が点Eから点Gまで動くときの小球の位置エネルギーの大きさの変化のようすを表したものである。［図8］に，小球の運動エネルギーの大きさの変化のようすを実線（――）で書き加えたものとして最も適当なものを，ア～エから1つ選び，記号を書きなさい。ただし，小球が点Eにあるときの位置エネルギーの大きさを1，小球が最下点Fにあるときの位置エネルギーの大きさを0とする。(　　　)

［図8］

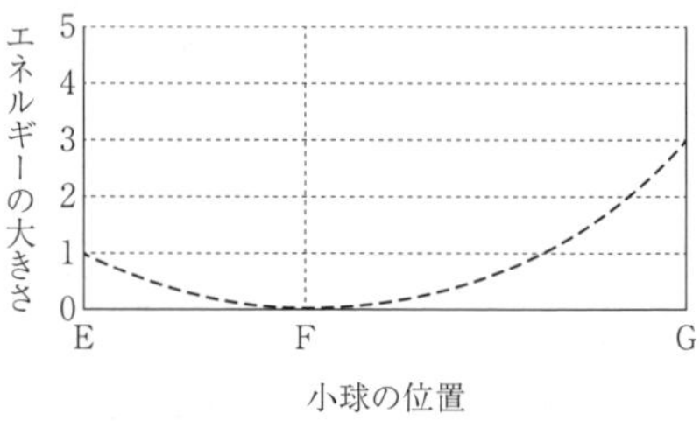

ア

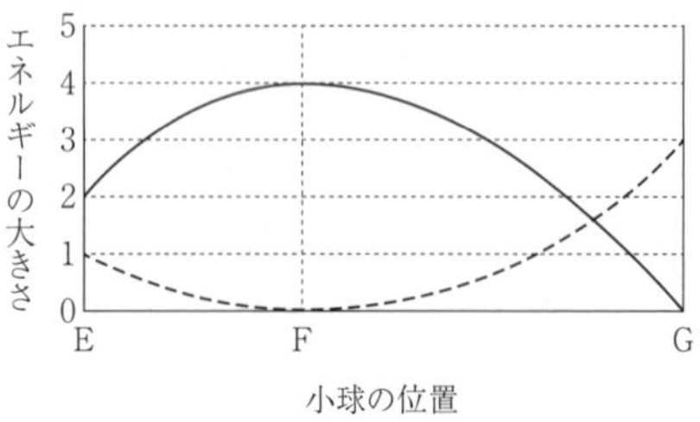

イ

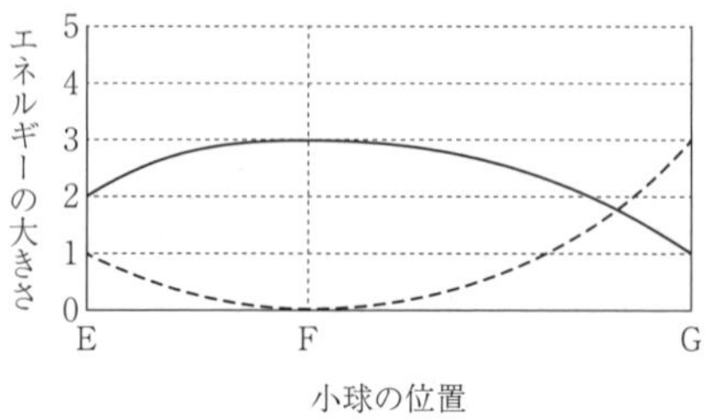

ウ

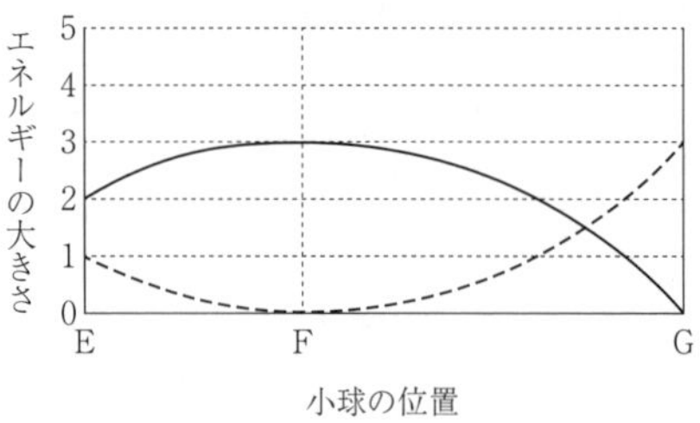

エ

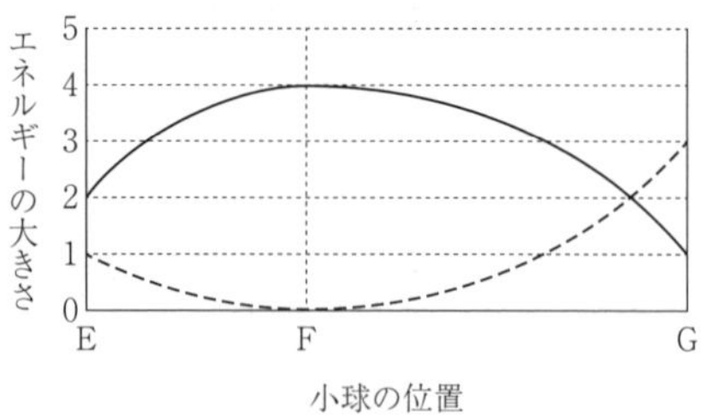

5 地震や津波に関する(1), (2)の問いに答えなさい。

(1) 太郎さんと花子さんは地震について調べ，次の会話をした。①～③の問いに答えなさい。

太郎：過去に大分県で起こった地震について調べると，慶長元年（1596 年）に大きな地震が起こり，大津波が押しよせたようです。

花子：他にも調べてみると，大分県ではこれまでに大きな地震が何度かあったようです。授業で学んだように，日本付近では 4 枚のプレートが押し合っており，大きな地震は，このような X <u>プレートの境界で起こる地震</u>だそうです。

太郎：大きな地震を教訓に，佐伯藩では津波が来ることを Y <u>大きな音</u>で知らせるために大筒（大砲）を打ち，臼杵藩では太鼓を打ち鳴らすなど，江戸時代にはすでに防災の取り組みがあったことがわかりました。

花子：現在では，地震が起こると，テレビなどで津波についての情報が報じられることがありますね。Z <u>なぜ日本付近で大きな地震が起こると，津波の心配があるのでしょうか</u>。

① 次の文は，下線部 X について述べたものである。（ a ）～（ c ）に当てはまる語句の組み合わせとして最も適当なものを，ア～エから 1 つ選び，記号を書きなさい。（　　）

日本付近のプレートの境界で起こる地震は，（ a ）が（ b ）の下に沈みこみ，引きずりこまれた（ b ）のひずみが限界に達し，破壊が起こることが原因である。また，プレートに押されて変形する日本列島内部では，あちこちで地層が切れてずれ，くいちがいが生じて（ c ）ができる。

	ア	イ	ウ	エ
a	陸のプレート	陸のプレート	海のプレート	海のプレート
b	海のプレート	海のプレート	陸のプレート	陸のプレート
c	断層	かぎ層	断層	かぎ層

② 下線部 Y に関連して，音の大きさについて述べたものとして最も適当なものを，ア～エから 1 つ選び，記号を書きなさい。（　　）

ア 振幅が大きいほど，音は大きい。　イ 振幅が小さいほど，音は大きい。
ウ 振動数が大きいほど，音は大きい。　エ 振動数が小さいほど，音は大きい。

③ 下線部 Z について，海のプレートと陸のプレートの境界で地震が起こると，地面の揺れによる災害だけでなく，地震による津波も発生して大きな災害をもたらすことがある。[図 1] は日本付近のプレートを模式的に示したものである。日本付近で大きな地震が起こると，地震による津波が発生しやすい理由を [図 1] をふまえて，簡潔に書きなさい。

（　　　　　　　　　　　　　　　　　　　　　　　　）

[図 1]

(2) ［資料1］は，ある日，地下のごく浅い場所で起こった地震について，地震の大きさと，同じ水平面上にある観測点A～Cにおける地震の記録をまとめたものである。①～④の問いに答えなさい。ただし，震源の深さは無視できるものとし，P波，S波はそれぞれ一定の速さで伝わるものとする。

［資料1］

・マグニチュード6.6　　・最大震度5強

・各観測点の記録

観測点	震度	震源からの距離	P波の到着時刻	S波の到着時刻
A	3	112km	2時53分02秒	2時53分18秒
B	4	77km	2時52分57秒	2時53分08秒
C	5弱	35km	2時52分51秒	2時52分56秒

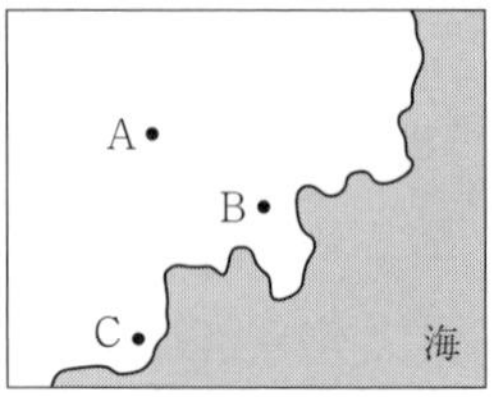

A～Cは観測点を表している

① マグニチュードについて述べた文として最も適当なものを，ア～エから1つ選び，記号を書きなさい。(　　　)

ア　地震の規模を表しており，この数値が1大きくなると地震のエネルギーは約32倍になる。

イ　地震の規模を表しており，この数値が大きいほど初期微動継続時間は長い。

ウ　ある地点での地震による揺れの程度を表しており，この数値が大きいほど震源から遠い。

エ　ある地点での地震による揺れの程度を表しており，震源から遠くなるにつれて小さくなる。

② ［資料1］の地震の震央の位置として最も適当なものを，［図2］のア～エから1つ選び，記号を書きなさい。ただし，［図2］のA～Cは，［資料1］の観測点A～Cと同じである。(　　　)

［図2］

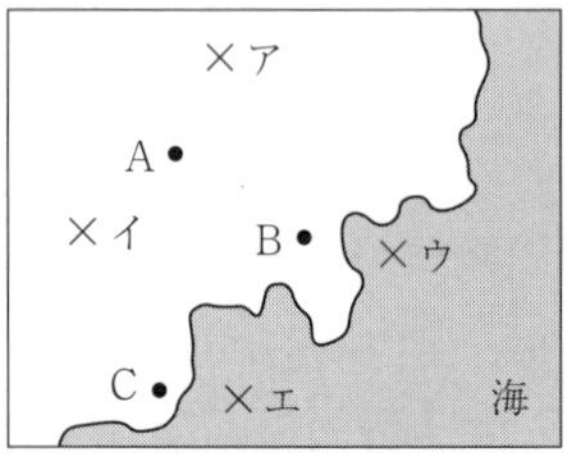

③ ［資料1］の各観測点の記録を用いた計算から予想されるこの地震の発生時刻は，2時何分何秒か，求めなさい。

(2時　　分　　秒)

④ ［図3］のように，地震が発生すると，気象庁は震源に近い地震計で観測されたP波を直ちに解析し，S波の到達時刻などをすばやく予測し，緊急地震速報を発表する。［資料1］の地震で緊急地震速報が2時52分55秒に発表されたと仮定するとき，震源からの距離が84kmの地点にS波による揺れが到達するのは，緊急地震速報発表の何秒後か，求めなさい。ただし，緊急地震速報は瞬時に各地域に伝わるものとする。

［図3］

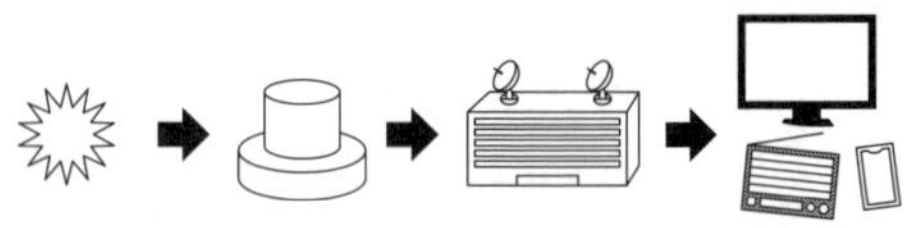

(　　　秒後)

・一行目の一マス目から書き始め、行は改めないこと。

【読み手の設定】

M中学校２年生でテニス部に所属している。日ごろはなかなか読書の時間がとれていないが，もともと本を読むことは好きで，良い本に出会うきっかけを探している。学校生活をより充実したものにするために興味を持った学校行事には積極的に参加するタイプである。ただし，ビブリオバトルについてはあまりわかっていない。

【ポスターA】

見てくれ、
熱い戦いを！

ビブリオバトルに参加して
みませんか？
6月24日（金）
15時～16時の1時間です！
図書館で待ってます！
初めての方，大歓迎！

※ビブリオバトルとは？
おすすめの本を紹介し，聴衆全員でチャンプ本（一番読みたくなった本）を決める，ゲーム感覚を取り入れたスタイルの書評合戦です。

【ポスターB】

良書
発見

知的書評合戦
「ビブリオバトル」

良い本は私の人生における
イベントである。
――スタンダール（フランスの小説家）

六月二十四日（金）
十五時　図書館にて開催

問一　【新聞記事】中の「ペルソナ」の説明として最も適当なものを、次のア～エのうちから一つ選び、その記号を書きなさい。（　　）

ア　架空のターゲット像を想定する際の年齢や趣味などの項目。

イ　自社の情報を提供するために焦点化して仮に設定した人物像。

ウ　既存の顧客に提供することを想定して開発した新規商品。

エ　幅広い層へ向けて商品情報を発信するための抽象的な顧客像。

問二　【ポスターA】または【ポスターB】の表現の工夫と効果について説明したものとして**適当でないもの**を、次のア～エのうちから一つ選び、その記号を書きなさい。（　　）

ア　【ポスターA】はキャッチコピーに倒置法を用いることで、述べたい内容を強調する効果がある。

イ　【ポスターA】は全体的に話し言葉を多く用いることで、内容をより直感的に伝える効果がある。

ウ　【ポスターB】は熟語を多く用いることで、少ない語数でより多くの内容を伝達する効果がある。

エ　【ポスターB】には直喩に加えて体言止めを用いることで、伝える内容を印象づける効果がある。

問三　あなたは図書委員として、【読み手の設定】を前提として作成したポスターに、ビブリオバトルへ参加してもらうためのどのような効果があるかを考えている。【読み手の設定】の中であなたが着目した特徴を一つ取り上げ、その特徴とつながる表現を【ポスターA】または【ポスターB】の中から示し、その表現が参加を促すためにどのような効果をもたらすと考えるかを、次の 条件 に従って書きなさい。

条件

・着目した特徴とつながる表現は【ポスターA】または【ポスターB】のいずれか一方から挙げること。

・**常体**（「だ・である」）で、**八十字以上百二十字以内**で書くこと。

書きなさい。

(3) Ⅲ に当てはまる**漢数字一字**を書きなさい。（　　）

(4) Ⅳ に当てはまる言葉として最も適当なものを、次のア～エのうちから一つ選び、その記号を書きなさい。（　　）

ア　侮蔑　　イ　憤慨　　ウ　共感　　エ　感嘆

5　M中学校の図書委員会は読書に対する意識を高めるためビブリオバトルを企画し、その聴衆（参加者）を募集しようと考えている。図書委員会では【新聞記事】を参考にして、【読み手の設定】を行い、【ポスターA】、【ポスターB】の二種類の案を作成した。これらを読んで、後の問一～問三に答えなさい。なお、答えに字数制限がある場合は、句読点や「　」などの記号も一字と数えなさい。

【新聞記事】

いまさら聞けないSNS活用術

「ペルソナ」を設定する
～発信情報を絞り込もう

　発信する情報を投稿ごとに絞り込むために「ペルソナ」と呼ばれる架空のターゲット像を設定する。複数設定してもよい。

　自社の情報をより多くの人に……とは考えるものの，幅広い層に向けた情報は抽象的になりがちだ。ペルソナをきっちりと設定し「なりきる」ことでターゲットが欲しがる情報は何かが分かり，発信が自社商品やサービスを必要としている潜在顧客の検索にかかりやすくなる。

　売りたい商品などに合わせ，例えば「大分市内に住む会社員女性(37)で，会社員の夫(38)，保育園に通う男児(4)と3人で賃貸マンション暮らし。キャンプにはまっており，インターネットでおしゃれなグッズを探すのが息抜き」などと設定する。

　細部まで想定することが大切。どういう悩み・望みがあって来店したか，自社を知ったきっかけ，知ってすぐに行動を起こしたか，などを既存の顧客に聞ければ，より詳しい設定が可能になる。

　ペルソナが「小さい子連れの母親」だとする。子どもがまだ小さい家庭では「店内で子どもがはしゃいでも大丈夫だろうか」という心配はつきもの。であれば「小さい子どもも大歓迎」という情報を企業側から発信することで「安心して来店できる」と感じてもらえる効果が期待できる。

ペルソナを設定するときの項目
○性別　○年齢　○家族構成　○居住地域　○趣味・趣向
○ライフスタイル　○店に行こうと思った際に気になること
など

（「大分合同新聞 2022年5月31日付　GX PRESS」を基に作成）

4　次の文章を読んで、後の問一～問三に答えなさい。なお、答えに字数制限がある場合は、句読点や「　」などの記号も一字と数えなさい。

今は昔、*隠題(かくしだい)をいみじく興ぜさせ給ひける帝(みかど)の（たいそうおもしろがっておられた帝が）、*ひちりきをよませられけるに、人々わろくよみたりけるに、*木こる童(わらは)の、*暁(あかつき)、山へ行くとていひける、「このごろ、ひちりきをよませさせ給ふなるを、人のえよみ（人々がどうしてもおよみになれないということだ。）給はざんなる。*童(わらは)こそよみたれ。」と①いひければ、具して行く童部(わらはべ)（一緒に行く少年が）、「あな、おほけな。かかる事ないひそ。（ああ、おそれ多い。そんなことを言うな。）様にも似ず。いまいまし。」といひければ、「などか（どうして）、必ず様に似る事か。」とて、

めぐりくる春々ごとにさくら花いくたびちりき人に問はばや
（春が巡り来るたびごとに、桜の花が何度散ったことか、誰かに聞いてみたいものだ）

といひたりける。様にも似ず、思ひかけずぞ。

（「宇治拾遺物語」より。一部表記を改めている。）

（注）＊隠題――和歌で題として出した事物の名称を、内容と直接かかわりのない形で、それとはわからないように歌の中によみこむ技法。
＊ひちりき――雅楽に使う管楽器のひとつ。

＊木こる童――林業に従事することで生計を立てている少年。
＊暁――夜明け前のまだ暗い時分。
＊童――ここでは「木こる童」を指す。

問一　～～～線を現代かなづかいになおし、ひらがなで書きなさい。（　　）

問二　――線①の主語として最も適当なものを、次のア～エのうちから一つ選び、その記号を書きなさい。（　　）

ア　帝　　イ　木こる童　　ウ　具して行く童部　　エ　作者

問三　Aさんの班では、本文を読んだ感想について次のように意見を交わした。これを読んで、後の(1)～(4)に答えなさい。

Aさん―本文中には「様にも似ず」という言葉が二度出てきていますね。

Bさん―一度目の「様にも似ず」は「具して行く童部」が「木こる童」に対して［Ⅰ］な発言を求めているものです。これは、「木こる童」が［Ⅱ］と主張したことを受けてのものだと思います。

Aさん―二人の考え方の違いが表れているやりとりだとわかりました。二度目の「様にも似ず」は作者の感想の一部ですよね。こちらはどのような気持ちが表れているのでしょうか。

Bさん―直前の和歌の［Ⅲ］句目に帝が隠題として出した事物がよみこまれています。和歌自体もすばらしいですね。

Aさん―なるほど。それでは二度目の「様にも似ず」には和歌をよんだ者に対して［Ⅳ］する気持ちが表れていると言えそうですね。

(1)　［Ⅰ］に当てはまる言葉として最も適当なものを、次のア～エのうちから一つ選び、その記号を書きなさい。（　　）

ア　分相応　　イ　高姿勢　　ウ　意固地　　エ　不条理

(2)　［Ⅱ］に当てはまる言葉を、**十五字以上二十字以内の現代語**で

た。しかし、【文章一】の実験結果に基づいた説明の方が納得できたように感じます。Bさんはどう思いましたか。

Bさん―私は二つの文章では生物多様性を守る理由の示され方が異なっていると思いました。私はこれまで自然は守らなければならないという漠然としたイメージから生物多様性について考えていました。しかし、今回【文章一】と【文章二】を読んで、様々な点から生物多様性の重要性について考えていくことが大切なのだと感じました。

Aさん―Bさんの言うとおり、改めて読みかえすと【文章一】と【文章二】ではなぜ生物多様性が大事なのかという理由が異なっていますね。

Bさん―はい。私は、【文章一】を読んだ後に【文章二】を読んだのですが、二つの文章を読むことで気づかされることがありました。それは、生物多様性は［Ⅳ］ということです。今回の学習を通して、私は生物多様性を守るためにも、自分に何ができるのかを考えていきたいと思いました。

(1)　会話中の〰〰線について、【文章一】と【文章二】の生物多様性を守る理由の示され方の違いを述べたものとして最も適当なものを、次のア～エのうちから一つ選び、その記号を書きなさい。（　　）

ア　【文章一】では生態系の多様性について理由が示されているのに対し、【文章二】では遺伝的な多様性について理由が示されている。

イ　【文章一】では疑問を検証する方法で理由が一つ示されているのに対し、【文章二】では視点を一つに絞った形で理由が示されている。

ウ　【文章一】では自然への影響という点から理由が示されているのに対し、【文章二】では人間への影響という点から理由が示されている。

エ　【文章一】では歴史的な観点から理由が示されているのに対し、【文章二】では将来的な活用の展望という観点から理由が示されている。

(2)　［Ⅳ］に当てはまる言葉として最も適当なものを、次のア～エのうちから一つ選び、その記号を書きなさい。（　　）

ア　人間以外の生物の生産性を守るために必要なのではなく、人間以外で構成される全ての生物のつながりを守るために必要である

イ　生物が生息する豊かな環境を保全するために必要なのではなく、人間の生存に必要な最小限の生物を保護するためのものである

ウ　環境への影響を最小限におさえるために必要なのではなく、私たちの感性を豊かにすることによってのみ維持されるものである

エ　草原を長期にわたって安定させるためだけに必要なのではなく、私たちの生活を豊かで活力あるものにするためにも必要である

を育ててきた。例えば魚の種類によって漁獲方法はそれぞれ違うし、生では食べられない植物も煮たりアク取りすることで食用になる。こうした知恵が積み重なって文化の基礎となったといえる。

また、春に野の花が咲いているのを見たり、秋に赤トンボが飛ぶのを見て季節を実感する。野の花やトンボを食べることはないけれど、それによって豊かな感性や季節感が養われる。

そうした感性から短歌や俳句、音楽、絵画などの芸術が生まれ、人間生活を豊かにしている。

（環境省「いのちはつながっている　生物多様性を考えよう」より。一部表記を改めている。）

問一　――線①について、Aさんのクラスでは「生物多様性はなぜ大事なのか。」という課題を設定し、【文章一】の内容を次のように【ノートの一部】にまとめた。これを読んで、後の(1)～(3)に答えなさい。

【ノートの一部】

> 課題　生物多様性はなぜ大事なのか。
>
> ○　アメリカの生態学者ティルマンの実験
>
> 〔実験結果から〕　生物多様性が高いメリット①
> ← [Ⅰ]、草原全体は安定することができる。
>
> 〔補　足〕　生物多様性が高いメリット②
> ← [Ⅱ] ことで、環境に [Ⅲ] が起きても、草原全体は安定することができる。

(1)　[Ⅰ] に当てはまる言葉を、【文章一】中の言葉を使って、四十字以上四十五字以内で書きなさい。

(2)　[Ⅱ] に当てはまる言葉として最も適当なものを、【文章一】中から七字で抜き出して書きなさい。

(3)　[Ⅲ] に当てはまる言葉として最も適当なものを、【文章一】中から七字で抜き出して書きなさい。

問二　【文章二】の論理の展開の仕方について説明したものとして最も適当なものを、次のア～エのうちから一つ選び、その記号を書きなさい。（　　）

ア　生物多様性が私たちの生活をどのように支えているかということについて、筆者の考えを植物、動物の種類ごとに具体的な事実を挙げて説明している。

イ　人間が他の生物を食品や医薬品として活用してきた事実を複数示し、最後には生物多様性に関する筆者の考えについて文章全体を総括している。

ウ　生物多様性が私たちの文化にどのように影響を与えているかという問いに対して、具体的な事例を根拠にしながら、筆者の考えを説明している。

エ　生物多様性が人間の生存に欠かせないものであることを示した上で、どのように人間の生活を支えているかについて複数の視点から述べている。

問三　Aさんたちの班は、【文章一】と【文章二】を読んで生物多様性について次のように意見を交わした。これを読んで、後の(1)、(2)に答えなさい。

Aさん―私は、【文章一】と【文章二】では、どちらも生物多様性を守っていくことが必要だという考えを述べていると思いまししまうかもしれない。生物多様性が高ければ、その場所に干ばつに強い草、水びたしに強い草が生えることが可能だから、突発的な出来事が生じても、草原全体は安定するのだ。さらに、ある種の病気が流行したときに、草の種類が一種類だけなら草原の全体が枯れてしまう。草の種類が複数あることで、草原全体に及ぶ病気の影響が最小限にとどめられるのだ。ここで学んだように、一見無駄なように思えてもいざというときに役立つという性質を冗長性という。冗長性を高めるため、僕らは生物多様性を守らなければならないのである。

（伊勢武史（いせたけし）「2050年の地球を予測する――科学でわかる環境の未来」より。一部表記を改めている。）

（注）＊生産性――ここでは生物が一定時間に成長したり、繁殖したりする性質や能力。

【文章二】

当たり前のことだけど、人間は地球に生きる生き物の一つだ。人間を含むすべての生き物は、他の多くの生き物と大気・水・土などで構成される環の中で相互に関わりあって生きている。こうした生き物たちの豊かな個性とつながりを生物多様性という。

もし、この地球上から森や小鳥、魚や昆虫などが消えてしまい、人間だけが残ったと想像してみたらどうだろう。立派なビルやITシステムが残っていても、人間は生きていけない。生物多様性は、人間が生存するのに欠かせない基盤なのである。

では生存に必要な稲や小麦、ウシやブタ、綿やスギなど最小限の生き物がいれば済むのだろうか。寒かったり干ばつになったりと環境が変化したとき、少数の種しかいない生態系はもろい。しかし、寒さや干ばつに強いなどの多様性があればその生態系は安定している。生物多様性は人間生活の安全性の長期的な保証につながっている。

人間に都合のよい種だけにすることはどこかでしっぺ返しをくらう。例えば広葉樹はすぐに役立たないからといってすべて切り倒し、建築・製紙用材になるスギやヒノキなどの針葉樹のみにした場合、森林の保水力が落ち水害につながることがある。水源が荒れると安全な飲み水が確保できなくなる。

また、生物相互のバランスを無視して限られた種だけにすると、被害が拡大しやすくなる。例えば一面リンゴ畑にして昆虫などを農薬で殺した場合、リンゴの害虫が大発生してしまうケースがある。いろいろな植物、それを食べる昆虫、さらにそれを食べる昆虫など多様な生き物が地域に存在していれば、リンゴは少し食べられてしまうかもしれないが、害虫の大発生は抑制できる。つまり多様な種が生存している環境は、変化に強く安定した環境といえる。

さらに「人間にとって有用な価値を持つ」点も重要だ。人間はいろいろな農作物、家畜、魚などを食品として利用している。味や香りがそれぞれ違う果物を季節に応じて味わうこともできる。食べるだけでなく工業材料や医薬品にも活用している。途上国の多くでは木材や家畜のフンは貴重な燃料となっている。医療でも様々な生き物が多くの漢方薬として役立っているほか、アオカビから抗生物質のペニシリンが生まれたのはよく知られている。

また、散歩やハイキング、登山などで多様な生き物が息づく自然に親しむことで、ストレスに疲れた精神を落ち着かせ、明日への活力となる。「豊かな文化の源」となっている点も忘れてならない。他の動物を捕獲したり、植物を採取するために工夫することで人間は知恵をつけ、文化

3　次の【文章一】、【文章二】を読んで、後の問一～問三に答えなさい。なお、答えに字数制限がある場合は、句読点や「　」などの記号も一字と数えなさい。

【文章一】

生物多様性とは、文字通り生物の豊富さのことを表している。生物多様性には、遺伝的な多様性や生態系の多様性などいろいろ視点があるけれど、ここでは生きものの種類の多様性について考えてみよう。生態系に存在する生きものの種類が多ければ生物多様性が高い、少なければ低い、という表現を使う。ある種の生物が絶滅すると、生物多様性は低下することになる。たとえば沖縄のヤンバルクイナが絶滅すると、それによる生物多様性のロスは取り返しがつかなくなる。一方で、日本からトキやコウノトリが絶滅したことがあったが、世界の別の場所で生きているトキやコウノトリを連れてきて繁殖させることで、生物多様性を復活させたという事例もある。この場合、トキやコウノトリは世界の別の場所で生きていたわけだから、日本から一時絶滅したことは地域絶滅ということころが、種が絶滅した場合との違いだ。といっても、なるべく地域絶滅もふせぎたいところ。

ここで素朴な疑問を考えてみる。①生物多様性が大事とはいうけれど、なんで大事なんだろうか。ある種の生物が絶滅したとして、ほんとうに困ることはあるのだろうか。これは素朴だけれど、たいへん重要な疑問である。生態系には似たような生物がたくさん存在する。たとえば、田んぼで見かける水鳥には、トキ、コウノトリ、コサギ、ゴイサギなどがいる。トキやコウノトリが絶滅したとしても、ほかの種類の鳥が生きていたら生態系は何ごともなかったかのように存続しつづけるのではないだろうか。とすれば、現在国家事業として多額の予算を投入しているトキやコウノトリを保護し繁殖させるプロジェクトは不必要なんじゃないだろうか。

この疑問に答えるため、科学者はいろいろな研究を行っている。ここではその一つを紹介しよう。アメリカの生態学者ティルマンは、草原に生える草の種類をコントロールする実験を行った。その結果、生物多様性が高くなると生産性*が高まり、少々の環境変化があっても安定していることが分かったのである。単純に考えると、草原にもっとも成長スピードの速い草を一種類だけ植えることが、いちばん生産性の高い土地の利用法であると思ってしまうかもしれない。しかし現実はそうじゃなくて、種類がたくさんあったほうが、草原全体の生産性が高くなったのである。

草原の草は一見どれもおなじように見えるが、それぞれの性質は微妙に異なっている。そして、草原はどこもおなじように見えても、実は環境が微妙に異なっている。平坦（へいたん）な草原に見えても、きちんと調べれば土地にちょっとした起伏があることが分かるだろう。草原に雨が降って、その水が流れていく。長年のこのような過程が土を少しずつ削り、起伏が生まれるのである。すると、草原のなかに、少しだけ湿った場所や、少しだけ乾いた場所が生じるだろう。草は種類によって、湿った場所が得意なもの、逆に乾いていて日当たりの良い場所を好むものがある。草の多様性が高いと、草原内のいろんな環境にぴったりマッチした草が生えてくるので全体として生産性が高くなるのである。

生物多様性が高いメリットはほかにもある。生態系にはいろんな突発的な出来事が起こる。たとえば、雨が少なくて干ばつが生じる年があるかもしれない。逆に、雨が多すぎて草原が水びたしになる年もあるかもしれない。そんなとき、干ばつに弱い草や、水びたしに弱い草は枯れて分の発言や行動での失敗は振り返らない楽観的な人物。

エ　「千春」の星についての感性に一目置いている一方で、星に関する興味や知識は自分が一番であると自負している人物。

問三　――線②について、「『千春』が星について『地道に学んでいくことはできるかもしれない』と思えるようになったのはなぜか。」という課題を設定し、授業中に話し合いを行った。次は、話し合いの内容をまとめた【ノートの一部】である。これを読んで、後の(1)～(3)に答えなさい。

【ノートの一部】

課題　「千春」が星について「地道に学んでいくことはできるかもしれない」と思えるようになったのはなぜか。

着眼点

○「那彩」との会話――那彩たちの［Ⅰ］思う自分の気持ちに気づく。

⬅

○「二階堂先輩」の発言――自分を励ましてくれていることに気づく。

まとめ　自分に［Ⅱ］という気持ちがあれば、初心者でも［Ⅲ］ことを気にしなくてもよいと気づいたから。

(1)　［Ⅰ］に当てはまる言葉を、本文中の言葉を使って、**十字以上十五字以内**で書きなさい。

(2)　［Ⅱ］に当てはまる言葉として最も適当なものを、本文中から**十二字**で抜き出して書きなさい。

(3)　［Ⅲ］に当てはまる言葉を、本文中の言葉を使って、**十字以上十五字以内**で書きなさい。

問四　本文の表現の効果を説明したものとして最も適当なものを、次のア～エのうちから一つ選び、その記号を書きなさい。（　　）

ア　「千春」の心の中の言葉を表現することで、読み手に「千春」の心情を理解しやすくさせる効果をもたらしている。

イ　周囲の情景を丁寧に描写することで、部員たちと会話する「千春」の心情を印象的に表現する効果をもたらしている。

ウ　「那彩」の行動描写に慣用句を用いないことで、「那彩」の「千春」を心配する思いを直接的に表現する効果をもたらしている。

エ　「千春」の過去の経験を回想として挿入することで、「千春」の心情の変化を明確にする効果をもたらしている。

「初心者っていうなら、あたしたち全員が初心者だって。」
きっぱりと言いきって、那彩はななめ上にふっと視線をずらした。千春もつられて目を上げた。
さっき葉山先生がいた位置に、いつのまにか二階堂先輩が立っていた。眉間（みけん）にしわを寄せ、考えこむように腕組みしている。
「すみません、先輩のことまで初心者とか言っちゃって。」
那彩が気まずそうにあやまった。
「いや、それは別にいいんだけど。」
先輩が首をかしげる。特に怒っているふうではない。千春はひとまず安心したが、
「ぼくがひっかかったのは、そこじゃなくて。」
と言われて、また身がまえた。じゃあ、どこがひっかかったんだろう。
「くわしいとかくわしくないとか、言ってたよね？　そこ、そんなに気にする必要ってあるかな？」
わかる？　と那彩が目で問いかけてくる。千春は小さく首を横に振った。よくわからない。
「知識って、要は結果でしょ。星のことがもっと知りたくて、調べたり誰かに聞いたりして、その積み重ねでくわしくなってくわけで。心配しなくても、知識は勝手に増えると思うよ。」
千春にもやっと、話の流れがのみこめてきた。二階堂先輩は先輩で、那彩とはまたちがう角度から、励ましてくれているようだ。
先輩の言うように、千春も星のことをもっと知りたい。知識が勝手に増える、というのは楽観的すぎるというか強気すぎるというか、やや無理がありそうだけれど、②地道に学んでいくことはできるかもしれない。（瀧羽麻子（たきわあさこ）「ひこぼしをみあげて」より。一部表記を改めている。）

（注）　＊投影機――プラネタリウム内にある、ドーム状の天井に星を映し出すための機器。

問一　――線①について、このときの「千春」の気持ちを説明したものとして最も適当なものを、次のア～エのうちから一つ選び、その記号を書きなさい。（　　）
ア　「那彩」から急に質問されたことで、自分の気持ちを整理できないまま同じ返事を繰り返してしまったことを恥ずかしいと思っている。
イ　周囲にいる天文部の二年生の様子を見回すことで、他の部員より自分の考えが優れていることを自覚し、自分を誇らしいと思っている。
ウ　つまらない返事だと感じていた自分の感想を「葉山先生」に認めてもらえたことで、率直な感想をそのまま答えても良いと思っている。
エ　プラネタリウムでの上映を楽しめなかったことで、楽しそうな「那彩」に対して素っ気ない返事をしたことを申し訳ないと思っている。

問二　本文中における「那彩」と「千春」のやり取りから分かる「那彩」の人物像を説明したものとして最も適当なものを、次のア～エのうちから一つ選び、その記号を書きなさい。（　　）
ア　「千春」に自分の素直な気持ちを告げることはできないが、言葉にならない相手の気持ちをくみとる友だち思いな人物。
イ　「千春」に自分がどう思われているかを心配しつつ、自分の気持ちをためらいながらも伝えることができる正直な人物。
ウ　「千春」に褒められたことは素直に喜ぶことができる一方で、自

「ちがうの、初心者とか、そういう意味じゃなくて。」
「え？」
「あのね、ええと……なんていうか……。」
　どうも歯切れが悪い。戸惑いつつ、千春は続きを待った。那彩は日頃からずばずばとものを言うのに、めずらしい。
「気になってたんだ。」
　那彩がぼそりとつぶやいて、手をひっこめた。もじもじとスカートをいじる。
「千春に、無理させてないかなって。」
「無理？　わたしが？」
　意味がのみこめず、千春は問い返した。
「天文部、あたしが強引に誘っちゃったから。千春は優しいしさ。内心、なんかちがうって思ってたりとか……。」
「思ってないよ。」
　とっさに大きな声が出てしまって、口をつぐんだ。そっとまわりをうかがう。幸い、そばには誰もいない。
「ほんとに？」
　那彩が上目づかいで千春をちらっと見やり、またうつむいた。両手で握りしめたスカートがしわくちゃだ。
「前に失敗したんだ、あたし。」
　小学校で仲のよかった友だちに、折にふれて星の話をしていたらしい。相手も楽しそうに聞いてくれていた。というか、那彩はそう思いこんでいた。
　ある日いきなり、遠慮がちに本音を告げられるまでは。
「ごめん、星にはあんまり興味ないんだ、って。」

　那彩は深く落ちこんだ。反省もした。他人の趣味を無理やり押しつけられたら、あたしだっていやだ。これからはむやみに星のことばかりしゃべらないように気をつけよう、と心に決めた。
「だけど天文部に入って、舞いあがっちゃって。先輩たちもあんなだしね。最近、浮かれすぎっていうか、調子に乗っちゃってた。」
　那彩がぐいと顔を上げ、千春と目を合わせた。
「ごめんね千春。あたし、うるさかったよね？　正直、ひいてない？」
「そんなことないよ。」
　少し考えて、「でも。」と千春は思いきって言い足した。せっかく那彩が素直な気持ちを打ち明けてくれたんだから、わたしもそうしよう。
「なんかちょっと、うらやましかった。」
　口に出したら、妙にすっきりした。
　ああそうか、と思う。心から夢中になれるものを持ち、それをひたむきに追いかけている那彩たちが、わたしはうらやましかったんだ。豊富な知識だけじゃなくて、その圧倒的な情熱も。
「わたしもがんばる。那彩を見習って。」
　目をまるくしていた那彩が、照れくさそうに頬をゆるめた。千春の言いたいことは通じたようだ。
「星のこと全然くわしくないし、足ひっぱっちゃうかもだけど。」
「いやいや、あたしだってそんなにくわしくないってば！」
　那彩がもどかしげにさえぎった。
「そもそも、専門家でもまだわかってないことが山ほどあるんだよ？」
　そうみたいだ。プラネタリウムの上映中も、しつこく「まだわかっていません。」と念を押された。宇宙はあまりにも広く、人間はあまりにも小さい。

イ　A君のように、英会話の勉強を頑張りたい。
ウ　来週から、体育館で部活動が行えるようだ。
エ　まるで桜の花びらのように、空に雪が舞う。

(4)　次の文字は【講師へのお礼の手紙】の～～線を行書で書いたものである。同じ文字を楷書で書いた場合と比較すると、どのような特徴が見られるか。**当てはまらないもの**を、後のア～エのうちから一つ選び、その記号を書きなさい。（　　）

ア　点画の省略　　イ　筆順の変化
ウ　点画の連続　　エ　点画の変化

[2]　中学校一年生の「長谷川千春」は星にくわしいクラスメイトの「那彩」に誘われて初心者ながら天文部に入部し、「葉山先生」の引率のもと、天文部の活動で初めてプラネタリウムを訪れた。これに続く次の文章を読んで、後の問一～問四に答えなさい。なお、答えに字数制限がある場合は、句読点や「　」などの記号も一字と数えなさい。

場内が明るくなっても、千春はしばらく立ちあがれなかった。体の半分が、まだ宇宙のどこかをさまよっているみたいだ。
「長谷川さん。」
名前を呼ばれ、はっと背筋がのびた。振りむくと、一列後ろから葉山先生が千春を見下ろしていた。
「どうだった？」
「すごく、きれいでした。」
うまく頭が働かないまま、千春はとりあえず答えた。つまんない返事だ。われながら恥ずかしくなる。
「すみません、なんか、小さい子の感想みたいで。」
「そんなことないよ。」
先生が微笑んだ。
「きれいだなって感じるのが、すべてのはじまりじゃない？　出発点っていうか。わたしはそうだったよ。」
首をめぐらせ、ホールを見わたす。
「たぶん、みんなも。」
千春も周囲を見まわしてみた。二階堂先輩は椅子に体を沈め、余韻を味わうかのように天井をうっとりと見上げている。二年生の四人は投影*機のそばに集まって、なにやら熱心に議論している。ちょうどこっちに顔をむけていた片瀬先輩には、ぷいと目をそらされてしまった。
那彩が小走りに駆けよってきて、千春のとなりにすとんと座った。
「千春、どうだった？」
「①きれいだった。」
千春は答えた。すでに通路のほうへ歩き出していた先生に、いたずらっぽく目くばせされた。
「気に入った？　よかったあ。」
ぱあっと顔をほころばせた那彩は、すぐに表情をひきしめた。
「実は、ちょっとだけ心配だったんだ。千春が楽しめるかなって。」
「大丈夫、解説がわかりやすかったし。初心者でもちゃんとついていけたよ。」
千春が言うと、ぎゅっと腕をつかまれた。

国語

時間 五〇分
満点 六〇点

1 次の問一、問二に答えなさい。

問一 次の(1)～(5)の――線について、カタカナの部分を漢字に書きなおし、漢字の部分の読みをひらがなで書きなさい。

(1) 新たに雑誌をソウカンする。（　　）
(2) 近年の科学技術の進歩はイチジルしい。（　　しい）
(3) 友人と一緒に神社ブッカクめぐりをした。（　　）
(4) 家庭科の授業で用いる布地を裂く。（　　く）
(5) 今年度の行事は、昨年度のよい点を踏襲して計画します。（　　）

問二 M中学校では、書写の授業において地域住民の方を講師として迎えた。次は、次郎さんが書いた【講師へのお礼の手紙】である。これを読んで後の(1)～(4)に答えなさい。

【講師へのお礼の手紙】

> Ⅰ
>
> うららかな秋晴れが続いております。田中先生におかれましては、いかがお過ごしでしょうか。
>
> さて、先日の書写の授業では、私たちのためにお時間をくださり、ありがとうございました。先生から①もらった和歌の文字を参考にして、授業後も練習を重ねて正しい行書で書けるようになりました。
>
> 実際に先生が書かれる姿を拝見し、なめらかな運筆や出来上がった美しい行書に感動しました。小学校の頃から筆を持つことは好きでしたが、あらためて毛筆の面白さを実感し、文字を大切にし②ようと思いました。本当にありがとうございました。
>
> 十月も終わりに近づき、秋も深まってまいりました。先生もお体を大切になさってください。
>
> Ⅱ
>
> 令和四年十月二十五日
>
> M市立M中学校一年四組
> 佐藤 次郎
>
> 田中 太郎 様

(1) 【講師へのお礼の手紙】の Ⅰ 、 Ⅱ に当てはまる言葉の組み合わせとして最も適当なものを、次のア～エのうちから一つ選び、その記号を書きなさい。（　　）

ア Ⅰ 前略　Ⅱ 早々
イ Ⅰ 拝啓　Ⅱ 早々
ウ Ⅰ 拝啓　Ⅱ 敬具
エ Ⅰ 前略　Ⅱ 敬具

(2) ――線①について、敬語を使って適切に表現したほうがよいと指摘された次郎さんは、次の文のように書きなおすことにした。□に当てはまる言葉を、五字以内で書きなさい。

先生から□和歌の文字

(3) ――線②について、これと同じ意味・用法で使われているものとして最も適当なものを、次のア～エのうちから一つ選び、その記号を書きなさい。（　　）

ア 今日はとても寒いので、厚手の服を着よう。

2023年度／解答

数　学

1 【解き方】(1) ② 与式 $= 6 - 9 \times 2 = 6 - 18 = -12$　③ 与式 $= \dfrac{x + 5y + 4(x - y)}{8} = \dfrac{x + 5y + 4x - 4y}{8} = \dfrac{5x + y}{8}$　④ 与式 $= \dfrac{4x^2y}{xy} + \dfrac{xy^3}{xy} = 4x + y^2$　⑤ 与式 $= 2\sqrt{3} + \dfrac{3\sqrt{3}}{3} = 2\sqrt{3} + \sqrt{3} = 3\sqrt{3}$

(2) 左辺を因数分解すると，$(x + 2)(x - 8) = 0$ だから，$x = -2,\ 8$

(3) $5 < \sqrt{6a} < 7$ より，$\sqrt{25} < \sqrt{6a} < \sqrt{49}$　したがって，$25 < 6a < 49$ となる自然数 a は，$a = 5,\ 6,\ 7,\ 8$

(4) $y = -x^2$ に $x = -2$ を代入すると，$y = -(-2)^2 = -4$　したがって，x，y の変域から，$x = a$ のとき $y = -16$ となることがわかる。これらを $y = -x^2$ に代入すると，$-16 = -a^2$ だから，$a^2 = 16$ より，$a = \pm 4$　$-2 \leqq a$ だから，$a = 4$　x の変域が $-2 \leqq x \leqq 4$ で，y は，$x = 0$ のとき $y = 0$ で最大値をとるから，$b = 0$

(5) 求める面積は，$\pi \times 5^2 \times \dfrac{144}{360} = 10\pi\ (\text{cm}^2)$

(6) 点 A を通る直線 ℓ の垂線と，線分 AB の垂直二等分線との交点が円の中心 O となる。

(例)

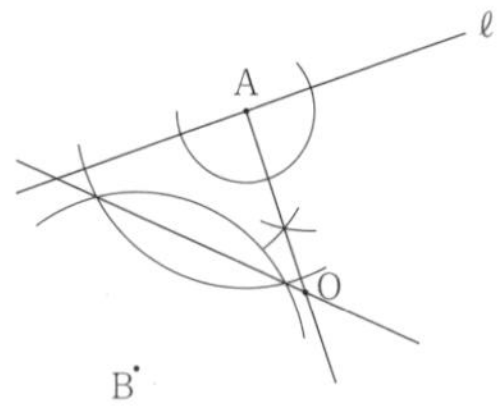

【答】(1) ① 3　② -12　③ $\dfrac{5x + y}{8}$　④ $4x + y^2$　⑤ $3\sqrt{3}$　(2) $x = -2,\ 8$　(3) 5，6，7，8　(4) $(a =)\ 4$　$(b =)\ 0$　(5) $10\pi\ (\text{cm}^2)$　(6) (右図)

2 【解き方】(1) $y = ax^2$ に点 A の座標を代入すると，$4 = a \times (-4)^2$ より，$a = \dfrac{1}{4}$

(2) $y = \dfrac{1}{4}x^2$ に $x = 2$ を代入して，$y = \dfrac{1}{4} \times 2^2 = 1$ より，B (2，1)　直線 AB は傾きが，$\dfrac{1 - 4}{2 - (-4)} = \dfrac{-3}{6} = -\dfrac{1}{2}$ だから，式を $y = -\dfrac{1}{2}x + c$ とおいて点 B の座標を代入すると，$1 = -\dfrac{1}{2} \times 2 + c$ より，$c = 2$　よって，$y = -\dfrac{1}{2}x + 2$

(3) ① $y = -\dfrac{1}{2}x + 2$ に $x = -2$ を代入すると，$y = -\dfrac{1}{2} \times (-2) + 2 = 3$　$y = \dfrac{1}{4}x^2$ に $x = -2$ を代入すると，$y = \dfrac{1}{4} \times (-2)^2 = 1$　よって，図形 D に含まれる点で x 座標が -2，y 座標が整数である点は，$(-2,\ 1)$，$(-2,\ 2)$，$(-2,\ 3)$ の 3 個。② 図形 D に含まれる点のうち，x 座標，y 座標がともに整数であるのは，右図のように 12 個ある。この図で，直線 $y = \dfrac{9}{2}x + b$ は直線 $y = \dfrac{9}{2}x$ と平行で，これらの点をちょうど等しく分けるから，2 点 $(-1,\ 2)$ と $(-1,\ 1)$ の間を通る。$y = \dfrac{9}{2}x + b$ に $x = -1$，$y = 2$ を代入する

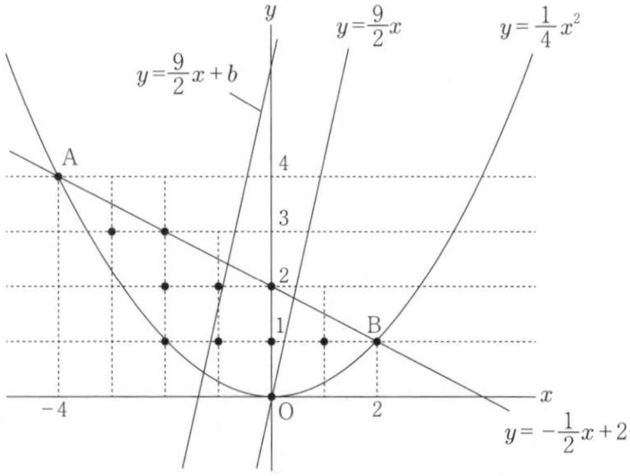

と，$2 = \frac{9}{2} \times (-1) + b$ より，$b = \frac{13}{2}$　また，$x = -1$，$y = 1$ を代入すると，$1 = \frac{9}{2} \times (-1) + b$ より，$b = \frac{11}{2}$　よって，b は，$\frac{11}{2} < b < \frac{13}{2}$ を満たす整数だから，$b = 6$

【答】 (1) $\frac{1}{4}$　(2) $y = -\frac{1}{2}x + 2$　(3) ① 3 (個)　② 6

3 **【解き方】** (1) ① 一番上になるカードは順に，A → B → C → D → E → A → B となる。② 大小 2 つのさいころの目の出方は全部で，$6 \times 6 = 36$ (通り)　一番上になるカードは，次図のようになる。C のカードが一番上になるのは，2 回目，7 回目，12 回目で，出た目の数の和が 2，7，12 になるのは，(大のさいころの出た目，小のさいころの出た目)が，(1，1)，(1，6)，(2，5)，(3，4)，(4，3)，(5，2)，(6，1)，(6，6)の 8 通り。よって，求める確率は，$\frac{8}{36} = \frac{2}{9}$

1回　2回　3回　4回　5回　6回　7回　8回　9回　10回　11回　12回
A → B → C → D → E → A → B → C → D → E → A → B → C

(2) ① 第 1 四分位数は 8 本，第 3 四分位数は 14 本だから，四分位範囲は，$14 - 8 = 6$ (本)

【答】 (1) ① B　② $\frac{2}{9}$

(2) ① 6 (本)　② ア．14　イ．3 月の中央値は 15 本だから，15 本以上成功した部員の割合は 50 ％以上である。

4 **【解き方】** (1) ア．13 時 15 分から 13 時 45 分までの 30 分間にゲート 1 つを通過する人数は，$5 \times 30 = 150$ (人)　イ．13 時 15 分には 45 人が並び，13 時 15 分から 14 時 15 分までの 60 分間に，$12 \times 60 = 720$ (人) が並ぶので，ゲートを通過する人数は，$45 + 720 = 765$ (人)　ウ．$765 - 150 = 615$ (人)　エ．ゲートが 3 つになってから入場が完了するまでにかかる時間は，$615 \div 15 = 41$ (分)　したがって，入場が完了するのは，13 時 45 分 + 41 分 = 14 時 26 分

(2) 13 時 15 分の入場開始から 14 時 20 分までの 65 分間のうち，通過できるゲートが 1 つだけの時間を a 分間とすると，ゲートが 3 つになるのは $(65 - a)$ 分間。したがって，通過できる人数について，$5 \times a + 15 \times (65 - a) = 765$ が成り立つ。両辺を 5 でわって，式を整理すると，$-2a = -42$ だから，$a = 21$　よって，求める時刻は，13 時 15 分 + 21 分 = 13 時 36 分

【答】 (1) ア．150　イ．765　ウ．615　エ．14 (時) 26 (分)　(2) 13 (時) 36 (分)

5 **【解き方】** (1) $\pi \times 4^2 \times 10 = 160\pi$ (cm^3)

(2) ① 水面の高さは，鉄球の直径と等しいので，$2 \times 2 = 4$ (cm) である。鉄球と水を合わせた体積は，$\pi \times 4^2 \times 4 = 64\pi$ (cm^3)，鉄球の体積は，$\frac{4}{3}\pi \times 2^3 = \frac{32}{3}\pi$ (cm^3) だから，求める水の体積は，$64\pi - \frac{32}{3}\pi = \frac{160}{3}\pi$ (cm^3)　② 半径 2 cm と 3 cm の鉄球の中心をそれぞれ O，O′ とする。図 3 の容器 X と 2 つの鉄球を，2 点 O，O′ を通り，容器 X の底面に垂直な面で切ると，切断面は右図のようになる。D，E は半径 2 cm の鉄球と容器 X との接点，F は 2 つの鉄球の接点，G，H は半径 3 cm の鉄球と容器 X，水面との接点で，直線 DO と HO′ の交点を I とする。線分 BC は容器 X の底面の直径だから，BC = $4 \times 2 = 8$ (cm)　OD = OE = OF = 2 cm，O′F = O′G = O′H = 3 cm　OI = BC − OD − O′G = 3 (cm)，OO′ = 2 + 3 = 5 (cm) で，△OO′I は∠OIO′ = 90° の直角三角形だから，三平方の定理より，O′I = $\sqrt{5^2 - 3^2} = \sqrt{16} = 4$ (cm)　よって，AB = HO′ + O′I + OE = 3 + 4 + 2 = 9 (cm) より，底面から水面までの高さは 9 cm。図 3 の鉄球と水を合わせた体積は，図 2 の鉄球と水を合わせた体積より，$\pi \times 4^2 \times (9 - 4) = 80\pi$ (cm^3) 大きい。これは，半径 3 cm の鉄球の体積と追加した水の体積を合わせたものだから，追加した水の体積は，$80\pi - \frac{4}{3}\pi \times 3^3 = 80\pi - 36\pi = 44\pi$ (cm^3)

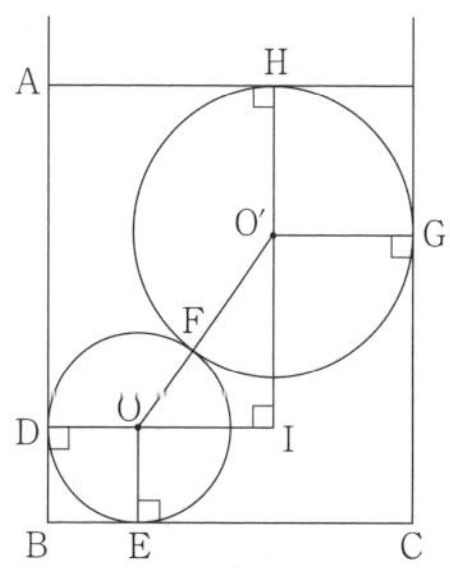

【答】(1) 160π (cm^3) (2) ① $\frac{160}{3}\pi$ (cm^3) ② (高さ) 9 (cm) (体積) 44π (cm^3)

6 【解き方】(2) ① EA = EF = EH + HF = 11 (cm)だから，EC = AC − EA = 5 (cm) △GFH ∽ △ECH より，FG : CE = FH : CH だから，FG : 5 = 4 : 8 よって，8FG = 20 より，FG = $\frac{5}{2}$cm ② △GFH ∽ △ECH より，GH : EH = FH : CH だから，GH : 7 = 4 : 8 よって，8GH = 28 より，GH = $\frac{7}{2}$cm したがって，BG = BC − (GH + HC) = $\frac{9}{2}$ (cm) ここで，∠BGD = ∠FGH (対頂角)，∠GBD = ∠GFH = 60° で，2 組の角がそれぞれ等しいので，△BGD ∽ △FGH よって，BD : FH = BG : FG より，BD : 4 = $\frac{9}{2}$: $\frac{5}{2}$ となり，$\frac{5}{2}$BD = 18 だから，BD = $\frac{36}{5}$cm したがって，DF = DA = AB − BD = $\frac{44}{5}$ (cm) より，DB : DF = $\frac{36}{5}$: $\frac{44}{5}$ = 9 : 11

【答】(1) △GFH と△ECH において，対頂角は等しいので，∠GHF = ∠EHC……① 正三角形の 1 つの内角は 60° なので，∠GFH = ∠ECH = 60° ……② ①，②より，2 組の角がそれぞれ等しいので，△GFH ∽ △ECH
(2) ① $\frac{5}{2}$ (cm) ② 9 : 11

英　語

1 【解き方】A.（1番）父親の「どうしてこれを選んだの？」という問いに対して，メグが「音楽を聴くときにそれを使ってほしい」と答えている。（2番）男性が「ハンバーガーを購入したら，飲み物はお金を支払う必要はない」と言っているので，支払うのはハンバーガーとフライドポテトの代金になる。

B.（1番）ジョンは「部活が長引くことになった」と言っている。（2番）12時に会うことができないので，1時間後に会うことをジョンは提案している。（3番）ジョンは「学校で会ってから午後2時に映画を観てもいいですか？」，「映画のあとに公園でサッカーをしましょう」と言っている。

C.（1番）太郎は「ペットと暮らすことは僕たちの健康に良い」と言っている。（2番）花子はニュースについて，「ペットを飼うことをあきらめる人がいるようです」と言っている。（3番）花子が「一緒に暮らしているなら，ペットが必要としていることをしようとするべきです」と言い，太郎が同意している。

【答】A.（1番）イ　（2番）ウ　B.（1番）エ　（2番）ウ　（3番）ア　C.（1番）イ　（2番）ア　（3番）エ

◀全訳▶　A.

（1番）

父親：私に誕生日プレゼントをくれてありがとう，メグ。

メグ：どういたしまして，お父さん。

父親：どうしてこれを選んだの？

メグ：お父さんは音楽に興味があるから，音楽を聴くときにそれを使ってほしいの。

質問：メグは父親に何を買いましたか？

（2番）

男性：いらっしゃいませ。

少女：ハンバーガーを買いたいのですが。

男性：わかりました。ハンバーガーを購入されたら，飲み物はお金を支払っていただく必要はありません。

少女：まあ，本当ですか？　オレンジジュースをください。

男性：わかりました。他にはいかがですか？

少女：フライドポテトをお願いします。以上です。

質問：この少女はいくら支払いますか？

B. もしもし。こちらはジョンです。申し訳ありませんが，明日の予定を変更したいです。部活が長引くことになったので，12時に駅であなたに会うことができません。1時間後にあなたに学校で会って，午後2時に映画を観てもいいですか？　私たちは映画の前に図書館に行くことができません。でも，映画のあとに公園でサッカーをしましょう。

（1番）なぜジョンは会う時間を変更したいのですか？

（2番）メッセージの中で，ジョンは何時に会いたいと思っていますか？

（3番）メッセージの中でのジョンの新しい計画はどれですか？

C.

花子：私はねこを2匹飼っています。彼らはとてもかわいいです。私は彼らと一緒に生活するのを楽しんでいます。彼らはいつも私を幸せにしてくれます。ペットと一緒に暮らすことは人々の心に良いです。

太郎：僕は毎日犬と散歩をして公園で遊びます。ペットと暮らすことは僕たちの健康に良いです。

花子：ペットを飼うことについていくつか悲しいニュースを聞きました。ペットを飼うことをあきらめる人がいるようです。

太郎：それを聞いて僕は残念です。ペットは僕たちの家族の一員だと思います。僕たちは彼らに食べ物を与えたり，彼らが病気のときには病院に連れて行ったりするべきです。

花子：その通りです。一緒に暮らしているなら，私たちはペットが必要としていることをしようとするべきです。
太郎：僕もそう思います。
(1番) 太郎は彼のペットについてどう思っていますか？
(2番) どんなニュースを花子は聞きましたか？
(3番) 花子と太郎は何を望んでいますか？

2 **【解き方】** A. (1)「その形は船のように見える」。「～のように見える」＝ look like ～。
(2) 直前に「ホーバークラフトを使うと，より早く大分空港へ行ける」とある。「ホーバークラフトは多くの『時間』を必要としない」。
(3) 直後のミカのせりふに「宇宙への道よ」とあり，続けてジロウが「将来，大分空港は宇宙への玄関口になるね」と言っている。エは「大分空港は宇宙への空港として使われるでしょう」という意味。as ＝「～として」。
(4) ジロウの最後から2番目のせりふにある「いつか，大分空港から宇宙へ旅行したい」を指している。
B. ① 直後でトムが「VRが何かについて学ぶのは面白いよ」と言い，ハナが「そうしよう」と答えている。join the lecture ＝「この講義に参加する」。
② 二つの「特別体験」のうち，どちらに興味があるかについての返事。直後の「有名な選手たちとテニスを練習するのは楽しそう」というせりふに着目する。ポスターの「スポーツ体験」の部分に「有名な選手たちとテニスの練習ができる」とある。
③ 直前の「僕は『旅行体験』を選ぶ」というせりふの理由になるものが入る。ポスターの「旅行体験」の部分に「多くの観光地を訪問できる」とある。
④「このイベントに参加するには何をしたらいいの？」に対する返事。ポスターの最終行に「参加をしたいなら，メールを送ってください」とある。

【答】 A. (1) ア　(2) ウ　(3) エ　(4) travel to space from Oita Airport　B. ① エ　② イ　③ キ　④ カ

◀全訳▶　A.
ミカ　：私のタブレット端末の写真Aを見て。
ジロウ：それは船かな？
ミカ　：ホーバークラフトよ。形が船のように見えるけど，海と陸の両方を通り抜けることができるんだ。写真Bを見て。大分のホーバークラフトは2009年に止まってしまったけど，それらはまた動く予定なの。それらは大分市から大分空港まで行く予定よ。
ジロウ：本当？　知らなかったよ。
ミカ　：大分空港へ30分くらいで行くことができるんだ。
ジロウ：それはとても便利だと思うよ。
ミカ　：もし車で大分空港へ行ったら，1時間くらいかかるわ。もしホーバークラフトを使ったら，より早く大分空港へ到着できる。つまりホーバークラフトは多くの時間を必要としないんだ。
ジロウ：そうだね，陸や海から大分空港へ到着できるね。
ミカ　：ジロウ，大分空港についてもう一つ大事なことがあるよ。
ジロウ：それは何？
ミカ　：宇宙への道よ。
ジロウ：ああ，そうだね。将来，大分空港は宇宙への玄関口になるね。
ミカ　：そうよ。
ジロウ：いつか，大分空港から宇宙へ旅行したいな。
ミカ　：楽しそうね。
ジロウ：うん，わくわくするよ。
ミカ　：あなたの夢は素敵だと思うわ。将来，それができるといいね。

B.

トム：このポスターを見て，ハナ。VR について今までに聞いたことはある？

ハナ：うん，でも VR についてあまり知らないよ。もっと教えてくれる？

トム：えっと，僕にはそれを説明するのは難しいな。この講義に一緒に参加しようか？　VR が何かについて学ぶのは面白いよ。

ハナ：うん，そうしよう。

トム：そのあと，僕たちは「特別体験」に参加できるよ。二つの体験があるね。君はどちらのものに興味がある？

ハナ：私は「スポーツ体験」に参加したいわ。有名な選手たちとテニスを練習するのは楽しそうよ。あなたはどう？

トム：僕は「旅行体験」を選ぶよ。世界中の有名な場所を訪れたいんだ。

ハナ：なんて面白いの！　このイベントに参加するには何をするべきなの？

トム：メールを送らなければならないよ。

ハナ：すぐにしよう。このイベントが楽しみだわ。

3 **【解き方】** A. 解答例は「私たちが知らない異なる考えを学ぶことができる」。

B. 2時間で町のためにどのようなことをするかと，その理由を述べる。解答例は「多くの人が毎日公園を使うので，公園でごみを拾います」。

【答】 A.（例）We can learn some different ideas that we don't know.（10 語）

B.（例）I will pick up trash in the park because many people use it every day.（15 語）

4 **【解き方】** (1) スミスさんの 2・3 つ目のせりふを見る。「大学生のときに日本に来た（イ）」→「九州で竹製品を見つけた（ウ）」→「アメリカに帰った（エ）」→「竹製品の作り方を学んだ（ア）」。

(2)「ずっと～し続けている」は現在完了進行形〈have been ＋～ing〉で表す。

(3)ア. スミスさんの 3 つ目のせりふの 3 文目を見る。「一緒に働いている人たちから竹製品の作り方を学んだ」と言っており，自分が発明した方法で竹製品を作っているのではない。イ.「スミスさんは大分の伝統的なものを世界に見せたいと思っている」。スミスさんの 5 つ目のせりふと一致する。ウ.「スミスさんがアヤとエミに竹製品の作り方を教えた」とは述べられていない。エ. スミスさんの 4 つ目のせりふの 2 文目を見る。「日本の人々とコミュニケーションを取ることは私にとって深刻な問題だった」と言っている。

(4) 主語の It は，直前の文にある「本当にしたいことをすることができて私は幸運です」というスミスさんのせりふを指す。To do the things I like =「好きなことをすること」。things のあとには目的格の関係代名詞が省略されている。

(5) ウの「『好きなことをすること』が『たくさんお金をもらうこと』と同じくらい高い」がグラフの内容と合っている。

(6)「仕事を選ぶときに何があなたにとって大切ですか？」という質問に対して，自分の考えと理由を述べる。アの解答例は「人生の中で自分の仕事を楽しみたいので『好きなことをすること』が大切だと思います」，イの解答例は「病気の人々がたくさんいるので『人々を助けること』が大切だと思います。私は彼らを助けたいです」，ウの解答例は「私の夢は高価な車をたくさん買うことなので『たくさんお金をもらうこと』が大切だと思います」，エの解答例は「より多くの時間を家族と過ごすことが大切なので『自由な時間がたくさんあること』が大切だと思います」。

【答】 (1) イ→ウ→エ→ア　(2) have been making　(3) イ　(4) ア　(5) ウ

(6)（例 1）ア／I would like to enjoy my job in my life.（10 語）

（例 2）イ／there are many sick people. I want to help them.（10 語）

（例 3）ウ／my dream is to buy a lot of expensive cars.（10 語）

（例 4）エ／ it is important to spend more time with my family.（10 語）

◀全訳▶

タカシ　　：あなたが仕事を選ぶとき，何があなたにとって大切ですか？　このトピックについて学ぶために，僕たちは大分で竹製品を作っている男性にインタビューしました。まず，僕たちの映像を見てください。

（クラスの生徒たちは映像を見ています。）

アヤ　　　：今日は私たちに，あなたにインタビューする機会をくださりありがとうございます，スミスさん。

スミスさん：どういたしまして。今日は私の職場に来てくれてありがとうございます。

エミ　　　：あなたの職場は本当に素敵です。どうしてこの仕事をすることに決めたのですか？

スミスさん：私は大学生のとき，交換留学生として初めて日本に来て 3 か月過ごしました。私は日本にいる間，九州を訪れてそこである製品を見つけました。それは竹で作られたものでした。それは美しくて独特でした。私はわくわくしました。そして，その製品が大分で作られているということを知りました。

アヤ　　　：そのあとに何をしたのですか。

スミスさん：アメリカに帰ったあと，私は将来竹製品を本当に作りたいと思いました。だから大学を卒業したとき，大分に行くことに決めました。私は一緒に働いている人たちから竹製品の作り方を学びました。そのときから，私は竹製品をずっと作り続けています。本当にしたいことをすることができて私は幸運です。

エミ　　　：わあ，わかりました。日本で働くことについてはどう思いますか？

スミスさん：実際のところ，最初はとても大変でした。日本の人々とコミュニケーションを取ることは私にとって深刻な問題でした。だから私は日本語を勉強し始め，私の周りの人たちのことを理解しようとしました。

アヤ　　　：私はあなたのお話に本当に興味があります。将来に向けて何か新しい計画はありますか？

スミスさん：はい。大分には竹製品のような伝統的なものがたくさんあると思います。私はそれらを世界中の人々に紹介したいです。

アヤ　　　：あなたのお話は私たちに仕事について考えるのに良い機会を与えてくれました。今日は本当にありがとうございました。

スミスさん：どういたしまして。さようなら。

（映像を見たあと）

ユウタ　　：仕事を選ぶとき，誰もが自分自身の理由を持っています。映像で，スミスさんは「本当にしたいことをすることができて私は幸運です」と言っていました。それは「好きなことをすること」が大切だということを意味しています。このグラフを見てください。それは，日本の若い人々にとって仕事を選ぶときに何が大切であるかを示しています。あなたはどうですか？　仕事を選ぶときに何があなたにとって大切ですか？

5 **【解き方】** (1) ⓐ「この考えを気に入らないクラスメートもいるのではないかと『心配していた』」。「～を心配する」= be worried that ～。ⓑ「クラスの他の生徒が踊り方を知らないのでとても『不安だった』」。「不安である」= nervous。ⓒ「年配の人たちが練習を見にくるようになって『驚いた』」。ⓓ 彼ら（周りの笑っている人たち）を見て『幸せに』感じた」。

(2) 直前で「自分たちだけでは終えられなかった」と言っていることに注目。「しかし私たちは『他の人たちからの手助けを得ること』によってそれをした」となる。

(3) 質問は「祖父を喜ばせるためにタロウは何をしましたか？」。第 1 段落の最終文を見る。「僕は彼（祖父）を喜ばせるためにその踊りをしたいと思った」とあり，タロウはクラスメートと学校行事でその踊りをした。「その踊り」は「(町の) 伝統的な踊り」を指す。

(4) ② 公民館でのできごとは第１段落で述べられている。３文目より「何枚かの町の古い祭りの写真を見つけた」，最後から２文目より「話していたとき，祖父は悲しそうだった」が入る。③ 体育館でのできごとは第３段落で述べられている。２・３文目より「祖父が毎日踊り方を教えてくれた」，最終文より「踊ることや演奏することで他の年配の人たちが僕たちを助けてくれた」が入る。④ 学校行事でのできごとは第４段落で述べられている。３文目より「たくさんの人たちの前で練習の結果を示すことができた（踊りは成功した）」，４文目より「踊りを見たとき，多くの人たちが笑っていた」が入る。⑤ 小学校でのできごとは第５段落で述べられている。２・３文目より「ある小学校で踊りを見せた」，最終文より「町の子どもたちに経験を共有することは重要だと思った（町の全ての小学生に踊りを教えたいと思った）」が入る。

【答】 (1) イ　(2) エ　(3) performed the traditional dance　(4) ② ア・エ　③ オ・カ　④ イ・ク　⑤ ウ・キ

◀全訳▶ みなさん，こんにちは。今日は僕の学校生活での決して忘れないであろう１つの体験についてお話します。今年の夏，町の公民館に祖父と訪れ，何枚かの古い祭りの写真を見つけました。その写真では，多くの人が踊っていて楽しそうでした。祖父は僕に「これらは町の祭りの伝統的な踊りの写真だよ。その踊りはとても人気で昔は地元の人たちにとって大切なものだった。でもその踊りは長い間，演じられていないんだよ。」と言いました。彼は祭りについて話し終えたとき，悲しそうでした。そして僕は彼を喜ばせるためにその踊りをしたいと思いました。

数日後，僕はこの話を先生に話しました。彼女は興味を持ってくれて，学校行事で僕たちのクラスがその踊りをすることを提案しました。この考えを気に入らないクラスメートもいるのではないかと心配していましたが，みんながこの考えに賛成してくれました。

はじめは，クラスの他の生徒が踊り方を知らないのでとても不安でした。だから僕たちに踊りを教えてくれうように祖父に頼みました。僕たちは毎日放課後に祖父と体育館で踊りを練習しました。すると次第に，踊りを知っている何人かの年配の人たちが僕たちの練習を見にくるようになって驚きました。僕たちと一緒に踊ってくれる人もいれば，僕たちの演技をより良くするために和太鼓や笛を演奏してくれる人もいました。

ついに，学校行事の日がやってきました。たくさんの人たちが僕たちの学校に踊りを見に来てくれました。僕たちの演技は年配の人たちとの練習のおかげで成功しました。僕たちの周りのみんなが笑っていました。僕は彼らを見て，幸せに感じました。

次の日の朝，僕たちの演技が新聞に掲載されました。そして学校行事のあとに，ある小学校が僕たちに踊りをするように依頼しました。そこの子どもたち全員が僕たちの踊りを見るのを楽しみました。そして僕はそれを町の全ての小学生に教えたいと思いました。

僕は，僕たちが町の人たちと一緒に練習することができてうれしいです。彼らはたくさんのことで僕たちを手伝ってくれました。僕たちは踊りの練習を始めたときは，うまくできることが想像できませんでした。僕たちは自分たちだけでは終えられませんでした。でも他の人たちからの手助けを得ることによってそれをしました。はじめは，この活動の目的はただ祖父を喜ばせることだけでした。しかし同時に，町の多くの人たちを喜ばせました。

社　会

1 【解き方】(1) ①「高知県」ではなく，徳島県が正しい。② 一般に昼夜間人口比率は，都市部では1より大きく（昼間人口のほうが夜間人口よりも多い），都市部の周辺に位置する地域では1より小さく（夜間人口のほうが昼間人口よりも多い）なる。企業や学校が集中する都市部には，昼間に通勤や通学のため，多くの人が集まる。③「死亡率が大幅に低下」したことにかかわりの深い事象を考えるとよい。④「ヒスパニック」は，スペイン語を話すラテン系アメリカ人のことで，メキシコとの国境に近い地域に多く住んでいる。また，アメリカ南部には，植民地時代にアフリカから奴隷として連れてこられた人々の子孫が多い。

(2) ① 国際的な取引価値の高い農作物などを単一で栽培していることが多い。② イは名古屋港，ウは成田国際空港，エは千葉港。航空輸送はコストがかかるため，小型・軽量で高価な製品の輸送に向いている。名古屋港は自動車生産がさかんな中京工業地帯，千葉港は石油化学コンビナートが立ち並ぶ京葉工業地域の近くにあることがヒント。③ 日本は，小麦や大豆の自給率が非常に低い。果実は1960年代のバナナに始まり，その後にパイナップルやグレープフルーツ，1990年代にはオレンジの輸入自由化も始まった。④ 資料7では，カカオの生産にかかる期間と，そのカカオからチョコレートが作られ，店頭に並ぶまでの期間の長さ，資料8では，カカオを生産した農家が受け取る利益と，チョコレートの製造・販売にかかわった企業が受け取る利益との違いに注目するとよい。

【答】(1) ① エ　② イ　③ 医療の発達（同意可）　④ ウ

(2) ① プランテーション　② ア　③ エ　④ カカオ生産の手間がかかるわりに，利益の割合が低いこと。（同意可）

2 【解き方】(1) アは『後漢書』東夷伝，イは『漢書』地理志，ウは『魏志』倭人伝の内容。それぞれ1世紀，紀元前1世紀，3世紀の日本のようすが描かれている。

(2) 遣唐使を派遣していた理由は，唐の優れた制度や文化などを日本に取り入れるためであったことに注目するとよい。

(3) アは南北朝の戦い，イは応仁の乱，ウは平治の乱。

(4) 鎌倉幕府の8代執権。

(5) 日明貿易では，「勘合」と呼ばれる割り札が用いられた。

(6) 豊臣秀吉は，キリスト教の宣教師を国外に追放したが，南蛮貿易は停止しなかった。

(7) 高級な緑茶である「上喜撰」と「蒸気船」をかけた狂歌。1853年，浦賀沖にアメリカの軍艦4隻が来航したできごとを指している。

(8) B.「山東半島」ではなく，遼東半島が正しい。

(9) 資料4に見える女性たちが製造した兵器は，どんなできごとにおいて必要とされたのかを考えるとよい。

(10) 満州は中国東北部に位置する地域。柳条湖事件が起きた場所を選ぶ。

(11) 国交正常化は1972年のこと。

【答】(1) イ→ア→ウ　(2) 唐が衰えたから（同意可）　(3) エ　(4) 北条時宗　(5) イ　(6) ウ

(7) ペリーが来航したこと。（同意可）　(8) イ　(9) 第一次世界大戦で女性が貢献したから。（同意可）　(10) ア

(11) 日中共同声明

3 【解き方】(1) ① この考え方により，国民の自由や権利が守られるとされている。② 1972年は，それまでアメリカの占領下にあった沖縄が日本に返還された年。③ 各政党が獲得した投票数に比例して議席数が配分される選挙制度。

(2) ノーマライゼーションの実現にも必要な考え方。

(3) 地方交付税は，都市部と地方の税収格差を小さくするために国から支給されるもので，東京都が支給されていないことがポイント。また，国庫支出金は，国が使い道を指定して支給する。

(4) G. 株式発行による資金調達は，直接金融という。「間接金融」は，金融機関からの借り入れにより，資金を調達する方法。

(5)「円高」とは，外国通貨に対して円の価値が上がること。日本にとっては，輸入する商品やサービスが割安になる一方，輸出する日本の商品やサービスが割高になる。

(6) 不況時に行われるのは買いオペレーション。日本銀行は，金融機関から国債を購入することで，その購入金額分の通貨が金融機関・市場に流入することを目的としている。

(7)「大きな政府」とは，国民生活に積極的に介入する政府のあり方。社会保障などは手厚いが，そのために必要な財政支出をまかなうため，徴収する税金も増える高福祉・高負担のしくみ。逆に「小さな政府」は低福祉低負担となる。

【答】 (1) ① 憲法によって国家権力を抑え，国民の権利を守る考え方。(同意可) ② 沖縄の返還（同意可） ③ 比例代表

(2) 合理的配慮 (3) オ (4) ウ (5) ア・エ (6) エ (7) L. イ M. エ

4 **【解き方】** (1) イラクはトルコの南，イランの西に位置する国。シルクロードは通っているが，アジアハイウェイは通っていない。

(2) 豊臣秀吉の朝鮮出兵後，江戸時代に入って対馬藩の画策もあって国交が復活した。

(3) C. EUには加盟していない。また，「キリスト教」ではなくイスラム教が正しい。D.「北緯50度より北」ではなく，北緯50度より南が正しい。なお，トルコの首都アンカラは，日本の秋田県と同じ，北緯40度付近に位置する。

(4) ア.「北東」ではなく，北西が正しい。ウ.「神社」ではなく，寺院が正しい。エ. 博多駅前（一）付近には4.5m，中洲（五）付近には3.4mの水準点がある。

(5) Aは現在のイランの都市で，高度な文明が発達していた。「正倉院」は奈良時代に建てられた倉庫で，聖武天皇の愛用品や宝物が納められている。

(6) Eの「砂漠化」，Fの「地震」，Gの「森林保全」に注目するとよい。

【答】 (1) ウ (2) 対馬(藩) (3) エ (4) イ (5) 西方の文化を東方に伝える役割を果たした。(同意可) (6) ウ

5 **【解き方】** (1)「絹織物」ではなく，綿織物が正しい。

(2) 日本の場合，石炭は総輸入量の約7割をオーストラリアから，石油はそのほとんどをサウジアラビアをはじめとする中東諸国から，天然ガスはオーストラリアやマレーシアなどから輸入している。

(3) 1997年に採択された京都議定書に代わる国際的な枠組み。

(4) ① Dの「イラク戦争」は2003年に始まった。Gの記述は，水力，地熱には当てはまらない。② 火力発電には天然ガスや石炭などの原料が必要だが，日本はそれらの資源の自給率が低いことに注目するとよい。

【答】 (1) ア (2) ウ (3) パリ協定 (4) ① ウ ② 輸入相手国を増やす。(同意可)

理　科

1 【解き方】(1) ① 聴覚など首から上で受けた刺激の信号は，脊髄を通らずに直接脳へ送られる。命令の信号は，脊髄を通って手に伝えられる。② 5 回の距離の平均は，14.7 (cm) + 15.5 (cm) + 17.8 (cm) + 16.5 (cm) + 15.5 (cm) = 80.0 (cm) より，$\frac{80.0\ (\text{cm})}{5}$ = 16.0 (cm)　図 3 より，対応する時間を読み取る。

(2) ② 地球の自転の向きは地球の北極側から見て反時計回り，公転の向きは自転の向きと同じ。月の公転の向きも地球の北極側から見て反時計回りなので，月は公転により西から東に移動しながら地球の影に入り，左側から欠けていく。③ 地球の自転は 1 時間当たり 15° より，12° 回転するのに要する時間は，60 (分) × $\frac{12^\circ}{15^\circ}$ = 48 (分)　よって，20 時 21 分 + 48 (分) = 21 時 9 分

(3) ① 塩化ナトリウム→ナトリウムイオン＋塩化物イオン　② 食塩水の質量は，200 (g) + 28 (g) = 228 (g)　質量パーセント濃度は，$\frac{28\ (\text{g})}{228\ (\text{g})}$ × 100 ≒ 12.3 (%)　③ 物体の密度が液体の密度よりも大きいと物体は沈み，物体の密度が液体の密度よりも小さいと物体は浮く。

(4) ① 回路全体に流れる電流の大きさは，800mA = 0.8A なので，オームの法則より，$\frac{6\ (\text{V})}{0.8\ (\text{A})}$ = 7.5 (Ω)　② 図 8 で，電熱線 Q に流れる電流の大きさは，600mA = 0.6A より，0.8 (A) − 0.6 (A) = 0.2 (A)　電圧が一定のとき，消費電力は電流の大きさに比例する。また，図 8 より，電熱線 P の抵抗の大きさは，$\frac{6\ (\text{V})}{0.6\ (\text{A})}$ = 10 (Ω)　電熱線 Q の抵抗の大きさは，$\frac{6\ (\text{V})}{0.2\ (\text{A})}$ = 30 (Ω)　よって，図 9 の回路全体の抵抗の大きさは，10 (Ω) + 30 (Ω) = 40 (Ω)　図 9 の回路全体に流れる電流の大きさは，$\frac{6\ (\text{V})}{40\ (\Omega)}$ = 0.15 (A)　電圧＝抵抗×電流より，消費電力は，電流×抵抗×電流で求められるので，電熱線 P の消費電力は，0.15 (A) × 10 (Ω) × 0.15 (A) = 0.225 (W)　電熱線 Q の消費電力は，0.15 (A) × 30 (Ω) × 0.15 (A) = 0.675 (W)　③ 1 J は 1 W の電力を 1 秒間使用したときに消費される電力量なので，6 (V) × 0.15 (A) × (3 × 60) (s) = 162 (J)

【答】(1) ① ウ　② イ　③ イ・オ　(2) ① ウ　② キ　③ 21 (時) 9 (分)
(3) ① $NaCl \rightarrow Na^+ + Cl^-$　② 12.3 (%)　③ ウ
(4) ① 7.5 (Ω)　② (記号) イ　(消費電力) 0.675　③ 162 (J)

2 【解き方】(2) 表 1 より，発生した気体の質量は，加えた石灰石の質量の合計が 0.50g のとき，103.98 (g) + 0.50 (g) − 104.28 (g) = 0.20 (g)　1.00g のとき，103.98 (g) + 1.00 (g) − 104.58 (g) = 0.40 (g)　1.50g のとき，103.98 (g) + 1.50 (g) − 104.88 (g) = 0.60 (g)　2.00g のとき，103.98 (g) + 2.00 (g) − 105.18 (g) = 0.80 (g)　2.50g のとき，103.98 (g) + 2.50 (g) − 105.68 (g) = 0.80 (g)

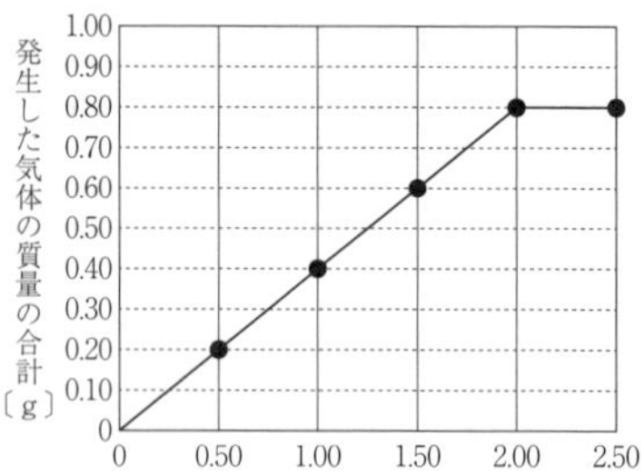

(3) ② 炭酸カルシウムと塩酸の反応では，二酸化炭素が発生する。

(4) 表 2 より，発生した気体の質量は，加えた炭酸カルシウムの質量の合計が 1.00g のとき，103.98 (g) + 1.00 (g) − 104.54 (g) = 0.44 (g)　(2)より，加えた石灰石の質量の合計が 1.00g のときに発生した気体の質量の合計は 0.40g。よって，1.00 (g) × $\frac{0.40\ (\text{g})}{0.44\ (\text{g})}$ ≒ 0.91 (g)

【答】(1) 隆起したため（同意可）(2)（前図）(3) ① イ　② b. 2　c. CO_2　(4) 0.91 (g)　(5) ア

③【解き方】(1) エンドウとアブラナは双子葉類，ソテツは裸子植物。

(3) 核の形が消えて染色体が現れる→染色体が中央に並ぶ→それぞれの染色体が縦に 2 つに割れて両端に移動する→細胞にしきりができ始め，両端に分かれた染色体が核をつくる→細胞質が 2 つに分かれ，2 個の細胞になる。

(4) 核の中の染色体が複製されるので，16 (本) × 2 = 32 (本)

(6) ア．無性生殖でできた新しい個体は，もとの個体と同じ遺伝子を受けつぐので，同じ形質をもつ。ウ．有性生殖の説明。エ．無性生殖では生殖細胞はつくられない。

(7) 1 回の分裂で 2 個，2 回の分裂で 4 個，3 回の分裂で 8 個なので，n 回分裂すると 2^n 個になる。$2^5 = 32$，$2^6 = 64$ より，はじめて 50 個をこえるのは，6 回分裂したとき。

(8) DNA はデオキシリボ核酸の略称。

【答】 (1) ア・オ (2) エ (3) (A →) C → D → F → E (→ B) (4) 32 (本) (5) ア (6) イ (7) c. 発生 d. 6

(8) DNA

④【解き方】(1) 地球が物体を地球の中心に向かって引く力が重力。300g の物体にはたらく重力は 3N なので，矢印の長さは 3 目盛り。

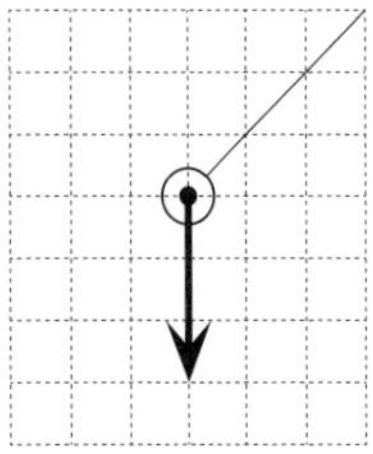

(2) 位置エネルギーと運動エネルギーの和はいつも一定なので，点 A での位置エネルギーを 3，運動エネルギーを 0 とすると，点 B での位置エネルギーは 0，運動エネルギーは 3 となる。点 A での位置エネルギーは点 C での位置エネルギーの 3 倍なので，点 C での位置エネルギーは，$\frac{3}{3} = 1$ このとき，点 C での運動エネルギーは，3 − 1 = 2

よって，$\frac{3}{2} = 1.5$ (倍)

(3) 点 D に達した瞬間，点 A と同じ高さになり，運動エネルギーは 0 なので，真下に落下する。

(4) 10cm = 0.1m より，2 (N) × 0.1 (m) = 0.2 (J)

(5) 表より，糸の長さが 25cm で同じとき，小球の質量が 100g と 200g の場合を比べると，1 往復する時間はともに 1.0 秒で変わらないが，木片の動いた距離は 200g の方が大きい。

(6) 図 8 より，点 G の位置エネルギーが 3 なので，小球を指ではじいたときの運動エネルギーの大きさは，3 − 1 = 2 点 G では静止しているので，運動エネルギーは 0。位置エネルギーと運動エネルギーの和が常に 3 になるように変化する。

【答】 (1) (前図) (2) 1.5 (倍) (3) エ (4) 0.2 (J) (5) ア (6) ウ

⑤【解き方】(1) ② 振動数の大小は音の高低に関係する。③ 津波は地震が海底で起こったときに発生する。

(2) ② 観測点 C が最も近く，観測点 A が最も遠い位置を選ぶ。③ S 波が観測点 A と B に伝わるのに要した時間の差は，2 時 53 分 18 秒 − 2 時 53 分 08 秒 = 10 (秒) 観測点 A と B の震源からの距離の差は，112 (km) − 77 (km) = 35 (km) S 波の速さは，$\frac{35\ (\text{km})}{10\ (\text{s})} = 3.5\ (\text{km/s})$ よって，S 波が観測点 A に伝わるのに要した時間は，$\frac{112\ (\text{km})}{3.5\ (\text{km/s})} = 32\ (\text{s})$ より，地震の発生時刻は，2 時 53 分 18 秒 − 32 (秒) = 2 時 52 分 46 秒 ④ S 波が震源からの距離 84km の地点に伝わるのに要する時間は，$\frac{84\ (\text{km})}{3.5\ (\text{km/s})} = 24\ (\text{s})$ 地震の発生時刻から緊急地震速報が発表されるまでの時間は，2 時 52 分 55 秒 − 2 時 52 分 46 秒 = 9 (秒) よって，24 (秒) − 9 (秒) = 15 (秒後)

【答】 (1) ① ウ ② ア ③ プレートの境界が海底にあるため (同意可)

(2) ① ア ② エ ③ (2 時) 52 (分) 46 (秒) ④ 15 (秒後)

国　語

1 **【解き方】** 問二. (1) 目上の人への手紙なので,「拝啓」と「敬具」の組み合わせを使う。「前略」と「早々（草々)」は前文を省略する場合に使う組み合わせ。(2)「もらった」は自分の行動なので，謙譲語に直す。(3) 意志の助動詞「よう」。直前の動詞が未然形になっていることにも着目する。イは例示，ウは推定，エはたとえの助動詞「ようだ」の一部。(4)「秋」を楷書で書いたときの5画目に点画の省略，9画目に点画の変化がある。「晴」の横画は全体的に連続している。

【答】 問一. (1) 創刊　(2) 著(しい)　(3) 仏閣　(4) さ(く)　(5) とうしゅう

問二. (1) ウ　(2) いただいた（同意可）　(3) ア　(4) イ

2 **【解き方】** 問一. 直後の「先生に…目くばせされた」に着目する。これより前に，千春が「小さい子の感想みたい」と言ったことに対し,「先生」は「きれいだなって感じるのが，すべてのはじまり」と述べている。この言葉を受け止めた千春が，那彩に対して素直に「きれいだった」と言ったので，先生は「目くばせ」したのである。

問二.「千春に，無理させてないかな」「あたし，うるさかったよね」とあり，那彩は千春が内心どう思っているのか不安を感じながらも，そのような「素直な気持ちを打ち明け」られる人物である。

問三. (1) 千春が気づいた，那彩たちに対する「自分の気持ち」なので,「ああそうか，と思う」の後で「心から夢中になれるものを持ち…圧倒的な情熱も」と説明している内容をまとめる。(2) 二階堂先輩は「星のことがもっと知りたくて…くわしくなってく」と言っている。それを受けて「先輩の言うように，千春も星のことをもっと知りたい」と，自分にも同じ気持ちがあることに気づいている。(3) 二階堂先輩が「心配しなくても，知識は勝手に増える」と千春を「励まして」いることから，千春が星に関する「知識」の少なさを気にしていることをおさえる。

問四.「つまんない返事だ」「せっかく那彩が…わたしもそうしよう」「わたしはうらやましかったんだ」など，何度も千春の心の中の言葉を表現し，千春の心情をより直接的に伝えている。

【答】 問一. ウ　問二. イ

問三. (1) 圧倒的な情熱をうらやましく（13字）（同意可）　(2) 星のことをもっと知りたい　(3) 星に関する豊富な知識がない（13字）（同意可）

問四. ア

3 **【解き方】** 問一. (1) ティルマンが行った「草原に生える草の種類をコントロールする実験」の結果として,「生物多様性が高くなると生産性が高まり，少々の環境変化があっても安定していることが分かった」とある。「草原全体は安定する」につながる内容であることから，草原について具体的に説明した後,「草の多様性が高いと…生産性が高くなる」と述べていることもおさえる。(2)・(3)「メリットはほかにもある」として,「その場所に…可能だから，突発的な出来事が生じても，草原全体は安定する」と述べている。「干ばつに強い」「水びたしに強い」など,「草の種類が複数あることで…最小限にとどめられる」というように,「いざというときに役立つ」性質を「冗長性」と呼んでいることにも着目。

問二. まず「生物多様性は…欠かせない基盤なのである」と述べ,「人間生活の…保証」「人間にとって有用な価値」「豊かな文化の源」という複数の観点から，それぞれ具体例を挙げて説明している。

問三. (1)【文章一】では,「生物多様性が大事」な理由を，草原の生産性が高まり,「少々の環境変化があっても安定」する,「突発的な出来事が生じても，草原全体は安定する」と述べており，草原に与える影響から考えている。【文章二】では,「人間が生存するのに欠かせない基盤」「人間にとって有用な価値を持つ」など，人間のために「生物多様性が大事」とする考え方について述べている。(2)【文章一】で「生物多様性が高ければ…草原全体は安定する」,【文章二】で「生物多様性」が「人間生活を豊かにしている」と述べていることから考える。

【答】問一．⑴ 草の多様性が高いと，環境に合った草が生えてくるので生産性が高まり，少々の環境変化があっても（45字）（同意可） ⑵ 冗長性を高める ⑶ 突発的な出来事

問二．エ 問三．⑴ ウ ⑵ エ

4 【解き方】問一．語頭以外の「は・ひ・ふ・へ・ほ」は「わ・い・う・え・お」にする。

問二．夜明け前の暗い時分に山へ行く人物。会話文の前の「木こる童の…いひける」という表現をおさえる。

問三．⑴「具して行く童部」は，「木こる童」の発言を「おそれ多い」と言っている。「様にも似ず」は，身分不相応だと非難しており，身分を考えた発言を求めている。⑵「木こる童」は，「人のえよみ給はざんなる」ものを「童こそよみたれ」と言っている。⑶「隠題」は「ひちりき」で，四句の「いくたびちりき」に入っている。⑷ Bさんの「和歌自体もすばらしい」という発言に対し，「なるほど」と同意していることをおさえる。

【答】問一．いいける 問二．イ

問三．⑴ ア ⑵ 人々がよめない隠題を自分はよめる（16字）（同意可） ⑶ 四 ⑷ エ

◀口語訳▶ 今となっては昔のことだが，隠題をたいそうおもしろがっておられた帝が，ひちりきを（隠題として）よませなさったが，人々が出来の悪い和歌をよんだ折のこと，林業に従事している少年が，夜明け前のまだ暗い時分，山へ行こうとして言ったことに，「このごろ，（帝が）ひちりきをよませなさるそうだが，人々がどうしてもおよみになれないということだ。自分なら（うまく）よんだのだが」と言ったところ，一緒に行く少年が，「ああ，おそれ多い。そんなことを言うな。身分不相応だ。憎らしい。」と言ったところ，（林業に従事する少年は）「（良い和歌をよめるかどうかは）どうして，身分相応だと決まったことか。（いや，決まったことではない）」と言って，

　春が巡り来るたびごとに，桜の花が何度散ったことか，誰かに聞いてみたいものだ

とよんだということだ。身分にも似合わず，思いがけないことであった。

5 【解き方】問一．「ペルソナ」は，「発信する情報を…絞り込むために」設定される「架空のターゲット像」とある。「ペルソナ」をきっちりと設定することで，「発信が自社製品やサービスを…検索にかかりやすくなる」ことをおさえる。

問二．【ポスターB】は，「良書発見」「知的書評合戦」など熟語を多く用い，「スタンダール」の引用に「隠喩」，「図書館にて開催」に「体言止め」が使われているが，「直喩」は使われていない。

【答】問一．イ 問二．エ

問三．（例）私は読み手がビブリオバトルをわかっていないという点に着目した。ポスターAには「ビブリオバトルとは？」という説明があり，内容を知らない人にもどのようなイベントであるかが明確に伝わるため，気軽に参加してみようと思わせる効果が期待できる。（116字）

~MEMO~

大分県公立高等学校

2022年度
入学試験問題

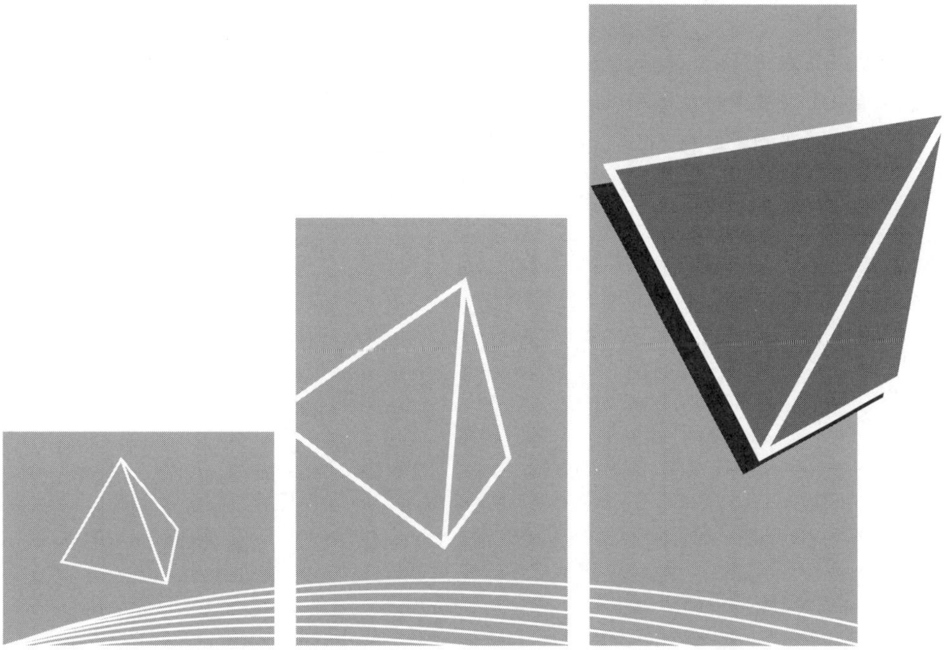

数学

時間　50分　　　満点　60点

1　次の(1)～(6)の問いに答えなさい。

(1)　次の①～⑤の計算をしなさい。

①　$-8-5$　(　　　)

②　$7+3\times(-2^2)$　(　　　)

③　$\dfrac{x-y}{4}+\dfrac{x+2y}{3}$　(　　　)

④　$4x^2\div 6xy\times(-9y)$　(　　　)

⑤　$\sqrt{24}-\dfrac{2\sqrt{3}}{\sqrt{2}}$　(　　　)

(2)　2次方程式 $x^2+3x-5=0$ を解きなさい。(　　　)

(3)　$x=\sqrt{7}+4$ のとき，$x^2-8x+12$ の値を求めなさい。(　　　)

(4)　関数 $y=x^2$ について，x の変域が $-2\leqq x\leqq 3$ のときの y の変域を求めなさい。(　　　)

(5)　右の〔図〕のように，平行四辺形ABCDがあり，AC = AD である。対角線AC上にEB = ECとなるように点Eをとる。

∠ADC = 68°のとき，∠ABEの大きさを求めなさい。

(　　　)

〔図〕

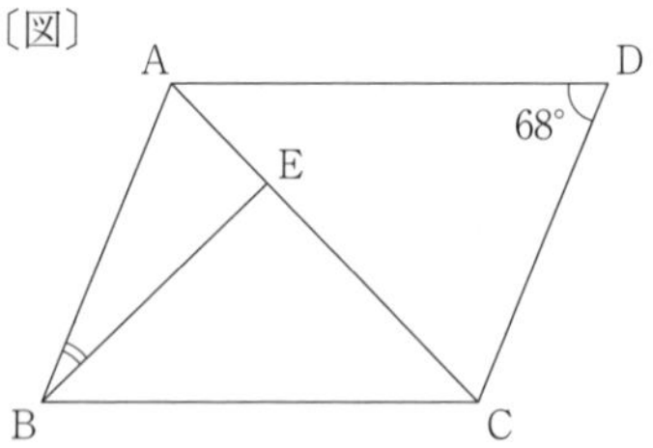

(6)　下の〔図〕のように，△ABCがある。△ABCの辺AB上に点D，辺BC上に点Eをとり，線分DEを折り目として，点Bが辺ACの中点に重なるように△ABCを折る。このとき，折り目の両端となる点D，Eを，作図によって求めなさい。

ただし，作図には定規とコンパスを用い，作図に使った線は消さないこと。

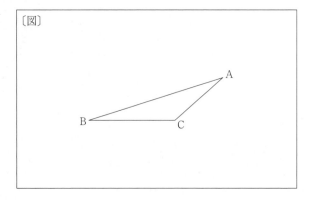

〔図〕

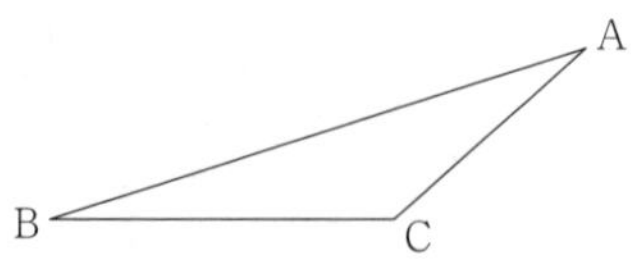

2 下の〔図1〕のように，関数 $y=\dfrac{a}{x}$，関数 $y=x+5$，関数 $y=-\dfrac{1}{3}x+b$ のグラフがある。

関数 $y=\dfrac{a}{x}$ と関数 $y=x+5$ のグラフは2点A，Bで交わり，x 座標の大きい方の点をA，小さい方の点をBとする。点Aの x 座標は1である。また，関数 $y=x+5$ のグラフと x 軸との交点をCとし，関数 $y=-\dfrac{1}{3}x+b$ のグラフは点Cを通る。

次の(1)～(3)の問いに答えなさい。

〔図1〕

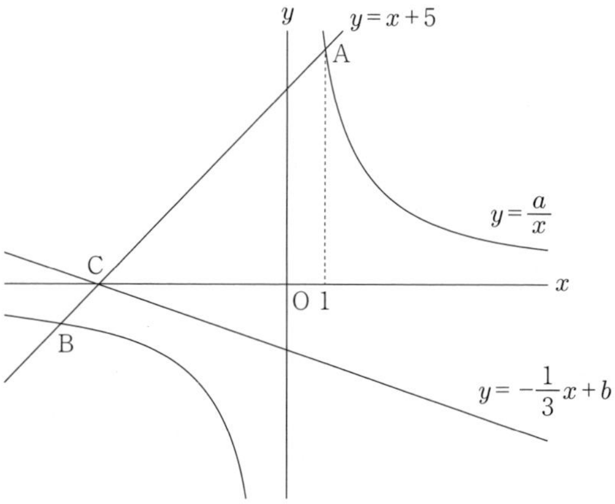

(1) a の値を求めなさい。(　　　)

(2) b の値を求めなさい。(　　　)

(3) 下の〔図2〕のように，関数 $y=\dfrac{a}{x}$ のグラフ上に，x 座標が点Cと同じである点Dをとる。

また，関数 $y=-\dfrac{1}{3}x+b$ のグラフ上に，四角形ACDOの面積と△ACEの面積が等しくなるように点Eをとる。

点Eの x 座標を求めなさい。ただし，点Eの x 座標は点Cの x 座標より大きいものとする。

(　　　)

〔図2〕

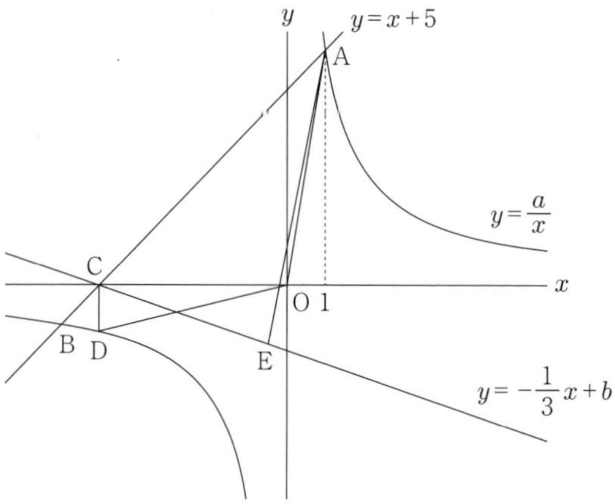

3　次の(1)，(2)の問いに答えなさい。

(1)　右の〔図〕のように，1から6までの番号が書かれた6つのいすが番号順にすき間なく横一列に並んでいる。

〔図〕

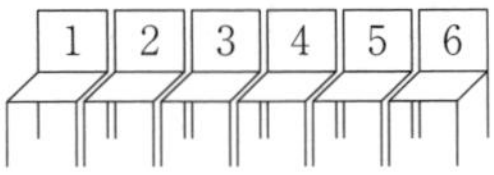

1から6までの数字が1つずつ書かれた6枚のカードをよくきってから，花子さんと太郎さんは，この順に1枚ずつカードをひき，それぞれひいたカードの数字と同じ番号のいすに座るものとする。

ただし，ひいたカードはもとにもどさないものとする。また，どのカードをひくことも同様に確からしいものとする。

次の①，②の問いに答えなさい。

①　花子さんと太郎さんの座り方は，全部で何通りあるか求めなさい。(　　　通り)

②　花子さんと太郎さんの間に，空席が**2つ以上**あるときの確率を求めなさい。(　　　)

(2)　右の〔図1〕のように，台形ABCDがあり，AB = 8m，BC = 5m，CD = 5m，DA = 4m，∠DAB = ∠CDA = 90°である。

〔図1〕

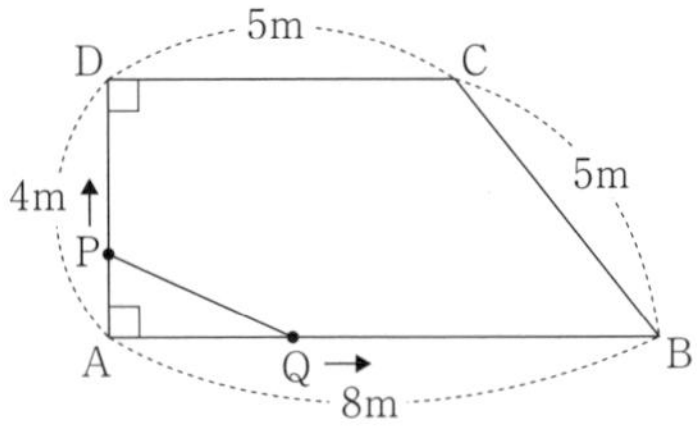

点Pは，点Aを出発して，毎分1mの速さで，辺AD，DC，CB上を点Bに着くまで移動する。

また，点Qは，点Pと同時に点Aを出発して，毎分2mの速さで，辺AB上を点Bに着くまで移動し，その後，点Pが点Bに着くまでの間，停止する。

2点P，Qが点Aを同時に出発してからx分後の△AQPの面積を$y\,\mathrm{m}^2$とする。ただし，点Pと点Qが一致している場合は$y = 0$とする。

次の①，②の問いに答えなさい。

①　右の〔図2〕は，2点P，Qが点Aを同時に出発してから4分後までのxとyの関係を表すグラフである。

2点P，Qが点Aを同時に出発して4分後から点Pが点Bに着くまでのxとyの関係を表すグラフを〔図2〕にかき入れなさい。

〔図2〕

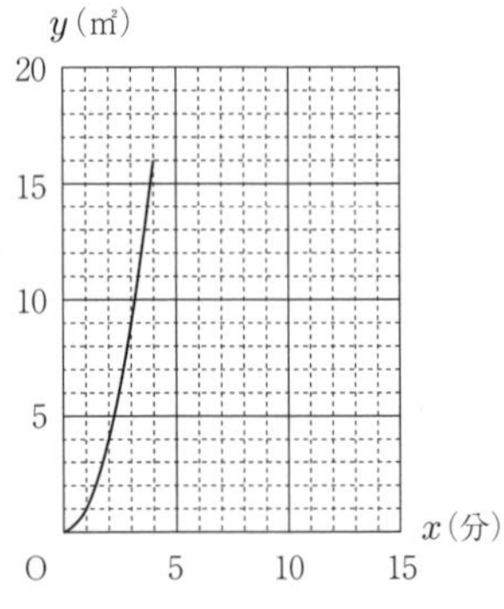

②　△AQPの面積が，最初に$4\,\mathrm{m}^2$となってから最後に$4\,\mathrm{m}^2$となるまでにかかる時間は何分何秒か，求めなさい。

(　　分　　秒)

④　太郎さんは，人が移動するときに利用する交通手段によって，二酸化炭素（CO_2）の排出量が違うことを知った。そこで，路線バスと自家用車の CO_2 の排出量を調べたところ，路線バスと自家用車のそれぞれについて，1 人が 1 km 移動するときの CO_2 の排出量を見つけ，下の〔表 1〕のようにまとめた。

〔表 1〕

交通手段	路線バス	自家用車
1 人が 1 km 移動するときの CO_2 の排出量（g）	57	130

（「国土交通省ホームページ」をもとに作成）

上の〔表 1〕の値を使うと，例えば，9 人のうち 4 人が路線バスで，5 人が自家用車を利用して，それぞれ 10km 移動したときの CO_2 の排出量は，$57 \times 4 \times 10 + 130 \times 5 \times 10 = 2280 + 6500 = 8780$ により，8780g となる。

太郎さんは，働いている人の通勤方法を考えることが環境を守ることにつながると考え，自家用車で通勤している人が路線バスでの通勤に変更することで，CO_2 の排出量をどれだけ削減できるか，〔表 1〕の値を使って計算してみることにした。

そのために，太郎さんは，A 町の役場で働いている人の中で，隣町の B 町から自家用車で通勤している 20 人を対象に，片道の通勤距離について調査を行った。

右の〔表 2〕は，調査した 20 人の片道の通勤距離を度数分布表にまとめたものである。

〔表 2〕

階級(km)	度数(人)
3.4	1
3.5	0
3.6	1
3.7	0
3.8	0
3.9	5
4.0	6
4.1	5
4.2	0
4.3	0
4.4	0
4.5	2
計	20

次の(1)，(2)の問いに答えなさい。

(1)〔表 2〕から，20 人の片道の通勤距離の平均値を求めなさい。

（　　　km）

(2) 太郎さんは，調査した 20 人のうち，ある人数を路線バスでの通勤に変更したときに，片道あたりの CO_2 の排出量をどれだけ削減できるか，計算してみることにした。

まず，20 人全員が自家用車で通勤したときの，片道あたりの CO_2 の排出量を計算した。次に，ある人数を路線バスでの通勤に変更したときの 20 人全員の片道あたりの CO_2 の排出量を計算した。ただし，**通勤距離は，20 人全員とも〔表 2〕の 20 人の片道の通勤距離の平均値であるものとして計算した。**

計算の結果，ある人数を路線バスでの通勤に変更したときの方が，20 人全員が自家用車で通勤したときよりも，片道あたりの CO_2 の排出量を 36.5 %削減できた。

次の①，②の問いに答えなさい。

①　太郎さんの計算によると，ある人数を路線バスでの通勤に変更したときの 20 人全員の片道あたりの CO_2 の排出量は，20 人全員が自家用車で通勤したときよりも，何 g 削減できたか，求めなさい。（　　　g）

② 次の［説明］は，太郎さんが路線バスでの通勤に変更した人数を，連立方程式を使って求めたものである。

> ［説明］
> 20人のうち，路線バスでの通勤に変更した人数を x 人，自家用車での通勤を継続した人数を y 人とすると，連立方程式は，
>
> $$\begin{cases} x + y = 20 \\ \boxed{\text{ア}} \end{cases}$$
>
> となる。この連立方程式を解くと，
>
> $x = \boxed{\text{イ}}$，$y = \boxed{\text{ウ}}$
>
> となる。
> したがって，太郎さんが路線バスでの通勤に変更した人数は，$\boxed{\text{イ}}$ 人である。

$\boxed{\text{ア}}$ には適する方程式を，$\boxed{\text{イ}}$，$\boxed{\text{ウ}}$ には適する数を書き，［説明］を完成させなさい。ア(　　　)　イ(　　　)　ウ(　　　)

5 右の〔図1〕のように，三角柱ABC―DEFがあり，AB = 4 cm，BC = 6 cm，BE = 5 cm，∠BAC = 90° である。

辺BE上に，線分APと線分PFの長さの和AP + PFがもっとも短くなるように点Pをとる。

次の(1)～(3)の問いに答えなさい。

(1) 辺ACの長さを求めなさい。(　　　cm)

(2) 線分APの長さを求めなさい。(　　　cm)

〔図1〕

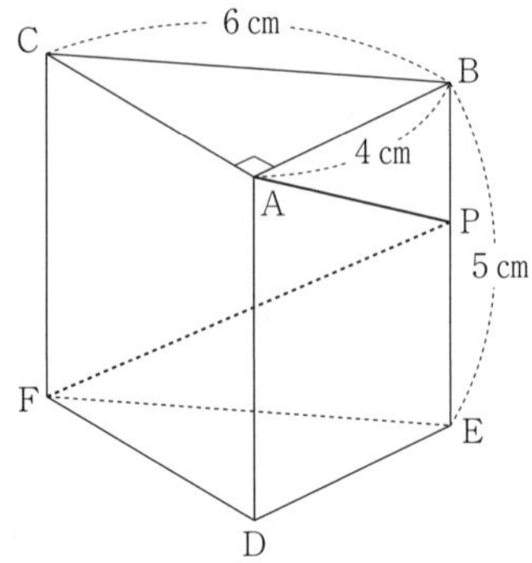

(3) 右の〔図2〕のように，三角錐(さんかくすい)ADPCと三角錐ADPFについて考える。

次の①，②の問いに答えなさい。

① △AFPの面積を求めなさい。(　　　cm^2)

② 三角錐ADPCにおいて，△APCを底面としたときの高さを a cm とする。また，三角錐ADPFにおいて，△AFPを底面としたときの高さを b cm とする。

$\dfrac{a}{b}$ の値を求めなさい。(　　　)

〔図2〕

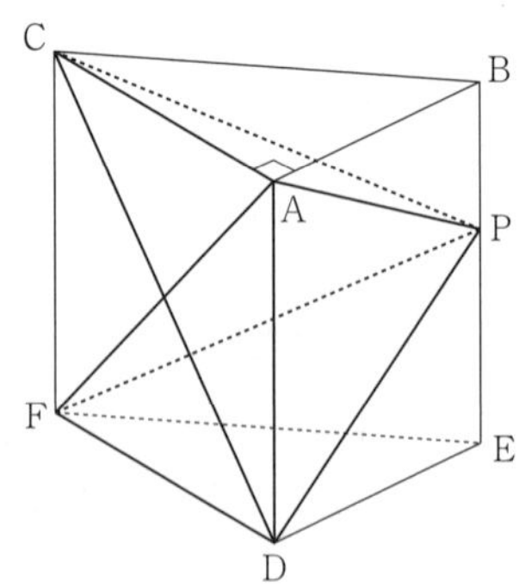

6　右の〔図〕のように，円Oの周上の4点A，B，C，Dを頂点とする四角形ABCDがあり，線分ACは円Oの直径である。また，線分ACと線分BDの交点をEとする。

さらに，点Bを通る円Oの接線をひき，線分ACを延長した直線との交点をFとする。

次の(1)，(2)の問いに答えなさい。

〔図〕

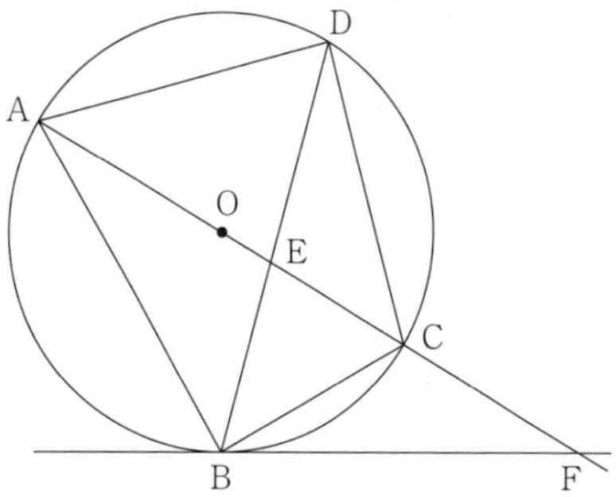

(1)　△EAD ∽ △EBC であることを証明しなさい。

［　　　　　　　　　　　　　　　　　　　］

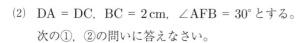

(2)　DA = DC，BC = 2 cm，∠AFB = 30° とする。

次の①，②の問いに答えなさい。

①　線分OCの長さを求めなさい。(　　　cm)

②　線分EDの長さを求めなさい。(　　　cm)

英語

時間　50分　　　　満点　60点

（編集部注）　放送問題の放送原稿は英語の末尾に掲載しています。
音声の再生についてはもくじをご覧ください。

1　放送を聞いて答える問題

A　1番，2番の対話を聞いて，それぞれの質問の答えとして最も適当なものを，ア～エから1つずつ選び，記号を書きなさい。1番(　　　)　2番(　　　)

1番　ア

イ

ウ

エ

2番　ア

イ

ウ

エ

B　あなたは今，電車でMejiron Stationへ向かっています。車内放送を聞いて，それに続く1番～3番の質問の答えとして最も適当なものを，ア～エから1つずつ選び，記号を書きなさい。

1番(　　　)　2番(　　　)　3番(　　　)

1番　ア　For two minutes.　イ　For three minutes.　ウ　For four minutes.
エ　For five minutes.

2番　ア　One station.　イ　Two stations.
ウ　Three stations.　エ　Four stations.

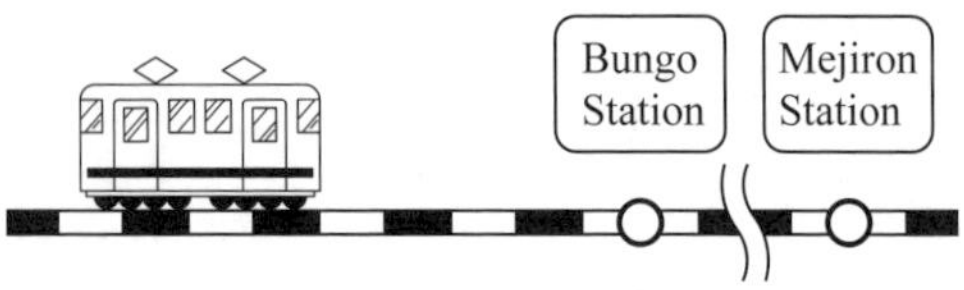

3番 ア Fifteen minutes. イ Twenty five minutes. ウ Thirty minutes.
エ Thirty five minutes.

C Hanako と Taro の対話を聞いて，それに続く 1 番～3 番の質問の答えとして最も適当なものを，ア～エから 1 つずつ選び，記号を書きなさい。1 番(　　) 2 番(　　) 3 番(　　)

1番 ア He wants to watch the new school website.
イ He wants to make a movie to show the school festival.
ウ He wants to practice for the chorus contest.
エ He wants to join the club activity every day.

2番 ア She wants to practice the dance with her classmates.
イ She wants to ask many people to join the school festival.
ウ She wants to record how the students spend their time at school.
エ She wants to make new plans for the school festival.

3番 ア They will meet their classmates in the classroom.
イ They will study in their classroom before club activities.
ウ They will go home together after school.
エ They will explain their ideas to their teachers.

2　次の A，B の各問いに答えなさい。

A　次の英文は，留学生の John とクラスメートの Takuya が，学校で行われた避難訓練の後に話をしている場面のものです。英文を読み，(1)～(4)の問いに答えなさい。

John　：　Why was this *evacuation drill *held today?

Takuya：　In the past, a big earthquake happened in the Kanto area.　We have many *typhoons in this season too. So we must have the drills and think of what to do if *disasters happen.

John　：　I think so too. We must know（ ① ）to go when disasters happen. Look at that sign. That sign means we should come here.

Sign

Takuya：　Yes. Many people will come to our school to stay when they can't live in their houses after the disasters.

John　：　Takuya, do you keep anything in a bag at home for the disasters?

Takuya：　Yes. Food and water are necessary. The（ ② ）is also important because we can get information about the disasters.

John　：　I will soon keep them in a bag at home. Today, I learned important things to do for the disasters. I had the evacuation drill for the first time in Japan. We should [③] many times.

Takuya：　I agree with you. If we practice many times, we can understand what to do. Is there anything else to do? What is your idea?

John　：　The signs help us understand what to do. I hope there are many signs around us.

Takuya：　That's an interesting point. ④ Let's find them together after school.

（注）*evacuation　避難　*held　行われた　*typhoon　台風　*disaster　災害

(1)（ ① ）に入る最も適当なものを，ア～エから１つ選び，記号を書きなさい。（　　）

ア　what　イ　when　ウ　where　エ　who

(2)（ ② ）に入る最も適当なものを，ア～エから１つ選び，記号を書きなさい。（　　）

ア　clothes　イ　money　ウ　blanket　エ　radio

(3) [③] に入る最も適当な連続する**英語３語**を，英文中から抜き出して書きなさい。

（　　　　）

(4) 下線部④が表す内容として最も適当なものを，ア～エから１つ選び，記号を書きなさい。

（　　）

ア　Takuya and John will buy food and water.

イ　Takuya and John will look for the signs around them.

ウ　Takuya and John will talk about what to keep at home.

エ　Takuya and John will learn about earthquakes.

B　次の英文は，Smith 先生と中学生の Hana，David が，英語の授業で，「タブレット端末の使い方」について，話をしている場面のものです。英文を読み，[①] ～ [④] に入る最も適当なものを，ア～オから１つずつ選び，記号を書きなさい。

①(　　　) ②(　　　) ③(　　　) ④(　　　)

Mr. Smith： Now, you have your own *tablet at school. You can use it in many ways when you study. Do you think it is useful?

Hana： Yes. We had only four or five tablets in our class. We had to use them with other students. But now, I can use my own tablet. Tablets are useful when we want to know something. I think [①]. I usually use the tablet when I study.

David： I think [②]. It is important to know the ideas of other students.

Mr. Smith： Thank you, Hana and David. You can also use your tablet when you want to study English. For example, you will record your voice and check it at home. By the way, do you have any problems?

Hana： Last Sunday, I used my tablet for many hours. I felt tired. I couldn't sleep well. I think [③].

David： There is a lot of information on the Internet. There is some information which is not true. So I think [④].

Mr. Smith： Thank you. The tablets are useful. However, we must understand the rules and find better ways to use the tablets.

(注) *tablet タブレット端末

ア we can show and share our ideas on the tablet

イ we should decide where we should put the tablets when we don't use them

ウ we should not believe the wrong information

エ we should decide how many minutes we spend when we use our tablets

オ we can get some information easily on the Internet

③　次の A，B の各問いに答えなさい。

A　あなたは留学生の Mary と，英語の授業で「身の回りにある便利なもの」について発表するため，ショッピングセンター（shopping center）に調べに来ています。後の条件にしたがって，後の会話中の［　　　］に入る英語を書きなさい。

I think (the automatic door / the elevator / the shopping cart) is convenient.

(　　　　　　　　　　　　　　　　　　　　　　　　　　　　　　　　　　　)

the automatic door
自動ドア

the elevator
エレベーター

the shopping cart
ショッピングカート

Mary：　I think a lot of things are convenient in this shopping center.

You　：　Yes. Look at that. ［　　　　　］

Mary：　I think so too. Let's find more.

条件

① 解答欄に書かれている the automatic door / the elevator / the shopping cart のうち，1つを選び，○で囲むこと。

② 解答欄に書かれている文に続けて，あなたが①で選んだものについて，便利な点を説明する文を**主語と動詞を含む 10 語以上の英語**で書くこと。

③ 英文の数はいくつでもよい。

④ 短縮形（I'm など）は 1 語として数えることとし，ピリオド，コンマなどの符号は語数に含めないこと。

B　あなたの通っている中学校の英語部の発行している新聞に次のような投稿がありました。中学 3 年生のあなたはその投稿を読み，回答することにします。後の条件にしたがって，あなたの考えを英語で書きなさい。

(　　　　　　　　　　　　　　　　　　　　　　　　　　　　　　　　　　　)

Hello. I'm in the second year of this school. In April, I will start the last year of junior high school. To spend my days at school better, what should I do? Please tell me your idea.

条件

① 中学校での学校生活に関する内容を含んだあなたの考えを**主語と動詞を含む 15 語以上の英語**で書くこと。

② 英文の数はいくつでもよい。

③ 短縮形（I'm など）は 1 語として数えることとし，ピリオド，コンマなどの符号は語数に含めないこと。

4 次の英文は，中学3年生のTakashi，Aya，Emi，Yutaの班が英語の授業で，自分たちが調べたことを発表している場面のものです。グラフ（Graph），スライド（Slide）および英文をもとにして，(1)～(5)の問いに答えなさい。

Takashi： What will our city look like in the future? We hope our city will be a better place for everyone. Today our group will tell you about "［ ① ］."

Aya ： Do you know the city, *Copenhagen? It is the *capital city of *Denmark. Please look at ②this graph. It shows how people in this city go to school or go to work. About half of the people in the city use bicycles. Using cars comes next, and 18% of them take buses or trains. The other people walk to school or work.

Graph

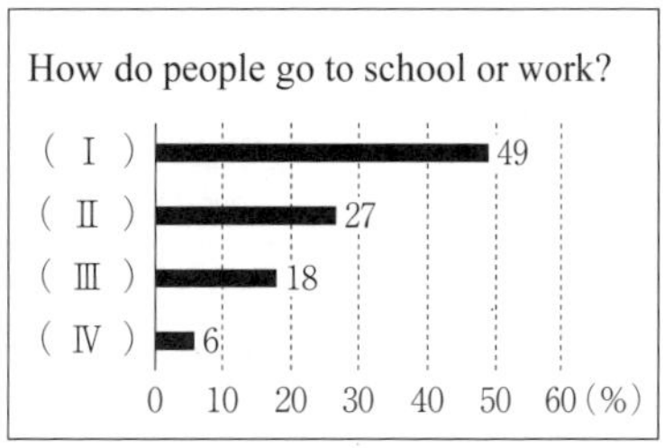

（コペンハーゲン市の資料を参考に作成）

Emi ： Why are bicycles popular in this city? Please look at this slide. ③I am surprised to find these things. For example, there are some roads and traffic lights only for bicycles. Also, people can bring their bicycles with them on the train. This city is convenient for people who use bicycles. So a lot of people can enjoy riding bicycles.

Slide

Yuta ： Using bicycles has some good points for our lives. I'll show you ④three slides. The first slide shows that riding bicycles is good for the environment. The *amount of CO_2 is smaller when we use bicycles. So if we go to school or work by bicycle, it will keep the environment clean. The second slide shows that riding bicycles gives us a chance to *exercise. I'm afraid people don't have enough time to exercise. However, if we often ride bicycles, we will make our health better. The last slide shows that our city is trying to create a new style of *sightseeing. Our city has beautiful *nature and some famous places. More people can come to our city and visit those famous places by bicycle. They will enjoy visiting those places.

Takashi： Using bicycles will give us a good chance to make our city better for the environment and the people. To enjoy our lives with bicycles, we should be careful of *accidents when we ride bicycles. Wearing a *helmet is one of the ways. ⑤There are other ways to be *safe when we ride bicycles. What should you do? Let's think about it. Thank you for listening!

（注） *Copenhagen コペンハーゲン　*capital city 首都　*Denmark デンマーク
*amount of CO_2 二酸化炭素の量　*exercise 運動する　*sightseeing 観光
*nature 自然　*accidents 事故　*helmet ヘルメット　*safe 安全な

(1)　英文中の［　①　］に入る発表のタイトルとして最も適当なものを，ア～エから1つ選び，記号を書きなさい。(　　　)

ア　A long history of bicycles　　イ　The most popular road for bicycles

ウ　A better life with bicycles　　エ　A new way to invent bicycles

(2)　下線部②が示すグラフ内の(　Ⅰ　)～(　Ⅳ　)に入る語句の組み合わせとして最も適当なものを，ア～エから1つ選び，記号を書きなさい。(　　　)

	Ⅰ	Ⅱ	Ⅲ	Ⅳ
ア	bicycles	buses or trains	cars	walk
イ	bicycles	cars	buses or trains	walk
ウ	bicycles	cars	walk	buses or trains
エ	buses or trains	bicycles	walk	cars

(3)　下線部③について，Emiが発言した理由になるように，次の英文の［　　　］に入る最も適当なものを，ア～エから1つ選び，記号を書きなさい。(　　　)

Emi is surprised to learn that［　　　］.

ア　there are a lot of people who use cars to go to work in Japan

イ　there are some festivals many people from abroad can join in Copenhagen

ウ　there are some roads for people riding bicycles in Japan

エ　there are some ways to help people who use bicycles in Copenhagen

(4)　下線部④について，Yutaが示したスライドをア～エから**3つ**選び，発表の順番に並べかえ，記号を書きなさい。(　　→　　→　　)

ア

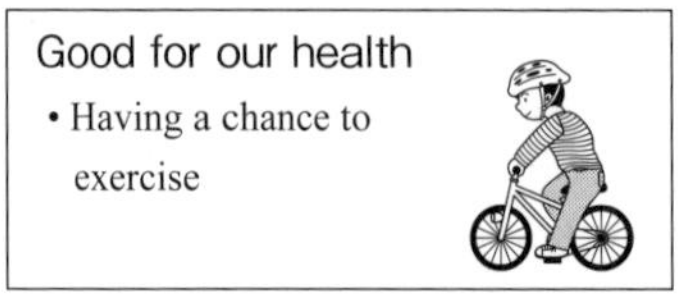

Good for our health
• Having a chance to exercise

イ

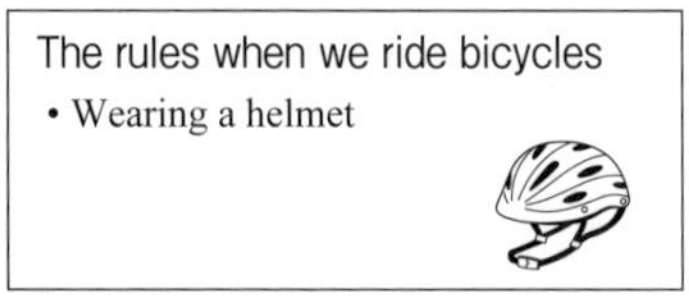

ウ

Safe for the environment
• Keeping the environment clean

エ

A new way of sightseeing
• Visiting famous places by bicycle

(5)　下線部⑤について，次の条件にしたがって，あなたの考えを英語で書きなさい。

(　　　　　　　　　　　　　　　　　　　　　　　　　　　　　　　　　　　)

条件

①　自転車を安全に運転するために注意すべきことについて，**主語と動詞を含む5語以上の英語**で書くこと。ただし，英文中で述べられていない内容を書くこと。

②　英文の数はいくつでもよい。

③　短縮形（I'mなど）は1語として数えることとし，ピリオド，コンマなどの符号は語数に含めないこと。

5 次の英文は，卒業を控えた中学3年生のTaroが英語の授業でスピーチを行っている場面のものです。英文を読み，(1)～(4)の問いに答えなさい。なお，本文中の1～6は，段落の番号を表している。

1 We are going to *graduate from this school next month. I have spent a wonderful year with you. ①I wish I could stay longer with all of you in this class.

2 When I first met you, I couldn't talk to you because I was very nervous. It was difficult for me to *make friends with other students at that time. However, some of you had the same hobby. I enjoyed talking about books. I sometimes didn't understand what you said or how you felt, but now, I feel happy to know you well. I *gradually understood you through a lot of experiences.

3 Do you remember the chorus contest in November? I really wanted to win the contest. However, it was very difficult for our group to sing the song well. One of the members in my group said, "Other groups are doing well. What should we do?" Another member said, "We need more time. How about practicing the song early in the morning?" Some members said, "We have already practiced the song enough. We have to find the new way to sing the song well." Each member had a different idea. I felt that it was difficult for everyone to understand different ideas.

4 What should we do to improve the situation? I think that words are important because they show our own feelings. We use words to show what we really think or how we feel. So we should tell our ideas with our own words. Then we should also try to listen to the ideas of other people. By doing so, we can understand what other people really want to say. I think listening to different ideas is the first *step to communicate with other people better. ②This will improve the situation.

5 We talked with each other many times for the contest and shared our feelings. Then, all of us thought that we really wanted to win the contest. We started to practice hard again. Finally, we could sing our song better, and we won the first prize in the chorus contest. I'll never forget this experience.

6 In fact, I'm very nervous again because my new school life will start soon. However, I hope to make friends with other people in new situations now. I believe that my experiences with my classmates will support me. Thank you, everyone. I'll never forget you.

(注) *graduate from ～ ～を卒業する *make friends with ～ ～と友達になる
*gradually 次第に *step 一歩

(1) 下線部①と同じ内容を表す英文として最も適当なものを，ア～エから1つ選び，記号を書きなさい。( )

ア I'm glad that I will study in this school next year.
イ I'm happy to graduate from this school.
ウ I would like to meet new students in high school.
エ I would like to spend more time in this class.

(2)　下線部②が表す内容として最も適当なものを，ア～エから1つ選び，記号を書きなさい。
(　　　)

ア　If we try to listen to different ideas, we can make communication more successful.

イ　If we have different ideas, we should not tell them to other people.

ウ　If we want to show your feelings, we must speak to other people with a smile.

エ　If other people tell us different ideas, we must ask questions about the ideas.

(3)　英文の内容と一致するものを，ア～エから1つ選び，記号を書きなさい。(　　　)

ア　Taro wanted to win the contest because he liked the song very much.

イ　Taro and his classmates had a lot of meetings and understood how they really felt.

ウ　Taro said that he didn't want to practice the song early in the morning.

エ　Taro and his classmates won the chorus contest because they asked their teacher for help.

(4)　次は，Taroがスピーチをするために，自分の考えを整理したメモです。メモ中のIntroduction（導入），Body（展開），Ending（まとめ）内の(①)～(④)に入る最も適当な英語1語を，それぞれの段落の範囲の中から抜き出して書きなさい。なお，メモ内の[1]～[6]は，段落の番号を表している。①(　　　)　②(　　　)　③(　　　)　④(　　　)

メモ

Introduction [1][2]	・I have spent a wonderful year with my classmates. ・Because of many (①) with my classmates, I understood how they felt.
Body [3][4][5]	【Practice for the chorus contest】 ・Our group didn't sing the song well. ・We had many quarrels. 【Ideas to change the situation】 ・Using (②) is important to show our feelings or ideas. ・To tell our ideas is important. ・To (③) to the different ideas is also important. 【Good result】 ・We won the first prize in the chorus contest.
Ending [6]	・My new school life makes me (④) again. ・I'll never forget my classmates.

〈放送原稿〉

(チャイム)

これから，2022年度大分県公立高等学校入学試験英語リスニングテストを行います。問題用紙の問題1を見なさい。問題はA，B，Cの3つあります。放送中にメモをとってもかまいません。

検査問題A

それでは，Aの問題から始めます。

1番，2番の対話を聞いて，それぞれの質問の答えとして最も適当なものを，ア～エから1つずつ選び，記号を書きなさい。なお，対話と質問は通して2回繰り返します。それでは，始めます。

1番 Mother： Lunch is ready, Tom.

Tom ： OK. I'm coming. I've just cleaned my room, Mom.

Mother： After lunch, you should do your homework.

Tom ： Of course, I will.

Question：What will Tom do after lunch?

もう1度繰り返します。(対話と質問の繰り返し)

2番 John： I'm going to bring my guitar to your birthday party, Mika.

Mika： Sounds fun! Let's enjoy singing together, John.

John： Shall I bring anything to eat?

Mika： No, thank you. My mother will make a cake and sandwiches for us. Will you bring any drinks?

John： Yes, I will.

Question：What will John bring to Mika's birthday party?

もう1度繰り返します。(対話と質問の繰り返し)

検査問題B

次はBの問題です。あなたは今，電車でMejiron Stationへ向かっています。車内放送を聞いて，それに続く1番～3番の質問の答えとして最も適当なものを，ア～エから1つずつ選び，記号を書きなさい。なお，英文と質問は通して2回繰り返します。それでは，始めます。

This train will soon arrive at Bungo Station. We will stop there for five minutes. After we leave Bungo Station, we don't stop at the next three stations until we arrive at Mejiron Station. If you want to go to those stations, please change trains at Bungo Station. We will leave Bungo Station at 2:55 and arrive at Mejiron Station at 3:10. When you get off this train, please take everything with you. Thank you.

それでは，質問を1回ずつ読みます。

1番 How long will this train stop at Bungo Station?

2番 How many stations are there between Bungo Station and Mejiron Station?

3番 How long will it take from Bungo Station to Mejiron Station?

もう1度繰り返します。(英文と質問の繰り返し)

検査問題C

次はCの問題です。花子と太郎の対話を聞いて，それに続く1番～3番の質問の答えとして最も適当なものを，ア～エから1つずつ選び，記号を書きなさい。なお，対話と質問は通して2回繰り返します。それでは，始めます。

Hanako：Now we have our new school website. It can be seen by only students and their parents. Is there anything to put on our website? What is your idea, Taro?

Taro　：Well, how about making a movie to show the school festival, Hanako? We can also show how we practice the dance for the festival. We want many people to enjoy watching our school website.

Hanako：That's a good idea. I would like to show how we spend our time at school every day. I think it is good to record our lessons and club activities. I hope many people will enjoy our movies.

Taro　：I agree with you. Shall we go and talk about our ideas to the teachers?

Hanako：Yes. Let's do that now.

それでは，質問を1回ずつ読みます。

1番　What does Taro want to do?

2番　What does Hanako want to do?

3番　What will Taro and Hanako do from now?

もう1度繰り返します。(対話と質問の繰り返し)

以上で，リスニングテストを終わります。ひき続いてあとの問題に移りなさい。

社会

時間　50分　　　　満点　60点

1　太郎さんと花子さんは，大分県の市町村と提携を結ぶ姉妹都市・友好都市を持つ国が12か国あることを知り，資料1を作成した。(1)～(8)の問いに答えなさい。

資料1

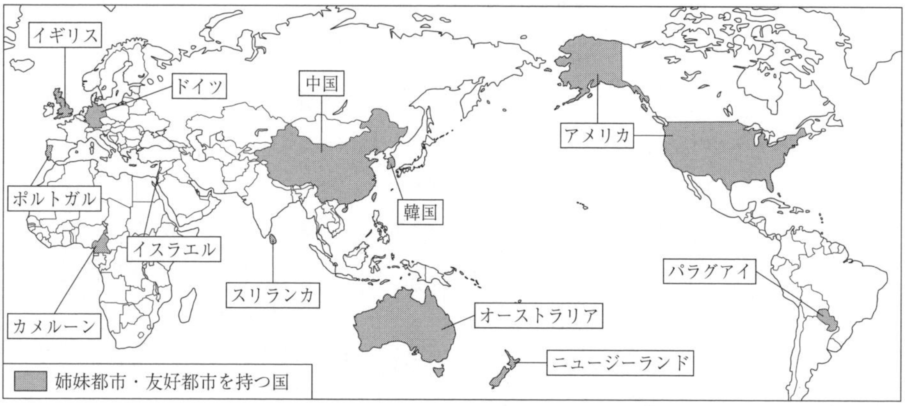

(「大分県ホームページ」より作成)

(1) 資料1中の12か国について述べた文として最も適当なものを，ア～エから1つ選び，記号を書きなさい。(　　　)

ア　北半球にある国よりも南半球にある国の方が多い。

イ　世界の6つの州のいずれにも1か国以上が含まれている。

ウ　すべての国が日本の標準時より遅れている。

エ　熱帯に属する国は1か国も含まれていない。

(2) 資料2中のア～エは，ロンドン（イギリス），リスボン（ポルトガル），オークランド（ニュージーランド），大分のいずれかの雨温図である。ロンドンのものとして最も適当なものを，ア～エから1つ選び，記号を書きなさい。(　　　)

資料2

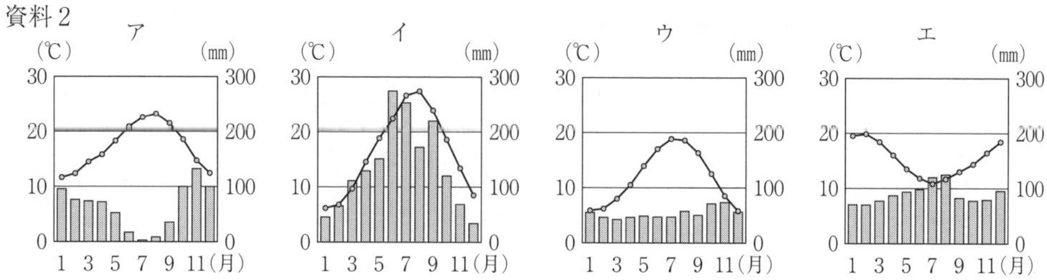

(「データブック　オブ・ザ・ワールド2021」他より作成)

(3) 資料3は中国の主な製鉄所の分布を，資料4は日本の主な製鉄所の分布を示したものである。資料3，資料4を参考にして，中国と日本の製鉄所の分布が異なっている点について書きなさい。ただし，日本は分布の理由を含めて書くこと。

(　　　　　　　　　　　　　　　　　　　　　　　　　　　　　　　　　　　　　)

資料３

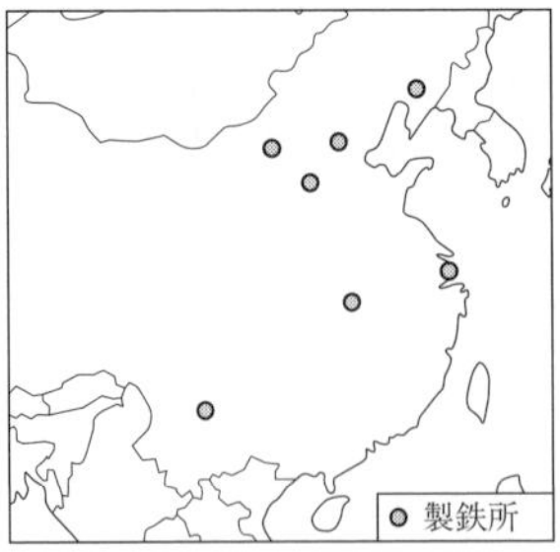

（「中国統計年鑑 2018」他より作成）

資料４

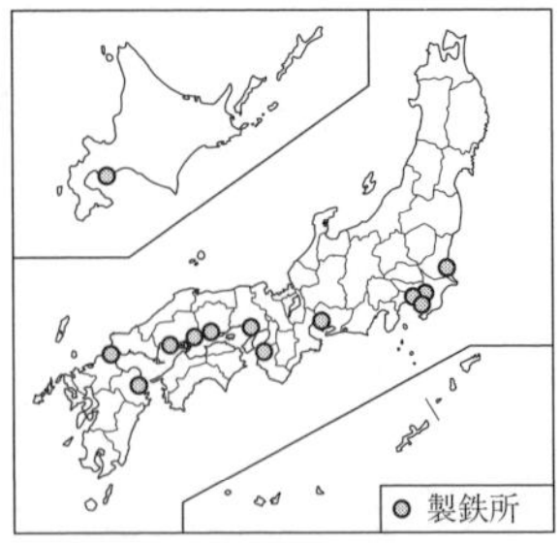

（「日本国勢図会 2021／22」より作成）

(4)　資料５はスリランカの茶の主な産地の分布を，資料６は日本の茶の生産量上位３県（2019 年）と主な産地の説明を示したものである。①，②の問いに答えなさい。

資料５

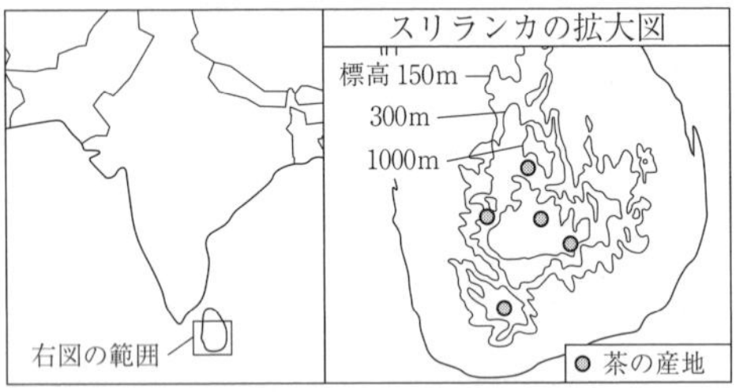

（「JICA ホームページ」他より作成）

資料６

順位	県名	県内の主な産地
1	（ A ）県	牧ノ原や磐田原（いわたはら）などで生産が盛んである。
2	鹿児島県	知覧（ちらん）などシラスが広がる地域で生産が盛んである。
3	三重県	鈴鹿（すずか）など県北部の河川上流域で生産が盛んである。

（「農林水産省ホームページ」他より作成）

①　資料６中の（ A ）に当てはまる県名を，**漢字**で書きなさい。（　　　）

②　資料５，資料６を参考にして，茶の生産に適する場所として最も適当なものを，ア～エから１つ選び，記号を書きなさい。（　　　）

ア　高地や台地で水はけの良い場所　　イ　高地や台地で水はけの悪い場所

ウ　低地や盆地で水はけの良い場所　　エ　低地や盆地で水はけの悪い場所

(5)　資料７はカメルーンの輸出品目の内訳（2019 年）について示したものである。資料７のような輸出品目に依存する経済のことを何というか書きなさい。（　　　）

資料７

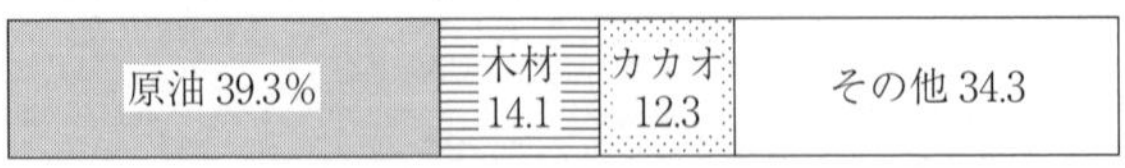

（「データブック　オブ・ザ・ワールド 2021」より作成）

(6)　ドイツについて述べた文Ｂ，Ｃの正誤の組み合わせとして最も適当なものを，ア～エから１つ選び，記号を書きなさい。（　　　）

Ｂ　EU 加盟国として EU 域内の移動が自由であるが，共通通貨であるユーロは導入していない。

Ｃ　北部では穀物栽培と家畜飼育を組み合わせた混合農業が，南部では地中海式農業が盛んである。

	Ｂ	Ｃ
ア	正	正
イ	正	誤
ウ	誤	正
エ	誤	誤

(7)　次はパラグアイの宗教について述べたものである。文中の［ Ｄ ］に当てはまる内容について，国名を含めて書きなさい。（　　　　　　　　　　　　　　　　　　　　）

パラグアイは，キリスト教のカトリックを信仰している人が多い。これは，かつて南アメリカ州の多くの地域が［　D　］だったことから，カトリックが広まったためである。

(8) 資料８はアメリカとオーストラリアの特色と両国の共通点について分類した図である。資料８中の［　E　］に当てはまる内容として最も適当なものを，ア～エから１つ選び，記号を書きなさい。

（　　）

資料８

【アメリカの特色】
・人口が多い
・原油輸入量が多い
・大豆生産量が多い

【共通点】
・［　E　］
・面積が広い
・公用語が英語
・移民が多い

【オーストラリアの特色】
・人口密度が低い
・鉄鉱石輸出量が多い
・羊の放畜が盛ん

ア　自動車産業が盛ん　　イ　国土の半分以上が乾燥帯　　ウ　小麦輸出量が多い
エ　国際連合の常任理事国

2　日本や世界の政治の歴史について，(1)～(10)の問いに答えなさい。

(1)　紀元前に王や皇帝によって統治されていた国家として**適当でないもの**を，ア～エから１つ選び，記号を書きなさい。(　　　)

ア　紀元前3000年頃のエジプト　　イ　紀元前５世紀頃のギリシャ

ウ　紀元前３世紀頃の秦　　エ　紀元前１世紀頃のローマ帝国

(2)　資料１は７世紀後半に活躍した人物をたたえた歌である。下線部ａの人物名を，**漢字**で書きなさい。(　　　)

資料１

> a 大王(おおきみ)は　神にしませば　水鳥の　すだく水沼(みぬま)を　都と成しつ（『万葉集』）
> 壬申の乱に勝利して即位した後，政治の中心を飛鳥地方に戻し，天皇を中心とする強い国づくりを進めた人物を神に例えて，「水鳥の集まる沼地を都に変えた」と詠(よ)んだ歌である。

(3)　資料２は藤原氏と天皇家の系図である。資料２中のＡ～Ｃの人物が行った政治の特徴について，「**摂政や関白の力**」の語句を用いて書きなさい。

(　　　　　　　　　　　　　　　　　　　　　　　　　　　　　　)

資料２

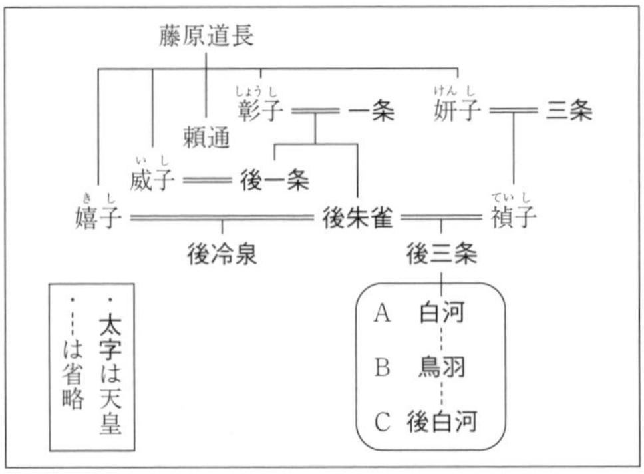

(4)　資料３は鎌倉時代に新たな支配者となった武士の影響を受けて生まれた文化の代表的な建造物である。資料３の建造物名を，**漢字６字**で書きなさい。(　　　)

資料３

(5)　資料４は応仁の乱が始まった当初の対立関係を示したものである。資料４中の（ Ｄ ），（ Ｅ ）に当てはまる語句の組み合わせとして最も適当なものを，ア～エから１つ選び，記号を書きなさい。(　　　)

	D	E
ア	天皇	守護大名
イ	天皇	戦国大名
ウ	将軍	守護大名
エ	将軍	戦国大名

資料４

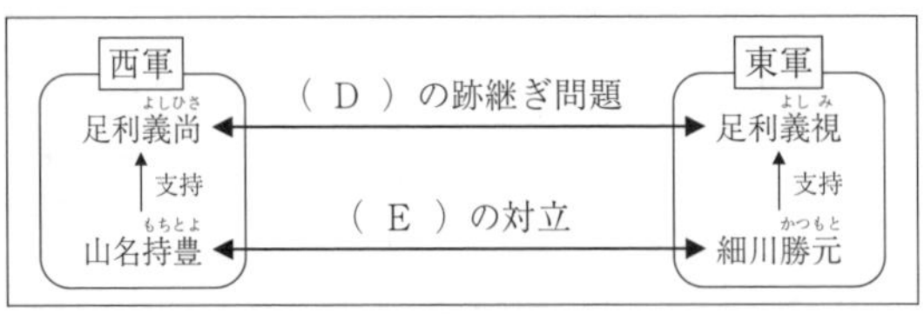

(6) 江戸時代に幕府が直接支配した重要な都市や鉱山の位置として適当なものを，略地図中のア～エから**2つ**選び，記号を書きなさい。(　　・　　)

略地図

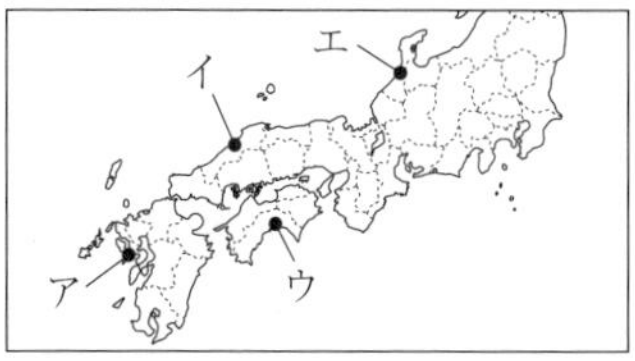

(7) 資料5は江戸時代に行われた政治改革について示したものである。①，②の問いに答えなさい。

資料5

	徳川吉宗の政治	田沼意次の政治	松平定信の政治
主な政策	○ F ○b 上米(あげまい)の制の実施 ○目安箱の設置	○ G ○c 俵物の輸出 ○蝦夷地の調査	○ H ○d 質素・倹約の奨励 ○旗本や御家人の借金帳消し

① 資料5中の F ～ H に当てはまる内容の組み合わせとして最も適当なものを，ア～カから1つ選び，記号を書きなさい。(　　)

	F	G	H
ア	公事方御定書の制定	株仲間の奨励	朱子学の重視
イ	公事方御定書の制定	朱子学の重視	株仲間の奨励
ウ	株仲間の奨励	公事方御定書の制定	朱子学の重視
エ	株仲間の奨励	朱子学の重視	公事方御定書の制定
オ	朱子学の重視	公事方御定書の制定	株仲間の奨励
カ	朱子学の重視	株仲間の奨励	公事方御定書の制定

② 資料5中の下線部b～dの政策に共通する目的について書きなさい。

(　　　　　　　　　　　　　　　　　　　)

(8) 欧米諸国における17世紀から18世紀の政治について述べた文として**適当でないもの**を，ア～エから1つ選び，記号を書きなさい。(　　)

ア　イギリスでは，名誉革命により新たな国王を迎え，議会の権限を強めた権利の章典が定められた。

イ　アメリカでは，イギリスとの戦争に勝利した後，民主的な合衆国憲法が制定された。

ウ　フランスでは，革命により王政が廃止され，人民主権の考えなどに基づく人権宣言が発表された。

エ　ロシアでは，皇帝に対する民衆の不満が高まり，革命により社会主義国家がつくられた。

(9) 次のア～ウは明治時代の政治に関する出来事を示したものである。ア～ウを年代の古いものから順に並べて，記号を書きなさい。(　　→　　→　　)

ア

衆議院議員が集まって議事を行っている様子

イ

自由民権運動の演説会を警察官がやめさせている様子

ウ

明治天皇が内閣総理大臣に憲法を授けている様子

⑽　大正時代から昭和時代初期の政党内閣について述べた文Ⅰ，Ｊの正誤の組み合わせとして最も適当なものを，ア～エから１つ選び，記号を書きなさい。

(　　　)

	Ⅰ	Ｊ
ア	正	正
イ	正	誤
ウ	誤	正
エ	誤	誤

Ⅰ　原敬が，閣僚の大半を衆議院の第一党である立憲政友会の党員で占める本格的な政党内閣を組織した。

Ｊ　犬養毅が陸軍の青年将校に射殺された二・二六事件により，政党内閣の時代は終わることとなった。

③ 太郎さんのクラスでは，公民的分野で学んだ内容について，班ごとにテーマを決めて調べることにした。(1)〜(5)の問いに答えなさい。

班	テーマ
a	日本の選挙制度は，どのようになっているのだろうか。
b	司法制度改革は，どのように進められているのだろうか。
c	人権を守る取り組みには，どのようなものがあるのだろうか。
d	市場経済の仕組みは，どのようになっているのだろうか。
e	財政には，どのような役割があるのだろうか。

(1) a班のテーマに関連して，資料1は比例代表制における架空の選挙区の政党別得票数を示したものである。定数が5議席であるとき，ドント式で議席を配分した場合のA党の議席数を書きなさい。(　　　議席)

資料1

	A党	B党	C党
得票数	10,000	4,000	6,000

(2) b班のテーマに関連して，①，②の問いに答えなさい。

① 資料2は各都道府県における人口1万人当たりの弁護士数（2019年）の一部を示したものである。資料2を参考にして，各都道府県に法テラス（日本司法支援センター）が設置されている利点について，「**相談**」の語句を用いて書きなさい。

(　　　　　　　　　　　　　　　　　　)

資料2

順位	都道府県名	人口1万人当たりの弁護士数
1	東京都	14.55人
2	大阪府	5.36人
46	岩手県	0.83人
47	秋田県	0.79人

（「弁護士白書2020年版」より作成）

② 資料3は裁判員制度に関する統計（2019年）を示したものである。資料3から読み取れることや，裁判員制度について述べた文として適当なものを，あとのア〜エから**2つ**選び，記号を書きなさい。(　　・　　)

資料3

○平均実審理日数（審理にかかった日数）

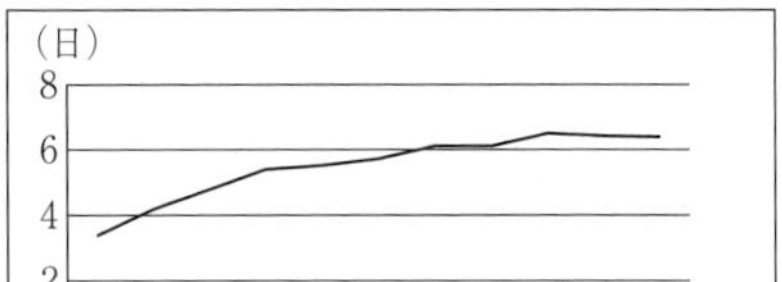

○選ばれた裁判員の出席率

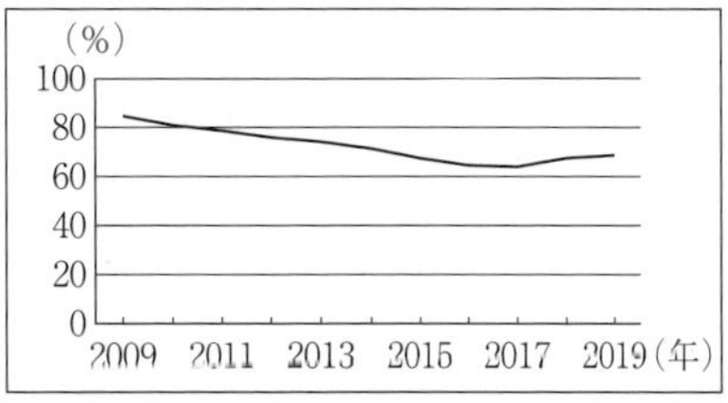

○裁判員の「参加前の気持ち」

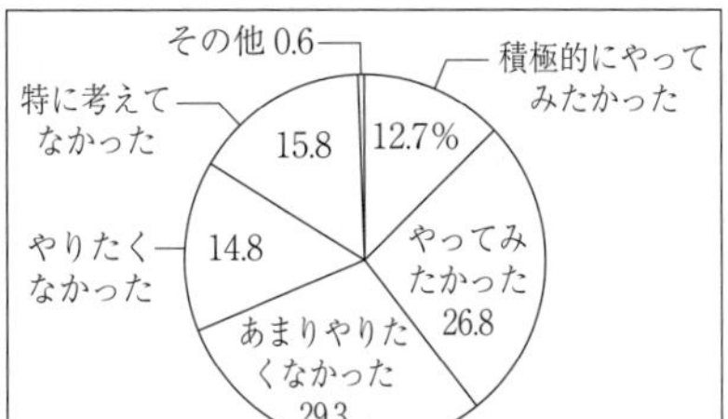

○裁判員の「参加後の気持ち」

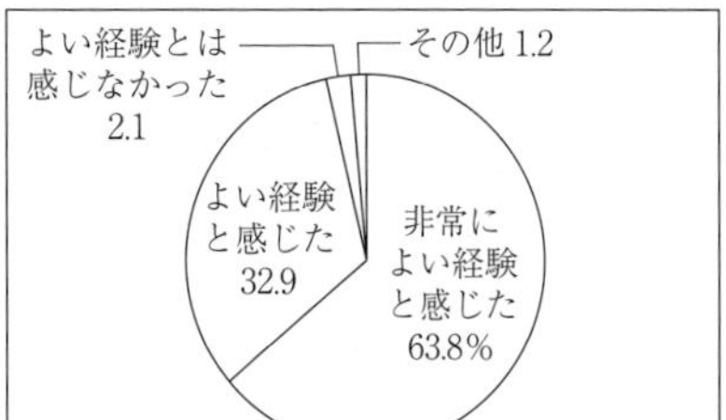

（「最高裁判所ホームページ」より作成）

ア　平均実審理日数が増加するにつれて，選ばれた裁判員の出席率も増加する傾向にある。

イ　裁判員の「参加前の気持ち」に比べ，裁判員の「参加後の気持ち」の方が肯定的な意見の割合が高い。

ウ　裁判員制度の裁判は，重大な刑事事件と民事事件の両方で実施されている。

エ　裁判員制度の裁判では，原則として３人の裁判官と６人の裁判員が１つの事件を担当する。

(3)　c 班のテーマに関連して，①，②の問いに答えなさい。

①　社会権について述べた文として**適当でないもの**を，ア～エから１つ選び，記号を書きなさい。（　　）

ア　生活に困窮している人を支援するために，生活費など必要な費用を支給する制度がある。

イ　政府に対して自分たちの考えを主張するために，集会を開くことが認められている。

ウ　教育を受ける機会を確保するために，義務教育は無償と定められている。

エ　労働者が使用者と労働条件を交渉するために，労働組合を設置することができる。

②　次は北海道で2020年に開業した国立博物館について述べたものである。文中の（ D ）に当てはまる語句を書きなさい。（　　）

この博物館は，ウポポイ（民族共生象徴空間）の中核施設として，先住民族である（ D ）の尊厳を尊重し，民族の歴史と文化に関する正しい認識と理解を促進するとともに，新たな（ D ）文化の創造及び発展に寄与するという理念を掲げている。

(4)　d 班のテーマに関連して，①，②の問いに答えなさい。

①　資料４は家計における支出の内訳の推移を示したものである。E～G に当てはまる語句の組み合わせとして最も適当なものを，ア～カから１つ選び，記号を書きなさい。（　　）

資料４

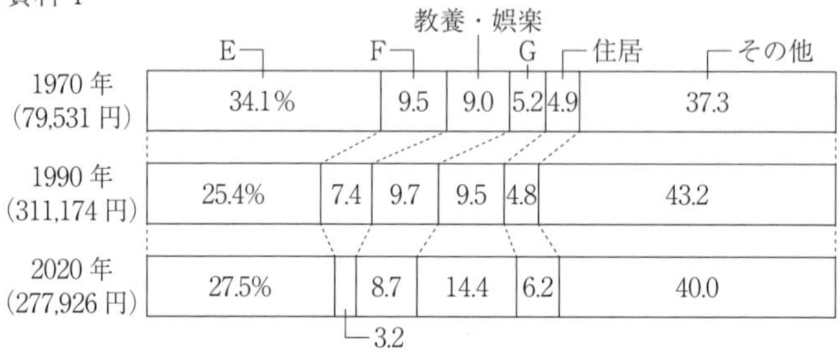

(注)　金額は２人以上の全世帯の平均月額。

(「日本国勢図会 2021／22」より作成)

	E	F	G
ア	被服・履物	交通・通信	食料
イ	被服・履物	食料	交通・通信
ウ	交通・通信	被服・履物	食料
エ	交通・通信	食料	被服・履物
オ	食料	被服・履物	交通・通信
カ	食料	交通・通信	被服・履物

②　資料５は同じ種類の商品を扱っている企業の社長２人の会話文である。資料５中の（ H ）

に当てはまる法律名を，**漢字**で書きなさい。(　　　)

資料５

社長１：最近は原料価格も上がってきて苦しいですね。うちは価格を上げなければとてもやっていけませんよ。あなたの会社はどうですか。
社長２：うちも似たような状況ですよ。価格を上げなければどうにもなりませんね。
社長１：では，私の会社と時期を合わせて，同じ金額に値上げしませんか。
社長２：しかし，それは（ Ｈ ）に違反する可能性がありますので，やめておきましょう。

(「経済産業省ホームページ」より作成)

(5) e班のテーマに関連して，財政の役割について述べた文Ｉ，Ｊの正誤の組み合わせとして最も適当なものを，ア～エから１つ選び，記号を書きなさい。
(　　　)

	Ｉ	Ｊ
ア	正	正
イ	正	誤
ウ	誤	正
エ	誤	誤

Ｉ　不景気の時には国債を買うことで市場に出回るお金の量を増やし，家計や企業がお金を借りやすくするなど，物価の変動を抑えて経済の安定化を図ること。

Ｊ　経済的に豊かな人々から税金をより多く徴収し，収入の少ない人や高齢者を支えるなど，税金や社会保障の仕組みを整備して，所得の極端な格差を調整すること。

4　太郎さんと花子さんは，「経済のグローバル化」というテーマで探究学習を行った。次は２人の会話文である。(1)～(5)の問いに答えなさい。

太郎：近代以降，日本経済は$_{a}$産業の発達と貿易の振興によって成長してきました。
花子：そうですね。経済の成長とともに，$_{b}$貿易品目も大きく変化していきましたね。
太郎：現在の日本は，貿易によって高い経済力を維持している貿易中心の国であると言えますね。
花子：しかし，$_{c}$この資料から考えると，必ずしも貿易中心の国とは言えないのではないでしょうか。
太郎：なるほど，確かにそうですね。でも，貿易が日本にとって大切なのは間違いないと思います。
花子：それは私も同感です。日本がどのように他国と$_{d}$公正な貿易を行っていくかは，$_{e}$国際分業が進むグローバル社会において，しっかりと考えていく必要がありますね。

(1)　下線部ａに関連して，①，②の問いに答えなさい。

①　戦前に金融，貿易など様々な業種に進出して，日本の経済を支配した三井，三菱などの資本家を何というか，**漢字**で書きなさい。(　　　)

②　資料１は日本の1910年から1940年までの輸出額と輸入額を示したものである。資料１について述べた文として**適当でないもの**を，ア～エから１つ選び，記号を書きなさい。(　　　)

資料１

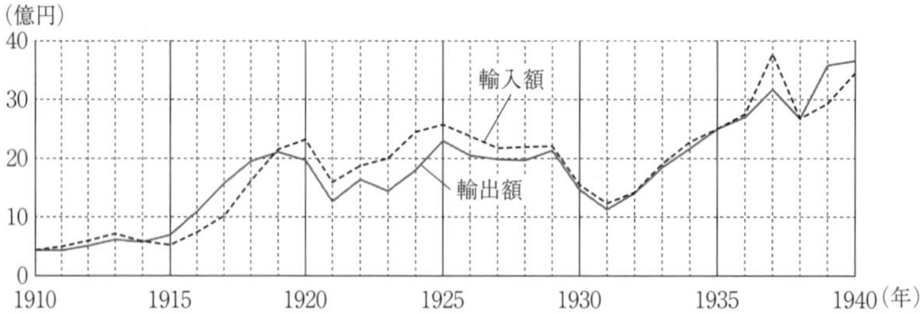

(「数字でみる日本の100年」より作成)

ア　日中戦争が起きた年は，前年に比べて輸出額，輸入額がともに増加した。
イ　第一次世界大戦が始まった年から４年間で，輸出額は２倍以上に増加した。
ウ　世界恐慌が起きた年から３年間で，輸入額は約２倍に増加した。
エ　国際連盟が発足した年は，輸入額が輸出額を上回っていた。

(2)　下線部ｂに関連して，資料２中のア～エは，日本における1960年の輸出品目と輸入品目，2020年の輸出品目と輸入品目のいずれかを示したものである。2020年の輸入品目として最も適当なものを，ア～エから１つ選び，記号を書きなさい。(　　　)

資料２

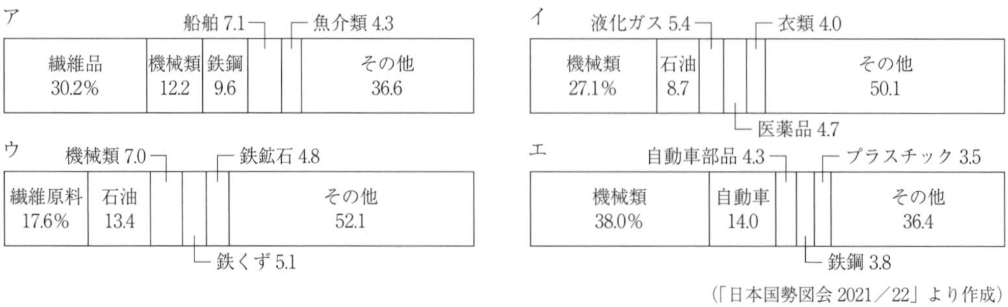

(「日本国勢図会 2021／22」より作成)

(3) 下線部 c に関連して，花子さんは資料 3 中のア～オのうち 2 つのデータを組み合わせて太郎さんに反論した。花子さんが用いたデータとして適当なものを，ア～オから **2 つ**選び，記号を書きなさい。(　　・　　)

資料 3

	ア	イ	ウ	エ	オ
	人口密度（人/km^2）	輸入額（百万ドル）	1 人当たり国内総生産（ドル）	1 人当たり輸出額（ドル）	経済成長率（%）
日本	330.1	720,803	40,063	5,562	0.3
韓国	510.5	502,758	32,143	10,592	2.0
タイ	135.7	238,924	7,785	3,524	2.3
オランダ	411.6	635,678	53,053	41,445	1.7
ドイツ	233.7	1,233,978	46,232	17,834	0.6
メキシコ	64.9	482,613	9,849	3,611	－0.1

(注) 統計年次は 2019 年。

(「世界国勢図会 2021／22」他より作成)

(4) 下線部 d に関連して，先進国が発展途上国の原料や製品を適正な価格で購入することにより，発展途上国の人々の生活を支える取り組みのことを何というか，**カタカナ**で書きなさい。

(　　　)

(5) 下線部 e に関連して，太郎さんと花子さんは国際分業の利点について考えるために，資料 4 を作成した。資料 4 を参考にして，国際分業の利点とその理由を書きなさい。

(　　　　　　　　　　　　　　　　　　　　)

資料 4

○架空の 2 か国に次の条件を設定し，国際分業を行わない場合と行う場合の生産量を比較した。

・両国ともに労働者は 100 人であり，国家間の労働者の移動は生じないものとする。

・A 国はコンピューター 1 台の生産に 10 人，とうもろこし 1 トンの生産に 40 人の労働者が必要。

・B 国はコンピューター 1 台の生産に 30 人，とうもろこし 1 トンの生産に 20 人の労働者が必要。

◆国際分業を行わない（自国で生産して自国で消費する）場合の生産量

	コンピューターを生産する労働者の数	とうもろこしを生産する労働者の数	生産量
A 国	20 人	80 人	コンピューター 2 台 とうもろこし 2 トン
B 国	60 人	40 人	コンピューター 2 台 とうもろこし 2 トン

◆国際分業を行う（各国で生産したものを貿易する）場合の生産量

	コンピューターを生産する労働者の数	とうもろこしを生産する労働者の数	生産量
A 国	100 人	0 人	コンピューター 10 台
B 国	0 人	100 人	とうもろこし 5 トン

5　花子さんは「持続可能な社会の実現に向けて」というレポートを作成するために，SDGs について調べ，資料１を作成した。(1)〜(5)の問いに答えなさい。

資料１

【SDGsとは？】

SDGs（持続可能な開発目標）とは，2015 年に国際連合で採択された 2030 年までの世界共通の目標であり，a 持続可能な社会を実現するための 17 の目標と 169 のターゲットから構成されている。

【私の注目した目標とターゲット】

目標	ターゲット
4 質の高い教育をみんなに	〔4.1〕すべての子どもが男女の区別なく，無償かつ公正で質の高い b 初等教育及び中等教育を修了できるようにする。
8 働きがいも経済成長も	〔8.5〕若者や障がい者を含むすべての男性及び女性の c 雇用及び働きがいのある仕事，並びに同一労働同一賃金を達成する。
16 d 平和と公正をすべての人に	〔16.7〕あらゆるレベルにおいて，対応的，参加型，および代表的な e 意思決定を確保する。

（「国際連合広報センターホームページ」より作成）

(1)　下線部 a に関連して，持続可能な社会を実現するために日本の諸地域で行われている取り組みとして最も適当なものを，ア〜エから１つ選び，記号を書きなさい。(　　　)

ア　関東地方では，ヒートアイランド現象の対策として，山間部での植林が盛んとなっている。

イ　東北地方では，西陣織などの伝統的工芸品の継承につとめ，技術者の育成が行われている。

ウ　九州地方では，廃棄物ゼロの社会を目指して，北九州市でニュータウンの建設が行われている。

エ　北海道地方では，経済的な利益と環境保全の両立を目指して，エコツーリズムが盛んとなっている。

(2)　下線部 b に関連して，近代の日本における小学校の男女別就学率の推移と年代を示したグラフとして最も適当なものを，ア〜エから１つ選び，記号を書きなさい。(　　　)

ア
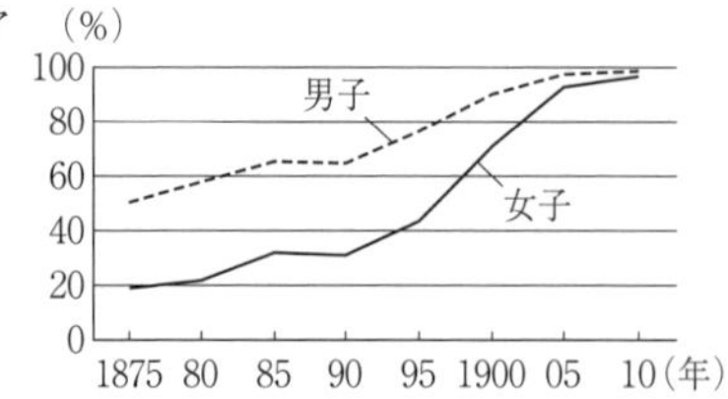

イ
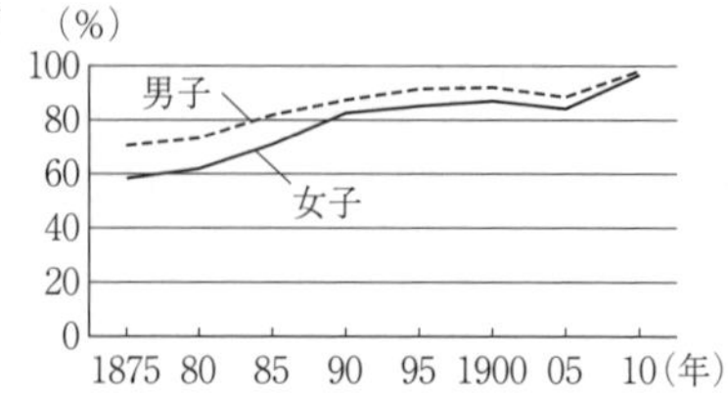

ウ
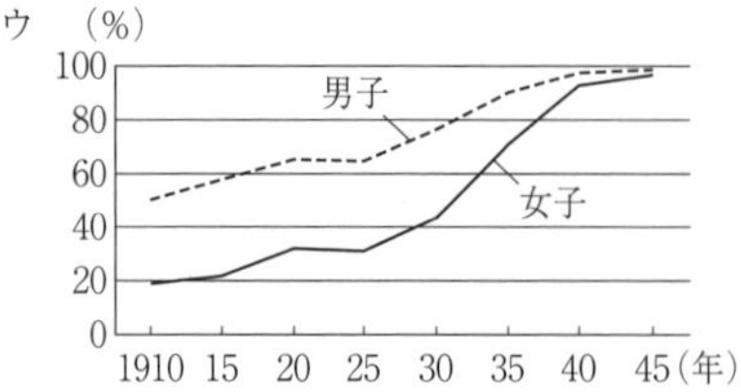

エ
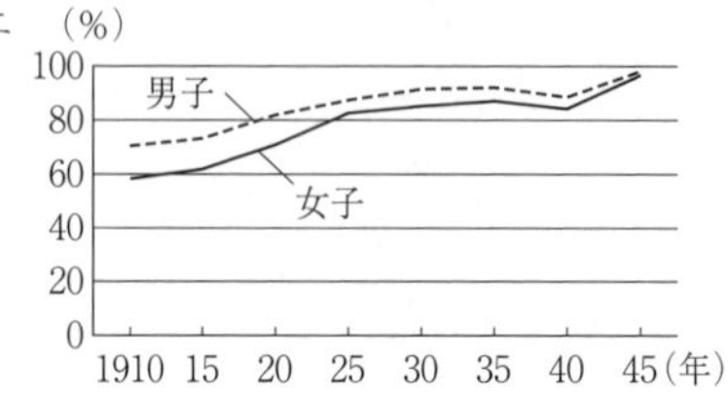

(3) 下線部cに関連して，資料2は非正規雇用に関する労働者側と使用者側の立場による考えの違いを整理したものである。資料2中のA～Dには，次のア～エのいずれかが当てはまる。BとCに当てはまる内容として最も適当なものを，ア～エから1つずつ選び，記号を書きなさい。B（　　　）C（　　　）

資料2

	プラス面	マイナス面
労働者側	A	B
使用者側	C	D

ア　人件費を抑えることができる。

イ　時間の融通がきくので家事と仕事を両立しやすい。

ウ　新しい技術の開発や継承が難しい。

エ　雇用調整の対象になりやすく収入が不安定である。

(4) 下線部dに関連して，日本は領土をめぐる問題について，平和的な手段による解決に向けた取り組みを続けている。次のア～ウは樺太・千島交換条約，ポーツマス条約，サンフランシスコ平和条約のいずれかで定められた日本の領土を▒で示したものである。ア～ウを年代の古いものから順に並べて，記号を書きなさい。（　　→　　→　　）

ア

イ

ウ

(5) 下線部eに関連して，民主政治の意思決定の方法として多数決が用いられることが多いが，多数決にも問題点がある。資料3は花子さんの学級で行った多数決の状況について示したものである。資料3中の【結論】の問題点について，【多数決の結果】に着目して**20字以内**で書きなさい。

資料3

【経緯】

学級レクリエーションの内容について意見を集めたところ，サッカー，バスケットボール，バレーボールの3種目が候補となり，学級の全員（35名）で多数決をとった。

【多数決の結果】

種目	投票数
サッカー	15票
バスケットボール	11票
バレーボール	9票

【結論】

最も投票数の多かったサッカーに決定した。

理科

時間　50分　　　　満点　60点

1　花子さんと太郎さんは，学校内の植物について調べるために，次の調査・観察を行った。(1)～(7)の問いに答えなさい。

Ⅰ　2人は，「日あたりや土のしめりけによって，生えている植物にちがいがあるのだろうか」という疑問を持ち，学校内に生えている植物の種類と，その場所の環境として日あたりのようすと土のしめりけの程度を調査した。

1　［図1］のように，A～Fの6つの場所を選び，植物を観察した。

2　観察した場所の日あたりのようすと土のしめりけの程度を記録した。また，スギゴケ，カタバミ，セイヨウタンポポについて，生えている場所を記録した。

［表1］は，その結果をまとめたものである。

［図1］

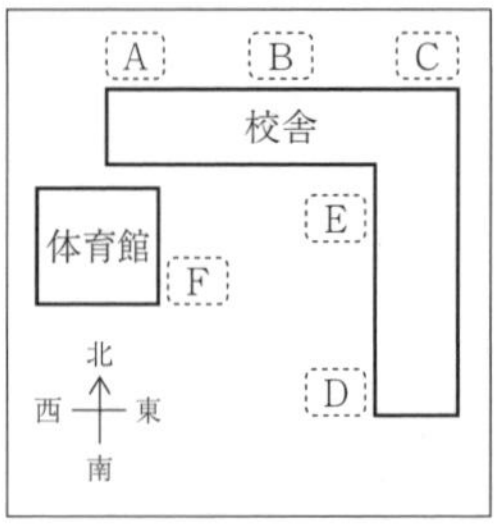

［表1］

	環境		植物		
	日あたりのようす	土のしめりけの程度	スギゴケ	カタバミ	セイヨウタンポポ
A	わるい	多い	あり	あり	なし
B	わるい	中ぐらい	なし	なし	あり
C	わるい	多い	あり	なし	なし
D	よい	少ない	なし	あり	あり
E	よい	中ぐらい	なし	あり	あり
F	よい	中ぐらい	なし	なし	あり

(1)　次の文は，スギゴケについて述べたものである。（ X ）に当てはまる語句を書きなさい。

（　　　）

スギゴケは子孫を残すときに（ X ）をつくる。（ X ）はしめりけのあるところに落ちると発芽する。

(2)　［図2］は，セイヨウタンポポの1つの花をスケッチしたものであり，1つの花は5つの花弁がくっついてできている。このように，花弁がくっついている花を何というか，書きなさい。（　　　）

［図2］

(3)　［表1］の結果からわかることとして適当なものを，ア～エから**すべて**選び，記号を書きなさい。（　　　）

ア　スギゴケは，日あたりがよいところには生えていない。

イ　カタバミは，日あたりがよいところだけに生えている。

ウ　カタバミは，土のしめりけに関係なく生えている。

エ　セイヨウタンポポは，土のしめりけが多いところだけに生えている。

(4)　次の文は，Ⅰの調査後の2人の会話である。（ a ），（ b ）に当てはまる語句の組み合わせとして最も適当なものを，ア～カから1つ選び，記号を書きなさい。（　　　）

花子：日あたりのわるい場所では光合成ができないため，植物は生えないと思いましたが，植物は生えていましたね。

太郎：日あたりがわるくても光合成が行われているかどうかは，光合成によって（ a ）などができたかを調べるとわかりますね。土のしめりけは植物にどのような影響があるのでしょうか。

花子：多くの植物は根をもち，維管束があります。しかし，（ b ）は，維管束がないため，土のしめりけの多い場所でしか生育できないのだと思います。

	ア	イ	ウ	エ	オ	カ
a	二酸化炭素	二酸化炭素	二酸化炭素	デンプン	デンプン	デンプン
b	コケ植物	シダ植物	種子植物	コケ植物	シダ植物	種子植物

Ⅱ 2人は，植物が花をつけたとき，その植物を観察し，特徴を記録した。

3 観察した植物の花弁の数やようす，葉脈の形，根のようすを写真で記録した。

4 顕微鏡を用いて，それぞれの植物の<u>茎の維管束</u>を観察した。

5 観察した植物の名前を図鑑で調べ，観察カードを作成した。[図3] は，その一部である。

[図3]

観察カード① アブラナ

〈花弁の数やようす〉
花弁は 4 枚でそれぞれ離れている。
〈葉脈の形〉
網状脈
〈茎の維管束〉
輪のように並んでいる。
〈根のようす〉
主根と側根

観察カード② エンドウ

〈花弁の数やようす〉
花弁は 5 枚でそれぞれ離れている。
〈葉脈の形〉
網状脈
〈茎の維管束〉
輪のように並んでいる。
〈根のようす〉
主根と側根

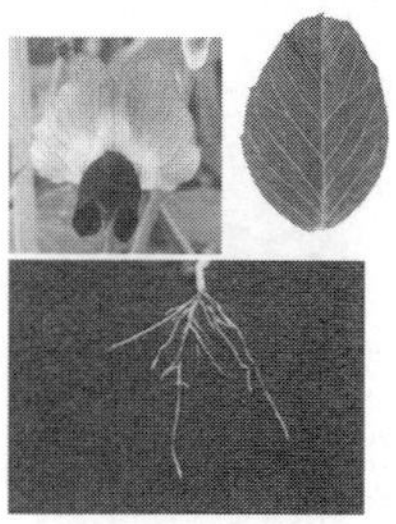

観察カード③ ツユクサ

〈花弁の数やようす〉
花弁は3枚ある。
〈葉脈の形〉
平行脈
〈茎の維管束〉
ばらばらに分布している。
〈根のようす〉
ひげ根

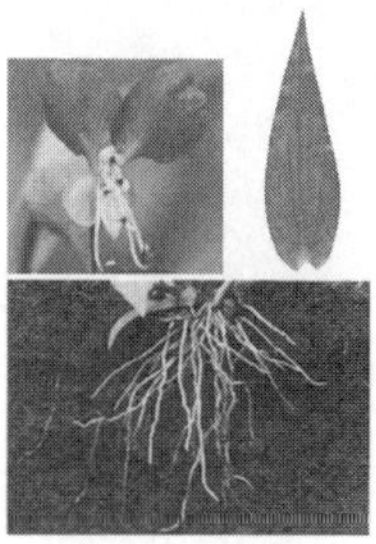

観察カード④ ユリ

〈花弁の数やようす〉
花弁は 3 枚で花弁と同じようながくが3枚ある。
〈葉脈の形〉
平行脈
〈茎の維管束〉
ばらばらに分布している。
〈根のようす〉
ひげ根

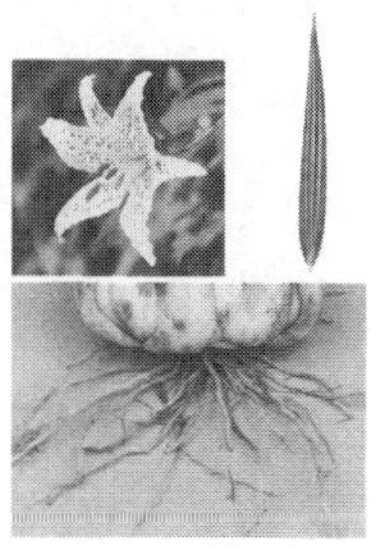

(5) 4の下線部について，[図4] は，観察カード①の植物の茎の断面を模式的に表したものである。水や，水に溶けた無機養分が通る管として最も適当なものを，[図4] のア～エから1つ選び，記号を書きなさい。また，その管を何というか，**名称**を書きなさい。記号（　　　）　名称（　　　）

[図4]

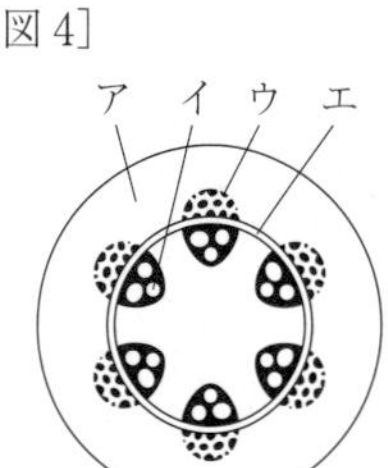

(6) アブラナ，エンドウ，ツユクサ，ユリのうち，双子葉類として適当なものを，ア～エから**すべて**選び，記号を書きなさい。（　　　）

ア アブラナ　　イ エンドウ　　ウ ツユクサ　　エ ユリ

(7) 次の文は，Ⅱの観察後の２人の会話である。(Y)に当てはまる語句を書きなさい。また，(c)～(e)に当てはまる語句の組み合わせとして最も適当なものを，ア～カから１つ選び，記号を書きなさい。Y(　　　)　記号(　　　)

花子：今回，花を観察しましたが，学校にある樹木にも花をつけるものがありますね。

太郎：サクラは毎年きれいな花をつけますね。また，マツも目立ちませんが花をつけますね。

花子：マツの花は風によって花粉が運ばれます。風によって花粉が運ばれる植物の花を(Y)といいますね。風によって運ばれた花粉は，直接(c)につきます。マツのような裸子植物は，被子植物とちがい，(d)がなく(c)が，むきだしになっています。

太郎：学校で見られたサクラ，イチョウ，ツツジのうち，裸子植物は，マツのほかに(e)ですね。

	ア	イ	ウ	エ	オ	カ
c	子房	子房	子房	胚珠	胚珠	胚珠
d	胚珠	胚珠	胚珠	子房	子房	子房
e	サクラ	イチョウ	ツツジ	サクラ	イチョウ	ツツジ

2　花子さんと太郎さんは，次の実験を行った。(1)～(7)の問いに答えなさい。

Ⅰ　2人は，「金属の種類によって，イオンへのなりやすさにちがいがあるのだろうか」という疑問を持ち，次の実験を行った。

1　マイクロプレートを用意した。[図1]のように，横の列に硫酸亜鉛水溶液，硫酸銅水溶液，硫酸マグネシウム水溶液をそれぞれ入れ，縦の列に亜鉛板，銅板，マグネシウム板の3種類の金属板をそれぞれ入れた。ただし，硫酸亜鉛水溶液，硫酸銅水溶液，硫酸マグネシウム水溶液の濃度はそれぞれ同じである。また，亜鉛板，銅板，マグネシウム板の質量はそれぞれ同じである。

2　金属板のようすを一定時間後に確認した。

[表1]は，その結果をまとめたものである。

[図1]

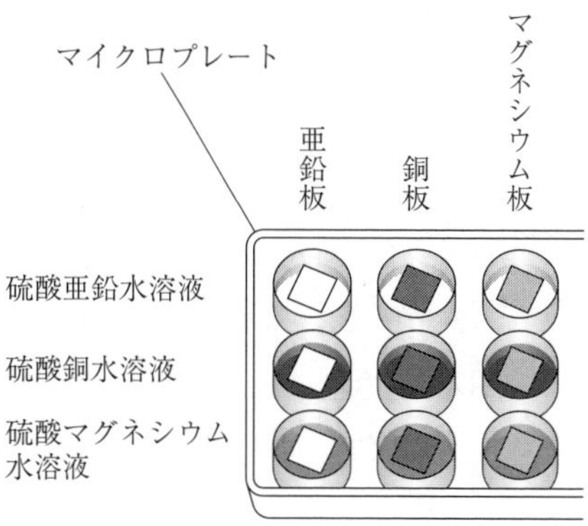

[表1]

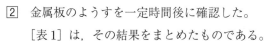

	亜鉛板	銅板	マグネシウム板
硫酸亜鉛水溶液	変化なし	変化なし	<u>金属板がうすくなり，黒い物質が付着した</u>
硫酸銅水溶液	金属板がうすくなり，赤い物質が付着した	変化なし	金属板がうすくなり，赤い物質が付着した
硫酸マグネシウム水溶液	変化なし	変化なし	変化なし

(1)　1で用いた硫酸銅水溶液は，質量パーセント濃度15％であった。この硫酸銅水溶液200gに含まれている水の質量は何gか，**整数**で求めなさい。(　　　g)

(2)　[表1]で，硫酸亜鉛水溶液にマグネシウム板を入れたときに，マグネシウム板で起こる下線部の化学変化を，電子をe^-として**化学反応式**で書きなさい。(　　　　　　　　　)

(3)　[表1]の結果から，亜鉛，銅，マグネシウムのうち，最もイオンになりやすいものと，最もイオンになりにくいものの組み合わせとして最も適当なものを，ア～カから1つ選び，記号を書きなさい。(　　　)

	最もイオンになりやすいもの	最もイオンになりにくいもの
ア	亜鉛	マグネシウム
イ	亜鉛	銅
ウ	銅	亜鉛
エ	銅	マグネシウム
オ	マグネシウム	銅
カ	マグネシウム	亜鉛

Ⅱ　酸性やアルカリ性を示すものの正体がイオンであることを授業で学んだ2人は，「酸性の水溶液とアルカリ性の水溶液を混ぜたらどうなるのだろうか」という疑問を持ち，次の実験を行った。

[3]　同じ濃度の硫酸を20mL入れたビーカーA～Fを用意し，それぞれに緑色のBTB液を数滴加えた。

[4]　ビーカーAには［図2］のように，水酸化バリウム水溶液を加えなかった。ビーカーBには［図3］のように，水酸化バリウム水溶液を10mL加えたところ，水溶液中に白い物質ができた。

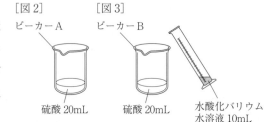

［図2］

ビーカーA

硫酸 20mL

［図3］

ビーカーB

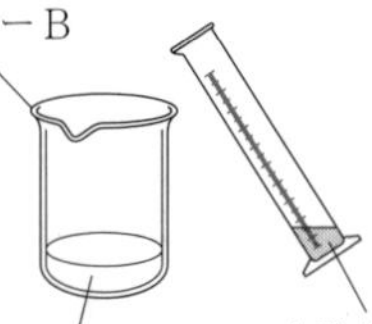

硫酸 20mL

水酸化バリウム水溶液 10mL

[5]　[4]のビーカーBと同様に，ビーカーC～Fに，水酸化バリウム水溶液をそれぞれ20mL，30mL，40mL，50mL加えたところ，それぞれのビーカーの水溶液中に白い物質ができた。ただし，加えた水酸化バリウム水溶液の濃度は[4]と同じである。

[6]　ビーカーB～Fの中の混合液をそれぞれろ過し，ろ液と白い物質に分けた。その後，ろ液の色を確認した。白い物質は十分に乾燥させ，質量を測定した。

［表2］は，[4]～[6]の結果をまとめたものである。

［表2］

ビーカー	A	B	C	D	E	F
硫酸の体積〔mL〕	20	20	20	20	20	20
水酸化バリウム水溶液の体積〔mL〕	0	10	20	30	40	50
乾燥させた白い物質の質量〔g〕	0	0.40	0.80	1.20	1.20	1.20
ろ液の色	黄	黄	黄	緑	青	青

(4)　[4]，[5]で，硫酸に水酸化バリウム水溶液を加えたときの変化を，**化学反応式**で書きなさい。

(　　　　　　　　　　)

(5)　[6]の下線部で，中の混合液がアルカリ性を示すビーカーとして適当なものを，B～Fから**すべて**選び，記号を書きなさい。(　　　)

(6)　［表2］の結果から，加えた水酸化バリウム水溶液の体積と，乾燥させた白い物質の質量の関係を，グラフに表しなさい。ただし，縦軸の（　　）内に**適当な数値**を書くこと。

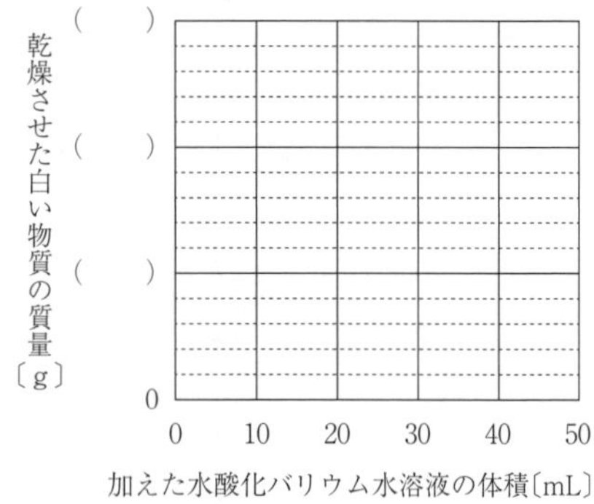

(7)　［表2］のビーカーD～Fでは，加えた水酸化バリウム水溶液の体積が増えても白い物質の質量が増えないのはなぜか。その理由を簡潔に書きなさい。

(　　　　　　　　　　)

③　花子さんと太郎さんは，次の実験を行った。(1)～(7)の問いに答えなさい。

Ⅰ　電流をつくり出すしくみについて調べた。

①　［図1］のように，棒磁石を乗せた台車を用意し，進行方向にN極を向けて置き，検流計につないだコイルを水平面に垂直に立てた。

②　台車に乗せた棒磁石のN極がa側からコイルに近づくと，検流計の針は＋側に振れた。

③　①と同様に，［図1］の場所に台車を置いた。検流計の針が0の位置にあることを確かめた後，進行方向に台車を勢いよく押し，台車はコイルの中をa側からb側に通過した。台車がコイルのa側に近づいたとき，検流計の針は＋側に振れた。針の振れを確認し，流れた電流の大きさを記録した。

［図1］

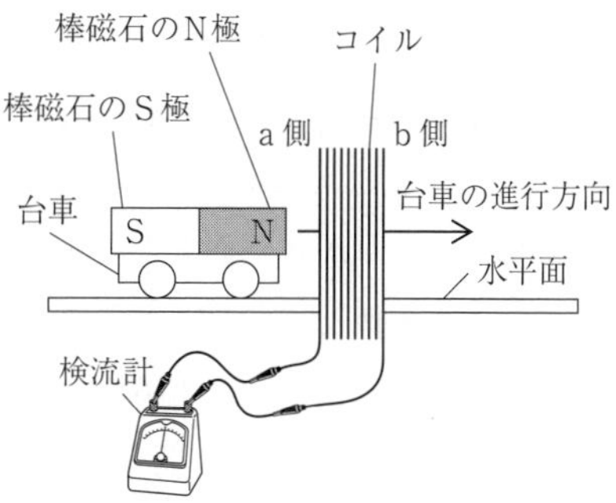

(1)　②のように，磁石を動かしたとき，コイルに流れる電流を何というか，書きなさい。(　　　)

(2)　［図2］のように，棒磁石を乗せた台車をコイルの中央に置いた。コイルのa側からb側へ台車を勢いよく押したとき，棒磁石のS極の影響による検流計の針の振れ方として最も適当なものを，ア～ウから1つ選び，記号を書きなさい。(　　　)

ア　＋側に振れた。

イ　－側に振れた。

ウ　0の位置から動かなかった。

［図2］

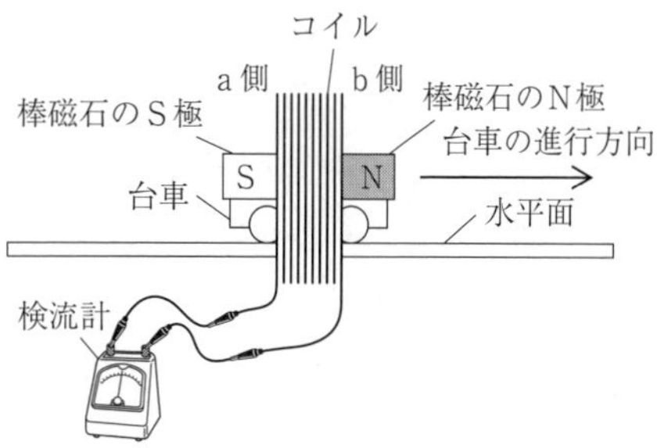

Ⅱ　2人は，Ⅰで台車を押す勢いを変えて，コイルの中を通過させると，コイルに流れる電流の大きさが変わることに気づき，次の実験を行った。ただし，台車とレールの間の摩擦力や空気の抵抗はないものとする。

④　斜面と水平面がなめらかにつながったレールを用意した。Ⅰで使用したコイルをレールの水平面に垂直に立て，検流計につないだ。

⑤　［図3］のように，進行方向にN極を向けた棒磁石を乗せた台車を用意し，水平面からの高さ5cmのA点に置いた。

⑥　台車から静かに手をはなしたところ，台車は斜面を下り，コイルの中をa側からb側に通過した。台車がコイルのa側に近づいたとき，検流計の針は＋側に振れた。針の振れを確認し，流れた電流の大きさを③と同様に記録した。

［図3］

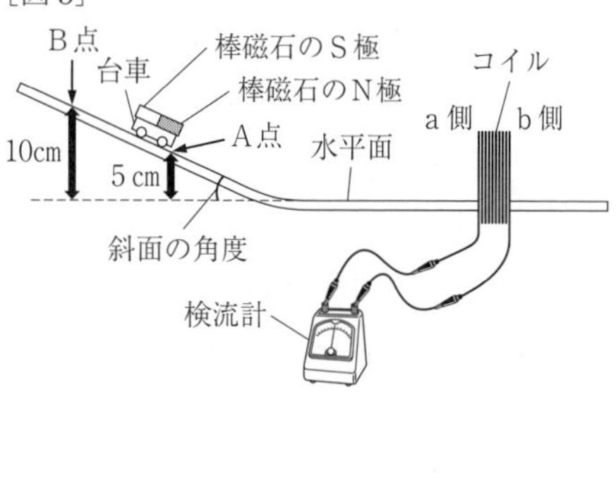

7　5と斜面の角度は変えずに，棒磁石を乗せた台車を，水平面からの高さ 10cm の B 点に置いた。

8　台車から静かに手をはなしたところ，台車は斜面を下り，コイルの中を a 側から b 側に通過した。台車がコイルの a 側に近づいたとき，検流計の針は＋側に振れた。針の振れを確認し，流れた電流の大きさを記録した。それを6の結果と比較したところ，流れた電流は6の結果よりも大きかった。

(3)　6で，台車が水平面を進む速さは一定であった。このように，速さが一定で一直線上を進む運動のことを何というか，書きなさい。(　　　)

(4)　8でコイルに流れた電流が，6でコイルに流れた電流より大きくなった理由を，台車の運動に注目し，「**磁界**」という語句を用いて簡潔に書きなさい。

(　　　　　　　　　　　　　　　　　　　　　　　　　　　　　　　　　　　　)

Ⅲ　太郎さんは，「さらに大きな電流を流すためにはどうすればよいのだろうか」という新たな疑問を持ち，次の実験を行った。

9　［図 4］のように，Ⅱより斜面の角度を大きくし，棒磁石を乗せた台車を水平面からの高さ 5 cm の C 点に置いた。ただし，棒磁石を乗せた台車，コイル，検流計はⅡと同じものである。

10　台車から静かに手をはなしたところ，台車は斜面を下り，コイルの中を a 側から b 側に通過した。台車がコイルの a 側に近づいたとき，検流計の針は＋側に振れた。針の振れを確認し，流れた電流の大きさを記録した。それを6の結果と比較したところ，流れた電流の大きさは6の結果と同じであった。

［図 4］

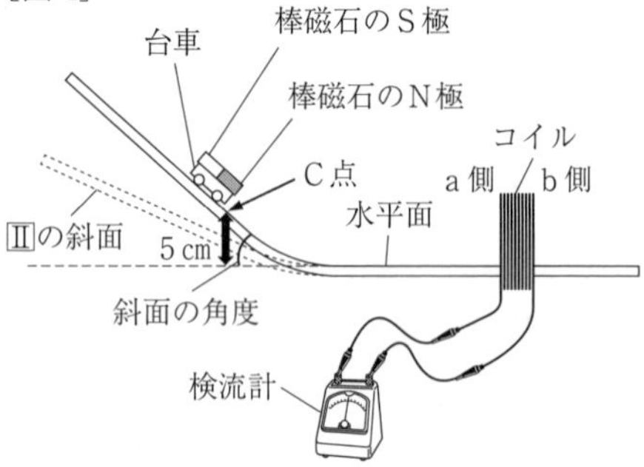

(5)　10でコイルに流れた電流と，6でコイルに流れた電流の大きさが同じであった理由を，「**力学的エネルギー**」と「**磁界**」という語句を用いて簡潔に書きなさい。

(　　　　　　　　　　　　　　　　　　　　　　　　　　　　　　　　　　　　)

(6)　Ⅲの実験結果より大きな電流を流すためには，Ⅲの実験の条件をどのように変えればよいか，**誤っているもの**を，ア～エから 1 つ選び，記号を書きなさい。(　　　)

ア　コイルの巻数を増やす。

イ　台車に乗せる棒磁石を質量が同じで磁力の強い磁石に変える。

ウ　C 点よりも高い位置に台車を置き，静かに手をはなす。

エ　台車に乗せる棒磁石の N 極と S 極の向きを変える。

(7)　多くの発電所では，磁石とコイルを利用して電気エネルギーをつくっており，家庭ではその電気エネルギーを消費している。家庭で使われているような照明器具は電気エネルギーを光エネルギーに変換している。ある家庭において，消費電力が 60W の白熱電球と，消費電力が 7.4W の LED 電球はほぼ同じ明るさであった。白熱電球 1 個を LED 電球 1 個に取りかえて 30 日間使用するとき，削減できる電力量は何 kWh か，四捨五入して**小数第一位**まで求めなさい。ただし，白熱電球と LED 電球を使うのは 1 日 4 時間とする。(　　　kWh)

4　月と惑星の観察を行った。(1)～(7)の問いに答えなさい。

Ⅰ　月の観察を行った。

1　18時の月の見かけの形と位置を，2日おきに約2週間観察し，デジタルカメラで撮影した。

［図1］は，その結果を記録用紙に書き写したものである。

2　天体望遠鏡を用いて月を観察すると円形でくぼんだ地形が観察された。

Ⅱ　惑星の観察を行った。

3　ある日の日没後，西の空に見えた金星と木星を観察した。

［図2］はそのときの惑星の位置を写真で記録したものである。

［図1］

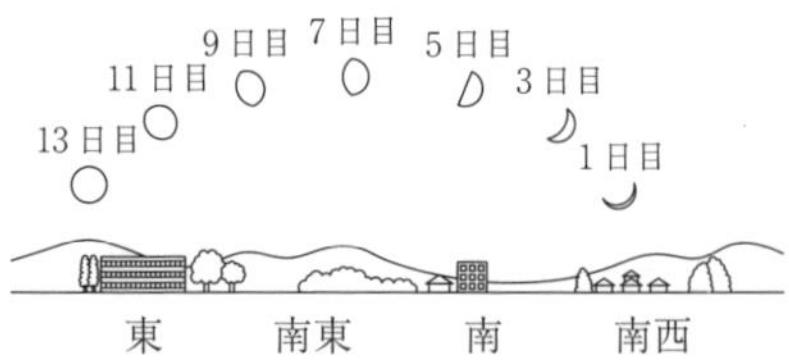

［図2］

西の空

(1)　月のように惑星のまわりを公転する天体を何というか，書きなさい。(　　　)

(2)　1における月の満ち欠けについて，その原因として最も適当なものを，ア～エから1つ選び，記号を書きなさい。(　　　)

ア　月の自転　　イ　地球の自転　　ウ　月の公転　　エ　地球の公転

(3)　［図3］のような天体望遠鏡で天体を観察するときに注意すべきこととして**誤っているもの**を，ア～エから1つ選び，記号を書きなさい。

(　　　)

ア　ファインダーとよばれる広い範囲が見える装置で視野の中央に目標の天体を入れる。

イ　太陽を観察するときは，望遠鏡で直接のぞかずにファインダーをのぞいて観察をおこなう。

ウ　明るい月を見るときは，ムーングラスを使用する。

エ　天体の動きに合わせて見るときは，北極星の方向に向ける軸を中心に鏡筒を回転させる。

［図3］

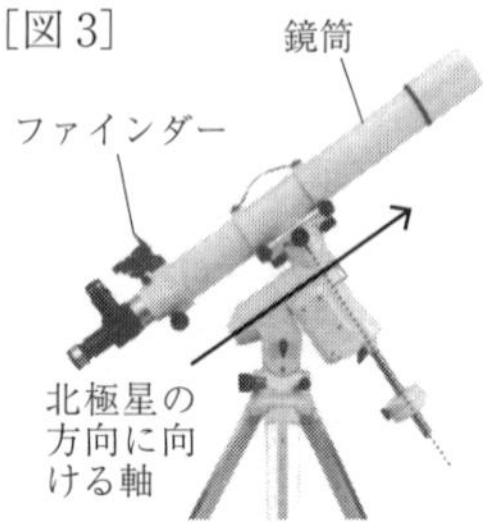

(4)　［図4］は，地球の北極側から見た月の公転のようすを模式的に表したものである。月から地球を見たとき，地球が［図5］のように見えるのは，月が［図4］のどの位置にあるときか，最も適当なものを，A～Hから1つ選び，記号を書きなさい。(　　　)

［図4］

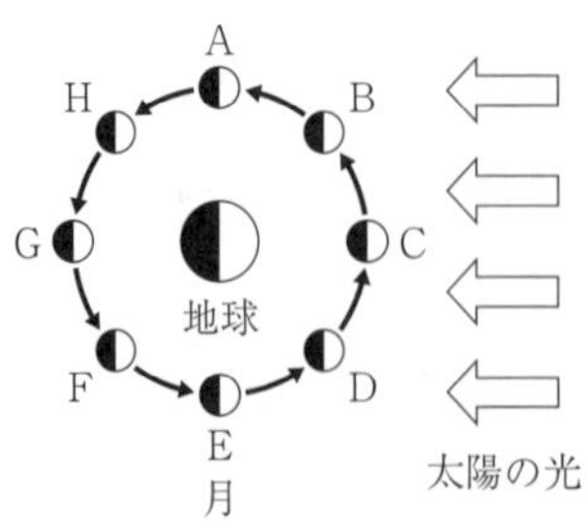

［図5］

(5) 皆既日食のとき，地球から月を見ると，見かけ上，月は太陽とほぼ同じ大きさに見える。[図6] は，そのときの地球と月と太陽の位置関係を模式的に表したものである。次の【条件】にしたがって，地球と月の距離は何 km か，求めなさい。

(km)

[図6]

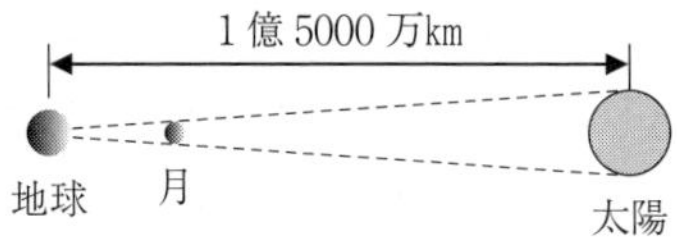

【条件】

・太陽の直径は月の直径の 400 倍とする。

・地球と太陽の距離は 1 億 5000 万 km とする。

(6) 太陽系にある惑星のうち，大型で主に気体からなる密度が小さい惑星として適当なものを，ア～エから**すべて**選び，記号を書きなさい。( )

ア 水星　イ 火星　ウ 土星　エ 天王星

(7) [図7] は，地球の北極側から見た，太陽●，金星○，地球◎，木星 ◘ の公転の軌道を模式的に表したものである。惑星の公転の向きと自転の向きは矢印で示している。[図2] のように見えるとき，金星と木星の公転軌道上の位置関係として最も適当なものを，ア～エから1つ選び，記号を書きなさい。( )

[図7]

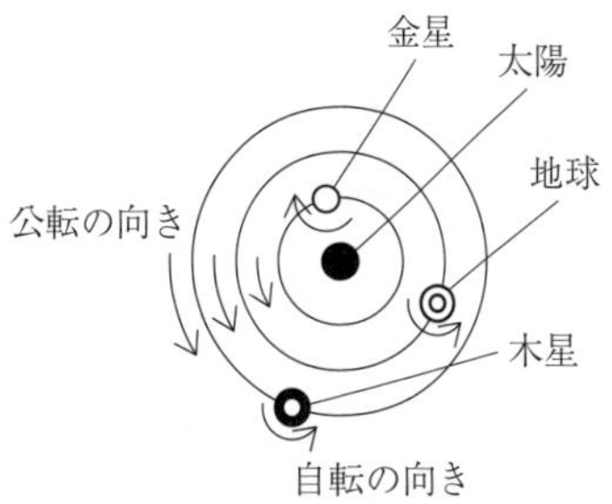

ア　イ　ウ　エ

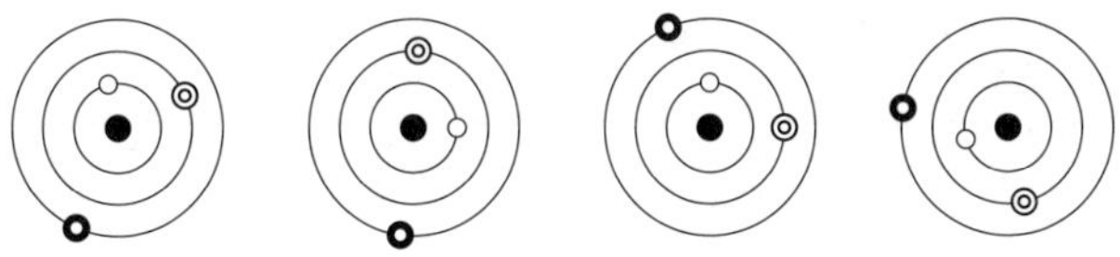

5 次の(1)〜(4)の問いに答えなさい。

(1) 凸レンズによる像のでき方を調べるため，実験を行った。①〜③の問いに答えなさい。

1 ［図1］のように，光学台，光源，カタカナの「オ」を切り抜いた厚紙，焦点距離が10cmの凸レンズ，スクリーンを用いて，装置を組み立てた。光源と凸レンズは固定し，凸レンズから30cmの位置に厚紙を置いた。ただし，厚紙は光源側から見たときに「オ」の文字が読めるように置いた。

［図1］

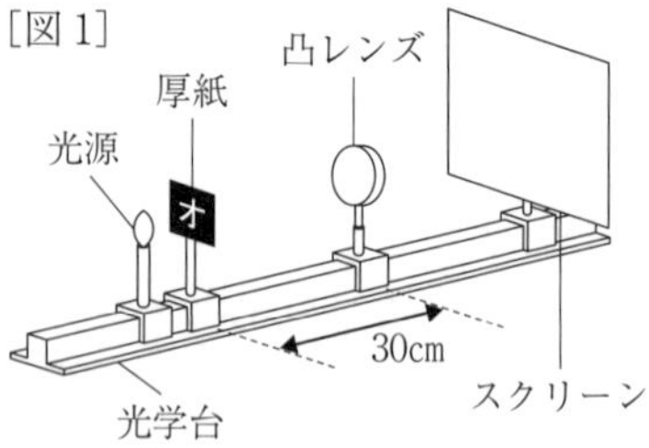

2 光源から光をあて，スクリーンにはっきりとした像ができるように，スクリーンを動かした。はっきりとした像ができたときの凸レンズとスクリーンの距離を記録した。

3 凸レンズと厚紙の距離を，20cm，15cm，10cm，5cmに変え，2と同様にそれぞれ記録した。

［表1］は，その結果をまとめたものである。ただし，凸レンズと厚紙の距離が10cm，5cmのときはスクリーンに像ができなかったため，横線をひいている。

［表1］

凸レンズと厚紙の距離〔cm〕	30	20	15	10	5
凸レンズとスクリーンの距離〔cm〕	15	20	28	—	—

① 2で，スクリーンにうつった像を**凸レンズ側から**観察したとき，像の見え方として最も適当なものを，ア〜エから1つ選び，記号を書きなさい。（　　）

ア  イ  ウ  エ 

② ［表1］で，凸レンズと厚紙の距離が5cmのとき，**スクリーン側から**凸レンズをのぞいて観察すると，実際よりも大きな像が見えた。このような像を何というか，書きなさい。（　　）

③ ［表1］で，凸レンズと厚紙の距離が5cmのとき，スクリーンに像ができない理由を，光の進み方に注目して，「**焦点**」という語句を用いて簡潔に書きなさい。

（　　）

(2) 生物の進化について，図書館で調べた。①〜③の問いに答えなさい。

1 化石について調べた。［メモ］はその結果をまとめたものである。

［メモ］

・化石の中には，ある限られた時代の地層にしか見られないものがあり，その年代を示す目印となる。<u>その中でも，とくに広い地域で栄えた生物の化石</u>は，離れた地域の堆積岩の地層が同時代にできたかどうかを調べるための重要な手がかりになる。

・時代のちがう地層ではちがった種類の化石が見られる。それぞれの時代の化石を調べることで，生物の種類がどのように変化してきたかがわかる。1億5千万年前の地層から発見された動物の化石は，最も原始的な鳥類としてシソチョウと名づけられた。

2 ［メモ］にあるシソチョウについて調べた。
［図2］はシソチョウの復元図である。

［図2］

シソチョウの復元図

① 1の［メモ］の下線部のような化石を何というか，書きなさい。(　　　)

② 次の文は，シソチョウについて述べたものである。(a)に当てはまる語句として最も適当なものを，ア～エから1つ選び，記号を書きなさい。(　　　)

シソチョウは体全体が羽毛で覆われており，前あしが翼になっているといった鳥類の特徴を持つ。また，歯や長い尾をもち，爪があるといった(a)の特徴を合わせ持つ。

ア 哺乳類　イ は虫類　ウ 両生類　エ 魚類

③ 次の文は，進化について述べたものである。(b)～(d)に当てはまる語句の組み合わせとして最も適当なものを，ア～カから1つ選び，記号を書きなさい。(　　　)

生物は，(b)が変化したことで，(c)が少しずつ変わり，体のつくりや生活が変化して，(d)に適するようになったと考えられる。

	ア	イ	ウ	エ	オ	カ
b	遺伝子	遺伝子	環境	環境	形質	形質
c	環境	形質	遺伝子	形質	遺伝子	環境
d	形質	環境	形質	遺伝子	環境	遺伝子

(3) 気体の性質を調べるため，次の実験を行った。①～④の問いに答えなさい。

1 ［図3］のように，試験管に塩化アンモニウムと水酸化バリウムを入れ，こまごめピペットで水を加えたところ，気体が発生し，試験管が冷たくなった。

2 1で発生した気体をフラスコに集めた。

3 2のフラスコを，細いガラス管と水を入れたスポイトをさしたゴム栓でふたをした。

［図3］

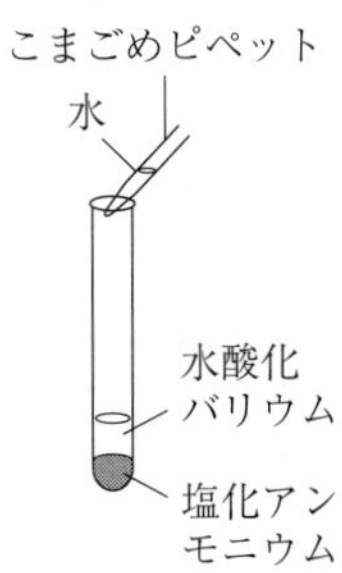

［図4］

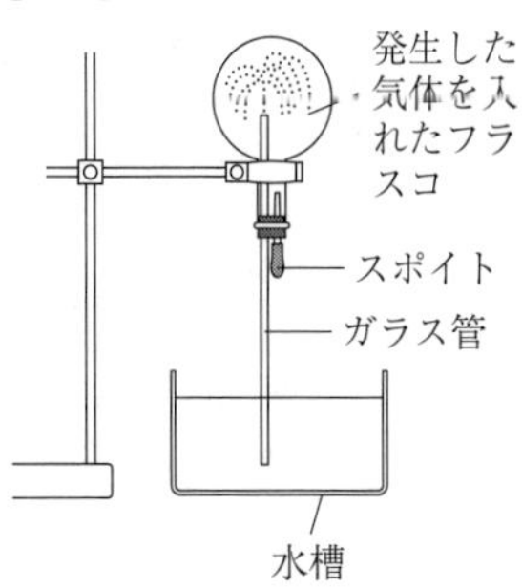

4 水で満たした水槽を用意し，［図4］のように，細いガラス管の下部を水槽に入れた。

5 水を入れたスポイトからフラスコ内へ水を入れると，細いガラス管からフラスコ内へ，噴水のように水槽の水が吸い上げられた。

① 1の反応によって発生した気体は何か，**化学式**で書きなさい。(　　　)

② 1の反応のような，熱を吸収する化学変化を何というか，書きなさい。(　　　)

③ 1で発生した気体の用途として最も適当なものを，ア～エから1つ選び，記号を書きなさい。

(　　　)

ア 食品に封入し，変質を防ぐために使われる。　イ ドライアイスの原料として使われる。
ウ 水道水の殺菌に使われる。　エ 肥料の原料として使われる。

④ 5のように，細いガラス管からフラスコ内へ，噴水のように水槽の水が吸い上げられる現象が見られるのは，1で発生した気体がもつ特徴のためである。その特徴として最も適当なものを，ア～エから1つ選び，記号を書きなさい。(　　　)

ア 空気より軽い　イ 空気より重い　ウ 水に溶けやすい　エ 水に溶けにくい

(4) 授業で学んだ気象観測の実習を行った。①～③の問いに答えなさい。

1 ［図5］に示す乾湿計を用いて乾球と湿球の示す温度を調べ，記録した。この日の15時の乾球温度計は30℃を，湿球温度計は25℃を示していた。

2 1の結果から，乾湿計用湿度表を用いて湿度を求めた。

［表2］は，乾湿計用湿度表の一部を示したものである。

3 2の結果から，空気に含まれる水蒸気量を調べた。

［表3］は，気温に対する飽和水蒸気量を示したものである。

［図5］

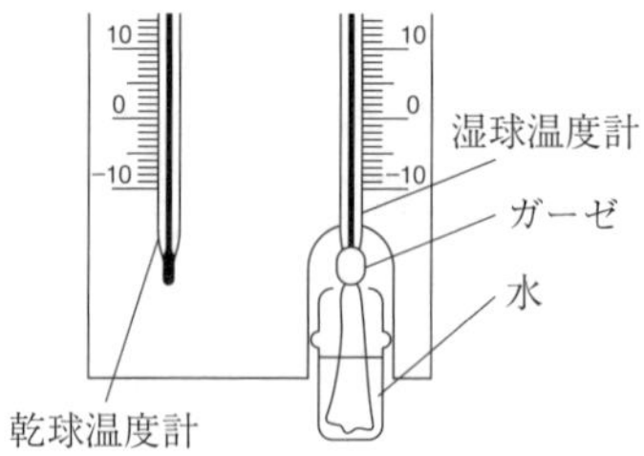

［表2］

乾球の読み〔℃〕	乾球と湿球との目もりの読みの差〔℃〕												
	0	0.5	1.0	1.5	2.0	2.5	3.0	3.5	4.0	4.5	5.0	5.5	6.0
34	100	96	93	90	86	83	80	77	74	71	68	65	62
33	100	96	93	89	86	83	80	76	73	70	67	64	61
32	100	96	93	89	86	82	79	76	73	70	66	63	61
31	100	96	93	89	86	82	79	75	72	69	66	63	60
30	100	96	92	89	85	82	78	75	72	68	65	62	59

［表3］

気温〔℃〕	21	22	23	24	25	26	27	28	29	30	31
飽和水蒸気量〔g/m³〕	18.3	19.4	20.6	21.8	23.1	24.4	25.8	27.2	28.8	30.4	32.1

① 次の文は，乾湿計のしくみと湿度の関係について説明したものである。(a)，(b)に当てはまる語句の組み合わせとして最も適当なものを，ア～エから1つ選び，記号を書きなさい。

(　　　)

［表2］から，気温が同じであれば，乾球と湿球の示す温度の差が（　a　）ほど湿度が低いことがわかる。また，［図5］に示すガーゼに含まれる水は，湿度が高いほど（　b　）ため，乾球と湿球の示す温度の差が小さくなる。

	ア	イ	ウ	エ
a	大きい	大きい	小さい	小さい
b	蒸発しやすい	蒸発しにくい	蒸発しやすい	蒸発しにくい

②　2で，この日の15時の湿度は何％か，求めなさい。（　　　％）

③　この日の15時の空気の露点はどの範囲にあると考えられるか，最も適当なものを，ア～エから1つ選び，記号を書きなさい。（　　　）

ア　22℃～23℃　　イ　24℃～25℃　　ウ　26℃～27℃　　エ　28℃～29℃

なものを、次のア～エのうちから一つ選び、その記号を書きなさい。（　　）

ア　郷土料理「消失」の危機
イ　若者の食生活の悪化
ウ　「地域の食文化」、その歴史と発展
エ　郷土料理を受け継ぐ意義

問三　Aさんの班では、「地域の魅力発信」の手段として「郷土料理」を取り上げるかどうかについて、さらに意見を出し合うことにした。あなたがAさんの班の班員なら、郷土料理を通して地域の魅力を発信することについてどう考えるか。賛成か反対かの立場を明確にしたうえで、あなたの考えを、次の条件に従って書きなさい。

条件

・解答欄の□に「賛成」か「反対」かを書き、立場を明確にすること。(※双括型の文章となるよう、最初と最後の二か所の□に立場を書くこと。)
・一行目の一マス目から書き始め、**行は改めないこと**。
・「賛成」または「反対」の意見の根拠として、次の①、②の両方を挙げること。
①　**【資料一】**、**【資料二】**、**【資料三】**のいずれかの内容
②　具体的な自分自身の経験や見聞
・**常体**（「だ・である」）で、**百字以上百二十字以内**で書くこと。

私は、郷土料理を通して地域の魅力を発信することに□だ。

以上のことから、郷土料理を通して地域の魅力を発信することに□だ。

いては、もう少し考えてみることにしましょう。

【資料一】

〈 郷土料理とは 〉
□その土地ならではの自然環境や社会環境により生み出され，定着・継承されてきた料理。
□地域の産物を使ったり独自の調理法で作られたりするものが多い。
□地域の歴史・文化・風習的な特徴，または，気候・風土を背景とした特徴がある。
□家庭・地域で作られ，継承されている。
〈 郷土料理のよさ 〉
□地域の自然環境に合わせて作られた農産物等を無駄なく使ったり，保存性やおいしさを高めたりするために編み出され，栄養価も高いものが多い。
□年中行事との関わりをもつものもあり，食を通して家族や地域と絆を深めることができる。

（キッコーマン「FOOD CULTURE No.26」及び，「農林水産省ホームページ」を参考に作成）

【資料二】

大分県内で継承されている郷土料理
①だんご汁
小麦粉をこねて伸ばしただんごが入ったみそ仕立ての汁物。米作りに適さず，畑を基盤とした麦などの穀物栽培が盛んだった大分県で発展した粉食文化の代表格。
②たらおさ
内陸部の日田地方に伝わるタラのエラと胃を干した干物。保存技術や交通網が整備されていない時代から定着・継承され，お盆に食べる行事食となっている。
③お方ずし
大分市に伝わるすし料理。すし飯にほぐしたアジと甘く煮たうずら豆を混ぜて，俵型にしたもの。
④がん汁
ツガニを殻ごとすりつぶし，しょう油風味に仕立てた汁物。県北の河川では古くからツガニ漁が有名で，そのままでは食べづらいツガニを味わうために考案された。

（「農林水産省ホームページ」を参考に作成）

【資料三】

Ⅰ

地方の過疎化や生活様式・好みの変化により，食文化は急激に変容しており，その継承・振興は喫緊の課題。

「国民食生活実態調査」（平成27年度）
（※全国の20~69歳の男女を対象に実施）
(1)最近1カ月の食生活
①郷土料理を食べた　14.8%
②郷土料理を作った　9.0%
③子どもに郷土料理を食べさせた　15.7%
(2)食文化について教えたり伝えたりしていること
ある　16.8%　　ない　83.2%

（「文化庁ホームページ」及び，農林水産省「国民食生活実態調査」を参考に作成）

問一　【資料一】、【資料二】の両方から読み取れることとして**適当でないもの**を、次のア～エのうちから一つ選び、その記号を書きなさい。（　　）

ア　大分県の郷土料理には、例えばだんご汁のように、地域の気候や風土に合わせて作られた農産物を使用しているものがある。
イ　その土地ならではの食材を使用していないが、自然環境や社会環境に合わせて生み出された郷土料理が大分県にはある。
ウ　地域の文化や風習を背景として生まれた料理は行事食と名づけられており、大分県では一般的な郷土料理と区別されている。
エ　地域の産物を無駄なく使ったりおいしさを高めたりするために編み出された郷土料理の一つに、大分県のがん汁がある。

問二　【資料三】の Ⅰ に当てはまる資料のタイトルとして最も適当

ア　約束を守らないことで日頃の仕返しを果たす与三郎のしたたかさ。
イ　与三郎をもてなすことで福の神を呼び込もうとする亭主の必死さ。
ウ　ごちそうを食べるため、福の神に化けて亭主をだます与三郎の賢さ。
エ　亭主の言いつけを思い出し、慌てて実行した与三郎の間の悪さ。

5　Aさんの学級では、地域の魅力について理解を深めるとともに、自分たちが感じた大分県の魅力を県外の人に発信する学習を行っている。次は、Aさんの班の話し合いの様子と、そのときに使用した資料である。これを読んで、後の問一～問三に答えなさい。なお、答えに字数制限がある場合は、句読点や「　」などの記号も一字と数えなさい。

Aさん―先日、みそやしょう油づくりにおける発酵文化、黄飯（おうはん）やきらすまめしなどの食文化をもつ臼杵市が、ユネスコの創造都市ネットワークに加盟しました。食文化や郷土料理は、私たちが学習している地域の魅力と大きく関わりますね。
Bさん―考えてみると、私も旅行に行った場所で、その土地ならではの料理に興味をもち、それを食べることがあります。
Cさん―大分県では、だんご汁やとり天が有名ですが、私は、先ほど話題に出されたきらすまめしは食べたことがありません。そもそも郷土料理とは、どういうものを指すのでしょうか。
Aさん―郷土料理については、【資料一】のように説明されています。
Bさん―【資料二】を見てください。これは、大分県の郷土料理を説明したものです。臼杵市の黄飯やきらすまめしの他にも、さまざまな郷土料理があります。ですから、「地域の魅力発信」の手段として郷土料理を取り上げることは、やはり効果的だと思いますが、どうですか。
Cさん―確かに、郷土料理には、地域の特徴が表れていると言えます。しかし、私は生まれてからずっとこの地域に住んでいますが、地域の郷土料理を食べたことがありません。【資料三】を見ても、実際に郷土料理を食べたり作ったりする人はあまり多くないことが分かります。大分県の魅力を発信するために何を取り上げるかにつ

4　次の文章を読んで、後の問一～問四に答えなさい。なお、答えに字数制限がある場合は、句読点や「　」などの記号も一字と数えなさい。

ものごとに祝ふ者(何事にも縁起をかつぐ者)ありて、与三郎(よさぶろう)といふ中間(ちゅうげん)*に、大晦日(おおつごもり)*の晩いひをしへけるは、「今宵(こよひ)はつねよりとく(いつもより早く)宿に帰り休み、明日は早々起きて来(きた)り門をたたけ。内よりたそや(誰だ)と問ふ時、福の神*にて候(そうろう)と答へよ。すなはち(その時)戸を開けて、呼び入れん。」と、ねんごろに言ひふくめて(念を入れて)後、①亭主は心にかけ、にわとりの鳴くと同じやうに起きて、門に待ちゐけり。案のごとく、戸をたたく。「たそ、たそ。」と問ふ。「いや、与三郎。」と答ふる。無興(ぶきょう)中中(なかなか)ながら(たいそう不愉快であったが)、門を開けてより、そこもと(あちこち)火をともし若水*をくみ、かんをすゆれども(雑煮の準備をしたが)、亭主、②顔のさま悪しくて、さらに物言はず。中間、不審に思ひ、つくづく思案しゐて、宵にをしへし福の神をうち忘れ、やうやう酒を飲むころに思ひ出し、仰天し、膳をあげ、座敷を立ちざまに、「さらば福の神で御座ある(さてわしは福の神である)。お暇(いとま)申し参らする。」と言うた。

(「醒睡笑(せいすいしょう)」より。一部表記を改めている。)

(注)　*中間——奉公人。　*大晦日——おおみそか。
*福の神——正月にやってくる縁起のよい神。
*若水——元旦の朝にくむ最初の水。

問一　～～～線を現代かなづかいになおし、ひらがなで書きなさい。(　　　)

問二　——線①と同じ人物を指す別の言葉を本文中から抜き出して書きなさい。(　　　)

問三　Aさんの班では、本文の内容について次のように意見を交わした。これを読んで、後の(1)、(2)に答えなさい。

Aさん―これは、新年を迎えるときのお話ですね。
Bさん―本来ならお祝いである新年のはじまりを、亭主が不機嫌な様子で迎えたことが——線②から分かりますね。
Cさん―確かに——線②から、亭主が不機嫌であることは私も読み取りましたが、何が理由で不機嫌になったのでしょうか。
Bさん―それは、亭主が与三郎に、この家に入るときに、[Ⅰ]ように言いきかせていたのに、与三郎は亭主の言いつけどおりにしなかったからです。
Cさん―なるほど。だから、亭主は不機嫌顔で、物も言わなかったのですね。
Aさん―与三郎が来ることを亭主がとても楽しみにしていたことは、本文中の[Ⅱ]という行動からも伝わりますから、さぞがっかりしたでしょうね。

(1)　[Ⅰ]に当てはまる言葉を、十五字以上二十五字以内の現代語で書きなさい。

(2)　[Ⅱ]に当てはまる言葉として最も適当なものを、本文中から二十字以上二十五字以内で抜き出し、初めの五字を書きなさい。
初め□□□□□

問四　この話のおもしろさを表したものとして最も適当なものを、次のア～エのうちから一つ選び、その記号を書きなさい。(　　)

人間の頭脳を超えた人工知能の扱いは困難である。

エ　人工知能が人間の頭脳を超えても、それをどう使うかは私たちに委ねられていることを理解して活用する必要がある。

問三　――線③について、筆者が宗教を具体例として挙げた意図を説明したものとして最も適当なものを、次のア～エのうちから一つ選び、その記号を書きなさい。（　　）

ア　宗教とAIの相違点を明らかにすることで、AIの持つ問題を掘り下げるため。

イ　宗教はAIと同じ性質を持つと述べることで、AIへの信頼感を正当化するため。

ウ　宗教が引き起こした問題を提示し、AIを活用することの妥当性を強調するため。

エ　宗教は教えが生き続けるが、AIはそれ自身が生き続けるのだと印象づけるため。

問四　～～～線について、このようになる原因を[2]の内容を踏まえて次の二点にまとめた。[　　]に当てはまる言葉を、[2]の本文中の言葉を使って、**四十五字以上五十字以内**で書きなさい。

・死なないAIは、多くの知識を溜め込み、いつも合理的な答えを出すため。

・[　　]ため。

問五　Aさんの班では、本文を読んで次のような話し合いを行った。これを読んで、後の(1)、(2)に答えなさい。

Aさん―筆者はこの文章を通して私たちに何を伝えたかったのだと思いますか。

Bさん―はい。AIは、私たちが理解できないものになっていくので、価値観や人生の悲哀を共有することができない存在になるということを伝えたかったのだと思います。

Cさん―確かに、本文ではそのことについて説明しています。しかし、その説明を通して、筆者が私たちに伝えたかったことは、人は全て[　Ⅰ　]存在だということではないでしょうか。

Aさん―そうですね。筆者が人の存在について伝えようとしているという視点で改めて本文全体を読んでみると、筆者は、人が何も考えずにAIに頼りすぎることに警鐘を鳴らし、ヒトが人らしくあることが大切だと述べているようにも感じます。

Bさん―ヒトが人らしくあるとはどういうことでしょうか。

Aさん―それは、[　Ⅱ　]を楽しむということです。私たちも、自分たちの良さを大切にして、進歩するAIと向き合っていきましょう。

(1)　[　Ⅰ　]に当てはまる言葉として最も適当なものを、本文中から**三十字以上三十五字以内**で抜き出し、**初めと終わりの五字**を書きなさい。初め[　　　　　]～終わり[　　　　　]

(2)　[　Ⅱ　]に当てはまる言葉として最も適当なものを、本文中から**十二字**で抜き出して書きなさい。

（注）＊脆弱性――もろくて弱い性質。
＊凌駕――他をしのいでその上にでること。

問一　――線①について、AIが死なないことによってどのような状況が生まれるのか。本文中に述べられていることとして最も適当なものを、次のア～エのうちから一つ選び、その記号を書きなさい。（　　）

ア　バージョンアップを繰り返すことで人間の能力を超えたAIが、次世代の人間の多くの仕事を奪ってしまうという状況。
イ　AIが人間より賢くなった結果、多くの若い世代が、コンピュータの危険性を理解できず信頼感を持つようになる状況。
ウ　文化や文明を継承するために教育に時間をかけ次世代を育てた人間の営みを、AIが無意味なものにしてしまう状況。
エ　筆者と同世代の人々が、自分たちよりも賢くなるAIを見てきた結果、AIにさらなる期待感を抱くようになる状況。

問二　――線②について、人間がAIをコントロールできないことに対する不安を持ったKさんは、次の【資料】を見つけた。「人間がAIをコントロールすること」について【資料】に書かれている内容として最も適当なものを、後のア～エのうちから一つ選び、その記号を書きなさい。ただし、【資料】中で使われている「人工知能」という言葉は、本文中の「AI」と同義として考えることとする。（　　）

【資料】

コンピュータや人工知能の重要性はこれまでも、そしてこれからも加速度的に増していくことは確実です。そのような状況の中、「人工知能は怖い」「人工知能が仕事を奪う」という議論をすることは間違っているとは言わないまでもすでに時代錯誤なように感じます。「Society5.0」における政府の見解でも「人間中心の社会」とされているように、まさにこの部分が重要になってくるのです。

結局、コンピュータも人工知能も我々人間の道具であるということです。では、「人工知能は全く怖くない」「人間を超えることはない」という話なのかと言われると、それはまた別の話だと思います。2015年の段階ですでに人工知能のパフォーマンスは猫の頭脳を超えたと言われています。近い将来、人間の頭脳を超えるのも想像に難く（かた）ありません。

つまり、「すべては我々人間次第だ」ということだと思います。コンピュータや人工知能はあくまでも人類にとっての便利な道具であり、使い方次第で状況は変わるということを前提に活用する必要があるでしょう。

（土屋誠司（つちやせいじ）「やさしく知りたい先端科学シリーズ6　はじめてのAI」より。一部表記を改めている。）

（注）＊Society5.0――人工知能やロボットなどの高度な技術を生活に活用することで、経済の発展や社会課題の解決を目指す社会。

ア　人工知能の重要性が加速度的に増していくので、人工知能の仕組みが分からなくても、進んで活用する必要がある。
イ　「人工知能は怖い」という議論は今後重要になるが、今は人間を超えた人工知能を道具として扱うことができている。
ウ　猫の頭脳を超えた程度の人工知能は上手に扱うことができるが、

トで読み・書き・計算を教わり、私情が入らないようにと先生代わりのＡＩが成績をつけるという時代にならないとも限りません。そんな孫の世代にとっては、ＡＩの危険性より信頼感のほうが大きくなるのは当然です。

死なないＡＩは、私たち人間と違って世代を超えて、進歩していきます。一方、私たちの寿命と能力では、もはや複雑すぎるＡＩの仕組みを理解することも難しくなるかもしれませんね。②人類は１つの能力が変化するのに何万年もかかります。その人類が自分たちでコントロールすることができないものを、作り出してしまったのでしょうか。

2　進歩したＡＩは、もはや機械ではありません。ヒトが人格を与えた「エイリアン」のようなものです。しかも死にません。どんどん私たちが理解できない存在になっていく可能性があります。

死なない人格と共存することは難しいです。例えば、身近に死なないヒトがいたら、と想像してみてください。その人とは、価値観も人生の悲哀も共有できないと思います。非常に進歩したＡＩとはそのような存在になるのかもしれません。

多くの知識を溜め込み、いつも合理的な答えを出してくれるＡＩに対して、人間が従属的な関係になってしまう可能性があります。私たちがちょうど自分たちより寿命の短い昆虫などの生き物に抱くような、ある種の「優越感」と逆の感情を持つのかもしれません。「ＡＩは偉大だな」というような。

ヒトには寿命があり、いずれ死にます。そして、世代を経てゆっくりと変化していく――それをいつも主体的に繰り返してきましたし、これからもそうあることで、存在し続けていけるのです。ＡＩが、逆に人という存在を見つめ直すいい機会を与えてくれるかもしれません。生き物は全て有限な命を持っているからこそ、「生きる価値」を共有することができるのです。

③同様にヒトに影響力があり、且つ存在し続けるものに、宗教があります。もともとその宗教を始めた開祖は死んでしまっていても、その教えは生き続ける場合があります。そういう意味では死にません。

ヒトは病気もしますし、歳を重ねると老化もします。ときには気弱になることもあります。そのようなときに死なない、しかも多くの人が信じている絶対的なものに頼ろうとするのは、ある意味理解できることです。ＡＩも将来、宗教と同じようにヒトに大きな影響を与える存在になるのかもしれません。

宗教は、付き合い方を間違うと、戦争やテロにつながるのは歴史からご存じの通りです。ただ、宗教のいいところは、個人が自らの価値観で評価できることです。それを信じるかどうかの判断は、自分で決められます。それに対してＡＩは、ある意味ヒトよりも合理的な答えを出すようにプログラムされています。ただ、その結論に至った過程を理解することができないので、人がＡＩの答えを評価することが難しいのです。「ＡＩが言っているのでそうしましょう」となってしまいかねません。何も考えずに、ただ服従してしまうかもしれないのです。

それではヒトがＡＩに頼りすぎずに、人らしく試行錯誤を繰り返して楽しく生きていくにはどうすればいいのでしょうか？

その答えは、私たち自身にあると思います。つまり私たち「人」とはどういう存在なのか、ヒトが人である理由をしっかりと理解することが、その解決策になるでしょう。

（小林武彦「生物はなぜ死ぬのか」より。一部表記を改めている。）

う「雪乃」の気持ちが大きく変化していることを印象づけている。

エ　畑にいる「茂三」を手伝うまでの「雪乃」の行動描写によって、「雪乃」が「茂三」からの感謝の言葉を期待していることを印象づけている。

3　次の文章を読んで、後の問一～問五に答えなさい。なお、答えに字数制限がある場合は、句読点や「　」などの記号も一字と数えなさい。

（設問の都合上、文章のまとまりごとに1、2と番号をつけている。）

1　いつも正しい答えが得られるという状況は、ヒトの考える能力を低下させます。ヒトは試行錯誤、つまり間違えることから学ぶことを成長と捉え、それを「楽しんで」きたのです。喜劇のコントの基本は間違えて笑いを誘い、最後はその間違いに気づくことが面白いのです。逆に「悲劇」は、取り返しがつかない運命に永遠に縛られることに、恐怖と悲しみを覚えるのではないでしょうか。

AIは、人を楽しませる面白い「ゲーム」を提供するかもしれません。しかし、リアルな世界では、AIはヒトを悲劇の方向に導く可能性があります。そして①何よりも私が問題だと考えるのは、AIは死なないということです。

私たちは、たくさん勉強しても、死んでゼロになります。文化や文明を継承するために教育に時間をかけ、次世代を育てます。一世代ごとにリセットされるわけです。死なないAIにはそれもなく、無限にバージョンアップを繰り返します。

（中略）

私はコンピュータの急成長も可能性も*脆弱（ぜいじゃく）性も知っている「生みの親」世代です。そしてコンピュータが「生みの親」より賢くなっていくのを体感しています。だからこそAIの危険性、つまりこのままいったら絶対にやばいと直感的にわかるのかもしれません。

そんな私でも自分の子供の世代には警鐘を鳴らせますが、孫の世代はどうでしょうか。孫たちにとってはヒト（親）の能力をはるかに*凌駕（りょうが）したコンピュータが生まれながらにして存在するのです。タブレッ

イ　寝坊した「雪乃」が取り乱しても、落ち着いて対応することができる冷静な人物。
ウ　自分の考えを曲げてでも、「雪乃」におにぎりを準備してあげる献身的な人物。
エ　慌てて出かけようとする「雪乃」に、畑までの詳細な道のりを伝える几帳面な人物。

問三　Aさんの班では、〈場面Y〉における「雪乃」と「茂三」の心情について意見を交わした。これを読んで、後の(1)～(3)に答えなさい。

Aさん―「雪乃」は、「茂三」を見つけた瞬間「張りあげかけた声を飲みこむ。」とあるように、声をかけるのをためらっています。このとき、「雪乃」はどんな気持ちだったのでしょうか。
Bさん―「雪乃」は、寝坊した自分のことを、「茂三」が怒っていたりあきれていたりするのではないかと不安になっています。だから「茂三」に対して、［Ⅰ］思いつかない状態だったと思います。
Aさん―せっかく「茂三」を見つけたのに、「雪乃」が声をかけられなかったのはそういうことなんですね。しかし、そのあと、「雪乃」は「茂三」に謝ることができていますね。
Bさん―それは、［Ⅱ］ことによって、「雪乃」の不安が解消されたからだと思います。
Cさん―私は、「茂三」の心情に着目して本文を読みました。「茂三」が家を出るときの「起きてこなけりゃ置いてくまでだ」という言葉が印象的だったので、「茂三」は、「雪乃」に対して厳しい言葉をかけるのではないかと思っていました。しかし、「雪乃」が畑に到着してからの「茂三」とのやりとりをよく読んでみると、「茂三」は「雪乃」の行動を認め、自信を持たせようとしているのだと思いました。
Bさん―そうですね。「茂三」の真意が伝わったから、「雪乃」も「茂三」を改めて大好きだと思ったんでしょうね。

(1)　［Ⅰ］に当てはまる言葉として最も適当なものを、〈場面Y〉中から**二十五字以上三十字以内**で抜き出し、**初めと終わりの五字**を書きなさい。初め［　　　　　］～終わり［　　　　　］

(2)　［Ⅱ］に当てはまる言葉を、〈場面Y〉中の言葉を使って、**二十五字以上三十字以内**で書きなさい。

(3)　会話中の～～～線について、Cさんは、「茂三」が「雪乃」のどのような行動を認めていると考えているか。次の［　］に当てはまる言葉を、〈場面Y〉中の言葉を使って、**十五字以上二十字以内**で書きなさい。

［　　　　　　　　　　］という「雪乃」の行動。

問四　本文の表現の効果を説明したものとして最も適当なものを、次のア～エのうちから一つ選び、その記号を書きなさい。（　　）
ア　「茂三」と「ヨシ江」に対する「雪乃」の言葉遣いから、「雪乃」が二人に心を許しており、気兼ねなく接していることを印象づけている。
イ　「茂三」に関する「ヨシ江」と「雪乃」の会話により、「茂三」が畑仕事に対して厳しい考え方をする人物であることを印象づけている。
ウ　朝焼けや納屋の明かりなどの町の情景を描くことで、畑へ向か布巾でくるまれたおにぎりをそっと抱え、立ち尽くしたままためらっていると、茂三が立ちあがり、痛む腰を伸ばした拍子にこちらに気づいた。

「おーう、雪乃。やーっと来ただかい、寝ぼすけめ。」

笑顔とともに掛けられた、からかうようなそのひと言で、胸のつかえがすうっと楽になってゆく。手招きされ、雪乃はそばへ行った。

「ごめんなさい、シゲ爺。」

「なんで謝るだ。」

ロゴの入った帽子のひさしの下で、皺(しわ)ばんだ目が面白そうに光る。

「だってあたし、あんなえらそうなこと言っといて……。」

「そんでも、こやって手伝いに来てくれただに。」

「それは、そうだけど……。」

「婆やんに起こされただか？」

「ううん。知らない間に目覚ましを止めちゃったみたいで寝坊したけど、なんとか自分で起きたよ。」

起きたとたんに〈げぇっ〉て叫んじゃった、と話すと、茂三はおかしそうに笑った。

「いやいや、それでもてぇした*もんだわい。いっつも、婆やんがぶつくさ言ってるだに。『雪ちゃんは、起こしても起こしても起きちゃこねえでおえねえ*わい。』つって。それが、いっぺん目覚まし時計止めて、そんでもなお自分で起きたっちゅうなら、そりゃあなおさらてぇしたことだでほー。」

「……シゲ爺、怒ってないの？」

「だれぇ、なーんで怒るぅ。起きようと自分で決めて、いつもよりかは早く起きただもの、堂々と胸張ってりゃいいだわい。」

雪乃は、頷(うなず)いた。目標を半分しか達成できなかったのに、半分は達成できた、と言ってくれる曾祖父のことを、改めて大好きだと思った。

（村山由佳(むらやまゆか)「雪のなまえ」より。一部表記を改めている。）

（注）＊地団駄を踏む――激しく地を踏んで悔やしがったり怒ったりすること。

＊畝――畑で作物をつくるために、間隔をおいて細長くいくつも土を盛り上げた所。

＊ヤッケ――雨風を防ぐための上着。

＊てぇした――「たいした」の方言。

＊おえねえ――「手に負えない」の方言。

問一　――線①について、このときの「雪乃」の心情を説明したものとして最も適当なものを、次のア～エのうちから一つ選び、その記号を書きなさい。（　　）

ア　曾祖父母から子ども扱いされていたことが恥ずかしくなり、二人に対する態度を改めようと決意している。

イ　曾祖父母を信じていたのに、畑に連れて行ってもらえなかったことが納得できず、怒りを感じている。

ウ　曾祖父母に起こしてもらえなかったことに不満を感じていた自分の考えの甘さに気づき、反省している。

エ　約束の時間に起こしてもらえなかったことを悲しんでいたが、「茂三」の厳しい言葉にあきらめがついている。

問二　〈場面X〉における「ヨシ江」と「雪乃」のやり取りから分かる「ヨシ江」の人物像を説明したものとして最も適当なものを、次のア～エのうちから一つ選び、その記号を書きなさい。（　　）

ア　「雪乃」から起こさなかったことを責められても、全く気にしないおおざっぱな人物。

たのに。」
するとヨシ江は、スポンジで茶碗をこすりながら雪乃をちらりと見た。
「起こそうとしただよぅ、私は。けどあのひとが、ほっとけって言うだから。」
「……え?」
「『雪乃が自分で、まっと早起きして手伝うから連れてけって言っただわ。こっちが起こしてやる必要はねえ、起きてこなけりゃ置いてくまでだ。』って。」
①<u>心臓が硬くなる思いがした</u>。茂三の言うとおりだ。
無言で洗面所へ走ると、超特急で顔を洗い、歯を磨き、部屋へ戻ってシャツとジーンズに着替えた。ぼさぼさの髪をとかしている暇はない。ゴムでひとつにくくる。
土間で長靴を履き、
「行ってきます!」
駆け出そうとする背中へ、ヨシ江の声がかかった。
「ちょっと待ちない、いってぇどこへ行くつもりだいや。」
雪乃は、あ、と立ち止まった。そうだ、今日はどの畑で作業しているかを聞いていない。
「そんなにまっくろけぇして行かんでも大丈夫、爺やんは怒っちゃいねえだから。」
ヨシ江は笑って言った。〈まっくろけぇして〉とは、慌てて、という意味だ。目の前に、白い布巾(ふきん)できゅっとくるまれた包みが差し出される。
「ほれ、タラコと梅干しのおにぎり。行ったらまず、座ってお食べ。朝ごはん抜きじゃあ一人前に働けねえだから。」
「……わかった。ありがと。」
「急いで走ったりしたら、てっくりけぇるだから、気をつけてゆっくり行くだよ。雪ちゃんが後からちゃーんと行くって、爺やんにはわかってただわい。いつもは出がけになーんも言わねえのに、今日はわざわざ『ブドウ園の隣の畑にいるだから』って言ってっただもの。」
再びヨシ江に礼を言って、雪乃は外へ出た。

〈場面Y〉
あたりはもう充分に明るい。朝焼けの薔薇(ばら)色もすでに薄れ、青みのほうが強くなっている。すっかり春とはいえ、この時間の気温は低くて、息を吸い込むとお腹の中までひんやり冷たくなる。
よその家の納屋(なや)に明かりが灯(とも)っている。どこかでトラクターのエンジン音が聞こえる。農家の朝はとっくに始まっているのだ。大きく深呼吸をしてから、雪乃は、やっぱり走りだした。
長靴がぽがぽと鳴る。まっくろけぇしててっくりけぇることのないように気をつけながら、舗装された坂道を駆け上がる。ふだん軽トラックですいすい登る坂が、思ったよりずっと急であることに驚く。
息を切らしながらブドウ園の手前を左へ曲がり、砂利道(じゃりみち)に入ってなおも走ると、畑が見えてきた。整然とのびる*畝(うね)の間に、紺色の*ヤッケを着て腰をかがめる茂三の姿がある。急に立ち止まったせいで足がもつれ、危うく本当にてっくりけぇりそうになった。
「シ……。」
張りあげかけた声を飲みこむ。
ヨシ江はあんなふうに言ってくれたけれど、ほんとうに茂三は怒っていないだろうか。少なくとも、すごくあきれているんじゃないだろうか。謝ろうにも、この距離ではどんなふうに切り出せばいいかわからない。

熟語の本来の意味とスローガンに込めた思いが合致していないものを、次のア～エのうちから一つ選び、その記号を書きなさい。（　　）

	スローガン	スローガンに込めた思い
ア	一致団結	委員会の仲間やそれ以外の生徒とも目標を達成するために全員が協力する。
イ	一挙両得	一つのことを成し遂げるため、お互いの得意分野を生かしながら物事に取り組む。
ウ	切磋琢磨	活動の成功に向け、他の委員会の生徒とも励まし合ったり競い合ったりしながら努力する。
エ	勇猛果敢	目標を達成するために、失敗を恐れずさまざまな活動に思い切って取り組む。

(3)　全校合唱を行うことが決まったため、大山さんはステージに掲示する曲名を次のように行書で書いた。曲名にある文字のうち、行書の特徴である筆順の変化が見られる漢字を、次のア～オのうちから一つ選び、その記号を書きなさい。（　　）

ア		イ		ウ	エ	オ
星	の	光	の	羅	針	盤

② 小学校五年生の「雪乃」は東京から曾祖父の「茂三」と曾祖母の「ヨシ江」の住んでいる長野に引っ越してきた。引っ越してからしばらくして、「雪乃」はこれまでより一時間早く起きて、朝から「茂三」と一緒に畑に行く約束をした。〈場面X〉は、「雪乃」が朝起きて家を出るまでの場面、〈場面Y〉は、「雪乃」が家を出てから畑にいる「茂三」とやりとりをする場面である。次の文章を読んで、後の問一～問四に答えなさい。なお、答えに字数制限がある場合は、句読点や「　」などの記号も一字と数えなさい。

〈場面X〉

ふっと目を開けた雪乃は、寝ぼけ眼で枕元の時計を見るなり飛び起きた。

「やばっ！」

目覚ましをセットした時刻を三十分も過ぎている。知らないうちに止めて、またうとうとしてしまったらしい。慌ててパジャマのまま台所へ飛んでいくと、ヨシ江が洗い物をしているところだった。

「シゲ爺は？」

「ああ、おはよう。」

「おはよ。ねえ、シゲ爺は？」

「さっき出かけてっただわ。」

「うそ、なんで？」

ほんのちょっと声をかけてくれたらすぐ起きたのに、どうして置いていくのか。部屋を覗いた曾祖父母が、〈よーく眠ってるだわい〉〈可哀想だからこのまま寝かせとくだ〉などと苦笑し合う様子が想像されて、*地団駄を踏みたくなる。

「どうして起こしてくんなかったの？　昨日あたし、一緒に行くって言っ

国語

時間　五〇分
満点　六〇点

1　次の問一、問二に答えなさい。

問一　次の(1)～(5)の――線について、カタカナの部分を漢字に書きなおし、漢字の部分の読みをひらがなで書きなさい。

(1)　その問題を解決するのはキワめて難しい。(　　めて)
(2)　集団生活ではキリツを守ることが求められる。(　　)
(3)　参考書のカンマツにある資料を確認した。(　　)
(4)　注意を怠ったことがケガをした原因だ。(　　った)
(5)　仲間の心を掌握できるリーダーになりたい。(　　)

問二　M中学校では、委員会活動を前期・後期の二期に分けて行っている。次は、後期文化委員会の第一回の様子である。これを読んで、後の(1)～(3)に答えなさい。

田川さん―第一回文化委員会を始めます。初めに、委員長の大山さんから後期委員会の活動について提案があります。みなさん、よく聞いてください。

大山さん―私からみなさんに提案したいことが二つあります。
　一つ目は、来月行われる文化祭についてです。毎年、M中学校の文化祭では、学年の予選を勝ち抜いたクラスによる合唱コンクールが行われています。しかし、予選で敗退したクラスは当日、歌うことができません。せっかくの文化祭で活躍の場がないのはさびしいと思いませんか。そこで、今年は全校合唱を行い、全員が主役になる場を作りたいと考えています。全校モザイク画の準備と両方を行うのは大変だと感じる人がいるかもしれませんので、モザイク画は、一人分の用紙の大きさを見直し、作業する量を減らしたいと思います。これについて、みなさんの意見を聞かせてください。
　二つ目は、後期文化委員会のスローガンについてです。前期に実施したアンケートを見ると、前期のスローガンは、文化委員以外の生徒にはあまり意識されていなかったことが分かりました。これは、英語で長いスローガンを設定したためと考えます。そこで、後期は、四字熟語のような短くて覚えやすいものにしたいと思います。次回の委員会までに、後期のスローガンとそれに込める思いを各自で考えてきてください。よろしくお願いします。

(1)　大山さんは、どのようなことを意識して提案を行っているか。最も適当なものを、次のア～エのうちから一つ選び、その記号を書きなさい。(　　)

ア　難しい言葉に説明を加えることで、全員が内容を理解できるようにしている。
イ　前期の活動を各自で振り返ってもらうことで、後期の活動を具体化している。
ウ　反対意見に対する疑問を投げかけることで、自分の意見を印象づけている。
エ　自分の考えの根拠を示したうえで提案を行うことで、説得力をもたせている。

(2)　次は、第二回の委員会で出されたスローガンの案である。四字

2022年度／解答

数　学

1 【解き方】(1) ① 与式＝$-(8+5)=-13$　② 与式＝$7+3\times(-4)=7-12=-5$

③ 与式＝$\dfrac{3(x-y)+4(x+2y)}{12}=\dfrac{3x-3y+4x+8y}{12}=\dfrac{7x+5y}{12}$　④ 与式＝$-\dfrac{4x^2\times 9y}{6xy}=-6x$

⑤ 与式＝$2\sqrt{6}-\dfrac{2\sqrt{6}}{2}=2\sqrt{6}-\sqrt{6}=\sqrt{6}$

(2) 解の公式より，$x=\dfrac{-3\pm\sqrt{3^2-4\times1\times(-5)}}{2\times1}=\dfrac{-3\pm\sqrt{29}}{2}$

(3) 与式＝$(x-2)(x-6)=\{(\sqrt{7}+4)-2\}\{(\sqrt{7}+4)-6\}=(\sqrt{7}+2)(\sqrt{7}-2)=7-4=3$

(4) $x=0$ のとき $y=0$ で最小値となり，$x=3$ のとき，$y=3^2=9$ で最大値となる。よって，y の変域は，$0\leqq y\leqq 9$

(5) △ACD は AC＝AD の二等辺三角形だから，∠CAD＝180°－68°×2＝44°　AD∥BC より，∠ECB＝∠CAD＝44°　△EBC は EB＝EC の二等辺三角形だから，∠EBC＝∠ECB＝44°　平行四辺形の対角だから，∠ABC＝∠ADC＝68° より，∠ABE＝68°－44°＝24°

(6) 辺 AC の垂直二等分線と辺 AC との交点を F とし，線分 BF の垂直二等分線と辺 AB，BC との交点をそれぞれ D，E とすればよい。

(例)

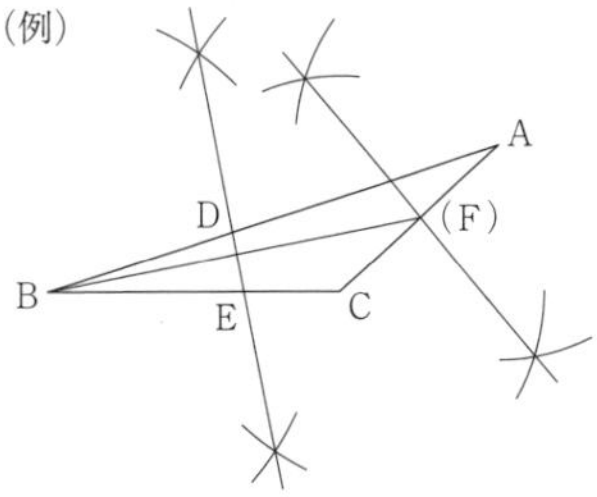

【答】(1) ① -13　② -5　③ $\dfrac{7x+5y}{12}$　④ $-6x$　⑤ $\sqrt{6}$

(2) $x=\dfrac{-3\pm\sqrt{29}}{2}$　(3) 3　(4) $0\leqq y\leqq 9$　(5) 24°　(6) (右図)

2 【解き方】(1) $y=x+5$ に $x=1$ を代入して，$y=1+5=6$ より，A (1, 6)　$y=\dfrac{a}{x}$ に点 A の座標を代入して，$6=\dfrac{a}{1}$ より，$a=6$

(2) $y=x+5$ に $y=0$ を代入して，$0=x+5$ より，$x=-5$ だから，C $(-5,\ 0)$　$y=-\dfrac{1}{3}x+b$ に点 C の座標を代入して，$0=-\dfrac{1}{3}\times(-5)+b$ より，$b=-\dfrac{5}{3}$

(3) $y=\dfrac{6}{x}$ に $x=-5$ を代入して，$y=\dfrac{6}{-5}=-\dfrac{6}{5}$ だから，D$\left(-5,\ -\dfrac{6}{5}\right)$　CO＝$0-(-5)=5$ だから，(四角形 ACDO)＝△ACO＋△DCO＝$\dfrac{1}{2}\times5\times6+\dfrac{1}{2}\times5\times\dfrac{6}{5}=18$　右図のように，x 軸の正の部分に△ACP＝18 となるような点 P をとる。P $(p,\ 0)$ とすると，△ACP＝$\dfrac{1}{2}\times\{p-(-5)\}\times6=3(p+5)$ だから，$3(p+5)=18$ より，$p=1$

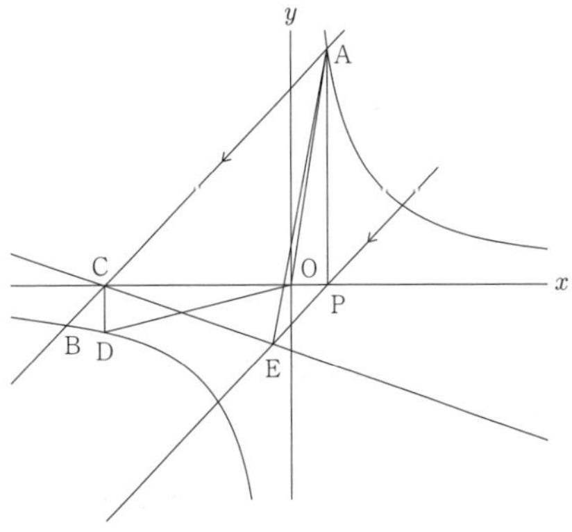

したがって，P (1, 0)　AB∥PE のとき，△ACE＝△ACP＝18 となる。直線 PE の式を $y=x+c$ とおき，点 P の座標を代入すると，$0=1+c$ より，$c=-1$　直線 PE の式 $y=x-1$ に $y=-\dfrac{1}{3}x-\dfrac{5}{3}$

を代入して，$-\frac{1}{3}x-\frac{5}{3}=x-1$ だから，これを解くと，$x=-\frac{1}{2}$

【答】(1) 6　(2) $-\frac{5}{3}$　(3) $-\frac{1}{2}$

3 【解き方】(1) ① 花子さんは6つのいすのどれに座るかで6通り。そのそれぞれについて太郎さんは残った5つのいすのうちどれにすわるかで5通り。よって，全部で，$6\times5=30$ (通り)　② (花子さんが座るいすの番号，太郎さんが座るいすの番号)＝(1，4)，(1，5)，(1，6)，(2，5)，(2，6)，(3，6)，(4，1)，(5，1)，(5，2)，(6，1)，(6，2)，(6，3)の12通り。よって，求める確率は，$\frac{12}{30}=\frac{2}{5}$

(2) ① 点Pが点Cに着くのは，$(4+5)\div1=9$ (分後)，点Qが点Bに着くのは，$8\div2=4$ (分後)だから，点Pが辺DC上にある ($4\leqq x\leqq9$) とき，点Qは点Bにあり，△AQPの底辺をAQとすると高さは4mで変わらない。このとき，$\triangle AQP=\frac{1}{2}\times8\times4=16$ (m^2)だから，$y=16$　点Pが点Bに着くのは，出発してから，$(4+5+5)\div1=14$ (分後)で，このとき△AQP $=0\,m^2$ となる。したがって，グラフは，(4，16)，(9，16)，(14，0)を順に線分で結んだものになる。② $0\leqq x\leqq4$ のとき，グラフは，$y=\frac{1}{2}\times x\times2x=x^2$ となるから，$y=4$ を代入して，$4=x^2$　$x>0$ より，$x=2$　また，$9\leqq x\leqq14$ のグラフの傾きは，$\frac{0-16}{14-9}=-\frac{16}{5}$ だから，式を $y=-\frac{16}{5}x+b$ とおいて，$x=14$，$y=0$ を代入すると，$0=-\frac{16}{5}\times14+b$ より，$b=\frac{224}{5}$　よって，$y=-\frac{16}{5}x+\frac{224}{5}$ に $y=4$ を代入して，$4=-\frac{16}{5}x+\frac{224}{5}$　これを解くと，$x=\frac{51}{4}$　$\frac{51}{4}$ 分＝$12\frac{3}{4}$ 分＝12分45秒だから，求める時間は，12分45秒－2分＝10分45秒

(例)

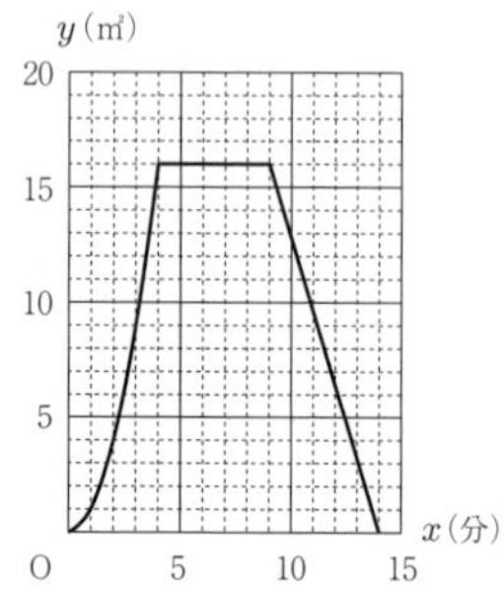

【答】(1) ① 30 (通り)　② $\frac{2}{5}$　(2) ① (前図)　② 10 (分) 45 (秒)

4 【解き方】(1) 20人の片道の通勤距離の合計は，$3.4\times1+3.6\times1+3.9\times5+4.0\times6+4.1\times5+4.5\times2=80$ (km)だから，平均値は，$\frac{80}{20}=4.0$ (km)

(2) ① 20人全員が4.0kmの道のりを自家用車で通勤するときの CO_2 の排出量は，$130\times20\times4=10400$ (g)だから，削減できた量は，$10400\times\frac{36.5}{100}=3796$ (g)　② x 人が4.0kmの道のりを路線バスで通勤するときの CO_2 の排出量は，$57\times x\times4=228x$ (g)　y 人が4.0kmの道のりを自家用車で通勤するときの CO_2 の排出量は，$130\times y\times4=520y$ (g)　これらの CO_2 の排出量を合わせると，$10400-3796=6604$ (g)になるので，$228x+520y=6604$ が成り立つ。$\begin{cases}x+y=20\cdots\cdots①\\228x+520y=6604\cdots\cdots②\end{cases}$ を解くと，②÷4より，$57x+130y=1651\cdots\cdots③$　③－①×57より，$73y=511$ だから，$y=7$　これを①に代入して，$x+7=20$ より，$x=13$

【答】(1) 4.0 (km)　(2) ① 3796 (g)　② ア．$228x+520y=6604$　イ．13　ウ．7

5 【解き方】(1) △ABCで三平方の定理より，$AC=\sqrt{6^2-4^2}=\sqrt{20}=2\sqrt{5}$ (cm)

(2) 面ABEDと面BCFEを展開すると，右図アのようになる。線分AFと辺BEとの交点をPとするとき，AP + PF = AFとなりもっとも短くなる。AC = 4 + 6 = 10 (cm)だから，△ACFで，AF = $\sqrt{10^2+5^2}=\sqrt{125}$ = $5\sqrt{5}$ (cm)　BP∥CFより，AP：AF = AB：ACだから，AP：$5\sqrt{5}$ = 4：10　よって，10AP = $20\sqrt{5}$ より，AP = $2\sqrt{5}$ (cm)

図ア

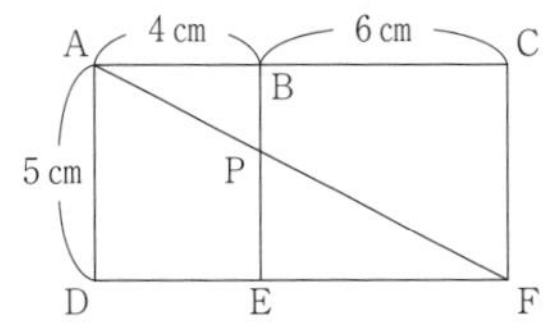

(3) ① 図アの△AFCで，BP∥CFより，BP：CF = AB：ACだから，BP：5 = 4：10　10BP = 20より，BP = 2 (cm)　したがって，PE = 5 − 2 = 3 (cm)　図2の△ACFで，AF = $\sqrt{(2\sqrt{5})^2+5^2}=\sqrt{45}=3\sqrt{5}$ (cm)　また，△PEFで，PF = $\sqrt{3^2+6^2}=\sqrt{45}=3\sqrt{5}$ (cm)　よって，△AFPはAF = PFの二等辺三角形になる。右図イのように，点Fから辺APに垂線FHをひくと，AH = PH = $\frac{1}{2}$AP = $\sqrt{5}$ (cm)　△AFHで，FH = $\sqrt{(3\sqrt{5})^2-(\sqrt{5})^2}=\sqrt{40}$ = $2\sqrt{10}$ (cm)　したがって，△AFP = $\frac{1}{2}\times 2\sqrt{5}\times 2\sqrt{10}=10\sqrt{2}$ (cm^2)　② 三角錐ADPCと三角錐ADPFは，底面を△ADPとしたとき，高さがそれぞれAC，DFで等しいので体積は等しい。したがって，△APC = $\frac{1}{2}$ × AP × AC = $\frac{1}{2}\times 2\sqrt{5}\times 2\sqrt{5}$ = 10 (cm^2)より，$\frac{1}{3}\times 10\times a=\frac{1}{3}\times 10\sqrt{2}\times b$ だから，$\frac{a}{b}=\frac{10\sqrt{2}}{10}=\sqrt{2}$

図イ

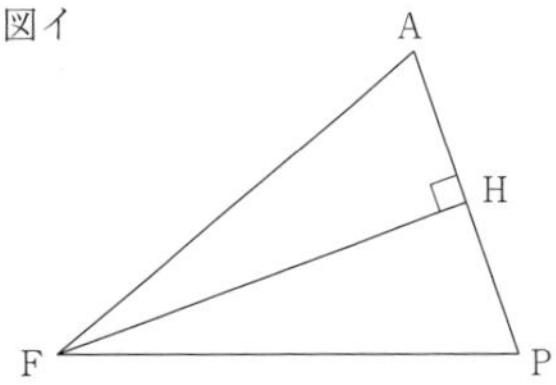

【答】 (1) $2\sqrt{5}$ (cm)　(2) $2\sqrt{5}$ (cm)　(3) ① $10\sqrt{2}$ (cm^2)　② $\sqrt{2}$

6 **【解き方】** (2) ① 右図のように，点OとBを結ぶと，直線BFは円Oの接線だから，∠OBF = 90°　∠BOF = 180° − 90° − 30° = 60°だから，OB = OCより，△OBCは正三角形となる。よって，OC = BC = 2 cm　② 図で，ACは直径だから，∠ADC = 90°となり，△ACDは直角二等辺三角形で，AC = 2OC = 4 (cm)だから，AD = $\frac{1}{\sqrt{2}}$AC = $\frac{4}{\sqrt{2}}=2\sqrt{2}$ (cm)　ここで，∠OBC = 60°より，∠CBF = 90° − 60° = 30°　よって，△CBFはCB = CF = 2 cmの二等辺三角形だから，点Cから辺BFに垂線CHをひくと，△BCHは30°，60°の直角三角形となるから，BH = $\frac{\sqrt{3}}{2}$BC = $\sqrt{3}$ (cm)，BF = 2BH = $2\sqrt{3}$ (cm)　さらに，円周角の定理より，∠BDC = $\frac{1}{2}$∠BOC = 30°　△CDEで，∠BEC = ∠EDC + ∠ECD = 30° + 45° = 75°　△FBEで，∠FBE = 180° − (30° + 75°) − 75°だから，△FBEはEF = BF = $2\sqrt{3}$ cmの二等辺三角形となる。したがって，EC = EF − CF = $2\sqrt{3}$ − 2 (cm)　△EAD∽△EBCより，ED：EC = AD：BCだから，ED：($2\sqrt{3}$ − 2) = $2\sqrt{2}$：2　よって，2ED = $2\sqrt{2}$ ($2\sqrt{3}$ − 2)より，ED = $\sqrt{2}$ ($2\sqrt{3}$ − 2) = $2\sqrt{6}-2\sqrt{2}$ (cm)

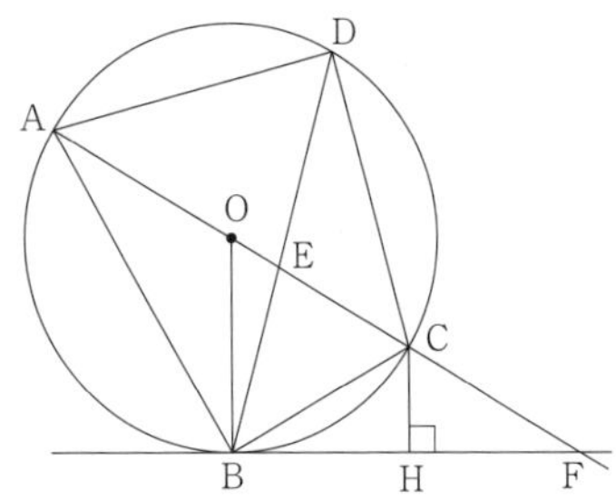

【答】 (1) △EADと△EBCにおいて，対頂角は等しいので，∠AED = ∠BEC……①　$\overset{\frown}{AB}$に対する円周角は等しいので，∠ADE = ∠BCE……②　①，②より，2組の角がそれぞれ等しいので，△EAD∽△EBC
(2) ① 2 (cm)　② $2\sqrt{6}-2\sqrt{2}$ (cm)

英　語

1 【解き方】A.（1番）母親の「昼食後に宿題をしないといけない」という言葉に対して，トムが「もちろん，するよ」と答えている。(2番) ジョンは最初に「誕生日パーティーにギターを持っていく」と言っている。また，ミカの「何か飲み物を持ってきてくれる？」という依頼に対し，「うん，そうするよ」と応じている。

B.（1番）豊後駅には5分間停車すると言っている。(2番)「豊後駅を出ると，めじろん駅に到着するまで，次の3駅には停車しません」と言っている。(3番)「2時55分に豊後駅を出発し，3時10分にめじろん駅に到着する」と言っているので，15分かかることになる。

C.（1番）太郎は「学園祭を見せる動画を作ってはどう？」と提案している。(2番) 花子は「私たちが毎日学校でどのように過ごしているのかを見せたい」と言っている。(3番) 太郎の「先生に僕たちのアイデアを話しにいこうか？」という提案に対して，花子が「そうね。今からそうしましょう」と答えている。

【答】A.（1番）イ　(2番) ア　B.（1番）エ　(2番) ウ　(3番) ア　C.（1番）イ　(2番) ウ　(3番) エ

◀全訳▶　A.

(1番)

母親：昼食の準備ができたわよ，トム。

トム：わかった。今行くよ。ちょうど部屋の掃除をしたところなんだ，お母さん。

母親：昼食後には，宿題をしないといけないわ。

トム：もちろん，するよ。

質問：昼食後にトムは何をするでしょうか？

(2番)

ジョン：君の誕生日パーティーにギターを持っていくつもりだよ，ミカ。

ミカ　：楽しそう！　一緒に楽しく歌いましょう，ジョン。

ジョン：何か食べるものを持っていこうか？

ミカ　：いいえ，大丈夫よ。母が私たちのためにケーキとサンドイッチを作ってくれるの。何か飲み物を持ってきてくれる？

ジョン：うん，そうするよ。

質問：ジョンはミカの誕生日パーティーに何を持っていきますか？

B. この電車はまもなく豊後駅に到着します。そこでは5分間停車します。豊後駅を出ると，めじろん駅に到着するまで，次の3駅には停車しません。それらの駅に行きたい場合は，豊後駅で乗り換えてください。2時55分に豊後駅を出発し，3時10分にめじろん駅に到着します。この電車を降りる際は，荷物を全てお持ちください。ありがとうございました。

(1番) この電車は豊後駅にどれくらい停車しますか？

(2番) 豊後駅とめじろん駅の間にはいくつの駅がありますか？

(3番) 豊後駅からめじろん駅までどれくらい時間がかかりますか？

C.

花子：さあ私たちの学校の新しいウェブサイトができたわ。それは生徒と親しか見ることができないのよ。何か私たちのウェブサイトに載せるものはあるかしら？　太郎，あなたのアイデアは？

太郎：そうだね，学園祭を見せる動画を作ってはどうだろう，花子？　学園祭のために僕たちがどのようにダンスを練習しているか見せることもできるよ。多くの人に僕たちの学校のウェブサイトを見て楽しんでもらいたいね。

花子：それはいいアイデアね。私たちが毎日学校でどのように過ごしているのかを見せたいわ。私たちの授業やクラブ活動を記録するのがいいと思う。多くの人が私たちの動画を楽しんでくれたらいいな。

太郎：君に賛成だよ。先生に僕たちのアイデアを話しにいこうか？
花子：そうね。今からそうしましょう。
(1番) 太郎は何をしたがっていますか？
(2番) 花子は何をしたがっていますか？
(3番) 今から太郎と花子は何をするつもりですか？

2 **【解き方】** A. (1)「僕たちは災害が起きたときに『どこへ』行くべきか知っておかなければならない」とする。「どこへ～するべきか」= where to ～。
(2) 文後半の「災害に関する情報を得ることができる」という表現から，「ラジオ」が入る。
(3) ジョンのせりふに同意したタクヤが「何度も練習すれば…」と言っていることから考える。タクヤの最初のせりふにある「訓練をする」という表現が入る。
(4) 直前のジョンのせりふより，下線部の them は「表示」を指している。
B. ① 直前の「タブレット端末は何かを知りたいと思ったときに便利だ」という内容から考える。
② 直後の「他の生徒の考えを知ることは大切だ」というせりふに着目する。
③ ハナは何時間もタブレット端末を使った結果，疲れてよく眠ることができなかったと言っている。
④ 直前で，インターネット上には真実ではない情報もあると言っている。

【答】 A. (1) ウ (2) エ (3) have the drills (4) イ B. ① オ ② ア ③ エ ④ ウ

◀全訳▶ A.
ジョン：なぜこの避難訓練は今日行われたの？
タクヤ：過去に，関東地方に大地震が起きたんだ。この季節にはたくさん台風も来る。だから僕たちは訓練を行って，災害が起きたらどうするべきか考えなければならないんだ。
ジョン：僕もそう思う。僕たちは災害が起きたときにどこへ行くべきか知っておかなければならないね。あの表示を見て。あの表示は，僕たちがここに来るべきだということを意味しているよ。
タクヤ：うん。災害後，自分の家に住むことができなかったら，多くの人々が僕たちの学校に滞在しに来るだろう。
ジョン：タクヤ，君は災害に備えて家のバッグの中に何かを入れてある？
タクヤ：うん。食料と水が必要だからね。災害に関する情報を得ることができるから，ラジオも大切だ。
ジョン：僕も家のバッグの中にそれらをすぐに入れておこう。今日，僕は災害に備えてするべき大切なことを学んだよ。僕は日本で初めて避難訓練に参加した。僕たちは何度も訓練をするべきだね。
タクヤ：君に賛成だよ。何度も練習すれば，僕たちは何をするべきか理解することができる。他に何かするべきことはあるかな？ 君の考えは？
ジョン：表示は僕たちが何をするべきか理解するのを手助けしてくれる。僕たちの周りにたくさんの表示があればいいね。
タクヤ：それは興味深い点だね。放課後，一緒にそれらを探してみよう。

B.
スミス先生：今，みなさんは学校で自分自身のタブレット端末を持っています。勉強するとき，みなさんはそれをさまざまな用途に使うことができます。みなさんはそれが便利だと思いますか？
ハナ：はい。私たちのクラスにはタブレット端末が4つか5つしかありませんでした。私たちは他の生徒と一緒にそれらを使わなければなりませんでした。でも今は，自分自身のタブレット端末が使えます。タブレット端末は何かを知りたいと思ったときに便利です。私たちはインターネットで簡単に情報を得ることができると思います。私は勉強するときにたいていタブレット端末を利用しています。
デイビッド：僕たちはタブレット端末で自分たちの考えを示し，共有することができると思います。他の生徒の考えを知ることは大切です。

スミス先生：ありがとう，ハナとデイビッド。みなさんは英語を勉強したいときにもタブレット端末を使うことができます。例えば，家で自分の声を録音して，それをチェックするのです。ところで，何か問題点はありますか？

ハナ　　　：この前の日曜日，私は何時間もタブレット端末を使いました。私は疲れました。私はよく眠ることができませんでした。私たちがタブレット端末を利用するとき，何分使うのか決めておくべきだと思います。

デイビッド：インターネット上にはたくさんの情報があります。真実ではない情報もあります。だから僕たちは間違った情報を信じてはいけないと思います。

スミス先生：ありがとう。タブレット端末は便利です。しかし，私たちはルールを理解して，タブレット端末のよりよい使い方を見つけなければなりません。

3 **【解き方】** A. それぞれの便利な点を端的に英語で説明する。自動ドアの解答例は「それを開けるのに手を使う必要がない」，エレベーターの解答例は「多くの人と一緒に別の階まで速く行くことができる」，ショッピングカートの解答例は「重くても簡単に多くのものを運ぶことができる」。

B.「学校での日々をよりよく過ごすために，私は何をするべきですか？」という質問に対して返答する。解答例は「もしいくつかの教科が理解できなければ，あなたはそれらの勉強方法を先生に尋ねるべきです」。

【答】 A.（例1）the automatic door ／ We don't have to use our hands to open it.（10語）（例2）the elevator ／ We can go to other floors fast with many people.（10語）（例3）the shopping cart ／ We can carry many things easily even though they're heavy.（10語）

B.（例）If you don't understand some subjects, you should ask your teachers how to study them.（15語）

4 **【解き方】** (1) ユウタが自転車の利用による環境や健康への利点を説明していることから考える。「自転車を使ったよりよい生活」が適当。

(2) アヤのせりふの5文目以降に「約半数の人が自転車を利用している」，「自動車の利用がそれに続き，18パーセントの人がバスか電車を利用している」，「その他の人は歩いて学校や仕事に行っている」とある。

(3) エミは直後の2文で，コペンハーゲンという都市が自転車利用者にとって便利である点をあげている。

(4) ユウタのせりふの3～5文目で「自転車が環境によいこと」，6～8文目で「自転車が健康によいこと」が述べられ，9文目以降では「自転車を用いた新しい観光のスタイル」が紹介されている。

(5)「～すべき」= should ～。解答例は「あまりスピードを出して乗るべきではない」。

【答】 (1) ウ　(2) イ　(3) エ　(4) ウ→ア→エ　(5)（例）We shouldn't ride too fast.

◀全訳▶

タカシ：将来私たちの市はどのようになるのでしょう？　私たちの市がみんなにとってよりよい場所になればいいと思います。今日，私たちのグループは「自転車を使ったよりよい生活」についてお話しします。

アヤ　：みなさんはコペンハーゲンという都市を知っていますか？　それはデンマークの首都です。このグラフを見てください。それはこの都市の人々がどのように仕事や学校に行っているのかを表しています。市の約半数の人が自転車を利用しています。自動車の利用がそれに続き，18パーセントの人がバスか電車を利用しています。その他の人は歩いて学校や仕事に行っています。

エミ　：なぜこの都市では自転車が人気なのでしょうか？　このスライドを見てください。私はこれらのものを見つけて驚いています。例えば，自転車専用の道路や信号があります。また，人々は電車に自転車を持ち込むことができます。この都市は自転車を利用する人にとって便利です。だから多くの人が自転車に乗ることを楽しめるのです。

ユウタ：自転車の利用には，私たちの生活にとっていくつかの利点があります。3枚のスライドをお見せしましょう。最初のスライドは，自転車に乗ることが環境によいということを表しています。私たちが自転車を利用すると二酸化炭素の量は少なくなります。だから私たちが自転車で学校や仕事に通えば，環境をきれいに保つことになるでしょう。2枚目のスライドは，自転車に乗ることが私たちに運動する機会を与えてくれることを表しています。残念ながら，人々には運動する十分な時間がありません。しかし，しばしば自転車に乗れば，私たちは健康状態をよりよくすることができるでしょう。最後のスライドは，私たちの市が新しい観光のスタイルを作ろうとしていることを表しています。私たちの市には美しい自然やいくつかの有名な場所があります。より多くの人が私たちの市に来て，それらの有名な場所を自転車で訪れることができます。彼らはそれらの場所を楽しく訪れることでしょう。

タカシ：自転車を利用することは，私たちの市を環境と人のためによりよくするよい機会を与えてくれるのです。自転車のある生活を楽しむために，自転車を利用するときには事故に注意するべきです。ヘルメットの着用はその方法の1つです。自転車に乗るときに安全でいるための方法は他にもあります。みなさんは何をするべきでしょうか？　そのことについて考えましょう。ご清聴ありがとうございました！

5 **【解き方】** (1) I wish I could ～＝「私が～できたらなあ」。願望を表す仮定法の文。would like to ～＝「～したい」。

(2)「このことが状況を改善する」という意味の文。This は直前の文の「違う考えを聞くこと」を指している。

(3) 第5段落の前半を見る。タロウたちは何度も話し合い，みんなが「コンテストに勝ちたい」と思っていることがわかった。

(4) ① 第2段落の最終文を見る。タロウはクラスメートたちと多くの「経験」をすることによって，彼らがどう感じているのか理解した。② 第4段落の前半を見る。タロウは「言葉」を使うことが気持ちや考えを表すのに重要だと考えている。③ 第4段落の5文目を見る。タロウは違う考えを「聞く」ことも重要だと述べている。④ 最終段落の1文目を見る。新しい学校生活が再びタロウを「不安」にさせている。

【答】 (1) エ　(2) ア　(3) イ　(4) ① experiences　② words　③ listen　④ nervous

◀全訳▶ 1 来月，私たちはこの学校を卒業します。私はみなさんと素晴らしい一年を過ごしてきました。みなさんと一緒に，もっと長くこのクラスにいられたらいいのにと思います。

2 初めてみなさんと会ったとき，私はとても不安でみなさんと話すことができませんでした。そのとき，他の生徒と友達になることは私にとって難しかったのです。しかし，みなさんの何人かが同じ趣味を持っていました。私は本について楽しく話しました。時々，私はみなさんが何を言っているのか，あるいはどのように感じているのか理解できないこともありましたが，今ではみなさんをよく知ることができてうれしく感じています。多くの経験を通して，私は次第にみなさんを理解するようになりました。

3 みなさんは11月の合唱コンテストを覚えていますか？　私は本当にそのコンテストで優勝したいと思っていました。しかし，歌を上手に歌うのは私たちのグループにとってとても難しいことでした。私のグループのメンバーの1人は「他のグループはうまくやっている。私たちはどうするべきだろう？」と言いました。別のメンバーは「私たちにはもっと時間が必要だ。朝早く歌を練習するのはどうだろう？」と言いました。「私たちはすでに十分に歌の練習をしてきた。上手に歌を歌うための新しい方法を見つけなければならない」と言うメンバーもいました。それぞれのメンバーが違う考えを持っていました。違う考えを全員が理解するのは困難だと私は感じました。

4 その状況を改善するために私たちは何をするべきでしょうか？　私たち自身の感情を表してくれるので，言葉が重要だと私は思います。私たちが実際に何を考えているのか，あるいはどう感じているのかを表すために，私たちは言葉を使います。ですから私たちは，自分自身の言葉で自分の考えを伝えるべきです。そしてまた，私たちは他の人たちの考えを聞こうと努めるべきです。そうすることで，私たちは他の人たちが何を本当に言いたいのか理解することができます。違う考えを聞くことが，他の人たちをよりよく理解するための最初の一歩だと思います。このことが状況を改善するでしょう。

5 私たちはコンテストのために何度もお互いに話し合い，気持ちを共有しました。すると，私たち全員が本当にコンテストで優勝したいと思っていました。私たちは再び熱心に練習し始めました。とうとう，私たちはより上手に歌を歌えるようになり，合唱コンテストで１位を勝ち取ることができました。私は決してこの経験を忘れないでしょう。

6 実は，もうすぐ新しい学校生活が始まるので，私は再びとても緊張しています。しかし，今は新しい状況で他の人たちと友達になりたいと思っています。クラスメートたちとの経験が私を支えてくれると私は信じているのです。ありがとう，みなさん。私は決してみなさんのことを忘れません。

社 会

1 【解き方】(1) ア．南半球にあるのはオーストラリア，ニュージーランド，パラグアイの3か国。ウ．オーストラリアとニュージーランドは日本の標準時よりも進んでいる。エ．カメルーンは熱帯に属する。

(2) ロンドンは高緯度のわりに冬でも温暖で，一年を通して平均的に雨が降る西岸海洋性気候に属する。アは地中海性気候のリスボン。イは温暖湿潤気候の大分。エはオークランドで，南半球の西岸海洋性気候に属する。

(3) 製鉄業の原料である鉄鉱石・石炭について，日本はほとんどを輸入に頼っている。

(4) ② 例えば，鹿児島県の「シラス」台地は，水はけのよい火山灰台地となっている。

(5) 特定の農産物や鉱産資源の生産に依存する経済構造のこと。価格変動の影響を直接的に受けるので，国の経済が不安定になりやすい。

(6) B．ドイツはユーロの導入国。C．フランスの説明。

(7) 南米では，ポルトガルが支配したブラジル以外のほとんどの地域をスペインが支配していた。

(8) アとエはアメリカ，イはオーストラリアの特色。

【答】(1) イ　(2) ウ

(3) 中国の製鉄所は内陸部に分布しているが，日本の製鉄所は原料の輸入の利便性を高めるため臨海部に分布している。(同意可)

(4) ① 静岡　② ア　(5) モノカルチャー経済　(6) エ　(7) スペイン(または，ポルトガル)の植民地　(8) ウ

2 【解き方】(1) ギリシャではポリスでの民主政が行われていた。

(2) 大海人皇子のこと。672年の「壬申の乱」で，天智天皇の息子である大友皇子と戦い，勝利した。

(3)「A～Cの人物が行った政治」とは院政のこと。

(4) 運慶，快慶らによってつくられた金剛力士像が安置されている。

(6) アは長崎，イは石見銀山。

(7) ① F．裁判基準の見直しが図られた。G．株仲間とは，同業者の組合団体のこと。H．朱子学が身分の上下関係を重視した点が，江戸幕府の身分政策に一致した。② 徳川吉宗は享保の改革を，松平定信は寛政の改革を行った。また，田沼意次は商業重視の政策を展開した。

(8) エのロシア革命は20世紀（1917年）のできごと。

(9) アは1890年以降，イの自由民権運動は1874年に民撰議院設立の建白書が政府に提出された後に活発化した。ウは1889年。

(10) J．犬養毅は五・一五事件で，海軍の青年将校に暗殺された。

【答】(1) イ　(2) 天武天皇

(3) 天皇の位を譲った後も上皇となって政治を行い，摂政や関白の力を抑えた。(同意可)　(4) 東大寺南大門

(5) ウ　(6) ア・イ　(7) ① ア　② 幕府の財政を立て直すこと。(同意可)　(8) エ　(9) イ→ウ→ア　(10) イ

3 【解き方】(1) B党とC党はともに1議席ずつ配分される。なお「ドント式」とは，各党の得票数を1，2，3…と自然数で割っていき，得られた商の値の大きい順に議席を割り当てていく方法。

(2) ① 法テラスは，全国のどこであってもトラブルの解決に必要な情報やサービスの提供が受けられるようにしようという考えから生まれた。② ア．「平均実審理日数」は増加傾向にあるが，「選ばれた裁判員の出席率」は低下傾向にある。ウ．裁判員裁判は，重大な犯罪を裁く刑事裁判の第一審においてのみ実施される。

(3) ① イは自由権のひとつ。② アイヌ民族支援法で，日本の先住民であることが初めて認められた。

(4) ① スマートフォンの普及などから「交通・通信」に関する支出の割合は高くなってきている。

(5) Iは政府が行う財政政策ではなく，日本銀行が行う金融政策。なお，市中銀行との間で国債等を売買することで，市場に出回るお金の量を調整することを公開市場操作という。

【答】(1) 3(議席)

(2) ① 弁護士の数が少ない地域でも，法律に関する相談が行いやすくなること。(同意可) ② イ・エ
(3) ① イ ② アイヌ (4) ① オ ② 独占禁止法 (5) ウ

4 【解き方】(1) ① 太平洋戦争後，GHQによる民主化政策の一環として解体の指示を受けた。②「世界恐慌」は1929年に起きた。その後の3年間の輸入額は減少している。
(2) 日本の石油自給率が低いことがヒント。また，繊維工業は衰え，現在は機械類の輸入が多くなった。
(3) 日本の「1人当たり国内総生産」は6か国のうちでも高い方だが，「1人当たり輸出額」は6か国のうちでも低い方であることを反論に用いたと考えられる。
(5) 2か国が生産を分業化することで，互いの国々の発展と成長を図っていこうとしている。

【答】(1) ① 財閥 ② ウ (2) イ (3) ウ・エ (4) フェアトレード
(5) それぞれの国が得意なものを生産できるので，全体の生産量が増えること。(同意可)

5 【解き方】(1) ア.「山間部での植林」は，都市部で見られる「ヒートアイランド現象」の解消には直接的には役立たない。イ.「西陣織」は京都（近畿地方）の伝統的工芸品のひとつ。ウ.「北九州市」では，エコタウン事業が推進されている。
(2) 1872年の学制発布からしばらくは女子の就学率が低かった。
(3) Aはイ，Dはウが当てはまる。
(4) アは1905年のポーツマス条約，イは1951年のサンフランシスコ平和条約，ウは1875年の樺太・千島交換条約での合意。
(5) 学級にいる35名のうち，「サッカー」を選んだ人が15名，「バスケットボール」または「バレーボール」を選んだ人の数が20名いることに注目。

【答】(1) エ (2) ア (3) B. エ C. ア (4) ウ→ア→イ
(5) サッカー以外に投票した人の方が多いこと。(20字) (同意可)

理 科

1 【解き方】(3) イ．表1より，カタバミは日あたりのわるいAの場所にも生えている。エ．セイヨウタンポポは土のしめりけの多い場所には生えていない。

(4) コケ植物は根・茎・葉の区別がなく，からだの表面全体から水を吸収する。

(5) 道管や師管などが束のようになって集まっているのが維管束。水や水に溶けた無機養分が通る道管は茎の中心側にある。

(6) 双子葉類の特徴は，葉脈は網状脈，茎の維管束は輪状に並ぶ，根は主根と側根。

(7) サクラとツツジは被子植物。

【答】(1) 胞子 (2) 合弁花 (3) ア・ウ (4) エ (5)（記号）イ （名称）道管 (6) ア・イ

(7) Y．風媒花 （記号）オ

2 【解き方】(1) 硫酸銅水溶液 200g 中の硫酸銅の質量は，$200\,(\mathrm{g}) \times \dfrac{15}{100} = 30\,(\mathrm{g})$ よって，$200\,(\mathrm{g}) - 30\,(\mathrm{g}) = 170\,(\mathrm{g})$

(2) 原子が－の電気をもつ電子を失うと，失った電子の分だけ＋の電気を帯びて陽イオンになる。

(3) 硫酸亜鉛水溶液にマグネシウム板を入れると，マグネシウムは2個の電子を放出してマグネシウムイオンとなり溶け出す。硫酸亜鉛水溶液中の亜鉛イオンは電子を2個受け取って亜鉛となり付着する。この結果から，マグネシウムは亜鉛よりもイオンになりやすいことがわかる。硫酸銅水溶液に亜鉛板を入れると，亜鉛は2個の電子を放出して亜鉛イオンとなり溶け出す。硫酸銅水溶液中の銅イオンは電子を2個受け取って銅となり付着する。この結果から，亜鉛は銅よりもイオンになりやすいことがわかる。よって，イオンになりやすい順に，マグネシウム，亜鉛，銅。

(4) 中和反応で塩と水ができる。化学反応式では，矢印の左側と右側とで原子の種類と数を等しくする。

(5) BTB 液は，酸性で黄色，中性で緑色，アルカリ性で青色を示す。

(6) 表2のビーカーDのろ紙の色が緑なので，硫酸 20mL は水酸化バリウム水溶液 30mL と過不足なく中和している。過不足なく中和するまでは，乾燥させた白い物質の質量は加えた水酸化バリウム水溶液の体積に比例する。溶液中の硫酸イオンがなくなれば，さらに水酸化バリウム水溶液を加えても白い物質はできない。

【答】(1) 170（g） (2) $Mg \rightarrow Mg^{2+} + 2e^-$ (3) オ

(4) $H_2SO_4 + Ba(OH)_2 \rightarrow BaSO_4 + 2H_2O$ (5) E・F (6)（右図）

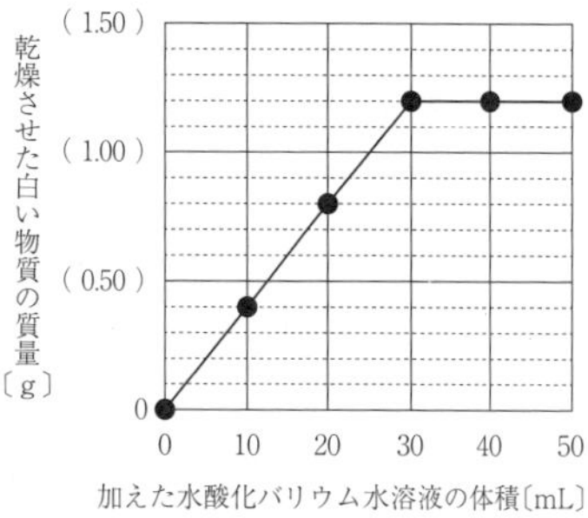

(7) 硫酸の量が一定であり，反応できる水酸化バリウム水溶液の量が決まっているため。（同意可）

3 【解き方】(2) 図1の場合，棒磁石のN極がコイルのa側に近づくと，磁界の変化を妨げるように，コイルのa側がN極になるような電流が流れ，検流計の針は＋側に振れた。図2の場合，棒磁石のS極がコイルの中を通過し，コイルのb側から離れていくので，磁界の変化を妨げるように，コイルのb側がN極になるような電流が流れる。よって，流れる電流の向きは図1とは逆になる。

(4) 位置エネルギーの大きいほうが水平面での運動エネルギーが大きくなる。運動エネルギーが大きいほど速さが大きい。磁石を速く動かすと磁界の変化が大きくなり，磁界の変化が大きいほど誘導電流は大きくなる。

(6) エ．棒磁石のN極とS極の向きを変えると，流れる電流の向きが逆になるだけで，誘導電流の大きさは変わらない。

(7) 1 Wh は，1 W の電力を1時間消費したときの電力量。消費電力の差は，60 (W) − 7.4 (W) = 52.6 (W) なので，1日4時間，30日間で削減できる電力量は，52.6 (W) × 4 (h) × 30 (日) = 6312 (Wh) より，6.3kWh。

【答】(1) 誘導電流　(2) イ　(3) 等速直線運動

(4) A 点よりも高い位置で手をはなしたため，台車の速さが大きくなり，コイルをつらぬく磁界の変化が大きくなったから。(同意可)

(5) A 点と C 点は高さが同じため，位置エネルギーが同じであり，力学的エネルギーの保存から，水平面での運動エネルギーが同じになり，コイルをつらぬく磁界の変化の大きさが同じため。(同意可)

(6) エ　(7) 6.3 (kWh)

4 **【解き方】**(2) 月は約 4 週間で地球のまわりを公転し，月の満ち欠けは約 4 週間の周期でくり返される。

(3) ファインダーは低倍率の望遠鏡なので，太陽の強い光を直接のぞくのは危険。太陽を観察するときには，ファインダーにふたをつけておく。

(4) 図 5 の地球は太陽の光を受けて丸く輝いている。月から地球が丸く見えるのは，地球，月，太陽の順に一直線に並んだとき。

(5) 相似の三角形の比より，地球と月の距離を x km とすると，1：400 = x (km)：1 億 5000 万 (km) より，x = 375000

(6) 主に気体でできていて，密度が小さい木星型惑星には，木星，土星，天王星，海王星がある。

(7) 太陽と地球を通る直線を引いてみる。太陽の左側（東側）にある天体は，地球の自転方向により，日没後，西の空に見える。木星も金星も左側にあり，木星の方が高度が高いのはエ。

【答】(1) 衛星　(2) ウ　(3) イ　(4) C　(5) 375000 (km)　(6) ウ・エ　(7) エ

5 **【解き方】**(1) ① 凸レンズ側，つまり光源側から厚紙とスクリーンを見ると，像は上下，左右が逆になる。

(2) ③ 遺伝子は形質が現れるもとになるもの。

(3) ① 発生する気体はアンモニア。③ アは窒素，イは二酸化炭素，ウは塩素の用途。④ スポイトから押し出された水にアンモニアが溶け込み，丸底フラスコ内の圧力が低下したため，水槽の水が吸い上げられた。

(4) ① 乾球の読みが気温を表す。湿度が低いほど水の蒸発がさかんになり，まわりから気化熱をうばうので，湿球の示す温度が下がる。② 乾球と湿球の示す温度の差は，30 (℃) − 25 (℃) = 5 (℃)　よって，乾湿計用湿度表で，乾球と湿球との目もりの読みの差 5.0 ℃と乾球の読み 30 ℃との交わったところの数値を読む。③ この日の 15 時，気温 30 ℃の空気中に含まれる水蒸気量は，表 3 より，30.4 (g/m^3) × 0.65 = 19.76 (g/m^3)　よって，水蒸気量 19.76g/m^3 が飽和水蒸気量になる気温が露点になる。

【答】(1) ① イ　② 虚像　③ 厚紙が焦点距離よりも近い位置にあり，レンズを通った光が広がり，実像ができないため。(同意可)

(2) ① 示準化石　② イ　③ イ　(3) ① NH_3　② 吸熱反応　③ エ　④ ウ　(4) ① イ　② 65 (%)　③ ア

国　語

1 **【解き方】** 問二. (1) 大山さんはそれぞれの提案を具体的に話す前に,「予選で敗退したクラスは…さびしいと思いませんか」「前期に実施した…設定したためと考えます」と自分がそのように提案する理由を示している。(2)「一挙両得」は，一つの行為で一度に二つの利益が得られること。(3) 行書では,「糸」の四～六画目を左から順に書く。

【答】 問一. (1) 極(めて)　(2) 規律　(3) 巻末　(4) おこた(った)　(5) しょうあく　問二. (1) エ　(2) イ　(3) ウ

2 **【解き方】** 問一. 雪乃は「どうして起こしてくんなかったの？」と曾祖父母を責めていたが，茂三が，自分から早起きして手伝うと言ったのだから「こっちが起こしてやる必要はねえ」と言ったと聞いて,「茂三の言うとおりだ」と納得している。

問二. 焦る雪乃に動じずに「スポンジで茶碗をこすりながら…ちらりと見」て返答したことや，慌てて出かけようとする雪乃に「まっくろけぇして行かんでも大丈夫」と諭し,「朝ごはん抜きじゃあ一人前に働けねえだから」と手際よく準備したおにぎりを渡していることに着目する。

問三. (1)「『雪乃』が声をかけられなかったのはそういうことなんですね」と続くので，雪乃が茂三を見つけたところに着目する。「ほんとうに茂三は怒っていないだろうか…どんなふうに切り出せばいいかわからない」と，雪乃はためらっている。(2) 立ち尽くす雪乃に気づいた茂三が,「やーっと来ただかい，寝ぼすけめ」と「笑顔」で「からかうような」ひと言をかけたことで，雪乃の「胸のつかえがすうっと楽になってゆく」とあることから考える。(3)「こやって手伝いに来てくれただに」謝る必要はないという言葉や,「起きようと自分で決めて，いつもよりかは早く起きただもの，堂々と胸張ってりゃいいだわい」という言葉に注目。

問四. 雪乃は，家を出る場面でヨシ江に「わかった。ありがと」と礼を言ったり，畑の場面で茂三に謝罪したりと，二人にきちんと接しているが,「うそ，なんで？」「そうだけど」などのくだけた言葉遣いを用いている。

【答】 問一. ウ　問二. イ

問三. (1) (初め) 謝ろうにも　(～終わり) せばいいか　(2) 茂三が笑顔とともにからかうようなひと言を掛けてくれた (26 字) (同意可)　(3) 自分でいつもより早く起きて，手伝いに来た (20 字) (同意可)

問四. ア

3 **【解き方】** 問一. 死なない AI は,「無限にバージョンアップを繰り返し」ていき，筆者の孫の世代では「ヒト (親) の能力をはるかに凌駕した」存在になり，孫世代にとって「AI の危険性より信頼感のほうが大きくなる」と述べている。

問二. 人工知能は「近い将来，人間の頭脳を超える」と予測しつつも,「すべては我々人間次第だ」「コンピュータや人工知能はあくまでも…道具であり，使い方次第で状況は変わる」と述べていることに着目する。

問三. AI と同様に「死なない」ものとして宗教を挙げ,「AI も将来，宗教と同じようにヒトに大きな影響を与える存在になるのかもしれ」ないと予測している。一方で，宗教は「信じるかどうかの判断は，自分で決められ」るが,「人が AI の答えを評価することが難しい」ので，AI に対しては「何も考えずに，ただ服従してしまうかもしれない」という相違点も述べている。

問四. 人間が AI に従属的になるもう一つの理由は，宗教と AI の相違点として述べている。宗教は「信じるかどうかの判断は，自分で決められ」るのに対し，人は AI が出す合理的な答えに「至った過程を理解することができないので，人が AI の答えを評価することが難し」く,「何も考えずに，ただ服従してしまうかもしれない」とあることに着目する。

問五. (1) C さんが「確かに」「しかし，その説明を通して」と言っているので，B さんの発言に注目。死なない AI は「価値観や人生の悲哀を共有することができない存在になる」と言っているので，AI とは反対に，人は価値を「共有することができる」存在であると述べているところをおさえる。(2) 前後の「ヒトが人らしくある」「を楽しむ」に注目。本文で「人らしく」について,「人らしく試行錯誤を繰り返して楽しく生きていく」と,「試行錯誤」を挙げているので,冒頭で「ヒトは試行錯誤…学ぶことを成長と捉え,それを『楽しんで』きた」と述べていることをおさえる。

【答】問一. イ 問二. エ 問三. ア

問四. 人間には,AI が結論に至る過程を理解することができず,AI の答えが合理的かどうか評価することが難しい (50 字) (同意可)

問五. ⑴ (初め) 有限な命を (〜終わり) とができる ⑵ 間違えることから学ぶこと

④【解き方】問一. 語頭以外の「は・ひ・ふ・へ・ほ」は「わ・い・う・え・お」にする。また,助詞以外の「を」は「お」にする。

問二. 亭主は,与三郎が来るのを待っていた人物。その前の場面で,「ものごとに祝ふ者」が,「与三郎といふ中間」に家に来るように「いひをしへける」様子が描かれている。

問三. ⑴ 亭主が与三郎に言い聞かせた内容のうち,家に入るときのことは「内よりたそやと問ふ時,福の神にて候と答へよ」と指示している。⑵ 与三郎に言い聞かせたあと,亭主は「心にかけ,にわとりの鳴くと同じやうに起きて,門に待ちゐけり」と行動している。

問四. 亭主は「福の神にて候」と名乗らせた与三郎を門のうちに招き入れることで,元旦に福を家に呼び込んだという縁起を担ごうとしていた。しかし,与三郎は家の中に招き入れられてしばらくしてから亭主に言われたことを思い出し,「さらば福の神で御座ある。お暇申し参らする」と言ったことから考える。

【答】問一. いいおしえける 問二. ものごとに祝ふ者

問三. ⑴ 誰だと問われたら,福の神でございますと答える (22 字) (同意可) ⑵ (初め) にわとりの 問四. エ

◀口語訳▶ 何事にも縁起をかつぐ者がいて,与三郎という奉公人に,おおみそかの晩に言って教えたことには,「今夜はいつもより早く家に帰って休み,明日は早い時間に起きて (この家に) 来て門をたたけ。(門の) 中から誰だと尋ねるときに,福の神でございますと答えなさい。そのとき (門の) 戸を開けて,呼び入れよう」と,念を入れて言い聞かせた後,亭主は気にかけ,にわとりが鳴くのと同じ頃に起きて,門のところで待っていた。思っていた通り,戸をたたく (音がする)。(亭主が)「誰だ,誰だ」と問う。「いや,与三郎 (です)」と答える。(亭主は) たいそう不愉快であったが,門を開けてから,(与三郎は) あちこち明かりを灯し元旦の朝にくむ最初の水をくみ,雑煮の準備をしたが,亭主は不機嫌で,まったくなにも言わない。奉公人 (である与三郎) は,不思議に思い,じっくり考えていて,昨夜 (亭主が) 教えた福の神のことを忘れ (ていたことに),ようやく酒を飲む頃に思い出し,(しまったと) びっくりし,膳を片づけ,座敷を立ち去ろうとして,「さてわしは福の神である。お暇を申し上げる」と言った。

⑤【解き方】問一.【資料一】の〈郷土料理のよさ〉の項目に「年中行事との関わりをもつものもあり」とあることや,【資料二】「大分県内で継承されている郷土料理」の②に「お盆に食べる行事食となっている」とあることから,行事食は郷土料理の一部。

問二. 地方の食文化の「継承・振興は喫緊の課題」とあることや,郷土料理を食べたり作ったりする機会や,食文化の教育がほとんど行われていない現状が数値で示されていることに注目。

【答】問一. ウ 問二. ア

問三. (例) (私は,郷土料理を通して地域の魅力を発信することに) 賛成(だ。)

【資料一】から,郷土料理には,地域の歴史や文化を背景とした特徴があることが分かり,郷土料理を知ることは,その地域へ興味をもつきっかけになると考える。私も,家族旅行の際に,郷土料理を食べたことからその地域の文化財への関心が深まったことがある。

(以上のことから,郷土料理を通して地域の魅力を発信することに) 賛成(だ。) (120 字)

大分県公立高等学校

2021年度
入学試験問題

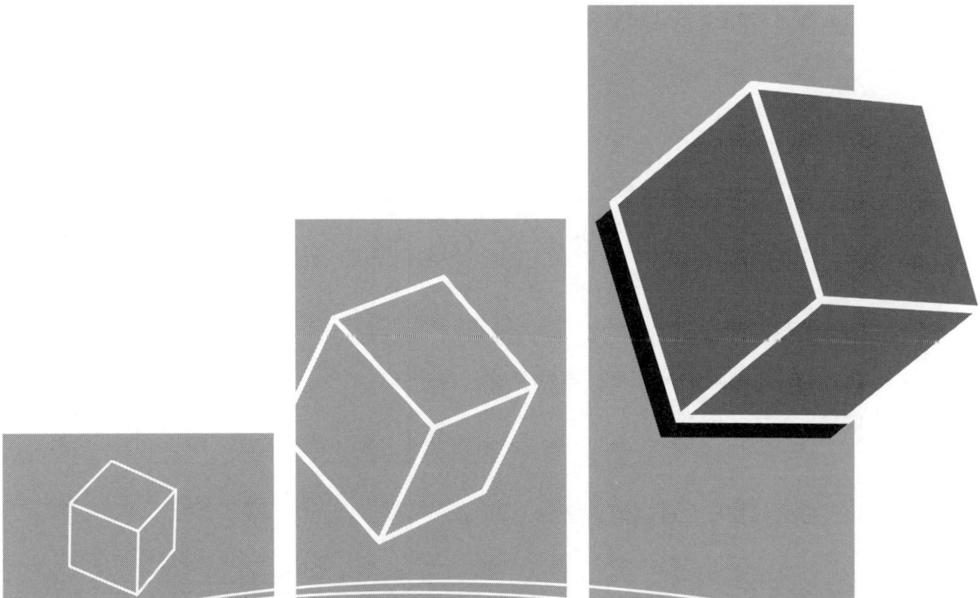

数学

時間 50分　　満点 60点

1 次の(1)～(6)の問いに答えなさい。

(1) 次の①～⑤の計算をしなさい。

① $-2+7$ (　　)

② $5-3^2\times 2$ (　　)

③ $3(a-2b)-2(2a+b)$ (　　)

④ $\dfrac{x+2y}{3}+\dfrac{x-y}{5}$ (　　)

⑤ $\sqrt{18}-\dfrac{4}{\sqrt{2}}$ (　　)

(2) 2次方程式 $x^2-3x-2=0$ を解きなさい。(　　)

(3) x についての方程式 $3x+2a=5-ax$ の解が $x=2$ であるとき，a の値を求めなさい。

(　　)

(4) 大小2つのさいころを同時に1回投げるとき，出た目の数の積が9の倍数になる確率を求めなさい。

ただし，どの目が出ることも，同様に確からしいものとする。(　　)

(5) 右の〔図〕のように，線分ABを直径とする円Oの周上に2点C，Dがある。

∠ACD＝62°のとき，∠BADの大きさを求めなさい。(　　)

〔図〕

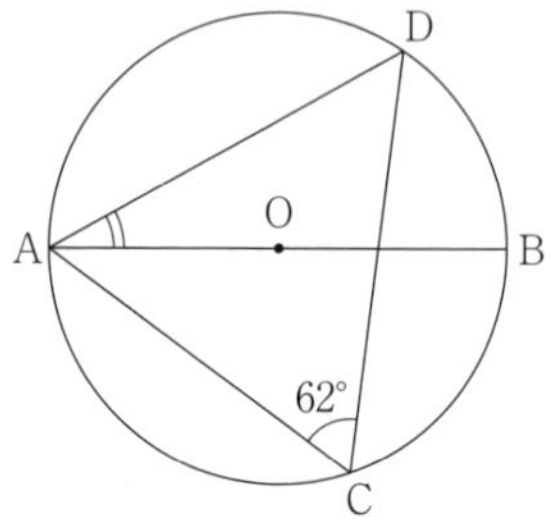

(6) 右の〔図〕のように，半直線OX，OY上にそれぞれ点A，Bがある。点A，Bからの距離が等しく，さらに，半直線OX，OYからの距離が等しくなる点Pを，作図によって求めなさい。

ただし，作図には定規とコンパスを用い，作図に使った線は消さないこと。

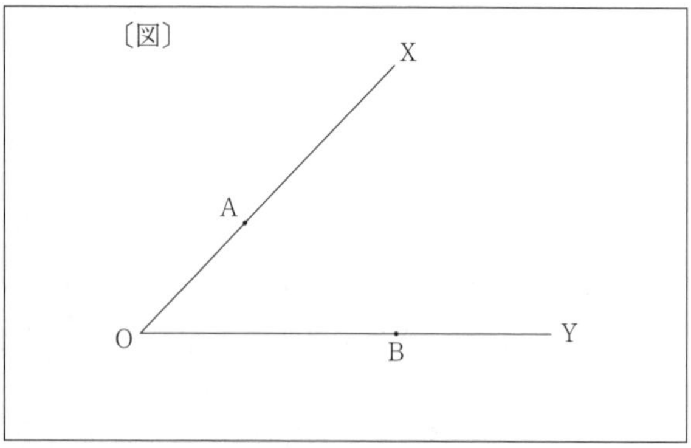

2　右の〔図1〕のように，関数 $y = ax^2$ $(a > 0)$ と，関数 $y = bx^2$ $(b < 0)$ のグラフがある。関数 $y = ax^2$ のグラフ上に2点A，Bがあり，点Aの座標は(2，2)，点Bの x 座標は－4である。

次の(1)～(3)の問いに答えなさい。

(1)　a の値を求めなさい。(　　　)

(2)　直線ABの式を求めなさい。(　　　)

〔図1〕

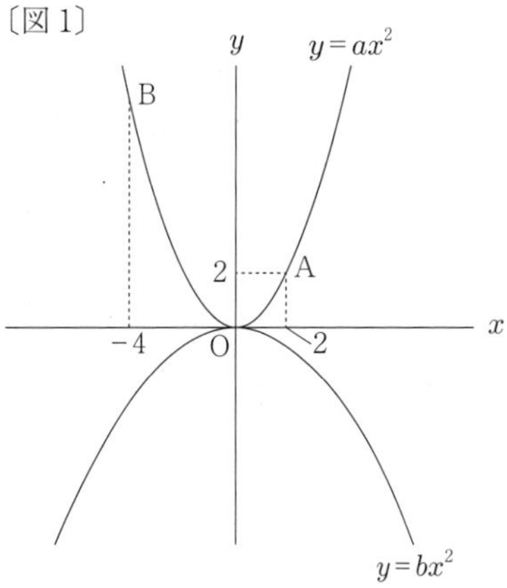

(3)　右の〔図2〕のように，直線ABと y 軸との交点をC，直線 $x = -4$ と関数 $y = bx^2$ との交点をD，直線 $x = -4$ と x 軸との交点をEとする。△BECの面積と四角形ACEDの面積が等しくなるときの b の値を求めなさい。(　　　)

〔図2〕

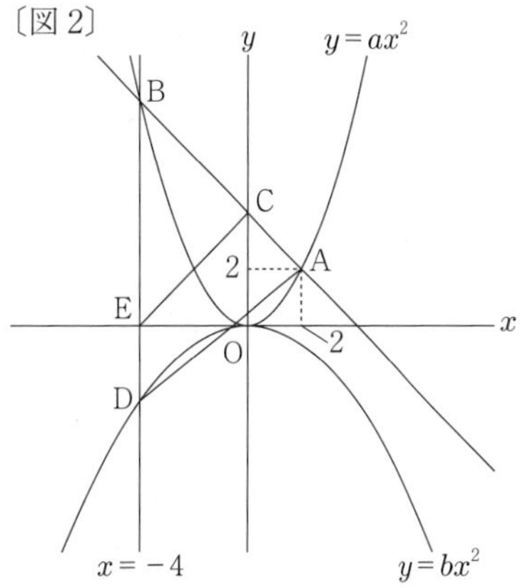

3　次の(1)，(2)の問いに答えなさい。

(1)　ある中学校のバスケットボール部は，フリースローを1人あたり10本ずつ行った記録を定期的に残して，練習の成果を確認している。

右の〔表〕の度数分布表は，9月に記録をとった12人と，11月に記録をとった10人について，フリースローが決まった本数とその人数を表したものである。次の①，②の問いに答えなさい。

①　〔表〕から9月の最頻値と11月の最頻値ではどちらの月の方が大きいか，答えなさい。(　　　月)

②　〔表〕の9月と11月の記録を比べたときの内容として適切でないものを，下のア～エから1つ選び，記号を答えなさい。また，適切でない理由を根拠となる数値を用いて説明しなさい。

記号(　　　)

理由(　　　　　　　　　　　　　　　　　　　)

ア　平均値は，9月より11月の方が大きい。

イ　中央値は，9月より11月の方が大きい。

ウ　フリースローが決まった本数が6本以上の人数の割合は，9月より11月の方が大きい。

エ　範囲は，9月より11月の方が大きい。

〔表〕

記録(本)	度数(人)	
	9月	11月
0	0	1
1	1	0
2	3	2
3	4	0
4	1	3
5	0	2
6	2	1
7	1	0
8	0	1
9	0	0
10	0	0
計	12	10

(2)　右の〔図1〕のように，ある建物では1階と2階を結ぶエスカレーターと階段が平行に並んでおり，エスカレーターの動く部分と，階段の1階と2階の間の距離は，ともに12mである。

太郎さんは，秒速 $\frac{1}{2}$m の速さのエスカレーターに乗り，花子さんは，秒速 $\frac{3}{4}$m の速さで階段を歩いて，どちらも1階から2階まで移動する。

〔図1〕

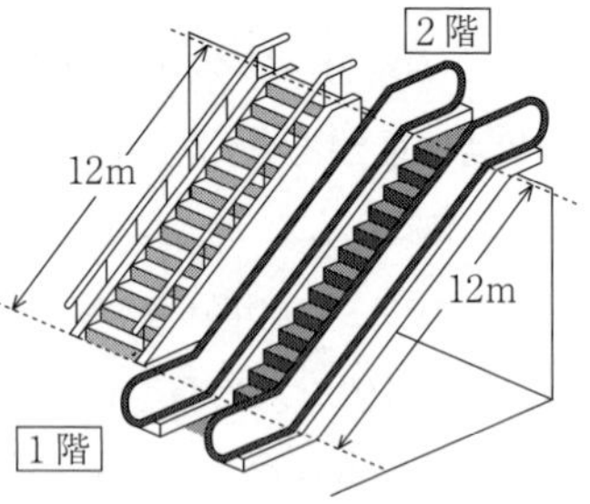

花子さんは，太郎さんが1階を出発してから2秒後に1階を出発して，太郎さんより早く2階に着いた。

次の①，②の問いに答えなさい。

①　下の〔図2〕は，太郎さんが1階を出発してから x 秒後の，太郎さんの移動した距離を y m として，x と y の関係をグラフに表したものである。

花子さんの移動について，太郎さんが1階を出発してから x 秒後の，花子さんの移動した距離を y m として，x と y の関係を表すグラフを〔図2〕にかき入れなさい。

〔図2〕

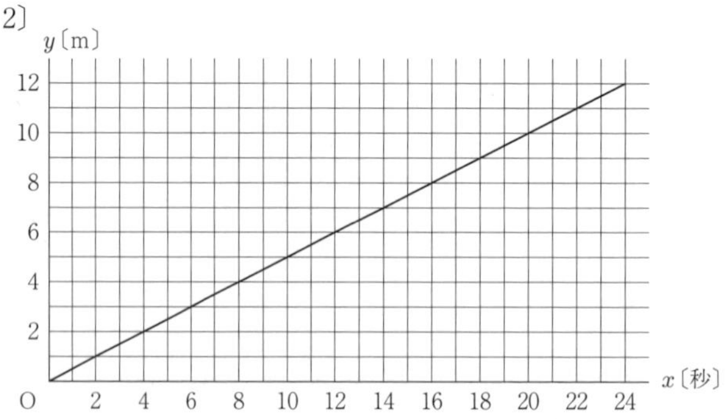

②　花子さんが2階に着いたとき，太郎さんは2階まであと何mであるかを求めたい。

次の［説明］は，花子さんと太郎さんのグラフを用いて求める方法を説明したものである。

［ア］には適する数を，［イ］には求める方法の続きを書き，［説明］を完成させなさい。ただし，実際にあと何mであるかを求める必要はない。

ア(　　　)

イ(　　　　　　　　　　　　　　　　　　　　　　　　　　　　　)

［説明］

まず，花子さんが1階から12m離れた2階に着いたのは，花子さんのグラフの x の値から読みとると，太郎さんが1階を出発してから［ア］秒後であることがわかる。次に，

［イ］

4　右の〔図1〕のように，横，右上がり，右下がりの3つの方向にそれぞれ平行な竹を，等間隔になるように編む「六ッ目編み」という編み方がある。

〔図1〕

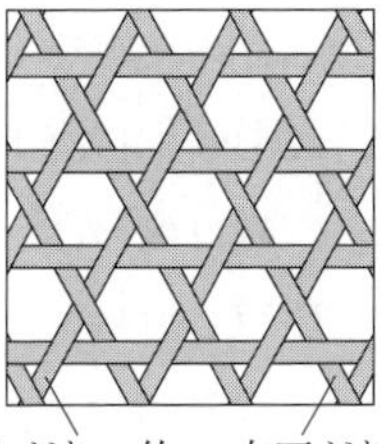

下の〔図2〕のように，横に置いた4本の竹は増やさずに，右上がり，右下がりの斜め方向に竹を加えて編んでいくことによってできる正六角形の個数について考える。

横に置いた4本の竹と，斜め方向の4本の竹の合計8本を編むと正六角形が1個できる。これを1番目とする。

1番目の斜め方向の竹の右側に，斜め方向の竹を2本加えて合計10本を編んだものを2番目とする。

以下，同じように，斜め方向の竹を2本加えて編む作業を繰り返し，3番目，4番目，…とする。なお，〔図2〕では竹を直線で表し，太線は新しく加えた竹を表している。

〔図2〕

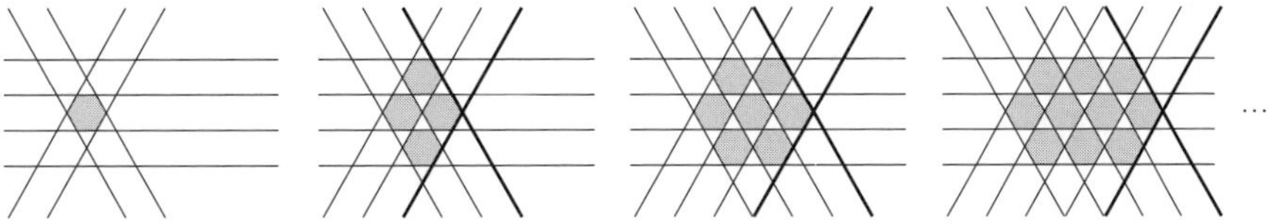

次の(1)～(3)の問いに答えなさい。

(1)　6番目の正六角形の個数を求めなさい。(　　　個)

(2)　n番目の正六角形の個数をnを使って表しなさい。(　　　個)

(3)　正六角形を100個つくるとき，必要な竹は全部で何本か，求めなさい。(　　　本)

5　右の〔図〕のように，3辺の長さがa cm，b cm，1 cm ($a > b > 1$) である直角三角形ABCがある。

〔図〕

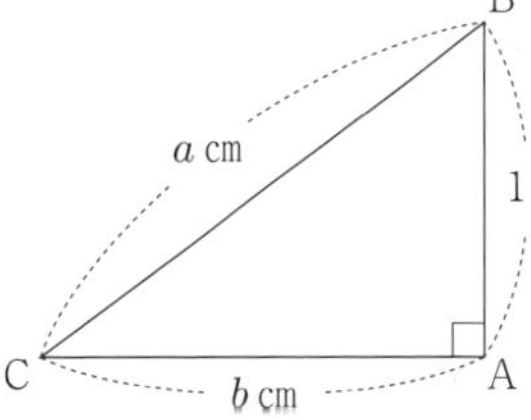

直角三角形ABCを，直線AB，AC，BCを軸としてそれぞれ1回転したときにできる立体をP，Q，Rとするとき，3つの立体の体積の大小関係を考える。

次の(1)～(4)の問いに答えなさい。

(1)　直線ABを軸として1回転したときにできるPの体積を，bを使って表しなさい。

(　　　cm^3)

(2)　直線ACを軸として1回転したときにできるQの体積は，Pの体積の何倍か，bを使って表しなさい。(　　　倍)

(3)　直線BCを軸として1回転したときにできるRの体積は，Pの体積の何倍か，aを使って表しなさい。(　　　倍)

(4)　体積の小さい順に，P，Q，Rを並べなさい。(　　，　　，　　)

6　右の〔図〕のように，ひし形ABCDがあり，対角線BDと対角線ACの交点をOとする。

また，辺BC上に点Pがあり，点Pを通り辺ABに平行な直線と，対角線BD，対角線AC，辺ADとの交点をそれぞれE，F，Gとする。

ただし，点Pは，頂点Bまたは頂点Cと一致しない。

次の(1)，(2)の問いに答えなさい。

〔図〕

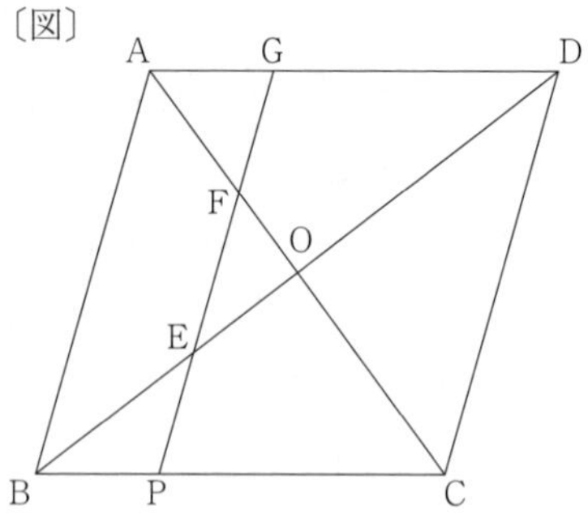

(1)　△ABC ∽ △FPCであることを証明しなさい。

(2)　AB = 5 cm，AC = 6 cmとする。また，△BPEの面積と△EOFの面積が等しくなるように点Pをとる。

次の①，②の問いに答えなさい。

①　線分BOの長さを求めなさい。(　　　cm)

②　△AFGの面積を求めなさい。(　　　cm^2)

英語

時間　50分　　　満点　60点

（編集部注）　放送問題の放送原稿は英語の末尾に掲載しています。
音声の再生についてはもくじをご覧ください。

1　放送を聞いて答える問題

A　1番，2番の対話を聞いて，それぞれの質問の答えとして最も適当なものを，ア～エから1つずつ選び，記号を書きなさい。1番(　　　)　2番(　　　)

1番　ア

7						
SUN	MON	TUE	WED	THU	FRI	SAT
		1	2	3	4	5
6	7	8	9	10	11	⑫
13	14	15	16	17	18	19
20	21	22	23	24	25	26
27	28	29	30	31		

イ

7						
SUN	MON	TUE	WED	THU	FRI	SAT
		1	2	3	4	5
6	7	8	9	10	11	12
13	14	15	16	17	18	19
⑳	21	22	23	24	25	26
27	28	29	30	31		

ウ

8						
SUN	MON	TUE	WED	THU	FRI	SAT
					1	2
3	4	5	6	7	8	9
10	11	⑫	13	14	15	16
17	18	19	20	21	22	23
24	25	26	27	28	29	30
31						

エ

8						
SUN	MON	TUE	WED	THU	FRI	SAT
					1	2
3	4	5	6	7	8	9
10	11	12	13	14	15	16
17	18	19	⑳	21	22	23
24	25	26	27	28	29	30
31						

2番　ア
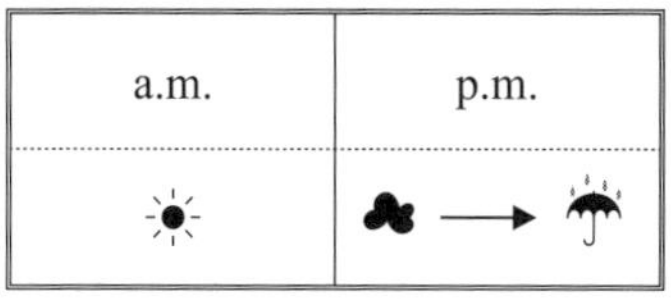

イ
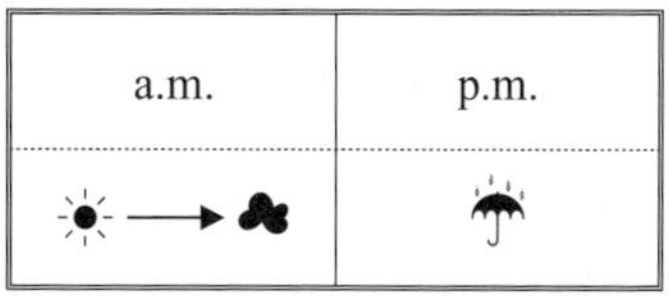

ウ
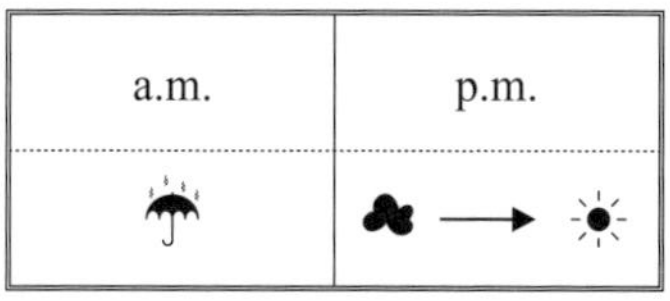

エ
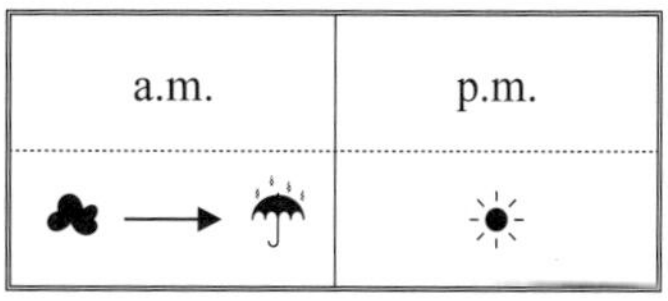

B　あなたは今，ある場所にいます。そこで流れてきた案内を聞いて，それに続く1番～3番の質問の答えとして最も適当なものを，ア～エから1つずつ選び，記号を書きなさい。

1番(　　　)　2番(　　　)　3番(　　　)

1番　ア　A station.　　イ　A zoo.　　ウ　An art museum.　　エ　A supermarket.

2番　ア　First floor.　　イ　Room A.　　ウ　Room B.　　エ　Room C.

3番　ア　9:00.　　イ　10:00.　　ウ　11:00.　　エ　12:00.

C　太郎と花子の対話を聞いて，それに続く1番～3番の質問の答えとして最も適当なものを，ア～エから1つずつ選び，記号を書きなさい。1番(　　　)　2番(　　　)　3番(　　　)

1番　ア　Homework.　　イ　Peace.　　ウ　A friend.　　エ　A dream.

2番　ア　People on money are chosen because they studied money in foreign countries.

　　　イ　People on money are chosen because we know their faces and names.

　　　ウ　People on money are chosen because it is very difficult to get their pictures.

　　　エ　People on money are chosen because they got international prizes.

3番　ア　The Japanese doctor was born in Tokyo in 1964.

　　　イ　The Japanese doctor started the first Paralympics in Italy.

　　　ウ　The Japanese doctor showed sports were necessary to all the people.

　　　エ　The Japanese doctor taught us how to travel abroad.

[2] 次のA，Bの各問いに答えなさい。

A 次の英文は，中学生のTomokoが留学初日の放課後，クラスメートのMary，Johnと話をしている場面のものです。英文を読み，(1)～(3)の問いに答えなさい。

Mary : How was the first day at school, Tomoko?

Tomoko : It was good, but I felt nervous. I couldn't talk much to my classmates today.

John : I understand how you feel. I had the (①) experience. When I studied abroad, I also felt too nervous to talk much to my classmates on the first day. Do you have anything you are worried about? We can help you.

Tomoko : That is very kind of you. We have to make a speech in the next class. But I don't know what I should talk about. Have you decided?

John : Yes, I am going to talk about my hobby. I practice the violin every day. It's not (②) to play the violin well, but I like its beautiful sound. I want to play the violin better. How about you, Mary?

Mary : I am going to talk about my dream. I want to be a scientist because I'm interested in the history of the earth. So I am studying science and math hard.

Tomoko : Great! I want to listen to your speeches soon. What should I talk about?

Mary : What are you interested in?

Tomoko : I am interested in calligraphy. I have learned it since I was six.

John : How about talking about it in your speech?

Tomoko : OK. I'll try.

Mary : Why did you start to learn calligraphy?

Tomoko : My hometown is (③) for *writing brushes and many people visit the town to buy them. So calligraphy is *familiar to me.

Mary : Interesting. I want to know more about your hometown.

Tomoko : OK. I will also talk about the culture and history of my hometown. I will do my best.

John : You can do it! I am (④) everyone will enjoy your speech, Tomoko. It is interesting to understand each other.

(注) *writing brushes 毛筆 *familiar 親しみのある

(1) (①)～(④)に入れるのに最も適当なものを，ア～オから1つずつ選び，記号を書きなさい。①(　　) ②(　　) ③(　　) ④(　　)

ア easy　イ famous　ウ afraid　エ same　オ sure

(2) 次の問いに対する答えとして最も適当なものを，ア～エから1つ選び，記号を書きなさい。

Why is Tomoko worried about her speech? (　　)

ア Because she is not good at speaking English.

イ Because she couldn't talk much to her classmates.

ウ Because she has not decided what to talk about.

エ　Because she doesn't think her classmates like calligraphy.

(3)　次の問いに対する答えとして最も適当なものを，ア～エから１つ選び，記号を書きなさい。

What is Tomoko going to talk about in her speech?（　　）

ア　Her dream to be a scientist.　　イ　Calligraphy and her hometown.

ウ　The beautiful sound of the violin.　　エ　Understanding each other.

B　次の英文は，あるテーマについて中学生の Kumi，Tom，Takuya，Susan が話し合っている場面のものです。英文を読み，（ ① ）～（ ④ ）に入れるのに最も適当なものを，ア～オから１つずつ選び，記号を書きなさい。①(　　)　②(　　)　③(　　)　④(　　)

テーマ　**What can we do for our town?**

Kumi　：I think it is important to give useful information to the people who visit our town. For example, we have a lot of good places like hot springs, beautiful mountains, shrines and temples. (　①　) So I think we should make a *leaflet that shows where they are and what we can do there. What do you think, Tom?

Tom　：I agree with you. I want to *add one more idea. If we make the leaflet only in Japanese, some foreign people can't read it. So I think we should make it both in Japanese and in some foreign languages. We can also show it to people on the Internet. (　②　)

Takuya：That's a good idea, Tom. On the leaflet, I want to *put some information about the festival held in summer. (　③　) So I think we should support this festival more. For example, we will plan a new event for the festival that both old people and young people can enjoy together.

Susan　：I'm interested in your idea, Takuya. I hear one town has a meeting for children and adults. At the meeting, junior high school students make speeches about how to make their town *attractive. (　④　) It is important for young people like us to think and do something for our town.

(注)　*leaflet　ちらし，パンフレット　　*add　～を付け足す

*put some information　情報を掲載する　　*attractive　魅力的な

ア　A lot of old people join it, but many young people don't do so.

イ　We should also share our own ideas with the people who live here.

ウ　But many people don't go to these places because they are not famous.

エ　I think one of the problems in this town is air pollution from a lot of cars.

オ　If we do so, foreign people around the world will become interested in our town.

3 次のA，Bの各問いに答えなさい。

A 来週，あなたの所属する英語部に5名の新入生が入部します。その歓迎会で行う英語を使った活動について，担当のPaul先生に伝えることになりました。あなたは，どのような活動をしたいですか。次の条件にしたがって，書きなさい。

(　　　　　　　　　　　　　　　　　　　　　　　　　　　　　　　　　　　　　)

条件

○ 次の2つの内容（ア・イ）を含む**15語以上の英語**で書くこと。

ア 活動の内容

イ アの活動をしたい理由

○ 2文以上の英文になってもよい。短縮形（I'mなど）は1語として数えることとし，ピリオド，コンマなどの符号は語数に含めないこと。

B 中学生のMikaは，英語の授業で留学先での体験談を発表することになりました。Mikaが準備した次のスライド（slide）と発表原稿をもとにして(1)，(2)の問いに答えなさい。

スライド1

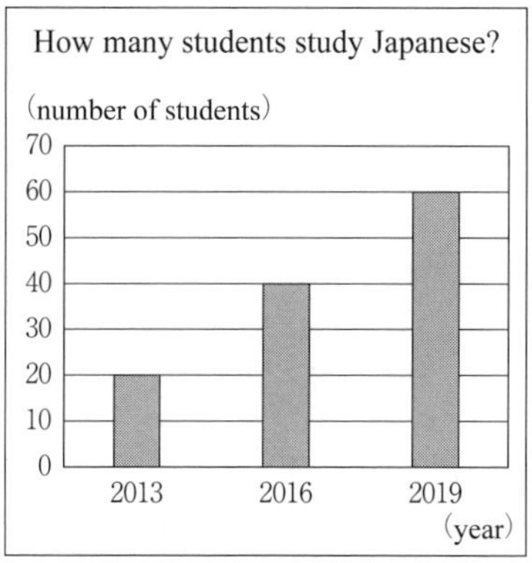

スライド2

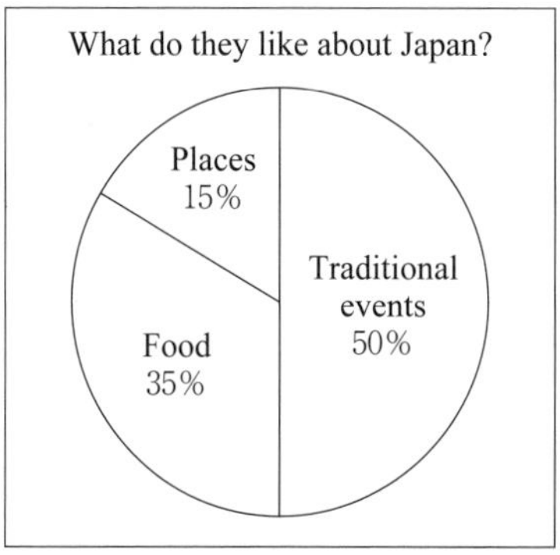

発表原稿

This summer I studied at Green Junior High School for two weeks.

In this school, there are some language classes.

Slide 1 shows the number of students studying in the Japanese language class.

In 2019, [　①　] than in 2016.

Slide 2 shows what the students of the class in 2019 like about Japan.

Traditional events are [　②　] the class.

In the class, there is a special lesson called "Japan Day".

I was invited to the lesson and talked about ③ one Japanese traditional event.

(1) Mikaになったつもりで，発表原稿の [　①　]，[　②　] にそれぞれ**4語の英語**を書きなさい。

①(　　　)(　　　)(　　　)(　　　)

②(　　　)(　　　)(　　　)(　　　)

(2) Mikaになったつもりで，次の条件にしたがって，下線部③を説明する英文を書きなさい。

(　　　　　　　　　　　　　　　　　　　　　　　　　　　　　　　　　　　　　)

条件

○ 次の2つの内容（ア・イ）を含む**15語以上の英語**で書くこと。

ア one Japanese traditional event の名称（ローマ字で書いても構わない）

イ アの具体的な説明

○ 2文以上の英文になってもよい。短縮形（I'm など）は1語として数えることとし，ピリオド，コンマなどの符号は語数に含めないこと。

4 次の英文は，Jones先生が卒業を控えた中学生に対して授業で話した内容です。英文を読み，(1)～(5)の問いに答えなさい。

We often use plastic bags and *plastic bottles because they are very useful and necessary. However, if plastic bags and plastic bottles enter the sea, they stay there for a long time. They are very bad for the sea. So it is dangerous for sea animals to live there.

① This is a big problem to us. I think we should do something. For example, we should bring our own shopping bag when we go shopping. We should not *throw away plastic bottles. I believe we must think about what is happening to us.

There is ② a story of one *rugby team in a high school in Japan. One day, the members of the team were very shocked by a picture. In the picture, many dead *whales were on the beach because they *swallowed a lot of plastic bottles. Because of the picture, the members understood one of the problems in the world today. They decided to do something for the world.

First, the members of the team *counted the number of plastic bottles that they used in a month. They were surprised to learn they used about 500 bottles in a month. Then, they decided to find a better way to use those bottles and had some meetings. Later, one company became interested in the members. The company started talking with the members together about recycling plastic bottles. Finally, they found a way to make clothes from plastic bottles.

After that, one member of the team said, "I think there is nothing we cannot do if everyone works together. I want to protect the *environment with everyone. If we think the problems in the world are our problems, we can change the things around us." I believe ③ this is a good idea for the world.

Have you ever heard about ④ SDGs? SDGs are 17 goals to make the earth a better place to live in. We must try to *achieve them by 2030. Making the sea's environment better is one of these goals. Because of these goals, we will think more about the environment and people around the world. We must work together with many people in Japan and all over the world to achieve these goals.

What will the world be like in 2030? What will you do for these goals? Studying in high school is the next step for you. You will study many things and have a lot of experiences. Young people like you have the power to make the world better by changing the things around you.

(注) *plastic bottles ペットボトル　*throw away ～を捨てる　*rugby ラグビー
*whales クジラ　*swallowed ～を飲み込んだ　*counted ～を数えた
*environment 環境　*achieve ～を達成する

(1) 下線部①が表す内容として最も適当なものを，ア～エから１つ選び，記号を書きなさい。

(　　)

ア It is important for us to know that plastic bags are useful.

イ　It is easy for us to carry plastic bags and plastic bottles.

ウ　It is difficult for sea animals to live in the sea with plastic bags and plastic bottles.

エ　It is necessary for us to bring our own shopping bag when we go shopping.

(2)　下線部②の内容について，ア～エを時間の流れに沿って並べかえ，記号を順に書きなさい。

(　　)(　　)(　　)(　　)

ア　The team counted how many plastic bottles they used.

イ　The team talked together with one company about a way to recycle plastic bottles.

ウ　The team had some meetings to look for a better way to use plastic bottles.

エ　The team saw the picture and learned the whales needed some help to live in the sea.

(3)　下線部③が表す内容として最も適当なものを，ア～エから１つ選び，記号を書きなさい。

(　　)

ア　It is necessary to make a speech about the environment.

イ　It is difficult to work together with a company to protect the environment.

ウ　It is fun to count the number of plastic bottles.

エ　It is important to try to change something around us.

(4)　下線部④について，英文に示されている内容として最も適当なものを，ア～エから１つ選び，記号を書きなさい。(　　)

ア　SDGs will show us a way to stay in another country for a long time.

イ　SDGs will show us a way to share the problems in the world.

ウ　SDGs will show us a way to think about the problems only in Japan.

エ　SDGs will show us a way to achieve goals in 17 countries.

(5)　次は，Jones 先生の話を聞いたあなたの感想です。[　　] に入るあなたの考えを**主語と動詞を含む５語以上の英語**で書きなさい。ただし，英文中で述べられていない内容を書くこと。

(　　　　　　　　　　　　　　　　　　　　　　　　)

> I think it is important to protect the environment. Like the members of the rugby team, I must do something. So I want to do three things. First, I will bring my own shopping bag when I go shopping. Second, I will not throw away plastic bottles. Third, [　　].

5 次の英文は，中学3年生のAkaneが書いた英語文集の原稿です。英文を読み，(1)〜(3)の問いに答えなさい。

Last year, Ms. Smith came to our school to teach us English. We talked about our town, Oita, to her in English. Our group told her about *plums because they are *famous products of our town. Many people here grow plums and make pickled plums, *umeboshi*. After our speech, Ms. Smith told us about plums in her country. I was glad to know foreign people ate plums like us. So I became more interested in plums and started studying the history of plums by reading books. Now I want to tell you about three books written about plums.

The first one is *Manyoshu* written in the Nara period. When I hear the word, *hana*, I usually remember cherry blossoms. But, in this book, there are 118 *poems about plums and 42 poems about cherries. I was very surprised to learn that. Why were many poems about plums written in *Manyoshu*? Were plums more *familiar to Japanese people than cherries at that time? Do you know the reason? I want to study plums more and know it.

The second book is *Honcho Shokkan*. It was written in the Edo period by Hitomi Hitsudai, a Japanese writer. It took more than thirty years for him to write this book. In the book, I found a story about plums. He wrote, "Plums in Bungo and Hizen are better than other plums in Japan. We keep pickled plums in *ceramic pots." Bungo is an old name for Oita, and Hizen is for Saga. I was very happy to know that famous products of Oita were known in the Edo period.

The last book is *Histories of Oita*. In the Edo period, plums were more important to Japanese people than now because people couldn't get good plums easily and they were very expensive. So Mr. Matsudaira in Bungo chose pickled plums as a special present to *Shogun. He asked Mr. Kajiwara in Hizen to make a special ceramic pot to send this special present. Mr. Kajiwara worked hard for a long time and finally finished making a big, beautiful ceramic pot. Now his pot is in Kitsuki Castle in Oita. In Saga, there are several famous towns for ceramic pots, like Arita, Karatsu and Imari.

From these books, I learned many important things. This experience was a good chance to understand my favorite town and Japan. Everyone, what do you want to do in high school? Do you want to talk with new friends or study for your future? When I enter high school, I am going to study Japanese history more.

(注) *plums 梅，梅の実　*famous products 特産品　*poems 和歌
*familiar 親しみのある　*ceramic pots 陶製のつぼ　*Shogun 将軍

(1) 次の問いに対する答えとして，(　　) に入れるのに最も適当なものを，ア〜エから1つ選び，記号を書きなさい。

Why did Akane start studying the history of plums?

She started studying it because (　　　).

ア Ms. Smith told her to talk about plums in the class

イ her group wanted to read some books about plums

ウ people in her town liked to grow plums and make pickled plums

エ she learned foreign people ate plums like Japanese people

(2) 英文の内容と一致するものを，ア～オから**2**つ選び，記号を書きなさい。(　　　)(　　　)

ア Akane wanted to know what to read to understand the history of plums.

イ Ms. Smith talked about her favorite food in her country in the English class.

ウ We can read more poems about plums than about cherries in *Manyoshu*.

エ Mr. Kajiwara made a ceramic pot because Mr. Matsudaira asked him to do it.

オ Hitomi Hitsudai kept pickled plums in a ceramic pot and sent them to his friend.

(3) 次は，Akaneの考えを図にしたものです。(①)～(④)に入れるのに最も適当な英語1語を，それぞれ英文中から抜き出して書きなさい。①(　　　) ②(　　　) ③(　　　) ④(　　　)

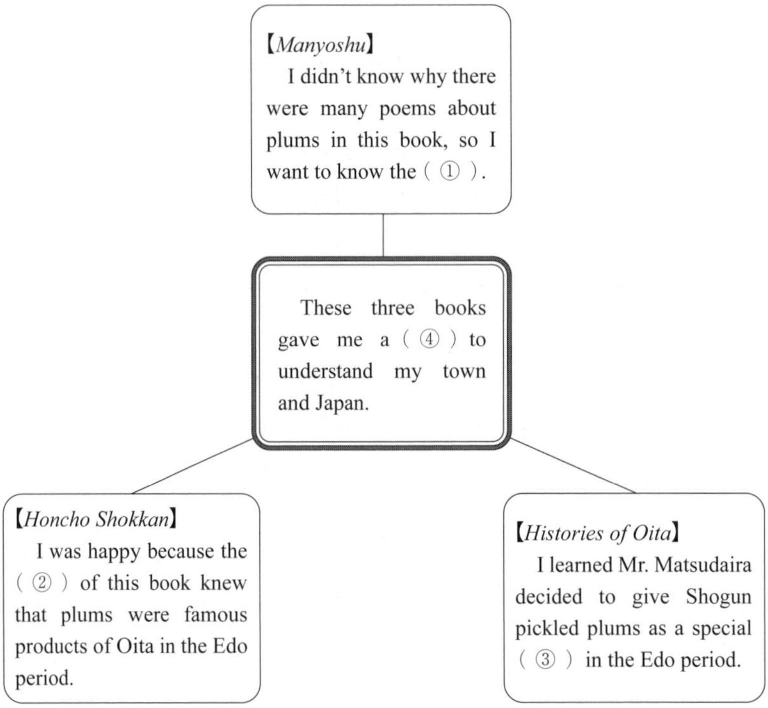

【*Manyoshu*】
I didn't know why there were many poems about plums in this book, so I want to know the (①).
These three books gave me a (④) to understand my town and Japan.
【*Honcho Shokkan*】
I was happy because the (②) of this book knew that plums were famous products of Oita in the Edo period.
【*Histories of Oita*】
I learned Mr. Matsudaira decided to give Shogun pickled plums as a special (③) in the Edo period.

〈放送原稿〉

チャイム

これから，2021 年度大分県公立高等学校入学試験英語リスニングテストを行います。

問題用紙の問題[1]を見なさい。問題はA，B，Cの3つあります。放送中にメモをとってもかまいません。

検査問題A

それでは，Aの問題から始めます。

1番，2番の対話を聞いて，それぞれの質問の答えとして最も適当なものを，ア～エから1つずつ選び，記号を書きなさい。なお，対話と質問は通して2回繰り返します。それでは，始めます。

1番 Hanako： Good morning, Taro. Can I go to watch your basketball game on July 20th?

Taro ： Good morning, Hanako. The date was changed.

Hanako： Really? When will the game be held?

Taro ： On August 12th.

Question：What is the date of Taro's basketball game?

もう1度繰り返します。(対話と質問の繰り返し)

2番 A： How will the weather be tomorrow?

B： It'll be cloudy and start to rain in the morning.

A： That's too bad. I am going to go fishing after lunch.

B： Don't worry. It'll stop raining by noon and be sunny in the afternoon.

Question：How will the weather be tomorrow?

もう1度繰り返します。(対話と質問の繰り返し)

検査問題B

次はBの問題です。あなたは今，ある場所にいます。そこで流れてきた案内を聞いて，それに続く1番～3番の質問の答えとして最も適当なものを，ア～エから1つずつ選び，記号を書きなさい。なお，英文と質問は通して2回繰り返します。それでは，始めます。

Hello, everyone. Thank you for coming today. On the first floor, we have a shop and you can find many things made by Japanese artists. You can buy them for yourself and your family there. On the second floor, there are three rooms. In Room A, we have French pictures from the 16th century. In Room B, you can enjoy a special tour of Japanese traditional pictures. It starts at 10 o'clock. In Room C, you can make small dolls. Please come to the room at 11 o'clock. We'll teach you how to make the dolls. Thank you!

それでは，質問を1回ずつ読みます。

1番 Where are you now?

2番 If you want to buy something for your family, where will you go?

3番 What time will the special tour begin?

もう1度繰り返します。(英文と質問の繰り返し)

検査問題C

次はＣの問題です。太郎と花子の対話を聞いて，それに続く１番～3番の質問の答えとして最も適当なものを，ア～エから１つずつ選び，記号を書きなさい。なお，対話と質問は通して２回繰り返します。それでは，始めます。

Hanako： Hi, Taro. Our teacher told us to study something we are interested in at home. It is for the next class. What did you study?

Taro　： I studied money because the new designs for money will be used in 2024. I hear the people on money are chosen because we can easily remember their names when we see their pictures.

Hanako： Oh, that's interesting.

Taro　： What did you study, Hanako?

Hanako： I studied the Paralympics because it will be held in Japan this year. In 1960, the first Paralympics was started in Italy. In 1964, the next Paralympics was held in Japan for the first time. At that time, one Japanese doctor worked for the Japanese team. He was born in Oita. We can learn from his life that sports are important and everyone needs them.

Taro　： Oh, I didn't know that.

それでは，質問を１回ずつ読みます。

１番　What are Taro and Hanako talking about?

２番　Which is true about Taro's talk?

３番　Which is true about Hanako's talk?

もう１度繰り返します。(対話と質問の繰り返し)

以上で，リスニングテストを終わります。ひき続いてあとの問題に移りなさい。

社会

時間　50分　　　満点　60点

[1] 太郎さんと花子さんは，大分県内にある外国の料理が食べられる店について調べた。資料１は二人が作成したものであり，下は資料１についての会話文である。(1)～(5)の問いに答えなさい。

資料１

〔表〕大分県内にある外国の料理が食べられる店

国名	店数	国名	店数
中国	229	イタリア	130
韓国	57	フランス	70
タイ	5	スペイン	8
インドネシア	1	ロシア	1
ベトナム	3	アメリカ	1
インド	23	メキシコ	4
バングラデシュ	1	ブラジル	1
スリランカ	5	※統計年次は2020年	

（複数の飲食店検索ホームページをもとに作成）

〔図〕表中の国を着色した地図

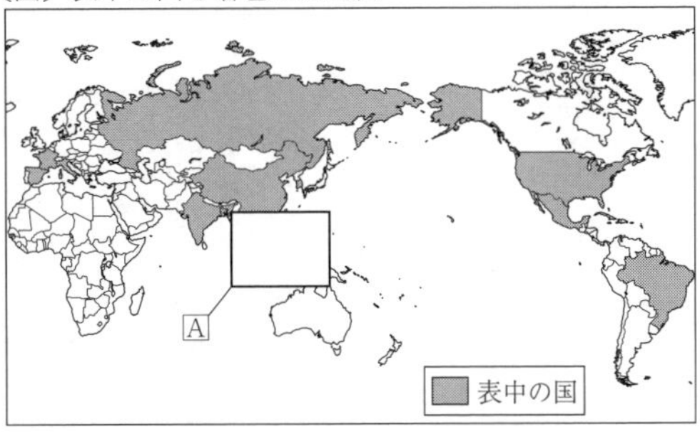
A
表中の国

先生：よくまとめましたね。調べる過程で，気付いたことや疑問に思ったことはありましたか。

太郎：ａ中国の料理は種類がとても多くて驚きました。それから，バングラデシュの料理を調べていて，「ｂハラル」という言葉が出てきたので，あとで調べてみようと思います。

花子：私は，ｃヨーロッパの料理の店が多いことと，ｄアメリカの料理の店が少ないことが気になりました。

先生：では，もう少し調べてみましょう。

(1) 〔図〕中のAに当てはまる図として最も適当なものを，ア～エから１つ選び，記号を書きなさい。（　　　）

ア

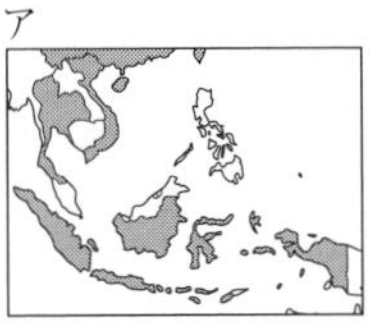

イ

ウ

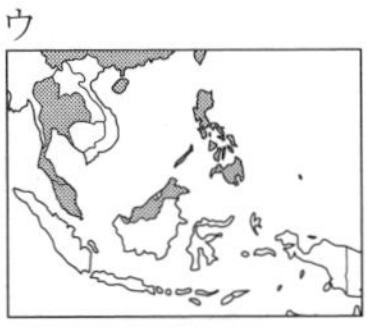

エ

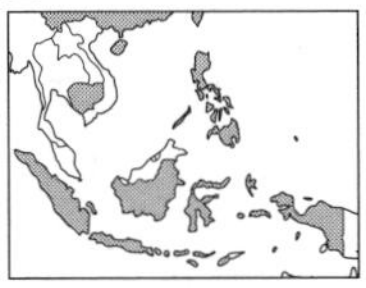

(2) 下線部ａに関連して，資料２は中国の料理について調べたものである。資料２中のB～Dの地域と，各地域の料理についての説明文あ～うの組み合わせとして最も適当なものを，ア～カから１つ選び，記号を書きなさい。（　　　）

資料２

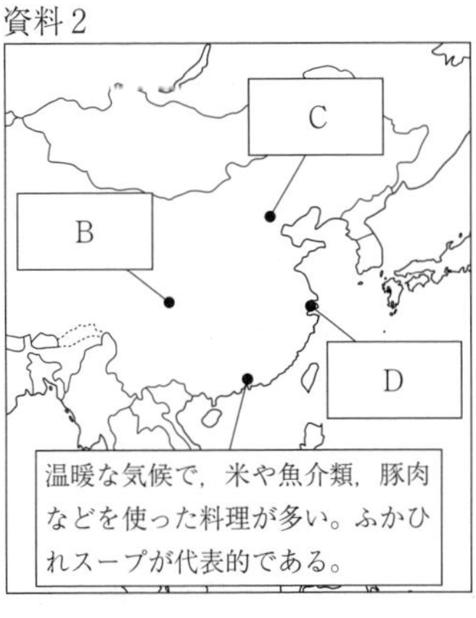
C
B
D
温暖な気候で，米や魚介類，豚肉などを使った料理が多い。ふかひれスープが代表的である。

あ　小麦や豚肉，羊肉を使った料理が発達し，味が濃く塩辛い料理が多い。水餃子（すいぎょうざ）が代表的である。

い　大河川を利用して作られた米などの穀物や魚介類を使った料理が多い。八宝菜（はっぽうさい）が代表的である。

う　内陸の盆地で作られた米や大豆，香辛料を使った料理が多い。マーボー豆腐（どうふ）が代表的である。

	ア	イ	ウ	エ	オ	カ
B	(あ)	(あ)	(い)	(い)	(う)	(う)
C	(い)	(う)	(あ)	(う)	(あ)	(い)
D	(う)	(い)	(う)	(あ)	(い)	(あ)

(3)　下線部 b に関連して，資料 3 はハラルについて調べたことをまとめたものである。［E］に当てはまる内容を書きなさい。(　　　　　　　　　　　)

資料 3

【ハラルについて】

ハラルと関係の深い国についてまとめると右図のようになり，［E］が多いという共通点があることが分かります。

ハラルとは，「食べることが許されている」という意味であり，［E］は，ハラルではない食べ物を口にすることが禁じられています。そのため，間違って口にしてしまうことを防ぐために，店頭や製品にハラルであることを認証するマークが使われています。

認証マークの例

〔図〕

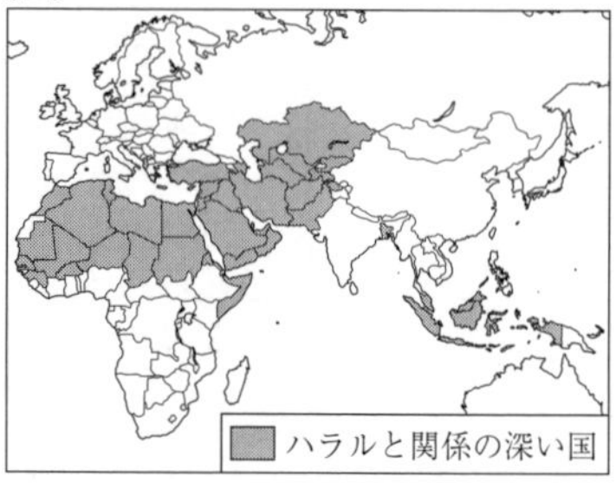

(4)　下線部 c に関連して，①～③の問いに答えなさい。

①　イタリアとフランスの共通点について述べた文として**適当でないもの**を，ア～エから 1 つ選び，記号を書きなさい。(　　　)

ア　どちらも地中海に面している。　　イ　どちらもプロテスタントを信仰する人が多い。

ウ　どちらも温帯に属している。　　エ　どちらもラテン系言語が多く使われている。

②　資料 4 はロシア料理について調べ，関連する語句をつなげて作成した図である。(F)，(G) に当てはまる語句の組み合わせとして最も適当なものを，ア～エから 1 つ選び，記号を書きなさい。

(　　　)

	F	G
ア	白夜	焼畑農業
イ	永久凍土	焼畑農業
ウ	白夜	混合農業
エ	永久凍土	混合農業

資料 4

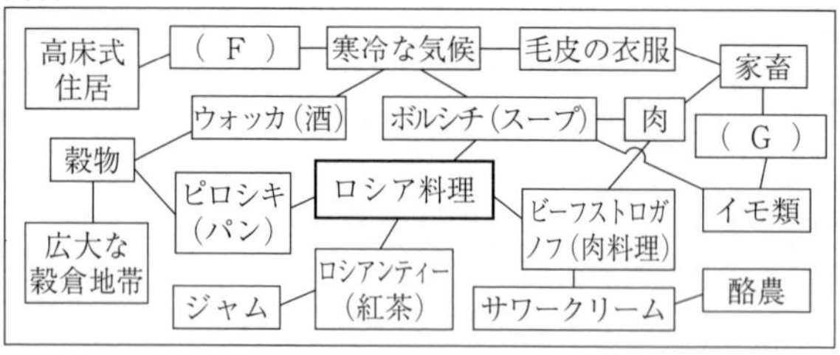

③　次はヨーロッパの食文化についてまとめたものである。文中の［H］に当てはまる内容を書きなさい。(　　　　　　　　　　)

ヨーロッパには多くの国があり，歴史の中で国ごとに食文化が形成されてきたことが分かりました。しかし，1993 年に［H］ことによって，多くの国で国境を越えた移動が自由になっています。今後は，国という枠組みにとらわれず，さらに食文化が変化することも考えられます。

(5)　下線部 d に関連して，次はアメリカの料理についての会話文である。会話文中の (I) に当てはまる語句を，**漢字 5 字**で書きなさい。(　　　)

花子：アメリカの料理を調べたところ，ハンバーガーがアメリカの料理として紹介されているホームページもありました。

太郎：そう考えると，アメリカの料理の店は，とても多くなりますね。アメリカの有名なハンバーガーチェーン店は世界中に広がっていますから。

先生：ええ，各国の食文化に新たな影響をもたらしていますね。このような世界中に支店を持つ企業のことを何というか覚えていますか。

花子：はい。（ Ⅰ ）です。

② 太郎さんのクラスでは，歴史学習のまとめとして「食の歴史」に関する調べ学習を行い，資料1を作成した。(1)～(9)の問いに答えなさい。

資料1

A班「古代の食生活」
・奈良時代には，鉄製農具の広がりや土地に関するしくみが整備されたことによって，人々の食生活が安定し始めた。

B班「中世の宗教と茶」
・鎌倉時代，a栄西が中国から茶を日本に持ち帰り，将軍が病気の際には，薬として献上した。
・室町時代になると，b茶の湯が流行した。

C班「近世の社会と弁当の歴史」
・「べんたう，弁当と書けり，(中略) 昔はなし。信長公，c安土に来て初めて視(み)たるぞ」という資料があり，弁当という言葉がこのころから使われていたことが分かる。
・「徳川家光の時代，d江戸城には大名たちが毎日それぞれの屋敷から弁当持参で登城(とじょう)していた。その際，毛利秀元(ひでもと)の弁当の鮭(さけ)を皆が珍しがった」という話が伝えられている。

D班「近代の社会と食文化の洋風化」
・明治時代には，食も西洋の影響を受けるようになった。ビスケットは，e戦争の際に持ち運びに便利な食料として需要が高まり，その後普及した。
・大正時代には，f大正デモクラシーといわれる変革の中で食生活も変化し，右のような洋食のメニューが並んだ店で食事をとる家族連れの客が増えた。

E班「現代の日本の学校給食」
・1946年に戦後の新しい給食が始まった。
・1954年に学校給食法が制定され，小学校の給食が制度化した。中学校は1956年に適用。
・米飯(べいはん)給食は1976年から開始された。

〔1955年の給食メニュー〕
・コッペパン
・ミルク（脱脂粉乳(だっしふんにゅう)）
・アジフライ　・サラダ

(「独立行政法人日本スポーツ振興センター　学校安全Web」より作成)

(1) 日本における原始・古代から現代までの時代の区分として最も適当なものを，ア～エから1つ選び，記号を書きなさい。(　　　)

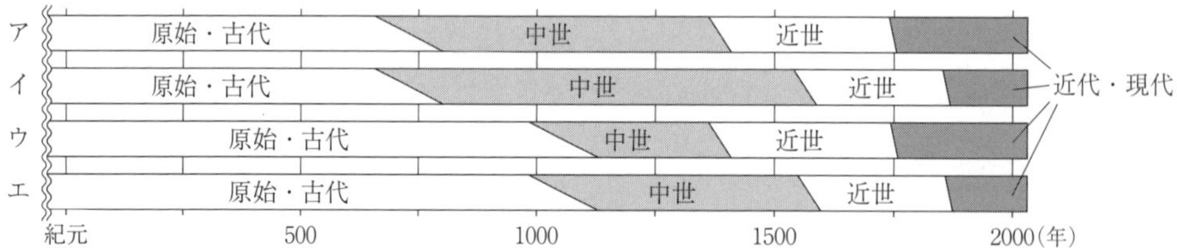

(2) 次はA班がまとめた内容についての会話文である。①，②の問いに答えなさい。

花子：A班のまとめの中にある「土地に関するしくみが整備された」とは，どのようなことでしょうか。

太郎：戸籍に基づいて口分田が与えられ，死後は国に返す（ F ）という制度が整備されたことなどです。それにより，資料2のように，庶民も安定して食事がとれるようになったようです。

花子：なるほど。それにしても，貴族の食事はとても豪華ですね。都ではとれない海産物などがたくさんあるのはなぜでしょうか。

太郎：それは，［　　G　　］ことが関係しているようですね。

資料2

庶民の食事

貴族の食事

① 会話文中の（ F ）に当てはまる語句を書きなさい。（　　　）

② 会話文中の G に当てはまる内容を，**税の名称**を含めて書きなさい。

（　　　）

(3) 下線部aに関連して，栄西に関することがらについて述べた文として最も適当なものを，ア～エから1つ選び，記号を書きなさい。（　　　）

ア 栄西は誰もが一心に念仏を唱えることで，極楽往生できると説いた。

イ 栄西が中国に渡った頃は明が成立しており，鎌倉幕府は明に正式な貿易船を派遣した。

ウ 栄西が伝えた禅宗の一派である臨済宗は，幕府の保護を受けて発展した。

エ 栄西は御成敗式目の定めに従って，中国への渡航を許可された。

(4) 下線部bに関連して，堺の商人で，わび茶を完成させた人物の名前を，**漢字**で書きなさい。

（　　　）

(5) 下線部cに関連して，安土の位置として最も適当なものを，略地図中のア～エから1つ選び，記号を書きなさい。（　　　）

略地図

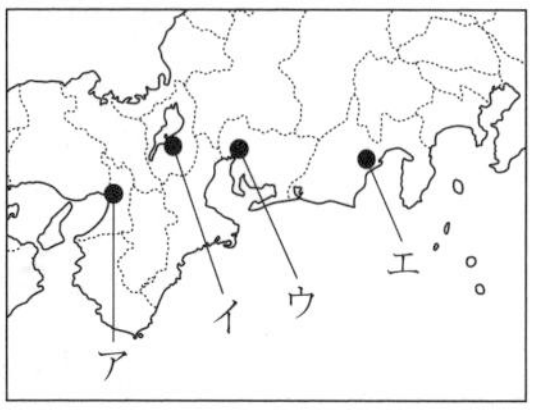

(6) 下線部dに関連して，各地の大名が江戸で生活していた理由を，**制度の名称**を含めて書きなさい。

（　　　　　　　　　　　　　　　　　　　　　　　　　　　　　　　）

(7) 下線部eに関連して，資料3は1905年，1915年，1942年のいずれかの国際関係の一部を示したものである。資料3中のア～ウを年代の古いものから順に並べて，記号を書きなさい。（　　→　　→　　）

資料3

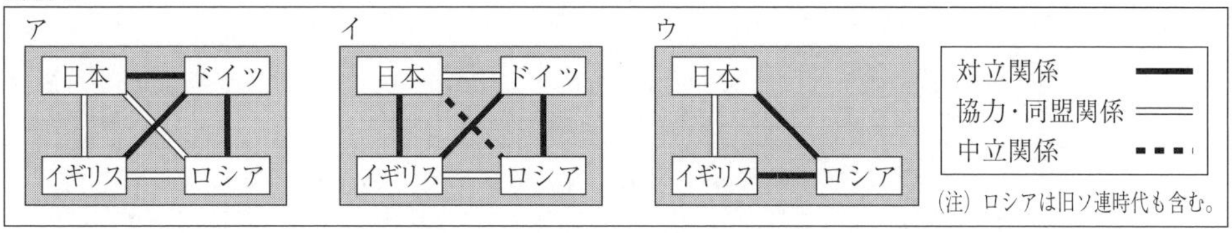

(8) 下線部fに関連して，この時期の出来事について述べた文として最も適当なものを，ア～エから1つ選び，記号を書きなさい。（　　　）

ア 板垣退助が，国民の政治参加を実現するために自由民権運動を行った。

イ 田中正造が，足尾銅山の鉱毒被害について天皇に直接訴えようとした。

ウ 中江兆民が，西洋から学んだ自由や平等の思想を著書で紹介した。

エ 吉野作造が，民本主義を唱えて民衆の幅広い政治参加を説いた。

(9) 次はE班がまとめた内容についての会話文である。会話の内容に関して，資料4中で小麦の輸出量上位5か国を示したものとして最も適当なものを，ア～エから1つ選び，記号を書きなさい。

（　　　）

花子：給食の写真を見て驚きました。初期の給食は，米飯だと思っていました。

太郎：アメリカの余剰農作物が供給されて，パン給食が始まったようです。

花子：アメリカの農畜産物輸出は現在も多いですね。

太郎：ええ。資料4は2016年の小麦，牛肉，とうもろこし，大豆のいずれかの輸出量上位5か国と世界に占める割合（%）ですが，どれもアメリカが入っています。

資料4

	ア	イ	ウ	エ
1位	ロシア (13.8)	アメリカ (38.0)	アメリカ (42.8)	ブラジル (13.3)
2位	アメリカ (13.1)	アルゼンチン (16.6)	ブラジル (38.2)	オーストラリア (12.1)
3位	カナダ (10.7)	ブラジル (14.8)	アルゼンチン (6.6)	インド (10.9)
4位	フランス (10.0)	ウクライナ (7.5)	パラグアイ (4.0)	アメリカ (9.3)
5位	オーストラリア (8.8)	フランス (3.7)	カナダ (3.3)	ニュージーランド (4.8)

（「データブック　オブ・ザ・ワールド 2020」より作成）

③ 花子さんは，2022 年から成年年齢が 18 歳に引き下げられることについて調べ，「成年になるために必要なこと」というタイトルで資料 1 のレポートを作成した。(1)～(7)の問いに答えなさい。

資料 1

> 私は今 15 歳です。あと 3 年で成年になりますので，これまで以上に社会のことに関心を持とうと思います。社会をより良くしていくためには，社会科の授業で学んだ$_a$効率と公正の考え方に基づき，民主的な社会をつくっていくことが大切だと考えています。そして，$_b$憲法に基づいて，人権意識を持つことや，主権者として$_c$選挙に参加することも必要です。
> また，経済活動にも参加し，$_d$景気や$_e$物価にも関心を持つ機会が増えていきます。日常の消費活動の中では，$_f$自立した消費者になるための知識もつけなければいけません。
> これらのことを踏まえ，社会に出たら，$_g$仕事に励みながら，良い人生を送っていきたいです。

(1) 下線部 a に関連して，次は「効率」と「公正」のいずれかについて述べたものである。このうち，「公正」について述べた文として適当なものを，ア～エから **2 つ**選び，記号を書きなさい。

（　　・　　）

ア　話し合いにそれぞれ対等な立場で参加すること。

イ　特定の人が正当な理由もなく不利な扱いを受けることがないようにすること。

ウ　少ない労力でたくさんのことを行うこと。

エ　得られる効果がそれにかける時間や費用に見合ったものかどうか検討すること。

(2) 下線部 b に関連して，資料 2，資料 3 は 1947 年に発行された社会科の教科書「あたらしい憲法のはなし」に掲載された図である。①，②の問いに答えなさい。

資料 2

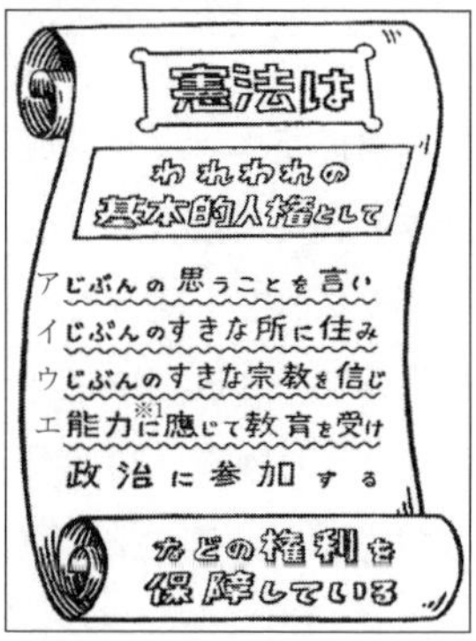

※1 應＝応

資料 3

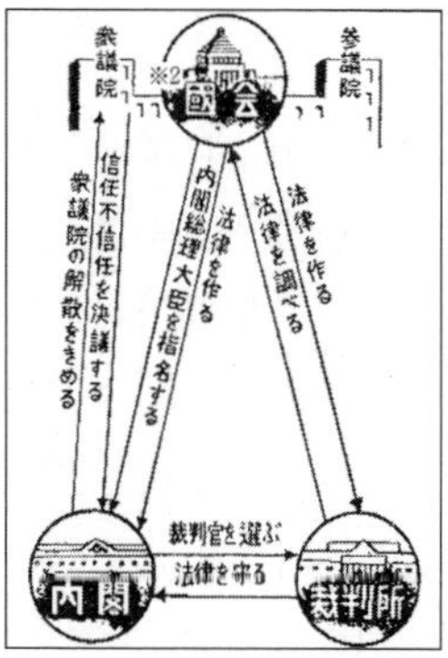

※2 國＝国

① 資料 2 中の波線部について，「経済活動の自由」に当てはまるものとして最も適当なものを，ア～エから 1 つ選び，記号を書きなさい。（　　）

② 衆議院において，内閣不信任決議が可決した場合，内閣は何をしなければならないか。資料 3 を参考に，**日数を含めて**，**25 字以上 35 字以内**で書きなさい。なお，句読点は字数に含むものとし，日数は**漢数字**を使うこと。

(3)　下線部ｃに関連して，資料４は衆議院議員選挙実施年における有権者の条件と，人口に占める有権者比率の移り変わりを示したものである。1946年から2014年までの間において，有権者の条件は変化していないが，有権者比率は大幅に増加している。この要因を，人口構成に着目して書きなさい。(　　　　　　　　)

資料４

衆議院議員選挙実施年	有権者の条件			人口に占める有権者比率(％)
	年齢	性別	納税額	
1920年	25歳以上	男	３円以上	5.5
1928年	25歳以上	男	条件なし	20.0
1946年	20歳以上	男女	条件なし	48.7
1969年				67.5
1990年				73.1
2014年				81.7
2017年	18歳以上	男女	条件なし	83.7

(注) 一部の選挙実施年を掲載している。

(「総務省ホームページ」他より作成)

(4)　下線部ｄに関連して，資料５は1956年から2016年までの日本の実質経済成長率を示したものである。資料５の内容について述べた文として最も適当なものを，ア～エから１つ選び，記号を書きなさい。(　　　)

資料５

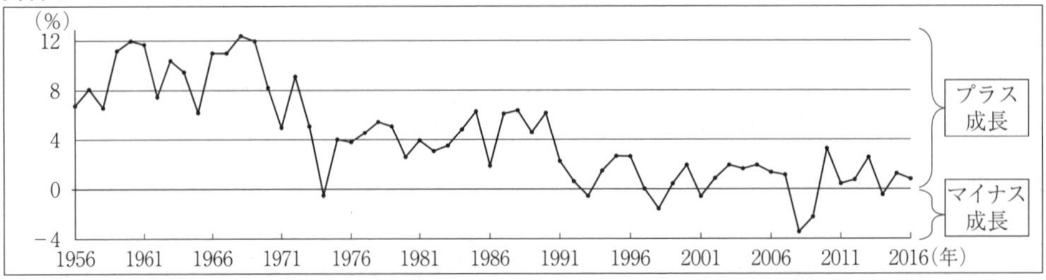

(「数字でみる日本の100年」他より作成)

ア　湾岸戦争が起きたことで，以降５年間の実質経済成長率はプラス成長が続いた。

イ　バブル景気時の実質経済成長率は，第二次世界大戦後で最大のプラス成長となった。

ウ　高度経済成長期には，実質経済成長率は毎年プラス成長を続けた。

エ　世界金融危機が発生した年も，実質経済成長率はプラス成長を維持した。

(5)　下線部ｅに関連して，資料６は東京都中央卸売市場における，2018年のりんごの月別平均価格を示したものである。この年のりんごの月別出荷量を示した図として最も適当なものを，ア～ウから１つ選び，記号を書きなさい。(　　　)

資料６

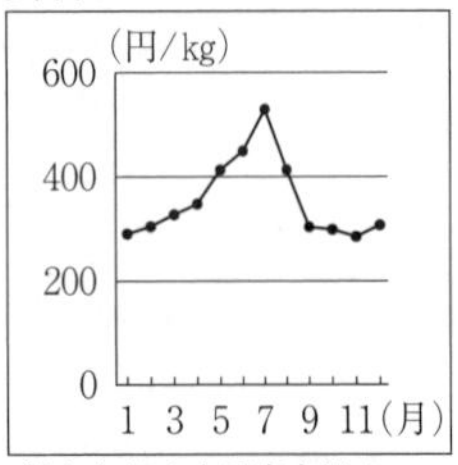

(「東京都中央卸売市場ホームページ」より作成)

ア

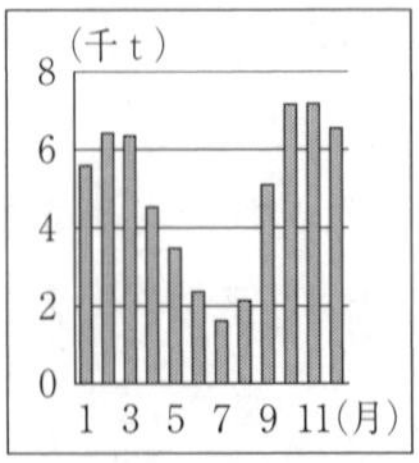

イ

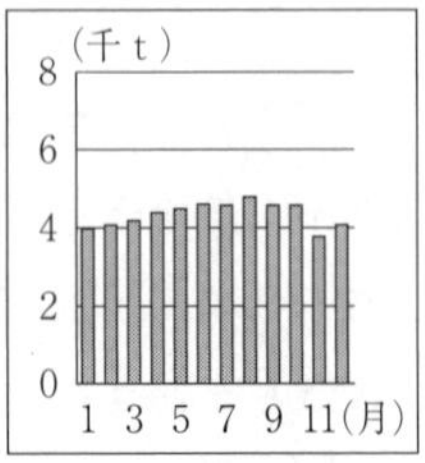

ウ

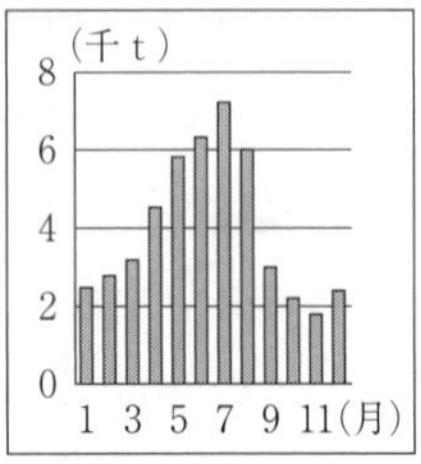

(6) 下線部fに関連して，1968年に制定された消費者の保護を目的とする法律が，2004年に改正された。消費者の権利や自立の支援などの基本理念を定めた改正後の法律名を何というか，**漢字6字**で書きなさい。(　　　)

(7) 下線部gに関連して，次の文中の（ A ）に当てはまる語句を，**カタカナ**で書きなさい。

(　　　)

資料7は日本の年間労働時間の推移を，資料8は日本人の「仕事と余暇(よか)のどちらを優先するか」に関する意識調査の結果を示したものである。2つの資料が示すように，近年，（ A ）の実現に向けた国や企業の取り組みが進み，人々の意識も変化しつつあるといえる。

資料7

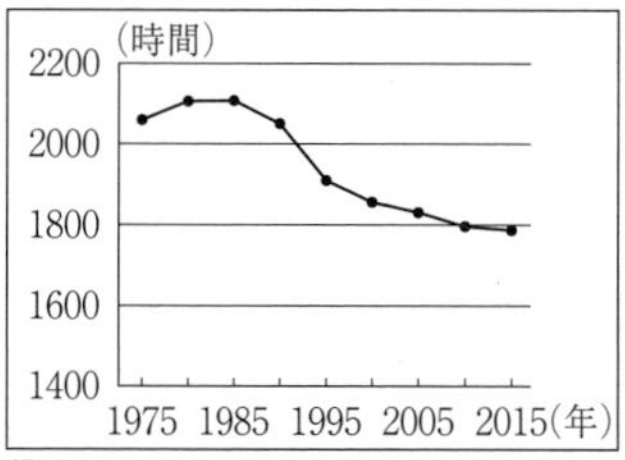

(「数字でみる日本の100年」他より作成)

資料8

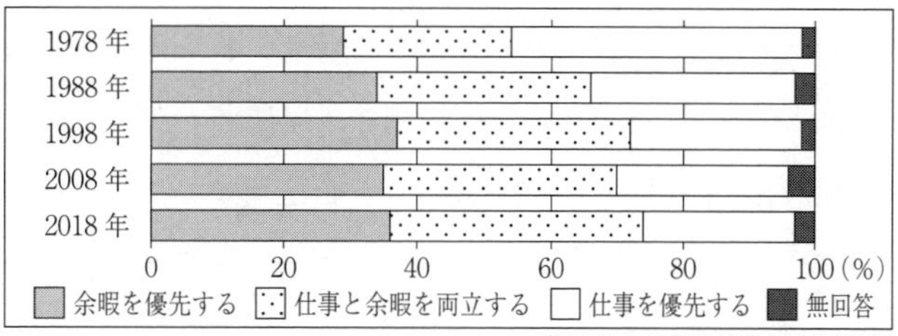

(「日本人の意識調査」より作成)

④　次は太郎さんが広島市を訪れたことについての会話文である。(1)～(6)の問いに答えなさい。

太郎：広島市で最も印象に残ったのは原爆ドームでした。原爆ドームは，原子爆弾が投下された際に被爆した建造物であり，核兵器の惨禍（さんか）を伝えるものとして a世界遺産に認定されています。

花子：私も原爆ドームを見たことがありますが，とても悲しい気持ちになりました。このような出来事は，二度と起きてほしくありません。

先生：ええ。私たちは，この悲惨な出来事を繰り返さないために歴史を学び，b戦争の背景はもちろんのこと，戦後に日本がどのようにして c平和な社会をつくろうとしたのかも知っておくことが大切です。ところで太郎さん，広島市で他に気付いたことはありましたか。

太郎：はい。工場がたくさんあり，d瀬戸内工業地域の一部だということがよく分かりました。

花子：瀬戸内は，e気候も特徴的でしたよね。行った日の天気はどうでしたか。

太郎：よく晴れていたので，f広島駅から原爆ドームまで歩いて行きました。

(1)　下線部aに関連して，世界遺産は，自然遺産と文化遺産などに分類される。資料1は日本にある世界遺産の一部を示したものである。このうち，文化遺産として適当なものを，ア～オから**すべて**選び，記号を書きなさい。(　　　)

資料1

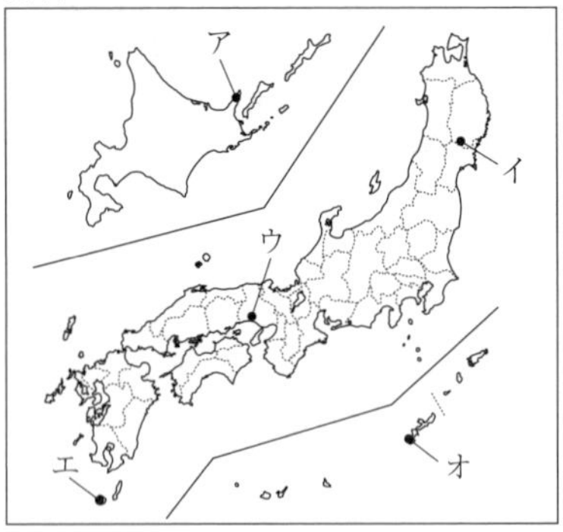

(2)　下線部bに関連して，資料2は1926年から1931年の日本の農家の収入の推移を，資料3は1926年と1931年における各国の輸入品に対する税率を示したものである。**資料2，資料3の両方**と関係が深い出来事として最も適当なものを，ア～エから1つ選び，記号を書きなさい。(　　　)

資料2

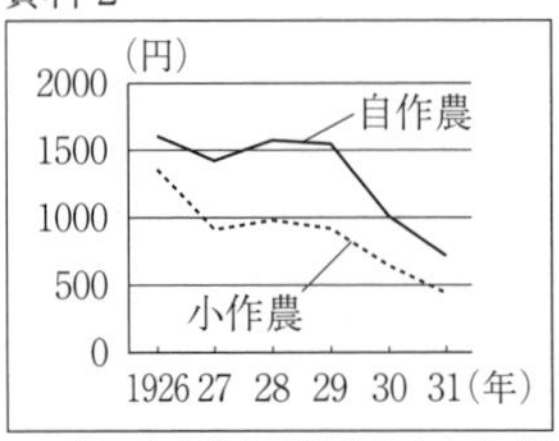

（「日本農業基礎統計」より作成）

資料3

国名	1926年の税率（%）	1931年の税率（%）
イギリス	4.0	※10.0
フランス	12.0	38.0
ドイツ	12.0	40.7
日本	16.0	24.0
アメリカ	29.0	53.0

※イギリスのみ1932年の統計
（「Global Transformations」より作成）

ア　国家総動員法が制定された。　　イ　農地改革が行われた。

ウ　関東軍が満州国を建国した。　　エ　学童の疎開が始まった。

(3)　下線部cに関連して，次は戦後の日本が平和な社会をつくろうとした過程について述べたものである。文中の（ A ），（ B ）に当てはまる語句を，それぞれ**漢字**で書きなさい。

A(　　　)　B(　　　)

戦後まもなく日本では，GHQ（連合国軍総司令部）の指示で新しい憲法の制定に着手し，日本国憲法が公布されました。日本国憲法は，（ A ），平和主義，基本的人権の尊重を三大原則としています。また，1951年にサンフランシスコ平和条約を結んだことを皮切りに，多くの国と国交を回復していきました。さらに，1972年の沖縄返還に伴い，従来からうたわれていた，核兵器を

「持たず，作らず，持ち込ませず」という（ B ）があらためて確認されました。

(4) 下線部dに関連して，資料4は北関東工業地域，中京工業地帯，阪神工業地帯，瀬戸内工業地域のいずれかの製造品出荷額等の内訳（2017年）を示したものである。瀬戸内工業地域のものとして最も適当なものを，ア～エから1つ選び，記号を書きなさい。(　　　)

資料4

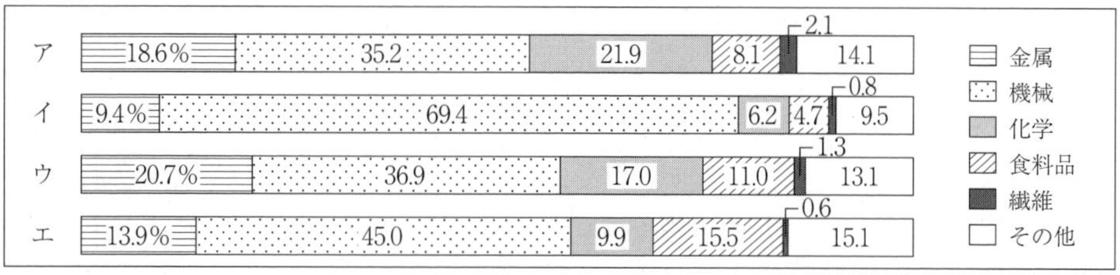

（「日本国勢図会 2020／21」より作成）

(5) 下線部eに関連して，資料5は広島，鳥取，高知のいずれかの雨温図である。資料5中のC～Eと都市名の組み合わせとして最も適当なものを，ア～カから1つ選び，記号を書きなさい。

(　　　)

資料5

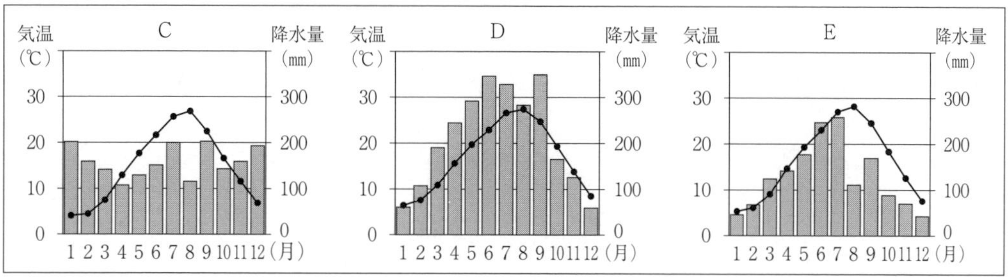

（「データブック　オブ・ザ・ワールド 2020」より作成）

	ア	イ	ウ	エ	オ	カ
C	広島	広島	鳥取	鳥取	高知	高知
D	鳥取	高知	広島	高知	広島	鳥取
E	高知	鳥取	高知	広島	鳥取	広島

(6) 下線部fに関連して，資料6は広島市の2万5千分の1地形図の一部であり，資料7は太郎さんの記した メモである。①，②の問いに答えなさい。

資料6

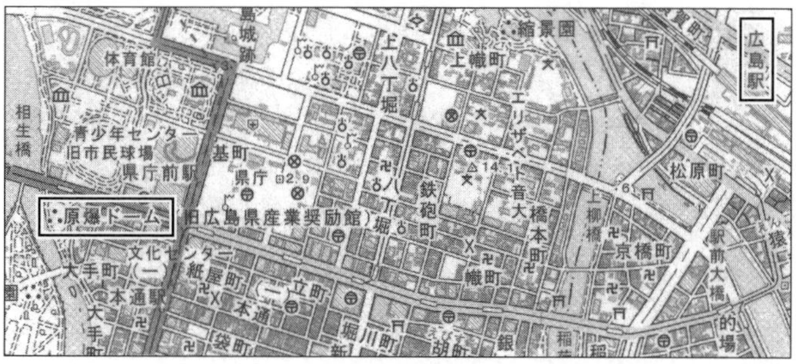

（「国土地理院発行2万5千分の1地形図」より作成）

資料 7

・広島市は高層ビルが多く，中国地方の地方中枢都市であり，人口 50 万人以上の条件で政府から指定された（ F ）都市でもあることが感じ取れた。
・広島駅から見た原爆ドームの方角は（ G ）であり，歩いた道のりは地形図上で約 9 cm だったので，実際には約（ H ）km である。

① 資料 7 中の（ F ）に当てはまる語句を，**漢字 4 字**で書きなさい。
（　　　）

② 資料 7 中の（ G ），（ H ）に当てはまる語句の組み合わせとして最も適当なものを，ア～エから 1 つ選び，記号を書きなさい。（　　　）

	G	H
ア	南南東	4.5
イ	西南西	4.5
ウ	南南東	2.25
エ	西南西	2.25

5 花子さんは，防災・減災について調べるため，「大分県減災社会づくりのための県民条例」を読んだ。資料１は条例の前文の一部を示したものである。(1)～(4)の問いに答えなさい。

資料１

大分県は，毎年のように梅雨前線や台風等に伴う集中豪雨，暴風などの風水害に見舞われている。また，県内には多数の活断層が存在し，a 東南海・南海地震が高い確率で発生すると予測され，本県に甚大(じんだい)な被害をもたらすことが予想されている。

これら b 自然災害の発生を防ぐことはできないが，c その被害は，県民一人一人の日ごろの努力によって減らすことが可能である。(中略)

ここに，大分県の減災社会づくりに向け，d「自助」，「共助」，「公助」を基本理念とする県民運動を展開するため，この条例を制定する。

(1) 下線部ａに関連して，資料２は大分県内に影響を及ぼした過去の地震の一部について示したものである。資料２中の（ Ａ ）に当てはまる語句を，**漢字**で書きなさい。(　　　)

資料２

年	地震名	主な内容
1707年	宝永(ほうえい)地震	被害は中部地方～九州地方全域に及んだ。県内では震度5～6であり，各地で津波が発生した。
1854年	安政(あんせい)東海・南海地震	12月23日に東海地震が発生した。伊豆周辺の被害が大きく，同年に結ばれた（ Ａ ）条約によって開港したばかりの下田が深刻な被害を受けた。さらに翌24日に南海地震が発生した。県内では震度5～6であり，津波は県南部で約2ｍであった。
1946年	南海地震	西日本の太平洋側と瀬戸内に被害が及んだ。県内では震度3～5であり，津波は約1ｍであった。

(「大分県ホームページ」他より作成)

(2) 下線部ｂに関連して，資料３は河川水系の模式図を示したものである。模式図中の地点Ｂ～Ｉにおける災害や防災について述べた文として最も適当なものを，ア～エから１つ選び，記号を書きなさい。なお，模式図以外の条件は考えないものとする。(　　　)

資料３

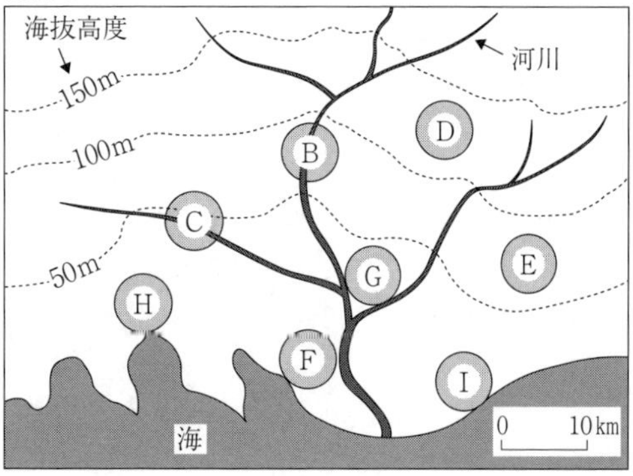

ア Ｂよりも Ｃの方が，同じ規模のダムを建設した際に，河口部の洪水を防ぐ効果が高い。

イ Ｄよりも Ｅの方が，同じ面積の森林を伐採した際に，河口部で洪水の危険性が高くなる。

ウ Ｆよりも Ｇの方が，堤防で囲まれた輪中が形成されやすい。

エ Ｈよりも Ｉの方が，津波の被害が大きくなる可能性が高い。

(3) 下線部ｃに関連して，資料４は内閣府が行った防災に関する世論調査のうち，「重点をおくべき防災対策」に対する回答であり，〔図１〕は2002年，2013年，2017年の全回答の内訳を，〔図２〕は2017年の年齢層別回答の内訳を示したものである。資料４について述べた文として**適当でな**

いものを，ア～エから１つ選び，記号を書きなさい。(　　　)

資料４

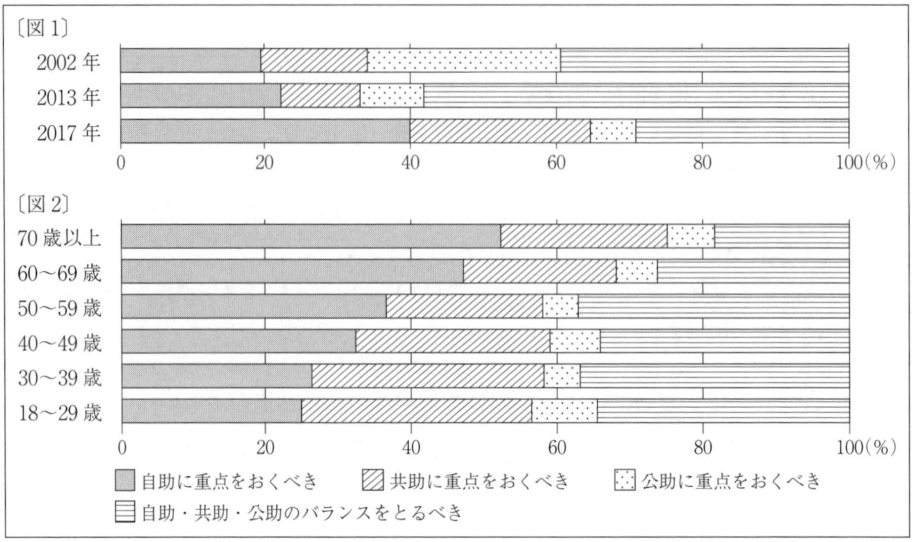

(「防災に関する世論調査」より作成)

ア　年齢層別に比較をすると，高い年齢層ほど「自助に重点をおくべき」という回答の割合が多くなっている。

イ　調査年別に比較をすると，「自助に重点をおくべき」という回答の割合は，調査のたびに増え続けている。

ウ　年齢層別に比較をすると，どの年齢層においても「公助に重点をおくべき」という回答の割合が最も少なくなっている。

エ　調査年別に比較をすると，「自助・共助・公助のバランスをとるべき」という回答の割合は，東日本大震災より前の調査に比べて半減している。

(4)　下線部ｄに関連して，防災・減災のためにできる「自助」の具体例を，条件に従って**２つ**書きなさい。

(　　　　　　　　　　　　　　　　　　　)(　　　　　　　　　　　　　　　　　　　)

条件

１．想定する災害は**地震**とし，災害発生より前にできる「自助」の具体例を書くこと。

２．同じ種類の具体例を２つ書いてはならない。

理科

時間 50分　　満点 60点

[1] 花子さんと太郎さんは，自然界のつながりについて調べるために，次の実習・実験を行った。(1)～(6)の問いに答えなさい。

[Ⅰ] 花子さんは，自然界の中での生物どうしのつながりと，生物の数量関係について調べた。

[1] 生態系の中では，生物どうしが「食べる・食べられる」という関係で鎖のようにつながっている。また，生物の間の数量関係は，通常はピラミッドのようにつり合いが保たれていることがわかった。

［図1］は，ある森林における植物，草食動物，肉食動物の数量の関係を表している。

［図1］

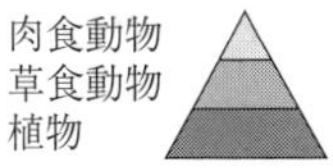

[2] 何らかの原因により，その森林で草食動物が急激に増加したとき，もとの安定したつり合いの状態に戻るまでの生物の数量関係の変化について考えた。

［図2］は，その変化のようすを表したものである。

［図2］

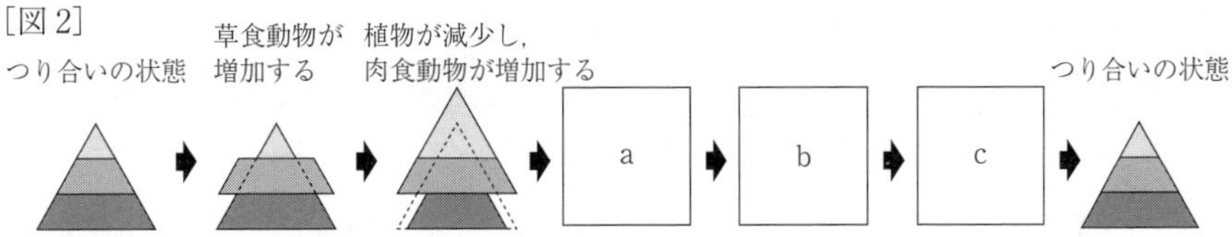

[Ⅱ] 太郎さんは，森林の中が落ち葉でいっぱいにならないことに疑問を持った。そこで，「微生物は，土の中でどのようなはたらきをしているのだろうか」という課題を設定し，落ち葉にはカビが生えていたことから，次のように予想を立て，実験を計画した。

【予想】 微生物は，有機物を無機物にまで分解するはたらきをしている。

【計画した実験】

[3] 移植ごてで落ち葉の下の土を掘りとる。

[4] 質量パーセント濃度0.1％のデンプン溶液をつくる。

[5] [4]のデンプン溶液を100mLだけとり出し，寒天粉末2gを入れ，加熱して溶かす。それを，［図3］のように，加熱殺菌したペトリ皿A，Bに入れてふたをし，培地をつくる。

[6] ［図4］のように，ペトリ皿Aの培地にはそのままの土を，Bの培地には十分に加熱して冷ました土を同量のせて，ふたをして室温の暗い場所に3～5日間置く。

［図3］

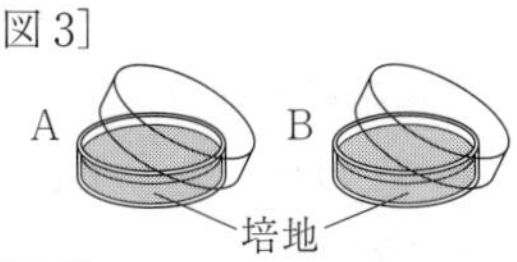

［図4］

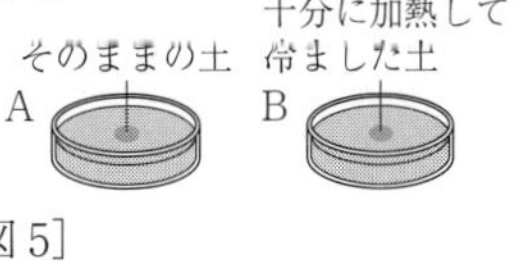

［図5］

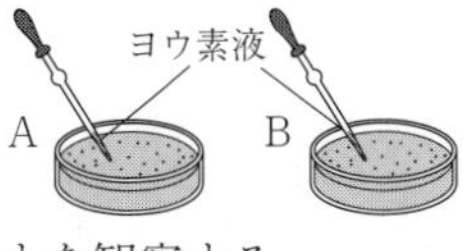

[7] ペトリ皿A，Bの土を洗い流してとり除き，培地の表面のようすを観察する。

[8] ［図5］のように，ペトリ皿A，Bそれぞれにヨウ素液を加え，培地の表面の色の変化を調べる。

(1)　[1]の下線部について，食べる・食べられるという関係によるつながりを何というか，書きなさい。(　　　)

(2)　[図2] が，生物の数量関係の変化を正しく表したものになるように，[a]～[c]にあてはまるものを，ア～ウから1つずつ選び，記号を書きなさい。a (　　　)　b (　　　)　c (　　　)

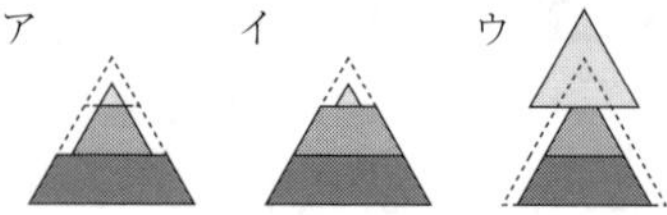

(3)　[4]で，質量パーセント濃度0.1％のデンプン溶液を500gつくるには，水にデンプンを何g溶かせばよいか，求めなさい。(　　　g)

(4)　[Ⅱ]で，太郎さんの【予想】が正しければ，[8]の結果はどのようになると考えられるか。最も適当なものを，ア～エから1つ選び，記号を書きなさい。(　　　)

ア　土があった周辺の培地表面の色は，Aでは変化せず，Bでは青紫色になる。
イ　土があった周辺の培地表面の色は，Aでは青紫色になり，Bでは変化しない。
ウ　土があった周辺の培地表面の色は，Aでは変化せず，Bでは赤褐色になる。
エ　土があった周辺の培地表面の色は，Aでは赤褐色になり，Bでは青紫色になる。

(5)　次の文は，太郎さんが[Ⅱ]の実験を行った後に，微生物についてまとめたものである。下の文中の下線部について，菌類のなかまとして適切なものを，ア～オから**すべて**選び，記号を書きなさい。
(　　　)

実験結果より，土の中の微生物は，落ち葉などの有機物を無機物にまで分解していることがわかった。微生物についてインターネットで調べると，<u>菌類</u>や細菌類があり，菌類は主に胞子でふえ，細菌類は主に分裂によってふえることがわかった。

ア　乳酸菌

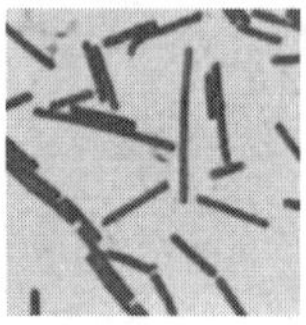

イ　シイタケ

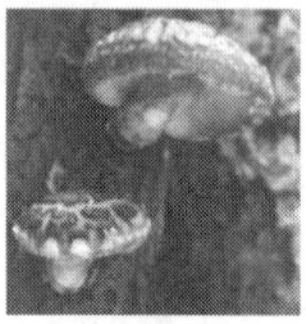

ウ　納豆菌(なっとう)

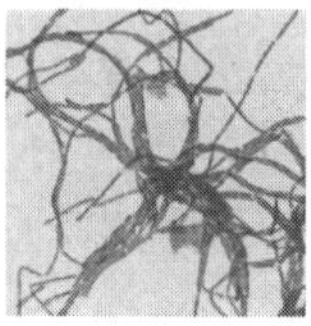

エ　アオカビ

オ　大腸菌

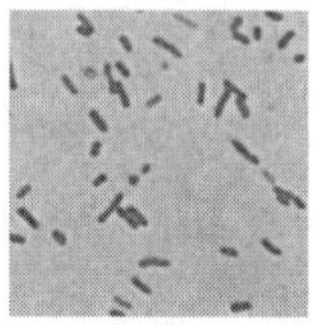

(6)　[図6] は，2人が，[Ⅰ]，[Ⅱ]でわかったことをもとに，有機物の流れと，無機物である酸素と二酸化炭素の流れについてまとめたものであるが，酸素と二酸化炭素の流れを示す矢印が合わせて3本欠けている。**欠けている3本の矢印**を，図6に表しなさい。ただし，酸素の流れは ⟶ で，二酸化炭素の流れは ┈> で書くこと。

[図6]

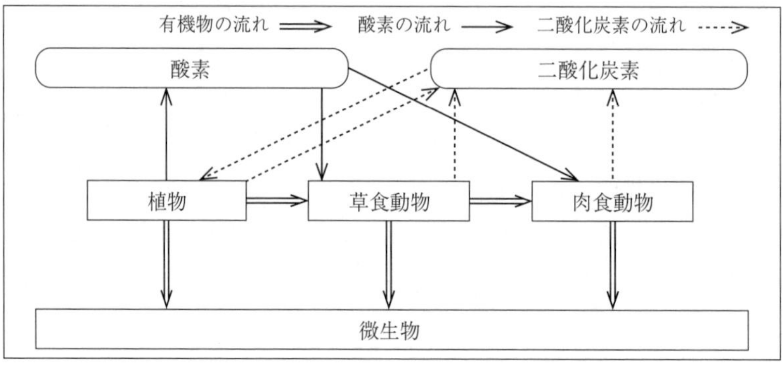

2　花子さんと太郎さんは，音の性質について調べるために，次の実験を行った。(1)～(5)の問いに答えなさい。

Ⅰ　2人は，ギターが出す音のちがいに疑問を持ち，「弦の振動のしかたによって音の大きさはどう変化するのだろうか」という課題を設定し，次のように予想を立て，実験を行った。

【予想】「弦をはじく強さ」が強いほど，大きい音になる。

【実験】

1　［図1］のように，輪ゴムを空き箱全体にかけ，割りばしを移動させて，弦の長さを変えられる自作のギターを用意した。

2　「弦の長さ」と「弦をはる強さ」と「弦の太さ」を一定にして，「弦をはじく強さ」が強いときと弱いときで，音の大きさ，弦の動き，音の高さを調べた。

［表］は，その結果をまとめたものである。

［図1］

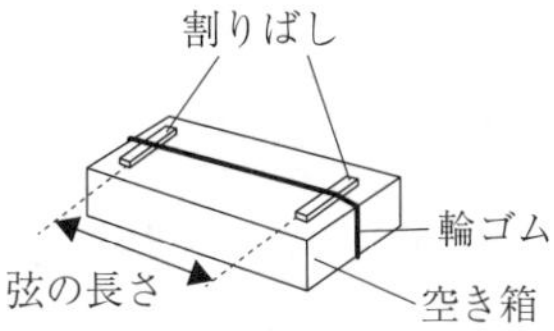

［表］

	はじく強さが強い	はじく強さが弱い
音の大きさ	大きい音	小さい音
弦の動き	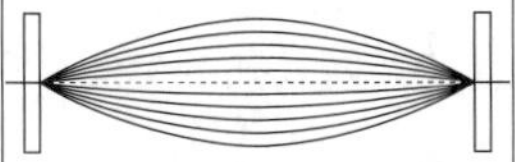	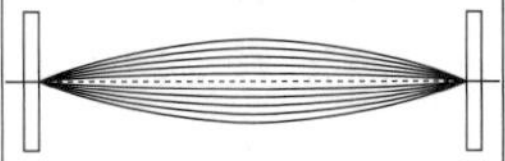
音の高さ	同じ高さの音	

Ⅱ「弦の振動のしかたによって音の高さはどう変化するのだろうか」という課題を設定し，次のように予想を立てた。

【予想】(i)「弦の太さ」が細いほど，高い音になる。

(ii)「弦の長さ」が短いほど，高い音になる。

(1)　音の性質について述べた文として適切なものを，ア～エから**すべて**選び，記号を書きなさい。

(　　　)

ア　ブザーを入れた容器の中の空気をぬいていくと，聞こえるブザーの音が大きくなっていく。

イ　遠くで打ち上げられた花火を観察すると，花火が見えた後に音が聞こえる。

ウ　集音器は，小さな音や遠くの音を録音するために，反射板で音を反射させてマイクに集めている。

エ　音が伝わる速さは，固体の中よりも空気中の方が速い。

(2)　次の文は，［表］の結果から考察したものである。①，②の問いに答えなさい。

弦を強くはじくと，弦の振動の幅が大きくなり，大きい音になるが，音の高さは変わらない。これは，ばちで太鼓の皮を強くたたくと，大きい音になるが，音の高さは変わらないことと同じだと気づいた。このことから，［図2］のように，発泡ポリスチレン球を置いて太鼓の皮を強くたたくと，同じ場所を弱くたたくときに比べ，(　　　)と考えられる。

［図2］

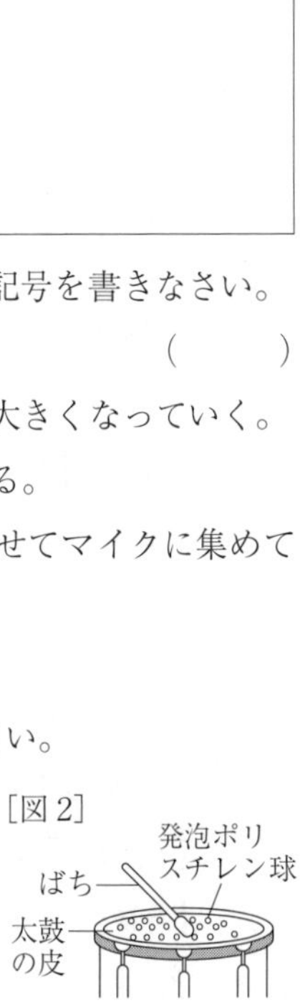

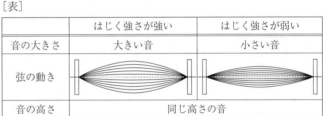

①　文中の下線部について，音源の振動の幅のことを何というか，書きなさい。(　　　)

② 正しい文になるように，(　　)に当てはまる語句として最も適当なものを，ア～エから１つ選び，記号を書きなさい。(　　　)

ア　発泡ポリスチレン球が高く飛びはねるが，太鼓の皮が一定の時間に振動する回数は変わらない

イ　発泡ポリスチレン球が高く飛びはね，太鼓の皮が一定の時間に振動する回数は多くなる

ウ　発泡ポリスチレン球の飛びはねる高さは低いが，太鼓の皮が一定の時間に振動する回数は変わらない

エ　発泡ポリスチレン球の飛びはねる高さは低くなり，太鼓の皮が一定の時間に振動する回数は少なくなる

(3) 次の文は，Ⅱの【予想】(i)，(ii)を確かめる実験について検討しているときの２人の会話である。会話文中の下線部の理由を，「**太さ**」「**長さ**」という２つの語句を用いて，解答欄の１行目の書き出しに続けて書きなさい。

（［図３］の方が［図４］より音が高くなったとしても，　　　　）

花子：【予想】(i)と(ii)は，どちらも高い音になることを調べたらよいから，はる強さを同じにした［図３］と［図４］の弦を，同じ強さではじいて，音の高さを比較することで，【予想】(i)と(ii)をまとめて確かめることができるのではないかな。

太郎：【予想】(i)と(ii)は，別々に確かめないといけないよ。

［図３］

「弦の太さ」が細くて，
「弦の長さ」が短い

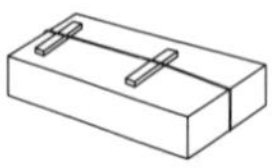

［図４］

「弦の太さ」が太くて，
「弦の長さ」が長い

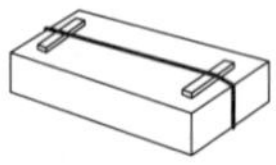

次の文は，Ⅰ，Ⅱの【予想】がすべて正しいことを，実験を行って確かめた後の，２人の会話である。

太郎：［図５］のように，コップに水を入れていくと，コップから聞こえる音は，だんだん高い音になっていくよね。弦の振動のしかたと共通点があるのかな。

花子：Ⅱの【予想】(ii)と関連付けて考えると，「コップの中の空気の部分の長さが短いほど，高い音になる」といえるのではないかしら。

新たな疑問が生じた２人は，それを解決するために，次の実験を行った。

［図５］

Ⅲ 「コップの中の空気の部分の長さと音の高さにはどのような関係があるのだろうか」という課題を設定し，次のように予想を立て，実験を行った。

【予想】「コップの中の空気の部分の長さ」が短いほど，高い音になる。

【実験】

③ 同じコップを２つ用意し，［図６］のように，片方には水を少し入れ，［図７］のように，もう一方には水を多く入れた。

4 それぞれのコップの上面に，ストローを使って同じ強さで息をふきかけた。このとき，コップから出る音の波形を，［図8］のように，コンピュータのオシロスコープで調べた。

［図6］
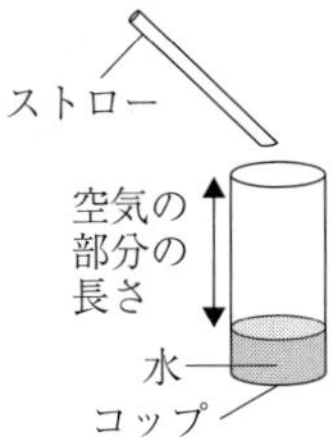

［図7］
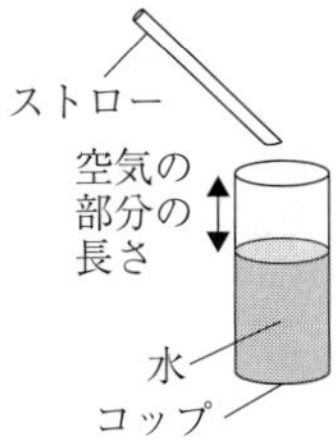

［図8］
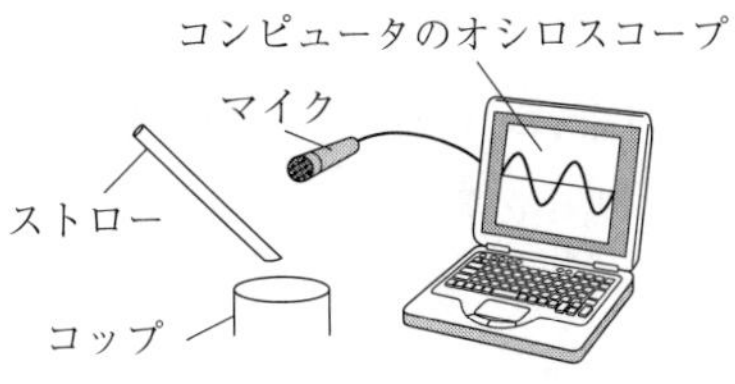

(4) Ⅲで，［図6］のコップから出る音の波形を模式的に表すと，［図9］のようになった。①，②の問いに答えなさい。

［図9］
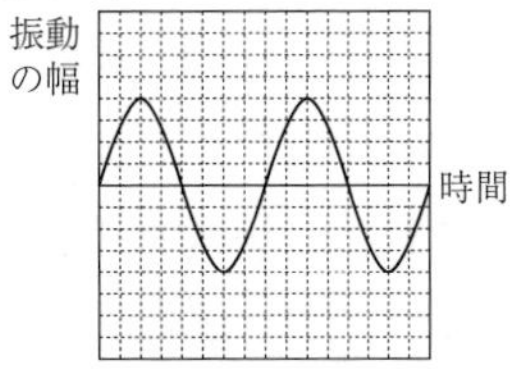

① ［図9］で，この音の振動数は何Hzか，求めなさい。ただし，グラフの横軸の1目盛りは0.0005秒である。(　　　Hz)

② Ⅲの【予想】が正しければ，［図7］のコップから出る音の波形はどのようになると考えられるか。音の波形を模式的に表したものとして最も適当なものを，ア～エから1つ選び，記号を書きなさい。ただし，下のア～エのグラフの縦軸および横軸の1目盛りの大きさは，［図9］と同じものとする。(　　　)

ア
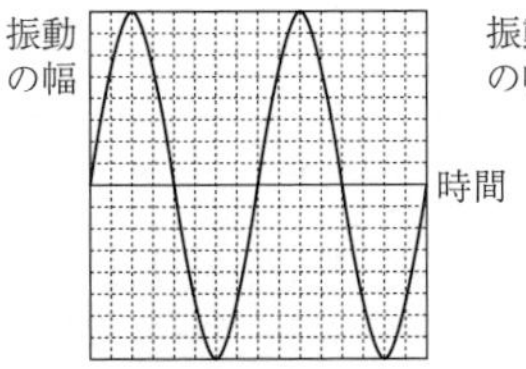

イ
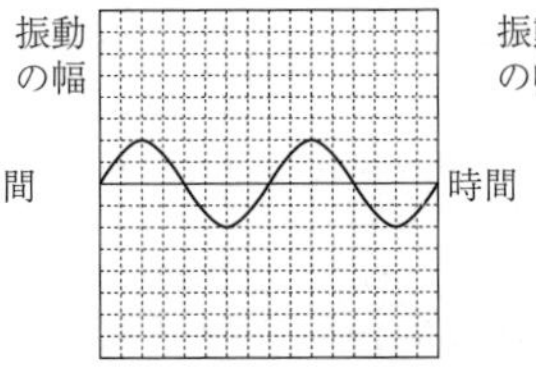

ウ
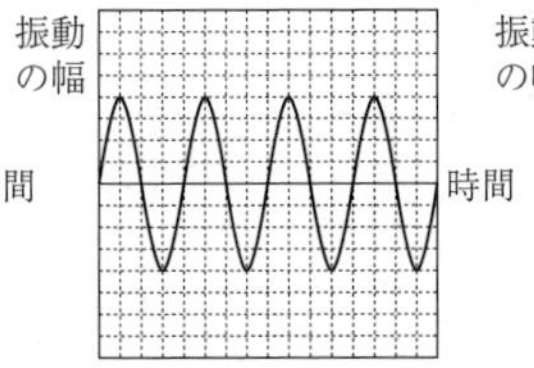

エ
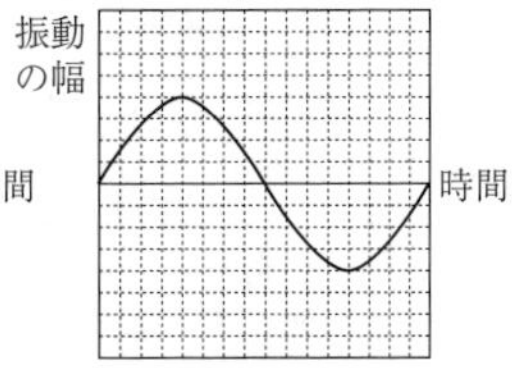

(5) ［図10］のように，漁業では，超音波の反射を利用して，魚の群れの位置を調べている。船の底から発射した超音波が魚の群れにあたり，はね返って戻ってくるまでの時間が0.04秒であったとすると，船の底と魚の群れとの距離は何mか，求めなさい。ただし，水中の音の速さは1500m/sとする。(　　　m)

［図10］
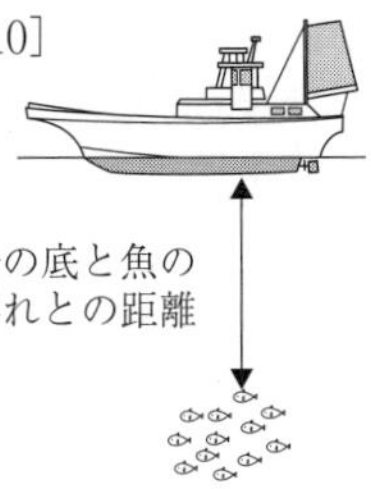

3　太郎さんと花子さんは，火山について調べるために，次の実験・調査を行った。(1)～(6)の問いに答えなさい。

Ⅰ　2人は，火山の形のちがいについて疑問を持ち，「火山の形のちがいは，マグマのどのような性質と関係があるのだろうか」という課題を設定し，次のように予想を立て，実験を行った。

【予想】　火山の形のちがいは，マグマのねばりけのちがいと関係がある。

【実験】

1　ホットケーキミックス 50g に水 20mL を加えてかき混ぜて，これを生クリーム用のしぼり口をつけたポリエチレンの袋Aに入れた。

2　［図1］のように，工作用紙の中心にあけた穴に，袋Aのしぼり口を下から差しこんだ。

［図1］

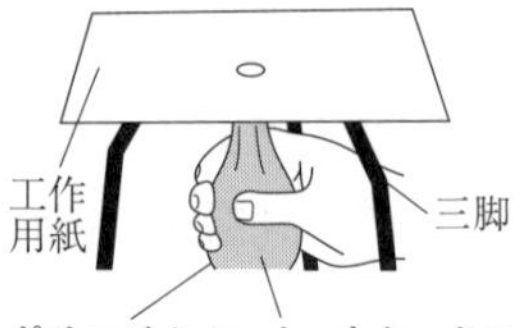

3　袋Aの中身を工作用紙の上にゆっくりと押し出すと，おわんをふせたような形になった。そのようすをデジタルカメラで撮影した。

4　3よりも傾斜のゆるやかな形になるように，袋Aとは割合を変えてかき混ぜたホットケーキミックスと水を，生クリーム用のしぼり口をつけたポリエチレンの袋Bに入れ，2，3と同様の実験を行った。

［表］は，3，4の結果をまとめたものである。

［表］

	袋A	袋B
袋の中身	ホットケーキミックス 50 g と水 20 mL	（ a ）
工作用紙の上に押し出したときのようす	おわんをふせたような形 	傾斜のゆるやかな形 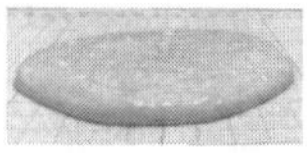

Ⅱ　噴火の起こるしくみについて，インターネットで調べた。

5　噴火の起こるしくみは，よく振った炭酸飲料から気泡が出てくるしくみと似ていることがわかった。［図2］は，その2つのしくみを関連付けてまとめたものである。

［図2］　［炭酸飲料から気泡が出てくるしくみ］　［噴火の起こるしくみ］

(i) 炭酸飲料には，（ b ）がとけこんでいる。

(i) 地下にある固体の岩石が地球内部の熱でとかされ，液体のマグマになることで，体積が大きくなり，密度は（ c ）なる。その結果，マグマは上昇する。そのマグマには水や（ b ）などの気体になる成分がとけこんでいる。

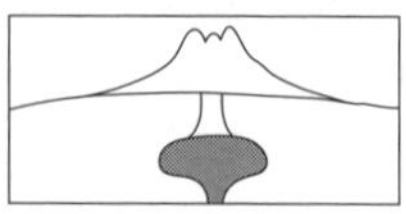

↓

(ii) よく振った炭酸飲料の入ったペットボトルの栓をあけると，（ b ）がとけきれなくなって気泡となって出てくる。

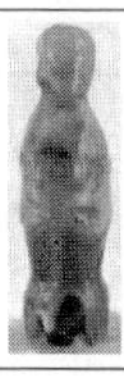

(ii) マグマが上昇すると，水や（ b ）がとけきれなくなって気泡となり，爆発的に（ d ）した結果，噴火が起こる。

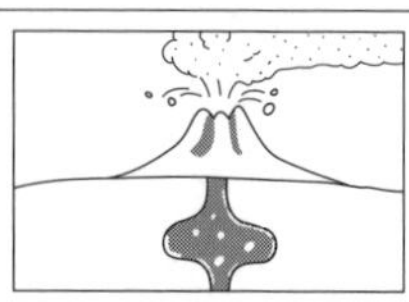

(1) ［表］の（ a ）に当てはまる袋の中身として最も適当なものを，ア～エから１つ選び，記号を書きなさい。(　　　)

ア　ホットケーキミックス 60g と水 10mL

イ　ホットケーキミックス 60g と水 20mL

ウ　ホットケーキミックス 50g と水 10mL

エ　ホットケーキミックス 50g と水 40mL

(2) ［図 2］の（ b ）～（ d ）について，①，②の問いに答えなさい。

①（ b ）に当てはまる気体は何か，名称を書きなさい。(　　　)

②（ c ），（ d ）に当てはまる語句の組み合わせとして最も適当なものを，ア～エから１つ選び，記号を書きなさい。(　　　)

	ア	イ	ウ	エ
c	小さく	大きく	小さく	大きく
d	収縮	収縮	膨張	膨張

(3) 次の文は，Ⅰ と Ⅱ の結果から考察した２人の会話である。（ e ）～（ h ）に当てはまる語句の組み合わせとして最も適当なものを，ア～カから１つ選び，記号を書きなさい。(　　　)

太郎：［表］から，火山の形のちがいは，マグマのどのような性質と関係があるといえそうかな。

花子：袋Ａは，ねばりけが（ e ）マグマのモデルで，おわんをふせたような形になっているね。

太郎：袋Ｂは，ねばりけが（ f ）マグマのモデルで，傾斜のゆるやかな形になっているね。

花子：この結果から，火山の形のちがいはマグマのねばりけのちがいと関係があることが確かめられたね。

太郎：うん。それと，マグマのねばりけのちがいによって，噴火のようすもちがいがあることがわかったよ。例えば，ハワイ州のマウナロアは，袋Ｂから押し出されたときの形と似ているので，気体成分がぬけ出し（ g ），噴火のようすは，（ h ）ことが多いといえるね。

	ア	イ	ウ	エ	オ	カ
e	強い	弱い	強い	弱い	強い	弱い
f	弱い	強い	弱い	強い	弱い	強い
g	やすく	にくく	やすく	やすく	にくく	にくく
h	激しい爆発をともなう	あまり爆発的にならない	あまり爆発的にならない	激しい爆発をともなう	あまり爆発的にならない	激しい爆発をともなう

２人は，過去に噴出した火山灰などが，住んでいる地域の地層の中にあるのではないかと考え，次の調査を行った。

Ⅲ　火山灰などが堆積してできる地層について，インターネットで調べた。

6　爆発的な大噴火によって空中高くふき上げられ，日本全国を覆(おお)うほどの広い地域に分布している広域火山灰が地層として残っていることがわかった。

［図 3］は，広域火山灰の一つで，２万９千年前の姶良(あいら)カルデラの大噴火による火山灰の地層の厚さの分布である。

7　ある地域の地点P～Rのボーリング調査の結果を調べると，地層に同じ火山灰の層をふくむことがわかった。また，この地域では，断層やしゅう曲は見られず，各層は平行に重なり，ある一定の方向に傾いており，上下の地層の入れかわりがないこともわかった。

［図4］は，この地域の地形を等高線で表したものであり，地点P，Rは，地点Q，Sのそれぞれ真北に，地点P，Qは，地点R，Sのそれぞれ真西に位置している。

［図5］は，［図4］の地点P～Rにおけるボーリング調査をもとに作成した地層の重なり方を示した柱状図である。

［図3］

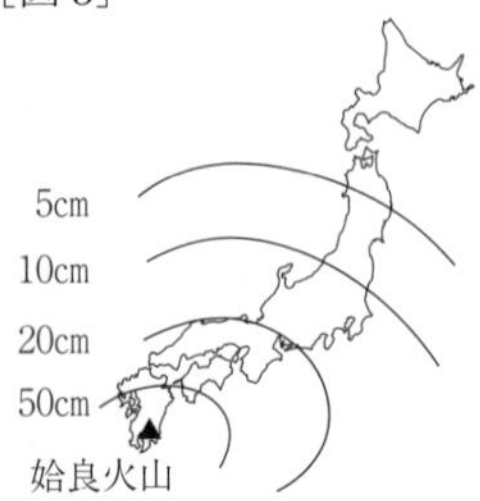

［図4］

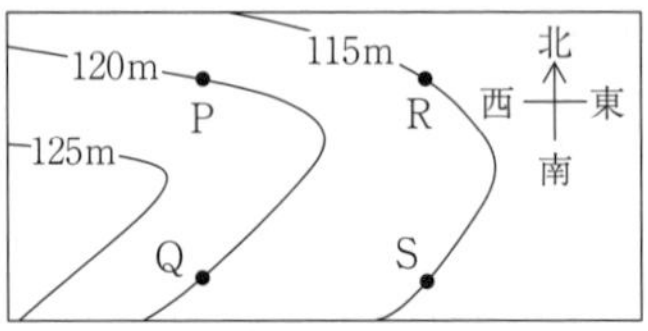

［図5］

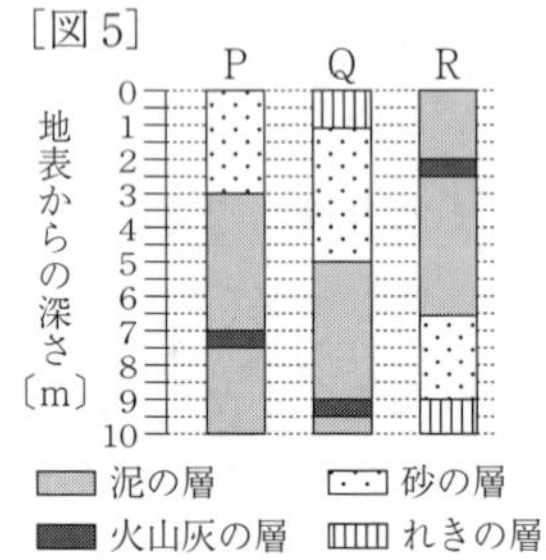

(4)　6の下線部について，広域火山灰は遠く離れた地層が同時代にできたことを調べる際のよい目印となる。このような層を何というか，書きなさい。（　　　）

(5)　［図3］で，空中高くふき上げられた火山灰は東方へ運ばれている。その理由を，解答欄の1行目の書き出しに続けて，簡潔に書きなさい。

（日本上空では，　　　　　　　　　　　　　　　　　　　　　　　　　　　　　　　　）

(6)　［図4］の地点Sでボーリング調査を行うと，火山灰の層は地表からの深さが10mまでのどこにあるか。解答欄の柱状図に，**火山灰の層**を■で示して表しなさい。ただし，それ以外の層は記入しないこと。

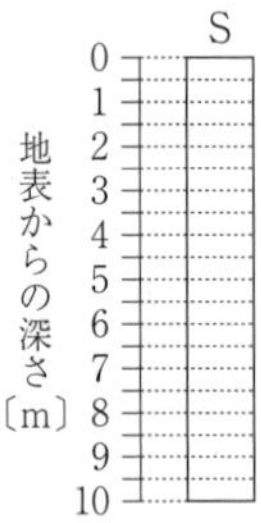

4　化学変化と質量の変化の関係について調べるために，次の実験を行った。(1)〜(4)の問いに答えなさい。

Ⅰ　うすい塩酸と炭酸水素ナトリウムの反応について調べた。

1　質量の等しいビーカーA，B，C，D，Eを用意した。

2　[図1]のように，うすい塩酸を10mL入れたビーカーA全体の質量をはかった。

3　[図2]のように，このビーカーAに炭酸水素ナトリウムを0.21g加え，気体の発生が止まった後，ビーカーA全体の質量をはかり，反応前後の全体の質量を比較した。

4　ビーカーB〜Eに，2と同様に，うすい塩酸を10mL入れ，ビーカー全体の質量をそれぞれはかった。

[図1]

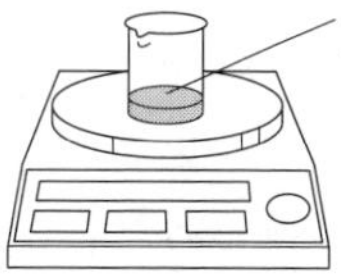

[図2]

5　このビーカーB〜Eに，3と同様に，炭酸水素ナトリウムをそれぞれ0.42g，0.63g，0.84g，1.05g加え，気体の発生が止まった後，ビーカー全体の質量をそれぞれはかり，反応前後の全体の質量を比較した。

[表1]は，2〜5の結果をまとめたものである。

[表1]

ビーカー	A	B	C	D	E
ビーカーとうすい塩酸の質量〔g〕	70.00	70.00	70.00	70.00	70.00
炭酸水素ナトリウムの質量〔g〕	0.21	0.42	0.63	0.84	1.05
反応前の全体の質量〔g〕	70.21	70.42	70.63	70.84	71.05
反応後の全体の質量〔g〕	70.10	70.20	70.30	70.40	70.61

Ⅱ　ベーキングパウダーにふくまれる炭酸水素ナトリウムの質量の割合について調べた。

6　1と質量の等しいビーカーFを用意した。

7　ビーカーFに，2と同様に，うすい塩酸を10mL入れ，ビーカーF全体の質量をはかった。

8　[図3]のように，このビーカーFにベーキングパウダーを0.84g加え，気体の発生が止まった後，ビーカーF全体の質量をはかり，反応前後の全体の質量を比較した。

[表2]は，7，8の結果をまとめたものである。

[図3]

[表2]

ビーカー	F
ビーカーとうすい塩酸の質量〔g〕	70.00
ベーキングパウダーの質量〔g〕	0.84
反応前の全体の質量〔g〕	70.84
反応後の全体の質量〔g〕	70.73

(1)　[3]で，うすい塩酸に炭酸水素ナトリウムを加えたときの化学変化を，**化学反応式**で書きなさい。

(　　　　　　　　　　　)

(2)　[表1]をもとにして，炭酸水素ナトリウムの質量と発生した気体の質量の関係を，グラフに表しなさい。ただし，縦軸の(　　)内に**適切な数値**を書くこと。

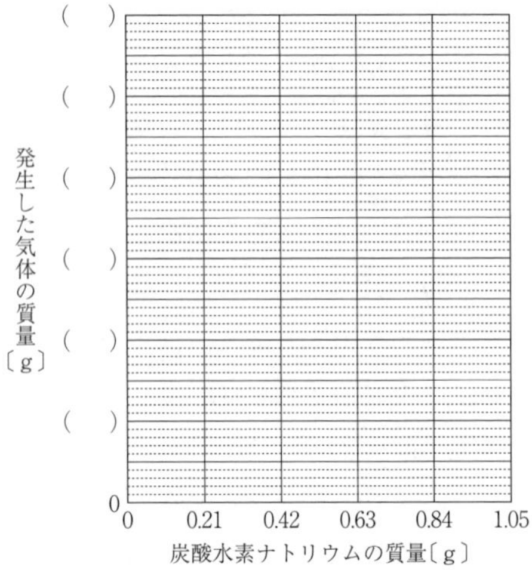

(3)　次の文は，[5]で，反応後のビーカーEに余っている物質を確かめたものである。正しい文になるように，(a)，(b)に当てはまる語句の組み合わせとして最も適当なものを，ア～エから1つ選び，記号を書きなさい。(　　　)

(a)が反応せずに余っていることを，反応後のビーカーEに(b)ことで確認した。

	ア	イ	ウ	エ
a	炭酸水素ナトリウム	炭酸水素ナトリウム	うすい塩酸	うすい塩酸
b	フェノールフタレイン液を入れると，うすい赤色に変わる	フェノールフタレイン液を入れると，うすい青色に変わる	緑色のBTB液を入れると，黄色に変わる	緑色のBTB液を入れると，青色に変わる

(4)　[8]で使用したベーキングパウダーについて，①，②の問いに答えなさい。ただし，ベーキングパウダーの成分で，うすい塩酸と反応するのは炭酸水素ナトリウムのみとする。

①　[表1]，[表2]の結果から，[8]で使用したベーキングパウダーの質量に対して，ふくまれている炭酸水素ナトリウムの質量は何%か，求めなさい。(　　　%)

②　[8]で使用したものと同じベーキングパウダーが10gある。このベーキングパウダーにふくまれる炭酸水素ナトリウムを完全に反応させるためには，[Ⅰ]，[Ⅱ]で使用したものと同じうすい塩酸が少なくとも何mL必要か，四捨五入して**小数第一位**まで求めなさい。(　　　mL)

5　次の(1)～(4)の問いに答えなさい。

(1)　風のふき方について調べるために，次の調査・実験を行った。①～③の問いに答えなさい。

1　風のふき方と気圧の関係をインターネットで調べると，気圧の差によって風がふくことがわかった。

2　風のふき方と気温の関係を調べるために，［図1］のように，しきり板で水槽を2つに分けて，片方に氷を入れ，片方には木の台を置いた。その後，氷を入れた側に線香の煙を充満させ，しきり板を上に引き上げると，冷たい空気とあたたかい空気がたがいに接した。

［図1］

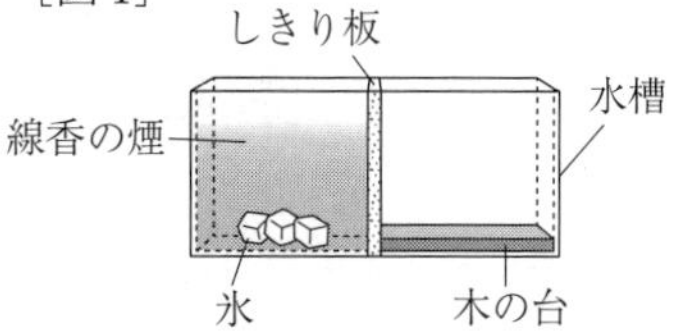

3　陸と海における，気温の上昇のしかたについて調べるために，［図2］のように，プラスチックの容器に同じ量の砂と水を入れ，それぞれに同じように照明の光をあて，1分ごとに10分間，赤外線放射温度計で砂と水の表面の温度を測定した。

［表1］は，その結果をまとめたものである。

［図2］

［表1］

時間〔分〕		0	1	2	3	4	5	6	7	8	9	10
温度〔℃〕	砂	34.3	35.4	37.1	36.7	37.3	36.9	37.7	37.4	38.4	38.4	38.4
	水	27.5	27.9	28.6	27.8	29.6	29.5	29.7	28.7	27.9	28.7	27.1

①　1で，北半球における低気圧の中心付近の風のふき方を模式的に表した図として最も適当なものを，ア～エから1つ選び，記号を書きなさい。ただし，黒矢印（⟶）は地上付近の風，白矢印（⇨）は，上昇気流または下降気流を表している。(　　　)

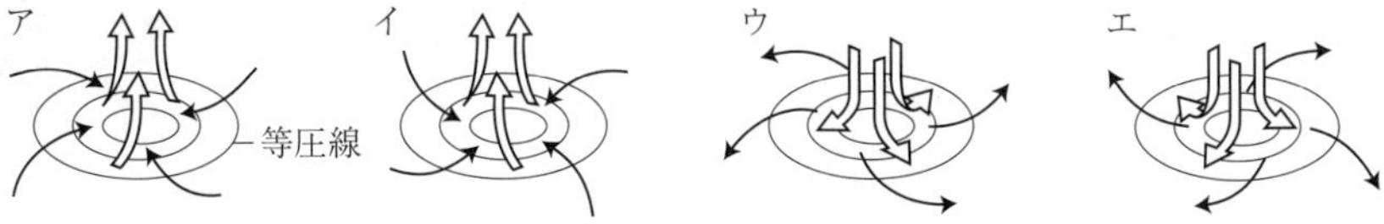

②　2で，しきり板を上に引き上げた後の，冷たい空気の流れを模式的に表した図として最も適当なものを，ア～エから1つ選び，記号を書きなさい。ただし，矢印（➡）は冷たい空気の流れを表している。(　　　)

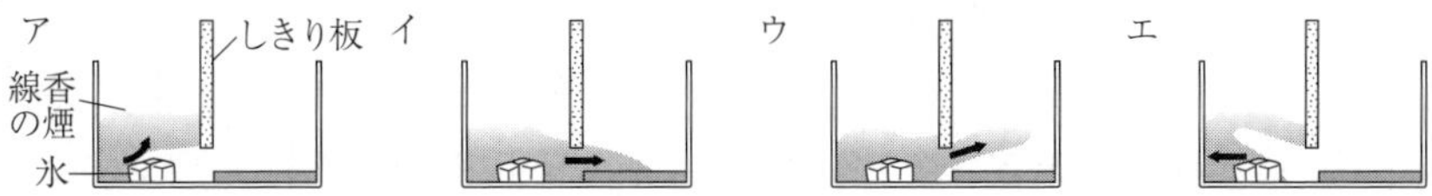

③　ユーラシア大陸（陸）と太平洋（海）にはさまれた日本列島で，夏の季節風がふく向きを表したものとして最も適当なものを，ア～エから1つ選び，記号を書きなさい。また，そのように風がふく理由を，2，3の結果をもとに，「**陸**」「**海**」「**気温**」という3つの語句を用いて，書きなさい。

記号(　　　)

理由(　　　　　　　　　　　　　　　　　　　　　　　　　　　　　　　　　　)

ア

イ

ウ

エ

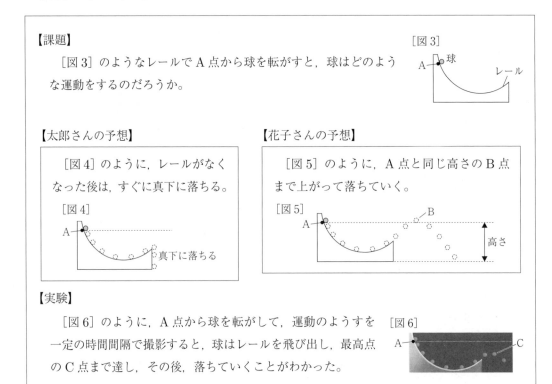

(2) 太郎さんと花子さんは，球の運動について調べるために，次のように課題を設定し，予想を立て，実験を行った。①～③の問いに答えなさい。ただし，球にはたらく摩擦力および空気の抵抗は考えないものとする。

【課題】

［図3］のようなレールでA点から球を転がすと，球はどのような運動をするのだろうか。

［図3］

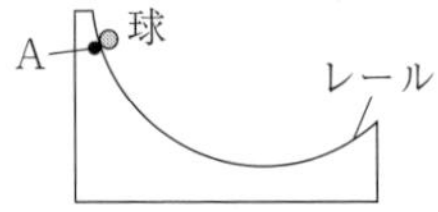

【太郎さんの予想】

［図4］のように，レールがなくなった後は，すぐに真下に落ちる。

［図4］

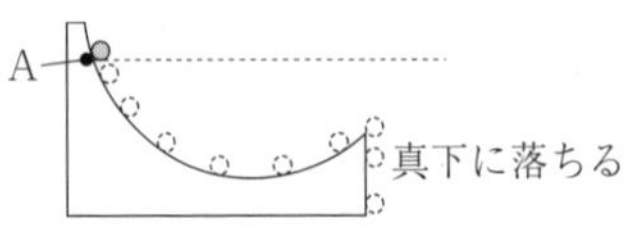

【花子さんの予想】

［図5］のように，A点と同じ高さのB点まで上がって落ちていく。

［図5］

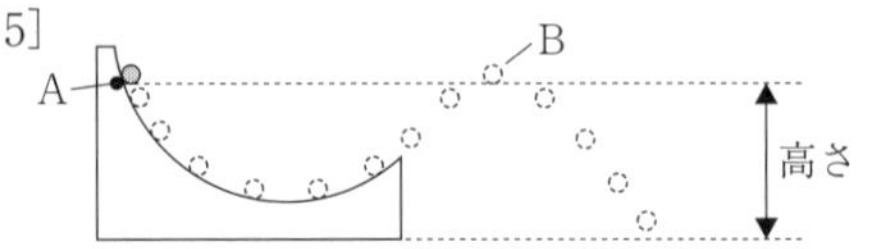

【実験】

［図6］のように，A点から球を転がして，運動のようすを一定の時間間隔で撮影すると，球はレールを飛び出し，最高点のC点まで達し，その後，落ちていくことがわかった。

［図6］

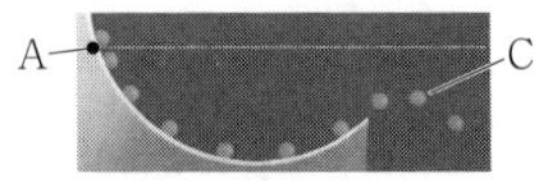

① ［図6］から，【太郎さんの予想】は間違っており，レールを飛び出した後も運動を続けていることがわかった。このように，物体がそれまでの運動を続けようとする性質を何というか，書きなさい。(　　　)

② ［図6］から，【花子さんの予想】は間違っていることがわかった。次の文は，そのことについて，花子さんが考察したものである。正しい文になるように，(a)，(b)に当てはまる語句の組み合わせとして最も適当なものを，ア～エから1つ選び，記号を書きなさい。(　　　)

位置エネルギーと運動エネルギーがたがいに移り変わり，力学的エネルギーが一定に保たれることから，実験前は，球はA点と同じ高さのB点まで上がると予想していた。

しかし，実験を行うと［図6］のようになった。C点はA点よりも球のもつ位置エネルギーが(a)ことから，C点では，球は運動エネルギーをもって(b)ことがわかった。

	ア	イ	ウ	エ
a	小さい	小さい	大きい	大きい
b	いない	いる	いない	いる

③　前の文中の下線部と関係が深いものとして最も適当なものを，ア～エから1つ選び，記号を書きなさい。(　　　)

ア　水力発電では，ダムにたまった水を利用して，発電機のタービンを回す。

イ　風力発電では，風を利用して，発電機のタービンを回す。

ウ　地熱発電では，地球内部から発生する高温の水蒸気を利用して，発電機のタービンを回す。

エ　原子力発電では，ウランを利用して水を加熱して高温の水蒸気をつくり，発電機のタービンを回す。

(3)　化学電池について調べるために，次の実験を行った。①～③の問いに答えなさい。

1　水溶液に2枚の金属板A，Bを入れて，［図7］のような装置を組み立てた。

2　水溶液の種類と金属板の組み合わせを変えて，光電池用モーターが回るかを調べた。

［表2］は，その結果をまとめたものである。

［図7］

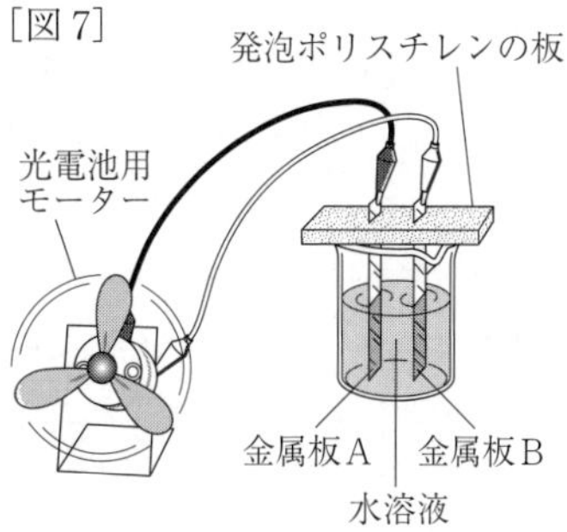

［表2］

水溶液の種類	金属板AとBの組み合わせ	モーターのようす
うすい塩酸	銅板と亜鉛板	回った
うすい塩酸	銅板と銅板	回らなかった
食塩水	銅板と亜鉛板	回った
食塩水	銅板と銅板	回らなかった
砂糖水	銅板と亜鉛板	回らなかった
砂糖水	銅板と銅板	回らなかった

①　次の文は，［表2］の結果から，化学電池になるための一般的な条件についてまとめたものである。正しい文になるように，(a)，(b)に当てはまる語句の組み合わせとして最も適当なものを，ア～エから1つ選び，記号を書きなさい。(　　　)

(a)の水溶液に(b)の金属を入れると，化学電池になる。

	ア	イ	ウ	エ
a	非電解質	電解質	非電解質	電解質
b	同じ種類	同じ種類	2種類	2種類

②　［表2］で，うすい塩酸に銅板と亜鉛板を入れ，モーターが回っているときに，亜鉛板で起こっている化学変化を，電子を⊖として式で書きなさい。(　　　　　　　　　　　)

③　水素と酸素を使って電気エネルギーをとり出すしくみを何というか，書きなさい。(　　　)

(4)　セキツイ動物と無セキツイ動物の特徴について調べるために，次の調査を行った。①～④の問いに答えなさい。

1　セキツイ動物の子の残し方，呼吸のしかた，体温の保ち方について調べた。
［表3］は，それらを整理し，分類したものである。ただし，A～Eは，魚類，両生類，ハチュウ類，鳥類，ホニュウ類のいずれかである。

［表3］

	A	B	C	D	E
子の残し方	胎生	卵生	卵生	卵生	卵生
呼吸のしかた	肺呼吸	肺呼吸	肺呼吸	子はえら呼吸と皮ふ呼吸 おとなは肺呼吸と皮ふ呼吸	えら呼吸
体温の保ち方	恒温動物	恒温動物	変温動物	変温動物	変温動物

2　無セキツイ動物のうち，節足動物と軟体動物の体，あし，生活場所について調べた。
［表4］は，それらを整理し，分類したものである。

［表4］

	節足動物	軟体動物
体	外骨格をもつ。	外とう膜をもつ。
あし	節がある。	節がない。
生活場所	甲殻類の多くは水中で生活する。昆虫類は種類が多く，水中にすむもの，陸上にすむものなどがいる。	水中で生活するものが多い。

①　［表3］のBに当てはまるセキツイ動物のグループとして最も適当なものを，ア～オから1つ選び，記号を書きなさい。(　　　)

ア　魚類　　イ　両生類　　ウ　ハチュウ類　　エ　鳥類　　オ　ホニュウ類

②　セキツイ動物の骨格に見られる，カエルの前あしとスズメの翼のように，もとは同じものがそれぞれの生活やはたらきに適した形に変化した体の部分を何というか，書きなさい。(　　　)

③　次の文は，節足動物の成長のしかたを述べたものである。□に当てはまる語句を書きなさい。

(　　　　　　　　　　　　)

節足動物の外骨格は大きくならないので，□ことで成長する。

④　［表4］の軟体動物として適切なものを，ア～エから**2**つ選び，記号を書きなさい。(　　　)

ア　マダコ

イ　サンショウウオ

ウ　アサリ

エ　クルマエビ

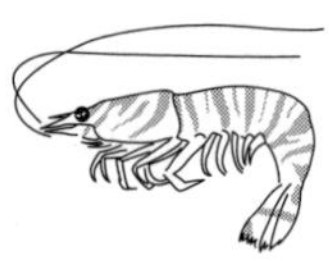

エ　「手紙」と「メール」を使い分ける必然性が説得力をもって伝わるように、客観的な調査データの結果を引用して書いている。

問二　【資料】Ａ、Ｂから読み取れることとして最も適当なものを、次のア～エのうちから一つ選び、その記号を書きなさい。（　　）

ア　Ａから、他者とコミュニケーションを取る際には、印象に残りやすいように「直接会う」ことを心がけている人が最も多いことが分かる。

イ　Ｂから、それぞれの方法を選んだ理由として最も多いのは、「手紙」は気持ちの伝えやすさで、「メール」はすぐに伝えられることだと分かる。

ウ　Ｂから、コミュニケーションを取る方法として「メール」を選択した人の多くが、手軽さや書き直しのしやすさを理由に挙げていることが分かる。

エ　Ａから、気持ちを伝えやすいのは「手紙」であるが、印象に残りやすいのは「直接会う」ことだと、送り手の多くが感じていることが分かる。

問三　話し合いを受けて、講演会の感想やお礼の気持ちを卒業生に伝えるために、学級全体でメールか手紙のいずれかの方法を選択する。あなたが島田さんの学級の生徒ならどちらの方法が適切だと考えるか。あなたの考えを次の 条件 に従って書きなさい。

条件

・初めに、あなたがどちらの方法が適切だと考えたかを明確にすること。次に、その方法を選択する際に根拠とした事実を挙げ、そのうえで、選択した方法が適切だと考えた理由を書くこと。

・考えの根拠となった事実は【資料】Ａ、Ｂから挙げて書くこと。

（【資料】Ａ、Ｂはいずれか一方を使用していればよい。）

・常体（「だ・である」）で、八十字以上百二十字以内で書くこと。

・本文を一行目の一マス目から書き始め、行は改めないこと。

・選択した【資料】を示す場合や【資料】中の数値を使用する場合は、次の（例）にならって書くこと。

（例）【資料】Ａ→A　※【資料】や□は付けないで書く。

二・一点　　六十五％

道に転校した友達から絵はがきが届いたのです。懐かしい文字からは友達の気持ちが伝わってきました。私もすぐに返事を書こうと机に向かいました。ところが、近頃、すっかり手紙を書くことがなくなった私は、予想以上に苦労してしまいました。

　手紙を書かなくなったのは、メールやSNS＊などを利用するようになったことが理由です。年賀状を例に考えてみると、私は、数年前から、新年の挨拶を年賀はがきではなくメールやSNSで行うようになりました。遠くに住んでいる友達といつでもすぐに連絡を取れるなどの便利さを感じたことで、メールを利用する機会はますます増えたと思います。ですが、友達から手書きの絵はがきを受け取ったあとは、当たり前のように利用してきたメールのメッセージが、何となく味気なく感じられました。

　情報化が進む社会で生きる私たちは、相手や内容によってメールや手紙を適切に使い分けることが求められているのかもしれません。

（注）　＊SNS――ソーシャル・ネットワーキング・サービスの略。社会的なネットワークの構築を支援するインターネットを利用したサービスのこと。

【資料】A

〔気持ちや思いを伝えられた際に印象に残りやすいもの〕

直接会う	4.4 点
手紙	3.4 点
電話	3.3 点
メール	2.6 点
SNS	1.9 点

※20 ～ 59 才の男女 800 人を対象に調査。
※上に挙げた 5 つの方法について「印象に残りやすいと感じたもの」の順に回答。
※最も「印象に残りやすい」としたものを5点，以下，4点，3点，2点，1点として平均した点数。

（株式会社ネオマーケティング「手紙と対人コミュニケーション力に関する調査（2016）」を基に作成）

【資料】B

〔コミュニケーションに関する学級アンケート〕
（対象：3年2組　36人）

質問 1. コミュニケーションを取る際にメールと手紙のどちらを利用したいか

質問 2. 質問 1 で回答した方法を選択した理由

※複数回答可
※小数点以下四捨五入

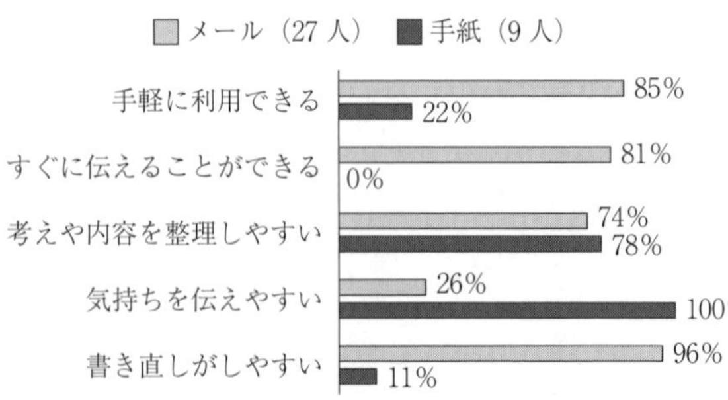

問一　【新聞の投稿】を書いた中学生は、どのようなことを意識してこの投稿を書いたことが分かるか。最も適当なものを、次のア～エのうちから一つ選び、その記号を書きなさい。（　　）

ア　読み手に自分の考えが明確に伝わるように、手紙のほうが効果的であるという自分の意見を初めに述べる頭括型で書いている。

イ　自分の経験から考えたことが読み手に分かりやすく伝わるように、具体例を挙げて説明したうえで自分の考えを書いている。

ウ　他者とコミュニケーションを取る方法について考えたことを、新聞やインターネットを使って調べた内容をもとに書いている。

イ　道具の使用法を若い人にも教える
ウ　季節の趣深さを商いに取り入れる
エ　ささいなことにも知恵を働かせる

5　M中学校では、文化祭で、卒業生による記念講演会が行われた。島田さんの学級では、講演の感想やお礼の気持ちを、講師を務めた卒業生に伝える方法についての話し合いを行った。次は、島田さんの班が話し合った様子と、その時に使用した【新聞の投稿】と【資料】である。これらを読んで、後の問一～問三に答えなさい。なお、答えに字数制限がある場合は、句読点や「　」などの記号も一字と数えなさい。

島田さん―講演をしてくださった卒業生に感想やお礼の気持ちを伝えるための方法について話し合います。みなさんはどう思いますか。
川本さん―私は、手紙で伝えるのがよいと思います。【新聞の投稿】を見てください。この投稿を読むと、タイトルにある「文字で伝える」場合には、手紙が効果的だと感じました。また、【資料】A を見ると、受け手の立場からも、印象に残りやすいのは「直接会う」に次いで「手紙」であることが分かります。
吉永さん―私は、メールがよいと思います。なぜなら、送り手の立場で考えたからです。【資料】Bは、この学級でのアンケート結果です。これを見ると、他者とコミュニケーションを取る際に、多くの人が「手紙」より「メール」を利用することを選んでいます。
島田さん―受け手と送り手のどちらの立場に立って考えるかで違いがありそうですね。メールと手紙のどちらがよいか、もう少し考えてみましょう。

【新聞の投稿】

「文字で伝える」（大分県・中学校三年生）

先日、とてもうれしい出来事がありました。小学校のときに北海

4 次の文章は、一代で財産家となった藤屋市兵衛の店に、餅屋が注文を受けた餅を届けに来た場面である。これを読んで、後の問一～問五に答えなさい。なお、答えに字数制限がある場合は、句読点や「 」などの記号も一字と数えなさい。

十二月二十八日の曙［あけぼの］、いそぎて荷［にな］ひつれ（かつぎ込み）藤屋見世（藤屋の店）にならべ、「請［う］け取り給へ。」といふ。餅は搗［つ］き立ての好もしく、春めきて（正月らしく）見えける。*旦那［だんな］は聞かぬ顔（聞こえぬふり）して十露盤［そろばん］置きしに、餅屋は時分柄［じぶんがら］（忙しい時で）にひまを惜しみ、幾度か断りて（催促するので）、才覚らしき（気配りができる）若い者、*杜斤［ちぎ］の目りんと（きっちりと）請け取つてかへしぬ。一時［いっとき］（二時間）ばかり過ぎて、「今の餅請け取つたか。」と①いへば、「②はや渡して帰りぬ。」「③この家に奉公する程にもなき者ぞ、温もりのさめぬを請け取りし事よ。」と、又、目を懸けしに、思ひの外［ほか］に減［かん］のたつ（目減りする）事、*手代［てだい］我を折つて（恐れ入って）、食ひもせぬ餅に④口をあきける。

（井原西鶴［いはらさいかく］「日本永代蔵［にほんえいたいぐら］」より。一部表記を改めている。）

（注）
*旦那——主人。市兵衛のこと。
*杜斤——物の重さを量る道具。当時、餅の売買は重さを量って行われた。（下図）
*手代——商家に仕える使用人。本文中の「若い者」のこと。

問一 ～～～線を現代かなづかいになおし、ひらがなで書きなさい。（ ）

問二 ——線①の主語として最も適当なものを、次のア～ウのうちから一つ選び、その記号を書きなさい。（ ）
ア 市兵衛　イ 餅屋　ウ 手代

問三 ——線②、④における手代の心情を表す語として最も適当なものを、次のア～オのうちからそれぞれ一つ選び、その記号を書きなさい。
②（ ）④（ ）
ア 歓喜　イ 感謝　ウ 驚嘆　エ 謙虚　オ 得意

問四 ——線③について、市兵衛が手代の行動を責めた理由として最も適当なものを、次のア～エのうちから一つ選び、その記号を書きなさい。（ ）
ア 温もりのさめない餅は水分を多く含んで重いので、持ち運びが難しく、餅屋に迷惑をかけてしまったから。
イ 温もりのさめない餅は水分を多く含んで重いので、それを受け取ることで代金を多く払うことになったから。
ウ 温もりのさめない餅は水分を多く含んで柔らかいので、他の使用人に食べられてしまうかもしれないから。
エ 温もりのさめない餅は水分を多く含んで柔らかいので、正月らしい雰囲気を演出することが難しくなるから。

問五 本文で市兵衛はどのような人物として描かれているかについて、次のようにまとめた。Ⅰに入る言葉として最も適当なものを、後のア～エのうちから一つ選び、その記号を書きなさい。また、Ⅱに入る言葉を、**六字以内**で書きなさい。
Ⅰ（ ）Ⅱ［　　　　　　］
Ⅰことで、少しでもⅡする人物。
ア 他の店との友好関係を大切にする

ア　近代的な開発により、地域から歴史や風土に根ざした暮らしなどの固有性が失われてしまうこと。
イ　「モノ」に「意味」が加わることで、人びとの量的な豊かさが満たされなくなってしまうこと。
ウ　画一的な商品を大量に生産することで、値段を安くする価格競争に追い込まれてしまうこと。
エ　科学技術の発展により、技術や知識を持つ職人の生み出した製品が価値を失ってしまうこと。

問四　――線③について、筆者が「スクラップ・アンド・ビルド」に対して「リノベーション」を提示した理由を次のようにまとめた。［　　］に当てはまる言葉を、2の本文中の言葉を使って、**三十字以上四十字以内**で書きなさい。

「リノベーション」は「スクラップ・アンド・ビルド」に比べ、［　　］から。

問五　本文の展開について説明したものとして最も適当なものを、次のア～エのうちから一つ選び、その記号を書きなさい。（　　）
ア　二〇世紀と現代の経済の仕組みを比較することで、いかに二〇世紀の経済が優れていたかを明らかにしている。そのうえで、地域の近代化を進めるための手法について提示している。
イ　二〇世紀と現代の経済活動の様相を比較することで、人びとのニーズが変化したことを明らかにしている。そのうえで、地域を開発するための時代にふさわしい手法を提示している。
ウ　二〇世紀と現代の「モノ」の価値を比較することで、現代における「モノ」の持つ意味を明らかにしている。そのうえで、今後の工業化に向けた効率的な開発手法を提示している。
エ　二〇世紀と現代の人びとのニーズを比較することで、デジタル化が進む社会の変化について明らかにしている。そのうえで、新たな観光資源を開発する手法について提示している。

ます。大きな投資がなくても、地域の空間や暮らしそのものが、人びとに求められる「舞台」となるわけです。

知識や情動が消費されるいまの時代に、もっともふさわしくない開発方式は、「スクラップ・アンド・ビルド」です。地域空間において営々と積み上げられてきた暮らしの風景は、いちど壊されたらもとには戻りません。

スクラップ・アンド・ビルドは、工業化・近代化の時代には効率的な開発手法でした。かつては、地域の歴史やその場所のストーリーを「リセット」することこそが開発だ、と考えられていた時代がありました。しかし、建てなおされたその場所は新しくてきれいかもしれませんが、他の場所にも次々と新しいものはできるので、その場所ならではの個性を保っていくのはなかなか大変です。

これに対して、③歴史のある自然や建物を、完全にスクラップせずに、むしろその雰囲気を守りつつ、時代にあった機能や意味を加えて再生する手法が「リノベーション」です。

（除本理史（よけもとまさふみ）・佐無田光（さむたひかる）「きみのまちに未来はあるか？——『根っこ』から地域をつくる」より。一部省略等がある。）

（注）

＊限界費用ゼロ社会——アメリカの経済評論家ジェレミー・リフキンの著書に基づいた表現。「限界費用」とは、経済学の用語で、生産量を一単位増加させたときにかかる追加的費用のこと。

＊リノベーション——修理・修復すること。また、改善すること。

問一　——線①について、この内容を本文中の別の表現を使って次のように言い換えた。□に当てはまる言葉として最も適当なものを、本文中から**四十二字**で抜き出し、**初めと終わりの五字**を書きなさい。

初め□□□□□～終わり□□□□□

□という考え方。

問二　——線②について、「媒体」の意味を国語辞典で調べたうえで、時代とともに変化する「モノ」の役割について、次のように【ノート】に整理した。A に当てはまる言葉として最も適当なものを、本文中から**二十一字**で抜き出して書きなさい。

□□□□□□□□□□□□□□□□□□□□□

【ノート】

○月×日　◎時代とともに変化する「モノ」の役割

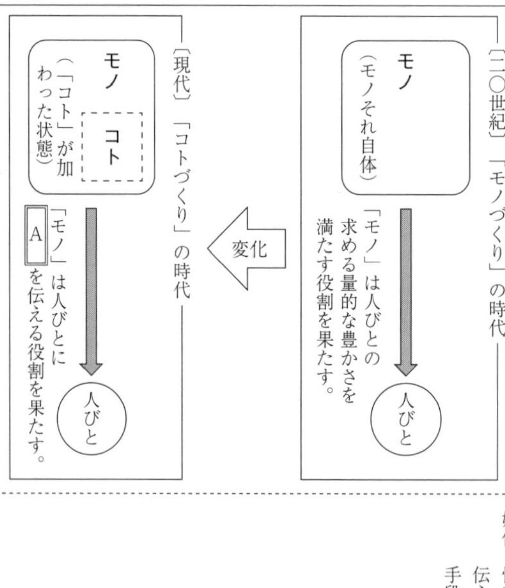
〔二〇世紀〕「モノづくり」の時代
モノ
（モノそれ自体）
「モノ」は人びとの求める量的な豊かさを満たす役割を果たす。
人びと
変化
〔現代〕「コトづくり」の時代
モノ
コト
（「コト」が加わった状態）
「モノ」は人びとに A を伝える役割を果たす。
人びと

【語句】
媒体…情報を伝える手段。

問三　〰〰線について、このことは何によって引き起こされるか。本文中に述べられていることとして最も適当なものを、次のア～エのうちから一つ選び、その記号を書きなさい。（　　）

3　次の文章を読んで、後の問一～問五に答えなさい。なお、答えに字数制限がある場合は、句読点や「　」などの記号も一字と数えなさい。
（設問の都合上、小見出しごとに1、2と番号を付けている。）

1　「モノづくり」から「コトづくり」へ

二〇世紀の経済における一つの特徴は、規格化された画一的な商品を大量に生産・消費してきたことです。それにともなって、地域の固有性も失われていきました。地域それぞれに、歴史や風土に根ざした多様な暮らしがあったのですが、近代的な開発のもとでどんどん失われていったのです。

しかし現代では、そのような経済の仕組みは行き詰まり、これまで失われてきたものが見直されるようになっています。人びとはこれ以上「モノ」の量的な豊かさを求めるのではなく、それによって得られる「知識」や心温まる「感動」といった無形の要素を重視するようになりました。このようなニーズの変化は、①従来の経済活動や価値に対する考え方を大きく変えています。

たとえば「モノ」の機能は変わらなくても、あるいは時間がたって劣化したとしても、そこに「意味」や「物語」（ストーリー）が加わることで価値が大きくなります。芸術作品がわかりやすい例ですが、時間がたつと「モノ」としては劣化しても、歴史的な評価に耐え、生き残ることでむしろその価値は高まります。これは、作品というモノそれ自体ではなく、そこに与えられた「意味」が価値の根拠になっているためです。モノの「意味」が深まって、見ている人の知識や情動が高まれば、それにしたがい価値も増加するのです。

従来の経済の常識では、労働を投下して、新しい財やサービスをつくりだすことによってのみ、経済的価値は生まれるとされていました。ところが、何ら新しいものを生産しなくても、すでにあるものに対して「意味」を与えることで価値が高まるのならば、経済活動の様相は一変します。そのため、現代では「モノづくり」だけでなく、「コトづくり」（ストーリーの生産）が重要になっているといわれます。

もちろん、見えるもの、ふれられるものがあってこそ五感は刺激されますから、「コトづくり」の時代に入っても「モノづくり」の重要性は失われません。大事な点は、そこに知識や情動、倫理や美しさといった無形の要素がどれだけあるかです。

「*限界費用ゼロ社会」という表現があるように、すでにあるモノをコピーしたり増やしたりする生産は、デジタル化などの技術によって、限りなく費用ゼロでできるようになりつつあります。農業にせよ工業にせよ、規格品をたくさん生産するだけでは、値段を安くしていく価格競争に追いこまれてしまいます。

しかしたとえば、技術や知識をもった職人が、厳選された材料から精巧で美しい製品を生み出したならば、その製品はモノそれ自体にとどまらず、他にはない真実のストーリー、固有性を備えるでしょう。そこでは「ストーリー」のほうが主であり、②「モノ」はその媒体になっています。「コトづくり」の重要性が説かれるのは、このようにモノにどんな「意味」を付け加えるかが大事だからなのです。

2　あるものを使う地域のリノベーション*

二〇世紀の常識では、地域の発展のためには産業が必要だと考えてきました。しかし、二一世紀の経済では、追加費用をかけて、いま以上にモノを増やしていくビジネスモデルは最小限になっていくでしょう。逆に、地域にあるものをそのまま使うことで、費用を節約することができ

Aさん―私は、「キヨ」の心情の変化には、「くるみ」の存在が関わっていると思います。「くるみ」は石を磨くに当たって、すべての石を同じように磨くのではなく、「石の意思」を分かろうとしたり、～～線Xにあるように「ごつごつのざらざらの石のきれいさ」など、石のもつ［Ⅰ］を大切にしようとしたりする人物です。その「くるみ」と帰りに話をしたことによって、「キヨ」が自分の［Ⅰ］に目を向けることになり、「宮多」に刺しゅうの写真を送信する行為につながったのではないかと思います。

Bさん―確かに「くるみ」の存在は「キヨ」にとって大きいと思います。「くるみ」と同様に「キヨ」の心情の変化に影響を与えた人物として「宮多」も挙げられると思います。～～線Yの「だとしても、宮多は彼らではないのに」には、「宮多」なら、［Ⅱ］という「キヨ」の期待がこめられているように感じます。

Cさん―「キヨ」がそのように期待したのは、スマートフォンでのやり取りで、「宮多」が「すごいな」と返信してくれたことがうれしかったからなのでしょうね。

Bさん―そうですね。「キヨ」が「宮多」とのやり取りでうれしさを感じていることは、「メッセージを、何度も繰り返し読んだ」という行動からも読み取ることができます。

Cさん―私は、文章の後半に出てくる「靴紐」の描写にも着目しました。「靴紐」は「キヨ」の心情を象徴しているように感じます。特に、最後の一文にある～～線Zで「靴紐をきつく締め直し」たときの「キヨ」は、何かを決意したことがうかがえます。本文をもとに考えると、一つは「宮多たちのことをもっと知ること」で、もう一つは「［Ⅲ］」だと思うのですが、みなさんはどうですか。

(1) ［Ⅰ］に共通して当てはまる言葉として最も適当な**一語**を、本文中から抜き出して書きなさい。（　　）

(2) ［Ⅱ］に当てはまる言葉を、本文中の言葉を使って、**二十五字以上三十五字以内**で書きなさい。

(3) ［Ⅲ］に当てはまる言葉として最も適当なものを、本文中から**十三字**で抜き出して書きなさい。

問四　本文の表現の特徴を説明したものとして最も適当なものを、次のア～エのうちから一つ選び、その記号を書きなさい。（　　）

ア　「キヨ」に対し相反する反応を示す「くるみ」と「宮多」とのやり取りを交互に描くことで、「キヨ」の葛藤を強調している。

イ　「くるみ」や「キヨ」の心情を比喩を用いて表現することで、それぞれが抱える趣味に対する思いを想像しやすくしている。

ウ　「宮多」とのやり取りの後の情景描写に「キヨ」の心情が反映されており、今後の学校生活に対する不安を印象づけている。

エ　「キヨ」の過去の経験を回想として挿入しその後の行動描写につなげることで、「キヨ」の心情の変化を明確にしている。

味なくて、自分の席に戻りたかった。ごめん。」

ポケットにスマートフォンをつっこんだ。数歩歩いたところで、またスマートフォンが鳴った。

「え、めっちゃうまいやん。松岡くんすごいな。」

そのメッセージを、何度も繰り返し読んだ。

わかってもらえるわけがない。どうして勝手にそう思いこんでいたのだろう。

今まで出会ってきた人間が、みんなそうだったから。Yだとしても、宮多は彼らではないのに。

いつのまにか、また靴紐(くつひも)がほどけていた。しゃがんだ瞬間、川で魚がぱしゃんと跳ねた。波紋が幾重(いくえ)にも広がる。太陽の光を受けた川の水面(みなも)が風で波打つ。まぶしさに目の奥が痛くなって、じんわりと涙が滲(にじ)む。

きらめくもの。揺らめくもの。目に見えていても、かたちのないものには触れられない。すくいとって保管することはできない。太陽が翳(かげ)ればたちまち消え失せる。だからこそ美しいのだとわかっていても、願う。布の上で、あれを再現できたらいい。そうすれば指で触れてたしかめられる。身にまとうことだって。そういうドレス*をつくりたい。着てほしい。すべてのものを「無理」と遠ざける姉にこそ。きらめくもの。揺らめくもの。どうせ触れられないのだから、なんてあきらめる必要などない。無理なんかじゃないから、ぜったい。

どんな布を、どんなかたちに裁断して、どんな装飾をほどこせばいいのか。それを考えはじめたら、いてもたってもいられなくなる。

それから、明日。明日、学校に行ったら、宮多に例のにゃんこなんとかというゲームのことを、教えてもらおう。好きじゃないものを好きなふりをする必要はない。でも僕はまだ宮多たちのことをよく知らない。知ろうともしていなかった。

Z靴紐をきつく締め直して、歩く速度をはやめる。

(寺地(てらち)はるな「水を縫う」より。一部表記を改めている。)

(注)

＊柴犬――犬の種類の一つ。「ナポリタン・マスティフ」「ポメラニアン」も同様。

＊ドレス――結婚を控えた姉のために、祖母と「キヨ」とで作るウエディングドレスのこと。

問一 ――線①について、このときの「くるみ」の気持ちとして最も適当なものを、次のア～エのうちから一つ選び、その記号を書きなさい。（　　）

ア 身近にある石のきれいさを理解できずに質問を繰り返す「キヨ」にわずらわしさを感じている。

イ 帰り道に見つけた灰色の石に心をうばわれ、早く帰ってこの石を磨きたいとうずうずしている。

ウ これまでに自分がきれいに磨いた石の様子を思い起こし、わくわくした気持ちになっている。

エ 同級生たちにからかわれて落ちこんでいる「キヨ」をなんとか励ましたいと必死になっている。

問二 ――線②について、この思いを「宮多」に打ち明けようとする「キヨ」の緊張感が伝わる部分を、本文中から**一文**で抜き出し、**初めの五字**を書きなさい。

問三 Aさんの班では、「くるみ」や「宮多」との関わりから捉えた「キヨ」の心情の変化について、～～線X～Zに着目して意見を交わした。次はその一部である。これを読んで、後の(1)～(3)に答えなさい。

「うん、石。」

うん、石。ぜんぜん答えになってない。入学式の日に「石が好き」だと言っていたことはもちろんちゃんと覚えていたが、まさか道端の石を拾っているとは思わなかった。

「いつも石拾ってんの？　帰る時に。」

「いつもではないよ。だいたい土日にさがしにいく。河原とか、山に。」

「土日に？　わざわざ？」

「やすりで磨くの。つるつるのぴかぴかになるまで。」

放課後の時間はすべて石の研磨にあてているという。①ほんまにきれいになんねんで、と言う頬がかすかに上気している。

ポケットから取り出して見せられた石は三角のおにぎりのような形状だった。たしかによく磨かれている。触ってもええよ、と言われて、手を伸ばした。指先で、しばらくすべすべとした感触を楽しむ。

「さっき拾った石も磨くの？」

くるみはすこし考えて、これはたぶん磨かへん、と答えた。

「磨かれたくない石もあるから。つるつるのぴかぴかになりたくないってこの石が言うてる。」

石には石の意思がある。駄洒落のようなことを真顔で言うが、意味がわからない。

「石の意思、わかんの？」

「わかりたい、といつも思ってる。それに、ぴかぴかしてないときれいやないってわけでもないやんか。Xごつごつのざらざらの石のきれいさってあるから。そこは尊重してやらんとな。」

じゃあね。その挨拶があまりに唐突でそっけなかったので、怒ったのかと一瞬焦った。

「キヨくん、まっすぐやろ。私、こっちやから。」

川沿いの道を一歩踏み出してから振り返った。ずんずんと前進していくくるみの後ろ姿は、巨大なリュックが移動しているように見えた。

石を磨くのが楽しいという話も、石の意思という話も、よくわからなかった。わからなくて、おもしろい。わからないことに触れるということ。似たもの同士で「わかるわかる」と言い合うより、そのほうが楽しい。

ポケットの中でスマートフォンが鳴って、宮多からのメッセージが表示された。

「昼、なんか怒ってた？　もしや俺あかんこと言うた？」

違う。声に出して言いそうになる。宮多はなにも悪いことをしていない。

②ただ僕があの時、気づいてしまっただけだ。自分が楽しいふりをしていることに。

いつも、ひとりだった。

教科書を忘れた時に気軽に借りる相手がいないのは、心もとない。ひとりでぽつんと弁当を食べるのは、わびしい。でもさびしさをごまかすために、自分の好きなことを好きではないふりをするのは、好きではないことを好きなふりをするのは、もっともっとさびしい。

好きなものを追い求めることは、楽しいと同時にとても苦しい。その苦しさに耐える覚悟が、僕にはあるのか。

文字を入力する指がひどく震える。

「ちゃうねん。ほんまに本読みたかっただけ。刺しゅうの本。」

ポケットからハンカチを取り出した。祖母に褒められた猫の刺しゅうを撮影して送った。すぐに既読の通知がつく。

「こうやって刺しゅうするのが趣味で、ゲームとかほんまはぜんぜん興

さい。（　　）

ア　自分の考えを他者の考えと比較したうえで、まとめること。
イ　話し合いが効果的に進むよう、他者の発言を引き出すこと。
ウ　質問によって、自分と他者の考えの違いを明確にすること。
エ　自分の経験と重ねて説明することで分かりやすくすること。

(2)　川原さんは、山下さんの「ことば手帳」を見て、どのようなことを参考にしようと考えたか。□に当てはまる言葉を、**五字**で書きなさい。□□□□□

(3)　「ことば手帳」の表紙には、各自が好きな言葉を書くことになっている。吉田さんは次のように行書で書いた。同じ文字を楷書で書いた場合と比較すると、どのような特徴が見られるか。**当てはまらないもの**を、後のア～エのうちから一つ選び、その記号を書きなさい。（　　）

ア　「温」には点画の連続が見られる。
イ　「故」には点画の省略が見られる。
ウ　「知」には点画の連続が見られる。
エ　「新」には点画の省略が見られる。

2　高校一年生の「松岡清澄（まつおかきよすみ）（キヨ）」は刺しゅうが趣味であることを周りから理解されず、友達ができなかったが、高校で知り合った「宮多（みやた）」と仲良くなる。ある日、ひとりで刺しゅうの本を読んでいたところ、同じ中学校から進学した男子に冷やかされた。その日の帰り道、同級生の「くるみ」が声をかけてきた。これに続く次の文章を読んで、後の問一～問四に答えなさい。なお、答えに字数制限がある場合は、句読点や「　」などの記号も一字と数えなさい。

「あんまり気にせんほうがええよ。山田（やまだ）くんたちのことは。」
「山田って誰？」
僕の手つきを真似（まね）て笑っていたのが山田某（なにがし）らしい。
「私らと同じ中学やったで。」
「覚えてない。」
個性は大事、というようなことを人はよく言うが、学校以上に「個性を尊重すること、伸ばすこと」に向いていない場所は、たぶんない。*柴犬（しばいぬ）の群れに交じったナポリタン・マスティフ。あるいはポメラニアン。集団の中でもてはやされる個性なんて、せいぜいその程度のものだ。犬の集団にアヒルが入ってきたら、あつかいに困る。
アヒルはアヒルの群れに交じれば見分けがつかなくなる。その程度のめずらしさであっても、学校ではもてあまされる。浮く。くすくす笑いながら仕草を真似される。
「だいじょうぶ。慣れてるし。」
けど、お気遣いありがとう。そう言って隣を見たら、くるみはいなかった。数メートル後方でしゃがんでいる。灰色の石をつまみあげて、しげしげと観察しはじめた。
「なにしてんの？」

国語

時間　五〇分
満点　六〇点

1　次の問一、問二に答えなさい。

問一　次の(1)～(5)の――線について、カタカナの部分を漢字に書きなおし、漢字の部分の読みをひらがなで書きなさい。

(1)　今年の夏はムし暑い日が多かった。（　　し）
(2)　彼はA社とセンゾク契約しているスポーツ選手だ。（　　）
(3)　昨年度の優勝校の主将が選手センセイをする。（　　）
(4)　昔は活気があった町もすっかり廃れてしまった。（　　れて）
(5)　隣町に住む祖母は、頻繁にわが家を訪れる。（　　）

問二　川原さんの学級では、国語の時間や日常生活で興味をもった言葉を調べた際に、それを「ことば手帳」にまとめる取り組みを行っている。次は、「ことば手帳」に関する話し合いの一部と各自の「ことば手帳」である。これを読んで、後の(1)～(3)に答えなさい。

川原さん―「ことば手帳」を作成するようになって、今まで間違った意味で使っていた言葉があることに気がつきました。

吉田さん―私は、川原さんの「ことば手帳」にある「失笑」は、「あきれる」という意味だと思っていたので驚きました。言葉を適切に使えるようになるためにも、間違いに気がついたときは「ことば手帳」に書き留めておくとよいですね。

山下さん―私は、「全然」という言葉を「ことば手帳」に書きました。「全然」という言葉は中学校一年生で学習しましたが、「全然おもしろい」など、本来と異なる使い方をしたことがありました。

吉田さん―私も、「全然」という言葉を少し前に調べたことがあります。国語辞典には、「全然おもしろい」という使い方も「新しい使われ方」として書いてありました。「言葉は時代とともに変化する」という話も聞いたことがあります。「全然おもしろい」という使い方もよいのではないですか。

山下さん―確かに、以前は間違った使い方とされた言葉の中にも、今では国語辞典に掲載されているものがあります。でも、せっかく「ことば手帳」を使って言葉を豊かにする機会ですから、本来の使い方ができるようになりたいと思います。

川原さん―私も、本来の使い方を理解して生活の中で使えるようになりたいと思います。そのために、「ことば手帳」には、山下さんがしているように、［　　］ことを取り入れてみようと思います。

川原さんの「ことば手帳」

> ●気が置けない〈慣用句〉
> 〔意味〕遠慮がいらない。
> ※「油断ならない」という意味で使用するのは間違い。
>
> ●失笑〈名詞〉
> 〔意味〕吹き出して笑うこと。
> ※「あきれる」や「ばかにする」ような笑い方をするときに使うのは，本来の使い方ではない。

山下さんの「ことば手帳」

> ●全然〈副詞〉
> 〔意味〕少しも（～ない）
> ※あとに否定や打ち消しの語を伴って使う。
> ※「全然おもしろい」のような使い方は新しい使われ方で，本来の使い方ではない。
>
> 〔例文〕
> ・かなり練習したが，全然勝てなかった。

(1)　〰〰線を発言する際に、山下さんが留意したこととして最も適当なものを、次のア～エのうちから一つ選び、その記号を書きな

2021年度／解答

数学

1 【解き方】(1) ① 与式 $=-(2-7)=-(-5)=5$ ② 与式 $=5-9\times2=5-18=-13$ ③ 与式 $=3a-6b-4a-2b=-a-8b$ ④ 与式 $=\dfrac{5(x+2y)+3(x-y)}{15}=\dfrac{5x+10y+3x-3y}{15}=\dfrac{8x+7y}{15}$ ⑤ 与式 $=\sqrt{2\times3^2}-\dfrac{4\sqrt{2}}{\sqrt{2}\times\sqrt{2}}=3\sqrt{2}-\dfrac{4\sqrt{2}}{2}=3\sqrt{2}-2\sqrt{2}=\sqrt{2}$

(2) 解の公式より，$x=\dfrac{-(-3)\pm\sqrt{(-3)^2-4\times1\times(-2)}}{2\times1}=\dfrac{3\pm\sqrt{17}}{2}$

(3) 方程式に，$x=2$ を代入して，$3\times2+2a=5-2a$ より，$4a=-1$ よって，$a=-\dfrac{1}{4}$

(4) 大小のさいころの目の数をそれぞれ a，b とすると，ab が 9 の倍数になるのは，$ab=9$，18，36 のときで，$(a,\ b)=(3,\ 3)$，$(3,\ 6)$，$(6,\ 3)$，$(6,\ 6)$ の 4 通り。a，b の組み合わせは全部で，$6\times6=36$ (通り) だから，求める確率は，$\dfrac{4}{36}=\dfrac{1}{9}$

(5) 2 点 B，D を結ぶと，線分 AB は直径だから，$\angle ADB=90^\circ$ $\overset{\frown}{AD}$ に対する円周角だから，$\angle ABD=\angle ACD=62^\circ$ よって，△ABD の内角の和について，$\angle BAD=180^\circ-90^\circ-62^\circ=28^\circ$

(6) 点 A，B からの距離が等しい点は，線分 AB の垂直二等分線上にあり，半直線 OX，OY からの距離が等しい点は，∠XOY の二等分線上にある。したがって，この 2 本の直線の交点が P となる。

(例)

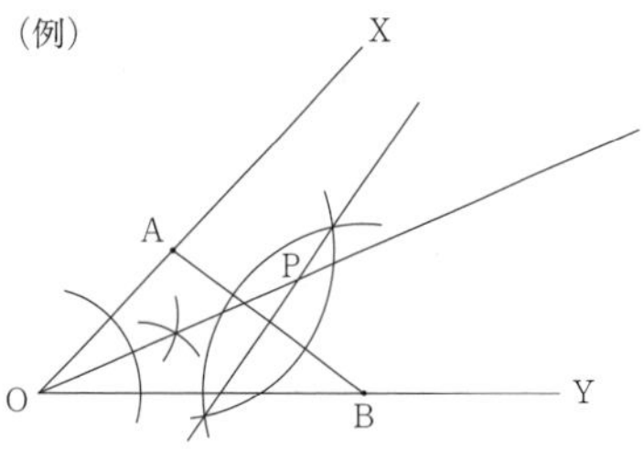

【答】(1) ① 5 ② -13 ③ $-a-8b$ ④ $\dfrac{8x+7y}{15}$ ⑤ $\sqrt{2}$

(2) $x=\dfrac{3\pm\sqrt{17}}{2}$ (3) $a=-\dfrac{1}{4}$ (4) $\dfrac{1}{9}$ (5) 28° (6) (右図)

2 【解き方】(1) $y=ax^2$ に点 A の座標を代入して，$2=a\times2^2$ より，$4a=2$ よって，$a=\dfrac{1}{2}$

(2) $y=\dfrac{1}{2}x^2$ に，$x=-4$ を代入して，$y=\dfrac{1}{2}\times(-4)^2=8$ より，B $(-4,\ 8)$ だから，直線 AB は，傾きが，$\dfrac{2-8}{2-(-4)}=\dfrac{-6}{6}=-1$ より，直線の式を $y=-x+c$ とおいて点 A の座標を代入すると，$2=-2+c$ より，$c=4$ よって，$y=-x+4$

(3) $BE=8-0=8$ で，C $(0,\ -4)$ より，$\triangle BEC=\dfrac{1}{2}\times8\times4=16$ △BEC と四角形 ACED の面積が等しいとき，$\triangle BDA=2\triangle BEC=16\times2=32$ で，△BDA は BD を底辺としたときの高さが，$2-(-4)=6$ だから，$BD=32\times2\div6=\dfrac{32}{3}$ したがって，D の y 座標は，$8-\dfrac{32}{3}=-\dfrac{8}{3}$ より，$D\left(-4,\ -\dfrac{8}{3}\right)$ よって，$-\dfrac{8}{3}=b\times(-4)^2$ より，$b=-\dfrac{1}{6}$

【答】(1) $a=\dfrac{1}{2}$ (2) $y=-x+4$ (3) $b=-\dfrac{1}{6}$

3 【解き方】(1) ① 度数が最も多い記録は，9 月が 3 本，11 月が 4 本だから，最頻値は 11 月の方が大きい。② ア：平均値を求めると，9 月が，$(1\times1+2\times3+3\times4+4\times1+6\times2+7\times1)\div12=42\div12=$

3.5（本） 11月が，$(0 \times 1 + 2 \times 2 + 4 \times 3 + 5 \times 2 + 6 \times 1 + 8 \times 1) \div 10 = 40 \div 10 = 4$（本） イ：中央値は，9月が3本，11月が4本。ウ：6本以上の人数の割合を求めると，9月が，$(2 + 1) \div 12 = 0.25$ 11月が，$(1 + 1) \div 10 = 0.2$ エ：範囲は，9月が，$7 - 1 = 6$（本） 11月が，$8 - 0 = 8$（本） したがって，ウが正しくない。

⑵ ① (2, 0)を通り，傾き $\frac{3}{4}$ の直線となる。② 花子さんのグラフにおいて，$y = 12$ のときの x の値は18であることが読みとれる。

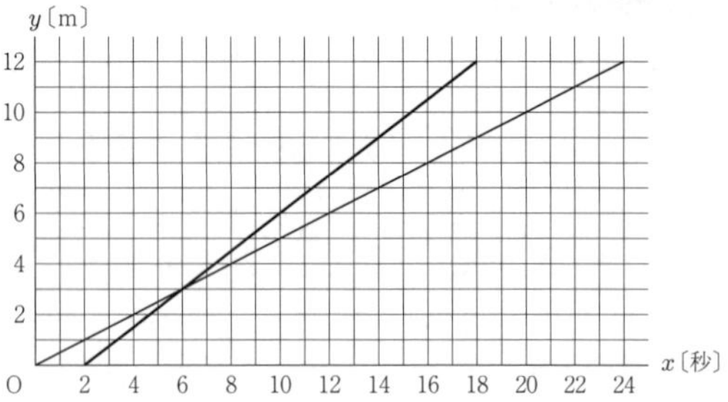

【答】 ⑴ ① 11（月） ②（記号）ウ （理由）9月の人数の割合が0.25，11月の人数の割合が0.2だから，11月より9月の方が割合が大きい。

⑵ ①（右図） ② ア．18 イ．太郎さんのグラフでの，$x = 18$ のときの y の値と12との差を求める。

4 **【解き方】** ⑴ 斜め方向の竹を2本加えると，正六角形が3個増える。よって，6番目の正六角形の個数は，$1 + 3 \times 5 = 16$（個）

⑵ n 番目の正六角形の個数は，1番目より，$3(n - 1)$ 個多いから，$1 + 3(n - 1) = 3n - 2$（個）

⑶ n 番目の正六角形が100個だとすると，$3n - 2 = 100$ より，$3n = 102$ よって，$n = 34$ また，使われる竹の本数は，1番目が8本で，その後，2本ずつ増えていくから，n 番目では，$8 + 2(n - 1) = 2n + 6$（本） この式に，$n = 34$ を代入して，必要な竹の本数は，$2 \times 34 + 6 = 74$（本）

【答】 ⑴ 16（個） ⑵ $3n - 2$（個） ⑶ 74（本）

5 **【解き方】** ⑴ Pは底面が半径 b cmの円で，高さが1cmの円すいだから，その体積は，$\frac{1}{3} \times \pi \times b^2 \times 1 = \frac{\pi b^2}{3}$ (cm^3)

⑵ Qは底面が半径1cmの円で，高さが b cmの円すいだから，その体積は，$\frac{1}{3} \times \pi \times 1^2 \times b = \frac{\pi b}{3}$ (cm^3) よって，$\frac{\pi b}{3} \div \frac{\pi b^2}{3} = \frac{1}{b}$（倍）

⑶ AからBCに垂線AHを下ろすと，Rは底面が半径AHの円で，高さがそれぞれBHとCHである2つの円すいを合わせた立体になるから，その体積は，$\frac{1}{3} \times \pi \times \mathrm{AH}^2 \times \mathrm{BH} + \frac{1}{3} \times \pi \times \mathrm{AH}^2 \times \mathrm{CH} = \frac{1}{3} \times \pi \times \mathrm{AH}^2 \times (\mathrm{BH} + \mathrm{CH}) = \frac{\pi}{3} \times \mathrm{AH}^2 \times a$ (cm^3) ここで，△ABC∽△HACだから，BA：AH＝BC：ACより，1：AH＝a：b だから，$\mathrm{AH} = \frac{b}{a}$ (cm) よって，Rの体積は，$\frac{\pi}{3} \times \left(\frac{b}{a}\right)^2 \times a = \frac{\pi b^2}{3a}$ (cm^3) $\frac{\pi b^2}{3a} \div \frac{\pi b^2}{3} = \frac{1}{a}$（倍）

⑷ $\mathrm{Q} = \frac{1}{b}\mathrm{P}$，$\mathrm{R} = \frac{1}{a}\mathrm{P}$ で，$a > b > 1$ より，$\frac{1}{a} < \frac{1}{b} < 1$ だから，体積の小さい順に並べると，R，Q，P。

【答】 ⑴ $\frac{\pi b^2}{3}$ (cm^3) ⑵ $\frac{1}{b}$（倍） ⑶ $\frac{1}{a}$（倍） ⑷ R，Q，P

6 【解き方】(2) ① ひし形の対角線は，それぞれの中点で垂直に交わる。よって，△ABOは直角三角形で，AO = 6 ÷ 2 = 3 (cm) だから，三平方の定理より，BO = $\sqrt{5^2 - 3^2}$ = 4 (cm)　② 右図のように，OとP，FとBをそれぞれ結ぶと，△BPE = △EOFのとき，△BPF = △BOFだから，OP∥FB　よって，CP : CB = CO : CF　また，AB∥FPより，CP : CB = CF : CAだから，CO : CF = CF : CAで，CO = AO = 3 cmより，3 : CF = CF : 6だから，CF^2 = 18　よって，CF = $3\sqrt{2}$ (cm)　△AFG ∽ △ACDで，相似比は，AF : AC = $(6 - 3\sqrt{2}) : 6 = (2 - \sqrt{2}) : 2$ だから，面積比は，$(2 - \sqrt{2})^2 : 2^2 = (4 - 4\sqrt{2} + 2) : 4 = (6 - 4\sqrt{2}) : 4$　△ACD = $\frac{1}{2} \times 6 \times 4 = 12$ (cm^2) より，△AFG = $12 \times \frac{6 - 4\sqrt{2}}{4} = 18 - 12\sqrt{2}$ (cm^2)

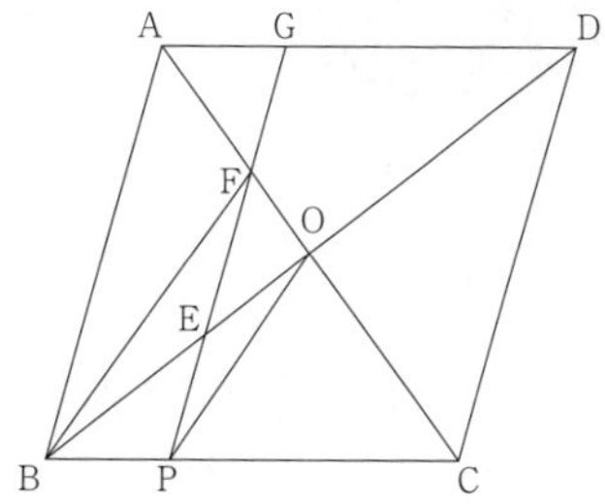

【答】(1) △ABCと△FPCにおいて，共通だから，∠ACB = ∠FCP……① ,AB∥GPより，平行線の同位角は等しいから，∠ABC = ∠FPC……②　①，②より，2組の角がそれぞれ等しいから，△ABC ∽ △FPC
(2) 4 (cm)　(3) $18 - 12\sqrt{2}$ (cm^2)

英　語

1 【解き方】A.（1番）バスケットボールの試合は7月20日の予定だったが,「8月12日に変更になった」と太郎が言っている。(2番)「午前中は曇りで雨が降り始めるだろう」,「正午までには雨がやんで午後には晴れるだろう」と言っている。

B.（1番)「日本人の芸術家によって作られた作品」,「16世紀のフランスの絵画」,「日本の伝統的な絵画」がある→「美術館」。(2番)「1階に日本人の芸術家によって作られた多くの作品があり，自分や家族のためにそれらを買うことができる」と言っている。(3番)「日本の伝統的な絵画の特別ツアーは10時に始まる」と言っている。

C.（1番）花子が最初のせりふで「家で興味があることを詳しく調べるようにと先生が言った」,「それは次回の授業のためのものだ」と言っている。homework（宿題）が適切。(2番）貨幣の人物が選ばれる理由について太郎が話している部分を聞き取る。「私たちが貨幣の人物の顔と名前を知っているから彼らが選ばれる」が適切。(3番）日本人の医者の人生から学んだことについて花子が話している部分を聞き取る。「日本人の医者はスポーツがすべての人に必要だと示した」が適切。

【答】 A.（1番）ウ　(2番）エ　B.（1番）ウ　(2番）ア　(3番）イ　C.（1番）ア　(2番）イ　(3番）ウ

◀全訳▶ A.

(1番)

花子：おはようございます，太郎。7月20日のあなたのバスケットボールの試合を見に行ってもいいですか？

太郎：おはようございます，花子。試合の日は変わりました。

花子：本当ですか？　試合はいつ行われますか？

太郎：8月12日です。

質問：太郎のバスケットボールの試合の日は何月何日ですか？

(2番)

A：明日の天気はどうでしょうか？

B：午前中は曇りで雨が降り始めるでしょう。

A：それは残念です。私は昼食後に釣りに行くつもりです。

B：心配しないでください。正午までに雨がやんで午後には晴れるでしょう。

質問：明日の天気はどうでしょうか？

B. こんにちは，みなさん。本日は来ていただいてありがとうございます。1階には，お店があり，みなさんは日本人の芸術家によって作られた多くの作品を見つけることができます。みなさんはそこでご自身とご家族のためにそれらの作品を買うことができます。2階には，3つの部屋があります。A室には，16世紀のフランスの絵画があります。B室では，日本の伝統的な絵画の特別ツアーを楽しむことができます。ツアーは10時に始まります。C室では，小さな人形を作ることができます。11時にC室にお越しください。私たちがみなさんに人形の作り方をお教えします。ありがとうございました！

(1番）あなたは今どこにいますか？

(2番）もしあなたがあなたの家族に何か買いたいなら，あなたはどこに行くでしょうか？

(3番）特別ツアーは何時に始まりますか？

C.

花子：こんにちは，太郎。私たちの先生は私たちが家で興味を持っていることを詳しく調べるように私たちに言いました。それは次回の授業のためのものです。あなたは何を調べましたか？

太郎：新しいデザインの貨幣が2024年に使われるので，僕は貨幣を調べました。貨幣の人物が選ばれるのは僕たちが彼らの写真を見ると彼らの名前を簡単に思い出すことができるからだそうですよ。

花子：まあ，それは興味深いですね。

太郎：あなたは何を調べましたか，花子？

花子：今年日本でパラリンピックが行われるので，私はそれを調べました。1960年に，最初のパラリンピックがイタリアで始まりました。1964年，次のパラリンピックが日本で初めて開催されました。そのとき，ある日本人の医者が日本のチームのために働きました。彼は大分で生まれました。私たちはスポーツが大切であること，そしてすべての人にスポーツが必要だということを彼の人生から学ぶことができます。

太郎：へえ，僕はそれを知りませんでした。

（1番）太郎と花子は何について話していますか？

（2番）太郎の話についてどれが正しいですか？

（3番）花子の話についてどれが正しいですか？

2 **【解き方】** A. (1) ① 留学の初日に緊張したと言ったトモコに対して，ジョンが「僕にも『同じ』経験があった」と述べている。same＝「同じ，同様の」。②「バイオリンを演奏することは『簡単』ではないが，その音が好きだ」。It's not ～ to …＝「…することは～ではない」。easy＝「簡単な」。③ be famous for ～＝「～で有名だ」。④ I am sure〔that〕～＝「私はきっと～だと思う」。

(2) 質問は「トモコはなぜ彼女のスピーチを心配しているのですか？」。ジョンが「何か心配していることがありますか？」と聞いたあとのトモコのせりふを見る。「次の授業でのスピーチで何について話せばいいのかわからない」と言っている。ウの「彼女は何について話すべきか決めていないから」が適切。what to ～＝「何を～するべきか」。

(3) 質問は「トモコは彼女のスピーチで何について話すつもりですか？」。ジョンの3つ目のせりふの「それ（書道）について話すのはどう？」という提案に対して，トモコが I'll try（やってみます）と返答している。また，トモコが最後のせりふで「私の故郷の文化と歴史についても話します」と言っている。

B. ① 私たちの町には多くのよい場所がある→「しかしこれらの場所は有名でないので多くの人はそこに行かない」→そのためパンフレットを作るべきだと思っている。

② インターネットで日本語と外国語で書かれたパンフレットを見せる→「そうすれば，世界中の外国人が私たちの町に興味を持つようになるだろう」。

③「たくさんの年配の人は祭りに参加するが，多くの若者はそうしない」→そこで，年配の人と若い人の両方が楽しめる祭りのための新しいイベントを計画するなど，この祭りをもっと支援すべきだと思っている。

④ 自分の町を魅力的にする方法について中学生がスピーチをする町がある→「私たちも私たちの考えをここに住む人々と共有するべきだ」。

【答】 A. (1) ① エ　② ア　③ イ　④ オ　(2) ウ　(3) イ　B. ① ウ　② オ　③ ア　④ イ

◀全訳▶ A.

メアリー：学校での初日はどうでしたか，トモコ？

トモコ　：楽しかったですが，緊張しました。今日はクラスメートとあまり話すことができませんでした。

ジョン　：僕はあなたがどんなふうに感じたかわかります。僕には同じ経験がありました。僕が留学したとき，僕も初日にとても緊張していたのでクラスメートとあまり話すことができませんでした。あなたは何か心配していることがありますか？　僕たちはあなたを助けることができますよ。

トモコ　：ご親切にありがとうございます。私たちは次の授業でスピーチをしなければなりません。しかし私は何について話せばいいのかわかりません。あなたたちは決めましたか？

ジョン　：はい，僕は僕の趣味について話すつもりです。僕は毎日バイオリンを練習します。上手にバイオリンを演奏することは簡単ではありませんが，僕はその美しい音が好きです。僕はもっと上手にバイオリンを演奏したいです。あなたはどうですか，メアリー？

メアリー：私は私の夢について話すつもりです。私は地球の歴史に興味があるので，科学者になりたいです。そのため私は科学と数学を一生懸命勉強しています。

トモコ　：すごいですね！　私はすぐにあなたたちのスピーチを聞きたいです。私は何について話せばいいでしょうか？

メアリー：あなたは何に興味があるのですか？

トモコ　：私は書道に興味があります。私は6歳のときから書道を習っています。

ジョン　：あなたのスピーチでそれについて話すのはどうですか？

トモコ　：そうですね。やってみます。

メアリー：あなたはなぜ書道を習い始めたのですか？

トモコ　：私の故郷は毛筆で有名で，多くの人が毛筆を買いに町を訪れます。そのため書道は私にとって親しみがあるのです。

メアリー：おもしろいですね。私はあなたの故郷についてもっと知りたいです。

トモコ　：わかりました。私は私の故郷の文化と歴史についても話します。私は最善を尽くします。

ジョン　：あなたならできますよ！　きっとみんながあなたのスピーチを楽しむだろうと僕は思いますよ，トモコ。お互いに理解し合うことはおもしろいですね。

B. テーマ　私たちは自分の町のために何をすることができますか？

クミ　　：私は私たちの町を訪れる人々に役に立つ情報を与えることが大切だと思います。例えば，私たちには温泉や，美しい山々，神社，そして寺院のような多くのよい場所があります。しかしこれらの場所は有名でないので，多くの人がそこに行きません。ですから私たちはそれらがどこにあって私たちがそこで何をすることができるのかを示すパンフレットを作るべきだと私は思います。あなたはどう思いますか，トム？

トム　　：僕はあなたに賛成です。僕はもう1つの考えを付け足したいと思います。もしも僕たちが日本語だけでパンフレットを作れば，一部の外国人はそれを読むことができません。そのため僕たちは日本語といくつかの外国語の両方でパンフレットを作るべきだと僕は思います。僕たちはそれをインターネットで人々に見せることもできます。もし僕たちがそうしたら，世界中の外国人が僕たちの町に興味を持つようになるでしょう。

タクヤ　：それはいい考えです，トム。パンフレットに，僕は夏に開催される祭りについての情報を掲載したいです。たくさんの年配の人はそれに参加しますが，多くの若者はそうしません。ですから僕たちがこの祭りをもっと支援するべきだと僕は思います。例えば，僕たちは年配の人々と若い人々の両方が一緒に楽しむことができる祭りのための新しいイベントを計画するとか。

スーザン：私はあなたの考えに興味があります，タクヤ。ある町は子供と大人のための会を催すそうです。その会で，中学校の生徒たちが彼らの町を魅力的にする方法についてのスピーチをします。私たちもここに住む人たちと自分の考えを共有するべきです。私たちのような若い人たちが自分の町のために考えて何かをすることが大切です。

3 **【解き方】** A. したい活動の内容を説明するには，I want to ～やI would like to ～を使う。その理由をbecause ～で説明する。解答例は，「私たちは英語の音を学ぶことができるので，私は英語の歌を一緒に歌いたいです」。

B. (1) ① スライド1を見る。日本語を学ぶ生徒の数は2016年よりも2019年の方が多い。more ～（より多くの～）で表す。② スライド2を見る。伝統行事がクラスの中で最も人気がある。the most popular in ～＝「～の中で最も人気がある」。(2) 解答例は「2月に，節分という行事があります。私たちは豆を投げてそれらを食べます」。

【答】 A. (例) I want to sing English songs together because we can learn the sound of English. (15語)

B. (例) (1) ① more, students, study (または，studied), Japanese　② the, most, popular, in

(2) In February, we have an event called Setsubun. We throw beans and we eat them. (15 語)

◀全訳▶ B. 発表原稿

今年の夏に私はグリーン中学校で2週間勉強しました。

この学校には，言語のクラスがいくつかあります。

スライド1は日本語のクラスで勉強している生徒の数を示しています。

2019年には，2016年よりも多くの生徒が日本語を勉強しています。

スライド2は2019年のクラスの生徒が日本の何が好きなのかを示しています。

伝統行事がクラスで1番人気があります。

そのクラスでは，「日本の日」と呼ばれる特別な授業があります。

私はその授業に招待されて，ある日本の伝統行事について話しました。

4 **【解き方】**(1) 第1段落の最後の2文にある「ポリ袋とペットボトルは海に悪いので，そこに住むことは海洋動物にとって危険だ」という内容を指している。ウの「ポリ袋とペットボトルがある海に住むことは海洋動物にとって難しい」が適切。It is ～ for A to …＝「Aにとって…することは～だ」。

(2)「チームは写真を見てクジラが海に住むためには助けが必要だと学んだ（第3段落）」→「チームは彼らがどれだけのペットボトルを使うのか数えた（第4段落の最初の文）」→「チームはペットボトルのよりよい使い方を探すために何回か会議を開いた（第4段落の3文目）」→「チームはある会社とペットボトルをリサイクルする方法について話し合った（第4段落の最後から2文目）」。

(3) 直前のラグビーチームのメンバーが発言した内容を指している。エの「私たちの周りの何かを変えようとすることが大切だ」が適切。

(4) 同段落内で，「SDGsは地球を住みやすくするための17の目標で，私たちはそれらを達成するために世界中の人々と一緒に働く必要がある」と述べている。イの「SDGsは世界の問題を共有する方法を私たちに示すだろう」が適切。

(5)「環境を守るために3つのことをしたい」とある。第1に「買い物に行くときに自分の買い物袋を持っていく」，第2に「ペットボトルを捨てない」をあげている。解答例は「私は家のゴミを減らす」。

【答】(1) ウ (2) エ，ア，ウ，イ (3) エ (4) イ (5) (例) I'll reduce waste at home

◀全訳▶ 私たちはポリ袋とペットボトルがとても便利で必要なので，それらを頻繁に使います。けれども，もしポリ袋とペットボトルが海に流れ込めば，それらは長い間海にとどまります。それらは海にとても悪いです。そのため海に住むことは海洋動物にとって危険です。

これは私たちにとって大きな問題です。私たちが何かをするべきだと私は思います。例えば，私たちは買い物に行くときに自分の買い物袋を持っていくべきです。私たちはペットボトルを捨てるべきではありません。私たちに何が起こっているかについて私たちは考える必要があると私は思います。

日本のある高校のラグビーチームの話があります。ある日，そのチームのメンバーたちはある写真にとてもショックを受けました。その写真には，多くの死んだクジラが海岸にいました，なぜなら彼らはたくさんのペットボトルを飲み込んだからです。写真のおかげで，メンバーたちは現在世界にある問題の1つを理解しました。彼らは世界のために何かをしようと決めました。

まず，そのチームのメンバーたちは彼らが1か月に使うペットボトルの数を数えました。彼らは1か月で約500本のボトルを使うことを知って驚きました。それから，彼らはそれらのボトルのよりよい使い方を見つけようと決めて何回か会議をしました。のちに，ある会社がそのメンバーたちに興味を持つようになりました。その会社はペットボトルをリサイクルすることについてメンバーたちと一緒に話し始めました。ついに，彼らはペットボトルから衣類を作る方法を見つけました。

そのあと，チームのメンバーの1人が「もし全員が一緒に働けば，僕たちにできないことは何もないと僕は思います。僕はみなさんと環境を守りたいです。もし僕たちが世界の問題は自分の問題だと思うなら，僕たちは僕たちの周りのことを変えることができます」と言いました。これは世界にとってよい考えだと私は思います。

みなさんはSDGsについて聞いたことがありますか？　SDGsは地球をより住みやすい場所にするための17の目標です。私たちは2030年までにそれらを達成するために努力しなければなりません。海の環境をもっとよくすることはこの目標の1つです。これらの目標のために，私たちは環境と世界中の人々についてもっと考えるでしょう。私たちはこれらの目標を達成するために，日本や世界中の多くの人たちと一緒に働かなければなりません。

世界は2030年にはどのようになっているでしょうか？　みなさんはこれらの目標のために何をするでしょうか？　高校で勉強することはみなさんにとって次の段階です。みなさんはたくさんのことを勉強してたくさんの経験をするでしょう。みなさんのような若い人たちは自分の周りの物事を変えることで世界をよりよくする力を持っているのです。

5 **【解き方】**(1) 質問は「アカネはなぜ梅の歴史を勉強し始めたのですか？」。第1段落の最後から2・3文目を見る。「外国人が私たちのように梅を食べるのを知って」うれしかった。それで梅の歴史を勉強し始めたと述べている。

(2) ア.「アカネは梅の歴史を理解するために何を読んだらいいのか知りたかった」という記述はない。イ.「スミス先生は英語のクラスで彼女の国のお気に入りの食べ物について話した」という記述はない。ウ.「私たちは『万葉集』で桜についてよりも梅についての和歌をより多く読むことができる」。第2段落の2・3文目を見る。正しい。エ.「梶原氏は陶器のつぼを作った，なぜなら松平氏がそれをするように頼んだからだ」。第4段落の3～5文目を見る。正しい。オ.「人見必大は陶器のつぼに漬けられた梅を保存して，その梅を彼の友だちに送った」という記述はない。

(3) ① 第2段落の後半を見る。アカネは梅についてもっと勉強して，「万葉集」に梅についての多くの和歌が書かれている理由を知りたいと述べている→私はなぜこの本に梅についての多くの和歌があるのか知らないので，その「理由」を知りたい。② 第3段落を見る。「『本朝食鑑』の作者が大分の梅についての話を書いている」，「大分の特産物が江戸時代に知られていたと知って私はうれしかった」と述べている→この本の「作者」が梅は江戸時代に大分の特産物であると知っていたので私はうれしかった。③ 第4段落の3文目を見る。「大分の歴史」によると，松平氏が将軍に特別な贈り物として漬けられた梅を選んだ→私は松平氏が江戸時代に特別な「贈り物」として漬けられた梅を将軍に贈ることを決めたと知った。④ 最終段落の2文目を見る。これらの本から学んだ経験は，自分の大好きな町と日本を理解するよい機会になったと述べている→これらの3冊の本は私の町と日本を理解する「機会」を私に与えた。

【答】(1) エ　(2) ウ・エ　(3) ① reason　② writer　③ present　④ chance

◀全訳▶　昨年，スミス先生が私たちに英語を教えるために私たちの学校に来ました。私たちは私たちの町，大分について英語で彼女に話しました。梅が私たちの町の特産品なので，私たちのグループは梅について彼女に話しました。ここの多くの人が梅を育て，漬けた梅，梅干しを作ります。私たちのスピーチのあと，スミス先生は彼女の国の梅について私たちに話しました。私は外国の人々が私たちのように梅を食べると知ってうれしかったです。それで私は梅により興味を持つようになり，本を読んで梅の歴史を勉強し始めました。今から私は梅について書かれた3冊の本についてみなさんにお話ししたいと思います。

1冊目の本は奈良時代に書かれた「万葉集」です。私は「はな」という言葉を聞いたとき，普通は桜の花を思い出します。しかし，この本には，梅についての118の和歌と桜についての42の和歌があります。私はそれを知ってとても驚きました。なぜ「万葉集」には梅についての多くの和歌が書かれているのでしょうか？　当時は桜よりも梅の方が日本人にとって親しみがあったのでしょうか？　みなさんはその理由がおわかりですか？私は梅についてもっと調べてそのことについて知りたいです。

2冊目の本は「本朝食鑑」です。それは人見必大という日本人の作家によって江戸時代に書かれました。彼がこの本を書くのに30年以上かかりました。その本の中で，私は梅についての物語を見つけました。彼は「豊後と肥前の梅は日本の他の梅よりもいいです。私たちは陶製のつぼの中で漬けられた梅を保存します」と書きました。豊後は大分の昔の名前で肥前は佐賀の昔の名前です。大分の特産物が江戸時代に知られていたと知って私はとてもうれしく思いました。

最後の本は「大分の歴史」です。江戸時代に，梅は日本人にとって今よりももっと大切でした，なぜなら人々はよい梅を簡単に手に入れることができず，梅はとても高価だったからです。そのため豊後の松平氏は将軍への特別な贈り物として漬けられた梅を選びました。彼はこの特別な贈り物を送るための特別な陶製のつぼを作るように肥前の梶原氏に頼みました。梶原氏は長い間一生懸命働き，ついに大きな，美しい陶製のつぼを作り終えました。現在彼のつぼは大分の杵築城にあります。佐賀には，有田や唐松，そして伊万里のような陶製のつぼで有名な町がいくつかあります。

これらの本から，私は多くの大切なことを学びました。この経験は私の大好きな町と日本を理解するよい機会になりました。みなさん，みなさんは高校で何がしたいですか？　新しい友だちと話したり，あなたの将来のために勉強したりしたいですか？　私は高校に入ったら，日本の歴史をもっと勉強するつもりです。

社　会

1 【解き方】(1) 中国の一部とタイ・ベトナム・インドネシアが着色されている地図を選択。

(2) 中国の北部では小麦，南部では米の栽培がさかん。ⓘの「大河川」とは長江のこと。

(3) 豚肉や酒は，イスラム教徒にとっては口にしてはいけないものとされている。また，豚肉以外の肉でも，イスラム法に従って適切に処理されたもの以外は食べることを禁じられている。

(4) ① 両国ともカトリックを信仰する人が多い。プロテスタントが多いのは，16世紀に宗教改革が始まったドイツをはじめ，イギリスや北欧の国々。② 永久凍土の上に建てられたシベリアの住居は，暖房などにより建物から出る熱が永久凍土を溶かすと建物が傾いてしまうため，地面と住居の床に空間を設ける高床式の住居となっている。また，混合農業とは，家畜のえさにもなる穀物の栽培と家畜の飼育の両方を行う農業で，ヨーロッパの北西部を中心に行われている。③ マーストリヒト条約の発効により発足した。

【答】(1) ア　(2) オ　(3) イスラム教を信仰している人（同意可）　(4) ① イ　② エ　③ EUが発足した（同意可）

(5) 多国籍企業

2 【解き方】(2) ① 公地公民の原則に基づき，口分田が6歳以上の男女に与えられた。② 庸と調は運脚（主に地方の農民たち）が，都まで自ら運ばなければならなかった。

(3) アは法然が開いた浄土宗の説明。イの「明」の成立は室町時代に入ってからのできごと。エの「御成敗式目」と栄西の渡航には関連性はない。

(4) 豊臣秀吉に重用されたが，のちに秀吉の怒りを買い，切腹させられた。

(5) 琵琶湖の東岸に位置する。

(6) 大名は1年おきに江戸と領地（藩）を往復していた。また，大名の妻子は江戸に留まらなければならなかった。旅費と江戸での滞在費を含む莫大な費用は，大名にとって大きな経済的負担となった。

(7) ウは日英同盟（1902年），アは日露戦争（1904年），第一次世界大戦の開戦（1914年），イは日独伊三国軍事同盟（1940年），日ソ中立条約（1941年）などのできごとを手がかりにするとよい。

(8) ア・イ・ウは明治時代のできごと。

(9) イはとうもろこし，ウは大豆，エは牛肉。

【答】(1) エ　(2) ① 班田収授法　② 調として，地方の特産物が都に納められていた（同意可）　(3) ウ　(4) 千利休

(5) イ　(6) 参勤交代で，江戸と領地を行き来することが定められていたから。（同意可）　(7) ウ→ア→イ　(8) エ

(9) ア

3 【解き方】(1)「公正」は不利益を被る人がいないことで，手続きの公正さや機会・結果の公正さが問われる。ウ・エは無駄を省くことである「効率」の内容。

(2) ①「経済活動の自由」には，居住・移転の自由，職業選択の自由，私的財産権が含まれる。② 衆議院が解散されると40日以内に衆議院議員総選挙が行われる。

(3)「人口に占める有権者比率」の増加は，有権者ではない人口比率の減少，つまり総人口に占める20歳未満（2017年からは18歳未満）の人口の減少を意味している。

(4) ア.「湾岸戦争」が起きたのは1991年。以降5年間で「マイナス成長」も見られる。イ. 第二次世界大戦後で最大のプラス成長となったのは高度経済成長期のこと。エ.「世界金融危機」のはじまりは2007年（リーマンショックは2008年）で，2008年と2009年は「マイナス成長」となっている。

(5) りんごの平均価格が最も高い夏に月別出荷量が少ないグラフを選ぶ。

(7)「仕事と生活の調和」を意味する語句。

【答】(1) ア・イ

(2) ① イ　② 内閣は十日以内に衆議院を解散するか，総辞職しなければならない。(31字)（同意可）

(3) 少子高齢化が進んだこと。（同意可）　(4) ウ　(5) ア　(6) 消費者基本法　(7) ワーク・ライフ・バランス

④【解き方】(1) アは知床，イは平泉，ウは姫路城，エは屋久島，オは琉球王国のグスク及び関連遺産群がある場所。このうちアとエは自然遺産に認定されている。

(2) アは1938年，イは1946年～，ウは1932年，エは1944年のできごと。

(3) A. 国の政治のあり方を決める最高の権利は国民にあるという考え方。B. 核兵器に対する日本政府の基本方針。沖縄県にあるアメリカ軍の基地に関連して，佐藤栄作首相が打ち出した。

(4) 瀬戸内工業地域の臨海部にある岡山県の水島地区や愛媛県の新居浜地区などには，石油化学コンビナートが立ち並んでいる。イは輸送用機械，特に自動車の生産がさかんな中京工業地帯，ウは金属工業の割合が比較的高い阪神工業地帯，エは内陸にあるため，化学の割合が低い北関東工業地域のグラフ。

(5) 広島は年間を通して降水量が少ない瀬戸内の気候。鳥取は降雪のため冬の降水量が多い日本海側の気候。高知は梅雨や台風の影響で夏の降水量が多い太平洋側の気候。

(6) ② 広島駅から見た原爆ドームは，南西よりもさらに西寄りに位置している。実際の距離は，(地図上の長さ)×(縮尺の分母)から，$9 \times 25000 = 225000\text{cm} = 2.25\text{km}$ となる。

【答】(1) イ・ウ・オ　(2) ウ　(3) A. 国民主権　B. 非核三原則　(4) ア　(5) エ　(6) ① 政令指定　② エ

⑤【解き方】(2) ア. BはCよりも河川の流域面積が広く，多く雨水が集中する地点なので，ダムの効果もより高くなる。イ. Dの方が標高が高いので，洪水の危険性は高くなると考えられる。エ. 海岸線が入り組んでいるほうが，波のエネルギーが狭い湾内に集まり，波が高くなりやすい。

(3)「東日本大震災」は2011年のできごと。2002年に比べて2013年は増加しており，2017年でも「半減」はしていない。

(4)「自助」とは，災害が発生したときに自分自身の「身の安全」を守ることをいう。ただし，災害は突然やってくるため，災害が発生する前に自分の身を守るための備えをしておくことも含む。「災害時の安否確認の方法を家族で確認しておく。」や，「高さのある家具に転倒防止のための装置をつけておく。」などの解答も可。

【答】(1) 日米和親　(2) ウ　(3) エ　(4) (例) ハザードマップを確認する。・水や食料を備蓄しておく。

理　科

1 【解き方】(2) [図 2] より，a は，増加した肉食動物に草食動物が多く食べられ，植物の減少によって草食動物の食べるものが減少するので，草食動物が減少する。b は，草食動物の減少により肉食動物の食べるものが減少するので，肉食動物が減少する。また，草食動物の減少により，植物が増加する。c は，植物の増加により，草食動物の食べるものが増加するので，草食動物が増加する。

(3) $500\,(\mathrm{g}) \times \dfrac{0.1}{100} = 0.5\,(\mathrm{g})$

(4) ヨウ素液はデンプンがあると青紫色に変化する。A は土の中の微生物がデンプンを分解するので，培地表面の色は変化しない。B は土の中の微生物が加熱により死滅しているので，デンプンが分解されず，培地表面の色が変化する。

(6) 植物・微生物も呼吸するので，酸素をとり入れている。また，微生物の呼吸により，二酸化炭素が排出される。

【答】(1) 食物連鎖　(2) a. ウ　b. ア　c. イ　(3) 0.5 (g)　(4) ア　(5) イ・エ　(6) (次図)

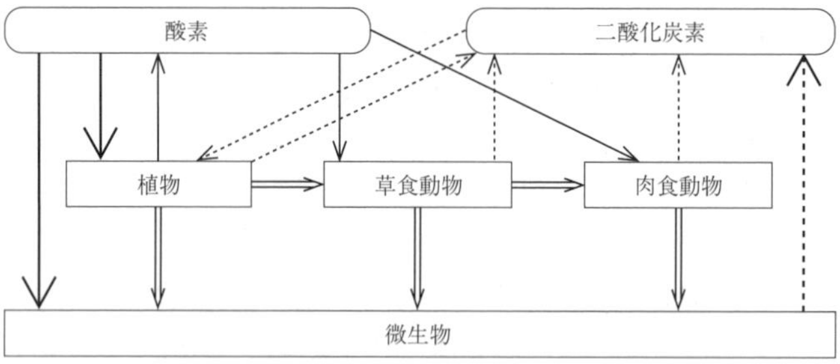

2 【解き方】(1) ア．ブザーを入れた容器の中の空気をぬいていくと，聞こえるブザーの音が小さくなっていく。エ．音が伝わる速さは，固体の中よりも空気中の方が遅い。

(2) ② 太鼓の皮を強くたたくと，振幅が大きくなるので，発泡ポリスチレン球が高く飛びはねるが，音の高さは変わらないので太鼓の皮の振動数は変わらない。

(4) ① [図 9] より，この音は 8 目盛りで 1 回振動するので，1 回振動するのにかかる時間は，0.0005 (s) × 8 (目盛り) = 0.004 (s)　この音の振動数は，$\dfrac{1\,(回)}{0.004\,(\mathrm{s})} = 250\,(\mathrm{Hz})$　② [図 7] のコップから出る音の大きさは変わらず，音の高さは高くなるので，振幅は変わらず，振動数は多くなる。

(5) 水中の音が進んだ距離は，1500 (m/s) × 0.04 (s) = 60 (m)　魚の群れまでの距離は，水中の音が進んだ距離の半分なので，$\dfrac{60\,(\mathrm{m})}{2} = 30\,(\mathrm{m})$

【答】(1) イ・ウ　(2) ① 振幅　② ア

(3) ([図 3] の方が [図 4] より音が高くなったとしても，) 弦の太さが細いから音が高くなったのか，弦の長さが短いから音が高くなったのか，判断できないから。(同意可)

(4) ① 250 (Hz)　② ウ　(5) 30 (m)

3 【解き方】(1) [表] より，傾斜のゆるやかな形となるのは袋の中身のねばりけが弱いときなので，水の割合が多い。

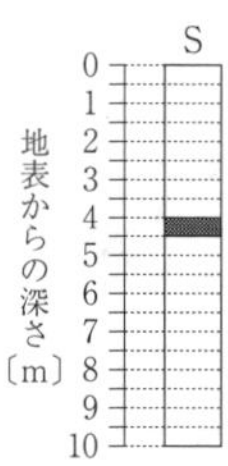

(2) ② 質量が変わらず，体積が大きくなると，密度は小さくなる。

(6) [図 4]・[図 5] より，地点 P の火山灰の層の上端の標高は，120 (m) − 7 (m) = 113 (m)　地点 Q の火山灰の層の上端の標高は，120 (m) − 9 (m) = 111 (m)　地点 R の火山灰の層の上端の標高は，115 (m) − 2 (m) = 113 (m)　よって，この地域の地層は，東西には傾いておらず，北から南に向かって低くなっている。地点Sの火山灰の層の上端の標高は111mと考えられるので，地表からの深さは，115(m)－111(m)＝4(m)

【答】(1) エ　(2) ① 二酸化炭素　② ウ　(3) ウ　(4) かぎ層

(5) (日本上空では，)偏西風がふいているから。(同意可)　(6) (前図)

4 【解き方】(1) 炭酸水素ナトリウム＋塩酸→塩化ナトリウム＋二酸化炭素＋水

(2) [表1] より，反応前の全体の質量と反応後の全体の質量の差が発生した気体の質量。炭酸水素ナトリウムの質量が0.21gのとき，発生した気体の質量は，70.21(g)－70.10(g)＝0.11(g)　炭酸水素ナトリウムの質量が0.42gのとき，発生した気体の質量は，70.42(g)－70.20(g)＝0.22(g)　炭酸水素ナトリウムの質量が0.63gのとき，発生した気体の質量は，70.63(g)－70.30(g)＝0.33(g)　炭酸水素ナトリウムの質量が0.84gのとき，発生した気体の質量は，70.84(g)－70.40(g)＝0.44(g)　炭酸水素ナトリウムの質量が1.05gのとき，発生した気体の質量は，71.05(g)－70.61(g)＝0.44(g)

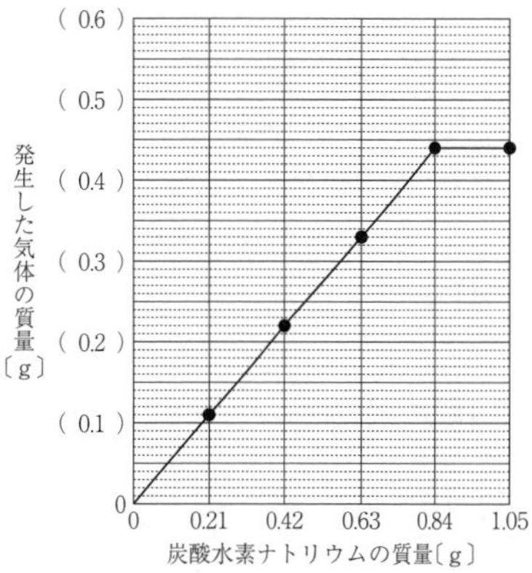

(3) うすい塩酸の量はすべて同じなので，炭酸水素ナトリウムの質量が大きくなると，反応しなかった炭酸水素ナトリウムがビーカーに残る。炭酸水素ナトリウムが水に溶けるとアルカリ性を示す。フェノールフタレイン溶液はアルカリ性のとき赤色に変化する。

(4) ① [表2] より，発生した気体の質量は，70.84(g)－70.73(g)＝0.11(g)　(2)より，発生した気体の質量が0.11gのとき，反応した炭酸水素ナトリウムの質量は0.21g。よって，$\frac{0.21\,(\mathrm{g})}{0.84\,(\mathrm{g})} \times 100 = 25\,(\%)$　② (2)より，うすい塩酸10mLと過不足なく反応する炭酸水素ナトリウムの質量は0.84g。ベーキングパウダー10gにふくまれている炭酸水素ナトリウムの質量は，$10\,(\mathrm{g}) \times \frac{25}{100} = 2.5\,(\mathrm{g})$　よって，必要なうすい塩酸は，$10\,(\mathrm{mL}) \times \frac{2.5\,(\mathrm{g})}{0.84\,(\mathrm{g})} \fallingdotseq 29.8\,(\mathrm{mL})$

【答】(1) $NaHCO_3 + HCl \rightarrow NaCl + CO_2 + H_2O$　(2) (前図)　(3) ア　(4) ① 25(%)　② 29.8(mL)

5 【解き方】(1) ① 北半球における低気圧には反時計まわりに風がふきこみ，中心付近では上昇気流となっている。② 冷たい空気はあたたかい空気より重いので，あたたかい空気の下に流れていく。③ 夏の季節風は南東からふく。

(2) ② 位置エネルギーは基準面からの高さが高いほど大きくなる。[図6] より，A点の力学的エネルギーとC点での力学的エネルギーは等しいので，C点では位置エネルギーがA点より小さい分だけ運動エネルギーは大きい。③ ダムにたまった水は位置エネルギーをもっており，これを運動エネルギーに変換して発電機のタービンを回す。

(3) ② 亜鉛板では，亜鉛が水溶液に溶けて，電子を放出し，イオンとなる。

(4) ① [表3] より，Aはホニュウ類，Cはハチュウ類，Dは両生類，Eは魚類。④ イは両生類，エは甲殻類。

【答】(1) ① イ　② イ　③ (記号) エ　(理由) 日射が強い夏は，陸の気温が海の気温よりも大きく上昇することで，気温の低い海から気温の高い陸に向かって風がふくから。(同意可)

(2) ① 慣性　② イ　③ ア　(3) ① エ　② $Zn \rightarrow Zn^{2+} + \ominus\ominus$　③ 燃料電池

(4) ① エ　② 相同器官　③ 脱皮して古い外骨格をぬぎ捨てる (同意可)　④ ア・ウ

国　語

1 【解き方】問二. (1) 山下さんが「全然」という言葉を「本来と異なる使い方」をしていたと発言したことに対し，吉田さんは「新しい使われ方」としてよいのではないかという意見を述べている。その吉田さんの意見を「確かに…掲載されているものがあります」と認めたうえで，山下さんは，あらためて「本来の使い方ができるようになりたい」という自分の考えを示している。(2) 川原さんの「ことば手帳」には，言葉の意味と，その言葉の間違った使い方や，「本来の使い方」ではない使い方が書かれている。一方，山下さんの「ことば手帳」には，言葉の意味や使い方，「本来の使い方」ではない使い方に加えて，その言葉を使った例文が書かれている。(3)「温」の「氵」の書き方，「故」の「古」「攵」の書き方，「知」の「矢」「口」の書き方に連続が見られる。「新」の「木」の書き方には省略が見られる。

【答】問一. (1) 蒸(し)　(2) 専属　(3) 宣誓　(4) すた(れて)　(5) ひんぱん

問二. (1) ア　(2) 例文を書く（同意可）　(3) イ

2 【解き方】問一. 石を「つるつるのぴかぴかになるまで」磨き上げる喜びを語っている。「頬がかすかに上気して」は，気持ちが高ぶっていることを表す。

問二. 自分の本心を打ち明けようと思うが，これまで「いつも，ひとりだった」ことを思い出し，「好きなものを追い求めること」の苦しさに「耐える覚悟」が自分にあるのか，不安を感じながら返信しようとする様子に着目する。

問三. (1)「くるみ」が，「つるつるのぴかぴか」がふさわしい石や，磨かれずに「ごつごつのざらざら」のままがきれいな石など，石それぞれに異なる性格があると話している。「キヨ」が，「山田」から冷やかされたことについて，「個性は大事」と人はよく言うが，学校ではそれが求められていないと感じていることと対比させて考える。(2)「彼ら」は，「今まで出会ってきた人間」で，「キヨ」の趣味を理解してくれなかった人たちを指す。刺しゅうが趣味だと打ち明けて写真を送ったところに，「宮多」からは「松岡くんすごいな」と返ってきたことから考える。(3)「でも僕はまだ宮多たちのことを…知ろうともしていなかった」と考える前に，「どんな布を…どんな装飾をほどこせばいいのか」と刺しゅうについて考えはじめ，「いてもたってもいられなく」なっていることに着目する。「好きじゃないものを好きなふりをする必要はない」ともあることから探す。

問四. 「くるみ」と話した後で「わからなくて，おもしろい」と思っていたところ，「宮多」から自分を気にかけたメッセージを受けた。「違う」「宮多はなにも悪いことをしていない」と伝えたいという気持ちを強く感じると同時に，「いつも，ひとり」で「心もとない」「わびしい」という経験をしたことを思い出している。そのうえで，「宮多」の気持ちに応えるために自分の本心を打ち明け，やり取りをしたことがきっかけとなり，刺しゅうや周囲の人たちへの思いが変化している。

【答】問一. ウ　問二. 文字を入力

問三. (1) 個性　(2) 刺しゅうするのが趣味である僕のことをわかってくれるのではないか（31字）（同意可）

(3) 好きなものを追い求めること

問四. エ

3 【解き方】問一. モノに「意味」が加わると価値が増加することについて，「従来の経済の常識」と対比させて述べていることに着目する。

問二. 「その媒体」の「その」は，モノに「他にはない真実のストーリー，固有性」が加わり「主」になることを指す。「コトづくり」でモノに付け加えられる「意味」について，「モノ」が人びとに伝える「大事な点」をおさえる。

問三. 「そのような経済」は，「規格化された画一的な商品を大量に生産・消費してきた」という「二〇世紀の経済」を指す。こうした大量生産について，「限界費用ゼロ社会」という表現を取り上げ，「規格品をたくさん生産するだけでは，値段を安くしていく価格競争に追いこまれてしまいます」と述べている。

問四. リノベーションについて,「地域にあるものをそのまま使うこと」で,「費用を節約すること」ができると述べている。さらに「スクラップ・アンド・ビルド」では,「建てなおされたその場所」が「その場所ならではの個性を保っていく」ことが難しいのに対し,「リノベーション」ではそれまでの「雰囲気を守りつつ」再生することができると述べていることをおさえる。

問五. 二〇世紀の「モノづくり」による経済が, 二一世紀では行き詰まって「コトづくり」の時代になり,「モノ」に「意味」を加えることが重要になっていると述べている。そして, 二〇世紀の「スクラップ・アンド・ビルド」の手法による開発から,「リノベーション」の手法による再生へと転換することを提唱している。

【答】 問一.（初め）労働を投下（～終わり）は生まれる　問二. 知識や情動, 倫理や美しさといった無形の要素

問三. ウ

問四. 費用を節約することができるとともに, その場所ならではの個性を保つことができる（38 字）（同意可）

問五. イ

4 **【解き方】** 問一. 語頭以外の「は・ひ・ふ・へ・ほ」は「わ・い・う・え・お」にする。

問二. 餅屋から餅を受け取るように言われても「聞かぬ顔」をしていたが,「一時ばかり」過ぎて餅のことを聞いている人物。

問三. ②「才覚らしき若い者」が,「旦那」に代わって, 餅の重さを「りんと」確認したうえで受け取ったことに対する気持ちを考える。④ 受け取った餅は, さめると「目減り」していたことから考える。

問四. 続けて「温もりのさめぬを請け取りし事よ」と言っていることや, 時間が経った餅が「目減り」していたことから考える。手代は餅の水分で重さや代金が変わることに気づかず, つき立てで重いときに買い取ってしまっていた。

問五.「温もりのさめぬ」餅を買うべきだと考えていることに着目する。

【答】 問一. かえしぬ　問二. ア　問三. ② オ　④ ウ　問四. イ　問五. Ⅰ. エ　Ⅱ. 倹約しようと（同意可）

◀口語訳▶　十二月二十八日の明け方, 餅屋が急いで餅をかつぎ込み藤屋の店に並べて,「お受け取りください」と言う。餅はつき立てでおいしそうで, 正月らしく見えた。主人は聞こえぬふりをしてそろばんをはじいており, 餅屋は忙しい時で時間を惜しみ, 何度か催促するので, 気配りができる若い使用人が, 量りの目盛りをきっちりと確認して餅を受け取り帰した。二時間ほどが過ぎて,（主人が）「さっきの餅を受け取ったか」と聞くので,「すでに渡して帰りました。」（と答える。）「この家に奉公するほどにもない者だな, 温もりがさめないのを受け取ってしまったとは」と言って, 再び, その餅を量りにかけてみると, 意外に目減りすることに, その使用人は恐れ入って, 食べもしない餅にぼう然と口を開けてしまった。

5 **【解き方】** 問一. 友達から絵はがきが届いた経験と年賀状を例に挙げて, メールや SNS を利用することが多くなった一方で, 手紙の良さを見直し, メールや手紙を「使い分けることが求められている」という考えを述べている。

問二. **【資料】** Bで,「メール」を選択した理由として, 85 %の人が「手軽に利用できる」ことを挙げ, さらに 96 %の人が「書き直しがしやすい」ことを挙げている。

【答】 問一. イ　問二. ウ

問三.（例）私はメールが適切と考える。B を見ると, メールを利用したい人の八十一%が「すぐに伝えることができる」を回答理由に挙げている。お礼や感想は記憶が新しいうちが伝えやすいし, 早く届くほうが相手にも喜ばれると思ったのがメールを選んだ理由である。（117 字）

~MEMO~

大分県公立高等学校

2020年度
入学試験問題

数学

時間　50分　　　　満点　60点

1　次の(1)〜(6)の問いに答えなさい。

(1)　次の①〜⑤の計算をしなさい。

①　$2-6$　(　　　)

②　$-3\times(-2^2)$　(　　　)

③　$\dfrac{2a+b}{3}+\dfrac{a-b}{2}$　(　　　)

④　$xy^2\times x^2\div xy$　(　　　)

⑤　$\dfrac{6}{\sqrt{3}}+\sqrt{15}\times\sqrt{5}$　(　　　)

(2)　2次方程式 $x^2+7x-18=0$ を解きなさい。

$x=$(　　　)

(3)　右の図のように，$\ell \parallel m$ のとき，$\angle x$ の大きさを求めなさい。(　　　度)

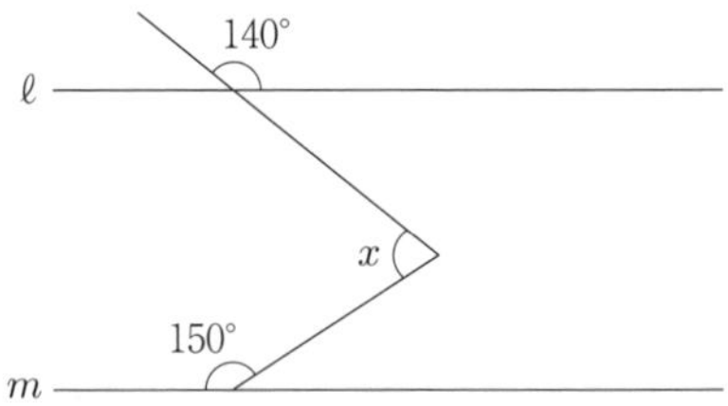

(4)　$a=\sqrt{5}+3$ のとき，a^2-6a+9 の値を求めなさい。(　　　)

(5)　右の図は，底面の半径が3cm，側面になるおうぎ形の半径が5cmの円錐(えんすい)の展開図である。これを組み立ててできる円錐の体積を求めなさい。

(　　　cm^3)

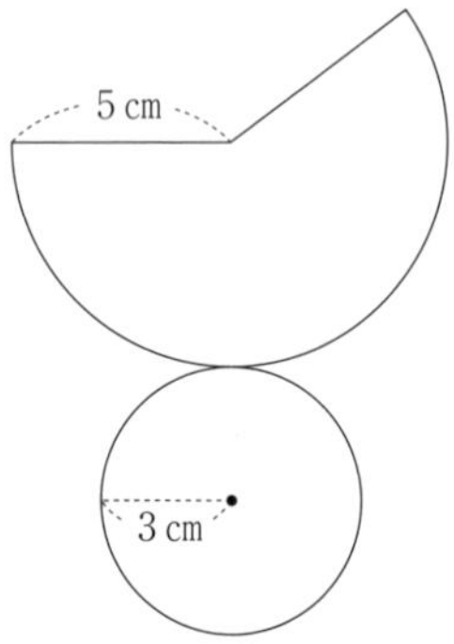

(6)　右の図のように，△ABCの紙がある。∠Aの二等分線と辺BCの交点をPとし，頂点Aが点Pに重なるように折るとき，折り目となる線を作図しなさい。

ただし，作図には定規とコンパスを用い，作図に使った線は消さないこと。

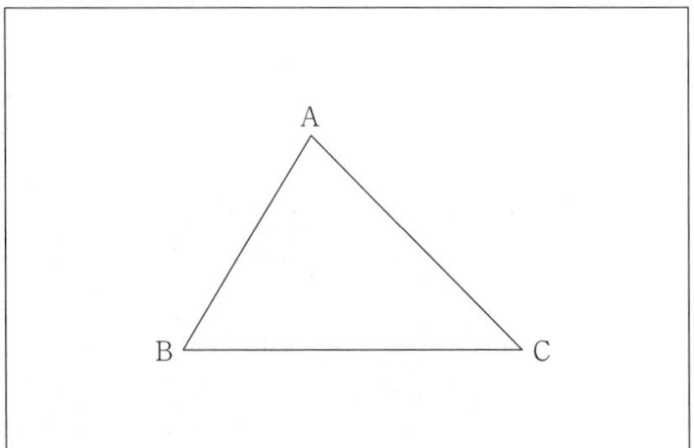

2　次の(1), (2)の問いに答えなさい。

(1)　500 円, 100 円, 50 円の硬貨が 1 枚ずつある。この 3 枚を同時に 1 回投げる。
ただし, 3 枚の硬貨のそれぞれについて, 表と裏の出方は同様に確からしいものとする。
このとき, 次の①, ②の問いに答えなさい。

①　表と裏の出方は, 全部で何通りあるか求めなさい。(　　　通り)

②　表が出た硬貨の合計金額が, 500 円以下になる確率を求めなさい。(　　　)

(2)　右の〔図〕は, あるクラスの生徒 40 人について, ある期間に図書室から借りた本の冊数を調べ, その結果を表したヒストグラムである。例えば, 借りた本の冊数が 6 冊以上 9 冊未満の生徒は 2 人いたことを表している。
次の①, ②の問いに答えなさい。

〔図〕

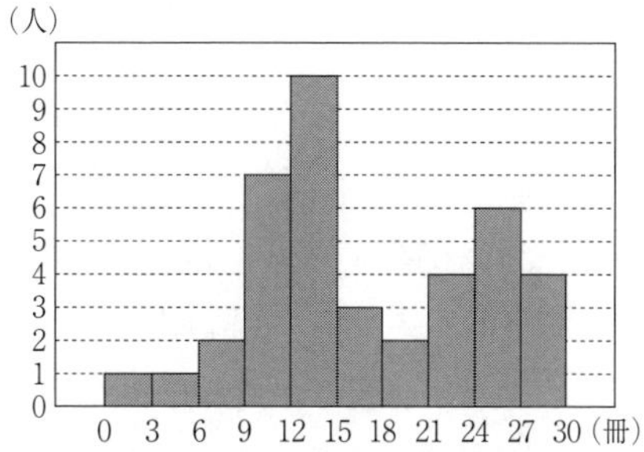

①　12 冊以上 15 冊未満の階級の相対度数を求めなさい。
(　　　)

②　図書室から借りた本の冊数の調査から, クラスの生徒 40 人の平均値を求めると, 17.0 冊であった。借りた本の冊数が 16 冊だったはなこさんは, 次のように考えた。

〔はなこさんの考え〕

> 私が借りた本の冊数は, 平均値より少ない。だから, 私は, クラスの生徒 40 人の中で, 借りた本の冊数が多い方の上位 20 人に入っていない。

〔はなこさんの考え〕は正しくありません。正しくない理由を〔図〕をもとに説明しなさい。

(　　　　　　　　　　　　　　　　　　　　)

③　右の〔図1〕のように，関数 $y=ax^2$ のグラフ上に2点A，Bがあり，点Aの座標は(3，3)，点Bの x 座標は5である。

次の(1)～(3)の問いに答えなさい。

〔図1〕

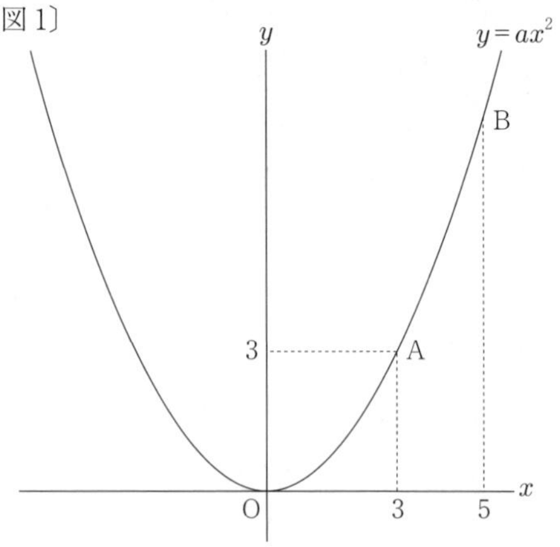

(1)　a の値を求めなさい。$a=$(　　　)

(2)　関数 $y=ax^2$ について，x の値が3から5まで増加するときの変化の割合を求めなさい。(　　　)

(3)　右の〔図2〕のように，四角形ABCDが平行四辺形となるように，y 軸上に点C，関数 $y=ax^2$ のグラフ上に x 座標が負となる点Dをとる。

点Cの y 座標を求めなさい。(　　　)

〔図2〕

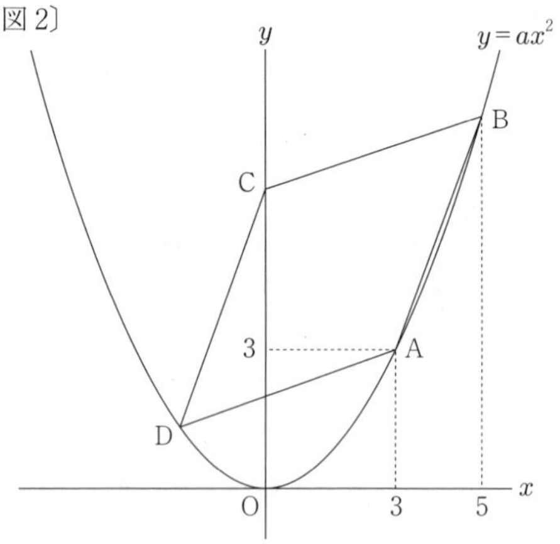

④　一定量の水を98℃まで沸かすことができ，沸いたお湯を常に98℃のまま保温できる電気ポットがある。

はなこさんは，この電気ポットで98℃まで沸かしたお湯を，数時間後に98℃の温度で使う2つの方法とそれぞれにかかる電気代について，次の〔表1〕にまとめた。

〔表1〕

	方法	電気代
A	お湯が98℃になった時点で，電気ポットで98℃のまま保温してお湯を使う方法	お湯を保温するのにかかる電気代 1時間あたり0.9円
B	お湯が98℃になった時点で，電気ポットの電源を切り，必要なときに再び電源を入れて98℃まで沸かしてお湯を使う方法	お湯を沸かすのにかかる電気代 1分間あたり0.4円

さらに，次の〔図1〕のように，［Aの方法］と［Bの方法］について，「お湯が98℃になった時点」（O）から「98℃の温度でお湯を使う時点」（P）までを，「お湯を使うまでの時間」として整理した。

〔図1〕

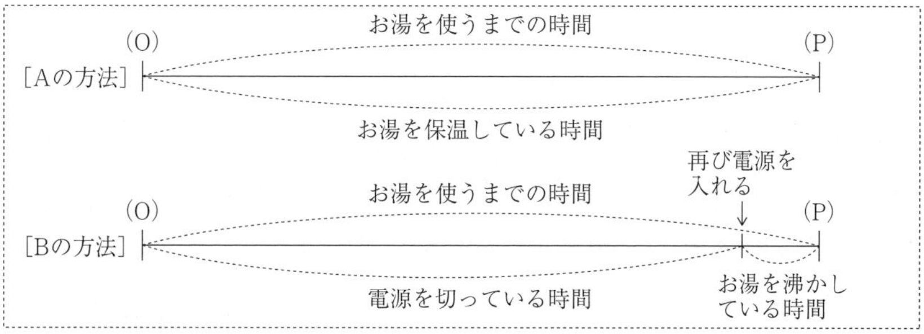

また，次の〔表2〕のように，[Bの方法] の時間の関係について調べたことをまとめた。

〔表2〕

お湯を使うまでの時間	1時間	2時間	3時間	4時間
お湯を沸かしている時間	3分間	4分間	5分間	6分間

例えば，お湯を使うのが1時間後であるとき，「お湯を使うまでの時間」は1時間であり，〔図1〕，〔表2〕より，(O) から57分後に再び電源を入れて，98℃になるまで「お湯を沸かしている時間」が3分間であることがわかる。

なお，〔表2〕から，2つの数量の関係は，「お湯を使うまでの時間」が1時間以上において，一次関数とみなすことができる。

「お湯を使うまでの時間」をx時間としたときの電気代をy円として，[Aの方法] と [Bの方法] を比較することにした。

右の〔図2〕は，[Aの方法] について，xとyの関係をグラフに表したものである。

次の(1)～(3)の問いに答えなさい。

(1) [Aの方法] について，yをxの式で表しなさい。

(　　　)

(2) [Bの方法] についてxの変域を$x \geqq 1$とするとき，[Bの方法] のxとyの関係を表すグラフを〔図2〕にかき入れなさい。

(3) $x \geqq 1$のとき，[Aの方法] でかかる電気代が，[Bの方法] でかかる電気代より高くなるのは，「お湯を使うまでの時間」が何時間何分を超えたときか，求めなさい。(　　時間　　分)

〔図2〕

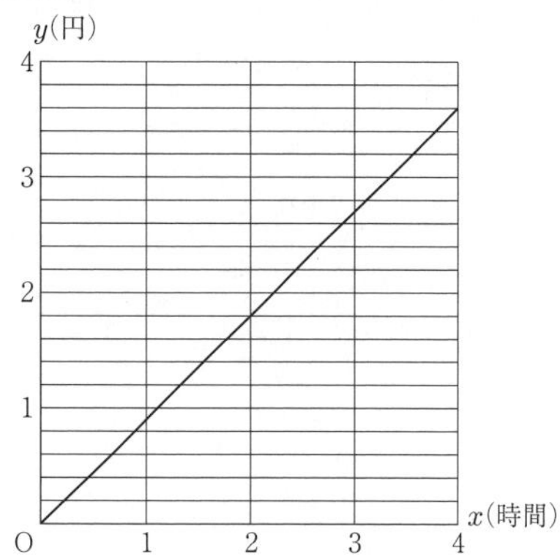

5　たろうさんは，街灯の光でできる自分の影が，立つ位置によって変化することに興味を持ち，街灯の光でできる影について調べることにした。

右の〔図1〕は，点Pを光源とする街灯の支柱PQが地面に対して垂直に立っており，点Pからまっすぐに進んだ光が，地面に垂直に立てた長方形ABCDの板にあたるときに，四角形ABEFの影ができるようすを表したものである。

このとき，PQ = 4m，AD = 1m，CD = 2mである。

線分ABの中点をRとするとき，∠ARQの角度と，線分QRの長さを変えてできる四角形ABEFの長さや面積について考える。

次の(1)，(2)の問いに答えなさい。

〔図1〕

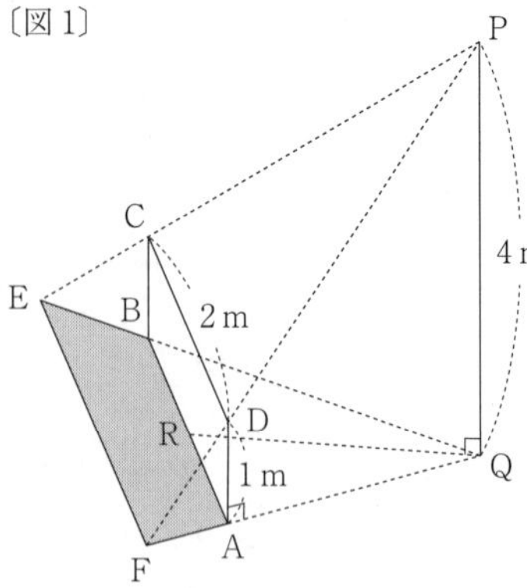

(1)　∠ARQを直角にするとき，線分QRの長さによって変化する四角形ABEFについて考える。

右の〔図2〕のように，直線QRと線分EFの交点をSとし，線分PSと辺CDの交点をTとする。

次の①，②の問いに答えなさい。

①　線分QRの長さを3mとするとき，△PQS ∽ △TRSであることを利用して，線分RSの長さを求めなさい。

(　　　m)

②　線分QRの長さをamとするとき，四角形ABEFの面積をaを使って表しなさい。(　　　m^2)

〔図2〕

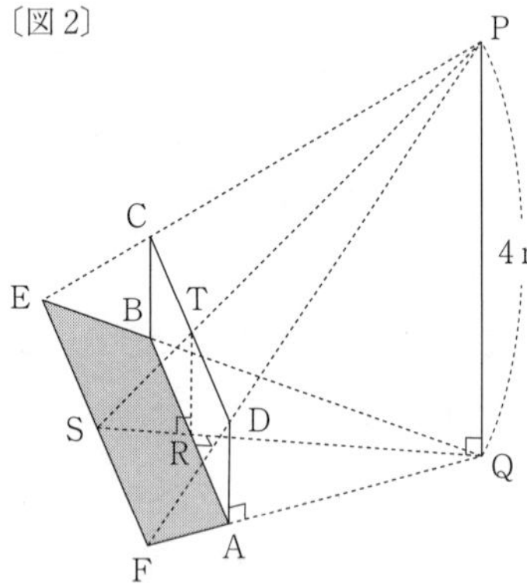

(2)　右の〔図3〕のように，∠ARQが鋭角のとき，線分EFの長さを求めなさい。(　　　m)

〔図3〕

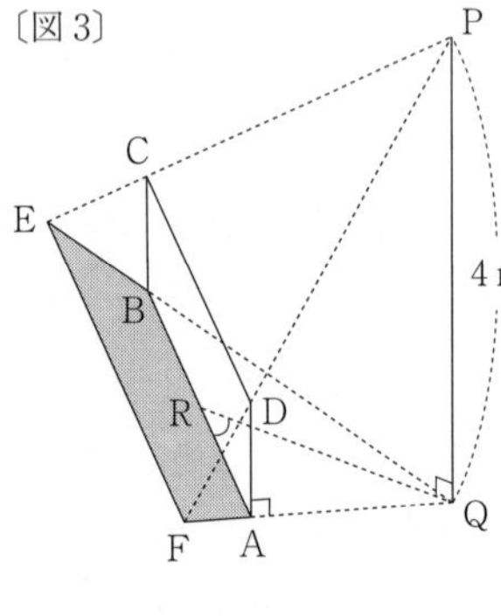

6 右の〔図〕のように，線分ABを直径とする半円の弧の上に点C，Dをとり，直線ADと直線BCの交点をEとする。また，線分BDと線分ACの交点をFとし，線分EFと線分CDの交点をGとする。

〔図〕

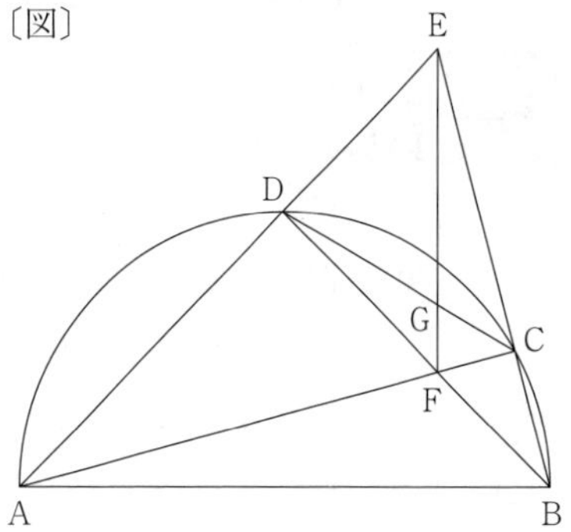

次の(1)，(2)の問いに答えなさい。

(1) △ADF ∽△BCF であることを証明しなさい。

( )

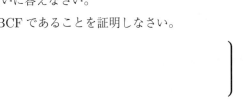

(2) AD = 5 cm，DE = 3 cm，BC = 2 cm とする。

次の①，②の問いに答えなさい。

① 線分CEの長さを求めなさい。(cm)

② 線分EGの長さを求めなさい。(cm)

英語

時間　50分　　　　満点　60点

（編集部注）　放送問題の放送原稿は英語の末尾に掲載しています。
音声の再生についてはもくじをご覧ください。

1　放送を聞いて答える問題

A　1番，2番について**英文と英語の質問**が読まれます。それぞれの質問の答えとして最も適当なものを，ア～エから1つずつ選び，その記号を書きなさい。1番(　　　)　2番(　　　)

1番　ア
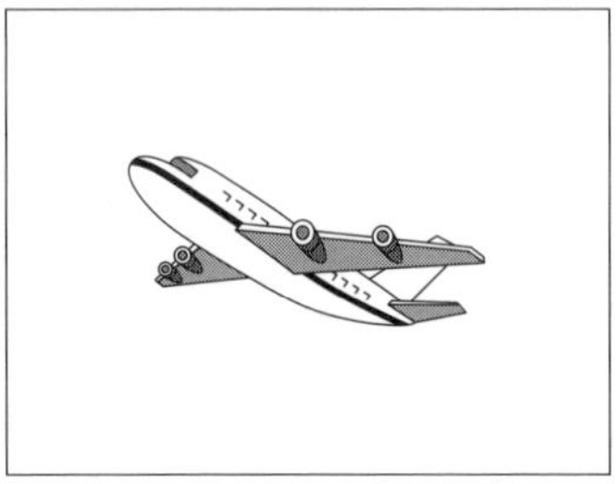
イ

ウ

エ

2番　ア
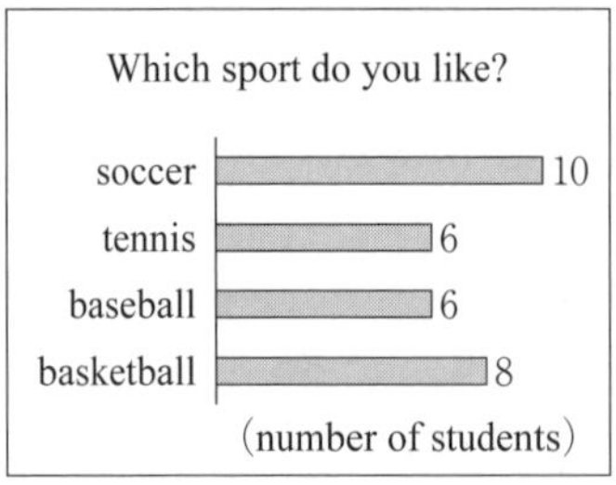

イ
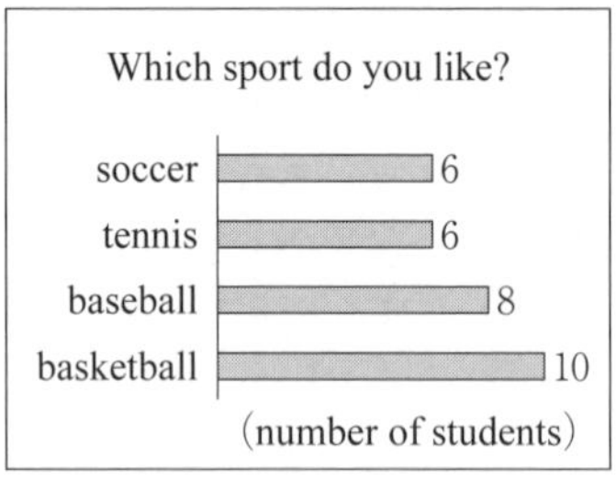

ウ
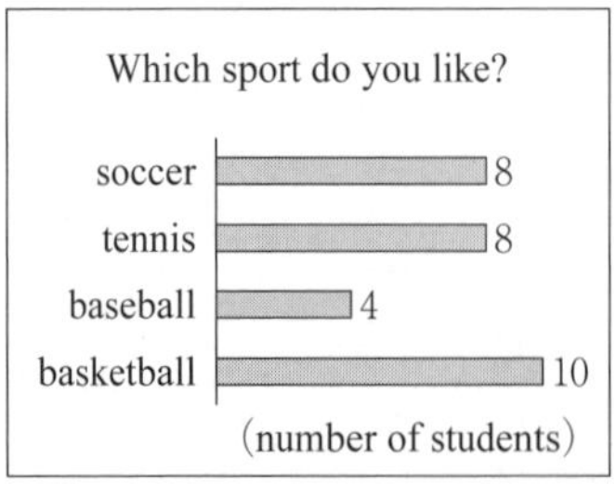

エ
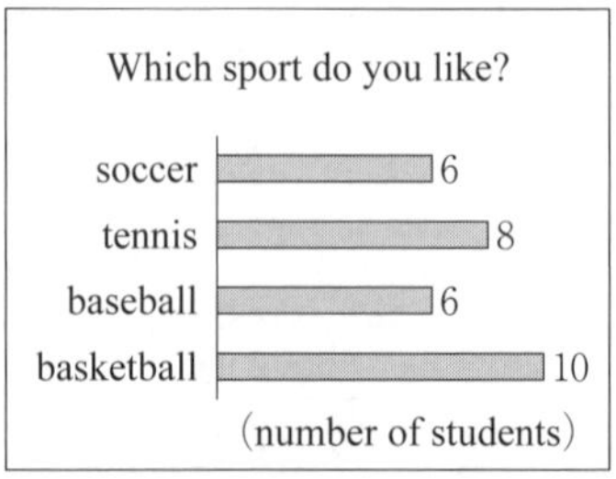

B　1番，2番の対話を聞いて，それぞれの**対話の最後の文に対する応答**として最も適当なものを，ア～エから1つずつ選び，その記号を書きなさい。1番(　　　)　2番(　　　)

1番 ア What happened to you? イ I have already eaten breakfast.

ウ I like reading books. エ Will you study math with me?

2番 ア Take this book. イ Can I read it? ウ Where did you buy it?

エ That's kind of you.

C Kayoのスピーチを聞いて，1番～4番の質問の答えとして最も適当なものを，ア～エから1つずつ選び，その記号を書きなさい。1番(　　) 2番(　　) 3番(　　) 4番(　　)

1番 ア Weather. イ Food. ウ History. エ Music.

2番 ア About 12,000 people. イ About 13,000 people. ウ About 20,000 people.

エ About 30,000 people.

3番 ア Her favorite soccer team didn't win the game.

イ It took many hours to go back to her house.

ウ She found an old woman who was crying at the station.

エ People on the train were not kind to an old woman.

4番 ア We must do something for our town. イ We must talk to old people.

ウ We must use clean energy. エ We must have dreams.

2　次のA，Bの各問いに答えなさい。

A　次の英文は，中学生のTomoko，Kazuya，留学生のDavidが話をしている場面のものです。お知らせと英文をもとにして(1)～(3)の問いに答えなさい。

お知らせ

カナダから中学生がやってきます！

【日にち】10月24日（木）
【内　容】〈午前〉　○歓迎会
・学校紹介
・書道部の発表
・音楽部の発表
〈午後〉　○校舎の見学
○授業体験
〈放課後〉　○部活動体験

☆ボランティアの募集
・ウエルカムポスターの作成
・中庭の花植え
・学校生活の紹介（使用言語：英語）
・校舎の案内（使用言語：英語）
・部活動体験の補助

Tomoko：Look at this *notice. The students from Canada are going to visit our school on (ⓐ), October 24.

Kazuya：Wow!

David：What is their plan on that day?

Tomoko：In the morning, we will have a ceremony and talk about our school life. There will be two *performances by calligraphy club and music club.

David：What are they going to do in the (ⓑ)?

Tomoko：They are going to look around the school and join classes. After school, they will join some *club activities.

David：Is there anything we can do to help?

Tomoko：Some volunteers are needed. We can make some *posters and *plant some flowers in the garden.

Kazuya：We can also tell the students from Canada about our school life and show them around the school.

David：When I first came here, my classmates showed me around the school. I felt very happy. So, this time, I want to do the same thing for them in English. What do you want to do, Tomoko?

Tomoko：Well ... I'm not good at speaking in front of many people, but I want to speak English. So, I will try to tell them about our school life in English.

David：Oh, that's great! Try it! How about you, Kazuya?

Kazuya：I don't ①(ア do　イ know　ウ to　エ what).

Tomoko：I saw your pictures *displayed in the school. I like your pictures.

Kazuya：Thanks. I'll draw pictures on the posters to welcome the students from Canada.

Tomoko：I hope the students from Canada will like your pictures.

(注)　*notice　お知らせ　*performances　発表　*club activities　部活動
*posters　ポスター　*plant　植える　*displayed　展示されている

(1)　(ⓐ)，(ⓑ)にそれぞれ適切な英語1語を書きなさい。ⓐ(　　　)　ⓑ(　　　)

(2)　①の（　）内のア～エを意味の通るように並べかえ，その記号を順に書きなさい。
(　　)(　　)(　　)(　　)

(3)　3人が行うボランティアとして最も適当なものを，ア～カから1つ選び，その記号を書きな

さい。(　　　)

	Tomoko	Kazuya	David
ア	ウエルカムポスターの作成	校舎の案内	学校生活の紹介
イ	ウエルカムポスターの作成	学校生活の紹介	校舎の案内
ウ	校舎の案内	ウエルカムポスターの作成	学校生活の紹介
エ	校舎の案内	学校生活の紹介	ウエルカムポスターの作成
オ	学校生活の紹介	ウエルカムポスターの作成	校舎の案内
カ	学校生活の紹介	校舎の案内	ウエルカムポスターの作成

B　次の英文は，あるテーマについて4人の中学生が話し合っている場面のものです。(①)～(④)に入れるのに最も適当なものを，それぞれア～オから1つ選び，その記号を書きなさい。

①(　　　)　②(　　　)　③(　　　)　④(　　　)

テーマ　**Every student should *belong to a club at school.**

Yuki　: I think it's a good idea for every student to belong to a club at school. (　①　). For example, I am a member of the volleyball club. My team was not strong, but we practiced very hard every day. Finally, we won the game last month. I learned that *making an effort is very important.

Takashi : I understand your idea, Yuki. We may have a great experience. (　②　). What do you do if there isn't any club you like? For example, I like playing the piano. But our school doesn't have a music club. So I began taking piano lessons near my house.

Megumi : I agree with Takashi. We should decide *whether we will join a club at school or not. I belong to the basketball club and I know *club activities are important. But I often have to *give up my free time. After I practice basketball at school, I have to do my homework at home. (　③　).

Taro　: That's right, Megumi. We will be very busy if we join a club at school. But I don't think there will be any problems if every student belongs to a club at school. For example, I have been a member of tennis club for two years. I don't have much time, but I can practice tennis, do my homework and have my free time. (　④　).

(注) *belong to ～　～に所属する　*making an effort　努力すること
*whether ～ or not　～かどうか　*club activities　部活動　*give up ～　～をあきらめる

ア　But we will be healthy if we join a club　イ　We don't have to choose only one thing
ウ　But I don't think every student should join a club　エ　It teaches us important things
オ　So I don't have enough time for my hobbies

3 次の(1), (2)の問いに答えなさい。

(1) 中学生のTakuyaとMakiが話をしています。Takuyaになったつもりで, [　　] に**10語以上の英語**を書きなさい。

ただし, 2文以上になってもかまいません。短縮形（I'mなど）は1語として数えます。また, ピリオド, コンマなどの符号は語数に含めません。

(　　　　　　　　　　　　　　　　　　　　　　　　　　　　　　　　　)

Thank You for Giving Us Special Memories
New Zealand
Australia
Wales
Canada
Uruguay
Fiji

Takuya： Look at this *poster. The *Rugby World Cup was very exciting. Many foreign people visited Oita to watch the rugby games. Did you watch them?

Maki　： Yes, I did. I went to the stadium with my family and enjoyed them. They are my *special memories. Rugby became one of my favorite sports.

Takuya： That's great. I was happy to meet and talk with foreign people.

Maki　： Me, too. I want more foreign people to visit Oita. What can we do? Please tell me your idea.

Takuya： [　　　　　]

（注） *poster　ポスター　　*Rugby World Cup　ラグビーワールドカップ
*special memories　特別な思い出

(2) あなたは, 中学校での思い出を振り返り, 英語で発表することになりました。次の条件にしたがって, 発表の原稿を作成しなさい。

Today, I'm going to tell you about (Job program / School trip / Volunteer activity).

(　　　　　　　　　　　　　　　　　　　　　　　　　　　　　　　　　)

条件

① あとの表の中から, あなたが発表したいことを1つ選ぶこと。

② 解答欄に書かれているJob program / School trip / Volunteer activityのうち, あなたが①で選んだもの1つを○で囲むこと。

③ 解答欄に書かれている文に続けて, あなたが①で選んだものについて, 次の2つの内容

(ア・イ) を含む **15 語以上の英語**で書くこと。

ア 体験したこと

イ その時の感想

④ 英文の数はいくつでもよい。短縮形 (I'm など) は 1 語として数えることとし, ピリオド, コンマなどの符号は語数に含めないこと。

表

〈日本語名〉	〈英語名〉
職場体験活動	Job program
修学旅行	School trip
ボランティア活動	Volunteer activity

4　次の英文は，中学生の Yuji と Ami が，生徒会担当の Mr. Kato と話し合っている場面のものです。グラフ，表および英文をもとにして(1)～(5)の問いに答えなさい。

Mr. Kato：　*These days, we often use the Internet at home or at school. Do you like to use the Internet? How about you, Yuji?

Yuji　　：　Yes, I do. At home, I use it when I play games.

Mr. Kato：　How long do you use the Internet?

Yuji　　：　I use it (①).

Mr. Kato：　Thank you. One *research shows that junior high school students use the Internet for about 160 minutes a day *on average. Please look at this graph. It shows that about 60% of junior high school students use it for more than two hours. I'm very surprised that many students spend so much time on the Internet. What is your idea, Ami?

Graph　中学生のインターネット利用時間

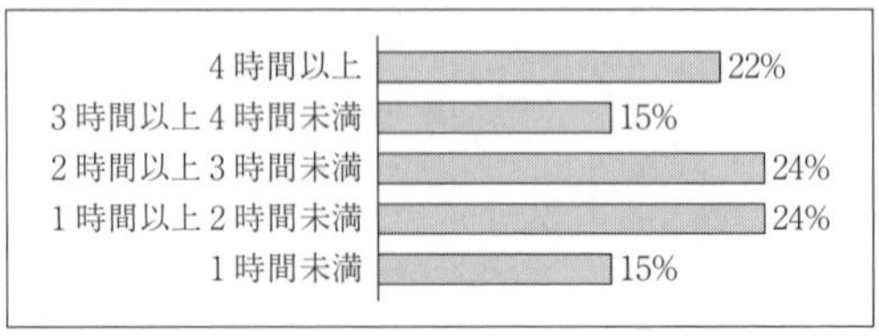

(「平成30年度青少年のインターネット利用環境実態調査　調査結果」(内閣府) を参考に作成)

Ami　　：　I have many things to do at home, but every day I use the Internet for two hours. I cannot stop using it.

Mr. Kato：　You think you use the Internet for too long. So, we must think about how long we should use the Internet. By the way, how do you use the Internet, Ami?

Ami　　：　I use it when I send messages to my friends.

Mr. Kato：　Do you use the Internet in other ways?

Ami　　：　I like watching funny videos on the Internet. My friends enjoy it, too.

Mr. Kato：　There are more ways of using the Internet. Please look at this *table. It shows how junior high school students use the Internet. Watching videos is in first place. About 70% of them use it to play games or send messages to each other. Listening to music comes next.

Table　中学生のインターネット利用内容

順位	利用内容	割合 (%)
1	(a)	80.9
2	(b)	74.1
3	他の人とコミュニケーションをとる	68.2
4	(c)	62.8
5	情報を探す	53.3
6	(d)	36.0

(「平成30年度青少年のインターネット利用環境実態調査　調査結果」(内閣府) を参考に作成)

Ami　　：　Wow, we can do many things on the Internet. But I'm surprised that *less than 40% of the students use it for studying. It is more useful for us to know more ways of using the Internet to study.

Yuji　　：　I think ② <u>so</u>, too. I want to talk with other students about better ways of using the Internet.

Ami　　：　③ <u>I want to reduce the time I spend on the Internet</u>. I will ask everyone about this.

Yuji　　：　Great!

Mr. Kato：　You have a good point. I hope you will get good ideas.

（注）*These days　最近　　*research　調査　　*on average　平均して　　*table　表
*less than ～　～より少ない

(1)　（ ① ）に入れるのに最も適当なものを，ア～エから１つ選び，その記号を書きなさい。
（　　　）

ア　only at home　　イ　with my parents　　ウ　only for 30 minutes a day
エ　because playing games is fun

(2)　表の(b)，(c)に入れるのに最も適当なものを，それぞれア～エから１つ選び，その記号を書きなさい。(b)(　　　)　(c)(　　　)

ア　音楽を聴く　　イ　ゲームをする　　ウ　動画を見る　　エ　勉強に使う

(3)　下線部②が表す内容として最も適当なものを，ア～エから１つ選び，その記号を書きなさい。
（　　　）

ア　Many junior high school students have to study about the computer.
イ　Many junior high school students send messages to their friends.
ウ　Using the Internet gives us good information about the world.
エ　Using the Internet helps us when we study.

(4)　グラフ，表および英文の内容と一致するものを，ア～エから１つ選び，その記号を書きなさい。
（　　　）

ア　Over 50% of junior high school students use the Internet for more than three hours.
イ　Mr. Kato thinks junior high school students use the Internet too much.
ウ　Yuji often uses the Internet to watch funny videos and talk with friends.
エ　Over 60% of junior high school students get some information when they use the Internet.

(5)　下線部③の発言に対して，あなたはAmiにどのようなアドバイスをしますか。**主語と動詞を含む５語以上の英語**で書きなさい。
（　　　　　　　　　　　　　　　　　　　　　　　　　　　　　　）

5 次の英文は，卒業生のMs. Naganoが母校の中学校で講演した内容です。英文を読み，(1)～(5)の問いに答えなさい。

Hello, everyone. Thank you for inviting me today. I'm very glad to come here again and meet you. I graduated from this school twenty years ago. Did you have a school festival this fall? I remember making a big picture with my classmates. It was the most interesting and important event for me. Today, I'd like to tell you about my experiences when I was young. Three experiences showed me a new world.

First, I'm going to tell you about meeting my classmates. When I was fourteen, our class made a big picture for the school festival. It was the first time for us to make such a big picture. Many students thought it was difficult to finish making it. One day after school, one of my classmates said to us, "Everyone, let's talk about the way to make the picture together. Let's share our ideas!" After that, we gave each other our ideas and worked hard. Finally, our class won the first prize at the school festival.

Second, I'm going to tell you about meeting a student from Australia. She was my classmate when I was in high school. Her seat was next to me and we tried to understand each other, but sometimes we couldn't share our ideas. So, we taught each other our languages and studied together. Her dream was to go to poor countries and work to help people there. I didn't have any idea about my future at that time, but *thanks to her, I started to think about doing something to help people in the future. Since then, we have been good friends.

Third, I'm going to tell you about my science teacher. Her class was interesting to me. She always said, "Science will make your life better and change your future." I became interested in studying science. One day, I found a book at the library, and it was about a scientist. The scientist wanted people to live longer. He thought that it was necessary to help people before they got sick. But the *study was very new in Japan at that time, so he studied abroad. Finally, he found a way to *keep people from taking medicines. He showed me a new way to help people. Now I think I can do something to make our life better by studying science.

From these experiences, I learned three things: sharing ideas with others, helping people and studying to make our life better. Living with others may be difficult. But I believe meeting people will take you to a new and better world. So, please meet many people and enjoy your life. I was very happy to meet you today. Thank you.

(注) *thanks to ～ ～のおかげで *study 研究 *keep ～ from … …から～を遠ざける

(1) 次の問いに対する答えとして最も適当なものを，ア～エから１つ選び，その記号を書きなさい。

Why did Ms. Nagano's class win the first prize at the school festival? (　　　)

ア　Because she and her classmates finished making a big picture the earliest in her school.

イ　Because making a big picture was an interesting and important event.

ウ　Because she and her classmates shared their ideas to finish making a big picture.

エ　Because making a big picture was new and interesting to them.

(2)　次の問いに対する答えとして最も適当なものを，ア～エから1つ選び，その記号を書きなさい。

What did the student from Australia want to do in the future?（　　　）

ア　She wanted to work with Japanese people.

イ　She wanted to have good friends around the world.

ウ　She wanted to teach English to Japanese people.

エ　She wanted to help people who live in poor countries.

(3)　英文の内容と一致するものを，ア～オから**2**つ選び，その記号を書きなさい。

（　　　）（　　　）

ア　Ms. Nagano gave a book to her science teacher.

イ　Ms. Nagano thought studying science was interesting.

ウ　Ms. Nagano went abroad with her foreign friend.

エ　Ms. Nagano studied science to meet the scientist in the book.

オ　Ms. Nagano was invited to the school to talk about her school days.

(4)　英文全体を通して，Ms. Naganoが伝えたかったこととして最も適当なものを，ア～エから1つ選び，その記号を書きなさい。（　　　）

ア　Working abroad is interesting.　　イ　Meeting people is a good chance.

ウ　Having a dream is important.　　エ　Living with others is difficult.

(5)　次は，Ms. Naganoの講演を聞いた中学生が，これから自分自身に必要だと思ったことをまとめたメモです。①，②に入れるのに最も適当なものを，それぞれア～エから1つ選び，その記号を書きなさい。①（　　　）　②（　　　）

メモ

【Three things to do】

・Sharing ideas：

（ ① ） when we do something together

・Helping people：

（ ② ） when they are in trouble.

・Studying for our better life：

I'll set a goal to improve our life when I try something.

ア　I'll think about others and do something

イ　I'll study hard to make my dream come true

ウ　I'll tell others to follow my idea

エ　I'll listen to others and tell them my idea

〈放送原稿〉

チャイム

これから，2020 年度大分県公立高等学校入学試験英語リスニングテストを行います。

問題用紙の問題[1]を見なさい。問題は A，B，C の 3 つあります。放送中にメモをとってもかまいません。

検査問題 A

それでは，A の問題から始めます。

これから，1 番と 2 番の英文と英語の質問を 2 回ずつ読みます。それぞれの質問の答えとして最も適当なものを，アからエまでの中から 1 つずつ選んで，その記号を書きなさい。それでは，始めます。

1 番　We use this when we go to other places. This can carry many people. We usually see this in the ocean.

Question：Which picture shows this?

もう 1 度繰り返します。(英文と質問の繰り返し)

2 番　This graph shows which sport the students in Takashi's class like. Basketball is the most popular sport in his class. Tennis is as popular as soccer. Soccer is more popular than baseball.

Question：Which graph shows this?

もう 1 度繰り返します。(英文と質問の繰り返し)

検査問題 B

次は問題 B です。

これから，1 番と 2 番の対話を 2 回ずつ読みます。それぞれの対話の最後の文に対する応答として最も適当なものを，アからエまでの中から 1 つずつ選んで，その記号を書きなさい。それでは，始めます。

1 番　A：　Good morning, Mr. Sato.

B：　Good morning, Keiko. Did you sleep well last night?

A：　Not so good. I couldn't go to bed until 12 o'clock.

B：　(　　　　　)

もう 1 度繰り返します。(対話の繰り返し)

2 番　A：　My grandfather gave me this book on my birthday. It's interesting.

B：　What kind of book is it?

A：　It's about the history of Oita.

B：　(　　　　　)

もう 1 度繰り返します。(対話の繰り返し)

検査問題 C

次は問題 C です。

これから読む英文は，Kayo がクラスで行ったスピーチです。スピーチのあとで，1 番から 4 番まで，英語の質問を読みます。それぞれの質問の答えとして最も適当なものを，アからエまでの中から１つずつ選んで，その記号を書きなさい。なお，英文と質問は通して２回繰り返します。それでは，始めます。

Hello, everyone. I'm going to tell you about our town today.

Our town is famous for its delicious food. Many people visit here every year. I think they enjoy staying here.

Last month, our town had a big national soccer game. About thirty thousand people watched the game in the stadium. After the game, many people were in the station to take the train. At the station, I found one old woman who was carrying many bags. She looked very tired. She and I were on the same train. Of course there were no seats to sit in. But people on the train didn't give their seats to her. I felt very sad. We must think about other people.

I like this town, and in the future I want to work for this town. To have a nice town, what will you do? We have the power to make our world better. Let's try to change our town together.

それでは，質問を１回ずつ読みます。

１番　What is famous in Kayo's town?

２番　How many people were there in the stadium to watch the soccer game?

３番　Why did Kayo feel sad?

４番　What did Kayo want to say to everyone in this speech?

もう１度繰り返します。(英文と質問の繰り返し)

以上で，リスニングテストを終わります。ひき続いてあとの問題に移りなさい。

社会

時間　50分　　　満点　60点

1　太郎さんと花子さんは，近所のスーパーマーケットで見た「フードマイレージ」の広告に関心を持ち，農林水産物の輸入や生産について，疑問に思ったことや興味を持ったことについて調べ，まとめる学習を行った。資料1は，広告の一部である。(1)～(6)の問いに答えなさい。

資料1

○地域の食材を消費してフードマイレージを削減しましょう

〔表〕各国のフードマイレージの比較

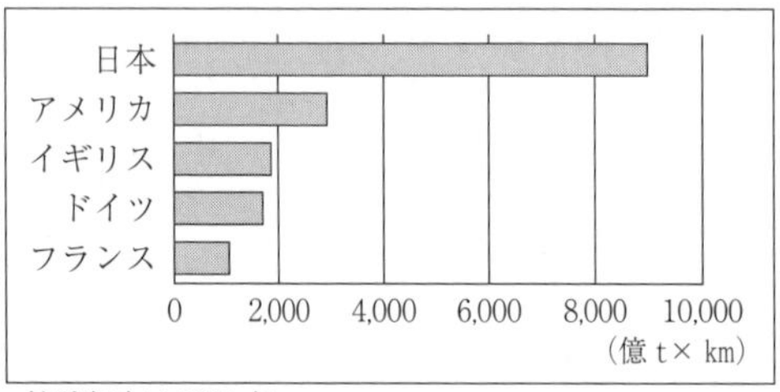

・統計年次は 2001 年

(「農林水産省資料」より作成)

・フードマイレージは，農林水産物の輸送量と，生産地からの輸送距離を掛け合わせた指標です。
・輸送距離が短い方が，燃料消費量と排気ガス排出量が少なくなり，環境への負荷が小さくなります。
・〔表〕から，日本のフードマイレージは，先進国の中でも高いことが分かります。

(1)　太郎さんは，農林水産物の輸送距離について，いくつかのスーパーマーケットで国産品と輸入品の比較を行い，資料2にまとめた。資料2中のA～Cに当てはまる輸送距離の組み合わせとして最も適当なものを，ア～エから1つ選び，記号を書きなさい。(　　　)

資料2

〔表〕国産品と輸入品の輸送距離の比較

品目名	国産品		輸入品	
	産地	輸送距離(km)	輸入相手国	輸送距離(km)
小麦	北海道	1,380	アメリカ	10,900
キウイ	佐賀県	120	ニュージーランド	9,240
鶏肉	宮崎県	150	ブラジル	A
さば	大分県	0	ノルウェー	B
かぼちゃ	北海道	1,380	メキシコ	C

(注) 国産品の輸送距離は大分市と道県庁所在地の間の直線距離
(注) 輸入品の輸送距離は東京と各国の首都間の直線距離

〔図〕中心からの距離と方位が正しい地図

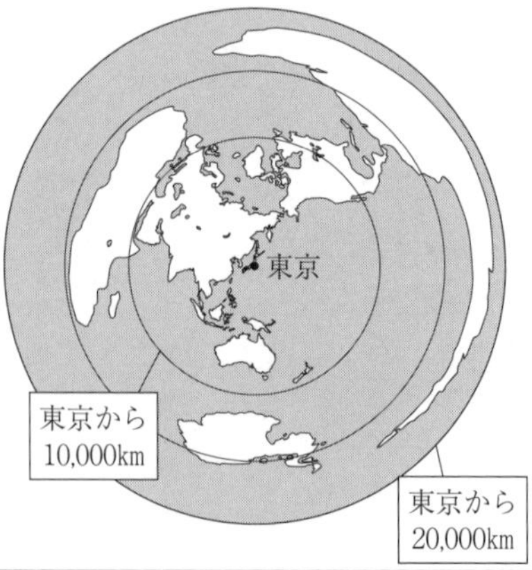

	A	B	C
ア	14,280	10,530	11,320
イ	17,680	8,430	11,320
ウ	14,280	8,430	9,620
エ	17,680	10,530	9,620

(2)　太郎さんは，日本でどのような品目の輸入が増えているのかを調べるために，食料自給率に着目した。資料3は，日本の米，小麦，果実，肉類の自給率の推移を示したものである。資料3中で，小麦の自給率として最も適当なものを，ア～エから1つ選び，記号を書きなさい。(　　　)

資料3

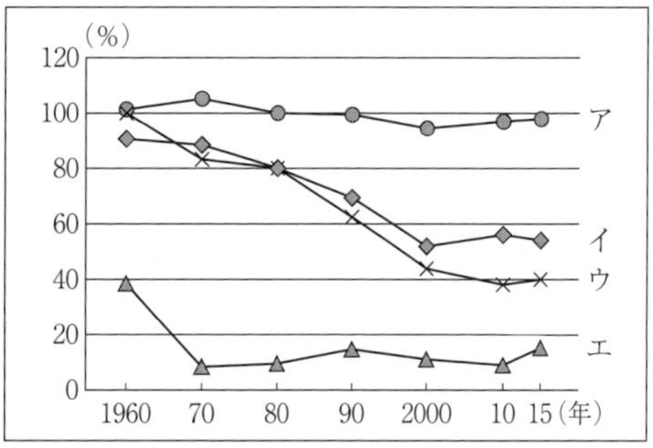

(「データブック　オブ・ザ・ワールド 2019」より作成)

(3)　太郎さんは，農林水産物の日本の主な輸入相手国について調べた。資料4は，農林水産物全体の輸入額（2016年～2018年）における国別の割合（%）を示したものである。①，②の問いに答えなさい。

①　太郎さんは，アメリカと中国からの輸入が特に多いことに興味を持ち，両国の農業の特徴について調べた。資料5は，調べたことをまとめたものである。資料5中の（ W ）に当てはまる語句を書きなさい。(　　　)

②　資料5中の X に当てはまる内容を，**15字以上25字以内**で書きなさい。

資料4

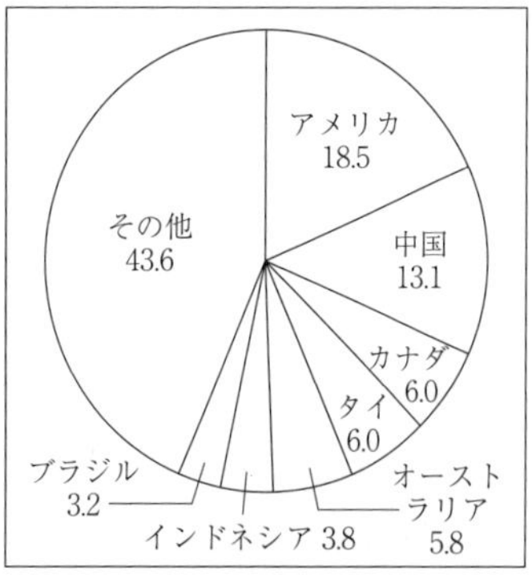

(「農林水産省資料」より作成)

資料5

〔表〕アメリカと中国の農業の特徴

	アメリカ	中国
国土面積（万km²）	983.4	960.0
農地面積（万ha）	40,586	52,783
農業従事者一人当たりの農地面積（ha）	169.6	1.0
米・小麦・とうもろこし・大豆の生産量合計（万t）	57,502	58,482

・統計年次は2016年

(「データブック　オブ・ザ・ワールド 2019」より作成)

【〔表〕から分かったこと】
・アメリカの方が，中国よりも（ W ）が大幅に少なく，200倍以上の差がある。

【大規模な農業を可能にした要因】
・アメリカは， X 。

(4)　太郎さんは，日本の主な輸入相手国であるブラジルについて調べる中で，近年，農業生産や貿易の状況が変化し，その結果，新たな課題が発生していることを知った。資料6は，その状況を示したものである。資料6中の（ D ）～（ F ）に当てはまる語句の組み合わせとして最も適当なものを，ア～エから1つ選び，記号を書きなさい。(　　　)

資料６

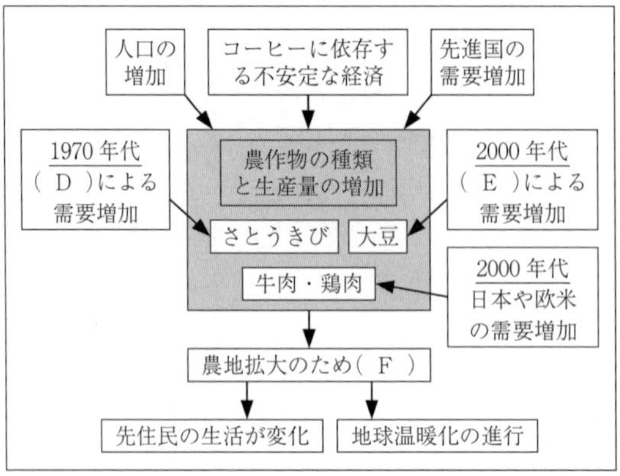

	D	E	F
ア	中国の発展	石油危機	沿岸部を埋立て
イ	中国の発展	石油危機	熱帯林を開発
ウ	石油危機	中国の発展	沿岸部を埋立て
エ	石油危機	中国の発展	熱帯林を開発

(5)　花子さんは，国内の農産物生産の状況に興味を持った。資料７は，花子さんが作成したレポートである。①～③の問いに答えなさい。

資料７

日本の食料自給率は低下していますが，農家では，農産物の生産性の向上に向けて，さまざまな取り組みが行われています。

右の〔図〕は，東京都中央卸売市場における，ピーマンの月別都道府県別出荷量（2018年）です。冬季でも収穫が可能となるよう，ビニールハウスを利用して栽培を行っている地域のおかげで，年間を通して食料の供給が可能となっていることが分かります。

〔図〕

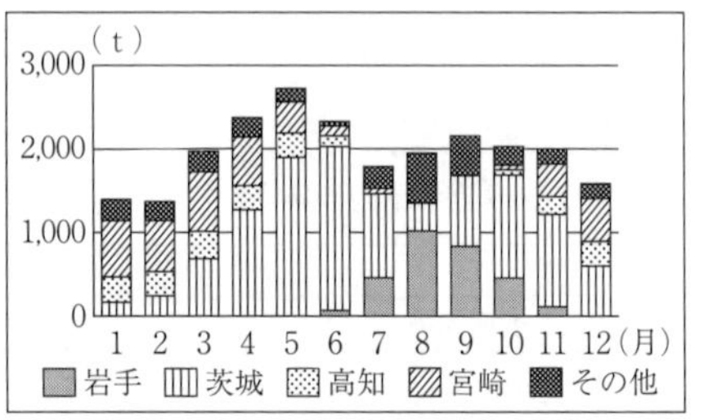

（「東京都中央卸売市場ホームページ」より作成）

①　資料７中の〔図〕の１月における出荷量上位２県で主に行われている，冬季に収穫を可能とした栽培方法を何というか。**漢字４字**で書きなさい。(　　　　)

②　花子さんは，年間を通して最もピーマンの出荷が多い茨城県が，どのような気候的特徴を持っているのか調べた。北海道，茨城県，富山県，香川県の気候の特徴をまとめた次の文のうち，茨城県について述べた文として最も適当なものを，ア～エから１つ選び，記号を書きなさい。

(　　　　)

ア　海からの水蒸気が山地で雨や雪として降るため，年間を通して降水量が少ない。

イ　湿気を含んだ冷たい季節風の影響を受けるため，冬に雨や雪の日が多くなる。

ウ　冬は乾燥し，からっ風と呼ばれる冷たい北西風が吹いて晴天の日が続く。

エ　夏が短く冬が長い気候帯に属しており，気温と湿度が低く，梅雨がない。

③ 花子さんは，月によってピーマンの価格が変化することに興味を持った。資料8中のPは，資料7中の〔図〕の2月における均衡価格を示したものである。資料7中の〔図〕の5月における均衡価格Qを示した場合，Pに対するQの位置として最も適当なものを，ア～エから1つ選び，記号を書きなさい。(　　　)

資料8

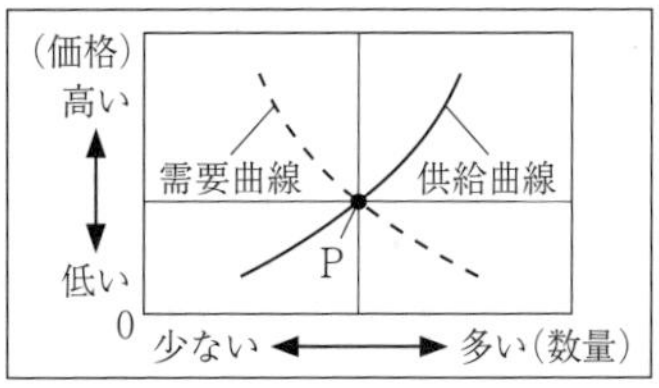

ア

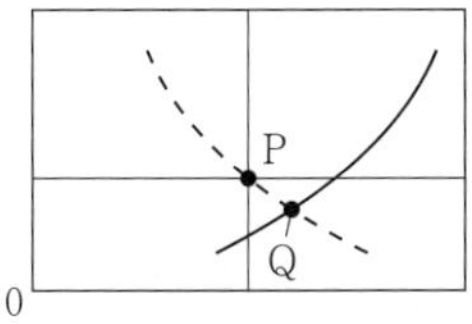

イ

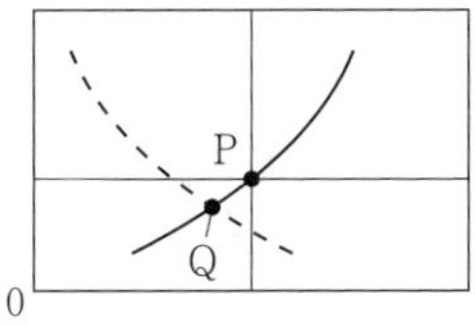

ウ

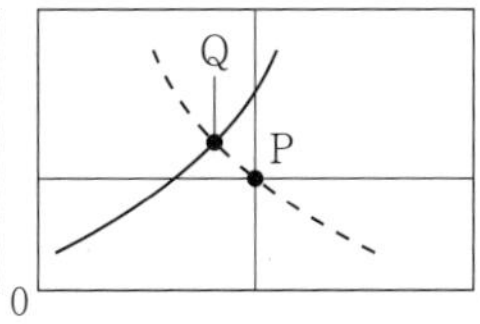

エ

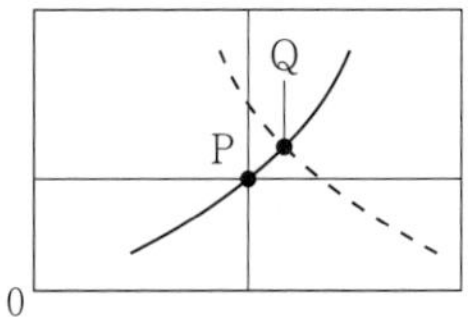

(6) 花子さんは，日本の今後の農業のあり方について考える中で，2019年に行われたラグビーワールドカップの大分会場のファンゾーンにおいて，県産の農林水産物をPRしているブースに興味を持ち，大分県の取り組みについて調べた。資料9はファンゾーンの光景を，資料10は大分県のアクションプラン2019の一部を示したものである。①，②の問いに答えなさい。

資料9

資料10

○新たな需要を獲得する戦略的な海外展開
・ラグビーワールドカップ 2019 来県者への県産農林水産物のPR強化
・TPP 等に対応した日田梨（ベトナム等へ輸出）や乾シイタケ（インドネシア等へ輸出），おおいた和牛（米国や台湾へ輸出）等の戦略的な生産・輸出体制の強化

（「大分県農林水産部　アクションプラン 2019」より作成）

① 下の文は，資料10について，花子さんが先生や太郎さんと話したものである。文中の（ Y ）に当てはまる語句を書きなさい。(　　　)

② 文中の Z に当てはまる内容を，**15字以上25字以内**で書きなさい。

先生：ラグビーワールドカップのファンゾーンはにぎわっていましたね。

太郎：はい。県産品のブースにもたくさんの外国の方が並んでいました。

花子：資料10のように，アクションプランの中に記載されていたのですね。

太郎：アクションプランに書いてあるTPPについては，授業で学習した覚えがあります。（ Y ）の撤廃等を目指す協定でしたね。

先生：その通りです。では，その後に書いてある「生産・輸出体制の強化」は，TPPとどうつながっているのか分かりますか。

花子：TPPによって， Z ため，生産量の増加が見込めるのだと思います。

先生：そうですね。地産地消はよく聞きますが，地域での消費だけでなく，国外への販売も進められているのですね。

2　太郎さんは，歴史学習のまとめとして，日本がどのように国として変化していったのかを，国内の体制，外国との関係という観点から資料1にまとめた。(1)～(6)の問いに答えなさい。

資料1

時代	国内の体制	外国との関係
原始・古代	ムラがまとまり，小さな国々ができた。	大陸から移り住んだ人々により$_{a}$稲作が伝わった。
	[　X　]。	$_{b}$近隣諸国との正式な交流により，進んだ制度や文化を取り入れた。
中世	武家政権が成立し，$_{c}$武士の支配が広まった。	活発に貿易を行い，国内の経済活動を促進した。
近世	国内が統一され，安定した社会が生まれた。	$_{d}$鎖国政策を行い，外国との交流を制限した。
近代	$_{e}$新政府により憲法が制定され，議会政治がはじまった。	世界の国々との交流を通して，国際的地位を向上させた。
現代	平和主義を掲げる民主的な国家となった。	国際社会とのかかわりや$_{f}$冷戦の終結などを通して，世界における役割が大きくなった。

(1)　下線部aに関連して，資料2は稲作が伝わった時代の遺物である。この遺物と同じ時代に作られた，稲作に関係の深いものとして最も適当なものを，ア～エから1つ選び，記号を書きなさい。(　　　)

資料2

ア

イ

ウ

エ

(2)　下線部bに関連して，①，②の問いに答えなさい。

①　飛鳥時代に，聖徳太子は遣隋使を派遣したが，1回目の派遣では隋から受け入れられなかった。しかし7年後，2回目の遣隋使派遣では，隋が日本を国家として認め，使節を受け入れている。隋が日本を正式な国家として認めるようになった理由として，資料1中の[　X　]という変化があったことがあげられる。[　X　]に当てはまる内容を書きなさい。

(　　　　　　　　　　　　　　　　　　　　　　　　　　　　　　　　　　　)

②　飛鳥時代以降も，中国との交流は断続的に行われた。次の文は，奈良時代から室町時代までの間における日本と中国の関係について述べたものである。ア～エを時代の古いものから順に並べて，記号を書きなさい。(　　→　　→　　→　　)

ア　中国から交易でもたらされた宋銭が国内で流通し，交易による収入が重要な経済的基盤となった。

イ　中国との正式な交流は途絶えたが，中国文化を基礎として，日本の風土や生活に合った貴族中心の文化が発展していった。

ウ　日本は中国の求めに応じ，東シナ海で活動する海賊を取り締まるとともに，貿易船には中国の発行した証明書を持たせた。

エ　交易が盛んであり，シルクロードを通って中国に伝わった西アジアやインドの品が日本にもたらされ，東大寺の正倉院に納められた。

(3) 下線部ｃに関連して，①～③の問いに答えなさい。

① 資料３中のＡ～Ｄは，平安時代に戦乱が起きた場所を示したものである。それぞれの場所について述べた文として**適当でないもの**を，ア～エから１つ選び，記号を書きなさい。(　　　)

資料３

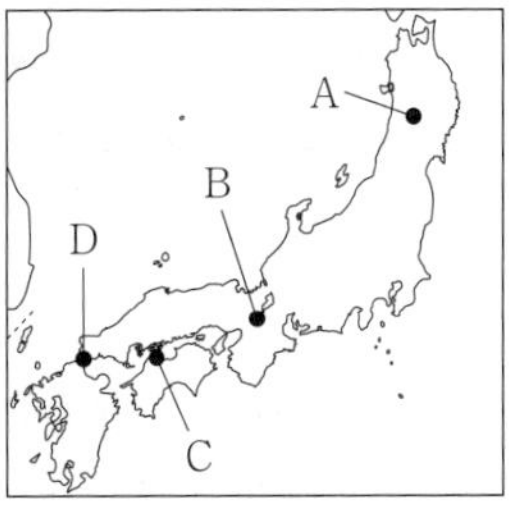

ア Ａで起きた争いによって，源義家が東日本に勢力を広げた。

イ Ｂで起きた争いにおいて，後白河天皇が武士の協力を得て勝利した。

ウ Ｃで平将門が起こした乱は，貴族たちに大きな衝撃を与えた。

エ Ｄにおいて，源義経らの軍勢は平氏を追い詰め，ほろぼした。

② 鎌倉時代には，元寇の影響を受けて幕府の支配体制が大きく変化した。元寇の影響について述べた文として最も適当なものを，ア～エから１つ選び，記号を書きなさい。(　　　)

ア 武士の社会の慣習にもとづいた法が作られ，鎌倉幕府の繁栄につながった。

イ 御家人の不満が募り，鎌倉幕府がほろびる原因となった。

ウ 幕府に土地を寄進する武士が増え，鎌倉幕府の繁栄につながった。

エ 民衆が団結して一揆を起こすようになり，鎌倉幕府がほろびる原因となった。

③ 室町時代には，将軍足利義政のあとつぎ争いと有力守護大名の対立が結びついて，11年間に及ぶ戦乱が起きた。戦乱の名称を書きなさい。(　　　)

(4) 下線部ｄに関連して，資料４は江戸時代における平戸オランダ商館の日記であり，資料５は江戸時代前半のできごとをまとめた年表である。資料４の記述は，資料５中のどの時期のものであるか。最も適当なものを，ア～エから１つ選び，記号を書きなさい。(　　　)

資料４

> 幕府の役人が商館長を自宅に招き，次のようにたずねた。
> 「もし日本がポルトガルを追放したら，オランダはこれまでポルトガル人がしてきたように，日本に薬，絹織物をもってくることができるか」。われわれは「できる」とはっきり答えた。「ポルトガルが通交している国はすべてオランダも通交している。これまでポルトガル人がもたらした高価な織物などは，銀を求めている中国人のほうがわれわれにわたすことを考えるだろう…。」

(「平戸オランダ商館の日記」より作成)

資料５

年	できごと
1603	江戸幕府が成立
	↕ア
1612	幕領にキリスト教禁止令
	↕イ
1624	スペイン船の来航を禁止
	↕ウ
1637	島原・天草一揆が起こる
	↕エ
1641	平戸の商館を出島に移す

(5)　下線部ｅに関連して，右の資料６は，1871年10月時点における明治政府の中心組織を示したものである。この時期の政府は，その構成者の特徴から，のちに「藩閥政府」と呼ばれ批判された。資料６を参考にして，批判された理由を書きなさい。

(　　　　　　　　　　　　　　　　　　　　　　　　　　　　)

資料６

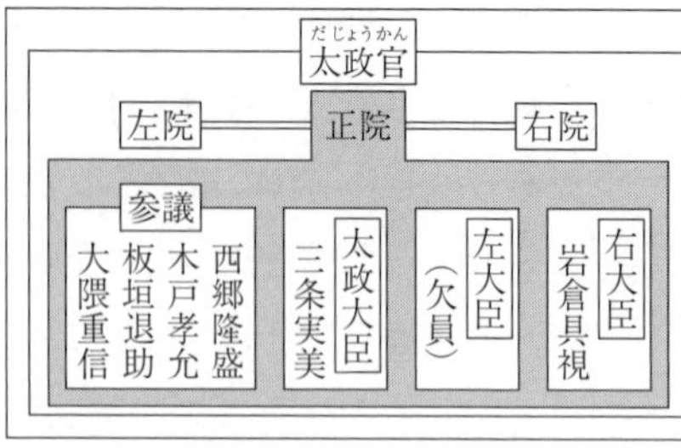

(6)　下線部ｆに関連して，次の資料７中のＥ～Ｇは，第二次世界大戦後に，資本主義陣営と社会主義陣営の争いが発生した地域である。Ｅ～Ｇと，それぞれの争いについて述べた文Ｐ～Ｒの組み合わせとして最も適当なものを，ア～カから１つ選び，記号を書きなさい。(　　　)

	E	F	G
ア	P	Q	R
イ	P	R	Q
ウ	Q	P	R
エ	Q	R	P
オ	R	P	Q
カ	R	Q	P

資料７

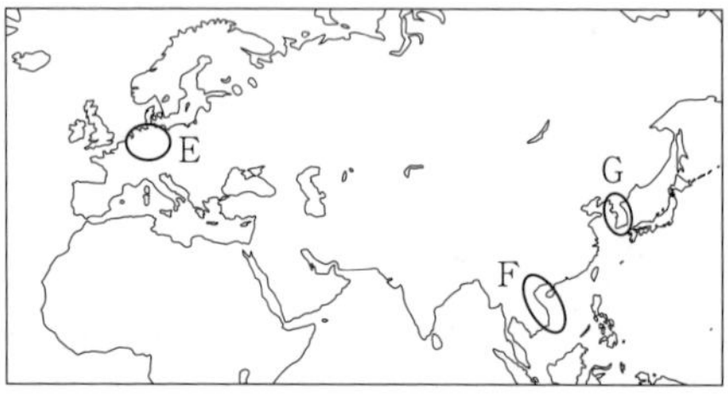

Ｐ　戦争はアメリカの撤退によって終結に向かい，社会主義陣営の国に統一された。

Ｑ　国際連合が軍を派遣するなど戦闘は激化したが，後に休戦協定が結ばれた。

Ｒ　両陣営は戦闘を行わなかったが，それぞれが独自の国家を成立させた。

③ 花子さんは,「政治参加と選挙」という授業の振り返りで,次の感想を発表した。(1)～(8)の問いに答えなさい。

花子さんの感想

> 私たちは,18歳になると選挙権を得ます。現在の日本では,国民が当たり前のように政治に参加できていますが,この権利を獲得するまでには,a長い歴史があったことを理解できました。日本では,(W)にもとづいて代表者を選び,政治を託しています。そのため,選挙は,国や地方のb財政やc政策,d社会保障などのあり方を決定する議員を選ぶ大切な機会です。これからもe選挙制度をしっかりと学ぶとともに,どのように議員を選び,投票すればよいか考えていきたいです。

(1) 下線部aに関連して,資料1は,世界における民主主義や人権が確立された歴史の過程を示したものである。資料1中の(A)～(C)に当てはまる語句の組み合わせとして最も適当なものを,ア～カから1つ選び,記号を書きなさい。(　　)

資料1

権利の章典(1689年)…………(A)の始まり
↓
フランス人権宣言(1789年)…(B)の確立期
↓
ワイマール憲法(1919年)……(C)の確立期
↓
世界人権宣言(1948年)………人権の国際的保障期

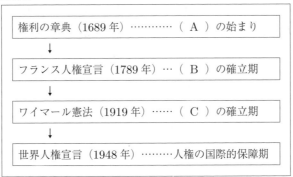

	A	B	C
ア	人権思想	社会権	自由権・平等権
イ	人権思想	自由権・平等権	社会権
ウ	社会権	人権思想	自由権・平等権
エ	社会権	自由権・平等権	人権思想
オ	自由権・平等権	人権思想	社会権
カ	自由権・平等権	社会権	人権思想

(2) 次の文は,日本における民主主義の確立や選挙制度の変遷について述べたものである。ア～エを時代の古いものから順に並べて,記号を書きなさい。(　→　→　→　)

ア 平塚らいてうを中心に女性差別からの解放運動が行われ,政治集会への女性の参加が認められた。

イ 憲法が制定された翌年に選挙が実施されたが,納税額等により有権者は制限された。

ウ 板垣退助や中江兆民らの進めた自由民権運動により,国会を開設する要求が高まった。

エ 女性の選挙権や被選挙権が認められるようになり,初めての女性国会議員が誕生した。

(3)　花子さんの感想中の（ W ）は，住民全員が話し合いに参加するのは困難であるため，代表者を選挙で選び，その代表者が話し合って物事を決めるやり方のことである。このことを何というか。**漢字５字**で書きなさい。(　　　)

(4)　下線部ｂに関連して，資料２は，大分県の平成30年度一般会計当初予算の歳入総額の内訳（%）を示したものである。資料２に関して，①，②の問いに答えなさい。

資料２

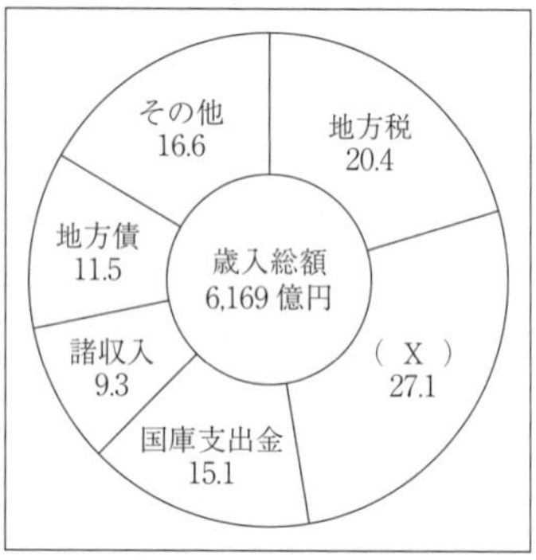

（「大分県ホームページ」より作成）

①　資料２中の（ X ）に当てはまる，国から配分される財源を何というか，書きなさい。(　　　)

②　（ X ）の配分方法を述べた文として最も適当なものを，ア～エから１つ選び，記号を書きなさい。(　　　)

ア　国税の額に応じて，全ての地方公共団体に一律で配分額が決定される。

イ　地方税の額に応じて，地方公共団体ごとに配分額が決定される。

ウ　地方債の額に応じて，地方公共団体ごとに配分額が決定される。

エ　国庫支出金の額に応じて，地方公共団体ごとに配分額が決定される。

(5)　下線部ｃに関連して，次の文は，不景気のときに政府がとる景気回復策について述べたものである。文中の（ D ），（ E ）に当てはまる語句の組み合わせとして最も適当なものを，ア～エから１つ選び，記号を書きなさい。(　　　)

不景気のときに政府は（ D ）を行い，消費を活性化する。また，公共事業を（ E ）ことで景気を回復させる。

	D	E
ア	増税	増やす
イ	増税	減らす
ウ	減税	増やす
エ	減税	減らす

(6)　下線部ｄに関連して，社会保障の４つの柱のうち，公的扶助に該当するものとして最も適当なものを，ア～エから１つ選び，記号を書きなさい。(　　　)

ア　雇用保険　　イ　予防接種　　ウ　児童福祉　　エ　生活保護

(7)　下線部ｅに関連して，資料３は，2019年における衆議院と参議院の選挙制度等の違いを示したものである。資料３中の（ F ），（ G ）に当てはまる数字の組み合わせとして最も適当なものを，ア～エから１つ選び，記号を書きなさい。(　　　)

	F	G
ア	20	3
イ	20	4
ウ	30	3
エ	30	4

資料３

	選挙制度	被選挙権年齢	議員定数	任期
衆議院	小選挙区比例代表並立制	満25歳以上	465人	（ G ）年
参議院	都道府県単位の選挙区選挙と全国１区の比例代表制	満（ F ）歳以上	248人	6年(3年ごとに半数改選)

(8) 次の文は，資料４について述べたものである。文中の（ Y ）に当てはまる語句を**５字**で書きなさい。

また，［ Z ］に当てはまる内容を書きなさい。

Y（　　　）　Z（　　　　　　　　　　　　　　　）

資料４は，2012年の衆議院議員総選挙に関するものであり，最高裁判所は，資料４の状況に対して違憲状態であるという判決を出した。この問題は（ Y ）と呼ばれるものであり，違憲状態とされた理由は［ Z ］である。

資料４

選挙区	議員１人当たりの有権者数
千葉４区	49万7,601人
神奈川10区	49万4,143人
長崎３区	20万9,951人
高知３区	20万4,930人

（「総務省資料」より作成）

4　太郎さんは，1万円札の肖像画に採用されることになった渋沢栄一について調べた。次の資料1は，渋沢栄一の生涯をまとめた略年表である。(1)～(6)の問いに答えなさい。

資料1

年	できごと
1840（天保11）	現在の埼玉県深谷市で生まれる
1867（慶応3）	幕臣としてフランスに行き，銀行や a 株式会社のしくみについて学ぶ
1872（明治5）	官営模範工場である（ X ）を群馬県に開設
1873（明治6）	大蔵省を辞め，第一国立銀行開業
1873～1916	b 500以上の企業を設立するなど，産業の振興に尽力する
1920（大正9）	c 国際連盟の理念を普及する組織を設立
1931（昭和6）	11月11日に永眠

渋沢栄一

(1)　下線部aに関連して，株式会社のしくみについて述べた文として最も適当なものを，ア～エから1つ選び，記号を書きなさい。(　　　)

ア　株主は，購入した時と同じ価格でのみ株式を売却することができる。

イ　株主は，株主総会で会社の方針に意見を述べることはできない。

ウ　株式会社が倒産した場合，株主は出資した金額以上の負担を負う。

エ　株式会社は，活動で得た利潤の一部を配当金として株主に支払う。

(2)　資料1中の（ X ）に当てはまる語句を書きなさい。(　　　)

(3)　下線部bに関連して，太郎さんは，渋沢栄一が振興に尽力した産業が現在，どの地域で盛んになっているかということに興味を持った。資料2中のA～Cは，鉄鋼業，食品工業，電気機械工業のいずれかの製造品出荷額の上位10都道府県（2016年）を示したものである。業種とA～Cの組み合わせとして最も適当なものを，ア～カから1つ選び，記号を書きなさい。(　　　)

	鉄鋼	食品	電気機械
ア	A	B	C
イ	A	C	B
ウ	B	A	C
エ	B	C	A
オ	C	A	B
カ	C	B	A

資料2

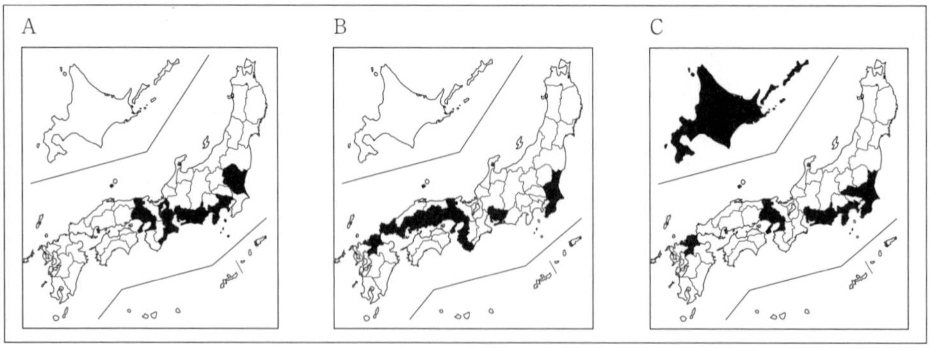

（「データブック　オブ・ザ・ワールド2019」より作成）

(4)　下線部cに関連して，国際連盟が設立された後の出来事として最も適当なものを，ア～エから1つ選び，記号を書きなさい。(　　　)

ア　アメリカの呼びかけによって開かれたワシントン会議で，海軍の軍備制限などが決められた。

イ　ドイツは，ベルサイユ条約によって領土を縮小され，巨額の賠償金や軍備縮小が課せられた。
ウ　ロシアでは，戦争を続ける皇帝に対して民衆が反対し，革命により皇帝が退位した。
エ　オーストリアは，サラエボで皇太子が暗殺されたことにより，セルビアに宣戦布告した。

(5)　資料3は，渋沢栄一の没年前後の日本の工業総生産額を示したものであり，資料3中のD，Eは，軽工業，重化学工業のいずれかである。Eが1931年以降大幅に増加した理由について，**Eの工業名**とともに**20字以上30字以内**で書きなさい。

資料3

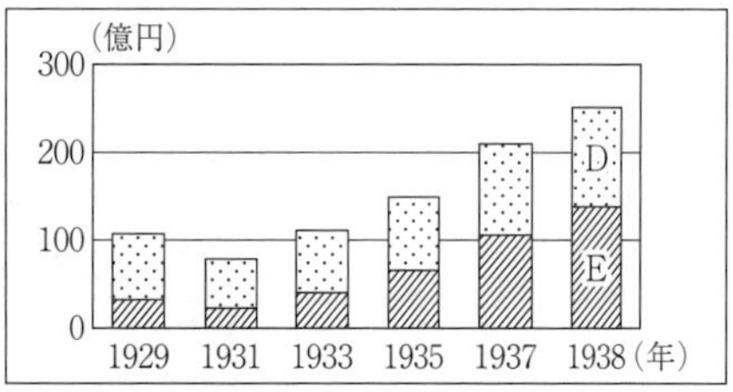

(「長期経済統計」より作成)

(6)　太郎さんは，夏休みを利用して，東京都の叔母の家の近くにある渋沢史料館を訪れた。①，②の問いに答えなさい。

①　次の資料4は，太郎さんが渋沢史料館で閲覧した史料の一部であり，明治政府が行った改革について示したものである。資料4中の［Y］に当てはまる内容を書きなさい。

(　　　　　　　)

資料4

> ○福沢先生と私の初対面
> 　当時，私は大蔵省の役人だったので，(中略) 諸制度の改正係を設け，「地価，貨幣，*度量衡の改正」から，「租税を物品で納めることを廃止して［Y］こととする」など意見書を起草し，これを大隈重信・伊藤博文の諸参議に提出したのである。(中略) 私は実にこの旧制度改正の条文を作成するため，初めて当時の*碩学福沢諭吉先生に面会する必要が生じたのだった。(中略) 先生は初対面の私に向かって御自作の「西洋事情」を取り出し，さまざまなことを教えてくれた。

(「渋沢栄一記念財団ホームページ」より作成)

(注)　*度量衡(どりょうこう)…長さ等の単位　　*碩学(せきがく)…学問を広く深く修めた人

②　次の文は，太郎さんの歩いたルートについて，資料5を見ながら先生や花子さんと話したものである。文中の下線部のうち，内容が**適当でないもの**を，ア～エから**2つ**選び，記号を書きなさい。(　　・　　)

太郎：叔母の家から西に向かい，神社の前を進みました。すると，高校が左側にあったので，左折して高校と高校の間を進みました。その後，中学校を過ぎたところで右折して，警察署の先を左折し，南にまっすぐ行って線路を越えると，渋沢史料館のある飛鳥山公園に到着しました。

先生：なるほど。少し，遠回りをしていますね。

太郎：はい。後から地図を見て，叔母の家の東にある交番の所を曲がり，ア南東に向かう道に進んだ方が近かったことに気づきました。

花子：あれ，太郎さんのルートが途中で分からなくなりました。消防署は通ったのですか。

太郎：イいいえ，通っていません。

先生：他に目印となる建物は通りましたか。

太郎：確かウ官公署の前を通ったと思います。

花子：なるほど，それでルートが分かりました。それにしても，けっこう歩いていますね。

太郎：はい，地図上で12cmですから，実際にはエ6km歩いたことになります。

先生：それは大変でしたね。

太郎：はい。でも，公園はとてもきれいでした。

資料5

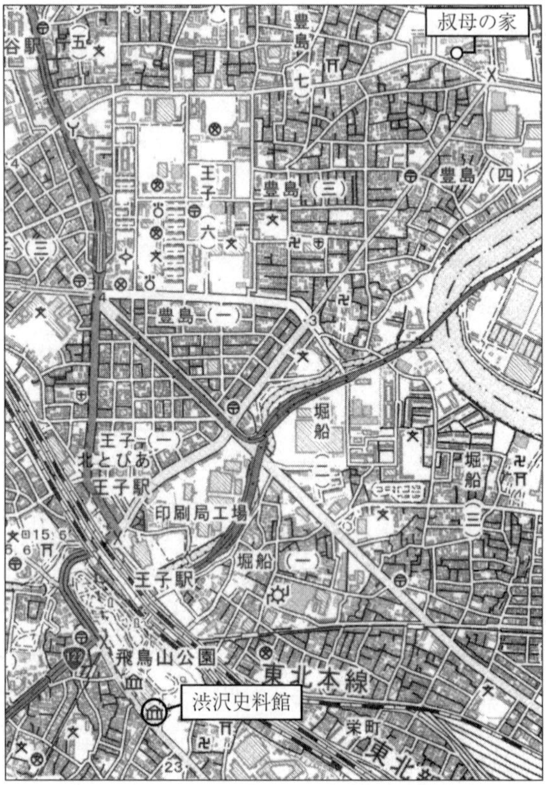

(「国土地理院2万5千分の1地形図」より作成)

5 花子さんは,「よりよい社会を目指して」という授業で,大分県の人口の状況について調べた。資料は,花子さんが作成した発表資料の一部である。(1)〜(4)の問いに答えなさい。

資料

①大分県の人口ピラミッド

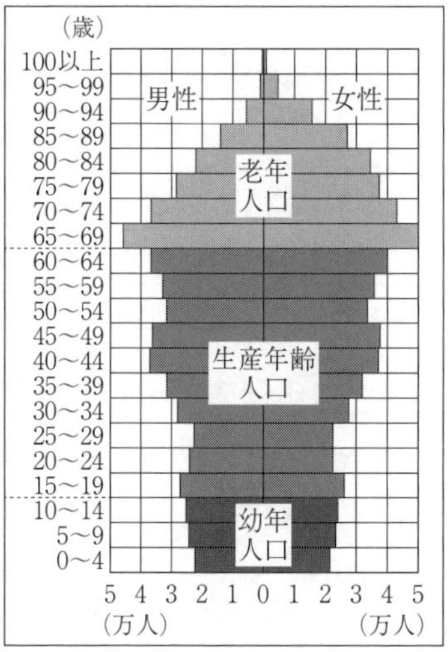

(注) 2018年10月1日時点における5歳ごとの各年齢層の男女別の人口を示している

②大分県の年齢別移動者数

	県外からの転入者数(人)	県外への転出者数(人)
0〜9歳	2,079	2,178
10〜19歳	2,445	2,484
20〜29歳	8,026	10,419
30〜39歳	4,324	4,566
40〜49歳	2,352	2,495
50〜59歳	1,312	1,234
60歳以上	1,625	1,480
総数	22,163	24,856

(注) 2017年10月1日から2018年9月30日までの移動者数を示している

③大分県の総人口の推移

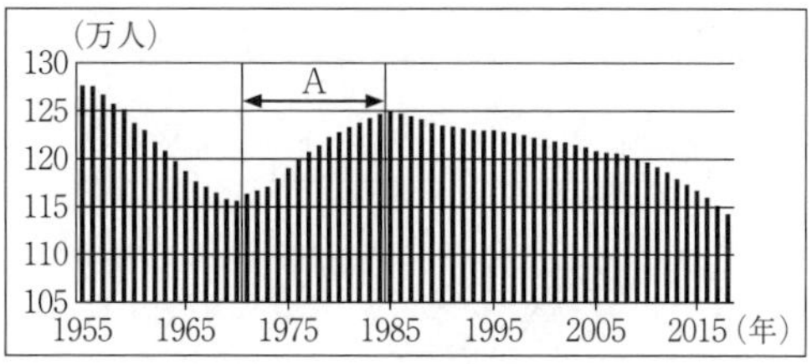

(「大分県ホームページ」より作成)

(1) 資料中の①,②から読み取れることやその背景について述べた文として最も適当なものを,ア〜エから1つ選び,記号を書きなさい。(　　　)

ア ①の老年人口の各年齢層の中には,女性よりも男性の方が人口の多い年齢層がある。

イ ①の全ての年齢層の中で最も人口が多い年齢層は,第二次世界大戦終結より後に生まれた層である。

ウ ②では,全ての年齢層で転出者数が転入者数を上回っている。

エ ②では,転入者数と転出者数を足した移動者総数が最も多いのは20〜29歳で,最も少ないのは60歳以上である。

(2) 花子さんは,資料中の③において,Aの時期に人口が増えた要因を調べた。次の文は,その要因について述べたものである。文中の[X]に当てはまる内容として最も適当なものを,ア〜エから1つ選び,記号を書きなさい。(　　　)

大分県では,新産業都市に指定されたことにより,県内雇用が増加した。さらに,第二次ベビーブームで出生率が高まるとともに,[X]こともあり,人口が増加した。

ア 高度経済成長が始まったことにより,国内経済が活発となった

イ バブル経済の崩壊によって輸出が停滞し,地場産業が活発となった

ウ 高度経済成長が終わりを迎え,大都市圏への移住者が減少した

エ バブル経済によって地価が上昇し,大都市圏からの移住者が増加した

(3) 花子さんは,資料の後半に,高齢化の進行による影響を説明するためのグラフを追加したいと

考えた。次のうち，高齢化の進行による影響が大きいグラフとして最も適当なものを，ア～エから**2**つ選び，記号を書きなさい。(　　・　　)

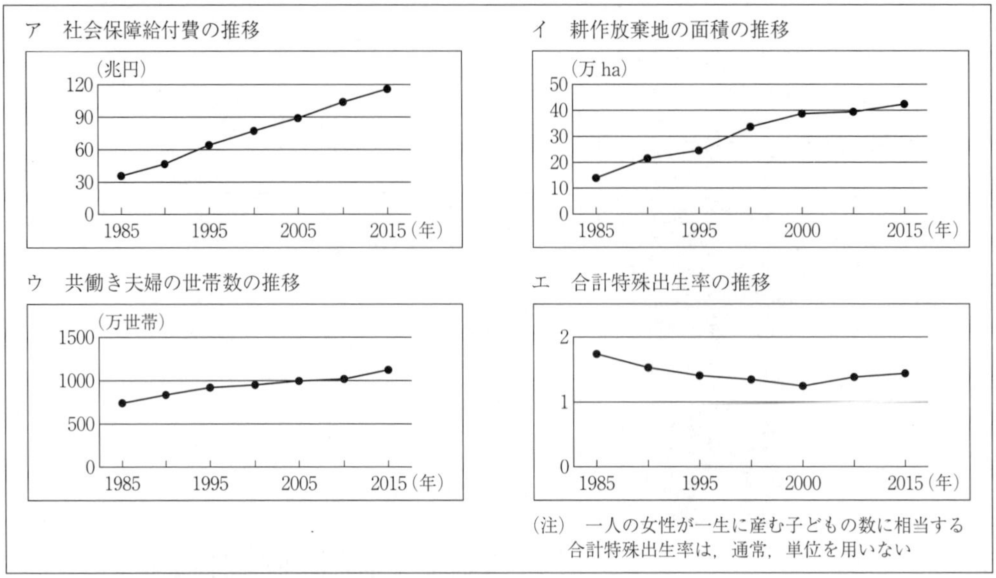

(「日本国勢図会 2019／20」ほかより作成)

(4)　花子さんは，資料の最後に，大分県の人口に関する課題と解決に向けた取り組みをまとめた。[Y] に当てはまる内容を，**15**字以上**25**字以内で書きなさい。ただし，【設定した課題Ⅰ】の2つのうち，いずれか1つについての解決に向けた取り組みでよい。

[　　　　　　　　　　　　　　　　　　　　　　　　　]

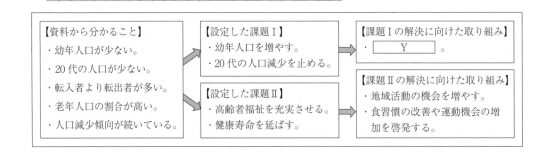

【資料から分かること】
・幼年人口が少ない。
・20代の人口が少ない。
・転入者より転出者が多い。
・老年人口の割合が高い。
・人口減少傾向が続いている。

【設定した課題Ⅰ】
・幼年人口を増やす。
・20代の人口減少を止める。

【課題Ⅰの解決に向けた取り組み】
・[Y]。

【設定した課題Ⅱ】
・高齢者福祉を充実させる。
・健康寿命を延ばす。

【課題Ⅱの解決に向けた取り組み】
・地域活動の機会を増やす。
・食習慣の改善や運動機会の増加を啓発する。

理科

時間　50分　　　満点　60点

1　消化と吸収について調べるために，次の実験・調査を行った。(1)～(6)の問いに答えなさい。

Ⅰ　デンプンに対するだ液のはたらきについて調べた。

1　4本の試験管A，B，C，Dを用意し，デンプン溶液を5mLずつ入れた。

2　1の試験管A，Bに，水でうすめただ液を2mLずつ入れ，試験管C，Dに，水を2mLずつ入れ，それぞれよく混ぜ合わせた。

3　［図1］のように，2の試験管A，B，C，Dを，36℃くらいの水が入ったビーカーに10分間入れた。

4　3の試験管A，Cに，それぞれヨウ素液を数滴加えて，色の変化を見た。

5　3の試験管B，Dに，それぞれベネジクト液を数滴加えて，［図2］のように，沸騰石を入れて試験管を軽く振りながら加熱して，色の変化を見た。

［表1］は，4，5の結果をまとめたものである。

［図1］

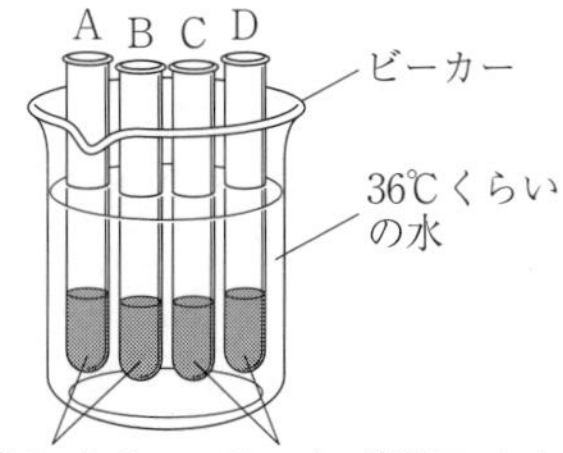

［図2］

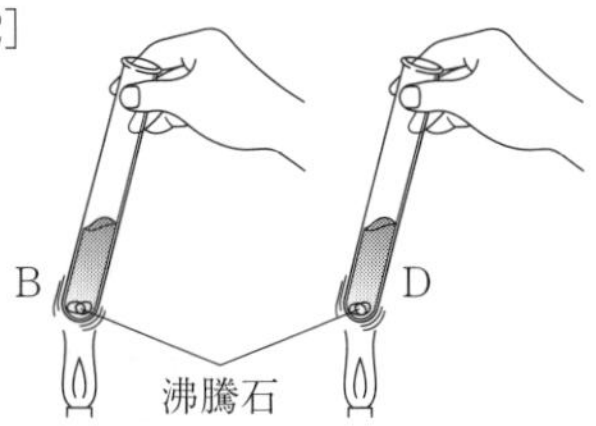

［表1］

	デンプン溶液と水でうすめただ液		デンプン溶液と水	
	試験管A	試験管B	試験管C	試験管D
ヨウ素液の反応	変化しなかった	――	青紫色になった	――
ベネジクト液の反応	――	赤褐色の沈殿ができた	――	変化しなかった

(1)　次の文は，5で，下線部の操作を行う理由について述べたものである。（　　）に当てはまる語句を書きなさい。（　　　　）

（　　）を防ぐため。

(2)　［表1］から，次のように考察した。正しい文になるように，（ ① ）～（ ④ ）に当てはまる語句として適切なものを，ア～エから1つずつ選び，記号を書きなさい。ただし，2箇所ある（ ① ）には同じ語句が入り，2箇所ある（ ③ ）には同じ語句が入る。

①（　　）②（　　）③（　　）④（　　）

（ ① ）と（ ② ）での結果を比べると，（ ① ）では，デンプンがなくなったことがわかる。

（ ③ ）と（ ④ ）での結果を比べると，（ ③ ）では，ブドウ糖や，ブドウ糖が2～10個程度つながったものがあることがわかる。

ア　試験管A　　イ　試験管B　　ウ　試験管C　　エ　試験管D

(3)　Ⅰの実験からわかることを述べた文として最も適当なものを，ア～エから１つ選び，記号を書きなさい。(　　　)

ア　だ液にふくまれている消化酵素は，高温では，はたらかない。

イ　だ液にふくまれている消化酵素は，水がないと，はたらかない。

ウ　だ液にふくまれている消化酵素は，中性で，よくはたらく。

エ　だ液にふくまれている消化酵素は，体外でも，はたらく。

Ⅱ　消化酵素について調べた。

6　食物にふくまれている養分であるデンプン，タンパク質，脂肪が消化されるしくみについて本で調べた。

［図3］は，そのときにみつけた図である。

7　［図3］をもとに，それぞれの消化液にふくまれる消化酵素がどの養分にはたらいているか調べた。

［表2］は，それをまとめたものである。

［表2］

食物にふくまれている養分	はたらいている消化酵素	体内に吸収される養分
デンプン	（ a ）	ブドウ糖
タンパク質	（ b ）	アミノ酸
脂肪	すい液中の消化酵素	脂肪酸とモノグリセリド

［図3］

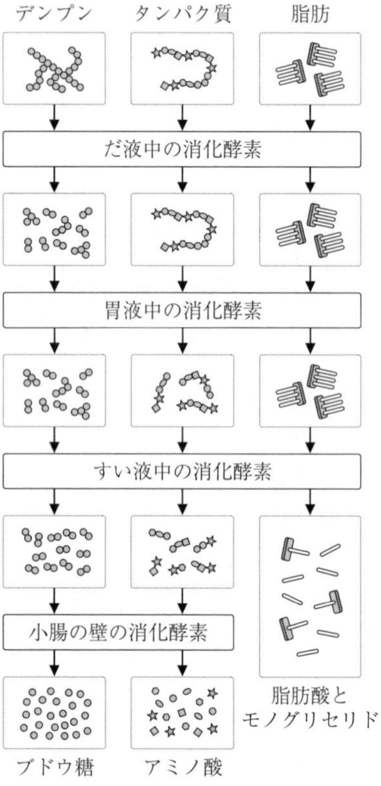

(4)　［表2］で，（ a ），（ b ）に当てはまる語句として適切なものを，それぞれア～エからすべて選び，記号を書きなさい。ただし，同じ記号を２度選んでよい。a(　　　)　b(　　　)

ア　だ液中の消化酵素　　イ　胃液中の消化酵素　　ウ　すい液中の消化酵素

エ　小腸の壁の消化酵素

(5)　Ⅱで，消化酵素のはたらきとして最も適当なものを，ア～エから１つ選び，記号を書きなさい。(　　　)

ア　体内に吸収されやすくするために，食物にふくまれる養分を別の物質に変化させる。

イ　体の器官を守るために，食物にふくまれる有害な物質を解毒させる。

ウ　消化管を通りやすくするために，食物を砕いて細かくする。

エ　体内に吸収されやすくするために，食物を適切な温度に保つ。

(6) ［図 4］のように，小腸の壁にはたくさんのひだがあり，その表面は柔毛という小さな突起でおおわれていることで，効率よく養分を吸収できる。小腸で効率よく養分が吸収できる理由を，解答欄の 1 行目の書き出しに続けて，簡潔に書きなさい。

［図 4］

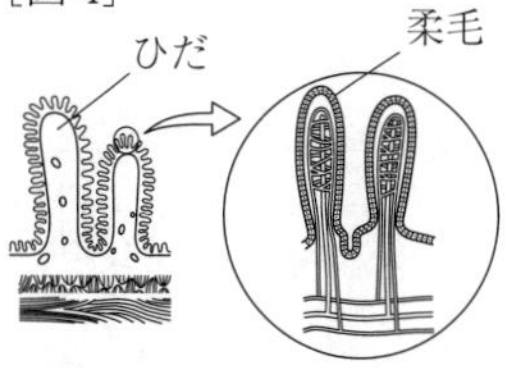

（ひだと柔毛があることで，　　　　　　　　　　）

2　太郎さんと花子さんは，太陽について調べるために，次の調査・実験を行った。(1)～(6)の問いに答えなさい。

Ⅰ　太陽の黒点について調べた。

1　［図1］は，あるWebページでみつけた，ある年の8月9日から21日までの2日おきの太陽の黒点の観察記録を，紙に印刷したものである。

この記録から，太陽の黒点は東から西へ動いていることがわかった。

2　［図1］で，円形に見えた8月15日の黒点の直径を紙の上ではかると3mm，太陽の直径を同様にはかると10cmであった。

Ⅱ　太陽光のあたり方について調べた。

3　地球の公転について調べると，地軸が公転面に立てた垂線に対して23.4°傾いたまま公転していることがわかった。

4　3をもとに，北緯x度の地点Pにおける夏至の日の南中高度について考えた。

［図2］は，そのときにかいた模式図である。

5　地球上のいくつかの地点の太陽の1日の動きを調べると，［図3］のように，夏至の日に，1日中太陽が沈まない地点があることがわかった。

［図1］

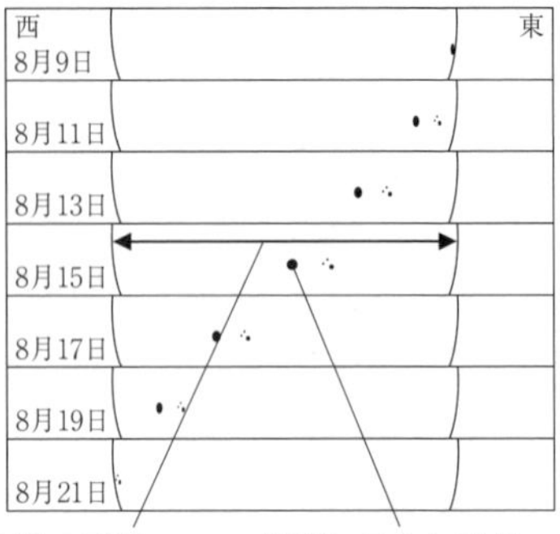

［図2］

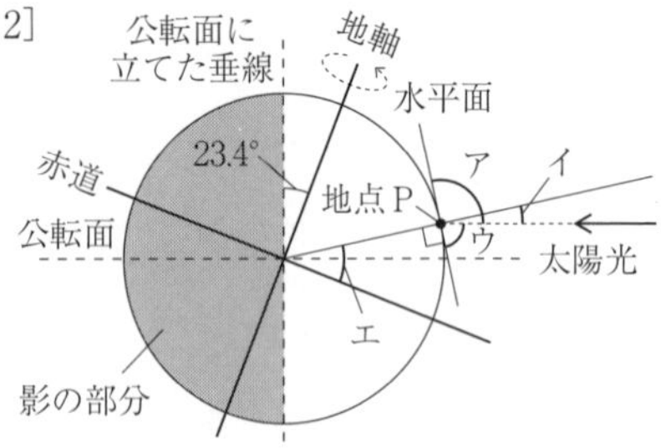

［図3］

(1)　［図1］から，太郎さんは次のように考察した。正しい文になるように（ a ），（ b ）に当てはまる語句の組み合わせとして最も適当なものを，ア～エから1つ選び，記号を書きなさい。

（　　　）

時間とともに黒点の位置が東から西へ動いていることから，太陽は（ a ），丸い黒点は，太陽の中央部では円形に，周辺部では楕(だ)円形に見えることから，太陽は（ b ）形であることがわかる。

	ア	イ	ウ	エ
a	自転しており	自転しており	気体であり	気体であり
b	円	球	円	球

(2)　2で，円形に見えた3mmの黒点の実際の直径は，地球の実際の直径の何倍か。四捨五入して**小数第一位**まで求めなさい。ただし，太陽の実際の直径は地球の実際の直径の109倍であるものとする。（　　　倍）

(3)　4について，①，②の問いに答えなさい。

① 地点Pの北緯および南中高度を表す角度として適切なものを，[図2] のア～エから1つずつ選び，記号を書きなさい。北緯(　　　)　南中高度(　　　)

② 北緯 x 度の地点Pにおける夏至の日の南中高度を，x を使って表しなさい。(　　　度)

(4) 北半球において，[図3] のように夏至の日に1日中太陽が沈まない地点として最も適当なものを，次のア～エから1つ選び，記号を書きなさい。ただし，光の屈折による影響は考えないものとする。(　　　)

ア　北極点だけである。

イ　赤道上だけである。

ウ　北緯23.4度よりも低い緯度の地点である。

エ　北緯66.6度よりも高い緯度の地点である。

Ⅱで，太陽の高度と四季の気温の変化に何か関係があるのではないかと考えた2人は，次の課題を設定して予想を立て，解決するための実験方法を考えた。

【課　題】 夏の方が冬よりも，気温が高いのはどうしてだろうか。

【予　想】 夏の方が冬よりも，太陽の南中高度が高いから。

【実験方法】 太陽光があたる角度と温度変化の関係を調べる。

そこで2人は，ある年の1月下旬に大分県のある地点で，次の実験を行った。

Ⅲ　黒い紙をはった同じ面積の長方形の板A，Bを準備し，太陽光があたる角度と温度変化の関係について調べた。

6　[図4] のように，板Aには，板の面に太陽光が垂直にあたるよう調節し，板Bは，水平な位置に置いた。

7　赤外線放射温度計を用いて，2分おきに10分間，板A，Bの表面温度をはかった。

[図5] は，その結果をグラフにまとめたものである。

[図4]

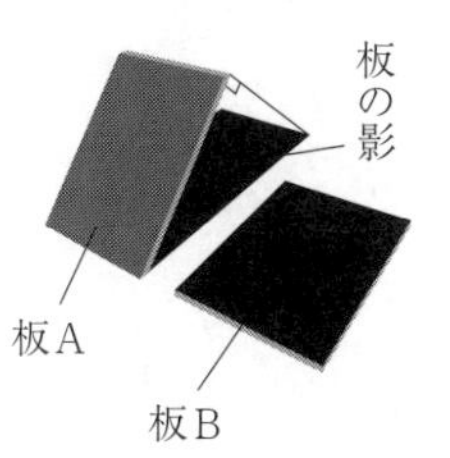

[図5]

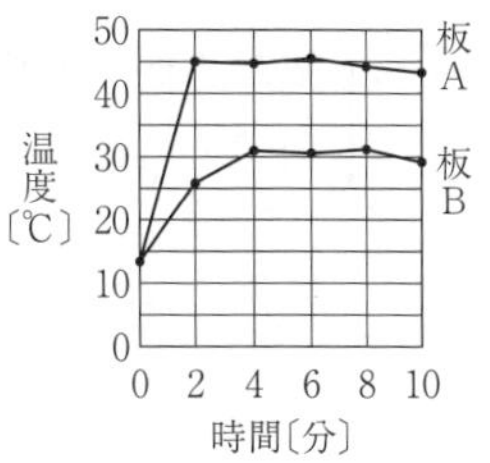

(5) 次の文は，7の結果から，2人が考察したときの会話の一部である。正しい文になるように，[c] に当てはまる語句を簡潔に書きなさい。ただし，「**面積**」「**光の量**」という2つの語句を用いて書くこと。

(　　　　　　　　　　　　　　　　　　　　　　　　　　　　　　　　　　)

太郎：[図5] の温度の測定結果から，太陽光が垂直にあたる板Aの方が早く温度が上昇しているので，太陽の高度が高い方が，早く温度が上昇するといえるね。

花子：でも，なぜ太陽の高度が高い方が，早く温度が上昇するのだろう。

太郎：［図 6］のように考えると，太陽の高度が高い方が，低い方よりも［　c　］からだよ。

花子：なるほどね。でも太陽の南中高度が高い方が，気温が高くなる理由は，本当にそれだけかしら。

［図 6］

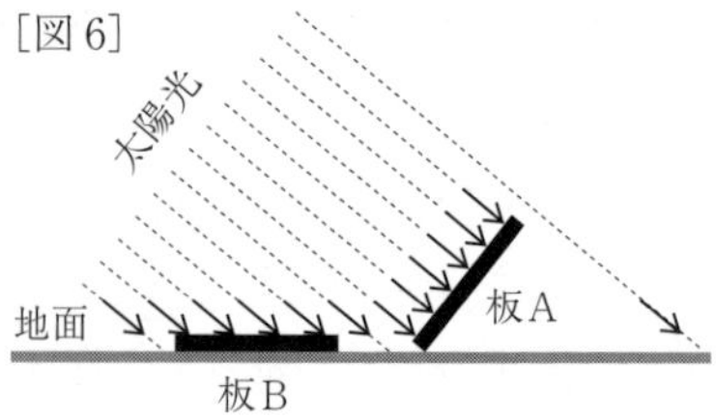

新たな疑問が生じた 2 人は，それを解決するため，続けて次の観察を行った。

Ⅳ　太陽の 1 日の動きについて調べた。

8　［図 7］のように，水平な位置に置いた白い紙に透明半球と同じ直径の円をかき，円の中心を通る 2 本の直角な線を引いた。方位磁針で東西南北を合わせ，透明半球を固定した。

9　9 時に油性ペンの先端の影が円の中心と一致する透明半球上の位置に，丸印とその時刻を記入した。15 時まで，1 時間おきに記録し，記録した点をなめらかな線で結んだ。

10　8，9を，同じ地点で，半年後の 7 月下旬に行った。

［図 8］は，8～10の結果を，模式的に表したものである。

［図 7］

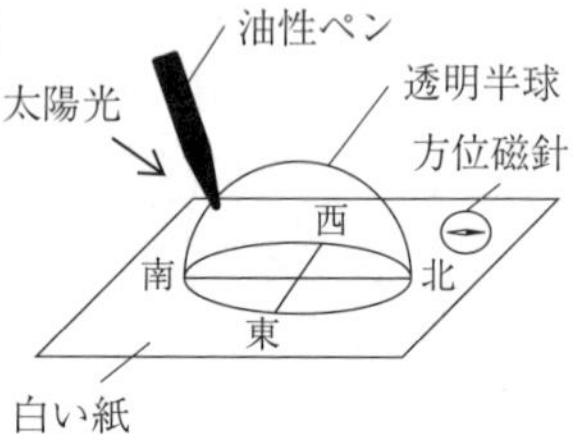

［図 8］

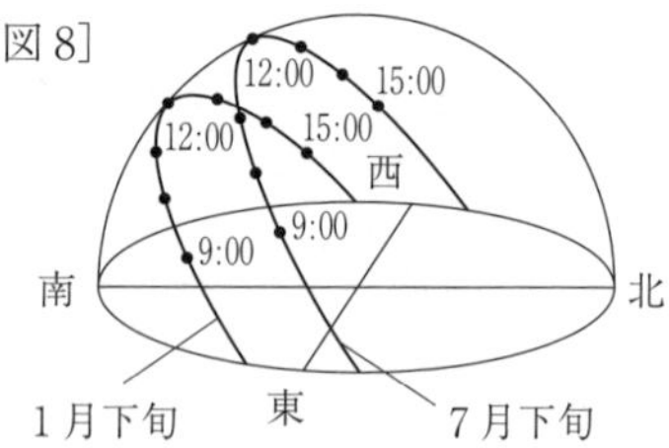

(6)　［図 8］をもとに考えると，会話文の［　c　］以外にもう一つ，夏の方が冬よりも気温が高くなる理由があることがわかる。その理由を，解答欄の 1 行目の書き出しに続けて，簡潔に書きなさい。

（夏の方が冬よりも，　　　　　　　　　　）

3 太郎さんと花子さんは，みりんについて調べるために，次の実験を行った。(1)～(6)の問いに答えなさい。ただし，この実験で使用するみりんにふくまれる水とエタノール以外の物質は考えないものとする。

Ⅰ みりんを加熱して，エタノールと水をとり出せるか調べた。

1 枝つきフラスコにみりんを $12cm^3$ とり，弱火で加熱し，30 秒おきに温度をはかった。

2 出てくる気体を冷やして液体にし，3 本の試験管 A，B，C の順に，約 $1\,cm^3$ ずつ集めた。

3 集めた液体の色とにおいを調べた。

4 集めた液体の一部を脱脂綿(だっしめん)につけ，火をつけた。

［図 2］は，1の結果を，［表 1］は，2～4の結果をそれぞれまとめたものである。

［図 1］

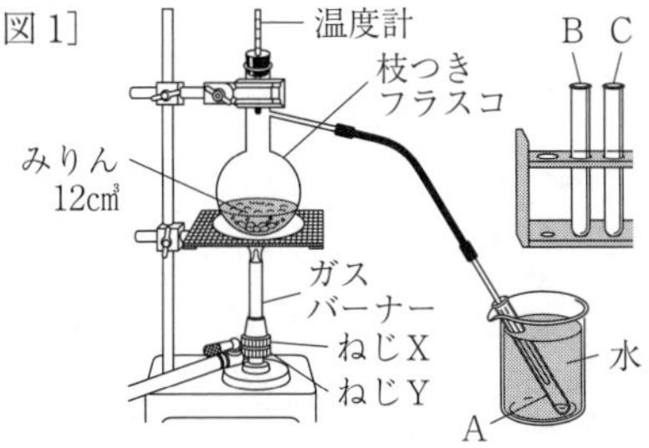

［図 2］

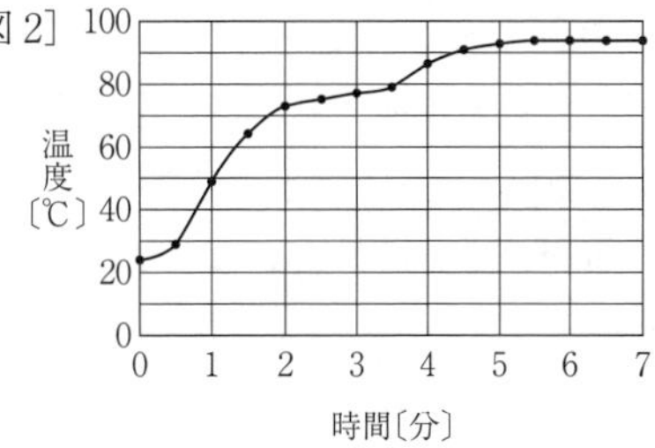

［表 1］

	液体を集めた時間帯	色	におい	火をつけたとき
試験管 A	2 分 00 秒～3 分 30 秒	無色	特有のにおいがした	長く燃えた
試験管 B	3 分 30 秒～4 分 30 秒	無色	特有のにおいが少しした	少し燃えるが，すぐに消えた
試験管 C	4 分 30 秒～6 分 00 秒	無色	においはしなかった	燃えなかった

(1) ［図 1］のように，液体を沸騰させて気体にし，それをまた液体にして集める方法を何というか，書きなさい。(　　　)

(2) ［図 1］で，ガスバーナーの炎がオレンジ色で長く立ち上っているときに，適正な炎にするために行う操作として最も適当なものを，ア～エから 1 つ選び，記号を書きなさい。(　　　)

ア ねじ X を押さえたまま，ねじ Y を動かしてガスの量が多くなるように調節する。

イ ねじ Y を押さえたまま，ねじ X を動かして空気の量が多くなるように調節する。

ウ ねじ X とねじ Y を動かして空気とガスの量がともに少なくなるように調節する。

エ ねじ X を閉じ，ねじ Y のみを動かして空気とガスの量を調節する。

(3) 混合物と純粋な物質をそれぞれ加熱すると，温度変化のようすにちがいが見られる。［図 2］からわかる，混合物を加熱したときだけに見られる温度変化の特徴を，簡潔に書きなさい。

(　　　　　　　　　　　　　　　　　　　　　)

2 人は，Ⅰの結果から，得られた液体の成分について考えた。次の文は，そのときの会話の一部である。

太郎：得られた液体のにおいや火をつけたときのようすから考えると，試験管 A の液体の成分は純粋なエタノールであり，試験管Ｃの液体の成分は純粋な水といえるのかな。

花子：水が存在するかどうかは（　a　）紙が（　b　）色に変わることで確かめられるわ。

太郎：そうだね。他にも，得られた液体の密度を調べれば，液体の成分の割合を考えることができるよね。

花子：みりんはエタノールと水の混合物だから，その混合物の密度と，成分の質量パーセント濃度との関係がわかる資料も調べてみるわ。

そこで２人は，次の実験・調査を行った。

Ⅱ　Ⅰで得られた液体の成分について調べた。

5　３本の試験管Ａ～Ｃの液体の体積，質量，温度をはかった。

［表２］は，その結果をまとめたものである。

6　15℃における，エタノールと水の混合物の密度と，その混合物にふくまれるエタノールの質量パーセント濃度との関係を表す資料を調べた。

［図３］は，その関係を表すグラフである。

［表２］

	試験管Ａ	試験管Ｂ	試験管Ｃ
体積〔cm^3〕	0.98	1.30	1.16
質量〔g〕	0.80	1.19	1.13
温度〔℃〕	15	15	15

［図３］

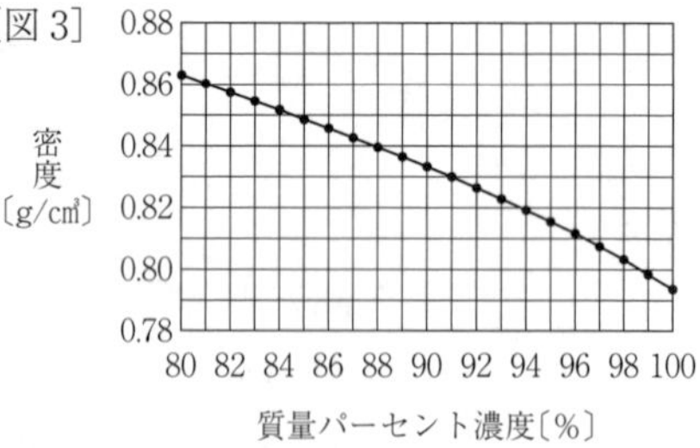

(4)　２人の会話が正しい文になるように，（　a　），（　b　）に当てはまる語句を書きなさい。

a（　　　）　b（　　　）

(5)　試験管Ａの液体について，①，②の問いに答えなさい。

①　［表２］で，試験管Ａの液体の密度は何 g/cm^3 か。四捨五入して**小数第二位**まで求めなさい。

（　　　g/cm^3）

②　①で求めた密度と［図３］をもとに考えると，試験管Ａの液体にふくまれるエタノールの質量パーセント濃度は何％か。**整数**で求めなさい。（　　　%）

(6)　Ⅱで，３本の試験管Ａ～Ｃの液体にふくまれる成分について述べた文として最も適当なものを，ア～エから１つ選び，記号を書きなさい。ただし，水の密度を $1.00g/cm^3$ とする。（　　　）

ア　試験管Ａの液体は純粋なエタノールで，試験管Ｂ，Ｃの液体はエタノールと水の混合物である。

イ　試験管Ａ，Ｂの液体はエタノールと水の混合物で，試験管Ｃの液体は純粋な水である。

ウ　試験管Ａ～Ｃの液体はどれもエタノールと水の混合物で，ふくまれるエタノールの割合は試験管Ｃの液体が最も小さい。

エ　試験管Ａ～Ｃの液体はどれもエタノールと水の混合物で，ふくまれるエタノールの割合は等しい。

④ 太郎さんと花子さんは，［図1］のボウリングのように，球を物体にあてたときのようすに興味を持ち，次のように課題を設定し，予想を立て，実験を行うことにした。(1)～(6)の問いに答えなさい。ただし，球にはたらく摩擦力および空気の抵抗は考えないものとする。

［図1］

【課題】

球を物体にあてたときの物体の「移動距離」は，球の何に関係しているのだろうか。

【予想】

球を物体にあてたときの球の「速さ」が大きい方が，物体の「移動距離」は長い。

【実験】

① 角度が一定の斜面と水平面がなめらかにつながったレールを机の上に置き，水平面上に木の物体を置いた。

② 高さ10cmのO点に，質量50gの金属の球を静かに置いて手をはなすと，斜面を下りはじめ，木の物体にあたった。そのようすを，デジタルカメラの連続撮影の機能を用いて0.1秒間隔で撮影し，球のO点からの移動距離と時間の関係を調べた。また，木の物体の移動距離を調べた。

［図2］の●は，そのときのようすを記録したものであり，球の位置をそれぞれP，Q，R，S，T，U点とした。

［図2］

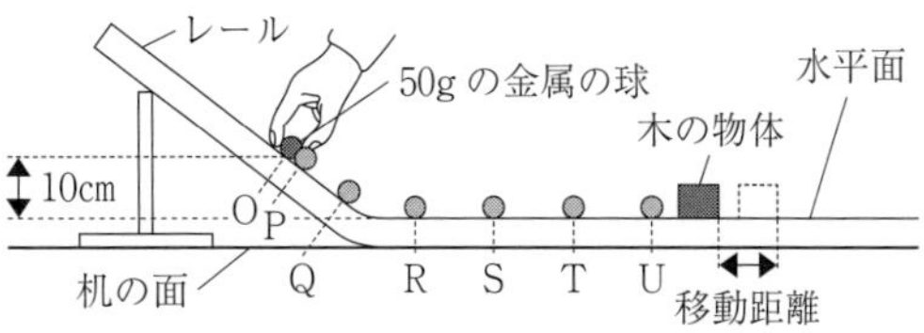

③ 高さ30cmのo点に，質量50gの金属の球を置いて，②と同様に調べた。

［図3］の●は，そのときのようすを記録したものであり，球の位置をそれぞれp，q，r，s，t，u点とした。

［表1］～［表4］は，②，③の結果をまとめたものである。

［図3］

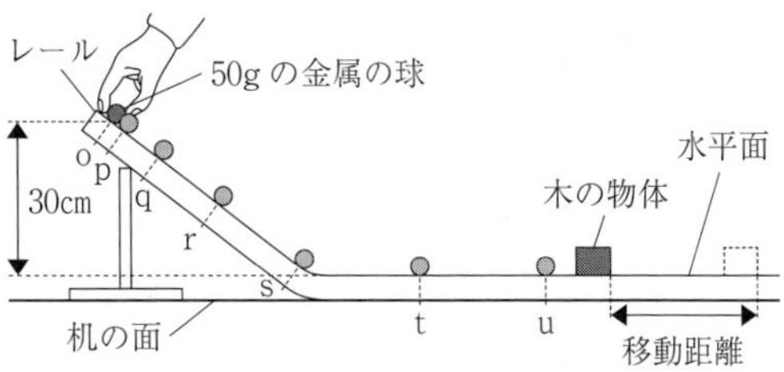

【結果】

［表1］ ②における金属の球の移動距離と時間の関係

	O点	P点	Q点	R点	S点	T点	U点
時間〔秒〕	0	0.1	0.2	0.3	0.4	0.5	0.6
距離〔cm〕	0	3	12	24	38	52	66

［表2］ ②における木の物体の移動距離

移動距離〔cm〕
10.2

［表3］ ③における金属の球の移動距離と時間の関係

	o点	p点	q点	r点	s点	t点	u点
時間〔秒〕	0	0.1	0.2	0.3	0.4	0.5	0.6
距離〔cm〕	0	3	12	27	48	72	96

［表4］ ③における木の物体の移動距離

移動距離〔cm〕
30.6

(1)　［図 4］，［図 5］の力の矢印は，斜面上および水平面上を運動している球にはたらく重力を表している。球にはたらく，**重力以外の力**を，力の矢印で右図に作図しなさい。

ただし，図に示されている重力のように，力の作用点は，黒い丸印で示して表しなさい。

［図 4］

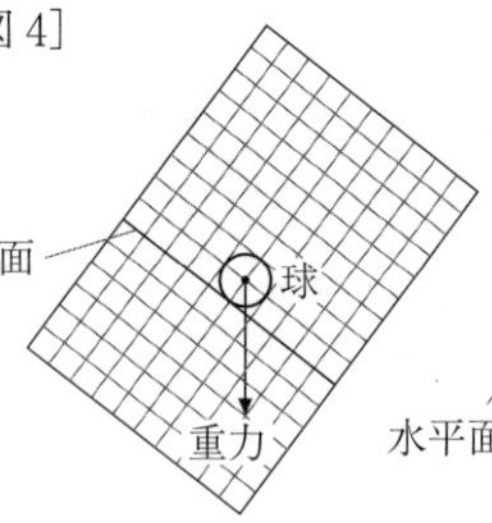

［図 5］

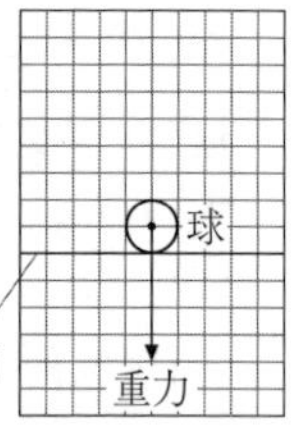

(2)　3で，［表 3］をもとに，球の o 点から s 点までの移動距離と時間の関係を，解答欄のグラフに表しなさい。

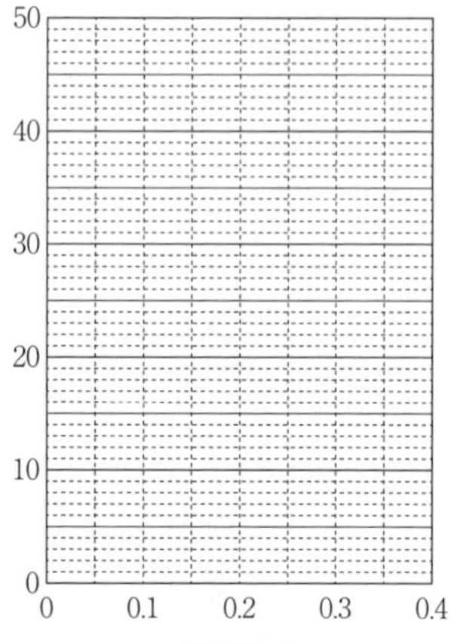

次の文は，【結果】について考察した 2 人の会話の一部である。

太郎：水平面上の球の運動について，

高さ 10cm から下ったとき，［表 1］から，TU 間の速さは（　a　）〔cm/s〕，

高さ 30cm から下ったとき，［表 3］から，tu 間の速さは（　b　）〔cm/s〕だね。

球の速さが大きい方が，木の物体の移動距離が長くなっているので，【予想】は確かめられたね。

花子：そうね。また，木の物体とレールとの間にはたらく摩擦力が x〔N〕であるとすると，球が木の物体にした仕事の大きさは，

高さ 10cm から下ったとき，［表 2］から，（　c　）〔J〕，

高さ 30cm から下ったとき，［表 4］から，（　d　）〔J〕だね。

球のもつエネルギーが大きい方が，仕事をする能力が大きいことから考えると，高さ（　e　）cm から球が下ったときの方が，球のもつエネルギーが大きいことがわかるね。

太郎：なるほど。エネルギーの移り変わりを考えると，球の位置が（　f　）方が，位置エネルギーは大きく，速さが（　g　）方が，運動エネルギーは大きいということも，この実験からわかるね。

花子：そうね。ところで，一つ疑問があってね。球を物体にあてたときの物体の「移動距離」は，球の「速さ」のみに関係しているのかな。

(3)　正しい文になるように，（　a　），（　b　）に当てはまる数値を書きなさい。

a（　　　）　b（　　　）

(4)　正しい文になるように，（　c　），（　d　）に当てはまる式を，x を使って表しなさい。

c（　　　）　d（　　　）

(5) (e)～(g)に当てはまる語句の組み合わせとして最も適当なものを，ア～エから1つ選び，記号を書きなさい。(　　　)

	ア	イ	ウ	エ
e	10	10	30	30
f	高い	低い	高い	低い
g	大きい	小さい	大きい	小さい

会話文の下線部の疑問について，次の課題を設定して予想を立て，解決するための実験方法を考えた。

《新たな課題》

球を物体にあてたときの物体の「移動距離」は，球の「速さ」のみに関係しているのだろうか。

《予想》

球の「速さ」が大きいだけでなく，球の［ h ］方が，物体の「移動距離」は長い。

《実験方法》

［ i ］，それぞれの球が水平面上で物体にあたったときの物体の移動距離のちがいを比べる。

(6) 《予想》の［ h ］に，あなたが考える球の条件を1つ書きなさい。また，《実験方法》の［ i ］には，《予想》を確かめるための対照実験として，どのような球を用意して，どのような条件で行うのか，書きなさい。ただし，球の大きさによる物体の移動距離への影響は考えないものとする。

h (　　　　　　　　　　)

i (　　　　　　　　　　　　　　　　　　　　　　　　　　　　)

5　次の(1)～(4)の問いに答えなさい。

(1)　地震について調べるために，次の調査を行った。①～③の問いに答えなさい。

図書館で，地震の記録について調べた。

［表1］は，そのときにみつけた，ある日，ある地点で発生した地震の記録である。

［表1］

地点	震源からの距離	初期微動が始まった時刻	主要動が始まった時刻
A	24km	9時30分01秒	9時30分04秒
B	48km	9時30分04秒	9時30分10秒
C	72km	9時30分07秒	9時30分16秒

①　［表1］で，地点Bの初期微動継続時間は何秒か，求めなさい。(　　　　秒)

②　［表1］で，初期微動継続時間がx秒の地点における震源からの距離を，xを使って表しなさい。(　　　　km)

③　［表1］で，震源からの距離が120kmの地点にいる人が，この地震の緊急地震速報を，その日の9時30分10秒に聞いた。この地点で主要動が始まるのは，緊急地震速報を聞いてから何秒後か，求めなさい。(　　　　秒後)

(2)　被子植物について調べるために，次の観察・調査を行った。①～③の問いに答えなさい。

1　被子植物A～Dの花を，外側から順にはずして，スケッチした。

2　被子植物A～Dの葉を1枚はずして，葉脈のようすを，［図1］のような<u>ルーペで観察して</u>スケッチした。

［図1］

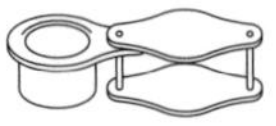

［図2］は，1，2のスケッチをまとめたものであり，1ではずした各部分を，外側からa，b，c，dとし，2ではずした葉をeとした。

［図2］

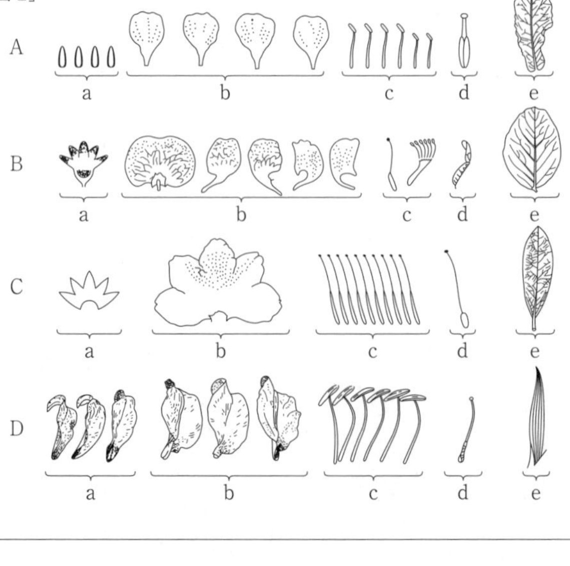

① 2の下線部で，ルーペの使い方として最も適当なものを，ア～エから１つ選び，記号を書きなさい。(　　　)

ア　ルーペを目に近づけてもち，葉のみを前後に動かす。

イ　ルーペを目から遠ざけてもち，葉のみを前後に動かす。

ウ　葉とルーペを両方動かす。

エ　葉は動かさず，ルーペを前後に動かす。

② 次の文は，被子植物の特徴を述べたものである。(　　)に当てはまる語句を書きなさい。(　　　)

被子植物は，種子になる(　　)が子房の中にある植物である。

③ 被子植物A～Dを，[図3]の分類表を使って合弁花類，離弁花類，単子葉類のいずれかになかま分けするためには，[図2]のa～eのうち，どの部分の特徴をみればよいか。最も適当なものを，ア～キから１つ選び，記号を書きなさい。(　　　)

[図3]

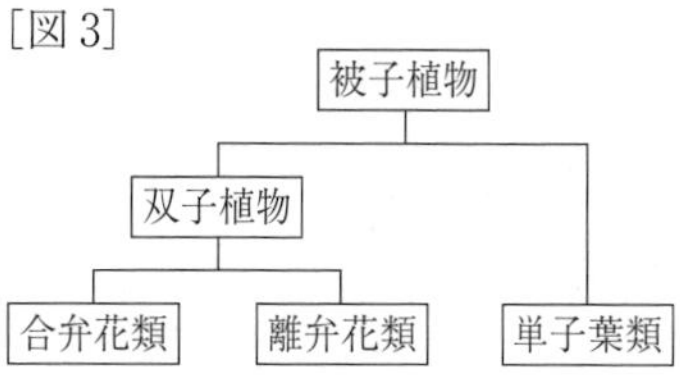

ア　aのみ　イ　bのみ　ウ　eのみ　エ　aとb　オ　aとe　カ　bとe　キ　aとbとe

(3) マグネシウムの燃焼について調べるために，次の実験を行った。①～③の問いに答えなさい。

1 マグネシウムリボンを空気中で燃やすと，白い粉末ができた。

2 [図4]のように，二酸化炭素で満(み)たされた集気びんに，火のついたマグネシウムリボンを入れると，すべてよく燃えた。その後，集気びんの底を観察すると白い粉末と黒い粉末が残っていた。

[図4]

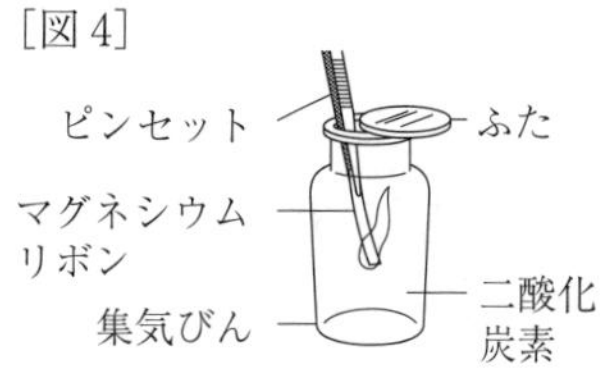

3 2で，残っていた白い粉末を調べると，1でできた物質と同じであることがわかった。

① 1で，できた白い粉末は何か。**物質名**を書きなさい。(　　　)

② 次の化学反応式は，2の化学変化のようすを表したものである。(a)，(b)に当てはまる**化学式**を書きなさい。ただし，(a)には白い粉末，(b)には黒い粉末の化学式が入る。

a(　　　)　b(　　　)

$2Mg + CO_2 \rightarrow 2(\ a\ ) + (\ b\ )$

③ 2で，マグネシウムリボン2.40gを燃やすと4.00gの白い粉末ができた。このとき，できた黒い粉末の質量は何gか。四捨五入して**小数第二位**まで求めなさい。ただし，二酸化炭素分子100gにふくまれる炭素原子は27g，酸素原子は73gとする。(　　　g)

(4) 電磁調理器について調べるために，次の調査・実験を行った。①～③の問いに答えなさい。

[1] 電磁調理器がものを温めるしくみについてインターネットで検索した。

[メモ] は，ある web ページでみつけた記事を，かき写したものである。

[メモ]

・電磁調理器そのものは熱を発生しないが，電磁調理器のはたらきによって鍋に電流が流れ，その電流のはたらきで，鍋そのものが発熱する。

[2] [図5] のように，電球につなげた導線の先端を，電磁調理器の上面の離れた2点にそれぞれ接触させ，電磁調理器のスイッチを入れ，ゆっくりと出力を強くして，電球が光るかどうか，そのようすを観察した。

[図5]

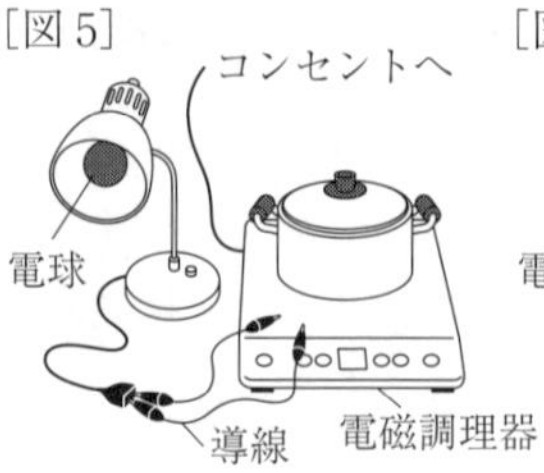

[図6]

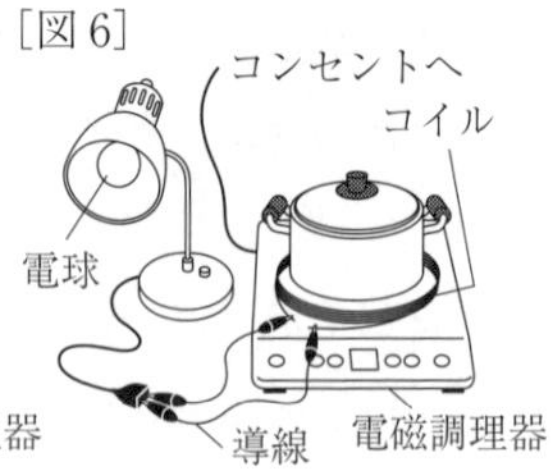

[3] [図6] のように，電球につなげた導線を，電磁調理器の上に置いたコイルにつないだ。その後，[2]と同様に観察した。

[表2] は，[2]，[3]の結果をまとめたものである。

[表2]

実験	電球のようす
[2]	光らなかった
[3]	光った

① 次の文は，[1]で，鍋に発生する熱量について述べたものである。(a)，(b) に当てはまる語句の組み合わせとして最も適当なものを，ア〜エから1つ選び，記号を書きなさい。(　　　)

	a	b
ア	大きい	電流が流れにくい鉄の鍋
イ	大きい	電流が流れやすいアルミニウムの鍋
ウ	小さい	電流が流れにくい鉄の鍋
エ	小さい	電流が流れやすいアルミニウムの鍋

鉄の鍋とアルミニウムの鍋に，それぞれ同じ大きさの電流が流れたときは，抵抗の大きさが (a) 方が，鍋に発生する熱量が大きくなる。したがって，(b) の方が，鍋に発生する熱量が大きくなる。

② 次の文は，[2]と[3]の結果を関連付けて考察したものである。正しい文になるように，(c)，(d) に当てはまる語句を書きなさい。ただし，2箇所ある (c) には同じ語句が入り，2箇所ある (d) には同じ語句が入る。c(　　　)　d(　　　　)

[2]と[3]の結果から，電磁調理器は，鍋を置くと，(c) という現象により，鍋に電流を流していることがわかる。このことから，電磁調理器が (d) を発生させることで，鍋に電圧が生じ，電流が流れたと考えられる。(d) を発生させるために，電磁調理器の中にはコイルがあり，交流の電流が流れている。<u>(c) という現象は，身のまわりのいろいろなものに利用されている</u>。

③ 上の文中の下線部について，この現象が利用されているものとして適切なものを，ア〜エから **2つ** 選び，記号を書きなさい。(　　　)

ア 非接触型ICカードの読みとり機

イ 手回し発電機

ウ スピーカー

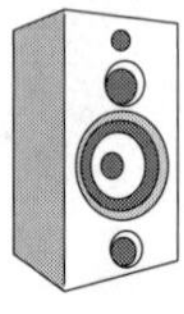

エ 電気ストーブ

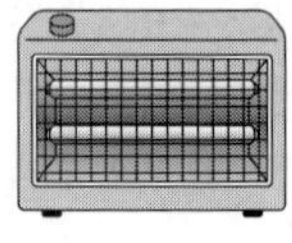

併せて示すことで、読み手の興味関心を喚起する効果。

イ　各目標を、文だけでなく、文を短く書き換えた言葉も併せて示すことで、読み手が常に目標を想起できるようにする効果。

ウ　各目標の文末を動詞の終止形で言い切ることで、目標達成に向けた生徒会の強い決意を読み手に感じさせる効果。

エ　各目標の文を、具体例を交えて示すことで、目標に対して一人一人がどのように取り組めばよいかを理解させる効果。

問三　目標の1～3について、**【意識調査結果】**を踏まえて、設定した理由と達成するための具体的な取り組みを、生徒総会で説明したい。あなたが生徒会執行部の一員であるならば、どのように説明するか。目標の1～3の中から一つを取り上げ、次の［条件］に従って書きなさい。

［条件］
・説明する目標の番号（1～3）を解答用紙の□に記入すること。
・解答用紙の「目標の□を設定したのは、」に続けて、一行目の一マス目から書き始め、**行は改めない**こと。
・全体を三文で構成すること。
・一文目には、設定した理由を**【意識調査結果】の数値**を用いて書くこと。
・二文目には、取り上げた【意識調査結果】の項目と目標のつながりを示すこと。
・三文目には、目標を達成するための具体的な取り組みを、自由に設定して書くこと。
・**敬体**（「です・ます」）で、**八十一字以上百二十字以内**で書くこと。
・数値については、次の(例)にならって書くこと。

(例)　［65 ％］

目標の□を設定したのは、

【意識調査結果】

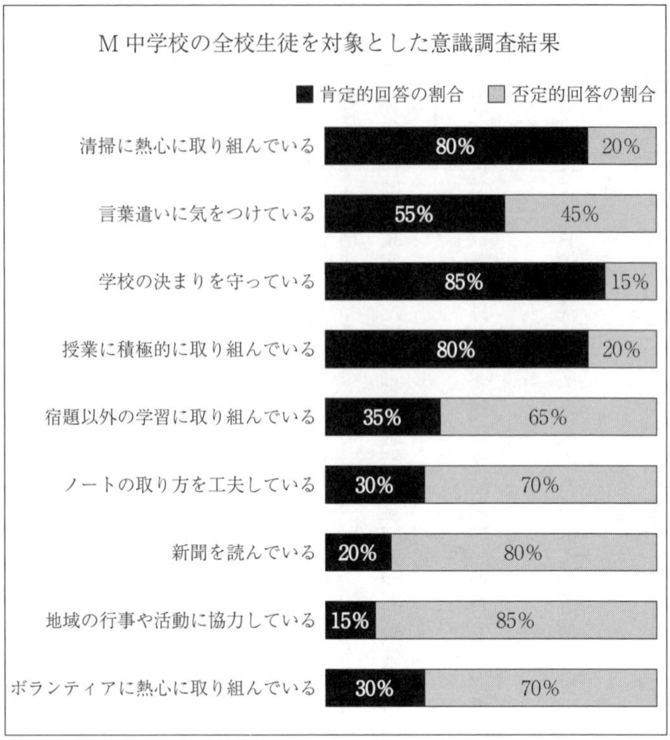

問一　今年度、三つの目標を設定することについて、全校生徒に説明したい。次の【説明内容のメモ】の言葉を使って、【説明原稿】の□に入る言葉を、**十六字以上二十字以内**で書きなさい。

【説明内容のメモ】

目標の設定について

○前年度までの問題点

・目標の数……多かった

・目標の内容……生徒の実態が反映されていなかった

・目標の達成状況……確認できていなかった

○今年度の改善点

・目標の数……三つに焦点化する

・目標の内容……意識調査を活用して生徒の実態を反映する

・目標の達成状況……確認する

○意識調査のメリット……数値によって状況を確認できる

【説明原稿】

生徒会執行部では、よりよいM中学校にするために、M中学校生徒会の目標を設定しました。

今までの生徒会目標は、私たちの実態がしっかりと反映されていませんでした。また、目標が達成できたかも確認できていませんでした。

そこで今年度は、全校生徒に意識調査を行い、その結果をもとに、実態に合った目標を設定しました。ただし、目標を多く設定し過ぎると中途半端(ちゅうとはんぱ)になってしまうので、今回は三つにしぼっています。また、年度末に、同じ項目で意識調査を行うことで、□ができるようにしています。

よりよいM中学校にするために、皆さんのご協力をお願いします。

問二　【ポスター】における表現の工夫と効果について説明したものとして**適当でないもの**を、次のア～エのうちから一つ選び、その記号を書きなさい。(　　)

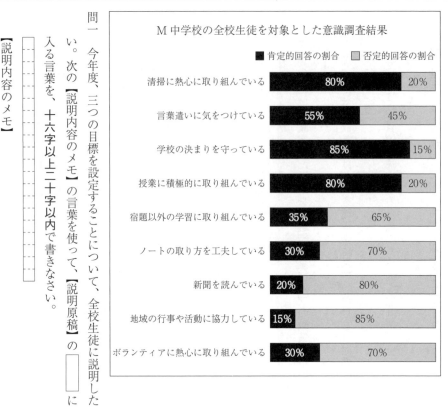

ア　各目標を、文だけでなく、目標をイメージしたシンプルな図も

中から**五字以内**で抜き出して書きなさい。□□□□□

(3) ③ に当てはまる最も適当な言葉を、**十一字以上十五字以内**の現代語で書きなさい。□□□□□□□□□□□□□□□

(4) ④ に当てはまる言葉として最も適当なものを、次のア～エのうちから一つ選び、その記号を書きなさい。（　　）

ア　わからないことを素直に認め、わからないことに対して謙虚な姿勢で学び続けようとする

イ　自分にどのくらいの能力があり、何ができて何ができないのかを理解した上で学ぼうとする

ウ　何が重要で何が重要でないかを判断できるようになるまで、ものごとを追究しようとする

エ　難しい事柄や言葉の意味などの表面的な部分に惑わされずに、自分らしく生きようとする

5　M中学校の生徒会執行部では、三つの目標を定め、【ポスター】を作成し、全校生徒に提示することにした。【意識調査結果】は目標を設定する際に利用したものである。これらを読んで、後の問一～問三に答えなさい。なお、答えに字数制限がある場合は、句読点や「　」などの記号も一字と数えなさい。

【ポスター】

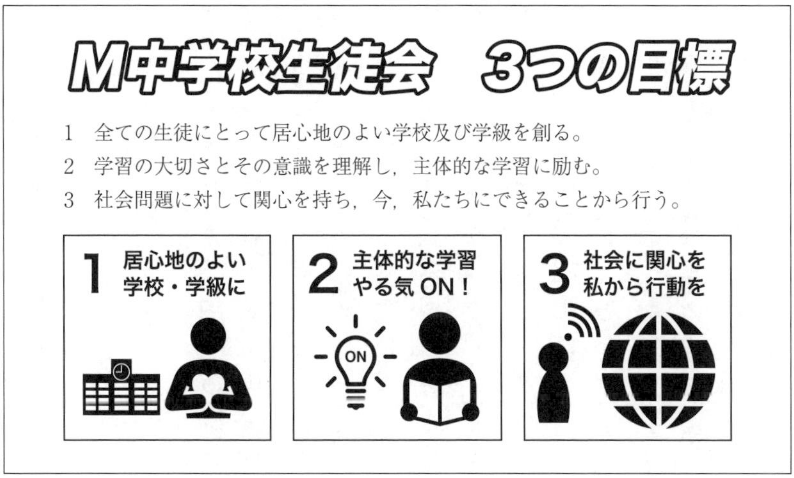

M中学校生徒会　3つの目標
1　全ての生徒にとって居心地のよい学校及び学級を創る。
2　学習の大切さとその意識を理解し，主体的な学習に励む。
3　社会問題に対して関心を持ち，今，私たちにできることから行う。
1 居心地のよい学校・学級に
2 主体的な学習やる気ON！
ON
3 社会に関心を私から行動を

4　次のⅠ（漢文の書き下し文）とⅡ（古文）を読んで、後の問一、問二に答えなさい。なお、答えに字数制限がある場合は、句読点や「　」などの記号も一字と数えなさい。

Ⅰ　＊子曰はく、「＊由、女に＊之を知るを誨へんか（お前に知るということを教えようか）。之を知るを之を知ると為し、知らざるを知らずと為す。是れ知るなり。」と。（「論語」より）

（注）＊子――先生。ここでは孔子を指す。
＊由――孔子の弟子である子路の名。
＊之――Ⅰで用いられている「之」について、ここでは現代語訳する必要はない。

Ⅱ　故＊少納言入道、人にあひて、「＊敦親はゆゆしき（すばらしい）博士かな。物をとへば知らず知らずといふ。」といはれけり。其れを問ひたる人、「知らずといはんは何のいみじからんぞ（何がすばらしいのか）。」といひければ、「身に才智あるものは知らずといふ事を恥ぢぬなり。実才なきものの、よろづ（全て）の事を知りがほにするなり。すべて（総じて）学問をしては、皆の事を知りあきらむる（明らかにする）事と人の知れるは僻事（間違い）なり。大小事（大事と小事を見極める）をわきまふるまでするを、学問のきはめとはいふなり。それを知りぬれば、＊難議を問はれて知らずといふを恥とせぬなり。」とぞいはれける。
（「続古事談」より。一部表記を改めている。）

（注）＊少納言入道――藤原通憲。平安時代の学者。
＊敦親――藤原敦親。学問や諸道に広く通じていた。
＊難議――難しい事柄や言葉の意味。

問一　〰〰線の書き下し文の読み方になるように、次の漢文に返り点をつけなさい。

知ルヲ 之ヲ 為シ 知ルト 之ヲ、

問二　AさんとBさんは、Ⅰ、Ⅱの内容について授業中に意見を交わした。次はその一部である。これを読んで、後の(1)～(4)に答えなさい。

Aさん――Ⅰは、知らないことに対して知ったふりをする弟子の子路を、孔子が戒めた話とされているようです。孔子の言葉には［①］が効果的に用いられています。

Bさん――Ⅱも、Ⅰの内容と通じるところがありますね。Ⅱでは、少納言入道が敦親を高く評価しています。それは「［②］」をしなかった敦親を、少納言入道が「身に才智ある」人物とみなしていたからでしょう。

Aさん――なるほど。ところで、なぜ敦親は、知らないことを恥ずかしいと思わなかったのでしょうか。

Bさん――敦親は学問の本質をわかっていたからだと思います。Ⅱでは、学問の本質とは［③］ことではなく、［④］ことであると述べられています。

Aさん――知らないことを恥ずかしく思う必要はないのですね。私たちの学習においても同じことが言えるかもしれません。

(1)　［①］に当てはまる表現技法として最も適当なものを、次のア～エのうちから一つ選び、その記号を書きなさい。（　　）

ア　対句　　イ　比喩　　ウ　省略　　エ　押韻

(2)　［②］に当てはまる言葉として最も適当なものを、Ⅱの古文のは、水稲より陸稲のほうが栽培しやすい。だが、陸稲は水稲に比べて単位面積当たりの収量が少なく、地力の低下も起こしやすい。そこで、乾燥や病害虫に強いアフリカ在来種のグラベリマ種に、面積当たりの収量が多いサティバ種を掛け合わせた。それがネリカなのである。ネリカはこうしてつくられた品種の総称であり、改良が重ねられて、現在は水稲が六十種、陸稲は十八種が登録されている。ただ、おもに利用されているのは陸稲種だ。

ネリカは栽培が簡単で生育日数が短いのも特徴だ。しかも、畑に植えるのでトウモロコシやコーヒーなど他の作物の間で栽培することもできる。なにより、一番のメリットは単位面積当たりの収量ポテンシャルが高いことだ。ネリカは従来の陸稲より穂が大きく、たくさんの籾（もみ）をつける。

ネリカはアフリカの農業事情にぴったりなスーパーライスなのだ。

（「natgeo.nikkeibp.co.jp」の文章を基に作成）

ア　通常、水稲は陸稲に比べて収量が多い。
イ　畑での連作は地力の低下を引き起こす。
ウ　農村風景から農業の特徴が見えてくる。
エ　イネはムギに比べて収量の多い作物である。

問五　本文の構成や表現の特徴について**適当でないもの**を、次のア～エのうちから一つ選び、その記号を書きなさい。（　　）

ア　「これに対して」や「しかし」、「一方」等の語句を用いて日本とヨーロッパを比較し、日本の稲作の特徴を明確に提示している。
イ　イネとムギの収量を客観的な数値をもとに比較することで、ムギに比べてイネの生産力が高いことを分かりやすく提示している。
ウ　「奇跡」、「すごさを物語っている」、「世界がうらやむような」等の主観的表現を用いて、日本の稲作の優れた点を強調している。
エ　日本のイネの優れた点について、内容のまとまりごとに小見出しを付け、起承転結という構成をもとに順序立てて提示している。

前後の収量であるのに対して、イネは一一〇～一四〇倍もの収量がある。イネは生産力がずば抜けて高いのである。

イネとムギ類とは栽培されている環境や土地も異なるし、栽培技術も異なるから、単純な比較はできないが、イネが多くの食糧を生み出してきたことは間違いがない。

実際に、現在でも、世界の人口密度が高い地域は、稲作地帯と一致する。イネを作ることは多くの人口を養うことを可能にするのである。

④田んぼで展開される稲作は、世界がうらやむような農業だったのである。

（稲垣栄洋（いながきひでひろ）「イネという不思議な植物」より。一部表記を改めている。）

（注）＊これも――筆者は本文に先立つ部分でも、田んぼのすごさについて述べている。

＊三圃式農業――村落の全農地を三つに区分し、その一つに小麦などの冬の作物を、他の一つに大麦などの夏の作物を栽培し、残りの一つは休耕地として放牧し、年々この割当てを交替させてゆく経営方式。

問一　――線①について、その理由を次のように【ノート】にまとめた。[A]に当てはまる言葉として最も適当なものを、本文中から**十六字以上二十字以内**で抜き出して書きなさい。また、[B]に当てはまる言葉として最も適当なものを、本文中から**十一字以上十五字以内**で抜き出して書きなさい。

A [　　　　　　　　　　]

B [　　　　　　　　　　]

【ノート】

○田んぼの水が、余った栄養分を洗い流し、新しい栄養分を供給してくれることで、[A]ことを防いでくれるから。

○田んぼの水が、作物の根から出て自家中毒の原因となる[B]を洗い流してくれるから。

○田んぼでは、水を入れたり乾かしたりすることで、特定の病原菌の増加を防ぐことができるから。

問二　――線②について、筆者がすごいと考えているのは、日本の田んぼのどのような点か。次の文の[　]に当てはまる言葉を、本文中の言葉を使って、**六字以上十字以内**で書きなさい。

日本の田んぼの、[　]点。

[　　　　　　　　　　]

問三　――線③について、生産効率は何によって判断されるか。次の文の[　]に当てはまる言葉を、本文中の言葉を使って、**十一字以上十五字以内**で書きなさい。

[　]によって判断される。

[　　　　　　　　　　]

問四　――線④について、稲作にさらに興味を持った中学生の太郎さんは、インターネットで次の【記事】を見つけ、本文とその【記事】から得られた情報を整理することにした。本文と【記事】に共通する情報として最も適当なものを、後のア～エのうちから一つ選び、記号を書きなさい。（　　）

【記事】

ネリカはアフリカイネのグラベリマ種とアジアイネのサティバ種という二つの陸稲（りくとう）を交配させてつくったイネの品種。イネには本来、水田で栽培する「水稲（すいとう）」と、畑で栽培する「陸稲」がある。アジアに比べて降雨量が少なく乾燥しているアフリカでそのため、かつてヨーロッパではムギを刈った後に家畜を放牧してローテーションをしながら休閑する*三圃式(さんぽしき)農業が行われていた。こうして三年に一度は休ませないと、地力を維持することができなかったのである。このように、コムギは三年に一度しか作ることができなかったのだ。

現在でも、ムギ栽培と家畜飼育を組み合わせた混合農業が行われている。こうして連作障害を防ぎながら、地力を回復させなければならないのである。環境を保全しながら持続的にムギを栽培しようとすれば、ムギが収穫できるのは数年に一度ということになる。

これに対して、日本の田んぼは毎年、イネを育てることができる。イネのように毎年、栽培することができるというのは、じつは特別にすごいことなのだ。

それどころか、かつて日本の田んぼでは、イネを作った後に冬作としてムギを栽培する二毛作が行われていた。連作できるどころか、一年のうちにイネとムギを収穫することさえ可能だったのだから、ヨーロッパのムギ畑からすれば、考えられないほど高い生産力を誇っていたのである。

ごちゃごちゃした日本の風景

最近ではヨーロッパの鉄道旅を紹介するようなテレビ番組は多い。

ヨーロッパを旅すると、車窓に広がる牧歌的な風景の美しさにはため息が出る。

そんな風景に見慣れてから、日本に帰国すると、本当にガッカリさせられる。飛行機から見る風景も、車窓から見える風景も、とにかく日本はごちゃごちゃしていて猥雑(わいざつ)なのだ。

しかし……と私は思う。

②<u>これこそが、日本の田んぼのすごさを物語っているように思えるのである。</u>

ヨーロッパの農村風景を見ると、広々とした畑が広がり、その遠くに家々が見える。

しかし、この風景の成立した背景を考えてみると、昔は、この小さな村の人たちが食べていくために、これだけ広大な農地が必要だったということでもある。

一方、日本では田畑の面積が小さく、そこら中に農村集落がある。つまり、少ない農地でたくさんの人たちが食べていくための食糧を得ることが可能であったということに他ならない。

しかも、ヨーロッパは土地がやせていて、土地の生産力が小さい。

ヨーロッパの中でもムギを作ることができたのは恵まれた土地である。

やせた土地では、ムギを作ることはできなかった。そのため、牧草を育てて、家畜を育てたのである。

生産性の高いイネ

さらには、土地の生産力の違いに加えて、ムギとイネという植物の違いもある。イネはムギに比べて、収穫量の多い作物なのである。

また、収量の多い③<u>イネは生産効率も良かった。</u>

ヨーロッパでは主にコムギやオオムギなどのムギ類が栽培されるが、一五世紀のヨーロッパでは、まいた種子の量に対して、三～五倍程度の収量しか得ることができなかった。一方、日本ではイネが栽培されるが、同じ一五世紀の室町時代の日本では、イネはまいた種子の量に対して二〇～三〇倍もの収量が得られたのである。

化学肥料が発達した現在で比較しても、コムギはまいた種子の二〇倍

問二　[　　]が大切であるという考え方。
＝＝＝線について、この箇所が物語の展開に果たす役割の説明として最も適当なものを、次のア～エのうちから一つ選び、その記号を書きなさい。(　　)

ア　時間の流れを逆行させ回想場面の始まりを示す役割。
イ　登場人物の気持ちの変容につながる場面への転換を図る役割。
ウ　未知の登場人物の出現を読者に想像させる役割。
エ　現実世界から不思議な世界へと場面を変える役割。

3　次の文章を読んで、後の問一～問五に答えなさい。なお、答えに字数制限がある場合は、句読点や「　」などの記号も一字と数えなさい。

連作が可能な田んぼ

日本では、毎年、当たり前のように田植えをしてイネを育てる。

これも世界の農業から見れば、極めて珍しいことである。*

農作物を栽培するときには、毎年、同じ作物を連続して作ると、うまく育たなかったり、枯れてしまったりすることがある。この現象は「連作障害」と呼ばれている。そのため、作物を育てる場所を替えていかなければならないのである。

ところが、田んぼは毎年、同じ場所でイネばかりを作っている。それなのに、どうして連作障害が起こらないのだろうか。

連作障害の原因には、作物の種類によって土の中の栄養分を偏って吸収するために、土の中の栄養分のバランスが崩れてしまうことや、作物の根から出る物質によって自家中毒を起こしてしまうことがある。あるいは、同じ作物を栽培することで、土壌中にその作物を害する病原菌が増えてしまうということがある。

ところが、田んぼは水を流している。このことによって、余った栄養分は洗い流され、新しい栄養分が供給される。また、生育を抑制する有害物質も洗い流してくれる。さらには、水を入れたり乾かしたりする田んぼでは、同じ病原菌が増加することも少ない。

そのため、①田んぼでは連作障害が起こらないのである。

イネは何千年もの昔から、ずっと同じ場所で作られ続けてきた。これは、世界の農業から見れば、まさに奇跡である。

一方、イネと同じイネ科の作物であっても、ヨーロッパの畑で作られるムギでは、連作障害が問題となる。

Aさん

その翌日，「滝」は，偶然「宮本」に会います。「宮本」は，本文中の 〰〰 線にあるように，決心がつかないながらも，前に進もうとしています。そんな「宮本」に，「滝」は共感を覚えていますね。

Cさん

「宮本」は，「滝」が自分と同じように悩んでいたことを知らなかったので，ⓒのように「え？」と驚きの言葉を発しています。

Bさん

つまり，三人とも，同じような悩みを抱えているんですね。そして，悩む中で，③成長したいという気持ちが，三人に芽生えてきたことがわかります。

Aさん

この場面では「え」という表現が多く使われていますね。

Bさん

そうですね。ⓐの「え。」という表現からは，「滝」の戸惑いが感じられます。「東山」の「わかんない。」という言葉は，[　①　]言い方だったのでしょう。「滝」は，「東山」がてっきり強い口調で言い返してくると思ったので，意外だったのですね。

Cさん

確かに，「東山」も，「滝」と同じように悩んでいたことがわかりますね。
[　②　]と考えていた二人にとって，「東山の叔母さん」の考え方は，示唆に富むものだったのだと思います。「滝」は，最初，その意味がわからず，ⓑのように「え？」と聞き返しますが，その後，「自分が言われたみたい。」と感じています。

---

(1)　[①]に当てはまる言葉として最も適当なものを、次のア～エのうちから一つ選び、その記号を書きなさい。（　　）

ア　「滝」と話すのが恥ずかしいという気持ちの表れた、小さくて消え入りそうな

イ　自分も迷っているからこそ「滝」の気持ちに共感した、なんとなく不安そうな

ウ　「滝」の相談に応じる気持ちが少しも感じられないような、冷たく突き放した

エ　落ち込んでいる「滝」を勇気づけたいという気持ちに満ちた、明るくおどけた

(2)　[②]に当てはまる言葉として最も適当なものを、本文中から**七字以上十字以内**で抜き出して書きなさい。

(3)　〰〰線について、「宮本」の決心がつかない理由を次のようにまとめた。[　]に当てはまる言葉を、本文中の言葉を使って、**二十六字以上三十字以内**で書きなさい。

スポーツ以外にやりたいことが見つかったが、[　　]という考えを捨てきれずにいるから。

(4)　会話中の――線③について、三人に影響を与えた考え方を次のようにまとめた。[　]に当てはまる言葉を、本文中の言葉を使って、**二十六字以上三十字以内**で書きなさい。

「それって本当にバスケなのか?」
「うーん……たぶん違うと思います。」
「えっ。」
もし歩きながら話していたら、オレはズッコけて転んだかもしれない。
覚悟していたのだ。「バスケをやりたいです!」と言われたら、車椅子バスケがどんなものか調べたり、部員たちに相談したり、いろいろやらなきゃな、と。
「ぼく……小四まで元気で、卓球やりまくってて。」
「うん。」
「それが急に病気になって、納得できなかった。膝(ひざ)に人工関節入れたけど、ぼくは運動神経いいし、スポーツ、やり続けられるって思ったんですよ。逆にスポーツ続けなきゃ、って思いこんでいるようなとこもあった。」
少しわかる。ロンドンでクリケット*やラグビーをやったらどうだと言われても、納得できなかった。バスケを続けたい気持ち、整理できていない。
「だからバレーを考えて、次にバスケもありかなって。」
「うん。」
「でも、本当はもっと気になることを見つけてて。」
「え?」
「それはスポーツじゃないから、なんか意地張っちゃって。まだ決心が。」
「何部のこと言ってんのかよくわかんねーけど。」
「まだ秘密。」
「でも、その選択、きっといいんじゃないか?」
宮本はけへへ、と笑った。
「知らないのに、いいんじゃないかって言っちゃいます?」
「オレも、そうだから。」
「ⓒえ?」
「新しい扉がそこにあるのに、なかなか開ける気になれなくてさ。つまり、転校するのがイヤでイヤで。」
「転校するんですか?」
「うん、十月に。ありえねーって思ってた。でも行けば、きっと新しい景色が見えるんだよな? 昨日、東山と話したときに、ヒントもらった。東山の叔母ちゃんってのが、すげー強烈な人らしくて、新しいことに挑戦しないのは『怠慢』なんだってさ。」
宮本がくすくすと笑いだした。歯にノリがくっついている。
「あの、先輩。その東山の叔母ちゃんって、ぼくのお母さんですよ。」
「えっ、そうなのか! おまえ、めちゃくちゃ大変だろうな。」
顔を見合わせて、爆笑してしまった。

(吉野万理子(よしのまりこ)「部長会議はじまります」より)

(注)
＊クレマチス――白や紫の花色をしたツル性植物。
＊クリケットやラグビー――イギリス古来の国民的な球技。

問一　Aさんたちは、授業中のグループ活動で――線ⓐ～ⓒの表現に着目して、登場人物の心情について意見を交わした。次はその一部である。これを読んで、後の(1)～(4)に答えなさい。

今までよりももっともっと努力する必要があるんだって。環境を変えたり、練習スタイルを研究したり。『今のままでいい、っていうのは、新しい扉を開けようとしない〝怠慢〟じゃないの?』って。そう言われて迷ってる。」

東山の叔母さんに会ったことはないが、自分が言われたみたいに、「新しい扉を開けようとしない」という言葉が刺さってくる。ロンドンを頭からはねつけるあんたは怠慢だよ!と。

ぼそっと東山が付け足した。

「わたしにくらべると、剣はすごいと思う。たぶん、剣は、新しい扉を開きたいんだ。」

「剣って、宮本剣のこと?」

東山はこくっとうなずいた。

翌日は、もうみんな、オレの転校話に飽きたみたいで、誰もまったく突っ込んでこなかった。

それはそれで物足りない。自分がいなくなっても、こいつらの学校生活は何一つ変わらないんだな、きっと。

昼休み、三分で弁当をかきこむと、オレは廊下に出た。今日も、どこか人目を気にしないでいいところで、ゆっくり休憩したい気分だ。

一階に降りて、下駄箱とは逆方向に向かってみた。校長室の先に「通用口」と書かれた扉がある。そこを押してみると、レンガの道が続いていて、上履きのまま歩けそうだ。

道は大きくカーブして、校舎の裏側に続いていた。小さな花壇があって、その前にベンチが二つ置かれている。こんな場所があるとは知らなかった。

オレはベンチにごろんと横になった。このまま気持ちよく昼寝してしまいそうだ。五時間目までずっと。それもいいかもしれない……。

意識が遠のきかけた頃、人の気配を感じて、オレはハッと体を起こした。

隣のベンチに宮本剣がいて、松葉杖を横に置いて弁当を開いている。

頭のなかをいろんな考えがめぐる。こいつはオレを追いかけてきたのかな。それはないか。じゃあ、いつもここで食べているのかな。もう一度目を閉じて、知らん顔をしようか。いや、今がいいチャンスではないか?

「あのさ。」

突然声をかけると、宮本ははしを持つ手を一瞬びくっと震わせた。

「はい?」

オレのほうを数秒見てから、宮本はまた弁当箱に目を戻した。

「バスケ部、見学に来てるだろ?　あれって、マジで興味あるわけ?」

宮本は答えない。

「バレー部の部長に聞いたけど、おまえ、バレーでパラリンピック目指そうとしたんだろ?　で、断られて今度はバスケを見にきて。正直、なんでもいいのかよ、ってオレは思ってた。」

また答えないで、宮本はミートボールを口へ放り込む。

「でも昨日、東山としゃべったんだ。いいとこなんだろ?」

「あ、はい……。」

「東山は、別のことを言った。おまえはきっと新しい扉を開きたいんだ、って。『剣は病気になったからこそ、新しい世界に出会えた、という経験をしたいんだと思う。』って。」

花壇の花が、風に吹かれて揺れている。紫色の花びら。地面に「[*]クレマチス」という立て札が差してある。

お体を大切に［　　］ください。

④ 太郎さんの【手紙の下書き】には、手紙の書き方として適切でない部分がある。このことを指摘したものとして最も適当なものを、次のア～エのうちから一つ選び、その記号を書きなさい。

ア　前文には、手紙の趣旨を書き、どのような用件の手紙であるのかを相手にわかるようにする必要がある。

イ　末文には、健康を気遣う言葉だけでなく、別れの挨拶を書かなければならない。

ウ　後付けの日付・署名・宛名の順序が誤っているので、正しい順序になおさなければならない。

エ　頭語と結語の組み合わせは決まっているので、正しい組み合わせになるようになおす必要がある。

（　　　）

(2) 太郎さんは、書写の授業で学習した行書を用いて、毛筆で封筒の表書きを書いた。次の【宛名】はその一部である。楷書で書いた場合と比べ、書かれた漢字に見られる特徴として**適当でないもの**を、後のア～エのうちから一つ選び、その記号を書きなさい。

（　　　）

【宛名】

ア　「花」には筆順の変化が見られる。

イ　「田」には点画に丸みが見られる。

ウ　「洋」には点画の連続が見られる。

エ　「郎」には点画の省略が見られる。

2　次の文章は、バスケットボール部のキャプテンで、両親の都合によりイギリスのロンドンに転校することになった「滝桐吾(たきとうご)」が、卓球部に所属している「東山亜李寿(ひがしやまありす)」と話をしている場面から始まる。本文を読んで、後の問一、問二に答えなさい。なお、答えに字数制限がある場合は、句読点や「　」などの記号も一字と数えなさい。

「転校するんだって？」

こいつの耳にまで届いていたのか。

「行きたくないんだけど。」

「いいじゃん、ロンドン。」

「おまえなら喜んで行くのかよ？」

強い口調で言ってしまった。ケンカ腰だと思われただろうか。

「わかんない。」

「ⓐえ。」

「けど、わたしも『うちの高校に来ないか。』っていう誘いはある。」

オレたちが通うこの学校は中高一貫だ。中学を卒業して、別の高校へ行くやつはほとんどいない。

「卓球の強い高校？」

「うん。行きたくないって、思ってた。今の卓球部の仲間が好きで、ずっといっしょにやりたい、って。」

「うん。」

「でも、叔母ちゃんが……わたしの卓球の先生なんだけど、こう言うの。『今と同じ程度の努力しかしなかったら、今と同じ程度でしかいられないんだよ。』って。」

「ⓑえ？」

「他の人だって努力するわけだからね。自分がもっと成長したかったら、

国語

時間 五〇分
満点 六〇点

1 次の問一、問二に答えなさい。

問一 次の(1)～(5)の――線について、カタカナの部分を漢字に書きなおし、漢字の部分の読みをひらがなで書きなさい。

(1) 帰省を一週間先にノばす。（　ばす）
(2) ネギの夕バを店頭に並べる。（　）
(3) 海外とのボウエキが盛んだ。（　）
(4) 作業が滞ることなく進んだ。（　る）
(5) 資料を無料で頒布する。（　）

問二 中学生の太郎さんは、「総合的な学習の時間」で、大分県の方言について調査している。次の(1)、(2)に答えなさい。

(1) 太郎さんは、母校のM小学校の花田先生に方言に関する資料を送ってもらうため、依頼の手紙を出すことにした。太郎さんが書いた【手紙の下書き】を読んで、後の①～④に答えなさい。

【手紙の下書き】

拝啓

空もようやく秋色を帯びてまいりました。花田先生におかれましては、いかがお過ごしでしょうか。私は充実した中学校生活を送っています。

さて、私は今、「総合的な学習の時間」で大分県の方言について調べています。このテーマにした理由は、小学生の時に、花田先生が方言について話してくださり、とても面白いと思ったことが理由です。その後、調査を進めていく中で、先生が大分県南部の方言について資料を作成されていることを知りました。Xなので、突然の依頼で申し訳ありませんが、調査の参考にするために、その資料を一部送っていただけないでしょうか。後日、こちらからお電話いたしますので、ご検討ください。

季節の変わり目です。Yお体を大切にいたしてください。

草々

令和元年九月二十七日

鈴木太郎

花田洋一郎先生

① 太郎さんは、【手紙の下書き】に主語と述語の対応が適切でない一文があることに気づいた。その一文の初めの三字を書きなさい。

② ――線Xの語の使い方が適切でないと考えた太郎さんは、他の接続語を用いることにした。ここで用いる語として最も適当なものを、次のア～エのうちから一つ選び、その記号を書きなさい。（　）

ア また　イ では　ウ そこで　エ つまり

③ ――線Yの敬語の使い方が適切でないと友達から指摘された太郎さんは、次の文のように書きなおすことにした。□に当てはまる言葉として最も適当なものを、ひらがな四字で書きなさい。

2020年度／解答

数　学

1 【解き方】(1) ② 与式 $= -3\times(-4)=12$　③ 与式 $= \dfrac{2(2a+b)+3(a-b)}{6} = \dfrac{4a+2b+3a-3b}{6} = \dfrac{7a-b}{6}$　④ 与式 $= \dfrac{xy^2\times x^2}{xy} = x^2y$　⑤ 与式 $= \dfrac{6\times\sqrt{3}}{\sqrt{3}\times\sqrt{3}} + \sqrt{75} = 2\sqrt{3}+5\sqrt{3} = 7\sqrt{3}$

(2) 左辺を因数分解して，$(x+9)(x-2)=0$　よって，$x=-9$，2

(3) 右図のように，ℓ，m に平行な直線 n をひくと，$\angle a = 180° - 140° = 40°$ より，$\angle b = 40°$　また，$\angle c = 180° - 150° = 30°$ だから，$\angle d = 30°$　よって，$\angle x = 40° + 30° = 70°$

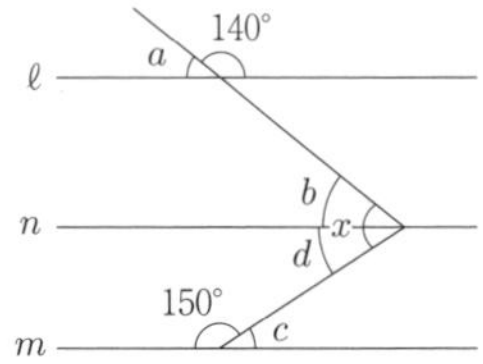

(4) $a^2 - 6a + 9 = (a-3)^2$ だから，この式に $a = \sqrt{5}+3$ を代入して，$(\sqrt{5}+3-3)^2 = (\sqrt{5})^2 = 5$

(5) 母線が 5 cm，底面の半径が 3 cm の円錐だから，高さは三平方の定理より，$\sqrt{5^2-3^2} = 4$ (cm)　よって，体積は，$\dfrac{1}{3}\times\pi\times3^2\times4 = 12\pi$ (cm^3)

(6) 頂点 A が頂点 P に重なるように折るとき，折り目は線分 AP の垂直二等分線になることを利用する。

(例)

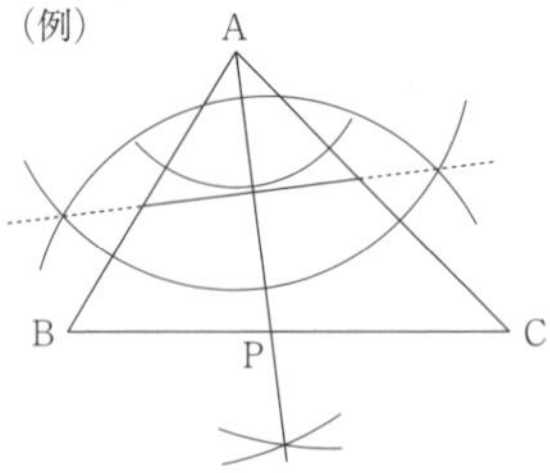

【答】(1) ① -4　② 12　③ $\dfrac{7a-b}{6}$　④ x^2y　⑤ $7\sqrt{3}$　(2) ($x=$) -9，2

(3) 70 (度)　(4) 5　(5) 12π (cm^3)　(6) (右図)

2 【解き方】(1) ① 3 枚の硬貨について，それぞれ 2 通りずつの出方があるから，全部で，$2\times2\times2=8$ (通り)　② 500 円より多くなるのは，(500 円，100 円，50 円) = (表，表，裏)，(表，裏，表)，(表，表，表) の 3 通りだから，求める確率は，$1-\dfrac{3}{8}=\dfrac{5}{8}$

(2) ① 12 冊以上 15 冊未満の階級の度数は 10 人だから，相対度数は，$10\div40=0.25$　② 15 冊以上借りた生徒は，$3+2+4+6+4=19$ (人) である。また，12 冊以上借りた生徒は，$19+10=29$ (人) だから，借りた本の冊数が多い方から 20 番目と 21 番目の生徒はともに 12 冊以上 15 冊未満の階級に含まれ，中央値もこの階級に含まれる。これらのことが理由になる。

【答】(1) ① 8 (通り)　② $\dfrac{5}{8}$

(2) ① 0.25　② 15 冊以上の本を借りた生徒が 19 人であるため，借りた本の冊数が 16 冊だったはなこさんは多い方の上位 20 人に入っている。【別解】はなこさんが借りた本の冊数は，中央値を含む階級の 12 冊以上 15 冊未満より大きいので，多い方の上位 20 人に入っている。

3 【解き方】(1) $y=ax^2$ に $x=3$，$y=3$ を代入して，$3=a\times3^2$ より，$a=\dfrac{1}{3}$

(2) 点 A の座標より，$x=3$ のとき $y=3$　$x=5$ のとき，$y=\dfrac{1}{3}\times5^2=\dfrac{25}{3}$ だから，変化の割合は，$\left(\dfrac{25}{3}-3\right)\div(5-3)=\dfrac{16}{3}\div2=\dfrac{8}{3}$

(3) 点 B と点 C の x 座標の差は 5 だから，点 D の x 座標は，$3-5=-2$　点 D の y 座標は，$y=\dfrac{1}{3}\times$

$(-2)^2 = \frac{4}{3}$　よって，点Aと点Dの y 座標の差が，$3 - \frac{4}{3} = \frac{5}{3}$ だから，点Cの y 座標は，$\frac{25}{3} - \frac{5}{3} = \frac{20}{3}$

【答】 (1) $(a =)\ \frac{1}{3}$　(2) $\frac{8}{3}$　(3) $\frac{20}{3}$

4 **【解き方】** (1) 1時間あたりの電気代が0.9円だから，$y = 0.9x$

(2) 表2より，お湯を使うまでの時間が1時間のとき，電気代は，$0.4 \times 3 = 1.2$ (円)で，お湯を使うまでの時間が1時間増えると，電気代は0.4円増えている。よって，(1, 1.2)を通る傾きが0.4の直線になるから，右図のようになる。

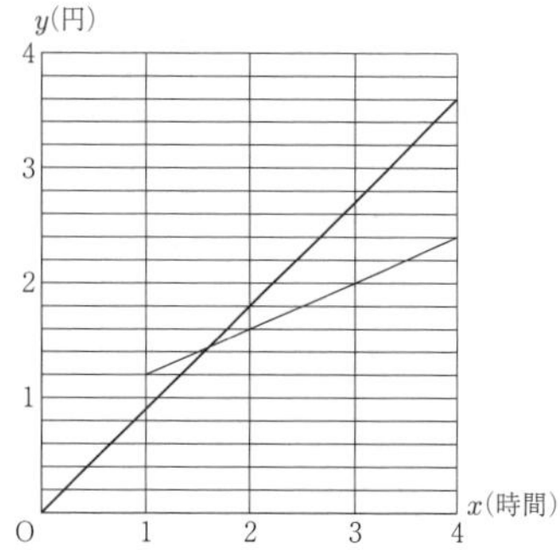

(3) $x \geqq 1$ のときのBの方法の式は，$y = 0.4x + 0.8$ だから，$0.9x = 0.4x + 0.8$ を解いて，$x = 1.6$　1.6時間 = 1時間36分だから，1時間36分を超えたときとなる。

【答】 (1) $y = 0.9x$　(2) (右図)　(3) 1 (時間) 36 (分)

5 **【解き方】** (1) ① △PQS ∽ △TRS より，RS : QS = TR : PQ = 1 : 4 だから，RS : QR = 1 : (4 − 1) = 1 : 3 よって，$RS = \frac{1}{3}QR = \frac{1}{3} \times 3 = 1$ (m)　② 四角形ABEFはAB ∥ FEの台形で，ABを上底，FEを下底とすると，QS ⊥ ABより，高さはRSになる。①より，$RS = \frac{1}{3}a$ m　また，AB = DC = 2 m　AB ∥ FEより，△QAB ∽ △QFE だから，AB : FE = QA : QF = QR : QS = 3 : 4　よって，$FE = \frac{4}{3}AB = \frac{4}{3} \times 2 = \frac{8}{3}$ (m)　したがって，四角形 $ABEF = \frac{1}{2} \times \left(2 + \frac{8}{3}\right) \times \frac{1}{3}a = \frac{7}{9}a$ (m^2)

(2) FA : FQ = DA : PQ = 1 : 4 だから，QA : QF = (4 − 1) : 4 = 3 : 4　AB ∥ FE だから，AB : FE = QA : QF = 3 : 4　AB = DC = 2 m だから，$EF = \frac{4}{3}AB = \frac{4}{3} \times 2 = \frac{8}{3}$ (m)

【答】 (1) ① 1 (m)　② $\frac{7}{9}a$ (m^2)　(2) $\frac{8}{3}$ (m)

6 **【解き方】** (2) ① △ACEと△BDEにおいて，∠AEC = ∠BED……㋐　∠ACE = ∠BDE = 90°……㋑　㋐，㋑より，2組の角がそれぞれ等しいから，△ACE ∽ △BDE　ここで，CE = x cm とすると，AE = 5 + 3 = 8 (cm)，AE : CE = BE : DE より，$8 : x = (x + 2) : 3$ が成り立つ。整理すると，$x^2 + 2x - 24 = 0$　左辺を因数分解して，$(x + 6)(x - 4) = 0$　よって，$x = -6, 4$　$x > 0$ より，$x = 4$　② BE = 4 + 2 = 6 (cm)だから，△BDEは，DE : BE = 3 : 6 = 1 : 2 より，30°，60°の直角三角形。よって，∠CBF = 30° だから，△BCF，△ADFも30°，60°の直角三角形で，$CF = \frac{1}{\sqrt{3}}BC = \frac{2\sqrt{3}}{3}$ (cm)，$BF = 2CF = \frac{4\sqrt{3}}{3}$ (cm)，$DF = \frac{1}{\sqrt{3}}AD = \frac{5\sqrt{3}}{3}$ (cm)　これより，$BF : DF = \frac{4\sqrt{3}}{3} : \frac{5\sqrt{3}}{3} = 4 : 5$　前図のようにFからBEに平行な直線をひき，DCとの交点をHとすると，FH : BC = DF : DB = 5 : (5 + 4) = 5 : 9 だから，$FH = \frac{5}{9}BC = \frac{10}{9}$ (cm)　さらに，$EG : FG = EC : FH = 4 : \frac{10}{9} = 18 : 5$　ここで，△CEFで三平方の定理より，EF =

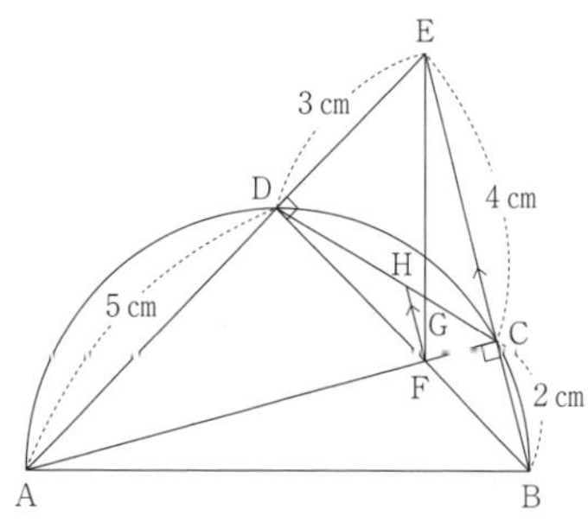

$\sqrt{CE^2 + CF^2} = \sqrt{4^2 + \left(\frac{2\sqrt{3}}{3}\right)^2} = \sqrt{\frac{52}{3}} = \frac{2\sqrt{39}}{3}$ (cm)　よって，$EG = EF \times \frac{18}{18 + 5} = \frac{2\sqrt{39}}{3} \times \frac{18}{23} = \frac{12\sqrt{39}}{23}$ (cm)

【答】 (1) △ADF と△BCF において，対頂角は等しいので，∠AFD ＝∠BFC……㋐　半円の弧に対する円周角は 90° なので，∠ADF ＝∠BCF ＝ 90°……㋑　㋐，㋑より，2 組の角がそれぞれ等しいので，△ADF ∽ △BCF

(2) ① 4 (cm)　② $\frac{12\sqrt{39}}{23}$ (cm)

英　語

1 【解き方】A.（1番）たくさんの人を運ぶことができ，ふつう海で見るもの→「船」。（2番）「バスケットボールが最も人気がある」，「テニスとサッカーは同じくらいの人気で，サッカーは野球より人気がある」という説明に合うグラフを選ぶ。

B.（1番）「12時まで寝ることができなかった」と言うケイコに対して，サトウ先生が「何があったのですか？」と問いかけている。What happened (to ～)?＝「(～に)何があったのですか？」。（2番）本についての説明に対して「それを読んでもいいですか？」と聞いている。Can I ～?＝「～してもいいですか？」。

C.（1番）be famous for ～＝「～で有名だ」。（2番）How many ～?＝「どれくらい多くの～？」。（3番）feel sad＝「悲しいと思う」。カヨは「電車に乗っていた人々がその高齢の女性に親切でなかった」から悲しかった。（4番）カヨが言いたかったことは「私たちは自分たちの町のために何かをしなければならない」ということ。

【答】A.（1番）エ　（2番）ウ　B.（1番）ア　（2番）イ　C.（1番）イ　（2番）エ　（3番）エ　（4番）ア

◀全訳▶　A.

（1番）私たちは他の場所に行くときにこれを使います。これはたくさんの人を運ぶことができます。私たちはふつう海でこれを見ます。

質問：どの絵がこれを示していますか？

（2番）このグラフは，タカシのクラスの生徒がどのスポーツを好きかということを示しています。バスケットボールが彼のクラスで最も人気があるスポーツです。テニスはサッカーと同じくらい人気があります。サッカーは野球よりも人気があります。

質問：どのグラフがこれを示していますか？

B.

（1番）

A：おはようございます，サトウ先生。

B：おはよう，ケイコ。昨夜はよく眠れましたか？

A：いいえ，あまりよく眠れませんでした。私は12時まで寝ることができなかったのです。

B：（あなたに何があったのですか？）

（2番）

A：私の祖父が私の誕生日にこの本をくれました。この本はおもしろいです。

B：それはどんな種類の本ですか？

A：大分の歴史についての本です。

B：（その本を読んでもいいですか？）

C. こんにちは，みなさん。私は今日，みなさんに私たちの町についてお話しします。

私たちの町はおいしい食べ物で有名です。毎年たくさんの人がここを訪れます。彼らはここに滞在するのを楽しんでいると私は思います。

先月，私たちの町でサッカーの大きな国内試合がありました。約3万人が競技場でその試合を観戦しました。試合のあと，たくさんの人が電車に乗るために駅にいました。駅で，私はたくさんのかばんを持っている高齢の女性を見かけました。彼女はとても疲れているように見えました。彼女と私は同じ電車に乗りました。もちろんそこに座る席はありませんでした。しかし，その電車に乗っていた人々は彼女に自分の席を譲りませんでした。私はとても悲しいと思いました。私たちは他人のことを考えなければなりません。

私はこの町が好きで，将来この町のために働きたいと思っています。よい町にするために，あなたたちは何をしますか？　私たちには自分たちの世界をよりよくするための力があります。一緒に私たちの町を変える努力をしましょう。

（1 番）カヨの町では何が有名ですか？

（2 番）どれくらい多くの人がサッカーの試合を観戦するために競技場にいましたか？

（3 番）カヨはなぜ悲しいと思ったのですか？

（4 番）カヨはこのスピーチでみんなに何を言いたかったのですか？

2 【解き方】A. (1) ⓐ 曜日や日付の前に置く前置詞の on に着目する。お知らせより，10 月 24 日は「木曜日」。

ⓑ 次のせりふでトモコが午後の予定について話している。in the afternoon =「午後に」。

(2) 〈what to + ～(動詞の原形)〉=「何を～すればいいか」。

(3) デイビッドは 4 つ目のせりふで「初めて学校に来たとき，クラスメイトが校舎を案内してくれてうれしかった」ので「僕も同じことをしたい」と述べている。show ～ around … =「～に…を案内する」。トモコは 5 つ目のせりふで「学校生活について英語で彼らに話すことに挑戦する」と述べている。カズヤは最後のせりふで「カナダからの生徒を歓迎するためにポスターに絵を描く」と述べている。

B. ① ユキは部活動で学んだ大切なことを例示している。エの「それ（部活動）は私たちに大切なことを教えてくれる」が適当。

② タカシは直前でユキの考えに理解を示しているが，直後から好きな部活動がない場合の実体験を説明している。ウの「すべての生徒が部活動に参加すべきだとは思わない」が適当。

③ メグミは部活動に参加すると「しばしば自分の自由な時間をあきらめなければならない」と言っているので，オの「趣味のための十分な時間がない」が適当。

④ タロウは「部活と宿題をしても自由な時間を持つことができる」と述べているので，イの「1 つのことだけを選ぶ必要はない」が適当。

【答】A. (1) ⓐ Thursday　ⓑ afternoon　(2) イ，エ，ウ，ア　(3) オ　B. ① エ　② ウ　③ オ　④ イ

◀全訳▶　A.

トモコ　　：このお知らせを見て。カナダからの生徒たちが 10 月 24 日の木曜日に私たちの学校にやってくるわ。

カズヤ　　：わあ！

デイビッド：その日の彼らの予定はどうなっているの？

トモコ　　：午前に私たちは歓迎会をして，私たちの学校生活について話すことになっているわ。書道部と音楽部による 2 つの発表があるわね。

デイビッド：彼らは午後に何をするの？

トモコ　　：彼らは校舎を見学して授業に参加する予定よ。放課後，彼らは何らかの部活動に参加するわ。

デイビッド：僕たちが手伝うために何かできることはある？

トモコ　　：何人かのボランティアが必要とされているわ。私たちは何枚かのポスターを作ることや中庭で花を植えることができるわ。

カズヤ　　：僕たちはカナダからの生徒に僕たちの学校生活について話すことや，彼らに校舎を案内することもできるよ。

デイビッド：僕が初めてここに来たとき，僕のクラスメイトたちが僕に校舎を案内してくれたんだ。僕はとてもうれしかった。だから今回，僕は英語で彼らのために同じことをしたいな。君は何をしたいの，トモコ？

トモコ　　：そうね…私はたくさんの人の前で話すのは得意ではないけれど，英語を話したいわ。だから，彼らに私たちの学校生活について英語で話すことに挑戦するわ。

デイビッド：ああ，それはすばらしいね！　挑戦してみて！　君はどう，カズヤ？

カズヤ　　：僕は何をしたらいいのかわからないよ。

トモコ　　：私は校舎に展示されているあなたの絵を見たわ。私はあなたの絵が好きよ。

カズヤ　：ありがとう。僕はカナダからの生徒を歓迎するためにポスターに絵を描くことにするよ。

トモコ　：カナダからの生徒たちがあなたの絵を気に入るといいな。

B. テーマ すべての生徒が学校の部活動に所属するべきである。

ユキ　：私はすべての生徒が学校で部活動に所属するのはよい考えだと思います。それは私たちに大切なことを教えてくれます。例えば，私はバレーボール部の部員です。私のチームは強くありませんでしたが，私たちは毎日とても一生懸命練習しました。ついに，私たちは先月試合に勝ちました。私は努力することはとても大切だと学びました。

タカシ：僕は君の考えを理解します，ユキ。僕たちはすばらしい体験をするかもしれません。しかし，僕はすべての生徒が部活動に入るべきだとは思いません。もし好きな部活動がない場合はどうしますか？　例えば，僕はピアノを演奏するのが好きです。しかし僕たちの学校に音楽部はありません。だから僕は家の近くでピアノのレッスンを受け始めました。

メグミ：私はタカシに同意します。私たちは学校で部活動に入るかどうかを決めるべきです。私はバスケットボール部に所属していて，部活動が大切だと知っています。しかし私はしばしば自分の自由な時間をあきらめなければなりません。学校でバスケットボールの練習をしたあと，私は家で宿題をしなければなりません。だから私には趣味のための十分な時間がありません。

タロウ：その通りです，メグミ。もし学校で部活動に入れば，僕たちはとても忙しくなるでしょう。しかし僕は，すべての生徒が学校で部活動に所属しても，何か問題があるとは思いません。例えば，僕は2年間ずっとテニス部の部員です。僕にはあまり時間がありませんが，テニスの練習をして，宿題をして，そして自由な時間を持つことができます。僕たちは1つのことだけを選ぶ必要はないのです。

3 **【解き方】**(1) マキの問いは「より多くの外国人に大分に来てもらうために，私たちには何ができるでしょうか？」。大分をアピールする方法を具体的に書く。

(2) 解答例1は職場体験活動の場合。「私はスーパーで食べ物を売りました。それは大変でしたが，私はまた働きたいです」。解答例2は修学旅行の場合。「私たちは京都に行って，たくさんの古いお寺を訪れました。私は日本の歴史は興味深いと思いました」。解答例3はボランティア活動の場合。「私は自分の学校の近くの駅を掃除しました。私は自分たちの町をきれいにしておくことは大切だと思いました」。

【答】(1) (例) We can send messages and pictures of Oita to them. (10語)

(2) (例1) Job program／I sold food at a supermarket. It was hard, but I wanted to work again. (15語)

(例2) School trip／We went to Kyoto and visited many old temples. I thought Japanese history was interesting. (15語)

(例3) Volunteer activity／I cleaned the station near my school. I thought keeping our town beautiful was important. (15語)

◀全訳▶ (1)

タクヤ：このポスターを見て。ラグビーワールドカップはとてもわくわくしたね。たくさんの外国人がラグビーの試合を観戦するために大分に来たんだ。君は試合を見た？

マキ　：ええ，見たわ。私は家族と一緒に競技場に行って試合を楽しんだわ。それらの試合は私の特別な思い出よ。ラグビーは私の大好きなスポーツの1つになったわ。

タクヤ：それはすばらしいね。僕は外国人に会って話をしてうれしかったよ。

マキ　：私もよ。私はもっとたくさんの外国人に大分を訪れてほしいわ。私たちに何ができるかしら？　あなたの考えを私に教えて。

タクヤ：(僕たちは彼らにメッセージと大分の写真を送ることができるよ。)

4 **【解き方】**(1) How long ～? =「どれくらいの時間～？」。for ～ minutes a day =「1日に～分間」。

(2) (b) カトウ先生の6つ目のせりふより，「約70％がゲームをするかお互いにメッセージを送り合う」。表の割合が「約 70 %」なのは 2 位と 3 位。「他の人とコミュニケーションをとる」が 3 位なので，「ゲームをする」が 2 位となる。(c) カトウ先生の 6 つ目のせりふより，「ゲームをするかお互いにメッセージを送り合う」の次に「音楽を聴く」が来る。

(3) 直前のアミのせりふの最後の文を指している。エの「インターネットを使うことは私たちが勉強するときに私たちの役に立つ」が適当。

(4) ア．グラフより，3 時間以上インターネットを使う中学生は 37 %。イ．「カトウ先生は中学生がインターネットを長時間使いすぎていると思っている」。カトウ先生の 3 つ目のせりふの最後から 2 文目を見る。正しい。ウ．「おもしろい動画を見たり，友達と話したりするためにインターネットを使っている」のはユウジではなく，アミである。エ．表より，インターネットの利用内容の「情報を探す」は 5 位の約 53 %である。

(5) インターネットに費やす時間を減らすためにできることを考える。解答例は「あなたは計画を立てるべきだ」。

【答】 (1) ウ　(2) (b) イ　(c) ア　(3) エ　(4) イ　(5) (例) You should make a plan.

◀全訳▶

カトウ先生：最近，私たちは家や学校でインターネットをよく使います。あなたたちはインターネットを使うのが好きですか？　あなたはどうですか，ユウジ？

ユウジ　　：はい，僕は好きです。家で，僕はゲームをするときにインターネットを使います。

カトウ先生：あなたはどれくらいの時間インターネットを使いますか？

ユウジ　　：僕はインターネットを 1 日に 30 分間しか使いません。

カトウ先生：ありがとう。中学生は平均して 1 日に約 160 分間インターネットを使うと，ある調査が示しています。このグラフを見てください。これは中学生の約 60 %が 2 時間以上インターネットを使っていることを示しています。私は多くの生徒がそんなにたくさんの時間をインターネットに費やすことにとても驚いています。あなたの考えはどうですか，アミ？

アミ　　　：私は家ですることがたくさんありますが，毎日 2 時間インターネットを使っています。私はインターネットを使うのをやめることができません。

カトウ先生：あなたは自分がインターネットを長い時間使いすぎていると思っているのですね。それでは，私たちはどれくらいの時間インターネットを使うべきかを考えなければなりません。ところで，あなたはどのようにインターネットを使っていますか，アミ？

アミ　　　：私は友達にメッセージを送るときにインターネットを使います。

カトウ先生：あなたは他の方法でもインターネットを使いますか？

アミ　　　：私はインターネットでおもしろい動画を見るのが好きです。私の友達もまた，それを楽しんでいます。

カトウ先生：インターネットの利用方法はもっとたくさんあります。この表を見てください。この表は中学生がどのようにインターネットを使っているのかを示しています。動画を見るのが 1 位です。中学生の約 70 %が，ゲームをするかお互いにメッセージを送り合うためにインターネットを使っています。音楽を聴くことが次に来ます。

アミ　　　：わあ，私たちはインターネットでたくさんのことができるのですね。しかし私は勉強するためにインターネットを使う生徒が 40 %より少ないということに驚いています。勉強するためにインターネットを使う方法をより多く知ることは，私たちにとってもっと役に立ちます。

ユウジ　　：僕もそう思います。僕はインターネットのよりよい使い方について他の生徒たちと話したいです。

アミ　　　：私はインターネットに費やす時間を減らしたいです。私はこのことについてみんなに聞くつもりです。

ユウジ　　：いいですね！

カトウ先生：あなたは目の付けどころがいいですね。よい案が得られることを望んでいます。

5 【解き方】(1) 質問は「ナガノさんのクラスはなぜ文化祭で一等賞を取ったのですか？」。第2段落の後半を見る。大きな絵を描くために「自分たちの考えを出し合い，熱心に取り組んだ」ところ，最終的に一等賞を取ったと述べている。

(2) 質問は「オーストラリア出身の生徒は将来何をしたいと思っていましたか？」。第3段落の5文目を見る。彼女の夢は貧しい国々に行き，そこで人々を助けるために働くことだった。

(3) ア.「ナガノさんは科学の先生に本をあげた」という記述はない。イ.「ナガノさんは科学を勉強することは興味深いと思った」。第4段落の前半を見る。正しい。ウ.「ナガノさんは外国人の友人と一緒に外国に行った」という記述はない。エ.「ナガノさんは本に出てくる科学者に会うために科学を勉強した」という記述はない。オ.「ナガノさんは自分の学校生活について話すために学校に招待された」。第1段落の2文目より，ナガノさんは学校に招待された。また，全体を通してナガノさんは学校生活での経験を述べている。正しい。

(4) 最終段落の中ほどを見る。ナガノさんは「人々との出会いがみなさんを新しくよりよい世界に導いてくれる」と述べ，たくさんの人に会うようにすすめている。

(5) ①「アイデアを共有する」ために必要なのは，一緒に何かをするときに「他人の言うことを聞き，自分のアイデアを他人に話す」ことである。②「人々を助ける」ために必要なのは，他人が困っているときに「他人のことを考えて何かをする」ことである。

【答】(1) ウ　(2) エ　(3) イ・オ　(4) イ　(5) ① エ　② ア

◀全訳▶　こんにちは，みなさん。本日は私を招待していただきありがとうございます。再びここに来てみなさんに会うことができ，私はとてもうれしいです。私は20年前にこの学校を卒業しました。みなさんは今年の秋に文化祭を開催しましたか？　私はクラスメイトたちと大きな絵を描いたことをおぼえています。それは私にとって最も興味深く大切な出来事でした。今日，私は若い頃の自分の経験についてみなさんに話したいと思います。3つの経験が私に新しい世界を見せてくれました。

第1に，私のクラスメイトとの出会いについてみなさんにお話しします。私が14歳の時，私たちのクラスは文化祭のために大きな絵を描きました。そのような大きな絵を描くことは私たちにとって初めてのことでした。たくさんの生徒がそれを描き終えることは難しいと思いました。ある日の放課後，私のクラスメイトの1人が私たちに「みなさん，一緒に絵を描く方法について話し合いましょう。私たちのアイデアを共有しましょう」と言いました。そのあと，私たちは自分のアイデアをお互いに出し合い，そして熱心に取り組みました。ついに，私たちのクラスは文化祭で一等賞を取りました。

第2に，オーストラリア出身の生徒との出会いについてみなさんにお話しします。彼女は私が高校生の時の私のクラスメイトでした。彼女の席は私の隣で，私たちはお互いを理解しようとしましたが，時々自分たちの考えを共有することができませんでした。それで，私たちは自分の言語をお互いに教え合い，一緒に勉強しました。彼女の夢は貧しい国々に行き，そこで人々を助けるために働くことでした。当時私は自分の将来について何も考えていませんでしたが，彼女のおかげで，私は将来何か人々を助けることをしようと考え始めました。それ以来，私たちはずっとよい友人です。

第3に，私の科学の先生についてみなさんにお話しします。彼女の授業は私にとって興味深いものでした。彼女はいつも「科学はあなたたちの生活をよりよいものにし，あなたたちの未来を変えるでしょう」と言いました。私は科学を勉強することに興味を持つようになりました。ある日，私は図書館で1冊の本を見つけ，それはある科学者についてのものでした。その科学者は，人々にもっと長生きしてほしいと思っていました。彼は人々が病気になる前に彼らを助けることが必要だと考えました。しかしその研究は当時の日本ではとても新しいものだったので，彼は外国で勉強しました。ついに，彼は薬を服用することから人々を遠ざける方法を発見しました。彼は人々を助けるための新しい方法を私に示してくれました。私は今，科学を勉強することによって，私たちの生活をよりよくするために何かすることができると考えています。

これらの経験から，私は3つのことを学びました。すなわち他人とアイデアを共有すること，人々を助けること，そして私たちの生活をよりよくするために勉強することです。他人と生きていくことは難しいかもしれません。しかし私は，人々との出会いがみなさんを新しくよりよい世界に導くと信じています。だから，たくさんの人々に会い，そして自分の人生を楽しんでください。私は今日みなさんに出会えてとてもうれしかったです。ありがとうございました。

社　会

1 **【解き方】** (1) 地図上で東京とそれぞれの国を結び，およその直線距離を読み取る。東京から10,000kmの円周が目安となる。ブラジルは南アメリカ州の中東部，ノルウェーはヨーロッパ州の北部，メキシコは北アメリカ州の南部に位置する国。

(2) 4つの品目の中で最も低いグラフを選ぶ。アは米，イは肉類，ウは果実。

(3) アメリカでは企業的農業が発達しており，大型の農業機械を用いた耕作が進んでいるため，農業従事者一人当たりの農地面積が広くなっている。

(4) D.「さとうきび」はバイオエタノールの原料となり，石油危機以降，代替エネルギーとしての開発が進んだ。F. アマゾン川流域の熱帯雨林地域での過伐採が問題となっている。

(5) ① 東京都への1月におけるピーマンの出荷量上位2県は，宮崎県と高知県。温暖な気候をいかして，ビニールハウスなどで生産し，出荷時期を早めている。② 茨城県は，太平洋側の気候に属する。アは香川県（瀬戸内の気候），イは富山県（日本海側の気候），エは北海道（冷帯の気候）の特徴。③ 5月には供給量が増えているので，右上がりの曲線である供給曲線が右に動く。よって，均衡価格は下がる。

(6) ② 関税の撤廃は，日本からの農産物の輸出を拡大させる可能性がある一方で，海外の農産物をより安く輸入できるようにもなるため，日本の農業経営に打撃を与えるおそれもある。

【答】 (1) イ　(2) エ

(3) ① 農業従事者（同意可）　② 大型機械を導入して，企業的な経営を行っていること（24字）（同意可）

(4) エ　(5) ① 促成栽培　② ウ　③ ア

(6) ① 関税（同意可）　② 安価に輸出できるようになり，需要量が増加する（22字）（同意可）

2 **【解き方】** (1) 資料2の銅鐸とイの石包丁は弥生時代に使用された。アは埴輪（古墳時代），ウは打製石器（旧石器時代～），エは縄文土器。

(2) ① 聖徳太子は蘇我馬子と協力し，天皇を中心とする政治制度を整えようとしていた。② アは平安時代後期，イは平安時代中期，ウは室町時代，エは奈良時代のようす。

(3) ① Cは「平将門」ではなく，藤原純友が反乱を起こした場所。平将門が反乱を起こしたのは関東地方一円。アは前九年合戦・後三年合戦，イは保元の乱，エは壇ノ浦の戦いの説明。② 元寇を退けた際の恩賞が不十分だったことが御家人の不満の原因となった。

(4) 資料の「もし日本がポルトガルを追放したら」という部分に注目。ポルトガル船は，1639年に来航を禁止された。

(5) 政府の高官は，倒幕の中心勢力であった，薩摩，長州，土佐，肥前の4藩の出身者で占められた。参議の大隈重信は「肥前藩」，板垣退助は「土佐藩」，木戸孝允は「長州藩」，西郷隆盛は「薩摩藩」の出身者。

(6) Pはベトナム戦争，Qは朝鮮戦争，Rは東西ドイツの分裂について述べた文。

【答】 (1) イ

(2) ① 十七条の憲法(または，冠位十二階)の制定により，国としてのしくみが整った（同意可）

② エ→イ→ア→ウ

(3) ① ウ　② イ　③ 応仁の乱　(4) エ　(5) 特定の藩の出身者で占められていたため。（同意可）　(6) オ

3 **【解き方】** (1) フランス人権宣言では，人間の自由と平等，国民主権，言論の自由，私的財産の不可侵などが宣言された。ワイマール憲法は，「社会権」を保障した世界初の憲法。

(2) アは大正時代の1922年。イは1890年に行われた最初の衆議院議員選挙。ウは明治時代初めの1870年代～1880年代。エは第二次世界大戦後の1946年。

(3) 代議制ともいう。人々が直接話し合いに参加する方法は直接民主制。

(4) 地方交付税交付金は，地方税収入の違いから起こる地方公共団体間の財政格差を少なくするために国から分

配されるが，使いみちは指定されない。

(5) 消費の刺激と雇用の増大をねらった政策を展開する。

(6) アは社会保険，イは公衆衛生，ウは社会福祉に該当する。

(7) 参議院の方が被選挙権年齢は高くなっている。衆議院の任期は4年だが，解散があると任期途中でも資格を失う。

(8) 選挙を行うときは，各選挙区から選出される議員1人当たりの有権者数ができるだけ等しく保たれることが重要となる。

【答】 (1) イ　(2) ウ→イ→ア→エ　(3) 間接民主制（同意可）　(4) ① 地方交付税交付金　② イ　(5) ウ　(6) エ

(7) エ　(8) Y．一票の格差　Z．法の下の平等に反すること（同意可）

4 **【解き方】** (1) 配当は義務ではないため，会社の規模や業績などにより，配当金が支払われないこともある。

(3)（鉄鋼業）すべてが臨海部に位置している。（食品工業）北海道と人口が多い府県に注目。（電気機械工業）内陸部の県にも広がっていることがポイント。

(4) アは1921年～1922年。イは1919年のパリ講和会議，ウは1917年のロシア革命，エは1914年に始まった第一次世界大戦のきっかけとなった出来事。

(5) 1931年の満州事変以後，日中戦争から太平洋戦争終結まで約15年間戦争が続いたことから考える。

(6) ① 資料は地租改正について述べた文。② ア．「南東」ではなく，南西が正しい。エ．「6 km」ではなく，3 kmが正しい。地図の縮尺は2万5千分の1なので，地図上での長さの12cmに，縮尺の分母「25000」をかけて，単位を直す。

【答】 (1) エ　(2) 富岡製糸場　(3) エ　(4) ア

(5) 戦争に必要なものを生産するために，重化学工業が発達したから。(30字)（同意可）

(6) ① 現金で納める（同意可）　② ア・エ

5 **【解き方】** (1) 第二次世界大戦の終結は1945年。資料の①で，最も人口が多い年齢層は「65～69歳」なので，終戦よりも後に生まれた人々となる。

(2) 高度経済成長期は1973年の第一次石油危機で終わりを迎えた。「バブル経済」は1980年代後半に発生し，1990年代前半には崩壊した。

(3) ア．社会保障給付費の中には，高齢者に対する医療や年金に関するものが多く含まれている。イ．農業の高齢化が進むと後継者が不足し，放棄される耕作地の面積は増える傾向にある。

(4)「子育て世帯に対する支援の充実を図る」などの解答も可。

【答】 (1) イ　(2) ウ　(3) ア・イ　(4)（例）仕事をつくり，仕事を呼ぶことで雇用を増やす（21字）

理　科

1 【解き方】(2) ヨウ素液はデンプンがあると青紫色に変化し，ベネジクト液は糖があると赤褐色の沈殿ができる。
(3) 試験管の中で行った実験なので，だ液にふくまれる消化酵素は体外でもはたらくことがわかる。
【答】(1) 突沸(または，突然沸騰すること)（同意可）(2) ① ア　② ウ　③ イ　④ エ　(3) エ
(4) a. ア・ウ・エ　b. イ・ウ・エ　(5) ア
(6) (ひだと柔毛があることで,) 養分を吸収する表面積が大きくなるから。(同意可)

2 【解き方】(2) 太陽の直径は地球の直径の 109 倍なので，太陽の直径を，10cm = 100mm とすると，地球の直径は，$100\,(\mathrm{mm}) \times \frac{1}{109} = \frac{100}{109}\,(\mathrm{mm})$　よって，$3\,(\mathrm{mm}) \div \frac{100}{109}\,(\mathrm{mm}) \fallingdotseq 3.3$ (倍)
(3) ② 図 2 のイの角の大きさは，エの角の大きさから 23.4° を引いた値になるので，イ = $(x - 23.4)°$　よって，南中高度は，$90° - (x - 23.4)° = (113.4 - x)°$
(4) 図 2 より，1 日中太陽が沈まない地点は，$90° - 23.4° = 66.6°$ より，北緯 66.6° よりも高い緯度の地点。
(5) 図 6 より，板 B にあたる矢印の数は 4 本，板 A にあたる矢印の数は 6 本。
【答】(1) イ　(2) 3.3 (倍)　(3) ① (北緯) エ　(南中高度) ウ　② $113.4 - x$ (度)　(4) エ
(5) 同じ面積にあたる光の量が多い（同意可）
(6) (夏の方が冬よりも,) 太陽光があたる時間が長いから。(同意可)

3 【解き方】(2) ねじ X は空気調節ねじ，ねじ Y はガス調節ねじ。ガスバーナーの炎がオレンジ色で長く立ち上っているときは空気が不足しているので，空気調節ねじを開いて空気の量を増やす。
(5) ① $\frac{0.80\,(\mathrm{g})}{0.98\,(\mathrm{cm^3})} \fallingdotseq 0.82\,(\mathrm{g/cm^3})$　② 図 3 で密度が $0.82\mathrm{g/cm^3}$ のときの質量パーセント濃度を読みとる。
(6) 試験管 B の液体の密度は，$\frac{1.19\,(\mathrm{g})}{1.30\,(\mathrm{cm^3})} \fallingdotseq 0.92\,(\mathrm{g/cm^3})$　試験管 C の液体の密度は，$\frac{1.13\,(\mathrm{g})}{1.16\,(\mathrm{cm^3})} \fallingdotseq 0.97\,(\mathrm{g/cm^3})$　図 3 より，密度が大きいほど液体に含まれるエタノールの質量パーセント濃度は低い。
【答】(1) 蒸留　(2) イ　(3) 沸騰が始まってからも，少しずつ液体の温度が上がり続けている。(同意可)
(4) a. 塩化コバルト　b. 赤　(5) ① $0.82\,(\mathrm{g/cm^3})$　② 94 (%)　(6) ウ

4 【解き方】(1) 球にはたらく力は重力と垂直抗力の 2 力になる。斜面上の場合，球にはたらく重力を，斜面に垂直な方向と斜面に平行な方向に分解する。斜面に垂直な方向に分解した力の矢印の長さは 4 目盛り分なので，斜面上の球にはたらく垂直抗力は，球と斜面が接する点を作用点とし，斜面に垂直で斜面が球を押す向きに 4 目盛り分の長さの矢印になる。水平面上の場合，重力と垂直抗力の 2 力はつり合っているので，球にはたらく垂直抗力は球と水平面が接する点を作用点とし，重力の向きと逆向きで矢印の長さは重力と同じ 5 目盛り分になる。

図ア
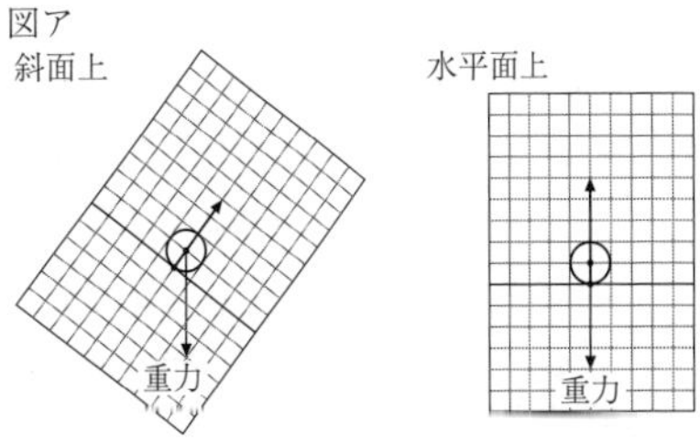

図イ
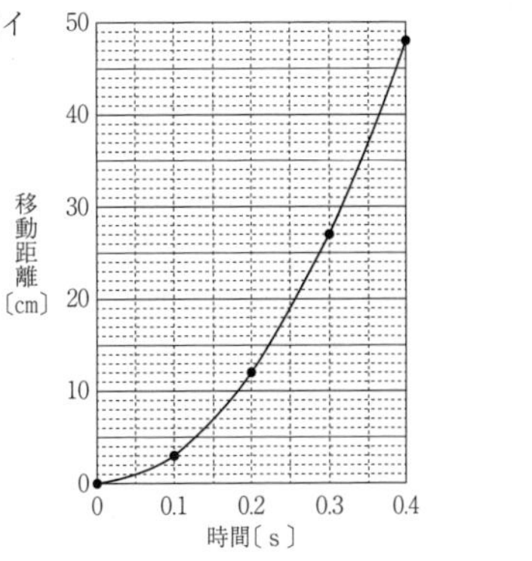

(3) a. 表 1 より，TU 間の距離は，66 (cm) − 52 (cm) = 14 (cm)　よって，$\frac{14\,(\mathrm{cm})}{0.1\,(\mathrm{s})} = 140\,(\mathrm{cm/s})$　b. 表 3 より，tu 間の距離は，96 (cm) − 72 (cm) = 24 (cm)　よって，$\frac{24\,(\mathrm{cm})}{0.1\,(\mathrm{s})} = 240\,(\mathrm{cm/s})$
(4) c. 表 2 より，木の物体の移動距離は，10.2cm = 0.102m なので，$x\,(\mathrm{N}) \times 0.102\,(\mathrm{m}) = 0.102x\,(\mathrm{J})$　d. 表 4 より，30.6cm =

0.306m なので，x (N) × 0.306 (m) = $0.306x$ (J)

【答】(1) (前図ア)　(2) (前図イ)　(3) a. 140　b. 240　(4) c. $0.102x$　d. $0.306x$　(5) ウ

(6) h. 質量が大きい (同意可)　i. 質量 50g と 100g の金属球が，10cm の高さから斜面を下るときに(または，質量の違う 2 つの金属球が，同じ高さから斜面を下るときに) (同意可)

5 【解き方】(1) ① 初期微動継続時間は初期微動が始まってから主要動が始まるまでの時間なので，表 1 より，9 時 30 分 10 秒 − 9 時 30 分 04 秒 = 6 (秒)　② 初期微動継続時間は震源からの距離に比例する。①より，震源からの距離が 48km の地点 B の初期微動継続時間が 6 秒なので，初期微動継続時間が x 秒の地点における震源からの距離は，$48\,(\text{km}) \times \dfrac{x\,(秒)}{6\,(秒)} = 8x\,(\text{km})$　③ 震源からの距離が 24km の地点 A で主要動が始まった時刻が 9 時 30 分 04 秒，震源からの距離が 48km の地点 B で主要動が始まった時刻が 9 時 30 分 10 秒なので，主要動を起こす波は，48 (km) − 24 (km) = 24 (km)の距離を，9 時 30 分 10 秒 − 9 時 30 分 04 秒 = 6 (秒)で進む。したがって，主要動を起こす波の速さは，$\dfrac{24\,(\text{km})}{6\,(\text{s})} = 4\,(\text{km/s})$　地震が発生した時刻は，地点 A で主要動が始まった時刻の，$\dfrac{24\,(\text{km})}{4\,(\text{km/s})} = 6\,(秒前)$なので，9 時 30 分 04 秒 − 6 秒 = 9 時 29 分 58 秒　地震が発生してから震源からの距離が 120km の地点で主要動が始まるまでにかかる時間は，$\dfrac{120\,(\text{km})}{4\,(\text{km/s})} = 30\,(秒)$　よって，震源からの距離が 120km の地点で主要動が始まる時刻は，9 時 29 分 58 秒 + 30 秒 = 9 時 30 分 28 秒なので，9 時 30 分 28 秒 − 9 時 30 分 10 秒 = 18 (秒後)

(2) ③ 単子葉類の葉脈は平行脈，双子葉類の葉脈は網状脈なので，e を観察すれば双子葉類と単子葉類の分類ができる。合弁花類は花弁が 1 枚につながっていて，離弁花類は花弁が 1 枚 1 枚分かれているので，b を観察すれば合弁花類と離弁花類を分類できる。

(3) ③ できた黒い粉末は二酸化炭素に含まれる酸素をマグネシウムに奪われてできた炭素。マグネシウム 2.40g に奪われた酸素の質量は，4.00 (g) − 2.40 (g) = 1.60 (g)　二酸化炭素分子 100g に含まれる炭素原子は 27g，酸素原子は 73g なので，酸素 1.60g と結びついていた炭素の質量 (できた黒い粉末の質量) は，$1.06\,(\text{g}) \times \dfrac{27\,(\text{g})}{73\,(\text{g})} \fallingdotseq 0.59\,(\text{g})$

(4) ① 電流の大きさが同じとき，抵抗の大きさが大きいほど加わる電圧は大きくなるので，抵抗の大きさが大きいほど電力が大きくなり，発生する熱量も大きくなる。抵抗の大きさが大きいほど，電流は流れにくくなる。② d. 電磁誘導はコイル内の磁界が変化することによって，コイルに電流が流れる現象。③ アは IC カード内にコイルがあり，電磁誘導によって発生した電流が IC チップを作動させる。イは発電機内に磁石とコイルがあり，回すことによってコイル内の磁界を変化させて電流をとり出している。

【答】(1) ① 6 (秒)　② $8x$ (km)　③ 18 (秒後)　(2) ① ア　② 胚珠　③ カ

(3) ① 酸化マグネシウム　② a. MgO　b. C　③ 0.59 (g)

(4) ① ア　② c. 電磁誘導　d. 変化する磁界 (同意可)　③ ア・イ

国　語

1 【解き方】問二. (1) ① 述語「理由です」に対して,「理由は」「ことが」と主語が二つある。② 前文で書いた内容を理由として受ける接続語を用いる。③ 先生の行動なので尊敬語を用いる。「する」の尊敬語は「なさる」。④ 頭語が「拝啓」なので,結語は「敬具」とする。「草々」という結語は,頭語が「前略」の場合に用いる。(2)「郎」は,点画が省略されず楷書と同様になっている。

【答】問一. (1) 延(ばす)　(2) 束　(3) 貿易　(4) とどこお(る)　(5) はんぷ

問二. (1) ① このテ　② ウ　③ なさって　④ エ　(2) エ

2 【解き方】問一. (1)「東山」が,「わたしも…っていう誘いはある」と言っていることや,Cさんが「『東山』も,『滝』と同じように悩んでいたことがわかりますね」と言っていることに着目する。(2) ロンドンに「行きたくない」という「滝」と,「今の卓球部の仲間が好きで,ずっといっしょにやりたい」という「東山」の気持ちを表す言葉を探す。「叔母ちゃん」が「東山」に助言した言葉に着目する。(3)「意地張っちゃって」とあるので,「ぼくは運動神経いいし…スポーツ続けなきゃ,って思いこんでいるようなとこもあった」と宮本が話していることに着目する。(4)「滝」は,「東山」から聞いた「自分がもっと成長したかったら…努力する必要があるんだって」「今のままでいい,っていうのは…〝怠慢〟じゃないの？」という「叔母ちゃん」の言葉を,「自分が言われたみたいに」受け止めている。その「叔母ちゃん」が「宮本」の「お母さん」であることから,「叔母ちゃん」の考え方が三人に影響を与えていることをおさえる。

問二. この場面で「逆方向」に向かい「通用口」の扉を押したことで,偶然「宮本」に会うことになる。それぞれの悩みや「新しい扉」を開けることについて話しながら,二人の気持ちが明るい方に向かう様子が描かれている。

【答】問一. (1) イ　(2) 今のままでいい　(3) 運動神経に自信があるので,スポーツを続けなければならない (28字) (同意可)　(4) 自分が成長するためには,今までよりもっともっと努力すること (29字) (同意可)

問二. イ

3 【解き方】問一.「連作障害の原因」として,「作物の種類によって…崩れてしまうこと」「作物の根から…自家中毒を起こしてしまうこと」「同じ作物を栽培することで…病原菌が増えてしまうということ」の三点を挙げている。「田んぼは水を流している」ことが,こうした連作障害を防いでいることと合わせて考える。

問二. 一年に「イネとムギ」の両方を収穫できたことから,「ヨーロッパのムギ畑からすれば…高い生産力を誇っていたのである」と述べている。さらに,日本では「少ない農地でたくさんの人たちが…食糧を得ることが可能であった」ことと,ヨーロッパでは「土地がやせていて…生産力が小さい」ことを対比させていることに着目する。

問三. ムギ類とイネについて,「ヨーロッパでは,まいた種子の量に対して…の収量」「日本では,イネはまいた種子の量に対して…の収量」と,まいた種子の量に対して何倍の収量になるかを比較し,イネの生産効率の良さを説明していることをおさえる。

問四. アの「陸稲」については,本文では取り上げられていない。ウ・エは,【記事】で取り上げられていない。イの「畑での連作」については,本文でムギなどの「連作障害」として取り上げ,【記事】では,「陸稲」について「地力の低下も起こしやすい」と述べている。

問五.「**連作が可能な田んぼ**」で,日本の田んぼに連作障害が起こらないことを説明した後,「**ごちゃごちゃした日本の風景**」で,日本の農村風景を取り上げている。最後に,「**生産性の高いイネ**」で,再びムギと比較しながら説明している。それぞれの内容ごとに小見出しを付けているが,「起承転結」という構成にはなっていない。

【答】問一. A. 土の中の栄養分のバランスが崩れてしまう (19字)　B. 生育を抑制する有害物質 (11字)

問二. 生産力が大きい (同意可)　問三. まいた種子の量に対する収量 (13字) (同意可)　問四. イ

問五. エ

④【解き方】問一．一字戻って読む場合には「レ点」を，二字以上戻って読む場合には「一・二点」を用いる。

知ルヲレ之ヲ為シレ知ルトレ之ヲ、

問二．(1)「知る」「知らざる」「知らず」などの言葉を用いて，「之を知るを之を知ると為し」の「知る」ことと，「知らざるを知らずと為す」の「知らない」ことを対比させている。(2) 少納言入道は，ものを尋ねられて「知らず知らず」と答えた敦親を評価し，「身に才智あるもの」は「知らず」と言うことを恥じず，「実才なきもの」が何事にも「知りがほ」にすると話している。(3) 少納言入道は，「皆の事を知りあきらむる事」が学問であるとする考え方を「僻事」であると否定している。(4)「大小事をわきまふるまでする」ということを，「学問のきはめ」と説明している。

【答】問一．(右図)　問二．(1) ア　(2) 知りがほ　(3) あらゆる事を知り，明らかにする（15字）(同意可)　(4) ウ

◀口語訳▶　Ⅰ 先生がおっしゃるには，「由よ，お前に知るということを教えようか。自分の知っていることは知っているとし，知らないことは知らないとする。これがほんとうに知るということだ。」と。

Ⅱ 今は亡き少納言入道が，人に会って，「敦親はすばらしい博士だ。何か質問すると，知りません知りませんと言う。」とおっしゃった。そのことを尋ねた人が，「知らないということは，何がすばらしいのか。」と言うと，「才智を身につけた人は，知らないと言うことを恥ずかしいと思わない。本当の才智のない人が，全てを知ったような顔をするものなのだ。総じて学問をすることが，あらゆる事を知り，明らかにすることだと人が理解しているのは，間違いである。大事と小事を見極めることまでをするのが，学問の極意であるというものだ。そのことを知っていれば，難しい事柄や言葉の意味を問われて，知らないと答えることを恥だと思わないのだ。」とおっしゃった。

⑤【解き方】問一．「今までの生徒会目標」について「目標が達成できたかも確認できていませんでした」という反省点や，【説明内容のメモ】で，「意識調査のメリット」について，「数値によって状況を確認できる」としていることなどから，年度末の意識調査の意義を考える。

問二．各目標に「具体例」は示されていない。

【答】問一．数値によって目標の達成状況を確認すること（20字）(同意可)　問二．エ

問三．(例)（目標の）2（を設定したのは，）宿題以外の学習に取り組んでいる生徒が，M中学校では全校の35％しかいなかったからです。与えられる学習ではなく，自ら進んで取り組む学習により，確かな学力は身につくと思います。毎日，取り組む内容を自分で見つけて，主体的な学習を進めていきましょう。(120字)

2025 年度 受験用

公立高校入試対策シリーズ 3044

大分県公立高等学校

別冊

解答用紙

●この冊子は本体から取りはずしてご使用いただけます。

●解答用紙（本書掲載分）をダウンロードする場合はこちら↓
https://book.eisyun.jp/

※なお，予告なくダウンロードを終了することがあります。

英俊社

●解答用紙の四隅にあるガイドに合わせて指定の倍率で拡大すると，実物とほぼ同じ大きさでご使用いただけます（一部例外がございます）。

受験番号

数学解答用紙

得点合計〔　　　点〕

6 一次 大分

【1】

(1)	①		②		③	
	④		⑤			
(2)	$x=$		(3)			
(4)	$\angle x=$　　（度）		(5)			
(6)						

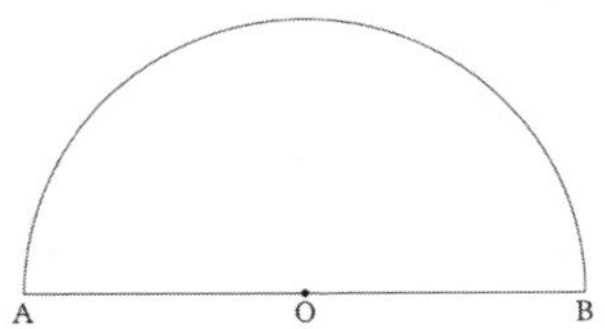

（　　点）

【2】

(1)	$a=$		(2)	
(3)	①	（y 座標）	②	S : □ = 　 :

（　　点）

【3】

(1)	①		②	記号	確率

（　　点）

【3】

(2)	①		（回）
	②	ア	
		イ	

（　　点）

【4】

(1)	①	ア		イ	
	②				
(2)	定員が 4 名の客室の数	（部屋）	定員が 6 名の客室の数	（部屋）	

（　　点）

【5】

(1)		（cm³）		
(2)	①	（cm³）	②	（cm）

（　　点）

【6】

(1)	［証明］		
(2)	（cm）	(3)	（cm²）

（　　点）

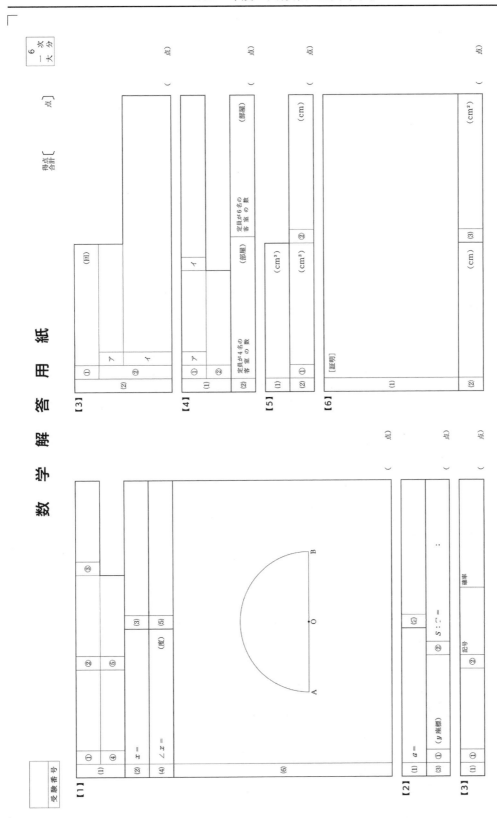

※実物の大きさ：195% 拡大（A3 用紙）

受験番号	

英　語　解　答　用　紙

得点合計〔　　　点〕

6 一次 大分

【1】

A	1番		2番			
B	1番		2番		3番	
C	1番		2番		3番	

（　　点）

【2】

A	(1)		(2)		(3)	
	(4)					
B	(1)		(2)			

（　　点）

【3】

A	①	
	②	
B		

（　　点）

【4】

(1)	①		②		③	
(2)						
(3)	⑤		⑥		⑦	
(4)						

（　　点）

【5】

(1)		(2)	
(3)	Because his parents ( ).		
(4)			
(5)			
(6)			

（　　点）

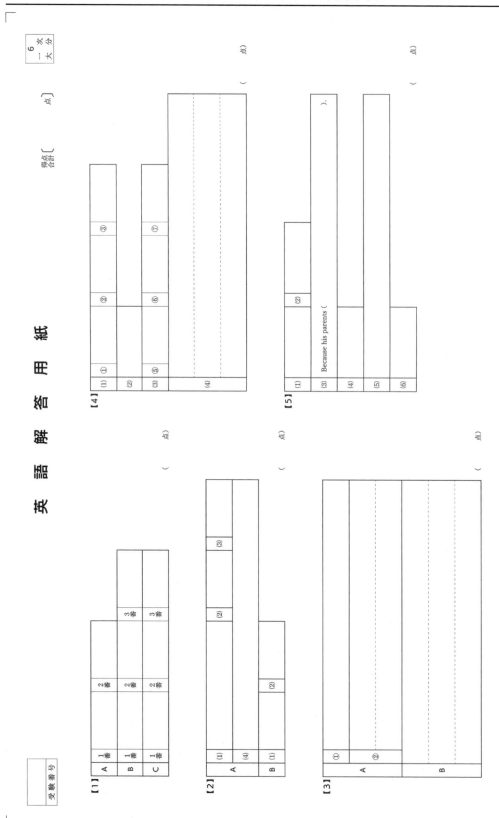

※実物の大きさ：195% 拡大（A3 用紙）

受験番号

社　会　解　答　用　紙

得点合計〔　　　点〕

6 一次 大分

【1】

(1)	①		②		③	
	④					
(2)	①		②			
	③		④			

（　　点）

【2】

(1)						
(2)	①		②			
(3)						
(4)						
(5)						
(6)		(7)		(8)	→ →	

（　　点）

【3】

(1)	①					
	②	（参議院に比べて衆議院は，）				
	③		④ A		B	
(2)		(3)				
(4)	①					
	②					
(5)						

（　　点）

【4】

(1)		(2)		(3)	
(4)	D		E		
(5)		(6)	→ →		

（　　点）

【5】

(1)				
(2)	①		②	
(3)				
(4)	①			
	②			

（　　点）

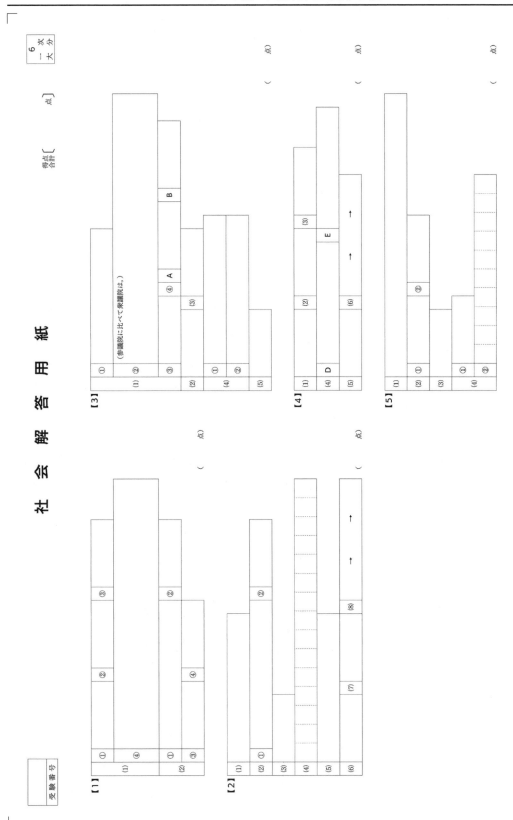

※実物の大きさ：195% 拡大（A3 用紙）

受験番号

理　科　解　答　用　紙

得点合計〔　　　点〕

6 一次 大分

【1】

(1)	①	②
	③	
(2)	①	② ③
(3)	①	
	②	

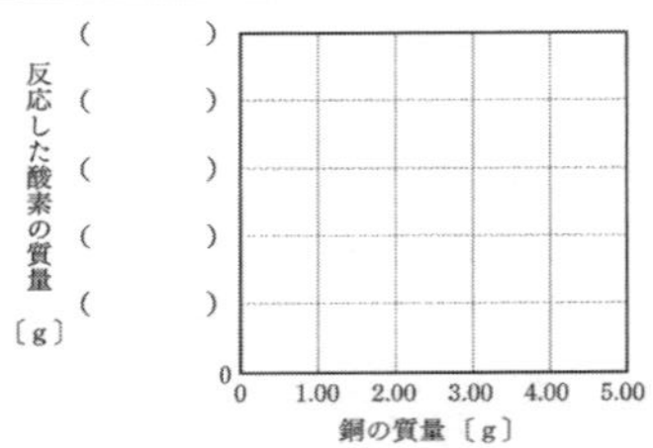

(3)	③	(g)
(4)	①	②
	③	

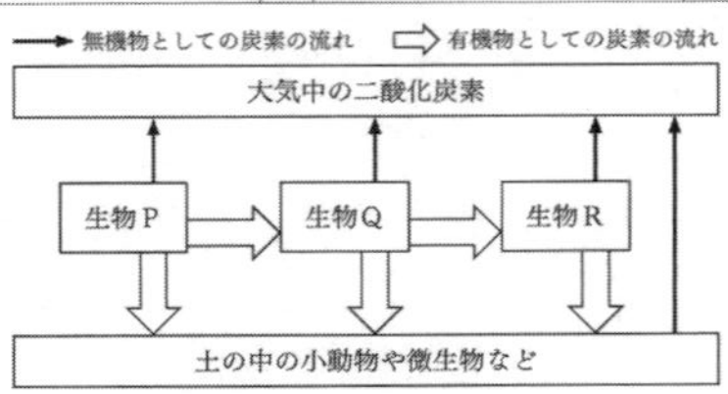

(　　点)

【2】

(1)	(2)	(3)
(4)		
(5)		
(6)	(7)	

(　　点)

【3】

(1)	(2)	(3)
(4)		
(5)	(6)	
(7)		

(　　点)

【4】

(1) (Ω)	(2) (W)	(3) (J)
(4)	(5)	
(6)		
(7)		

(　　点)

【5】

(1)

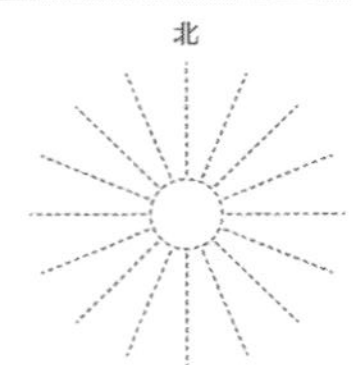

(2)	(3)	(4)
(5)		
(6) ①		
(6) ②		

(　　点)

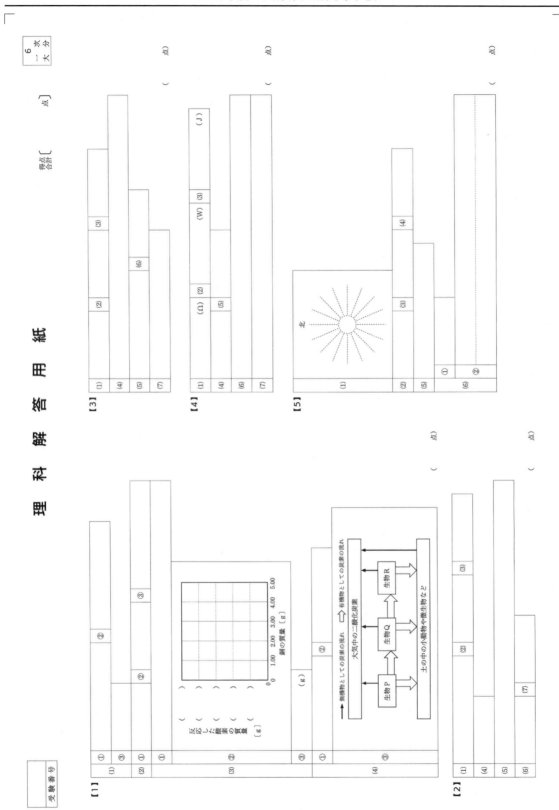

※実物の大きさ：195% 拡大（A3 用紙）

国語解答用紙

受験番号

【一】
問一 (1)　(2)　(3)（けて）　(4)（しい）　(5)
問二 (1)　(2)　(3)
（　　点）

【二】
問一
問二
問三 (1)　(2)　(3)
問四
（　　点）

【三】
問一
問二
問三 (1)　(2)　(3)　(4)
（　　点）

【四】
問一
問二 計、無、所 出。
問三 (1)　(2)　(3)　(4)
（　　点）

【五】
問一
問二
問三
（　　点）

得点合計 〔　　点〕

6 一次 大分

※実物の大きさ：195% 拡大（A3 用紙）

【数　　学】

【1】2点×10　【2】2点×4　【3】2点×4　【4】2点×4
【5】(1)2点　(2)3点×2　【6】(1)3点　(2)2点　(3)3点

【英　　語】

【1】A. 1点×2　B. 1点×3　C. 2点×3　【2】A. (1)1点　(2)1点　(3)2点　(4)2点　B. 2点×2
【3】A. ①2点　②3点　B. 5点　【4】(1)2点×3　(2)2点　(3)1点×3　(4)5点
【5】(1)〜(5)2点×5　(6)3点

【社　　会】

【1】(1)①1点　②2点　③1点　④2点　(2)①1点　②〜④2点×3
【2】(1)2点　(2)①2点　②1点　(3)1点　(4)〜(6)2点×3　(7)1点　(8)2点
【3】(1)①〜③2点×3　④1点×2　(2)1点　(3)2点　(4)①2点　②1点　(5)2点
【4】(1)〜(4)1点×5　(5)2点　(6)1点　【5】(1)2点　(2)1点×2　(3)1点　(4)①1点　②2点

【理　　科】

【1】(1)①1点　②2点　③2点　(2)①1点　②2点　③2点　(3)①1点　②2点　③2点
(4)①1点　②2点　③2点
【2】(1)〜(4)1点×4　(5)〜(7)2点×3　【3】(1)1点　(2)2点　(3)2点　(4)〜(6)1点×3　(7)2点
【4】(1)1点　(2)1点　(3)2点　(4)1点　(5)1点　(6)2点　(7)2点
【5】(1)1点　(2)1点　(3)2点　(4)1点　(5)2点　(6)①1点　②2点

【国　　語】

【一】問一. 1点×5　問二. (1)1点　(2)2点　(3)2点
【二】問一. 2点　問二. 2点　問三. (1)2点　(2)4点　(3)2点　問四. 3点
【三】問一. 2点　問二. 2点　問三. (1)2点　(2)2点　(3)4点　(4)3点
【四】問一. 1点　問二. 1点　問三. 2点×4
【五】問一. 2点　問二. 2点　問三. 6点

5
一　次
大　分

数　学　解　答　用　紙

得点合計〔　　　点〕

受験番号

【1】

(1)	①		②		③	
	④		⑤			

(2)	$x=$	(3)	$a=$
(4)	$a=$　　　，$b=$	(5)	（cm²）

(6) 〔図〕

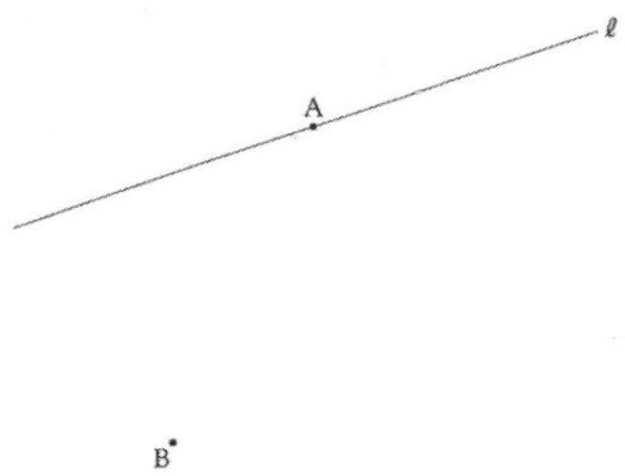

（　　点）

【2】

(1)	$a=$	(2)	
(3)	①　　　（個）	②	$b=$

（　　点）

【3】

(1)	①		②	
(2)	①	（本）	② ア	
	② イ			

（　　点）

【4】

(1)	ア		イ	
	ウ		エ	（時）　　（分）
(2)	（時）　　（分）			

（　　点）

【5】

(1)	（cm³）	(2)	①	（cm³）
(2)	② 高さ　　（cm）		体積	（cm³）

（　　点）

【6】

(1)	〔証明〕			
(2)	①	（cm）	②	DB：DF＝　　：

（　　点）

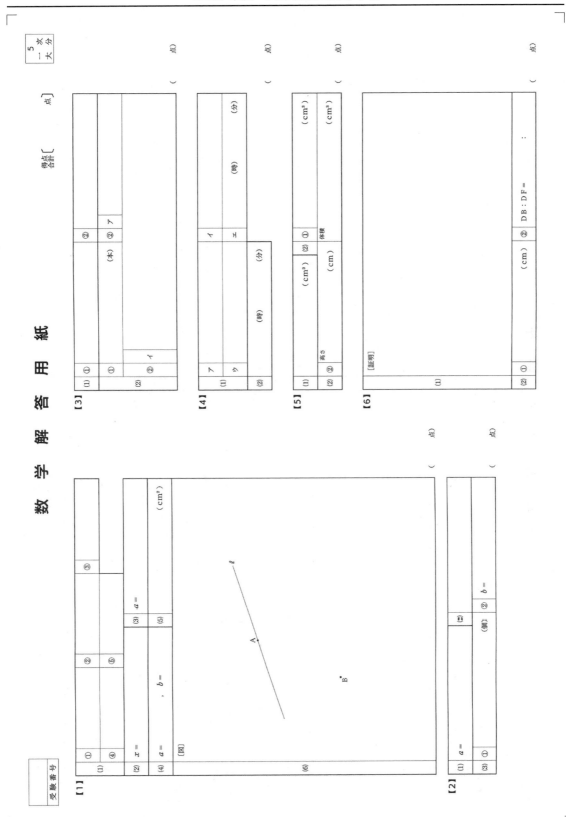

※実物の大きさ：195% 拡大（A3 用紙）

5	一次	大分

受験番号

英 語 解 答 用 紙

得点合計〔　　　点〕

【1】

A	1番		2番			
B	1番		2番		3番	
C	1番		2番		3番	

（　　点）

【2】

A	(1)		(2)		(3)	
	(4)					
B	①		②			
	③		④			

（　　点）

【3】

A	
B	

（　　点）

【4】

(1)	→ → →				
(2)					
(3)		(4)		(5)	
(6)	I think "(　　　　)" is important because				

（　　点）

【5】

(1)		(2)			
(3)					
(4)	②		③		
	④		⑤		

（　　点）

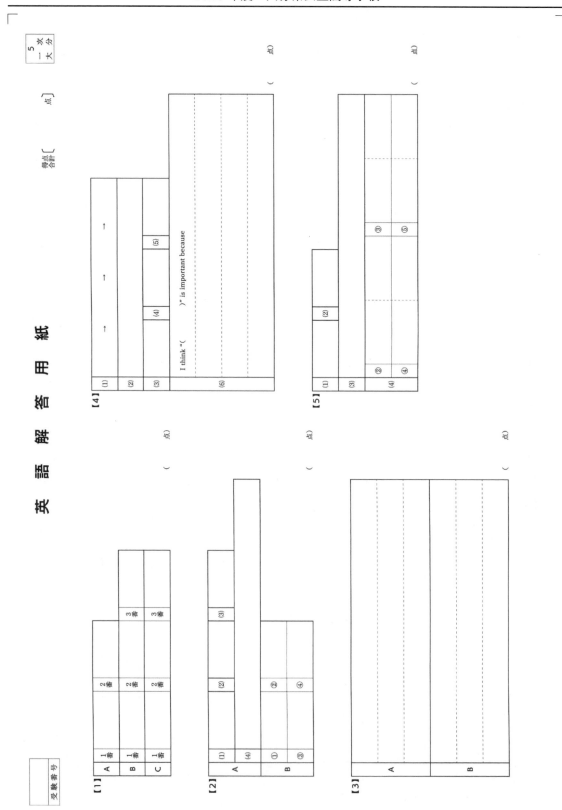

※実物の大きさ：195% 拡大（A3 用紙）

5 一次 大分

社　会　解　答　用　紙

受験番号

得点合計〔　　　点〕

【1】

(1)	①	②
	③	
	④	
(2)	① 農業	
	②	③
	④	

（　　　点）

【2】

(1)	→ →		
(2)			
(3)		(4)	
(5)		(6)	
(7)			
(8)			
(9)			
(10)		(11)	

（　　　点）

【3】

(1)	①				
	②				
	③ 制				
(2)		(3)		(4)	
(5)	・	(6)			
(7)	L	M			

（　　　点）

【4】

(1)		(2)	藩	(3)	
(4)					
(5)					
(6)					

（　　　点）

【5】

(1)		(2)		(3)	
(4)	①				
	②				

（　　　点）

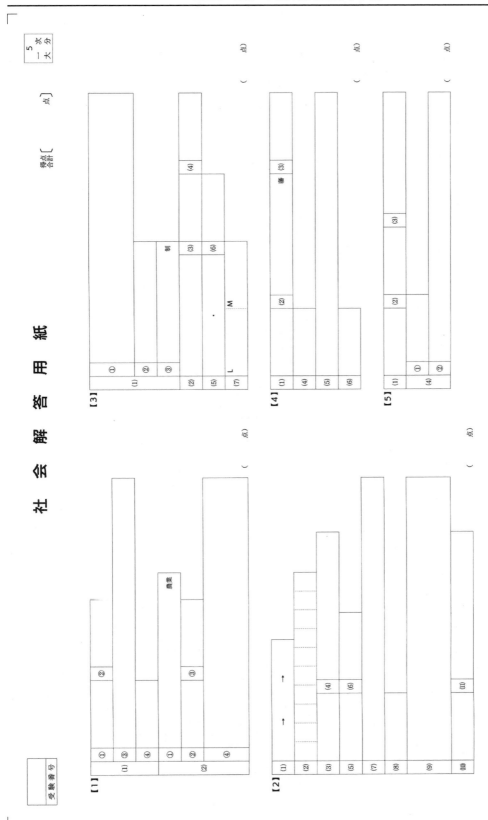

※実物の大きさ：195% 拡大（A3 用紙）

理科解答用紙

受験番号

得点合計〔　　点〕

5 一次 大分

【1】

(1)	①		②		③	
(2)	①		②			
	③	（時）　（分）				
(3)	①					
	②	（%）	③			
(4)	①	（Ω）	②	記号	消費電力　（W）	
	③	（J）				

（　　点）

【2】

(1)				
(2)	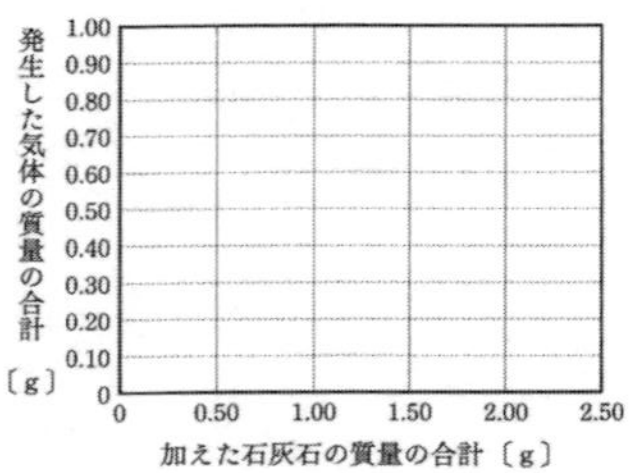			
(3)	①		②	b　　c
(4)	（g）	(5)		

（　　点）

【3】

(1)		(2)	
(3)	A →　→　→　→　→ B	(4)	（本）
(5)		(6)	
(7)	c	d	
(8)			

（　　点）

【4】

(1)	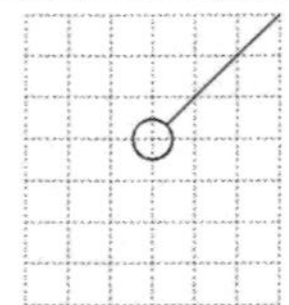	(2)	（倍）		
		(3)			
		(4)	（J）		
		(5)		(6)	

（　　点）

【5】

(1)	①		②	
	③			
(2)	①		②	
	③	2（時）　（分）　（秒）		
	④	（秒後）		

（　　点）

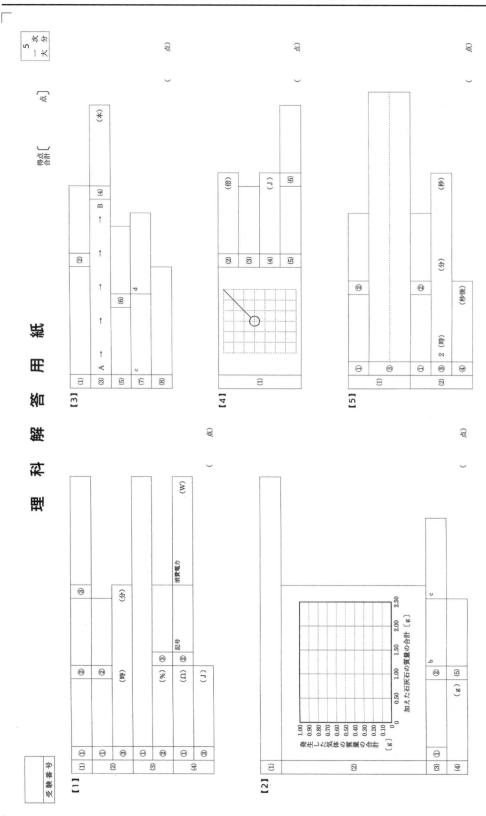

※実物の大きさ：195% 拡大（A3 用紙）

受験番号

国語解答用紙

得点合計〔　　点〕

5 一次 大分

【一】
問一 (1) (2) (しい) (3) (4) (く) (5)
問二 (1) (2) (3) (4)
（　　点）

【二】
問一
問二
問三 (1) 10 (2) (3) 10
問四
（　　点）

【三】
問一 (1) 40 (2) (3)
問二
問三 (1) (2)
（　　点）

【四】
問一
問二
問三 (1) (2) 15 (3) (4)
（　　点）

【五】
問一
問二
問三 80
（　　点）

※実物の大きさ：195% 拡大（A3 用紙）

【数　　学】

【1】2点×10　【2】(1)2点　(2)2点　(3)①1点　②3点
【3】(1)2点×2　(2)①1点　②ア．1点　イ．2点　【4】(1)ア～ウ．1点×3　エ．2点　(2)3点
【5】2点×4　【6】(1)3点　(2)①2点　②3点

【英　　語】

【1】A．1点×2　B．1点×3　C．2点×3　【2】A．(1)1点　(2)1点　(3)2点　(4)2点　B．1点×4
【3】5点×2　【4】(1)～(5)2点×5　(6)5点　【5】2点×7

【社　　会】

【1】(1)①2点　②1点　③2点　④2点　(2)①2点　②1点　③1点　④2点
【2】(1)2点　(2)2点　(3)1点　(4)2点　(5)1点　(6)1点　(7)2点　(8)1点　(9)2点　(10)1点　(11)2点
【3】(1)①2点　②2点　③1点　(2)～(4)1点×3　(5)2点　(6)1点　(7)1点
【4】(1)1点　(2)2点　(3)1点　(4)1点　(5)2点　(6)2点　【5】(1)1点　(2)～(4)2点×4

【理　　科】

【1】(1)①1点　②2点　③2点　(2)①2点　②1点　③2点　(3)①2点　②2点　③1点
(4)①1点　②1点×2　③2点
【2】(1)2点　(2)2点　(3)1点×2　(4)2点　(5)2点　【3】(1)～(4)1点×4　(5)2点　(6)～(8)1点×4
【4】(1)1点　(2)1点　(3)～(6)2点×4
【5】(1)①1点　②1点　③2点　(2)①1点　②1点　③2点　④2点

【国　　語】

【一】問一．1点×5　問二．(1)1点　(2)2点　(3)1点　(4)1点
【二】問一．2点　問二．2点　問三．(1)3点　(2)2点　(3)3点　問四．3点
【三】問一．(1)3点　(2)2点　(3)2点　問二．3点　問三．(1)2点　(2)3点
【四】問一．1点　問二．1点　問三．(1)2点　(2)3点　(3)1点　(4)2点
【五】問一．2点　問二．2点　問三．6点

4 一次 大分

数学解答用紙

受験番号

得点合計〔　　点〕

【1】

(1)	①	②	③		
	④	⑤			
(2)	$x=$	(3)			
(4)		(5)	（度）		

(6) 〔図〕

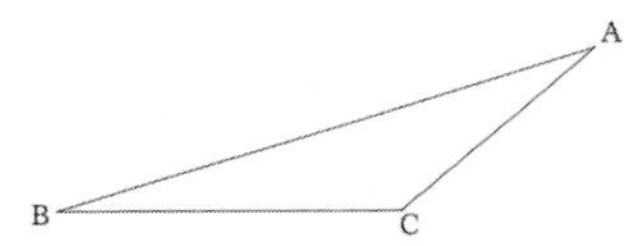

（　　点）

【2】

(1)	$a=$	(2)	$b=$
(3)	（x座標）		

（　　点）

【3】

(1)	①	（通り）	②

（　　点）

【3】

(2) ① 〔図2〕

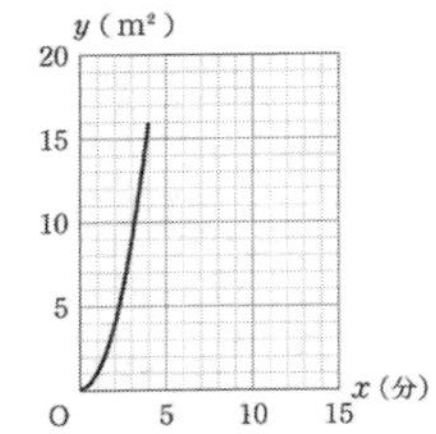

② 　分　秒

（　　点）

【4】

(1)	（km）	(2) ①	（g）
(2) ②	ア		
	イ	ウ	

（　　点）

【5】

(1)	（cm）	(2)	（cm）
(3) ①	（cm²）	②	$\frac{a}{b}=$

（　　点）

【6】

(1) 〔証明〕

(2) ①	（cm）	②	（cm）

（　　点）

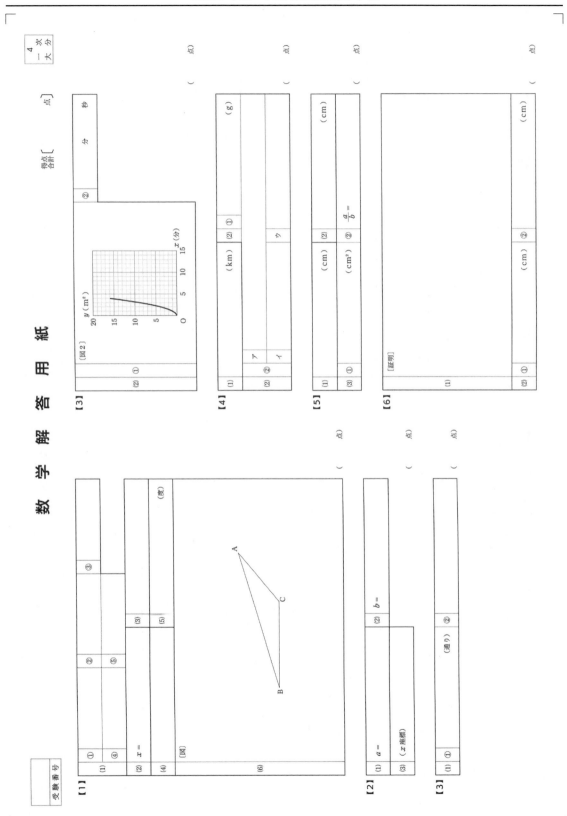

※実物の大きさ：195% 拡大（A3 用紙）

英語解答用紙

受験番号	

得点合計〔　　点〕

4 一次 大分

【1】

A	1番		2番			
B	1番		2番		3番	
C	1番		2番		3番	

（　　点）

【2】

A	(1)		(2)					
A	(3)						(4)	
B	①		②		③		④	

（　　点）

【3】

A	I think (the automatic door / the elevator / the shopping cart) is convenient.
B	

（　　点）

【4】

(1)		(2)		(3)	
(4)	→		→		
(5)					

（　　点）

【5】

(1)		(2)		(3)	
(4)	①		②		
(4)	③		④		

（　　点）

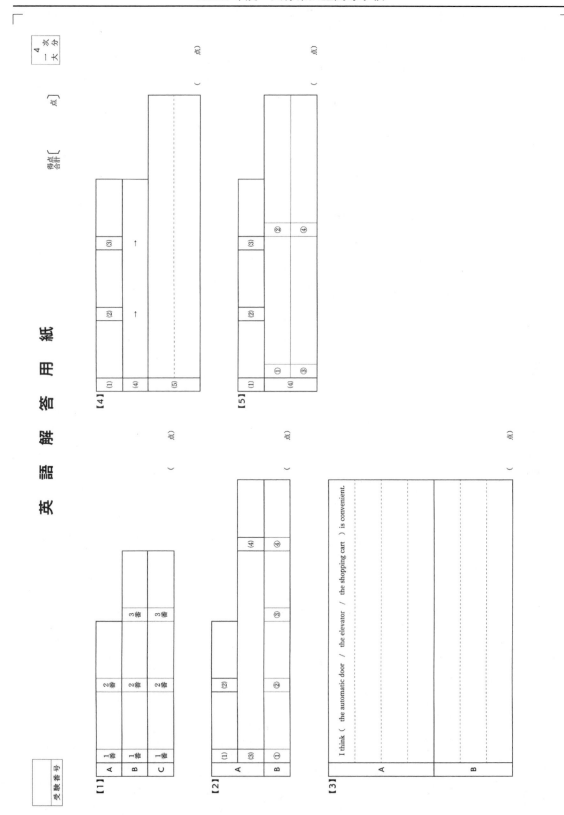

※実物の大きさ：195% 拡大（A3 用紙）

4
一次
大分

社　会　解　答　用　紙

得点合計〔　　　点〕

受験番号

【1】

(1)		(2)	
(3)			
(4)	① 県	②	
(5)		(6)	
(7)			
(8)			

（　　点）

【2】

(1)		(2)			
(3)					
(4)		(5)			
(6)	・				
(7)	①				
	②				
(8)		(9)	→ →	(10)	

（　　点）

【3】

(1)	議席			
(2)	①			
	②	・		
(3)	①		②	
(4)	①		②	
(5)				

（　　点）

【4】

(1)	①	②	
(2)		(3)	・
(4)			
(5)			

（　　点）

【5】

(1)		(2)		(3)	B　C
(4)	→ →				
(5)					

（　　点）

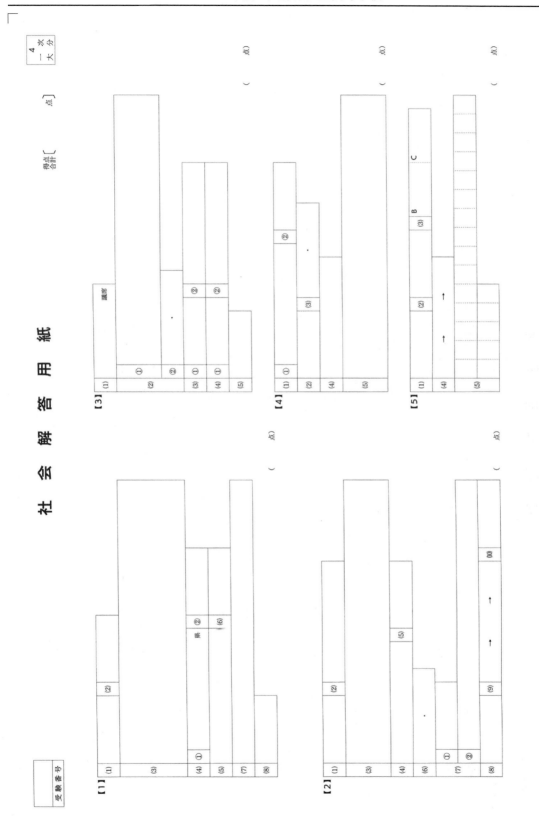

※実物の大きさ：195% 拡大（A3 用紙）

受験番号

理 科 解 答 用 紙

得点合計〔　　点〕

4 一次 大分

【1】

(1)	X	(2)	
(3)			
(4)		(5)	記号　名称
(6)			
(7)	Y	記号	

（　　点）

【2】

(1)	(g)
(2)	
(3)	
(4)	
(5)	
(6)	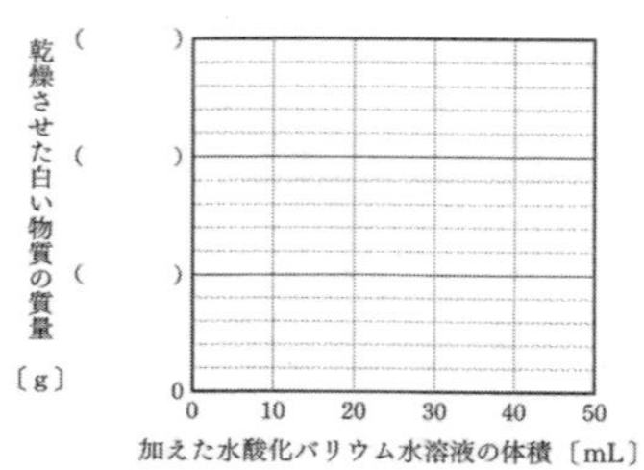
(7)	

（　　点）

【3】

(1)		(2)		(3)	
(4)					
(5)					
(6)		(7)	(kWh)		

（　　点）

【4】

(1)		(2)		(3)	
(4)		(5)	(km)		
(6)		(7)			

（　　点）

【5】

(1)	①		②			
	③					
(2)	①		②		③	
(3)	①		②		③	
	④					
(4)	①		②	(%)	③	

（　　点）

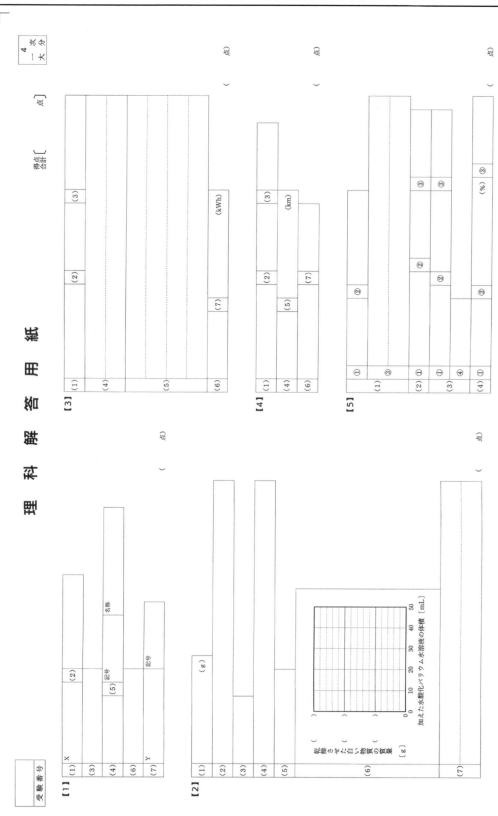

※実物の大きさ：195% 拡大（A3 用紙）

国語解答用紙

受験番号

得点合計［　　点］

4　一次　大分

【一】
問一 (1)（めて） (2) (3)
(4)（った） (5)
問二 (1) (2) (3)
（　　点）

【二】
問一
問二
問三 (1) 初め 〜 終わり
(2) 25
(3) 15
問四
（　　点）

【三】
問一
問二
問三
問四 45
問五 (1) 初め 〜 終わり
(2)
（　　点）

【四】
問一
問二
問三 (1) 15
(2) 初め
問四
（　　点）

【五】
問一
問二
問三
私は、郷土料理を通して地域の魅力を発信することに［　　］だ。
100
以上のことから、郷土料理を通して地域の魅力を発信することに［　　］だ。
（　　点）

※実物の大きさ：195％拡大（A3用紙）

【数　　学】

【1】2点×10　【2】(1)2点　(2)3点　(3)3点　【3】2点×4
【4】(1)2点　(2)①2点　②ア．2点　イ．1点　ウ．1点　【5】(1)1点　(2)2点　(3)①2点　②3点
【6】(1)3点　(2)①2点　②3点

【英　　語】

【1】A．1点×2　B．1点×3　C．2点×3　【2】A．(1)1点　(2)1点　(3)2点　(4)2点　B．1点×4
【3】5点×2　【4】(1)3点　(2)2点　(3)～(5)3点×3　【5】(1)2点　(2)2点　(3)3点　(4)2点×4

【社　　会】

【1】(1)～(3)2点×3　(4)1点×2　(5)2点　(6)1点　(7)2点　(8)2点
【2】(1)1点　(2)2点　(3)2点　(4)～(6)1点×3　(7)①1点　②2点　(8)1点　(9)2点　(10)2点
【3】(1)1点　(2)2点×2　(3)1点×2　(4)①1点　②2点　(5)1点
【4】(1)1点×2　(2)～(5)2点×4　【5】(1)1点　(2)2点　(3)1点　(4)2点　(5)2点

【理　　科】

【1】(1)～(4)1点×4　(5)2点　(6)2点　(7)1点×2　【2】(1)2点　(2)～(5)1点×4　(6)2点　(7)2点
【3】(1)～(3)1点×3　(4)2点　(5)2点　(6)1点　(7)2点
【4】(1)～(3)1点×3　(4)2点　(5)2点　(6)1点　(7)2点
【5】(1)①1点　②2点　③2点　(2)①2点　②1点　③2点　(3)①2点　②～④1点×3
(4)①1点　②2点　③2点

【国　　語】

【一】問一．1点×5　問二．(1)2点　(2)2点　(3)1点
【二】問一．2点　問二．2点　問三．(1)2点　(2)3点　(3)3点　問四．3点
【三】問一．2点　問二．2点　問三．3点　問四．4点　問五．2点×2
【四】問一．1点　問二．2点　問三．(1)3点　(2)2点　問四．2点
【五】問一．2点　問二．2点　問三．6点

数 学 解 答 用 紙

受験番号

得点合計〔　　点〕

3 一 次 大 分

【1】

(1)	①		②		③	
	④		⑤			
(2)	$x =$		(3)	$a =$		
(4)			(5)	（度）		
(6)	〔図〕					

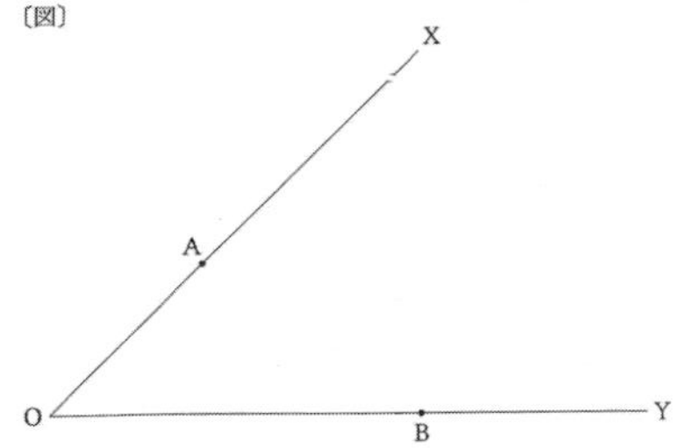

（　　点）

【2】

(1)	$a =$	(2)	
(3)	$b =$		

（　　点）

【3】

(1)	①	月
	②	（記号）
		（理由）

（　　点）

【3】

(2)	①	〔図2〕
	②	ア　　イ

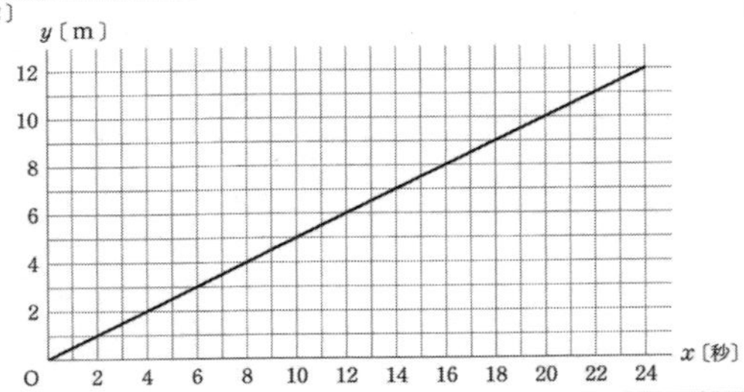

（　　点）

【4】

(1)	（個）	(2)	（個）
(3)	（本）		

（　　点）

【5】

(1)	（cm^3）	(2)	（倍）
(3)	（倍）	(4)	，　，

（　　点）

【6】

(1)	〔証明〕			
(2)	①	（cm）	②	（cm^2）

（　　点）

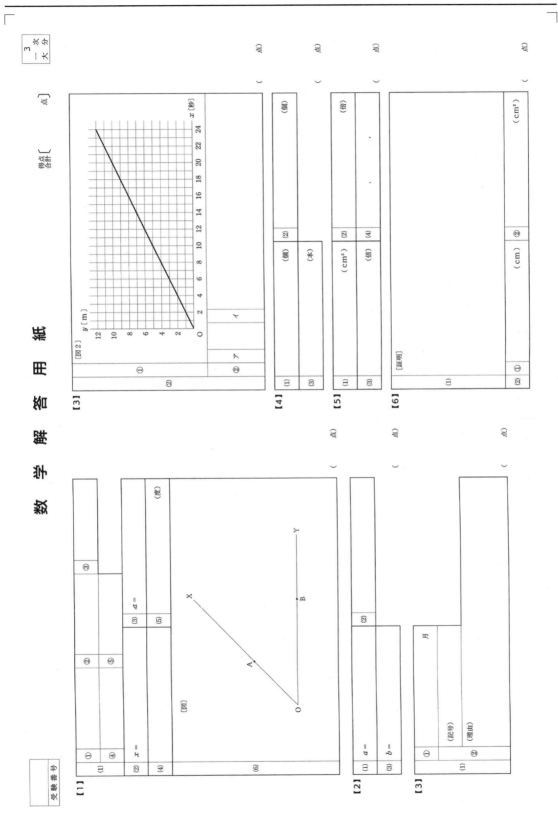

※実物の大きさ：195% 拡大（A3 用紙）

3	一次	大分

受験番号

英 語 解 答 用 紙

得点合計〔　　点〕

【1】

A	1番		2番			
B	1番		2番		3番	
C	1番		2番		3番	

（　　点）

【2】

A	(1)	①		②		③		④	
A	(2)		(3)						
B	①		②		③		④		

（　　点）

【3】

A		
B	(1)	①（　　）（　　）（　　）（　　）
B	(1)	②（　　）（　　）（　　）（　　）
B	(2)	

（　　点）

【4】

(1)		(2)	
(3)		(4)	
(5)			

（　　点）

【5】

(1)		(2)		
(3)	①		②	
(3)	③		④	

（　　点）

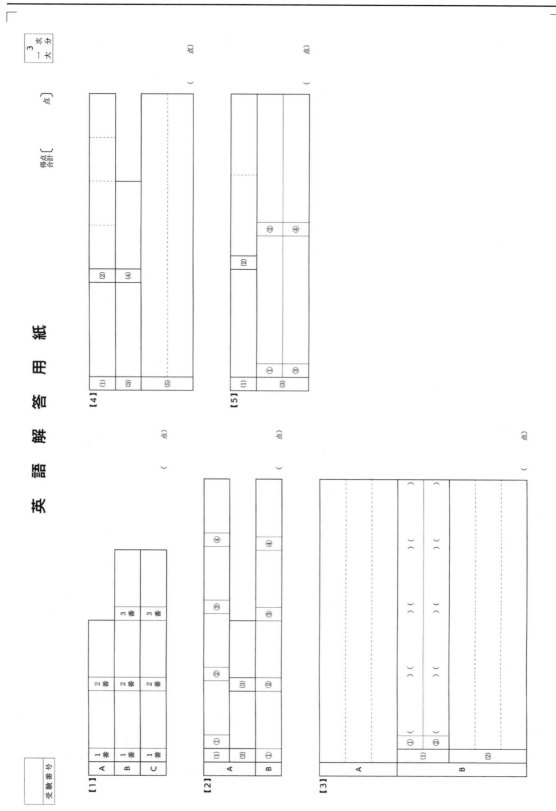

※実物の大きさ：195% 拡大（A3 用紙）

受験番号

社 会 解 答 用 紙

得点合計〔　　点〕

3 一 大 次 分

【1】

(1)		(2)	
(3)			
(4)	①	②	
	③		
(5)			

（　　点）

【2】

(1)		(2)	①		
(2)	②				
(3)		(4)		(5)	
(6)					
(7)	→ →	(8)			
(9)					

（　　点）

【3】

(1)	・	(2)	①	
(2)	②			
(3)				
(4)		(5)		
(6)		(7)		

25

（　　点）

【4】

(1)		(2)	
(3)	A	B	
(4)		(5)	
(6)	①（都市）	②	

（　　点）

【5】

(1)	（条約）	(2)		(3)	
(4)					

（　　点）

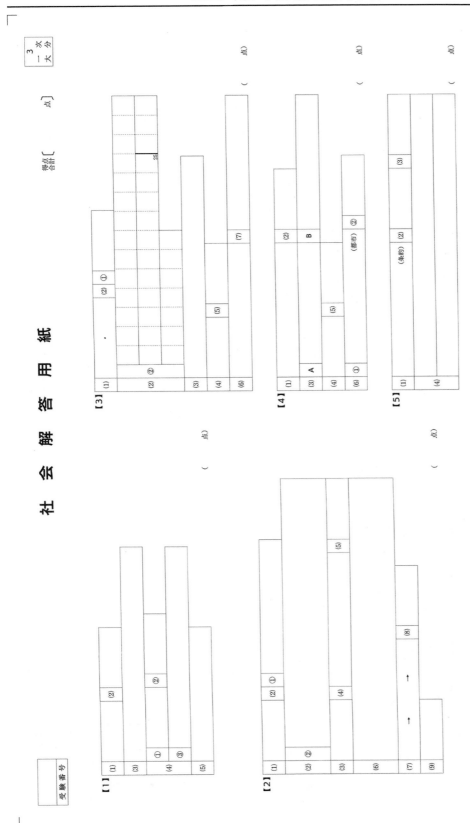

※実物の大きさ：195% 拡大（A3 用紙）

理科解答用紙

受験番号	

得点合計〔　　点〕　3 一次 大分

【1】

(1)		(2)	a	b	c
(3)	g	(4)		(5)	

(6)

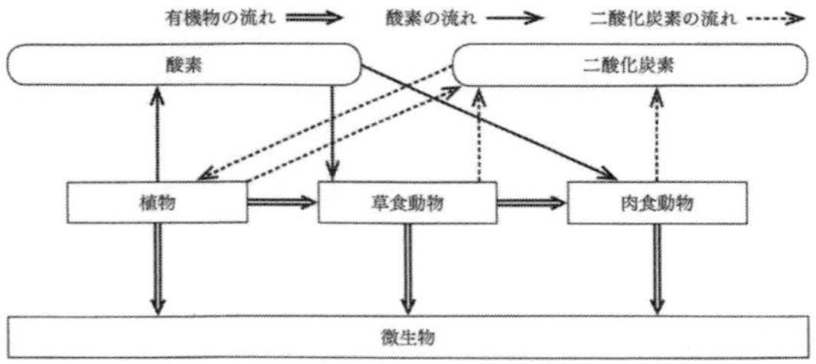

（　　点）

【2】

(1)		(2) ①		②	

(3) ［図３］の方が［図４］より音が高くなったとしても，

(4) ①	Hz	②		(5)	m

（　　点）

【3】

(1)		(2) ①		②	
(3)		(4)			

(5) 日本上空では，

(6)

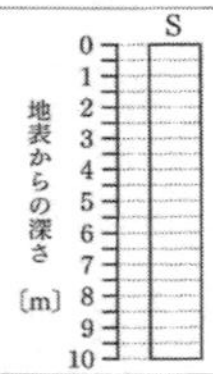

（　　点）

【4】

(1)

(2)

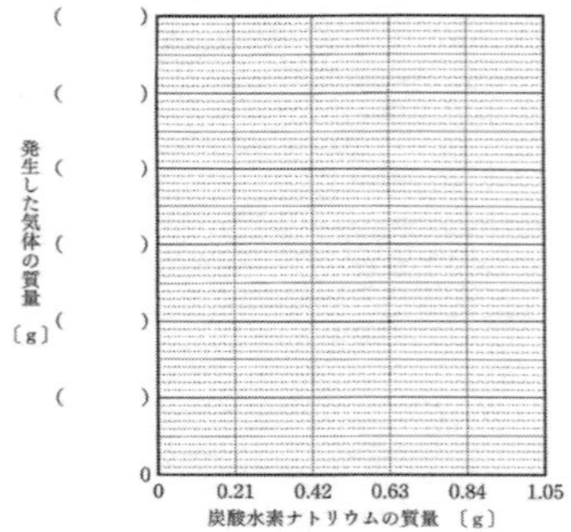

(3)		(4) ①	%	②	mL

（　　点）

【5】

(1) ①　　②

記号

③ 理由

(2) ①　　②　　③

(3) ①

②

③

(4) ①　　②

③

④

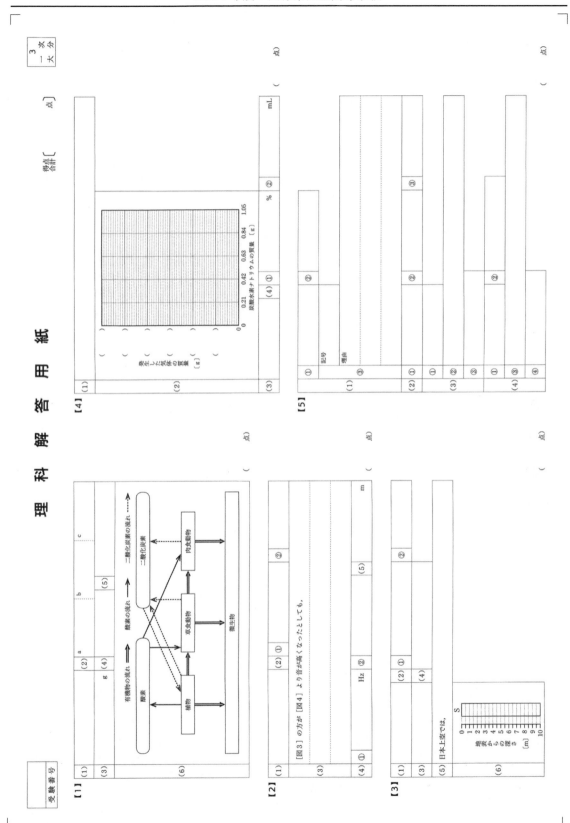

（　　点）

受験番号

国語解答用紙

得点合計　〔　　点〕

3次
1大分

【一】
問一 (1)（し） (2) (3) (4)（れて） (5)
問二 (1) (2) (3)
（　　点）

【二】
問一
問二
問三 (1) (2) 25 (3)
問四
（　　点）

【三】
問一 初め 〜 終わり
問二
問三
問四 30
問五
（　　点）

【四】
問一
問二
問三 ② ④
問四
問五 Ⅰ Ⅱ
（　　点）

【五】
問一
問二
問三 80
（　　点）

※実物の大きさ：195% 拡大（A3 用紙）

【数　　学】

【1】2 点×10　【2】(1)2 点　(2)3 点　(3)3 点
【3】(1)①1 点　②記号：1 点　理由：2 点　(2)①1 点　②ア．1 点　イ．2 点
【4】(1)2 点　(2)3 点　(3)3 点　【5】(1)2 点　(2)2 点　(3)3 点　(4)1 点
【6】(1)3 点　(2)①2 点　②3 点

【英　　語】

【1】A．1 点×2　B．1 点×3　C．2 点×3　【2】1 点×10　【3】A．5 点　B．(1)2 点×2　(2)5 点
【4】(1)2 点　(2)3 点　(3)2 点　(4)2 点　(5)3 点　【5】(1)2 点　(2)3 点　(3)2 点×4

【社　　会】

【1】(1)1 点　(2)2 点　(3)2 点　(4)①1 点　②2 点　③2 点　(5)2 点
【2】(1)1 点　(2)2 点×2　(3)2 点　(4)2 点　(5)1 点　(6)〜(8)2 点×3　(9)1 点
【3】(1)1 点　(2)①1 点　②3 点　(3)2 点　(4)〜(6)1 点×3　(7)2 点
【4】(1)1 点　(2)2 点　(3)1 点×2　(4)2 点　(5)2 点　(6)①1 点　②2 点
【5】(1)2 点　(2)2 点　(3)1 点　(4)2 点

【理　　科】

【1】(1)1 点　(2)2 点　(3)2 点　(4)1 点　(5)2 点　(6)2 点
【2】(1)2 点　(2)1 点×2　(3)2 点　(4)1 点×2　(5)2 点　【3】(1)〜(3)1 点×4　(4)〜(6)2 点×3
【4】2 点×5
【5】(1)①1 点　②1 点　③記号：1 点　理由：2 点　(2)①1 点　②2 点　③2 点
(3)①1 点　②2 点　③2 点　(4)①1 点　②1 点　③2 点　④1 点

【国　　語】

【一】問一．1 点×5　問二．(1)2 点　(2)2 点　(3)1 点
【二】問一．2 点　問二．2 点　問三．(1)2 点　(2)3 点　(3)3 点　問四．3 点
【三】問一．2 点　問二．3 点　問三．3 点　問四．4 点　問五．3 点
【四】問一．1 点　問二．1 点　問三．1 点×2　問四．2 点　問五．2 点×2
【五】問一．2 点　問二．2 点　問三．6 点

2 一次 大分

受験番号

数　学　解　答　用　紙

得点合計〔　　　点〕

【1】

(1)	①		②		③	
	④		⑤			
(2)	$x=$		(3)	（度）		
(4)			(5)	（cm^3）		

(6)

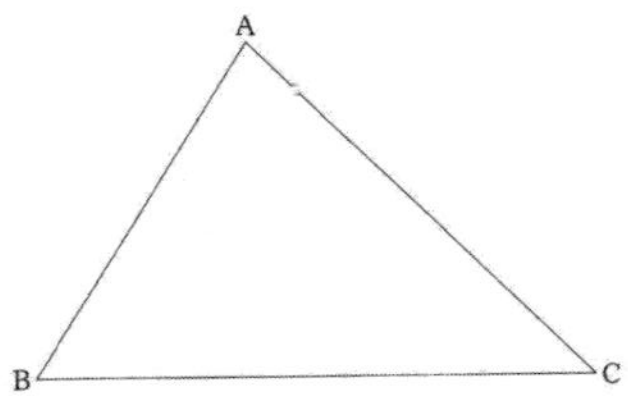

（　　点）

【2】

(1)	①	（通り）	②	
(2)	①			
	②			

（　　点）

【3】

(1)	$a=$	(2)	
(3)	（y 座標）		

（　　点）

【4】

(1)	
(3)	時間　　分

(2)

［図2］

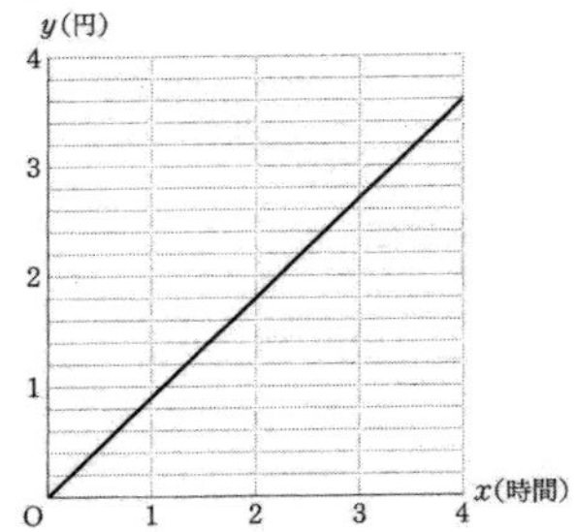

（　　点）

【5】

(1)	①	（m）	②	（m^2）
(2)	（m）			

（　　点）

【6】

(1)

［証明］

(2)	①	（cm）	②	（cm）

（　　点）

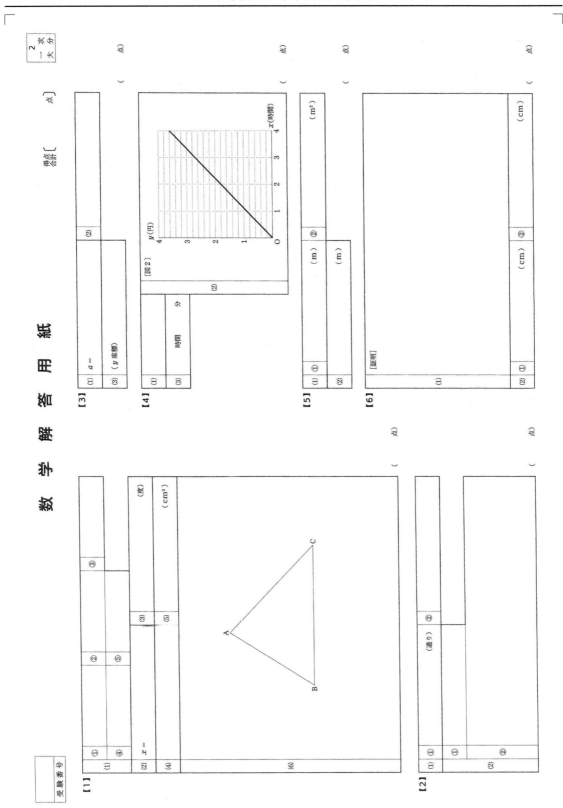

※実物の大きさ：195% 拡大（A3 用紙）

受験番号

英　語　解　答　用　紙

得点合計〔　　　点〕

2
一次
大分

【1】

A	1番		2番					
B	1番		2番					
C	1番		2番		3番		4番	

（　　　点）

【2】

A	(1)	ⓐ		ⓑ				
	(2)						(3)	
B	①		②		③		④	

（　　　点）

【3】

(1)	
(2)	Today, I'm going to tell you about (Job program / School trip / Volunteer activity).

（　　　点）

【4】

(1)		(2)	(b)		(c)
(3)		(4)			
(5)					

（　　　点）

【5】

(1)		(2)			
(3)					
(4)		(5)	①		②

（　　　点）

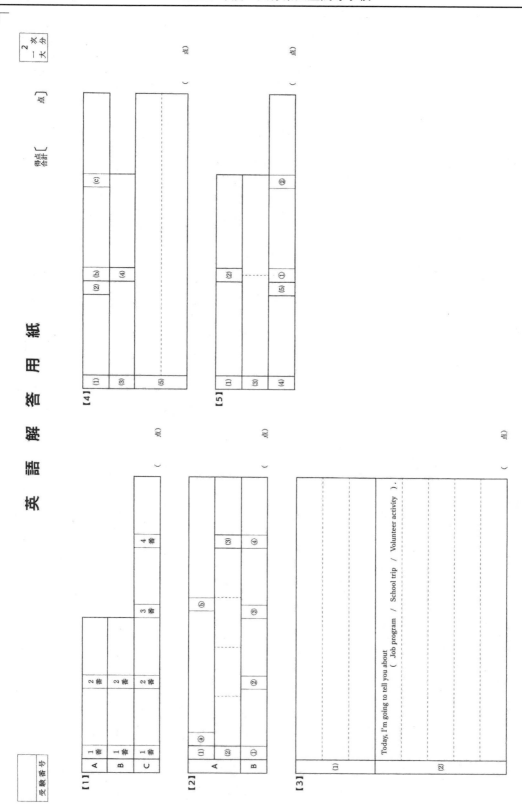

※実物の大きさ：195% 拡大（A3 用紙）

2 一次 大分

社 会 解 答 用 紙

得点合計〔　　点〕

受験番号

【1】

(1)		(2)	(3) ①
(3)	②	15 / 25
(4)		
(5)	①	②	③
(6)	①	
	②	15 / 25

（　　点）

【2】

(1)		
(2)	①	
	②	→ → →
(3)	①	②	③
(4)		
(5)		
(6)		

（　　点）

【3】

(1)		(2) → → →
(3)		
(4)	①	②
(5)		(6)	(7)
(8)	Y	
	Z	

（　　点）

【4】

(1)		(2)	(3)
(4)		
(5)		20 / 30
(6)	①	② ・

（　　点）

【5】

(1)		(2)	(3) ・
(4)		15 / 25

（　　点）

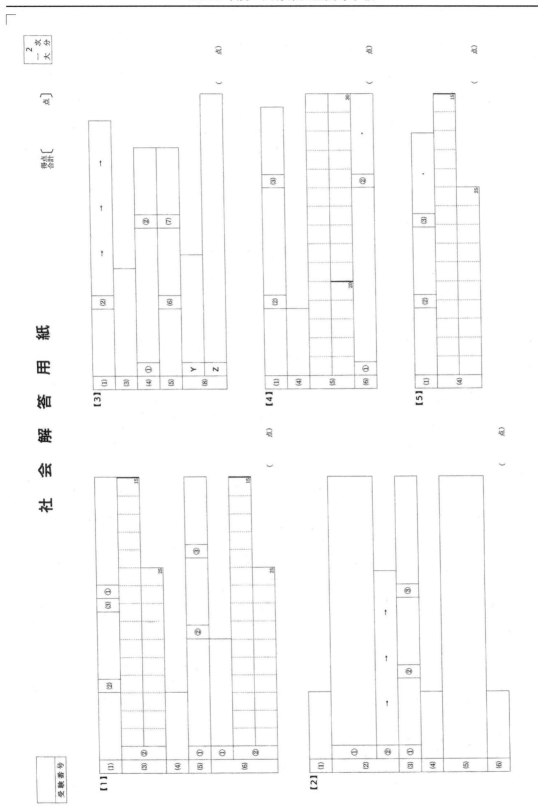

※実物の大きさ：195% 拡大（A3 用紙）

2 次
一 大 分

理　科　解　答　用　紙

受験番号

得点合計〔　　点〕

【1】

(1)			
(2)	①	②	
	③	④	
(3)			
(4)	a	b	
(5)			
(6)	ひだと柔毛があることで，		

（　　点）

【2】

(1)		(2)	倍	
(3)	① 北緯	南中高度	②	度
(4)				
(5)				
(6)	夏の方が冬よりも，			

（　　点）

【3】

(1)		(2)			
(3)					
(4)	a　紙		b　色		
(5)	① g/cm³	② %	(6)		

（　　点）

【4】

(1) 斜面上

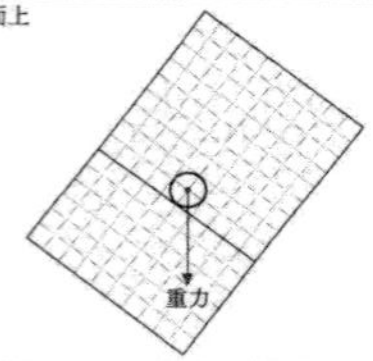

水平面上

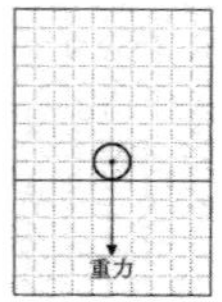

(2)

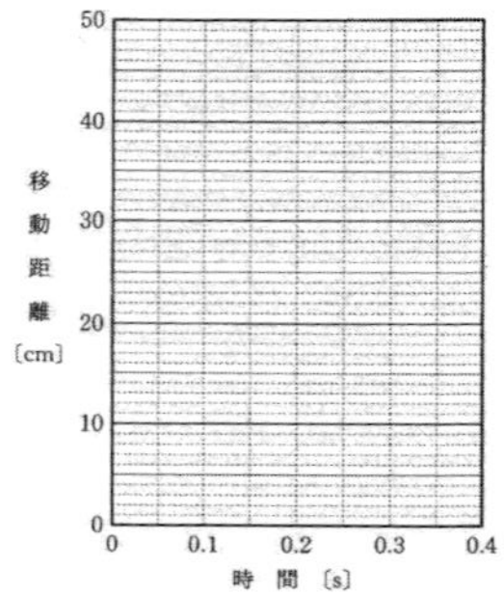

(3)	a	b		
(4)	c	d	(5)	
(6)	h			
	i			

（　　点）

【5】

(1)	①	秒	②	km	③	秒後
(2)	①		②		③	
(3)	①					
	②	a	b	③	g	
(4)	①					
	②	c	d			
	③					

（　　点）

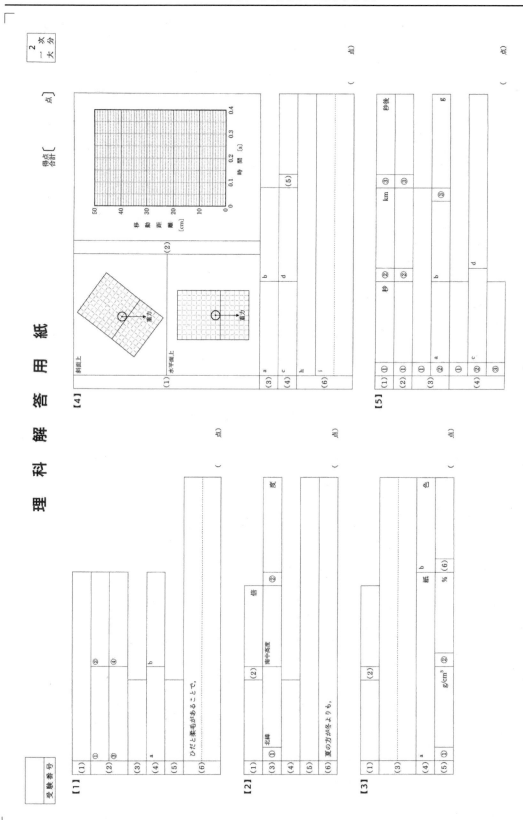

※実物の大きさ：195% 拡大（A3 用紙）

受験番号

国語解答用紙

得点合計［　　点］

2次　大分

【一】
問一 (1)（ぼす） (2) (3) (4)（る） (5)
問二 (1) ① ② ③ ④ (2)
（　　点）

【二】
問一 (1) (2) 7 (3) 26 (4) 26
問二
（　　点）

【三】
問一 A 16 B 11
問二 6
問三 11
問四　問五
（　　点）

【四】
問一 知ルヲ之ヲ為シ知ルト之ヲ、
問二 (1) (2) (3) 11 (4)
（　　点）

【五】
問一 16
問二
問三 目標の［番号を記入］を設定したのは、 81
（　　点）

※実物の大きさ：195% 拡大（A3 用紙）

【数　　学】

【1】2点×10　【2】2点×4　【3】(1)2点　(2)3点　(3)3点　【4】(1)2点　(2)3点　(3)3点
【5】(1)①2点　②3点　(2)3点　【6】(1)3点　(2)①2点　②3点

【英　　語】

【1】A. 1点×2　B. 1点×2　C. 2点×4　【2】A. (1)1点×2　(2)2点　(3)2点　B. 1点×4
【3】6点×2　【4】(1)2点　(2)1点×2　(3)2点　(4)3点　(5)3点
【5】(1)2点　(2)2点　(4)3点　(5)3点　(5)2点×2

【社　　会】

【1】(1)1点　(2)1点　(3)2点×2　(4)2点　(5)①1点　②2点　③2点　(6)①1点　②2点
【2】(1)1点　(2)2点×2　(3)1点×3　(4)2点　(5)2点　(6)1点
【3】(1)1点　(2)2点　(3)1点　(4)～(7)1点×5　(8)Y. 1点　Z. 2点
【4】(1)1点　(2)1点　(3)～(6)2点×5　【5】(1)2点　(2)1点　(3)2点　(4)2点

【理　　科】

【1】(1)1点　(2)1点×2　(3)2点　(4)1点×2　(5)1点　(6)2点　【2】(1)～(4)1点×6　(5)2点　(6)2点
【3】(1)1点　(2)1点　(3)2点　(4)1点　(5)①2点　②1点　(6)2点
【4】(1)1点×2　(2)2点　(3)1点×2　(4)1点　(5)1点　(6)2点
【5】(1)①1点　②2点　③2点　(2)①1点　②2点　③2点　(3)①1点　②2点　③2点
(4)①1点　②c. 1点　d. 2点　③1点

【国　　語】

【一】1点×10　【二】問一. (1)2点　(2)3点　(3)4点　(4)4点　問二. 2点
【三】問一. 2点×2　問二. 2点　問三～問五. 3点×3
【四】問一. 1点　問二. (1)～(3)2点×3　(4)3点　【五】問一. 2点　問二. 2点　問三. 6点